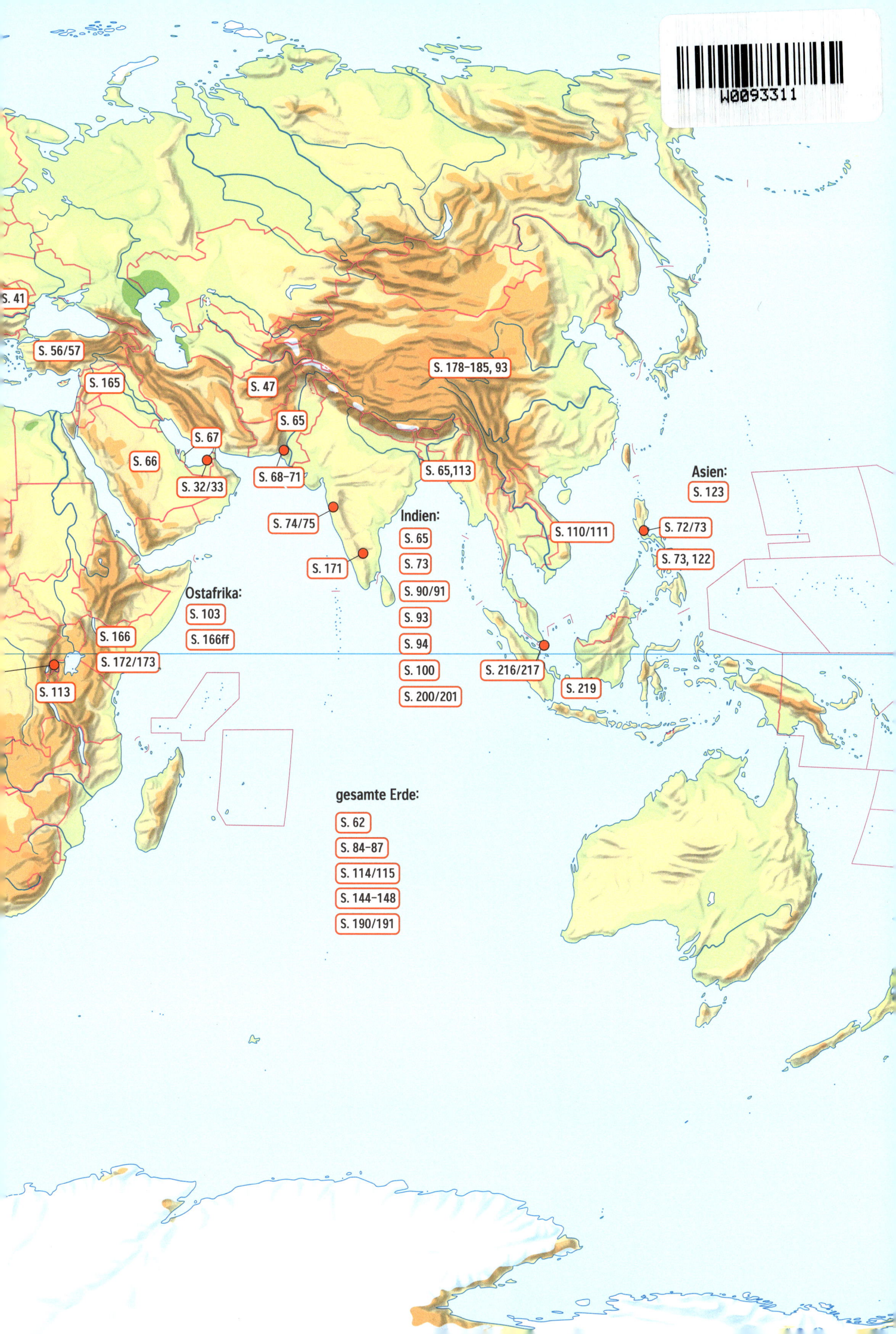

westermann

Diercke Praxis

Band 3
Erdkunde | Rheinland-Pfalz

Herausgeber:
Wolfgang Latz

Autorinnen und Autoren:
Martin Borzner
Andreas Bremm
Erik Elvenich
Dr. Hendrik Förster
Peter Gaffga
Guido Hoffmeister
Dr. Norma Kreuzberger
Wolfgang Latz
Jens Mayenfels
Rita Tekülve

Berater:
Dr. Hendrik Förster

unter Mitwirkung
der Verlagsredaktion

Wahlaufgaben
Hier kannst du wählen. Du bearbeitest nur eine der W-Aufgaben.

Diercke Weltatlas @diercke
Die Diercke Praxis ist nach Carl #Diercke benannt. Er lebte von 1842 bis 1913. Er war Erdkundelehrer und beschäftigte sich mit der Herstellung von Landkarten. 1883 entwickelte er einen Atlas mit einfachen und übersichtlichen Karten: den „Schul-Atlas über alle Teile der Erde". Er sollte besonders Kinder und Jugendliche ansprechen. Sein Nachfolger ist der #DierckeWeltatlas.

Zusatzaufgaben
Z-Aufgaben sind interessante Zusatzaufgaben.

Starthilfen
Schwierige Materialien sind mit einem ✶ gekennzeichnet. Im Anhang findest du zu diesen Materialien Hilfen.

 Methodenpfeile
Blaue Pfeile verweisen auf die Methodenseiten im Anhang. Dort kannst du nachlesen und üben, wie du die Methoden richtig anwendest.

 Verweise
Pfeile in den Farben der Kapitel weisen dir auf den Gewusst? – Gekonnt!-Seiten den Weg zur zugehörigen Arbeitsseite.

schueler.diercke.de | 100800-282-01
Durch Eingabe des Kartencodes unter *schueler.diercke.de* gelangst du auf die passende Seite im Diercke Weltatlas. Dort erhältst du weitere Informationen zu den Karten. Den Code findest du ganz unten auf den Doppelseiten.

M Medienkompetenz
Oftmals ist es sinnvoll, einen Computer, einen Laptop oder ein Tablet zur Lösung von Aufgaben zu nutzen. Wie du das machst, zeigen dir die Methoden zur Mediennutzung.

Internet
Die hier angegebenen Suchbegriffe (z. B. Fachbegriffe, Namen von Institutionen) führen nach Eingabe in eine Suchmaschine zu Links mit weiteren Informationen zur jeweiligen Thematik. Dabei kann es sich auch um Videos oder Bilder handeln. 249

interaktive Karten
Die hier angegebenen Suchbegriffe (z. B. Ortsnamen, Fachbegriffe) führen nach Eingabe in einen digitalen Kartendienst zu Karten oder Satellitenbildern, die die jeweiligen Räume darstellen oder die die jeweilige Thematik an einem weiteren Raumbeispiel veranschaulichen. 242

 **QR-Code**
Durch Scannen des QR-Codes oder durch Eingabe des Webcodes *WES-113057-150* unter *schueler.diercke.de* kannst du die interaktiven Inhalte zu deinem Schulbuch nutzen.

WES-113057-150

Formulierungshilfen
Unter den Arbeitsaufträgen findest du oft Hilfen, mit denen du leichter formulieren kannst.

Wenn du diese Aufgaben erfolgreich bearbeitet hast, kannst du …
… mithilfe dieses Kastens überprüfen, ob der Forschung erfolgreich war.
*… prüfen, ob du die **Grundbegriffe** der Doppelseite verstanden hast.*

Titelfoto:
Jugendliche am Gwangalli Beach mit Blick auf die Gwangan-Brücke und die Skyline der Marine City im Haeundae-gu-Bezirk in Busan, Südkorea

Mit Beiträgen von:
Joachim Dietz, Stephanie Fürstenberg, Prof. Dr. Notburga Protze, Jasmin Repplinger, Dr. Karin Richter, Carolin Venne

© 2022 Westermann Bildungsmedien Verlag GmbH, Georg-Westermann-Allee 66, 38104 Braunschweig
www.westermann.de

Das Werk und seine Teile sind urheberrechtlich geschützt. Jede Nutzung in anderen als den gesetzlich zugelassenen bzw. vertraglich zugestandenen Fällen bedarf der vorherigen schriftlichen Einwilligung des Verlages. Nähere Informationen zur vertraglich gestatteten Anzahl von Kopien finden Sie auf www.schulbuchkopie.de.

Für Verweise (Links) auf Internet-Adressen gilt folgender Haftungshinweis: Trotz sorgfältiger inhaltlicher Kontrolle wird die Haftung für die Inhalte der externen Seiten ausgeschlossen. Für den Inhalt dieser externen Seiten sind ausschließlich deren Betreiber verantwortlich. Sollten Sie daher auf kostenpflichtige, illegale oder anstößige Inhalte treffen, so bedauern wir dies ausdrücklich und bitten Sie, uns umgehend per E-Mail davon in Kenntnis zu setzen, damit beim Nachdruck der Verweis gelöscht wird.

Druck A³ / Jahr 2023
Alle Drucke der Serie A sind im Unterricht parallel verwendbar.

Redaktion: Kristin Blechschmidt, Berlin; Steffen Stierhof, Braunschweig
Umschlaggestaltung: JANSSEN KAHLERT Design & Kommunikation GmbH, Hannover
Layout: JANSSEN KAHLERT Design & Kommunikation GmbH, Hannover
Druck und Bindung: Westermann Druck GmbH, Georg-Westermann-Allee 66, 38104 Braunschweig

ISBN 978-3-14-**113057**-7

Inhaltsverzeichnis

■ **Nachhaltigkeit!** 8–11
    17 Ziele – ein Ziel 10   B

1. Möglichkeiten der Raumplanung 12

■ **Planungen für die Zukunft – auf vielen Ebenen** 14–29
    Raumplanung – notwendig? 14   B
    Wie kann man Raumplanung steuern? 16   B
    Beispiel 1: Läuft hier alles nach Plan? –
    Viel Wind um den Windpark Fürfeld 18   B
    Beispiel 2: Frischer Wind auf alten Industriegeländen –
    Pirmasens und Kaiserslautern 20   B
    Beispiel 3: Unterstützung beim Aufbruch – Raum Birkenfeld 22   E
    Beispiel 4: Wir planen ein Tiny-Haus – Trier 24   B
    Wie macht sich eine Kleinstadt fit für die Zukunft? – Linz 26   V
    Gewusst? – Gekonnt! **28**
    Projekt vor Ort: Wir erkunden Planungen in unserer
    Gemeinde I .... **29**   B Ⓜ

■ **Anwenden und üben** 30–33
    Projekt vor Ort: Wir erkunden Planungen in unserer
    Gemeinde II .... **30**   B Ⓜ
    Im Fokus: Dubai – Attraktivität durch
    extremste Stadtplanung 32   Z

2. Europa – Lebenswelten, Wirtschaftsräume und Migration 34

■ **Europa – vielfältige Lebens- und Wirtschaftsräume** 36–53
    Was ist Europa? 36   B
    Was hat Europa mit meinem Leben zu tun? 38   B
    Potenziale und Perspektiven – zwischen Zentrum
    und Peripherie 40   B
    Unterschiedliche Lebens- und Arbeitswelten – Italien 42   B
    Europa – von Migration geprägt 44   B
    Flucht nach Europa 46   E
    Fluchtgrund: Klimawandel 48   E
    Umweltbelastung kennt keine Grenzen 50   E
    Gewusst? – Gekonnt! **52**
    Projekt vor Ort: Europa mit Datenbanken erkunden .... **53**   Z Ⓜ

■ **Anwenden und üben** 54–59
    Projekt vor Ort: Engagement über die Grenzen –
    Euregios und Fridays for Future .... **54**   E
    Im Fokus: Die Türkei zwischen Europa und Asien 56   V
    Im Fokus: Entsteht die Welt in unseren Köpfen? –
    Die Beispiele Europa und Afrika 58   V

B = Basis   E = Erweiterung   V = Vertiefung   Z = Zusatz

Inhaltsverzeichnis

3. Städtische Lebenswelten 60

■ **Verstädterung weltweit – Chancen und Risiken** 62–77
Orientierung: Das Wachstum der Ballungsräume .... 62 B
Warum verlassen Menschen ihr Dorf? .... 64 B
Was zieht Menschen ins Ausland? – Arbeitsmigranten auf der Arabischen Halbinsel .... 66 E
Was zieht Menschen in die großen Städte? – Landflucht .... 68 B
Unterschiedliche Lebenswelten in Megastädten .... 70 B/V
Wie sind die Lebensverhältnisse in Slums? .... 72 V
Wie können die Lebensverhältnisse in einem Slum verbessert werden? .... 74 B
Gewusst? – Gekonnt! 76
■ **Anwenden und üben** 78–81
Projekt vor Ort: Unterschiedliche Lebenswelten auch bei uns? .... 78 Z
Im Fokus: São Paulo – lateinamerikanische Megastadt .... 80 Z

4. Die Entwicklung der Weltbevölkerung 82

■ **Was beeinflusst die Bevölkerungsentwicklung?** 84–105
Das Bevölkerungswachstum – weltweit sehr verschieden .... 84 B
Wie viele Menschen kann die Erde tragen? .... 86 E
Familien – in Ruanda und in Deutschland .... 88 B
Wovon hängt die Geburtenrate ab? .... 90 B
„Frauen tragen die Hälfte des Himmels" .... 92 V
Sinkende Sterberaten ... . 94 B
Das Modell vom demographischen Übergang .... 96 E
Wo die Bevölkerung schrumpft .... 98 B
Der Altersaufbau der Bevölkerung .... 100 B
Wie kann man die Geburtenrate beeinflussen? .... 102 B
Gewusst? – Gekonnt! 104
■ **Anwenden und üben** 106–109
Projekt vor Ort: Bevölkerungsentwicklung in Rheinland-Pfalz .... 106 Z Ⓜ
Im Fokus: Lateinamerika – Bevölkerung und Bevölkerungsentwicklung .... 108 Z

5. Welternährung – zwischen Überfluss und Mangel 110

■ **Hunger – ein weltweites Problem** 112–121
Die Ernährungssituation – weltweit sehr verschieden .... 112 B
In welchen Regionen hungern die Menschen? .... 114 B
Orientierung: Der Welthungergürtel .... 115 B
Warum kommt es zu Versorgungsproblemen? – Ostafrika .... 116–119 B
Gewusst? – Gekonnt! 120

B = Basis   E = Erweiterung   V = Vertiefung   Z = Zusatz

Inhaltsverzeichnis

■ **Ursachen – Folgen – Lösungsmöglichkeiten** .... **122 – 135**
    Wie kann man die Nahrungsmittelproduktion erhöhen? 122   B
    Biodiversität in Gefahr? 124   V
    Nahrung aus dem Meer – am Limit? 126   E
    Fleischkonsum und seine Auswirkungen –
    Rindfleisch aus dem Regenwald 128   E
    Fastfood – Produktion und Konsum 130   V
    Hunger durch Bioenergie? 132   V
    Gewusst? – Gekonnt! **134**

■ **Anwenden und üben** .... **136 – 139**
    Projekt vor Ort: Kampf gegen den Hunger – mit Spenden?! ... **136**   Z
    Im Fokus: Ruanda – Bevölkerungsentwicklung und
    Ernährungssicherung im „Land der tausend Hügel" 138   Z

6. Die Länder der Welt – unterschiedliche Entwicklungen 140

■ **Was kennzeichnet Entwicklung?** .... **142 – 151**
    Die soziale Situation – soziale Indikatoren 142   B
    Die wirtschaftliche Situation – ökonomische Indikatoren 144   B
    Orientierung: Eine Erde – verschiedene Welten .... **146**   B
    Projekt vor Ort: Selbst digitale Karten erstellen – mit GIS ...... **148**   B Ⓜ
    Gewusst? – Gekonnt! **150**

■ **Was bedingt Entwicklung? Ein Puzzle** .... **152 – 161**
    1. Der Naturraum 152   B
    2. Die Bevölkerungsstruktur sowie die sozialen und
       politischen Verhältnisse 154   B
    3. Die Einbindung in die Weltwirtschaft – historisch und aktuell   156   B
    4. Das Ausmaß der Disparitäten innerhalb des Landes 158   B
    Gewusst? – Gekonnt! **160**

■ **Strategien zur Entwicklung** .... **162 – 177**
    Welcher Weg ist der richtige? 162   B
    Nachhaltige Entwicklung – Hilfe zur Selbsthilfe 164   B
    Entwicklungszusammenarbeit mit Frauen –
    ein wichtiger Baustein zur Entwicklung 166   E
    Entwicklungsperspektive erneuerbare Energien – Afrika 168   E
    Die Industrie als Entwicklungsmotor – Indien 170   Z
    Tourismus als Entwicklungsmotor – Kenia 172   Z
    Im Fokus: Ruanda und Rheinland-Pfalz –
    eine Graswurzelpartnerschaft 174   V
    Gewusst? – Gekonnt! **176**

■ **Anwenden und üben** .... **178 – 185**
    Projekt vor Ort: Auch du kannst helfen! .... **178**   Z
    Im Fokus: Auf welche Entwicklungsstrategien setzt China?
    W Welche Entwicklungsstrategie hat die chinesische
        Regierung verfolgt und welchen Entwicklungsstand hat
        China erreicht? 180   Z
    W Was hat die chinesische Regierung unternommen,
        um die räumlichen Disparitäten zwischen West- und
        Ostchina abzubauen? 182   Z
    W Welche Entwicklungsstrategie verfolgt China,
        um weltweit zur führenden Wirtschaftsmacht zu werden? .. 184   Z

B = Basis   E = Erweiterung   V = Vertiefung   Z = Zusatz

Inhaltsverzeichnis

7. Globalisierte Lebenswelten 186

■ Im Zeitalter der Globalisierung ..... 188 – 205

Was heißt Globalisierung?	188	B
Baustein 1: Welche Rolle spielt der Handel?	190	B
Baustein 2: Welche Rolle spielt die Logistik?	192	B
Baustein 3: Welche Rolle spielt die Digitalisierung?	194	B
Baustein 4: Welche Rolle spielen die Global Player?	196	B
Baustein 5: Welche Rolle spielen die Arbeitskräfte?	198	B
Globalisierung hautnah – wie kommen die Waren aus aller Welt in unseren Alltag?	200	V
Unser täglicher Einkauf – welche Folgen hat er anderswo auf der Welt?	202	B
Gewusst? – Gekonnt!	**204**	

■ Die Weltwirtschaft im Prozess der Globalisierung ..... 206 – 227

Industrie 4.0 – die Digitalisierung der Arbeit	206	Z
Wie sieht die Industrie von morgen aus?	208	Z
Auf den Standort kommt es an!	210	Z
Die Automobilindustrie – weltweite Standorte	212	Z
Impfstoffe für die Welt – BioNTech	214	E
Global Cities – das Beispiel Singapur	216	B
Globalisierte Regenwälder – die Bedeutung des Palmöl-Booms	218	B
Freier Handel – fairer Handel?!	220	B
Globale Vernetzungen – mit Schattenseiten?	222	B
Macht die Globalisierung das Leben auf der Erde besser? – eine Debatte über Gewinner und Verlierer	224	B
Gewusst? – Gekonnt!	**226**	

■ Anwenden und üben ..... 228 – 233

Projekt vor Ort: Globalisierten Lebenswelten auf der Spur – eine Erkundung	228	Z
Im Fokus: USA – die führende Wirtschaftsmacht der Welt	230	
W Wandel und globale Bedeutung der Industrie	230	Z
W New York – eine Global City	232	Z

M Methoden 234

■ Methoden ..... 234 – 261 Ⓜ

Wie ...

... kann ich vernetzt denken? – Typisch Geographie!	234	Ⓜ
... ordne ich meine Gedanken? – Mindmap, Kausalkette, Wirkungsgefüge und Conceptmap	235	
... orientiere ich mich mit Atlas und (digitalen) Karten?	236	Ⓜ
... beschreibe und interpretiere ich eine thematische Karte?	237	
... nutze ich einen digitalen Atlas? – Diercke Atlas | Die App	238	Ⓜ
... nutze ich einen digitalen Globus? – Diercke Globus Online	238	Ⓜ
... nutze ich Google Earth als geographische Informationsquelle?	239	Ⓜ
... zeichne ich eine Kartenskizze?	240	

B = Basis   E = Erweiterung   V = Vertiefung   Z = Zusatz

... nutze ich ein WebGIS? ... 240 Ⓜ
... werte ich einen Fachtext aus? ... 241 Ⓜ
... beschreibe und interpretiere ich ein Foto? ... 241
... beschreibe und interpretiere ich Satellitenbilder? ... 242 Ⓜ
... beschreibe und interpretiere ich Tabellen und Diagramme? ... 243
... erstelle ich selbst Tabellen und Diagramme? ... 243 Ⓜ
... beschreibe und interpretiere ich ein Klimadiagramm? ... 244
... zeichne ich ein Klimadiagramm? ... 244 Ⓜ
... werte ich eine Bevölkerungspyramide aus? ... 245
... beschreibe und interpretiere ich eine Karikatur? ... 245
... arbeite ich mit Modellen? ... 246
... verknüpfe ich Informationen aus verschiedenen Materialien? ... 246
... verfasse ich ein Referat? ... 247 Ⓜ
... nutze ich eine Datenbank? ... 248 Ⓜ
... gelange ich an geeignete und glaubwürdige Informationen? ... 249 Ⓜ
... verfasse ich Quellenangaben? ... 249
... kann ich Materialien kritisch hinterfragen? – Statistiken, Diagramme, Fotos und mehr! ... 250 Ⓜ
... vergleiche ich richtig? ... 253
... kann ich meine Arbeitsergebnisse präsentieren? ... 254 Ⓜ
... präsentiere ich meine Ergebnisse mithilfe eines Computerprogramms? ... 255 Ⓜ
... erstelle ich ein Erklärvideo? ... 255 Ⓜ
... führe ich eine Diskussion oder Debatte? – Pro und Kontra ... 256
... führe ich eine Erkundung durch? ... 257 Ⓜ
... gehe ich bei einer Kartierung, einem Interview oder einer Meinungsumfrage vor? ... 258 Ⓜ
... nehme ich einen Raum genauer unter die Lupe? – Die Raumanalyse ... 259 Ⓜ
... kann ich Arbeitsaufträge richtig verstehen und lösen? ... 260
... können die Arbeitsergebnisse aussehen? ... 260
... kann ich Maße und Gewichte umrechnen? ... 261

A Anhang ... 262

- **Starthilfen** ... 262
- **Lernkarten** ... 264–268
  - Europa ... 264
  - Afrika ... 265
  - Asien, Australien und Ozeanien ... 266
  - Nordamerika ... 267
  - Mittel- und Südamerika ... 268
- **Minilexikon** ... 269
- **Strukturdaten** ... 274
- **Bildquellenverzeichnis** ... 276

B = Basis   E = Erweiterung   V = Vertiefung   Z = Zusatz

Nachhaltigkeit!

3 GESUNDHEIT UND WOHLERGEHEN

4 HOCHWERTIGE BILDUNG

7 BEZAHLBARE UND SAUBERE ENERGIE

8 MENSCHENWÜRDIGE ARBEIT UND WIRTSCHAFTSWACHSTUM

11 NACHHALTIGE STÄDTE UND GEMEINDEN

12 NACHHALTIGE/R KONSUM UND PRODUKTION

15 LEBEN AN LAND

16 FRIEDEN, GERECHTIGKEIT UND STARKE INSTITUTIONEN

1 KEINE ARMUT

2 KEIN HUNGER

5 GESCHLECHTER-GLEICHHEIT

6 SAUBERES WASSER UND SANITÄR-EINRICHTUNGEN

9 INDUSTRIE, INNOVATION UND INFRASTRUKTUR

10 WENIGER UNGLEICHHEITEN

13 MASSNAHMEN ZUM KLIMASCHUTZ

14 LEBEN UNTER WASSER

17 PARTNER-SCHAFTEN ZUR ERREICHUNG DER ZIELE

17 Ziele – ein Ziel

Der Begriff der Nachhaltigkeit beherrscht unsere Zeit. Mit Forderungen zur Nachhaltigkeit werden Wahlen gewonnen, mit der Forderung nach mehr Nachhaltigkeit gehen Tausende Schülerinnen und Schüler auf die Straße – weltweit. Wieso hat das Wort eine solche Bedeutung? Was ist genau damit gemeint?

1. a) Welche drei SDGs scheinen dir die wichtigsten? Begründe (M6).
   b) Erkläre an einem SDG deiner Wahl, was Nachhaltigkeit bedeutet (M2, M6).
   c) Erläutere an einem Thema des Erdkundeunterrichts, wieso in diesem Zusammenhang Nachhaltigkeit eine Bedeutung haben könnte (M1, M2).

2. Was bedeutet die Agenda 2030 für unser Leben (M3, M6, M8)? Verfasse dazu
   A einen Zeitungsartikel oder Flyer.
   B einen Podcast (2 min).

3. Die Karikatur M7 lässt sich auf einzelne Personen und auf ganze Staaten übertragen. Erkläre.

4. Schreibe einen Bericht über nachhaltige Lebensweise am Beispiel des Dorfes Sieben Linden (M4, M5).

Umwelt
z. B. Schutz der Ökosysteme

Gesellschaft
z. B. Gleichberechtigung, Integration

Wirtschaft
z. B. ressourcenschonende Produktion

Politik
z. B. Demokratie, Frieden, Menschenrechte

M2 Zu den drei Kernbereichen der Nachhaltigkeit – der *Gesellschaft*, der *Umwelt* und der *Wirtschaft* – wird häufig noch ein vierter Bereich hinzugefügt: die *Politik*. Dadurch soll deutlich werden, dass nachhaltige Entwicklung nur durch eine zukunftsgerichtete nachhaltige Politik stattfinden kann.

Am 25. September 2015 wurde in New York auf dem Weltgipfel für **nachhaltige Entwicklung** 2015 von der Generalversammlung der Vereinten Nationen die **Agenda 2030** verabschiedet. Sie trägt den Titel „Transforming our World: The 2030 Agenda for Sustainable Development." Kernstück sind die 17 Nachhaltigkeitsziele, die **Sustainable Development Goals (SDGs)**. Sie gelten für alle Staaten der Erde und nicht nur für die Entwicklungsländer wie die im Jahr 2000 verabschiedeten **Millenniumsziele**. Ziel ist, dass es zu einer globalen Veränderung kommt, zu einer nachhaltigen Entwicklung im sozialen, im ökologischen und im ökonomischen Bereich.

M3 Der „Weltzukunftsvertrag"

INTERNET

M4 Unter „17 Ziele" findest du zahlreiche Webseiten von Organisationen und Ministerien mit Ideen zur Umsetzung der SDGs in unserem Alltag.
Zum Ökodorf Sieben Linden gibt es eine offizielle Webseite, Filme und Fotos.

M1 Nachhaltigkeit – Thema des Erdkundeunterrichts?!

M5 Das Ökodorf Sieben Linden – ein Vorbild für die Zukunft? „Es ist ein ganzheitliches Gemeinschaftsprojekt mit dem Ziel, nachhaltige Lebensstile zu verwirklichen, die den ökologischen Fußabdruck stark verringern. Die Bereiche Ökologie, Soziales, Kultur und Ökonomie gehen dabei Hand in Hand, um eine zukunftsfähige Lebensweise mit einer hohen Lebensqualität zu verbinden." Quelle: Ökodorf Sieben Linden, www.siebenlinden.org, Zugriff: 19.10.2021.

1. Armut in jeder Form und überall beenden.
2. Den Hunger beenden, Ernährungssicherheit und eine bessere Ernährung erreichen und eine nachhaltige Landwirtschaft fördern.
3. Ein gesundes Leben für alle Menschen in jedem Alter gewährleisten und ihr Wohlergehen fördern.
4. Inklusive, gerechte und hochwertige Bildung gewährleisten und Möglichkeiten des lebenslangen Lernens für alle Menschen fördern.
5. Geschlechtergleichstellung erreichen und alle Frauen und Mädchen zur Selbstbestimmung befähigen.
6. Verfügbarkeit und nachhaltige Bewirtschaftung von Wasser und Sanitärversorgung für alle gewährleisten.
7. Zugang zu bezahlbarer, verlässlicher, nachhaltiger und moderner Energie für alle sichern.
8. Dauerhaftes, inklusives und nachhaltiges Wirtschaftswachstum, produktive Vollbeschäftigung und menschenwürdige Arbeit für alle fördern.
9. Eine widerstandsfähige Infrastruktur aufbauen, inklusive und nachhaltige Industrialisierung fördern und Innovationen unterstützen.
10. Ungleichheit in und zwischen Ländern verringern.
11. Städte und Siedlungen inklusiv, sicher, widerstandsfähig und nachhaltig gestalten.
12. Nachhaltige Konsum- und Produktionsmuster sicherstellen.
13. Umgehend Maßnahmen zur Bekämpfung des Klimawandels und seiner Auswirkungen ergreifen.
14. Ozeane, Meere und Meeresressourcen im Sinne nachhaltiger Entwicklung erhalten und nachhaltig nutzen.
15. Landökosysteme schützen, wiederherstellen und ihre nachhaltige Nutzung fördern, Wälder nachhaltig bewirtschaften, Wüstenbildung und Bodendegradation bekämpfen und den Verlust der Biodiversität aufhalten.
16. Friedliche und inklusive Gesellschaften für eine nachhaltige Entwicklung fördern, allen Menschen Zugang zur Justiz ermöglichen und leistungsfähige, rechenschaftspflichtige und inklusive Institutionen auf allen Ebenen aufbauen.
17. Umsetzungsmittel stärken und die globale Partnerschaft für nachhaltige Entwicklung mit neuem Leben erfüllen.

Quelle: Engagement Global gGmbH: 17 Ziele. 17ziele.de, Zugriff: 19.10.2021.

M6 Agenda 2030: die Sustainable Development Goals

M7 Erstveröffentlichung in der Green Bay Press-Gazette (Wisconsin, USA)

ERSTAUNLICH

M8 Die Karikatur zur Nachhaltigkeit ist schon von 2011...

Wenn du diese Aufgaben erfolgreich bearbeitet hast, kannst du ...
... einige Sustainable Development Goals (SDGs) nennen.
... die Bedeutung der Agenda 2030 für unser Leben erläutern.
... die Grundbegriffe **Nachhaltigkeit**, **nachhaltige Entwicklung**, **Agenda 2030**, **Sustainable Development Goals (SDGs)** und **Millenniumsziele** erklären.

1. Möglichkeiten der Raumplanung

Neubau Kindergarten

Wiederinbetriebnahme der Bahn-Steilstrecke in den Westerwald für den ÖPNV?

Neueinrichtung Kindergarten

Ausbau Rheinradweg

Gewerbebrache: Neubau Wohnanlage

Umbau barrierefreier Bahnhof

Neubau Wohnanlagen

Sanierung von 13 Straßen der Altstadt

Sanierung denkmalgeschützter Häuser der Altstadt

Teilsanierung Rheinanlagen

Abriss der Kirche: Neubau Wohnanlage?

Sanierung zweier Stadttore – weitere Sehenswürdigkeiten für Touristen

Neubau Regenwasser-Rückhaltebecken?

Neueinrichtung Smart-City-Büro

Neuanlage Premium-Wanderweg

Industriebrache: Wohnmobilstellplätze

Neubau Wohnanlage

Planungen einer Stadt im Zeitraum von drei Jahren, die den Raum verändern (Beispiel: Linz am Rhein 2019–2021)

Planungen für die Zukunft – auf vielen Ebenen

Raumplanung – notwendig?

Unser Lebensraum wird ständig verändert – unseren Bedürfnissen angepasst. Neue Wohngebiete entstehen, alte Industrieanlagen werden aufgegeben, Naturschutzgebiete werden ausgewiesen …
Welche Interessen stehen dahinter? Wie entscheidet man, welche Planung umgesetzt wird?

1. a) Interpretiere die Karikatur (M2). 245
   b) Bei welchen Planungen könnte es zu Raumnutzungskonflikten kommen? Nenne drei Beispiele.

2. a) Erkläre den Begriff Daseinsgrundfunktionen (M1).
   b) Ordne die Planungen in der Stadt Linz den Daseinsgrundfunktionen zu (S. 12/13). 242

3. Nimm zu einem der vier Problemfälle (M3) Stellung und entscheide (M7).

4. Im Zusammenhang mit dem Rückgang der Artenvielfalt oder mit den Hochwasserereignissen wird der zunehmende „Landschaftsverbrauch" kritisiert. Beschreibe die Abbildungen M6 und M8. 243 Nimm zu dieser Kritik Stellung in Form
   A eines Podcasts.
   B einer zeichnerischen Darstellung (Plakat, Karikatur).

5. „Nachhaltige Raumplanung" – wie könnte sie definiert sein? Schreibe einen Vorschlag für einen Lexikoneintrag.

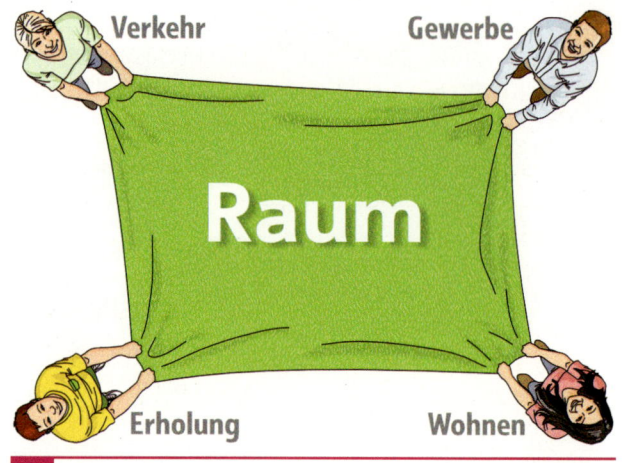

M2 Karikatur

Mögliche Problemfälle …

… in einer Stadt (A)
Dadurch, dass die Firma Musterfirm ihre Produktion an einen anderen Ort verlagert hat, ist nun eine große freie Fläche entstanden. Wie soll sie in Zukunft genutzt werden? Als Wohngebiet? Als Gewerbefläche? Als Park mit Kinderspielplatz zur Naherholung?

… in einem Dorf (B)
Energiewende! Zehn Windräder sollen in der Nähe errichtet werden. Es entsteht eine Bürgerinitiative, um dies zu verhindern …

… in einem Landkreis (C)
Aus verschiedenen Gründen ist der Kreis wirtschaftlich schwach. Das Land Rheinland-Pfalz wird ihn unterstützen. Was sollte man fördern? Mehr Industrie? Mehr Tourismus? Oder …?

… in einer Großstadt (D)
Starker Zuzug! Grundstücke und Wohnungen sind gefragt! Was sollte gebaut werden? Einfamilienhäuser? Mehrfamilienhäuser? Eine Großwohnsiedlung?

M3 Entscheidungen müssen getroffen werden, – Argumente pro und kontra abgewogen werden …

INTERNET

M4 Der Diercke Globus Online gibt dir die Möglichkeit, das Luftbild auf den Seiten 12/13 auch aus allen Himmelsrichtungen als Schrägluftbild in 3-D zu betrachten. Um das Relief zu veranschaulichen, kannst du es bis zu 400 Prozent überhöhen.

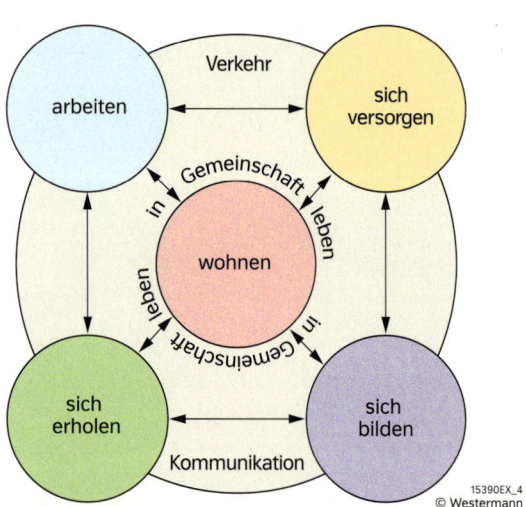

M1 **Daseinsgrundfunktionen:** Grundlegende menschliche Bedürfnisse und damit Ansprüche an den jeweiligen Lebensraum

Möglichkeiten der Raumplanung 15

M5 Bürgerinitiativen und einzelne Bürger kämpfen darum, dass ihre Wünsche und Befürchtungen bei den Planungen berücksichtigt werden.

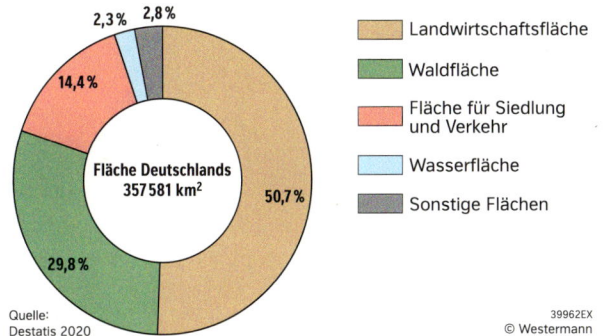

M6 Flächennutzung in Deutschland (2019)

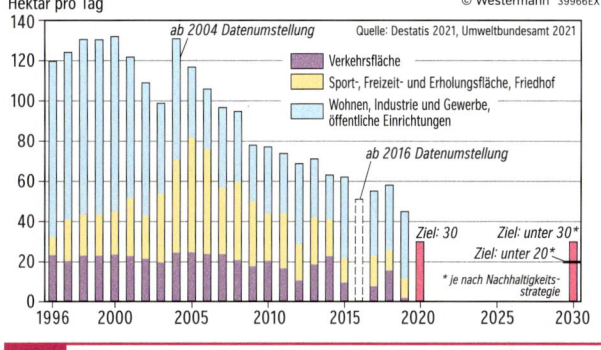

★M8 Jährlicher Anstieg der Siedlungs- und Verkehrsfläche in Deutschland

Grundstücke sind heiß begehrt: als Bauland, als Gewerbegebiet, als Erholungsfläche, als Ackerland oder als Verkehrsfläche. Unterschiedliche Interessengruppen wollen den Raum sehr unterschiedlich nutzen: Man will wohnen, man will arbeiten und Geld verdienen, man will sich erholen, sich bilden, Sport treiben oder shoppen gehen ...

Doch welchem dieser Interessen, welchem dieser Ansprüche an den Raum gibt man den Vorrang? Was ist für die Allgemeinheit wichtig? Was ist sinnvoll? Was ist nachhaltig? Darüber gehen die Meinungen oft weit auseinander. Nicht selten kommt es zu **Raumnutzungskonflikten**.

Die **Raumplanung** versucht, die Nutzung eines Raumes im Sinne des Allgemeinwohls zu gestalten. Dies geschieht auf unterschiedlichen Ebenen: Auf der Ebene des Bundes geht es vor allem darum, in allen Bundesländern gleichwertige Lebensbedingungen zu schaffen. Die Regierungen der Bundesländer erstellen Landesentwicklungspläne, die die großen Leitlinien künftiger Entscheidungen vorgeben. Von den Planungen auf der Stadt- bzw. auf der Gemeindeebene ist dann jeder von uns unmittelbar betroffen. Hier geht es darum, den zur Verfügung stehenden Raum möglichst sinnvoll den Daseinsgrundfunktionen zuzuordnen: Wo wird eine neue Kita errrichtet? Wann werden neue Fahrradwege gebaut? Welche Flächen werden als reine Wohngebiete ausgewiesen und wie darf dort gebaut werden?

M7 Raumplanung im Spannungsfeld unterschiedlicher Interessen

M9 Was soll auf dem ehemaligen Industriegelände entstehen?

M10 Geplante Wohnanlage

Wenn du diese Aufgaben erfolgreich bearbeitet hast, kannst du ...
- ... die unterschiedlichen Ansprüche erläutern, die bei der Raumplanung berücksichtigt werden müssen.
- ... Situationen beschreiben, in denen Raumnutzungskonflikte entstehen.
- ... die Grundbegriffe **Daseinsgrundfunktion**, **Raumplanung** und **Raumnutzungskonflikt** erklären.

Wie kann man Raumplanung steuern?

Die Nutzung eines Raumes zu planen, ist eine schwierige Aufgabe. Es gibt immer jemanden, der anderer Meinung ist, der andere Interessen verfolgt.
Wie können die Gemeinden ihre Planungen umsetzen? Wie können sie Vorhaben, die dem Gemeinwohl dienen, durchsetzen?

1. Wer bestimmt, was, wo, wie gebaut wird? Erkläre an einem Beispiel (M4, M5, M7).
2. a) Beurteile deine Mitsprachemöglichkeiten bei Planungen innerhalb deines Wohnortes (M1, M2, S. 15 M5).
   b) Erkläre M1. Ist das erstaunlich? Begründe.
3. a) Beschreibe die Funktion eines Flächennutzungsplans anhand von M6 und M7.
   b) Erläutere, inwieweit sich der Flächennutzungsplan im Luftbild widerspiegelt (S. 12/13, Internet 🗺).

M3 Nutzungen nach Plan – unterschiedlich

ERSTAUNLICH?

M1 Jeder hat die Möglichkeit, auf Planungen Einfluss zu nehmen! Direkt und indirekt über die Ratsversammlung.

Verbindliche Vorgaben, Gesetze
Die Vorgaben in Gesetzen (z. B. Naturschutzgesetz) oder bestimmten Plänen (z. B. Flächennutzungsplan, Bebauungsplan) sind für den Bauherrn verbindlich – auch wenn der Bauherr der Staat oder die Gemeinde ist.

Finanzielle Anreize
Mit Steuererleichterungen, Zuschüssen oder anderen finanziellen Anreizen kann man Standortbedingungen schaffen, dass bestimmte Vorhaben umgesetzt werden (z. B. Gewerbeansiedlung).

Eigene, öffentliche Investitionen
Durch direkte öffentliche Investitionen wie den Bau einer Fachhochschule oder einer Straße kann die Entwicklung eines Raumes beeinflusst werden.

M4 Steuerungsmöglichkeiten durch Staat oder Gemeinde

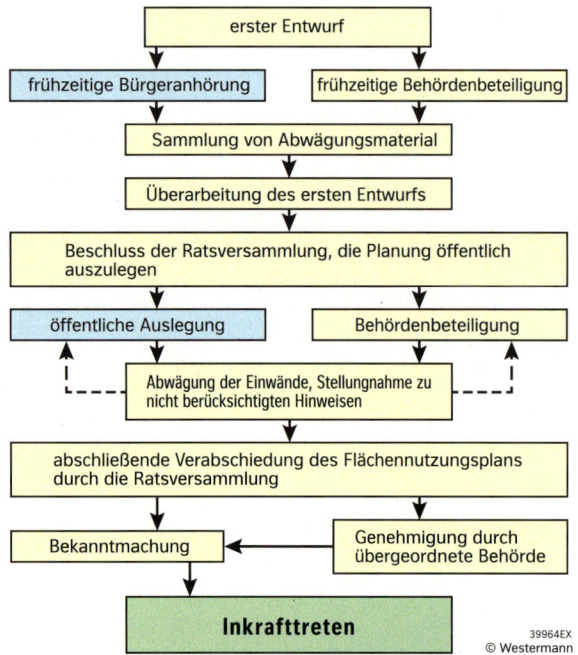

M2 Mitsprachemöglichkeiten bei der Erstellung eines Flächennutzungsplans – Bürgerbeteiligung

INFO

M5 Ein **Flächennutzungsplan** wird alle fünf bis zehn Jahre von der Gemeinde aufgestellt. Er legt die Nutzung der Flächen in einer Gemeinde fest (z. B. Flächen zur Erholung, zum Wohnen, für Gewerbebetriebe). Im **Bebauungsplan** werden dann für einige Teilbereiche noch verbindliche Vorgaben gemacht (z. B. Gebäudehöhe, Dachneigung).

Möglichkeiten der Raumplanung 17

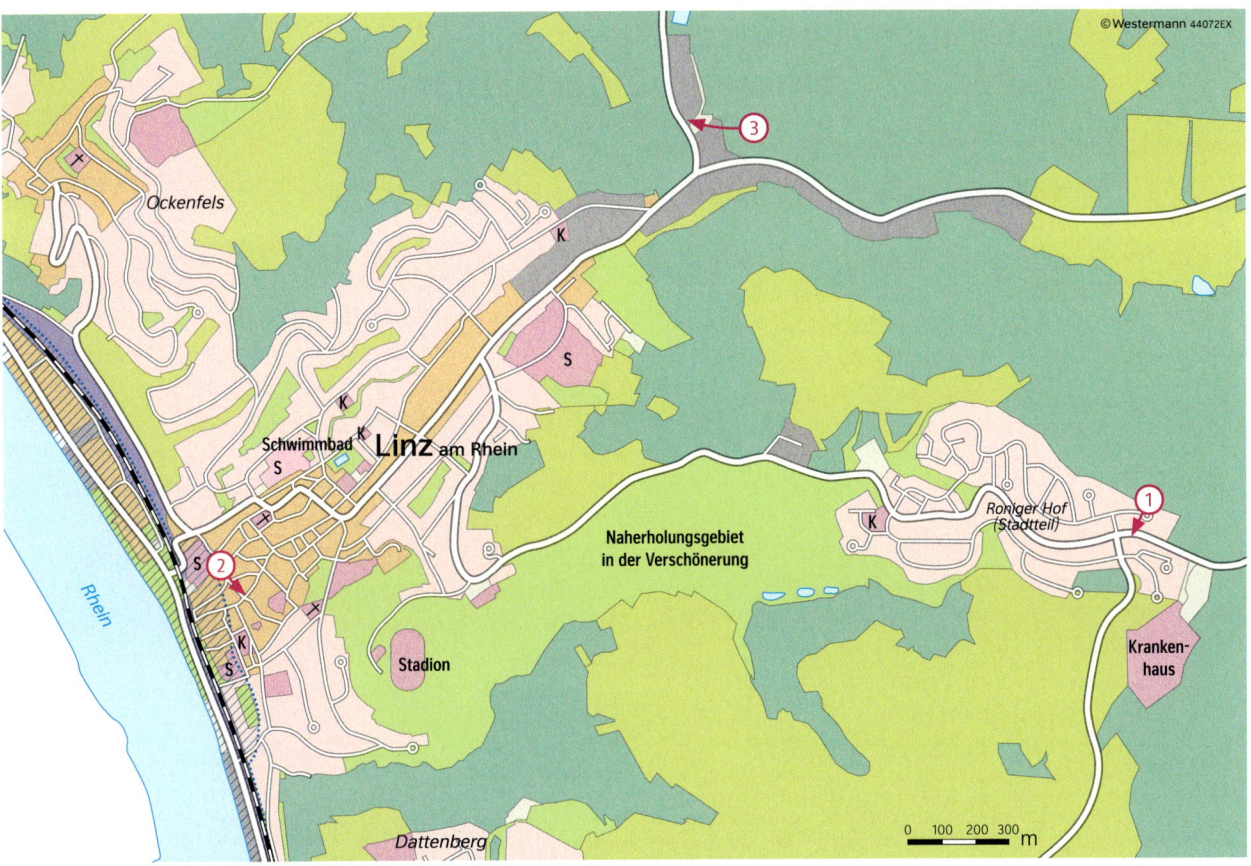

M6 Flächennutzungsplan der Stadt Linz (Luftbild siehe Seite 12/13; nachgezeichnet und vereinfacht)

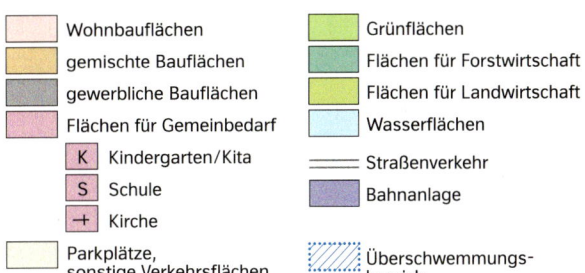

Legende (Auswahl, vereinfacht)
- Wohnbauflächen
- gemischte Bauflächen
- gewerbliche Bauflächen
- Flächen für Gemeinbedarf
- K Kindergarten/Kita
- S Schule
- + Kirche
- Parkplätze, sonstige Verkehrsflächen
- Grünflächen
- Flächen für Forstwirtschaft
- Flächen für Landwirtschaft
- Wasserflächen
- Straßenverkehr
- Bahnanlage
- Überschwemmungsbereich

Ziel aller Planungen in einer Gemeinde ist es, diese so weiterzuentwickeln, dass die Bürgerinnen und Bürger möglichst viel davon profitieren. Die allermeisten Gemeinden haben selbst nur wenige finanzielle Mittel, um alle gewünschten und auch sinnvollen Pläne durchzusetzen. Vieles kann man nur umsetzen, wenn Teile der Finanzierung übernommen werden: durch das Land Rheinland-Pfalz, den Bund oder auch durch die EU. Genauso wichtig ist es, dass private Investoren bereit sind, in einer Gemeinde zu investieren, sei es durch den Bau eines Einfamilienhauses oder die Errichtung eines Industriebetriebes. Eine Gemeinde kann das fördern, aber letztlich nur wenig Einfluss darauf nehmen.

Im Flächennutzungsplan schreibt die Gemeinde vor, ob auf einem freien Bauplatz ein Industriebetrieb errichtet werden darf oder ob dort nur Wohnbebauung zugelassen ist. Was das für ein Betrieb ist, wie viele Arbeitsplätze er bietet, das bestimmt der Investor. Lediglich zum Äußeren der Bebauung können durch den Bebauungsplan Vorschriften gemacht werden. So werden häufig bei Hangbebauung Flachdächer vorgeschrieben, damit die höher gelegenen Gebäude freie Sicht haben.

M7 Was ist erlaubt? Wer hat das Sagen?

INTERNET

M8 Den Flächennutzungsplan (M6) mit zusätzlichen Informationen findest du auf der Seite der Stadt Linz am Rhein unter „Stadtentwicklung".
Nahezu alle Städte und Gemeinden haben ihre Flächennutzungspläne ins Internet gestellt, z. B. Kaiserslautern, Koblenz, Mainz, Speyer, Ludwigshafen oder Pirmasens.

Wenn du diese Aufgaben erfolgreich bearbeitet hast, kannst du ...
... erklären, wie man die Nutzung eines Raumes steuern kann.
... die Grundbegriffe **Flächennutzungsplan**, **Bürgerbeteiligung** und **Bebauungsplan** erklären.

BEISPIEL 1 Läuft hier alles nach Plan? – Viel Wind um den Windpark Fürfeld

Seit 2014 drehen sich sieben Windräder im Windpark der Ortsgemeinde Fürfeld im Landkreis Bad Kreuznach. Sie liefern grünen Strom für etwa 25 000 Haushalte. Doch bis es so weit war, vergingen mehrere Jahre Planungszeit. Denn der Windpark war und ist umstritten.

1. a) Ermittle die Entfernung, die der Windpark Fürfeld (sieben Windräder) mindestens zu einer Wohnsiedlung bzw. zu einer gemischten Baufläche haben muss (M1, M4).
   b) Prüfe, ob diese Abstandsregeln am Ortsrand Fürfeld und am Hofgut Binder eingehalten werden. Nutze dazu M5. 236

2. Ist der Windpark in Fürfeld Fluch oder Segen? In der Gemeinde hört man unterschiedliche Meinungen. Lege in deinem Heft eine Bewertungsmatrix an.

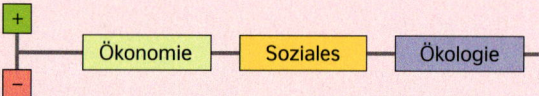

   a) Ordne Argumente für (+) und gegen (-) den Windpark in deine Matrix ein. Unterscheide bei den Argumenten zwischen den Bereichen „Ökologie", „Ökonomie" und „Soziales" (M6 – M9).
   b) Nenne die drei Argumente, die aus deiner Sicht am wichtigsten sind. Begründe.

3. **A** Du möchtest eine größere Summe Geld anlegen. Ein Bankberater schlägt dir vor, in Anteile an einem neuen Windpark zu investieren. Recherchiere Chancen und Risiken dieser Anlageformen (Internet, M2).
   B Die rheinland-pfälzische Landesregierung plant gesetzliche Änderungen der Abstandsregeln für Windräder. Recherchiere im Internet den aktuellen Stand (Internet, M3).

- 2011: Fürfeld wird als bevorzugte Fläche für Windkraft im Flächennutzungsplan (FNP) genannt.
- Jun. 2013: Baubeginn von 7 Windrädern
- Sep. 2013: Klage einer Bürgerinitiative gegen den Windparkbau und den FNP: Umweltverträglichkeit und Vogelschutz seien im FNP nicht ausreichend berücksichtigt worden.
- Feb. 2014: 3 Windkraftanlagen gehen in Betrieb.
- Apr. 2014: Oberverwaltungsgericht beschließt Bau- und Betriebsstopp: Umweltverträglichkeit wurde im FNP nicht ausreichend geprüft.
- Sep. 2014: aktualisierte Fassung einer Umweltverträglichkeitsprüfung
- Nov. 2014: Bau- und Betriebsstopp durch Oberverwaltungsgericht aufgehoben
- Dez. 2014: alle 7 Anlagen auf der Gemarkung Fürfeld in Betrieb
- Jan. 2015: Bürgerinitiative klagt erneut vor dem Oberverwaltungsgericht wegen mangelnder Umweltverträglichkeit und fordert Betriebsstopp.
- Okt. 2018: Oberverwaltungsgericht gibt Klägern nicht recht; der FNP war und ist gültig; die Bürgerinitiative erwägt weitere Klage vor Bundesverwaltungsgericht.

M2 Planung und Umsetzung des Windparks in Fürfeld

Die rheinland-pfälzische Landesregierung plant gesetzliche Änderungen der Abstandsregelungen für Windräder zu Siedlungen. Zukünftig sollen Windräder näher zu Wohn- und Gewerbeflächen errichtet werden dürfen. Mit den geänderten Vorgaben werden weitere Flächen im Land für die Windenergienutzung zur Verfügung stehen. Einige Bürgerinitiativen äußern bereits scharfe Kritik an dem Vorhaben. Auf diese Weise würde die Akzeptanz für Windräder in der Bevölkerung weiter sinken. Fürsprecher hingegen verweisen darauf, dass die Abstandsregeln in Deutschlands Nachbarländern zum Teil noch geringer seien. So gelten in Frankreich nur 500 Meter und in den Niederlanden gar keine konkreten Vorgaben.

M3 Die Landesregierung plant neue Abstandsregeln für Windräder.

	45 dB(A)*	40 dB(A)*	35 dB(A)*
Einzelanlage	280 m	410 m	620 m
kleinerer Windpark[1]	440 m	740 m	1100 m
größerer Windpark[2]	500 m	830 m	1300 m
Geräusche zum Vergleich	üblicher häuslicher Hintergrundschall z. B. Kühlschrank		Flüstern

[1] 7 Windräder [2] 21 Windräder *dB(A): Schalldruckpegel des Hörempfindens
Daten: LfU 2013

M1 Lärmemission durch Windkraftanlagen

Immissionsorte außerhalb von Gebäuden	Richtwert bei Tag in dB(A)*	Richtwert bei Nacht in dB(A)*
Mischgebiet	60	45
reines Wohngebiet	50	35

*dB(A): Schalldruckpegel des Hörempfindens Daten: TA-Lärm 1998, 2017

M4 Lärmrichtwerte gemäß Immissionsschutzgesetz

Möglichkeiten der Raumplanung 19

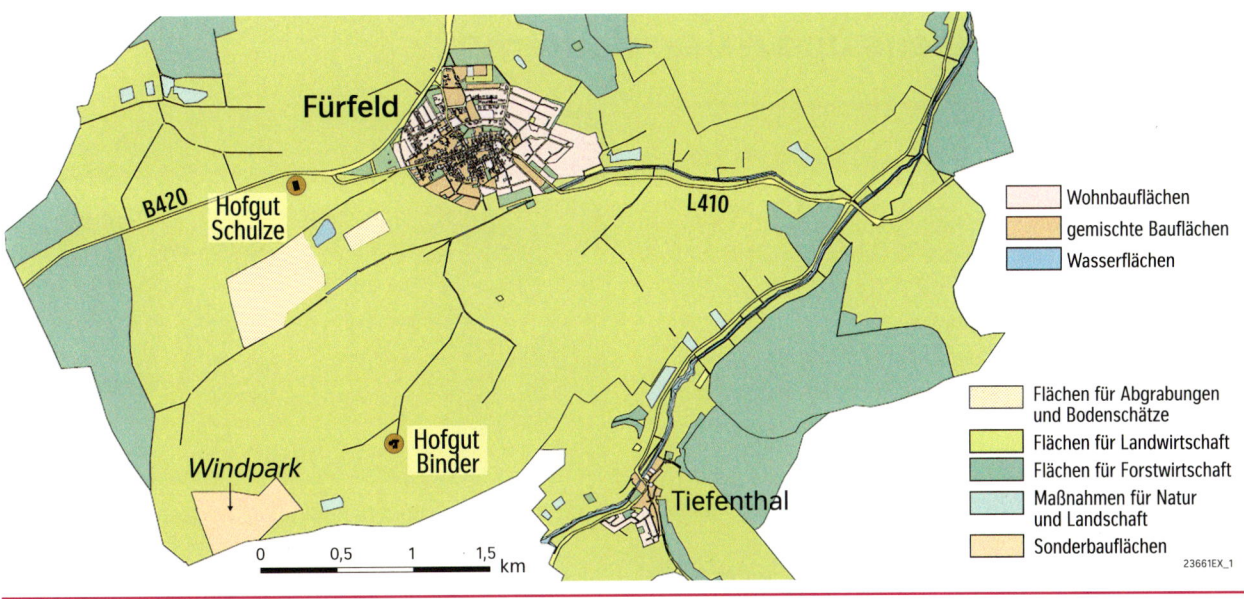

M5 Ausschnitt aus dem Flächennutzungsplan der Verbandsgemeinde Bad Kreuznach

M6 Warnschild am Feldweg

M8 Trauriger Fund unter einem Windrad. Der gefährdete Rotmilan jagt auch bei Fürfeld.

Um die gleiche Menge an Strom zu produzieren, erzeugt …

… der Windpark Fürfeld 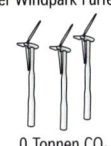 0 Tonnen CO_2

… ein Kohlekraftwerk  34 000 Tonnen CO_2

30 000 Tonnen CO_2 entsprechen der CO_2-Menge, …

… die ein Auto bei 5000 Erdumrundungen erzeugt.

… die ein Wald mit 75 000 Bäumen in einem Jahr aufnehmen kann.

M9 CO_2-Bilanz des Windparks Fürfeld

Durch erneuerbare Energien entstehen keine giftigen Abfälle.

Alle Bürger können Geld für den Bau der Windräder dazugeben. Der Erlös aus dem Stromverkauf fließt dann zum Teil an diese Investoren zurück.

Es werden neue Strommasten errichtet.

Windräder erzeugen Lärm.

Windräder können den Wert der Häuser und Grundstücke in der Umgebung senken.

Bei Fürfeld leben Fledermäuse. Trotz Ultraschall können sie Windräder bei Nacht nicht richtig wahrnehmen.

Die Fläche, auf der das Windrad steht, wird versiegelt.

Die Windräder erzeugen regelmäßigen Schattenwurf.

Die Betreiber der Windräder zahlen Steuern an die Gemeinde. Das Geld könnte zum Beispiel für die Grundschule oder neue Straßen genutzt werden.

Das Landschaftsbild wird beeinflusst.

Auf den Windrädern sind blinkende Warnleuchten angebracht.

Die Ackerflächen, auf denen die Windräder errichtet werden, gewinnen durch die Windkraftnutzung stark an Wert.

Es weht nicht ständig Wind.

Im März und November ziehen Kraniche über Fürfeld. Bei Nebel in nur 50–100 m Höhe.

Die Gemeinde kann ihren Stromverbrauch fortan selbst decken.

M7 Argumente rund um den Windpark Fürfeld

Wenn du diese Aufgaben erfolgreich bearbeitet hast, kannst du …
- … den Inhalt eines Flächennutzungsplans beschreiben.
- … Vor- und Nachteile der Stromerzeugung durch Windkraft nennen.
- … Argumente für und gegen die Windkraft den Bereichen „Ökologie", „Ökonomie" und „Soziales" zuordnen.

Planungen für die Zukunft – auf vielen Ebenen

BEISPIEL 2 Frischer Wind auf alten Industriegeländen – Pirmasens und Kaiserslautern

In vielen Städten gibt es Industrieflächen, die brach liegen, wie zum Beispiel das Rheinberger-Gelände in Pirmasens oder das Pfaff-Gelände in Kaiserslautern.
Wie können diese Flächen sinnvoll und nachhaltig genutzt werden?

M2 Pirmasens: Das Dynamikum, ein Wissenschaftsmuseum zum Mitmachen, wurde 2008 auf der Industriebrache „Rheinberger" eröffnet. Rund 90 000 Gäste, darunter viele Schulklassen, besuchen das Museum jedes Jahr. Durch das Dynamikum und die 2019 neu eröffnete Jugendherberge wurde die touristische Infrastruktur gestärkt.
„Wir halten es für realistisch, dass dadurch die Zahl der Touristen, die in Pirmasens übernachten, um rund 15 000 pro Jahr ansteigt. Davon profitieren die Gastronomie und der Einzelhandel in Pirmasens", meint Jörg Bauer, Stadtplaner der Stadt Pirmasens.

1. a) Vergleiche die frühere und heutige Nutzung im „Rheinberger" (M1, M2).
   b) Nenne mögliche Vorteile der heutigen Nutzung des innenstadtnah gelegenen Gebäudes (M1, M2, Internet).
2. Erstelle ein Werbeplakat, das Interessenten davon überzeugen soll, Geld auf dem ehemaligen Pfaff-Gelände Kaiserslautern zu investieren (M5 – M9, Internet). **246**
3. Bewerte in Bezug auf ihre Nachhaltigkeit
   A die Umnutzung der ehemaligen Schuhfabrik Rheinberger in Pirmasens (M1, M2).
   B das Planungsvorhaben auf dem Pfaff-Gelände Kaiserslautern (M5 – M9).
4. Nimm dazu Stellung, ob die ehemaligen Industriebrachen (M3) in Pirmasens und Kaiserslautern sinnvoll genutzt werden.
5. Recherchiere und berichte über Industriebrachen in deinem Heimatraum (M3). **249**

INFO

M3 Eine **Industriebrache** entsteht, wenn ein ehemaliges Industriegebiet oder -grundstück nicht mehr genutzt wird. Dann verfallen die Gebäude oder sie werden abgerissen.

ERSTAUNLICH

M4 In Pirmasens wurden im Jahr 1969 rund 62 Millionen Paar Schuhe hergestellt. Das entspricht der Hälfte aller in Deutschland produzierten Straßenschuhe.

Nutzung des 1905/1906 gebauten und später erweiterten Gebäudes der Unternehmerfamilie Rheinberger
Nutzfläche bis 2003/2004: 25 000 m²

Jahr	Beschäftigte
1914	1400
1951	2500
1981	750

1995 Fabrik geschlossen, danach Leerstand (Industriebrache), ehemals größte Schuhfabrik Europas

2004 – 2008
Umbau des Gebäudes (zum Teil auch Abriss), das seit 2005 unter Denkmalschutz steht
- Investition in Abriss, Gebäudehülle und Gebäudeinfrastruktur: ca. 18 Mio. Euro, davon: Stadt Pirmasens ca. 6 Mio. Euro, Land Rheinland-Pfalz und Bund ca. 11 Mio. Euro, Rheinberger-Stiftung 1 Mio. Euro
- Investition in Innenausbau und Einrichtung: privater Investor ca. 6 Mio. Euro; Dynamikum und Touristinformation (Stadt Pirmasens) ca. 5,5 Mio. Euro, verschiedene Spenden und Förderungen zum städtischen Anteil

Nutzung 2021
Nutzfläche: 16 000 m²
200 bis 300 Arbeitsplätze

Dynamikum, Touristinformation, Ärzte, Physiotherapeut, Krankenpfleger-Schule, Montessori-Schule, Zeitungsredaktion, IT-Unternehmen, Rechtsanwalts- und Steuerkanzlei, Fitnesscenter, Frisör, Caritas

M1 Pirmasens: Die Stadt ist ein wichtiges Zentrum der Schuhindustrie in Deutschland. Dort gibt es rund 100 Unternehmen und Zulieferbetriebe der Schuh- und Lederindustrie mit insgesamt 3000 Beschäftigten (Stand 2021). Seit den 1970er-Jahren mussten jedoch viele Betriebe, auch die Schuhfabrik Rheinberger, die Produktion einstellen. Die Konkurrenz aus dem Ausland (Südeuropa, Ostasien) war zu groß. Die Industriebrache Rheinberger wurde revitalisiert, das heißt, wiederbelebt.

Möglichkeiten der Raumplanung 21

M5 Kaiserslautern: auf dem rund 200 000 m² großen, ehemaligen Industriegelände der Nähmaschinenfabrik Pfaff, das seit 2009 jahrelang brach lag

M8 Kaiserslautern: öffentliche Grünfläche auf dem Pfaff-Gelände mit Spielplatz und Sportanlage (geplant, Bildmontage)

Auf dem ehemaligen Pfaff-Industriegelände gibt es **Altlasten**. Die Gebäude sind mit Schadstoffen (z. B. Asbest) belastet, die Böden und das Grundwasser mit Schwermetallen (z. B. Arsen, Blei, Quecksilber sowie Teer und Farbresten). Auf dem Gelände gibt es auch über 100 verfüllte Bombentrichter aus dem Zweiten Weltkrieg (1939 bis 1945). Damit das Pfaff-Gelände genutzt werden kann, müssen zuerst gesunde Wohn- und Arbeitsverhältnisse geschaffen werden. Die alten Gebäude werden bis auf wenige Ausnahmen abgerissen, Böden abgetragen und das Grundwasser saniert. Das ist teuer. Es wird mit Kosten in Höhe von insgesamt 65 Mio. Euro gerechnet. Die Sanierung des Grundwassers dauert rund 30 Jahre.

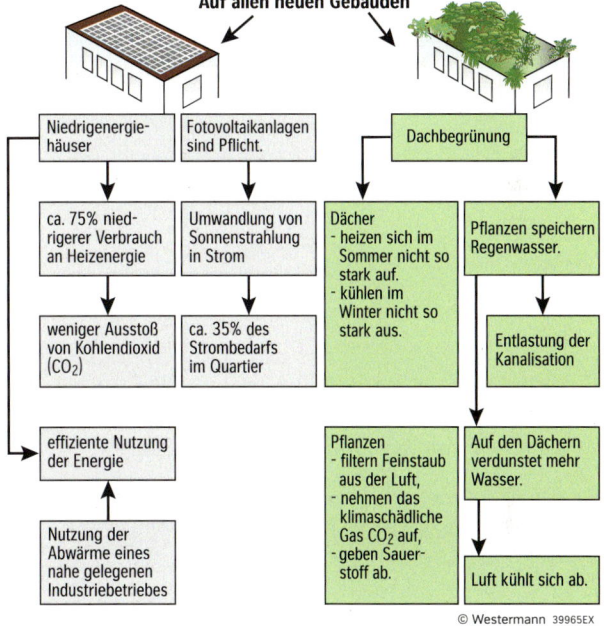

M6 Kaiserslautern: alte Industrieflächen mit alten Lasten

M9 Kaiserslautern: Wohnen im neuen Stadtquartier

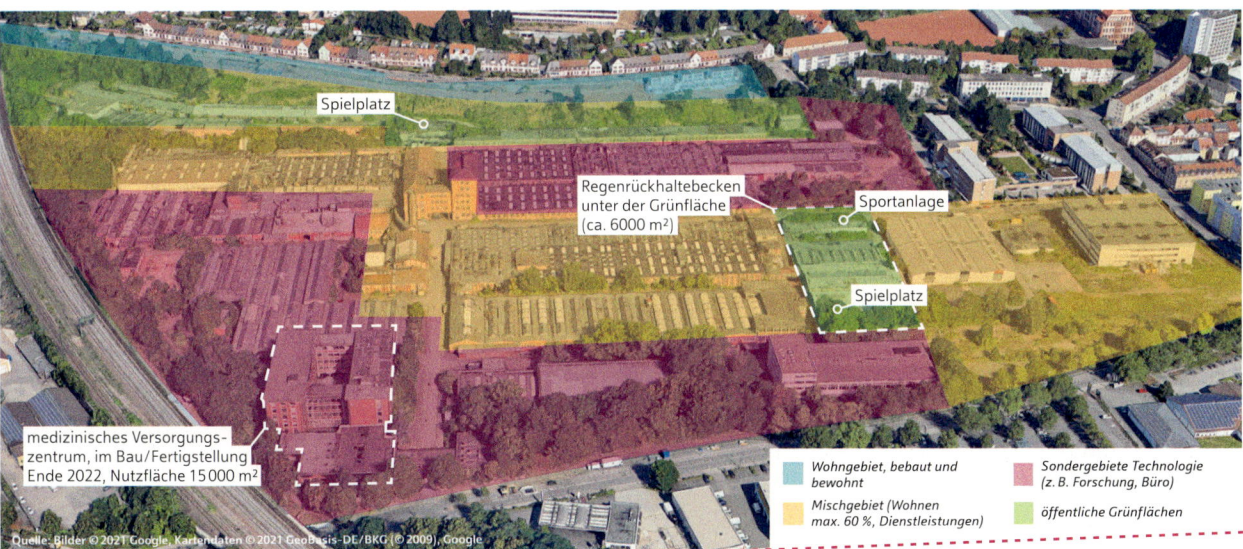

M7 Kaiserslautern: Nutzung des ehemaligen Pfaff-Geländes (vereinfachte Darstellung)

> *Wenn du diese Aufgaben erfolgreich bearbeitet hast, kannst du …*
> … beschreiben, wie ehemalige Industrieflächen heute genutzt werden.
> … Planungsvorhaben bewerten.
> … die Grundbegriffe **Industriebrache** und **Altlast** erklären.

Planungen für die Zukunft – auf vielen Ebenen

BEISPIEL 3 Unterstützung beim Aufbruch – Raum Birkenfeld

Der Raum Birkenfeld ist – vor allem nach Abzug von Militär – wirtschaftlich in eine schwierige Lage geraten. Wie kann man den Aufschwung fördern?
Die Gemeinde Hoppstädten-Weiersbach und der Nationalpark Hunsrück-Hochwald zeigen Möglichkeiten.

1. Beschreibe die Lage des Ortes Hoppstädten-Weiersbach um 1970 (M1, M2, M4, Internet).
2. Erläutere, welche möglichen Auswirkungen die Förderung in einem strukturschwachen Raum haben kann: am Beispiel
   A des Umwelt-Campus Birkenfeld (M3, M6).
   B des Nationalparks Hunsrück-Hochwald (M6, M7).
3. „Hoppstädten-Weiersbach hat den Strukturwandel von einem landwirtschaftlich geprägten Ort zu einer Gewerbe- und Industriegemeinde geschafft", so Arnold Meiborg, ehemaliger Ortsbürgermeister von Hoppstädten-Weiersbach. Nimm Stellung zu dieser Aussage.
4. Bewerte die zukünftigen Entwicklungschancen des Landkreises Birkenfeld (M3 – M8). **246**

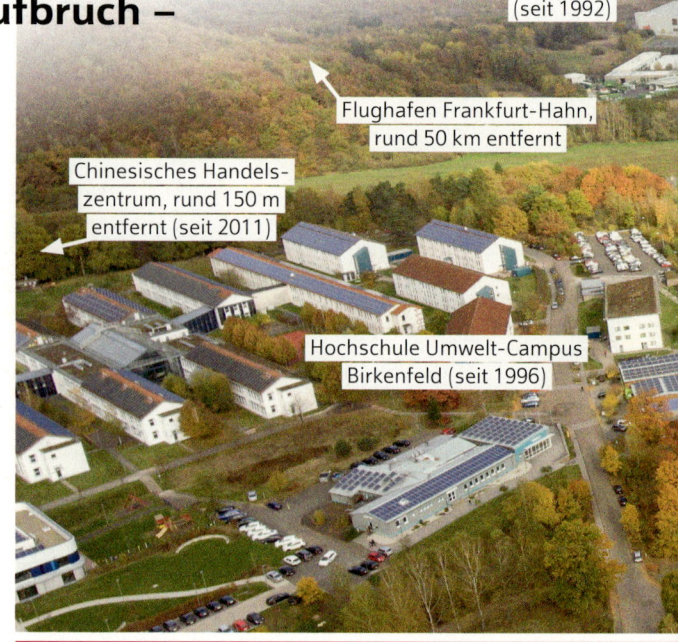

M3 In Hoppstädten-Weiersbach haben sich seit den 1970er-ein gelungenes Beispiel für die neue Nutzung ehemals

INFO

M4 Ein **strukturschwacher Raum** ist ein Gebiet, das mehrere der folgenden Merkmale aufweist:
Randlage innerhalb Deutschlands, niedrige Bevölkerungsdichte (Einw./km^2), Wegzug vor allem junger Menschen, zu wenig Arbeitsplätze, schlechte Verkehrsanbindung.

	Hoppstädten-Weiersbach		Landkreis Birkenfeld	
	1970	2020	1970	2020
Einwohner	2329	3663	93619	80830
Einwohner/km^2	130[1]	207[1]	127[1]	104[1]
Berufseinpendler	156[2]	1228[2]	2573[3]	6600[3]
Berufsauspendler	540[2]	846[2]	2551[3]	9938[3]

[1] zum Vergleich Rheinland-Pfalz: 1970 184 Einw./km^2, 2020 206 Einw./km^2
[2] über die Gemeindegrenze   [3] über die Landkreisgrenze
Quelle: Statistisches Landesamt Rheinland-Pfalz

M1 Gemeinde Hoppstädten-Weiersbach und Landkreis Birkenfeld

„Als ich 1969 zum Bürgermeister gewählt wurde, gab es in unserem Dorf ungefähr 15 Bauern, ein paar Handwerker, aber keinen einzigen Industriebetrieb. Das änderte sich erst, nachdem die Gemeinde Gewerbe- und Industriegebiete erschlossen hatte. Wir haben dort Grundstücke, die der Gemeinde gehörten, zu einem günstigen Preis verkauft."

M2 Interview mit dem ehemaligen Ortsbürgermeister von Hoppstädten-Weiersbach, Arnold Meiborg

Es gibt rund 300 chinesische Unternehmen in Hoppstädten-Weiersbach (Stand 2021). Diese haben im ICCN (International Commercial Center Neubrücke, einem Ortsteil von Hoppstädten-Weiersbach) Appartements gekauft. In ihren Büros stellen sie Waren aus, mit denen sie handeln. Von hier aus organisieren sie den Import chinesischer Waren, die sie in Deutschland und anderen europäischen Ländern verkaufen, und den Export von Waren nach China. Die Gründung des ICCN geht auf eine private Initiative zurück. Bis 2021 wurden rund 30 Mio. Euro in die Sanierung und den Neubau von Gebäuden investiert.

M5 Chinatown im Landkreis Birkenfeld

Möglichkeiten der Raumplanung 23

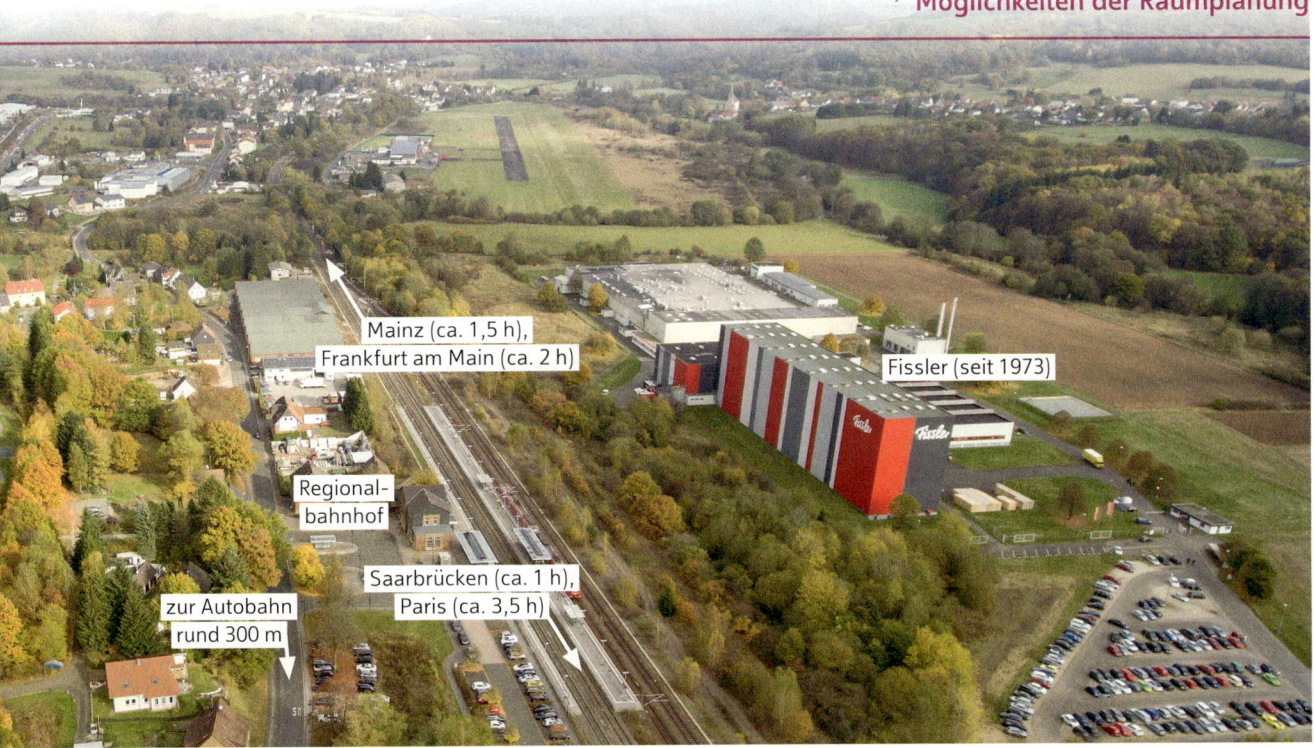

Jahren zahlreiche Gewerbe- und Industriebetriebe angesiedelt, die an die Gemeinde Steuern zahlen. Die Hochschule ist militärischer Flächen (**Konversion**) in Rheinland-Pfalz.

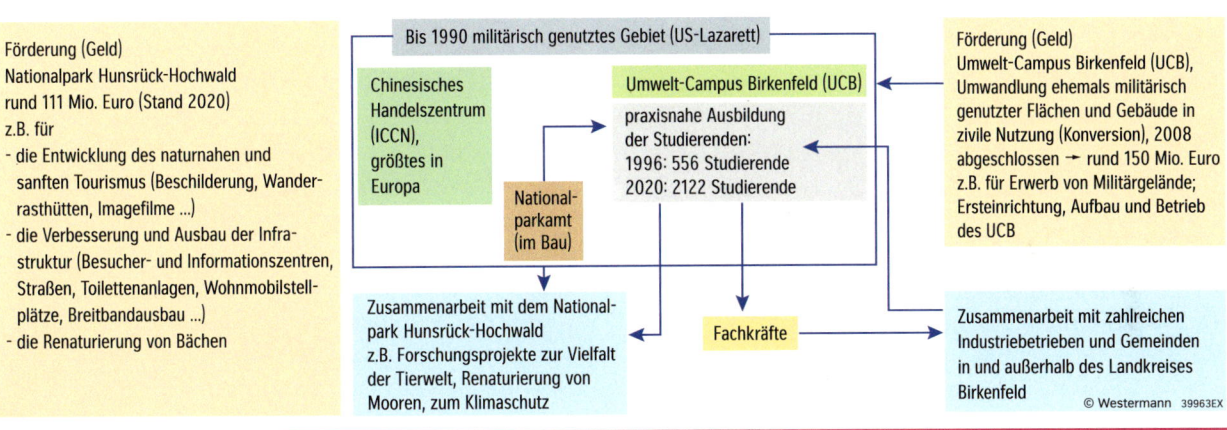

M6 Umwelt-Campus, Handelszentrum, Nationalpark – Entwicklungsimpulse im strukturschwachen Raum Birkenfeld

M7 Der Nationalpark Hunsrück-Hochwald: Nationalparkgemeinden, private Unternehmen und Privatinitiativen in der Nationalparkregion werden gefördert, um die Entwicklung des strukturschwachen Landkreises Birkenfeld zu unterstützen; Geld stellten und stellen zum Beispiel das Land Rheinland-Pfalz, der Bund (Deutschland) und die EU zur Verfügung. Es wird erwartet, dass allein durch den Nationalparktourismus bis zu 240 zusätzliche Arbeitsplätze geschaffen werden. Bis 2025, zehn Jahre nach Eröffnung des Nationalparks, wird zusätzlich mit 240 000 Tagesgästen und 110 000 Übernachtungstouristen gerechnet, die rund 10 Mio. Euro in der Region ausgeben.

„Aktuell konzentriert sich die Wirtschaftsförderung auf die Fachkräfteinitiative www.deinbir.de. Wir stellen gemeinsam mit Unternehmen aus der Region jungen Menschen die Vielfalt hoch innovativer Betriebe im Landkreis Birkenfeld vor. Unser Ziel ist es, dass gut ausgebildete Jugendliche hier einen Arbeitsplatz finden und wohnen bleiben. Die Betriebe brauchen Fachkräfte, damit sie auch in Zukunft gegenüber der Konkurrenz wettbewerbsfähig bleiben."

M8 Michael Dietz, Geschäftsführer der Wirtschaftsförderungs- und Projektentwicklungsgesellschaft Kreis Birkenfeld mbH

Wenn du diese Aufgaben erfolgreich bearbeitet hast, kannst du ...
... einen ländlichen, wirtschaftlich schwachen Raum beschreiben.
... Projekte zur Förderung einer wirtschaftlich schwachen Region erläutern.
... die Grundbegriffe **Konversion** und **strukturschwacher Raum** erklären.

Planungen für die Zukunft – auf vielen Ebenen

BEISPIEL 4: Wir planen ein Tiny-Haus – Trier

M2

Klein, preiswert und vielleicht sogar beweglich – Tiny-Häuser sind seit Jahren Trend in den USA – ein Trend, der jetzt auch Europa erfasst.
Wo darf man Tiny-Häuser bauen? Wer kann sie sinnvoll nutzen? Bieten sie genug Platz?
Wir planen uns selbst ein Tiny-Haus …

1. Beschreibe unterschiedliche Arten von Tiny-Häusern und mögliche Nutzungen (M1 – M3, M5, M7 – M9, S. 11 M5, Internet: dasvillage).

2. „Viele unserer Kunden möchten einfach ihren ökologischen Fußabdruck verringern," sagt ein Tiny-Haus-Hersteller. Erkläre.

3. Könntest du dir vorstellen, selbst in einem Mikrohaus zu wohnen? Begründe.

4. **Projektvorschlag:**
   a) Plane ein Tiny-Haus (M7, M10)
      - **A** für einen Standort in deinem Heimatort oder Schulort, aber beweglich, sodass du den Ort auch wechseln könntest.
      - **B** für einen festen Standort in Trier-Feyen, Castelnau Mattheis (M3, M4, M6).
   b) Präsentiere deinen Planungsentwurf ▶ 254
      Begründe dabei
      - deine Planung (z. B. Größe, Ausstattung des Innenraums),
      - den von dir gewählten Standort. Nutze dabei zur Veranschaulichung Pläne, Bilder und Karten (z. B. Flächennutzungsplan, Bebauungsplan, Luft- oder Satellitenbilder).
   c) Diskutiert eure Planung.
   d) Vergleicht und bewertet eure Planungen (Zweckmäßigkeit, Nachhaltigkeit).

Können Tiny Houses den Trierer Wohnungsmarkt entspannen?

Für Joachim Gilles, Ortsvorsteher von Trier-Filsch, könnten Tiny Houses ein Baustein sein, um den engen Trierer Wohnungsmarkt zu entlasten. „Regelmäßig fragen Bürger bei mir nach Grundstücken […]. Für manche könnte ein Tiny House eine Lösung sein: Auf normalen Bauplätzen, auf dem sonst ein einziges Einfamilienhaus Platz hat, könnten vier Tiny Houses stehen. Dazu kommt, dass die Mini-Häuser ab 30 000 Euro zu haben sind. Klar, platzmäßig muss man sich beschränken, aber für bestimmte Lebensphasen könnte das passen. […] Ich könnte mir zum Beispiel vorstellen, dass etwa ein alter Sportplatz als Aufstellplatz ausgewiesen wird", meint Gilles. […] Auch eine in Trier-Nord neu gegründete Genossenschaft wünscht sich Bauplätze für solche Mini-Häuser auf dem freiwerdenden Areal neben dem Hauptfriedhof. Zehn bis 15 solcher Tiny Houses könnten auf dem ehemaligen Gelände der alten Stadtgärtnerei entstehen für ein naturnahes und soziales gemeinschaftliches Wohnen. […] Dass echte Tiny Houses grundsätzlich auf fahrbaren Trailern stehen, bleibt für Gilles trotzdem ein Vorteil: „Junge Menschen etwa, die zum Studieren nach Trier kommen und nach dem Abschluss wieder wegziehen, könnten ihr Eigenheim dabei flexibel mitnehmen."

Quelle: Wolff, Christiane: Können Tiny Houses den Trierer Wohnungsmarkt entspannen? In: Trierischer Volksfreund, 02.02.2021.

M3 Zeitungsartikel zu Tiny-Houses

INFO

M1 Ein **Tiny-Haus** (auch Tiny House, Mini-, Mikrohaus) hat etwa 15 bis 45 m² Wohnfläche auf bis zu drei Etagen. Es ist vollständig eingerichtet wie ein großes Haus (nicht wie ein Wohnwagen), wobei die Fläche optimal genutzt wird. Tiny-Häuser gibt es als Bausatz und als fertigen Luxus-Cube. Ein „Wohngebiet für Kleinhäuser" wurde 2021 zum ersten Mal in der Stadt Mehlmeisel in einen Bebauungsplan eigetragen (www.dasvillage.de).

INTERNET

M4 Das neue Wohnquartier Castelnau Mattheis hat einen informativen Internetauftritt mit Angaben zur Lage, zur Verkehrsanbindung und vielem mehr.
Die Stadt Trier – Stadtplanungsamt bietet Informationen zum Konversionsgebiet Castelnau und den Flächennutzungsplan von Trier.

Möglichkeiten der Raumplanung 25

M5

M9

In Trier wird zurzeit ein neues Wohngebiet erschlossen: Das ehemalige Kasernengelände Castelnau in Trier-Feyen ist im Rahmen einer Konversion nun als neues Wohnquartier Castelnau Mattheis erschlossen worden (M4). Der Bebauungsplan macht für mögliche Baugrundstücke folgende Vorgaben: Allgemeines Wohngebiet, nur 40 % des Grundstücks dürfen bebaut werden, Traufhöhe max. 7,5 m, Oberkante der Gebäude maximal 10,5 m, Abstand zur Straße 3 m, die Flächen für Garagen sind festgelegt, das Baugebiet ist von Parks durchzogen und von Wald umgeben.

M6 Vorgaben des Bebauungsplans (Auswahl)

VERPFLICHTEND!

M7 Vorgaben für die Planung:
- Ist das Tiny-Haus beweglich auf einem Fahrgestell, benötigt man eine Wohnwagenzulassung des TÜV. Es darf nicht schwerer sein als 3,5 t und maximal 7,50 m lang, 2,55 m breit, 4,00 m hoch.
- Als dauerhaft stehendes Gebäude darf es nur auf einem erschlossenen Grundstück (Straßenzugang!) mit Baugenehmigung stehen. Es ist dann den Vorgaben des Bebauungsplans unterworfen. Es muss sich in die Umgebungsbebauung einfügen.

Material: Millimeterpapier, Bleistift, Lineal
Maßstab: sinnvoll 1 : 50 oder 1 : 25

Vorgehensweise
- Umrisse des Hauses maßstabsgetreu zeichnen.
- Grundfläche der Einrichtungsgegenstände maßstabsgerecht zeichnen und ausschneiden.
- Einrichtung mit den ausgeschnittenen Einrichtungsgegenständen planen.
- Entwürfe fotografieren und danach immer wieder neu kombinieren, bis das Optimum erreicht ist.
- Legende verfassen.

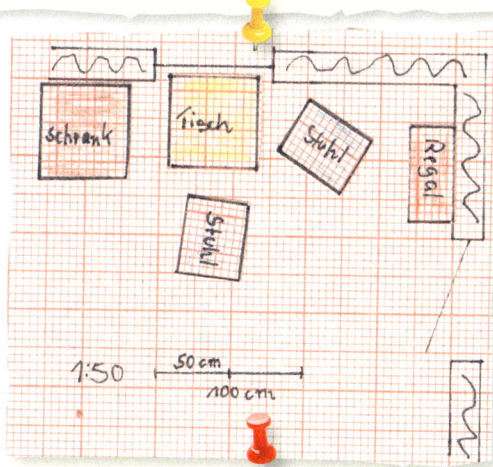

Mögliche Maße der Grundflächen (Länge · Breite in cm):
Bett: 200 · 80; Stuhl: 50 · 40; Tisch: 80 · 60; kl. Bad (Toilette, Becken, Dusche) 200 · 150; Miniküche (Spüle, 2 Kochfelder, Spülmaschine): 120 · 60

Um einen realistischen Plan zu zeichnen, miss die Grundfläche deiner Möbel daheim aus. Achtung! Bei der Planung an Bewegungsflächen denken!

✷M10 Projekt Tiny-Haus

M8

Wenn du diese Aufgaben erfolgreich bearbeitet hast, kannst du ...
... eigene maßstabsgerechte Planungsentwürfe gestalten.
... Vor- und Nachteile eines Tiny-Hauses nennen.
... Vor- und Nachteile einer bestimmten Wohnlage gegeneinander abwägen.

Wie macht sich eine Kleinstadt fit für die Zukunft? – Linz

Corona-Lockdown, geändertes Einkaufsverhalten, geändertes Reise- und Freizeitverhalten, veränderte Wohnbedürfnisse – alle Städte und Gemeinden mussten und müssen sich auf veränderte Bedürfnisse ihrer Einwohner und auf neue Rahmenbedingungen für die Wirtschaftsbetriebe einstellen. Dabei sind die Probleme von Gemeinde zu Gemeinde sehr unterschiedlich. Was kann man tun? Wie kann man den Wandel gestalten?
Das Beispiel der Kleinstadt Linz am Rhein zeigt eine Möglichkeit. Ob sie erfolgversprechend ist?

1. Erstelle einen Steckbrief zur Stadt Linz (M2, Atlas, Internet)
2. Beschreibe die Probleme der Stadt und die Maßnahmen, um die Zukunft positiv zu gestalten (S. 12/13, M2 – M7) `246`
   A für die Bürger.
   B für die Wirtschaft.
3. Erläutere das Konzept von Smart Cities anhand `246`
   A der Stadt Linz (M3 – M7, Internet).
   B der Stadt Koblenz (M1, M7, Internet).
4. Wird die Stadt Linz so fit für die Zukunft?
   a) Diskutiert die Maßnahmen der Stadt Linz.
   b) Beurteile aus deiner Sicht die Initiativen von Geschäftsleuten im Internet (M6).
5. Nenne mögliche Gründe für die positive Einwohnerentwicklung von Linz.

Die Stadt Linz (6300 Einw.) ist als Mittelzentrum Verwaltungs- und Versorgungsschwerpunkt für die ca. 20 000 Einwohner der Verbandsgemeinde Linz. Die Stadt hat mit ähnlichen Problemen zu kämpfen wie die meisten Klein- und Mittelstädte: Viel Kaufkraft fließt inzwischen statt in den Einzelhandel der Innenstadt in die nahe gelegenen Großstädte, die Einkaufszentren der Umgebung und in den Onlinehandel. In der Innenstadt kommt es immer wieder zu leer stehenden Ladengeschäften. Möglichkeiten, neues Gewerbe anzusiedeln, gibt es nur wenige: Durch die enge Tallage sind kaum neue Gewerbeflächen zu erschließen. Zudem bevorzugen Industriebetriebe Standorte in der Nähe der 12 km entfernten Autobahn A3. Die Touristenströme fließen nicht mehr so stark – zu groß ist die Konkurrenz der Billigangebote weltweit. Anders als in vielen Kleinstädten ist die Einwohnerentwicklung jedoch positiv.

M2 Probleme und Perspektiven

„Unsere Stadt befindet sich in einem stetigen Wandel. Stillstand bedeutet Rückschritt. Linz muss attraktiv sein – für seine Bürgerinnen und Bürger, indem wir möglichst viele Angebote hinsichtlich der Daseinsgrundfunktionen machen und unser Stadtbild attraktiv bleibt für Touristen aus aller Welt. Dazu wollen wir die historische Bausubstanz im Rahmen der **Altstadtsanierung** erhalten und die Stadtgeschichte im Rahmen des **Smart-City**-Konzeptes für unsere Besucher auch digital erlebbar machen. Für die zunehmende Zahl der Wohnmobile planen wir am Rhein Stellplätze."

M3 Ziele für die Zukunft – der Bürgermeister

M1 Modellhafte Umsetzung des Smart-City-Gedankens in der „Klima-Straße" in Koblenz

Möglichkeiten der Raumplanung 27

M4 Der Burgplatz in Linz. Das Rheintor ① wurde 2021 mit Unterstützung des Landes Rheinland-Pfalz für 500 000 Euro saniert. Am Tor sind auch die höchsten der regelmäßig auftretenden Rheinhochwässer angezeichnet. In den alten Fachwerkhäusern gibt es dafür Notausgänge im ersten Stock ②. Im Rahmen des Smart-City-Konzeptes wurden bereits ein interaktiver Informationsbildschirm ③ und eine E-Bike-Ladestation erstellt.

Frau Wessel, Linz wurde vom Innenministerium als „Modellprojekt Smart Cities" ausgewählt. Was bedeutet das jetzt für die Zukunft?

In den nächsten Jahren werden wir mithilfe der Digitalisierung für die Bereiche Bürgerservices, Mobilität, Gesundheit und Stadtentwicklung nachhaltige und gemeinwohlorientierte Strategien entwickeln und umsetzen.

Welche Projekte sind konkret geplant?

Es gibt viele Ideen, die mit den Bürgerinnen und Bürgern zunächst in einer Zukunftswerkstatt konkretisiert werden sollen, zum Beispiel
- die Entwicklung einer App, mit der Behördengänge vereinfacht werden und über die auch gegenseitige private Hilfsleistungen ausgetauscht werden können,
- die Einrichtung eines digital gestützten Mobilitätsknotenpunktes am Bahnhof,
- der Aufbau eines teilvirtuellen Versorgungszentrums mit Vernetzung der ansässigen Akteure im Gesundheitsbereich (Krankenhaus, Ärzte usw.) – Ziel ist eine digital gestützte, effektivere Gesundheitsversorgung – auch in den Dörfern der Verbandsgemeinde Linz,
- unser Online-Marktplatz Linz2go; Informationsbildschirme in der Stadt und eine virtuelle Stadtführung sind ja schon teilweise verwirklicht.

Als Reaktion auf die zunehmende Verlagerung von privaten Einkäufen in das Internet entstand der lokale Online-Marktplatz www.Linz2go.de. Hier können die Artikel der Linzer Geschäfte online reserviert und vor Ort abgeholt werden. Neben diesem „Online-Schaufenster" haben einige Geschäfte eine zusätzliche Internetpräsenz mit eigenem Onlineshop, wie z. B. der kleine Handarbeitsladen „Näh-was", der neben Waren auch Nähkurse und Videotutorials anbietet. Auf dem Marktplatz werden nicht nur Waren oder zugehörige Dienstleistungen angeboten, sondern auch Restaurants und Cafés inserieren ihre Angebote.

M6 Schritte in Richtung Smart City

INTERNET

M7 Auf der offiziellen Website der Stadt Linz findest du zahlreiche weitere Informationen zum Thema „Smart City". Interessant sind auch die Informationen des Bundesministeriums des Innern: „BMI Smart Cities"

M5 Das Projekt Smart City – Interview mit der Citymanagerin

Wenn du diese Aufgaben erfolgreich bearbeitet hast, kannst du ...
- *... an Beispielen erläutern, mit welchen Maßnahmen und Planungen sich eine Stadt fit für die Zukunft macht.*
- *... typische Eigenschaften einer Smart City beschreiben.*
- *... die Grundbegriffe **Altstadtsanierung** und **Smart City** erklären.*

M1 Kritiker sprechen von „Verspargelung" der Landschaft. Befürworter sehen vor allem den ökologischen Nutzen. Im Bild: Windpark bei Gabsheim, Wörrstadt, Rheinland-Pfalz.

GEWUSST? – GEKONNT!

Planungen für die Zukunft – auf vielen Ebenen

Raumplanung – notwendig?

14 Der Raum in unseren Städten und Dörfern ist begrenzt. Es gibt unterschiedliche Interessen, wie er genutzt werden kann. Daher kommt es auch immer wieder zu **Raumnutzungskonflikten**. Die Aufgabe der **Raumplanung** ist es, die Nutzung des Raumes so zu gestalten, dass die **Daseinsgrundfunktionen** möglichst erfüllt sind – im Sinne des Allgemeinwohls.

Wie kann man Raumplanung steuern?

16 Es gibt verschiedene Möglichkeiten, die Nutzung eines Raumes zu steuern: öffentliche Investitionen, finanzielle Anreize, z. B. für Investoren und schließlich Gesetze und verbindliche Vorgabe wie den **Bebauungsplan** und den **Flächennutzungsplan**. Bei solchen öffentlichen Vorhaben, z. B. bei der Festlegung eines Bebauungsplans oder Flächennutzungsplans, ist eine **Bürgerbeteiligung** gesetzlich vorgeschrieben.

Beispiel 1: Läuft hier alles nach Plan? – Viel Wind um den Windpark Fürfeld

18 Am Beispiel Windpark Fürfeld werden die unterschiedlichen Interessen sehr deutlich: Zum einen will man mithilfe der Windkraft nachhaltig Energie erzeugen, auf der anderen Seite haben viele Einwohner der Gemeinde schwerwiegende Argumente gegen den Bau von Windrädern.

Beispiel 2: Frischer Wind auf alten Industriegeländen – Pirmasens und Kaiserslautern

20 Am Beispiel von Pirmasens und Kaiserslautern wird deutlich, welche Möglichkeiten sich durch die Nutzung von **Industriebrachen** ergeben und welche Probleme sich aber auch ergeben können, zum Beispiel durch **Altlasten**.

Beispiel 3: Unterstützung beim Aufbruch – Raum Birkenfeld

22 Am Beispiel des Raumes Birkenfeld wird deutlich, wie ein **strukturschwacher Raum** durch unterschiedliche Maßnahmen wirtschaftlich gestützt werden kann. Durch die Ansiedlung von Gewerbebetrieben werden Arbeitsplätze geschaffen, die Einrichtung eines Nationalparks zieht Touristen an und die Errichtung einer Hochschule auf ehemaligem Militärgelände (**Konversion**) zieht junge Bevölkerung in die Region und schafft Arbeitsplätze.

Beispiel 4: Wir planen ein Tiny-Haus – Trier

24 Der Bau von Tiny-Häusern ist ein neuer Trend, der nach Meinung von einigen Fachleuten auch ein Mittel gegen Wohnungsnot in Städten sein könnte. Um ein solches Mikrohaus zu bauen, muss man einfallsreich und zentimetergenau planen. Will man ein Tiny-Haus aufstellen, muss man alle gültigen Bauvorschriften (z. B. Bebauungsplan) beachten.

Wie macht sich eine Kleinstadt fit für die Zukunft? – Linz

26 Kleinstadt Linz: Hier möchte man die Angebote hinsichtlich der Daseinsgrundfunktionen weiter ausbauen und alles tun, damit die Stadt für Einheimische und Touristen attraktiv bleibt. Das geschieht zum einen durch Maßnahmen im Zusammenhang mit der **Altstadtsanierung** und zum andern durch die Umsetzung des **Smart-City**-Konzeptes. Von beidem sollen Einwohner und Gewerbe profitieren.

Möglichkeiten der Raumplanung

PROJEKT VOR ORT — Wir erkunden Planungen in unserer Gemeinde I

Raumplanung geht uns alle an. Jeder einzelne ist unmittelbar davon betroffen, in jedem Dorf, in jeder Stadt. Das haben die Beispiele in diesem Kapitel gezeigt. Daher ist es interessant, einmal den Planungen in der eigenen Heimat nachzugehen sowie die Aufgaben und Interessen von Personen kennenzulernen, die an den Planungen beteiligt sind.

M2 Bei der Erkundung

Projektvorschlag 1 – *Leitfrage: Welche Planungen gibt es aktuell in unserer Heimat?*

Führt in eurem Heimat- oder Schulort eine Erkundung durch. 257

Zur Vorbereitung:
- Informiert euch vorab im Internet und den regionalen Tageszeitungen. (Nahezu alle Planungsvorhaben müssen vorher veröffentlicht werden, z. B. im sogenannten Gemeindeblatt.)
- Erkundigt euch, wer eure Ansprechpartner sein könnten. (Dabei könnt ihr euch an der Personenauswahl in M2 auf S. 31 orientieren.)

Zur Durchführung:
Interviewt die handelnden Personen. 258
(Anregungen erhaltet ihr auch in den Interviews Seite 31 M2)

Mögliche Themen:
- Zukunftspläne zur Abdeckung der Grunddaseinsfunktionen (insbesondere Wohnen, Arbeiten, Bildung),
- Zukunftspläne im Bereich Nachhaltigkeit (z. B. Energieversorgung, Verkehrslenkung, Regenrückhaltebecken, Wald-/Freiflächen)

Dokumentiert Wichtiges auch mithilfe von Fotos oder Filmsequenzen.

Zur Präsentation 254
Die Präsentation eurer Ergebnisse könnte auch für eure Interviewpartnerinnen und -partner interessant sein.

Projektvorschlag 2 – *Leitfrage: Werden in unserer Heimat die Daseinsgrundfunktionen hinreichend erfüllt?*

Macht eine Meinungsumfrage. 258

Thema könnte zum Beispiel die Zufriedenheit mit der Erfüllung der Daseinsgrundfunktionen sein (z. B. Kindergartenplätze, Freizeitangebote, Einkaufsmöglichkeiten).

Wertet die Umfrage aus. Stellt die Ergebnisse anschaulich dar 247, 255 und präsentiert sie vor der Klasse. 254

Auch die Stadt- bzw. Gemeindeverwaltung könnte an den Ergebnissen interessiert sein.

M3 Befragung im Bauamt

Projektvorschlag 3 – *Leitfrage: Was sind die typischen Flächennutzungen in unserer Gemeinde?*

Kartiert typische Flächennutzungen in eurer Gemeinde.
- Wählt euch aus dem Flächennutzungsplan vier unterschiedliche Straßenabschnitte aus und kartiert diese. Dabei kann es sich auch um Flächen handeln, die scheinbar gleich genutzt sind, in Realität aber sehr unterschiedlich bebaut sind (z. B. Einfamilienhäuser, Wohnblocks).
- Macht aussagekräftige Fotos, auf denen die Nutzung der Flächen deutlich wird.

Präsentiert eure Ergebnisse vor der Klasse. 254

Anwenden und üben

PROJEKT VOR ORT Wir erkunden Planungen in unserer Gemeinde II

M1 Bei der Befragung

Projektvorschlag 4 – *Leitfrage: Warum darf ich in unserem Garten keine Geisterbahn aufbauen?*

Welche gesetzlichen Vorgaben gibt es für die Straße, in der wir wohnen?

Zur Vorbereitung:
Beschaffe dir
- einen Flächennutzungsplan,
- einen Bebauungsplan/Bauleitplan.

Diese bekommst du entweder bei der Gemeindeverwaltung oder du findest sie im Internet auf deren Homepage.

Zur Durchführung:
1. Suche in den Plänen nach dem Grundstück, auf dem du wohnst. Stelle dort fest:
- Welche Flächennutzung ist für das Grundstück im Flächennutzungsplan ausgewiesen? Wohnst du in einem Wohngebiet oder in einem Mischgebiet?
- Was heißt das für die Nutzung des Grundstücks? Dürfte man dort zum Beispiel eine Pommes-Bude eröffnen? Oder eine kleine Autowerkstatt?
- Welche Vorgaben werden zur Bebauung des Grundstückes gemacht? Dürfte man auf euer Haus noch ein Stockwerk draufsetzen? Dürfte man auf eurem Grundstück noch ein weiteres Haus bauen?
2. Erkunde die Nutzung eures Grundstücks:
- Wie viele Stockwerke hat das Haus, in dem du wohnst?
- Wie viel Prozent vom Grundstück sind (ungefähr) bebaut?
- Wie groß ist der Abstand zur Straße?

Berichte über die Ergebnisse deiner Erkundung.

Projektvorschlag 5 – *Planungen: ein Rollenspiel*

Erprobt die Stadtplanung in einem Rollenspiel.

Thema: Nutzung einer großen Freifläche in der Innenstadt (z. B. nach Abriss von Gebäuden). Was sollte dort entstehen: ein Park, ein Parkhaus, Wohnungen, Bürogebäude, ein Jugendzentrum, eine Mehrzweckhalle?

Rollenkarten könnt ihr aus M2 ableiten.

 Projektvorschlag 6 – *Eine Erkundung online*

Du willst einmal die Planungen in einer anderen Stadt am PC oder Laptop erkunden?
Die Stadt Linz hat interessantes Material zu den Themen dieses Kapitels auf ihrer Hompage eingestellt (www.linz.de).
Hier findest du nicht nur Informationen über Geschichte, Wirtschaft und Sehenswürdigkeiten, sondern unter der Rubrik STADTENTWICKLUNG auch Materialien zu aktuellen Planungen (siehe S. 12/13), z. B. Fotos, Pläne und vieles mehr

Interessant für ein solches Projekt sind auch die Interviews mit den Personen in M2.

WES-113057-028

1. Überprüfe, inwieweit die auf S. 12/13 angegebenen Planungen tatsächlich umgesetzt worden sind, z. B. die neue Nutzung des alten Industriegeländes im Norden der Stadt oder der Abriss der Kirche (Internet).

2. Verfolge die Umsetzung des Smart-City-Vorhabens. Wie ist der aktuelle Stand? Beurteile den Nutzen für die Bürgerinnen und Bürger sowie für das Gewerbe.

3. Nicht weit vom Rathaus muss die ehemalige katholische Kirche aus den 1970er-Jahren abgerissen werden. Dadurch wird ein Grundstück von ca. 3000 m² frei. Das Grundstück ist nur über enge Altstadtstraßen erreichbar. Diskutiert: Wer entscheidet nach Abriss der Linzer Kirche (S. 12/13, S. 17 M6)
   a) über die Nutzung des Geländes?
   b) über die Form der Bebauung (M2, vgl. S 16/17)?

Möglichkeiten der Raumplanung 31

Bürgermeister
Aufgaben im Bereich der Stadtentwicklung:
- Umsetzung der Stadtratsbeschlüsse,
- Einbringen eigener Ideen,
- Sicherung der Stadt als attraktives, regional bedeutendes Zentrum (Mittelzentrum),
- Verhandlungen mit Investoren,
- Förderung der städtebaulichen Entwicklung (möglichst gute Wohnbedingungen, Möglichkeit der Erfüllung aller Daseinsgrundfunktionen, Erhaltung möglichst vieler Arbeitsplätze und Schaffung neuer).

Stadtrat, Mitglied im Bauausschuss
Aufgaben als Stadtrat:
- Mitgestaltung des Flächennutzungs- und des Bebauungsplans, Beratung über Bauanträge,
- gewählt als Partei- und Interessenvertreter → Vertretung der Interessen der Jugendlichen, der sportlich Aktiven, der sozial Schwächeren, der Bewohner des neuen Stadtteils Roniger Hof.

Gastwirtin, Mitglied im Beirat für Migration und Integration
Interessen als Gastwirtin und Mutter:
- als Mutter: Angebote für Kinder und Jugendliche wie Spiel-, Sport- und Bildungsmöglichkeiten, auch für Kinder mit Migrationshintergrund,
- als Gastwirtin: den Geschäftsstandort Marktplatz als Fußgängerzone mit geregelten Zufahrtsbedingungen erhalten, die Attraktivität der Stadt steigern.

Investor, Bauunternehmer
Interessen als einheimischer Investor:
- als Kaufmann: attraktive Baubedingungen für Bauprojekte, um den beteiligten Investoren durch Verkauf und Vermietung eine gute Rendite bieten zu können, z. B. durch Umnutzung von Gewerbe- und Industriebrachen,
- als engagierter Bürger: Planung und Errichtung möglichst attraktiver Bauten, die ins Stadtbild passen.

Stadtverwaltung – Citymanagerin
Aufgaben im Bereich der Stadtentwicklung:
- strategische und inhaltliche Leitungs- und Planungsaufgaben,
- Konzeption und Koordination von Projekten, Überwachung der Projektdurchführung,
- Beantragung von Fördermitteln und Bearbeitung von Förderprojekten, z. B. „Modellprojekte Smart Cities",
- Abgabe von Entscheidungsempfehlungen und Begleitung von Ratssitzungen,
- Aufbau und Pflege eines Netzwerkes aller in der Stadt aktiv Handelnden, z. B. Werbegemeinschaft, Hauseigentümer u. a.

Werbegemeinschaft – Vorsitzender
Interessen der Werbegemeinschaft:
- Erhalt und Erweiterung des Kundenkreises → Förderung von Einzelhandel und Gastronomie,
- Attraktivitätssteigerung durch Aktionen mit der Stadt (Altstadtfest, Weihnachtszauber u. a.),
- kundenfreundliche Verkehrsregelung und Parkmöglichkeiten,
- Erhalt des attraktiven historischen Stadtbildes,
- Förderung der Onlineaktivitäten der einheimischen Gewerbetreibenden.

Besitzerin eines denkmalgeschützten Hauses in der Innenstadt
Interessen als Einwohnerin und Hausbesitzerin:
- kinderfreundliche, angenehme Wohnbedingungen,
- belebte historische Altstadt mit verkehrsberuhigten Straßen,
- finanzielle Unterstützung zur Erfüllung der strengen Bauauflagen (Denkmalschutz), einfache Antragsstellung.

Die Aufgaben der Bauverwaltung sind auf den Kreis und die Verbandsgemeinde bzw. die Stadt verteilt.

Aufgaben (Auswahl):
- Vorbereitung des Stadtrates auf raumplanerische Entscheidungen (Denkmalschutz, Katastrophenschutz, Baurecht usw.),
- räumliche Planungen, Überwachung der Beachtung der Bauvorschriften,
- Vorbereitung von Veränderungen des Flächennutzungs- und des Bebauungsplans.

M2 An den Planungen in einer Gemeinde sind zahlreiche Menschen und Institutionen beteiligt. Sie haben bestimmte (amtliche) Aufgaben oder vertreten bestimmte Interessen. In jeder Gemeinde finden sich Ansprechpartnerinnen und Ansprechpartner, die gerne Auskunft geben (wie hier z. B. in Linz).

Anwenden und üben

IM FOKUS **Dubai – Attraktivität durch extremste Stadtplanung**

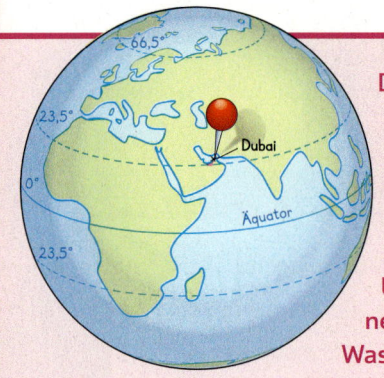

Dubai – die höchsten Hochhäuser, luxuriöseste Hotels, fantastische künstliche Inseln – ein Ort der Superlative, ein Land wie aus „Tausendundeiner Nacht". Und immer weiter werden neue Extreme geplant ... Was bezwecken diese Projekte? Wie sind sie zu beurteilen?

1. Erstelle ein Kurzreferat 247, 249 über die Entwicklung des Emirates Dubai. Gehe dabei auf folgende Aspekte näher ein:
   a) Wie hat sich das Emirat in der Fläche entwickelt (z. B. Flächennutzung, Neulandgewinnung)?
   b) Welche (Bau)Projekte sind besonders bemerkenswert?
   c) Welche Zielsetzungen werden verfolgt?
   d) Wo liegen Unterschiede in Planung und Durchführung zu Deutschland?
   e) Wie ist die Entwicklung des Emirates unter dem Gesichtspunkt der Nachhaltigkeit zu beurteilen – ökonomisch, ökologisch, sozial?

Die Erdölvorkommen des Emirates Dubai sind voraussichtlich im Jahr 2030 erschöpft. Noch Anfang der 1990er-Jahre stammten über 50 Prozent der Wirtschaftsleistung aus der Erdölwirtschaft. Schon damals begann das Emirat mit großem Nachdruck, den Dienstleistungssektor auszubauen. Anfang der 2020er-Jahre ist der Anteil der Erdölwirtschaft am Bruttonationaleinkommen auf unter fünf Prozent gesunken. Das Emirat ist nun ein global bedeutendes Handels- und Finanzzentrum, Emirates eine der größten Fluggesellschaften und Dubai ein Anziehungspunkt für 17 Millionen Touristen jährlich (2019).
Diese Entwicklung ist eng verknüpft mit einer tiefgreifenden Umgestaltung des Raumes. Diese zielte nicht auf die Erfüllung der Daseinsgrundfunktionen, sondern vielmehr auf eine Vermarktung der Stadt als global begehrter Ort für Tourismus, Handel und Investitionen. Raumnutzungskonflikte können sich in dem nur 4000 Quadratkilometer großen Emirat aufgrund seiner Regierungsform kaum ergeben.

M1 Strukturwandel des Emirates Dubai

M2 Die Jumeirah-Palme

Weltausstellung Expo 2021 – Sustainability, Mobility, Opportunity
Ain Dubai – das weltweit größte Riesenrad (250 m Höhe, 48 Kabinen, 1900 Fahrgäste)
Dynamic Tower – der erste rotierende Wolkenkratzer, bei dem sich jede Etage individuell drehen lässt (420 m Höhe, 80 Etagen)
Dubai Creek Tower – höchstes Gebäude der Welt (über 928 m, im Bau, Aussichtsturm)
Dubai Harbour mit Lighthouse (Jacht- und Kreuzfahrthafen, Leuchtturm, im Bau)

M3 Neue Superlative

„Dieses Bild, das geschaffen wird, virtuell und digital, wird auf der ganzen Welt verbreitet. Als exklusivste Wohngegend, die es zu kaufen gibt. Das macht die Stadt so begehrenswert als Marke, als Objekt der Begierde und ich denke, Dubai ist wahrscheinlich die Stadt, die am erfolgreichsten sämtliche Kommunikationstechniken anwendet, um ihr Bild zu verkaufen und sich auf der ganzen Welt zu vermarkten. Ein in der Geschichte einmaliges Beispiel dafür, wie es einer einzigen Stadt gelingt, die globale Aufmerksamkeit auf sich zu ziehen."
Quelle: ZDF: Marke Dubai. 9091, Interview.

M4 George Katodrytis, American University of Sharjah (Emirat Ash-Shariqah), Stadtplaner und Architekt

INTERNET

M5
- Google Timelapse zeigt dir in Satellitenaufnahmen, wie sich Dubai seit 1984 entwickelt hat.
- Unter dem Atlaslink von schueler.diercke.de (siehe unten) findest du auch Filmmaterial.
- Zum Ain Dubai und weiteren Superlativen gibt es eigene Info-Seiten und Videos.

Möglichkeiten der Raumplanung 33

M6 Dubai mit dem Burj Khalifa

Das Staatsoberhaupt Dubais, Sheikh Mohammed bin Rashid Al Maktoum, ist mit seinem Hof hauptverantwortlich für die Entwicklung des Emirats. Die für dessen Macht bedeutenden Großprojekte werden durch ihn finanziert, organisiert und unterliegen seiner Kontrolle, ebenso wie die daran beteiligten Banken und Unternehmen. Die rechtlichen Vorgaben erscheinen hierbei undurchsichtig, verkürzen die Planungs- und Bauphasen, sodass innerhalb kürzester Zeit gigantische Großprojekte realisiert werden, die im Land und in der Welt Ansehen verschaffen.

Quelle: Heinicke, Nadine: Groß, größer – Dubai. In: PG 10/2020, S. 10.

M7 Rahmenbedingungen

- Durch die vielen Großprojekte ist das Emirat hoch verschuldet, das Emirat Abu Dhabi musste bereits bei Zahlungsschwierigkeiten mit über 20 Milliarden Dollar aushelfen.
- Die Einnahmen aus dem Tourismus fließen nicht zuverlässig. 2020 kam wegen der Corona-Pandemie über 4 Monate kein Tourist.
- Das Angebot an Gebäuden und Grundstücken richtet sich vor allem an Reiche und Superreiche.
- Weltweit kritisiert werden die Arbeitsbedingungen der Arbeitsmigranten auf den Großbaustellen.
- Der Energie- und der Wasserverbrauch sind sehr hoch, allein der Burj Khalifa benötigt bis zu 36 Megawatt Strom und eine Million Liter Wasser pro Tag, die Abwasserentsorgung geschieht noch über Tanklastwagen.
- Durch die künstlichen Inseln haben sich die Strömungsverhältnisse im Meer verändert, es kommt zu verstärktem Algenwachstum.

M10 Schattenseiten

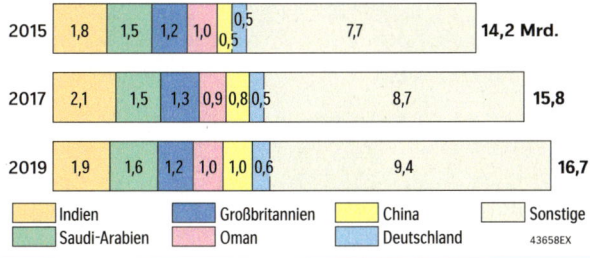

Jahr	Indien	Saudi-Arabien	Großbritannien	Oman	China	Deutschland	Sonstige	Gesamt
2015	1,8	1,5	1,2	1,0	0,5	0,5	7,7	14,2 Mrd.
2017	2,1	1,5	1,3	0,9	0,8	0,5	8,7	15,8
2019	1,9	1,6	1,2	1,0	1,0	0,6	9,4	16,7

M8 Internationale Touristenankünfte

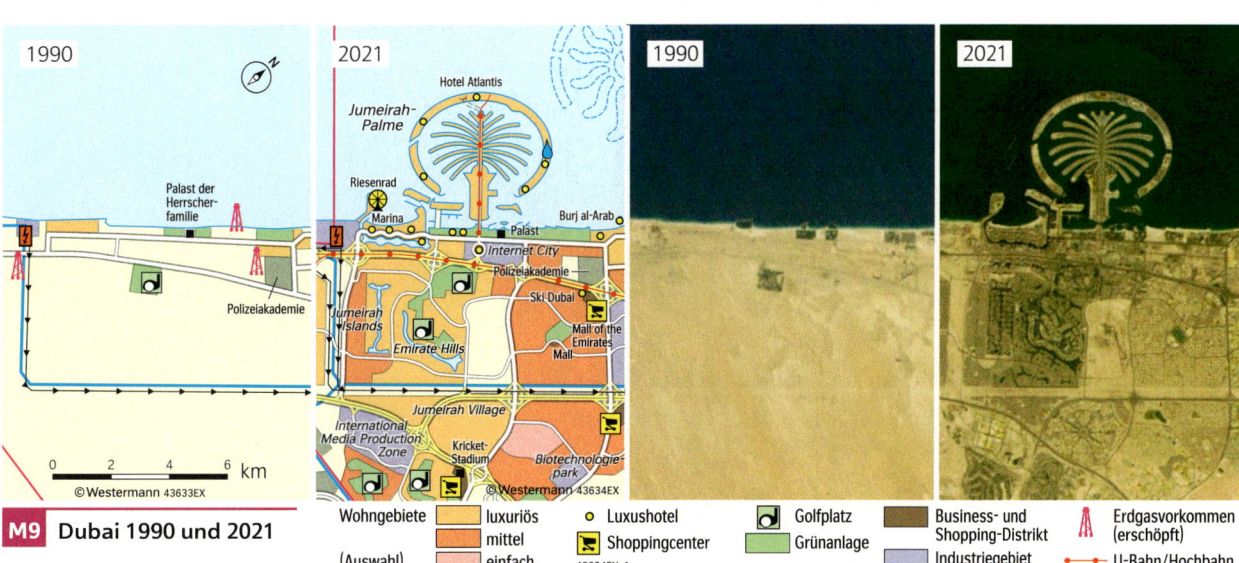

M9 Dubai 1990 und 2021

2. Europa – Lebenswelten, Wirtschaftsräume und Migration

Europa und Westasien bei Nacht

Europa – vielfältige Lebens- und Wirtschaftsräume

Was ist Europa?

Europa ist vielfältig: Unterschiedlichste Landschaften, Länder und Menschen prägen den Kontinent. Begeben wir uns auf eine Entdeckungsreise: Was ist Europa?

1. Stelle den Kontinent Europa in einem Steckbrief vor (M1 – M4, Internet). `259`

2. Arbeite mit einer Europakarte (Atlas). `236` Ermittle die Grenze zwischen Europa und Asien (M5, Atlas, Internet).

W 3. Europa hat gemeinsame Wurzeln und viele verbindende Elemente.
   A Stelle in einer Mindmap zueinander passende Begriffe dar (M4) und ergänze die einzelnen Äste. `235`
   B Visualisiere mithilfe eines oder mehrerer Begriffe das Gemeinsame in Europa. Gib deiner Zeichnung einen passenden Titel.

4. Europa und EU haben unterschiedliche Bedeutungen, werden aber in der Alltagssprache oft gleich verwendet (M1, M3, M6). Erkläre.

 5. Ermittle mithilfe der Daten (M6) wichtige historische Entwicklungen in der Geschichte der EU (Internet). `249` Erläutere diese schlagwortartig in einer Zeitleiste.

* *Europa ist auch aus geschichtlicher und politischer Sicht spannend. Das Symbol zeigt dir Aufgaben, die sich mit weiteren Themenfeldern aus diesen Bereichen beschäftigen.*

M2 Eröffnungsfeier einer Fußball-Europameisterschaft

Der Name Europa leitet sich von „ereb" – dunkel – ab. Das antike Seefahrervolk der Phönizier, das vor etwa 4 000 Jahren im äußersten Osten des Mittelmeerraums lebte, bezeichnete so die westlich gelegenen Gebiete, in denen abends die Sonne untergeht. Deshalb bekam Europa auch später den Namen Abendland. Einer griechischen Sage zufolge geht der Name Europa auf die phönizische Königstochter Europa zurück.
Europa ist flächenmäßig der zweitkleinste Kontinent und nimmt etwa sieben Prozent der Landfläche unserer Erde ein. Auf der relativ kleinen Fläche leben in 45 Staaten 746 Millionen Menschen, die über 80 verschiedene Sprachen sprechen. Vom Nordpolarmeer im Norden bis zum Mittelmeer im Süden und vom Atlantischen Ozean im Westen bis zum Uralgebirge im Osten trifft man auf viele unterschiedliche Völker, Kulturen und Religionen, obwohl die Völker Europas gemeinsame Wurzeln haben. Vor rund 1,8 Mio. Jahren wurde Europa vom Homo erectus, aus Afrika kommend, erstmals besiedelt.
Darüber hinaus finden wir in Europa eine Vielfalt an Großlandschaften. Einmalig ist die Landverbindung Europas im Osten mit dem Erdteil Asien, die eine genaue Abgrenzung beider Kontinente schwierig gestaltet.

M3 Europas Gliederung

INFO

M1 Die Europasage
Einer Sage nach war Europa eine schöne Königstochter in Asien. Göttervater Zeus verliebte sich in sie. Er verwandelte sich in einen Stier und entführte die Königstochter auf seinem Rücken von Asien auf die Insel Kreta. Der ganze Kontinent sollte ihren Namen tragen: Europa.

Demokratie – Gotik – Stilelemente – Englisch – Ungarisch – lateinisches Alphabet – Aufklärung – Euro – Christentum – Freiheit – Städtepartnerschaft – Islam – Romantik – Latein – Menschenwürde

M4 Das verbindet Europa.

Europa – Lebenswelten, Wirtschaftsräume und Migration 37

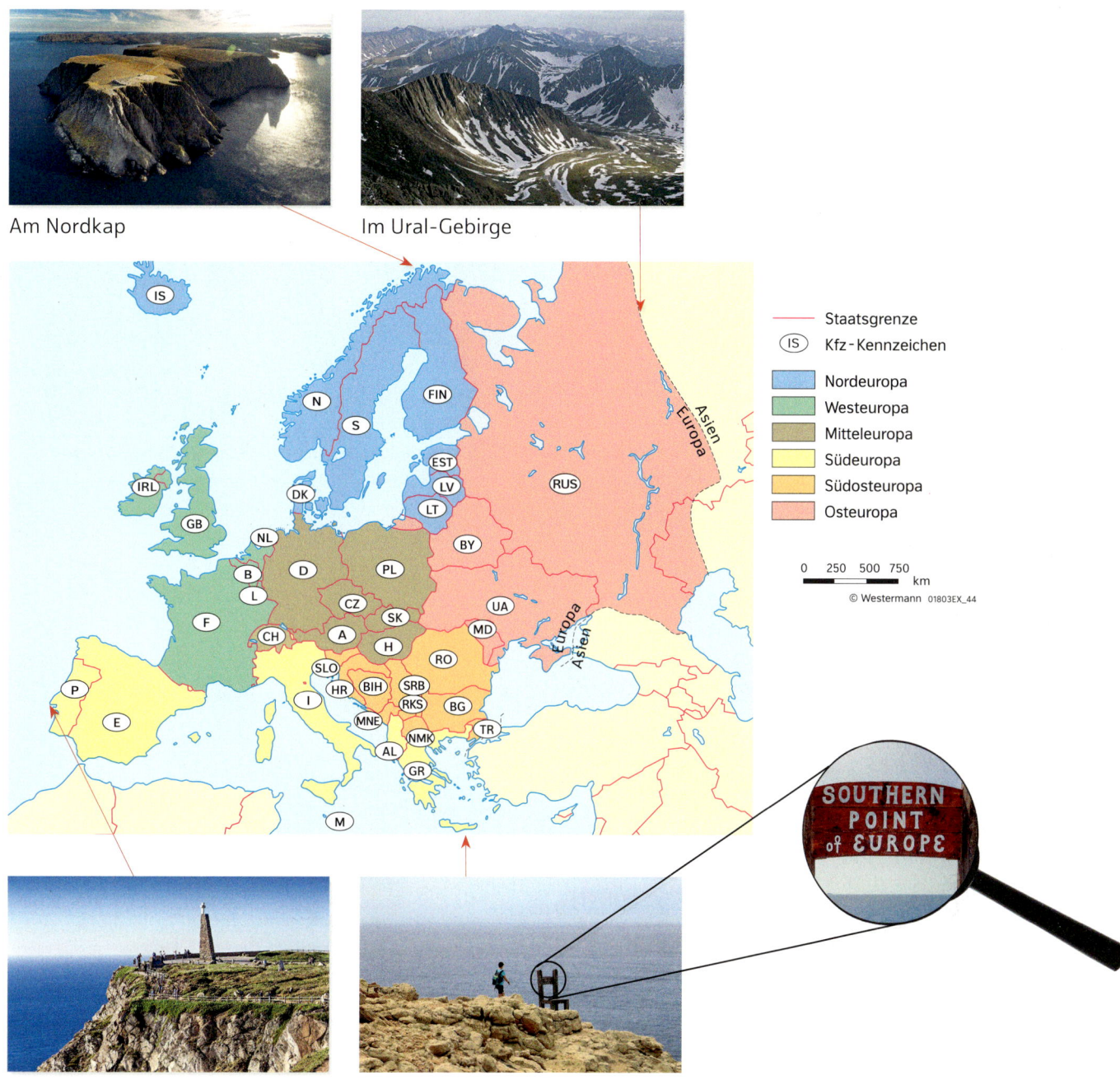

Am Nordkap

Im Ural-Gebirge

Cabo Roca

Südspitze der Insel Gavdos, südlich von Kreta

M5 Länder Europas

Die **Europäische Union** (EU) ist ein Zusammenschluss von 27 Ländern (Stand: 2021) auf dem europäischen Kontinent. Ihre Ziele sind die Förderung des Friedens, des Wohlergehens ihrer Bürger, die Eindämmung von sozialer Ungleichheit und die Stärkung des wirtschaftlichen, sozialen und territorialen Zusammenhalts der Mitgliedsstaaten. Ihre Wurzeln gehen auf die Zeit nach dem Zweiten Weltkrieg zurück. Europa stand hier vor der schwierigen Aufgabe des Wiederaufbaus. Um Frieden und Zusammenarbeit zu fördern, gründete man 1951 die Europäische Gemeinschaft für Kohle und Stahl (EGKS), 1958 die Europäische Wirtschaftsgemeinschaft und ab 1993 die Europäische Union. Die Europaflagge mit zwölf Sternen steht sinnbildlich für die Einheit und Geschlossenheit der europäischen Völker.

M6 Was ist die EU?

INFO

M7 Erste Informationen zur EU erhältst du auf den offiziellen Seiten der Europäischen Union.

Wenn du diese Aufgaben erfolgreich bearbeitet hast, kannst du ...
... den Kontinent Europa beschreiben und verorten.
... die Begriffe Europa und Europäische Union voneinander abgrenzen.
... den Grundbegriff **Europäische Union** (EU) erklären.

Was hat Europa mit meinem Leben zu tun?

„Sehr geehrte Frau Chiara Schmitz, vielen Dank, dass Sie sich für das DiscoverEU-Programm beworben haben. Sie haben einen von 20 000 Travel-Pässen gewonnen. Dieser erlaubt Ihnen, Europa noch besser kennenzulernen! Viele Grüße – das DiscoverEU-Team."

1. a) Benenne die Länder, die Chiara für ihre Reise vorgesehen hat (M3, M4, Atlas).
   b) Überprüfe Chiaras Checkliste (M4) und finde heraus, ob sie ihre Wünsche mit der geplanten Route (M3) umsetzen kann (Internet).

2. Stelle dir vor: Du hättest einen Travelpass! Für ein EU-Jugendmagazin sollst du aus drei Ländern vom Leben der Menschen berichten.
   A Erstelle einen fiktiven Blogbeitrag, in dem du über deine Erwartungen zur Reise berichtest.
   B Erstelle ein kurzes Video, in dem du deine Fragen vorstellst, die du den Menschen auf deiner Reise stellen möchtest.

3. Erläutere, wie sich der Alltag der Bürger durch die EU verändert hat (M5 – M8).

4. Erkläre, wie sich der EU-Binnenmarkt auf die Wirtschaft auswirkt (M5).

5. „Welche Bedeutung hat die EU in deinem Leben?"
   a) Führe eine Befragung durch und vergleiche die Ergebnisse mit den Zielen der EU.
   b) Analysiere, warum die EU bei einigen Menschen ein negatives Image hat. Welche Kritikpunkte gibt es?

M2 Mit dem Travelpass durch Europa reisen – alle 18-Jährigen können sich bewerben!

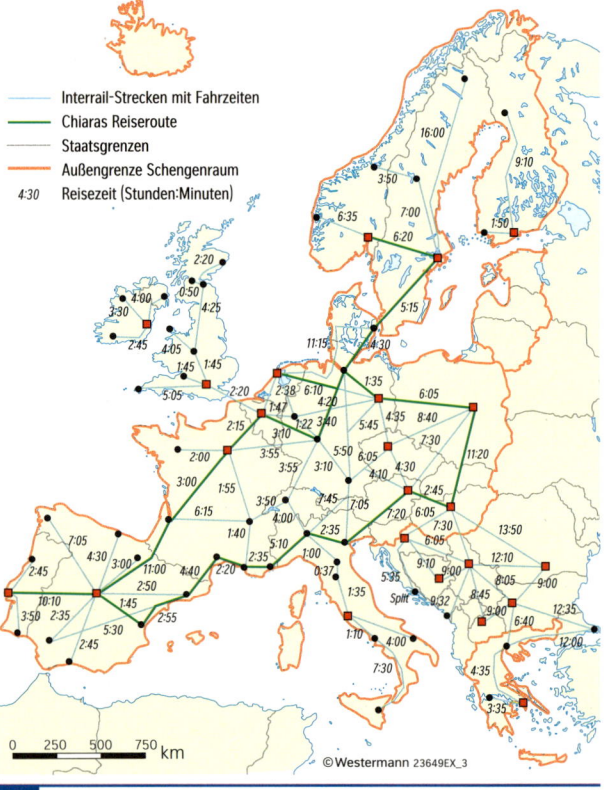

M3 Chiaras erster Entwurf für ihre Reise durch die EU und weitere europäische Länder

Für Jugendliche im Alter von 18 Jahren gibt es die Möglichkeit, den sogenannten „DiscoverEU-Travelpass" zu gewinnen. Mit diesem können sie Europa „erfahren" – für maximal 30 Tage mit dem Zug. Für einen der 20 000 Pässe muss man sich bewerben. Das Ziel: Europa kennenlernen und als Botschafter auch über die eigenen Erfahrungen berichten (#DiscoverEU).
Aber auch für die, die weniger Glück haben, gibt es günstige Möglichkeiten, quer durch Europa zu reisen. Für alle bieten die europäischen Bahnunternehmen dazu den „Interrail-Pass".

M1 Das Projekt DiscoverEU

Europa, ich komme!
Ich möchte …
- Brüssel besuchen,
- auf dem Eiffelturm stehen,
- ins jüngste EU-Mitglied reisen,
- die Gründungsmitglieder der EU bereisen,
- im Atlantik surfen,
- am Goldstrand Party machen,
- im Camden Market shoppen.

M4 Chiaras Checkliste

... Personenverkehr

keine Grenzen für Personen
EU-Bürger können sich ohne Kontrollen innerhalb der Binnengrenzen bewegen. Überall in der EU genießen Arbeitnehmer gleiche Rechte.

... Warenverkehr

keine Grenzen für Waren
Waren können frei in der gesamten EU zirkulieren. Zeitvergeudung an den Grenzen, Steuerhürden, unterschiedliche Vorschriften und Zollpapiere gehören der Vergangenheit an.

... Dienstleistungen

keine Grenzen für Dienstleistungen
Dienstleistungsunternehmen, wie z. B. Versicherungen und Banken, können in der gesamten EU ansässig sein und die Verbraucher können das jeweils beste Angebot wählen.

freier ...

... Geldverkehr

keine Grenzen für Geld
Jeder darf in der EU sparen und investieren, wo es ihm am vorteilhaftesten erscheint. Von einem Mitgliedsland ins andere können Geldbeträge ohne Beschränkungen mitgeführt werden.

Das Herzstück der Europäischen Union ist der europäische **Binnenmarkt**. Seine Schaffung gilt als eine der größten Leistungen in der Geschichte der EU. Dank des EU-Binnenmarktes hat der Handel innerhalb der EU erheblich zugenommen. Die im Binnenmarkt ansässigen Unternehmen haben unbeschränkten Zugang zu fast 450 Mio. Konsumenten in der Europäischen Union. Es treten alle europäischen Unternehmen miteinander in einen Wettbewerb. Für die Unternehmen bedeutet dies mehr Konkurrenz.

M5 Die vier Freiheiten des EU-Binnenmarktes

Bei einer Umfrage unter fast 10 000 jungen Menschen in Deutschland gaben 78 Prozent von ihnen an, mit der EU den Euro zu verbinden. 74 Prozent nannten auch Mobilität bei Arbeit, Reisen und Studium. Die freie Mobilität ist eine der vier Freiheiten, die der EU-Binnenmarkt seinen Bürgerinnen und Bürgern bietet (M 5). Der EU-Binnenmarkt war 2019 der größte gemeinsame Wirtschaftsraum der Welt.
Neben den vier Freiheiten gibt es Gesetze und Verordnungen in der EU, die den Menschen ebenfalls Vorteile bieten. Dazu zählen Verbraucherschutz- und Umweltstandards. So profitieren wir zum Beispiel vom Wegfall der Roaming-Gebühren beim Telefonieren und bei der mobilen Internetnutzung im EU-Ausland.

M6 Was leistet die EU für die Bürger?

Alexandre (15) aus Frankreich: „Ich freue mich schon auf den Besuch unserer Partnerschule in Rheinland-Pfalz."

Lucía (23) aus Spanien hat Preise verglichen und bestellt Schuhe in Italien. Wenige Tage später klingelt der Postbote mit ihrem Paket.

Cornel (38) arbeitet als Saisonarbeiter auf einem Spargelfeld in der Nähe von Mainz. Er kommt jedes Jahr für einige Monate zum Arbeiten und verdient hier deutlich mehr als in seiner Heimat Rumänien.

Zuzanna (43) aus Polen ist Lkw-Fahrerin: „Bei meiner Tour durch die EU spare ich viel Zeit. Auch mein Geldbeutel ist deutlich leichter als vorher. Hier macht die EU vieles einfacher."

M8 Lebensgeschichten aus Europa

M7 Der Euro – Zahlungsmittel für 340 Millionen Menschen

Wenn du diese Aufgaben erfolgreich bearbeitet hast, kannst du ...
... die Bedeutung der EU für das Leben der Menschen in Europa erklären.
*... den Grundbegriff **Binnenmarkt** erklären.*

Potenziale und Perspektiven – zwischen Zentrum und Peripherie

Der europäische Wirtschaftsraum ist vielfältig und prägt das Leben der Menschen vor Ort.

1. Nenne Merkmale für Aktiv- und Passivräume. Finde alternative Bezeichnungen (M2).
2. Beschreibe die regionalen Entwicklungsunterschiede in Europa (M1, M7, Diercke Webgis: Europa Regionale Entwicklungsunterschiede). 240
3. **A** Erstelle einen Steckbrief für einen der Aktivräume. (M1, M2, M4, M7, Atlas, Diercke WebGIS: Europa Regionale Entwicklungsunterschiede). Erkläre, worin die wirtschaftliche Stärke der Region besteht. 240
   B Erstelle mithilfe des WebGIS eine Karte, die Regionen mit einem besonders stark ausgeprägten tertiären Sektor zeigt. 240
4. Analysiere und vergleiche Luxemburg und Rumänien hinsichtlich ihrer Wirtschaftsstruktur (M4, M6, Atlas). 253
5. Vergleiche die Lebensbedingungen in Zentren und der Peripherie der EU. Welche Auswirkungen hat das auch für das Leben der Menschen (M5 – M9)?
6. Erörtere die Bedeutung von EU-Fördergeldern für strukturschwache Regionen (M9) und recherchiere, welche Länder bzw. Regionen besonders profitieren (Internet).

INFO

M2 Die EU ist durch große Unterschiede (**Disparitäten**) geprägt.
Aktivräume sind das wirtschaftliche Rückgrat der EU und bilden wichtige **Zentren**. Sie sind geprägt durch ein großes Arbeitsplatzangebot und eine hohe Wertschöpfung, besonders im tertiären Sektor. Hier finden sich zum Beispiel internationale Finanzzentren.
Der Sunbelt an der Mittelmeerküste bietet mit seinen Häfen Standortvorteile für den Handel und gute Beziehungen zu den anderen Anrainerstaaten des Mittelmeeres und darüber hinaus.
Passivräume liegen meist am Rande der EU, der **Peripherie**. Diese Gebiete sind oft wirtschaftlich weniger stark aufgestellt und auch eher schlecht ausgestattet. Dies hat Folgen für die Bevölkerungsentwicklung: Die Gebiete sind durch Abwanderung und Überalterung geprägt, während Aktivräume wie der Sunbelt für junge Menschen attraktiv sind.

INTERNET

M3 Das Statistische Bundesamt und das Statistische Amt der Europäischen Union bieten aktuelle und umfassende Wirtschaftsdaten an:
- www.destatis.de
- https://ec.europa.eu/eurostat/de

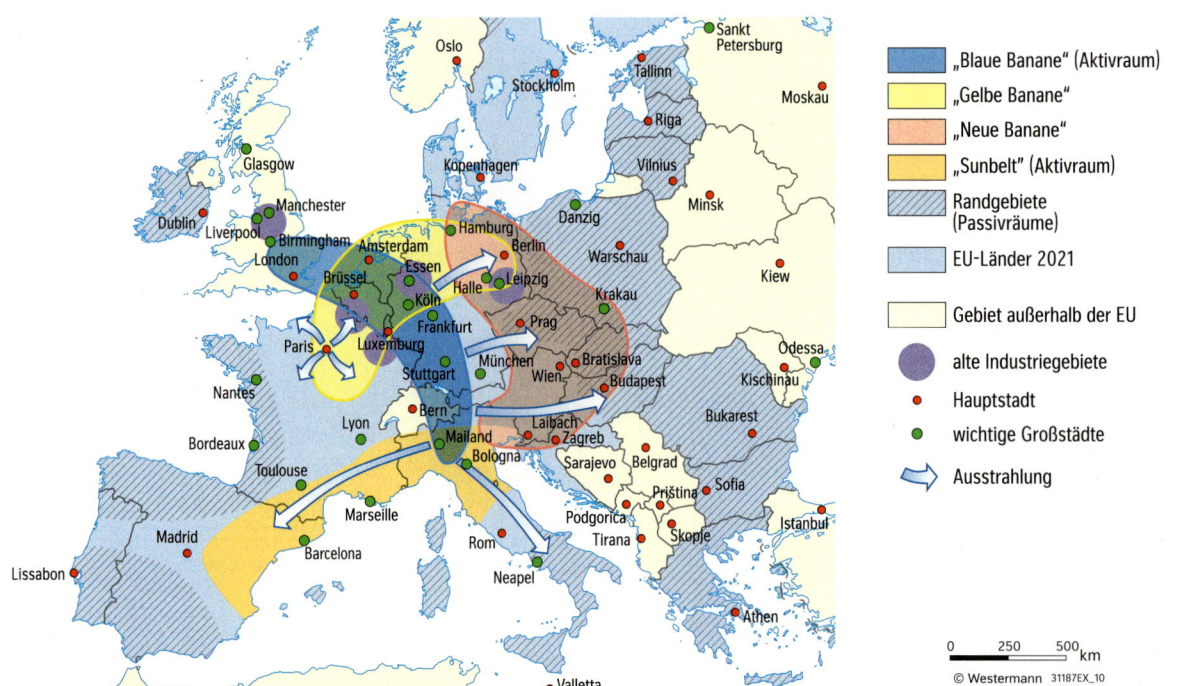

M1 Wirtschaftliche Entwicklungsachsen der EU mit Aktiv- und Passivräumen

Europa – Lebenswelten, Wirtschaftsräume und Migration 41

- Wie groß ist das **Bruttoinlandsprodukt** der Region – auch im Vergleich zum EU-Durchschnitt?
- Wie ist die Bedeutung der Landwirtschaft (primärer Sektor) für die Region? Was wird angebaut? Welche Voraussetzungen sind vorhanden (Klimagunst oder -ungunst, Böden, Wasser)?
- Welche Branchen finden sich in der Produktion (sekundärer Sektor)? Was sind die Standortvorteile?
- Welche Beispiele gibt es im tertiären Sektor? Ist dieser eher regional oder international bedeutend?
- Welche Entwicklungen gibt es im Bereich der Bevölkerung? Wie sieht es mit Geburten- und Sterberate, Zuzügen und Fortzügen aus?
- Wie steht es um Altersstruktur und Bildung?

M4 Fragen zur wirtschaftlichen und sozialen Analyse eines Raumes

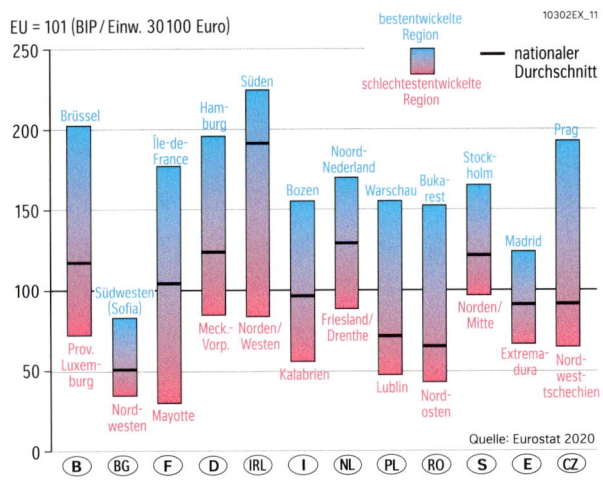

M7 Unterschiedlich entwickelte Regionen in ausgewählten Ländern der EU (2020)

M5 Luxemburg-Stadt

M8 Ländliche Region in den Karpaten in Rumänien

Rumänien erhält Fördergelder im Rahmen der „Aufholinitiative"

In den Jahren 2021 – 2027 erhält Rumänien im Rahmen des EU-Haushaltes finanzielle Mittel, um Projekte zur Verbesserung der Lebenssituation anzustoßen. Im Rahmen eines Konzeptes will man Ideen verwirklichen, die die Vernetzung zwischen den Kreisstädten und dem Umland verbessern, beispielsweise den Nahverkehr ausbauen und Ideen aus dem Bereich Digitalisierung und Umwelt aufgreifen. In einem zweiten Projekt sollen durch die EU Forschungsteams unterstützt werden, ihre Ideen auf den Markt zu bringen und damit Arbeitsplätze im Bereich der Forschung und Innovation zu schaffen.
Die Aufholinitiative will damit Wachstum und Investitionen in Regionen mit niedrigem Einkommen ankurbeln.

M9 Perspektiven durch EU-Förderung

	Luxemburg	Rumänien
BIP pro Kopf in Euro (2020)	99 861	10 900
Erwerbstätige nach Sektoren (2019)	primär: 1 % sekundär: 11,7 % tertiär: 87,3 %	primär: 21,7 % sekundär: 30,1 % tertiär: 48,2 %
Bevölkerungsanteil	< 15 J.: 15,9 % 15 – 64 J.: 69,9 % > 64 J.: 14,2 %	< 15 J.: 15,6 % 15 – 64 J.: 65,5 % > 64 J.: 18,8 %
Lebenserwartung	♂: 80 J. ♀: 84 J.	♂: 73 J. ♀: 80 J.
Internetzugänge privater Haushalte	95 %	84 %

M6 Länderdaten Luxemburg – Rumänien

Wenn du diese Aufgaben erfolgreich bearbeitet hast, kannst du …
- *… Potenziale und Perspektiven europäischer Länder und Regionen analysieren.*
- *… Auswirkungen auf die Lebenssituation vor Ort erläutern.*
- *… die Grundbegriffe Disparität, Aktiv- und Passivraum, Zentrum, Peripherie und Bruttoinlandsprodukt erklären.*

Unterschiedliche Lebens- und Arbeitswelten – Italien

Nicht nur im Vergleich von Ländern, sondern auch regional bestehen Disparitäten. Das hat Konsequenzen für die Perspektiven der Regionen.

1. Nenne wesentliche wirtschaftliche Unterschiede zwischen Nord- und Süditalien (M1, M2). Begründe, warum Norditalien als das wirtschaftliche Herz Italiens bezeichnet wird.
2. Analysiere die Regionen Lombardei und Kampanien (M2, M3, M6). ✶ Stelle deine Ergebnisse in einer SWOT-Analyse (Stärken-Schwächen, Chancen-Risiken) dar. Formuliere ein Fazit zu deinem Vergleich.
3. Recherchiere zu einer der bekanntesten italienischen Firmen (M1, Internet) und erstelle einen Steckbrief des Unternehmens. Zeige dabei die regionale und internationale Bedeutung auf.
4. Familie Schneider möchte nach Italien ziehen (M4). Dabei stehen drei Städte zur Auswahl (M5).
   a) Finde geeignete Kategorien für eine Entscheidung.
   b) Werte die Materialien und geeignete Atlaskarten aus.
   c) Präsentiere, wie die Lebens- und Arbeitswelt in den drei Regionen aussehen wird.
   d) Formuliere für Herrn Schneider eine eigene Rollenkarte.
   e) Versetzt euch in die Rollen der Familie Schneider. Diskutiert in einem Rollenspiel, für welchen Standort ihr euch entscheiden möchtet. 246, 256

Norditalien – wirtschaftliches Herz des Landes:
Fiat, Ferrero oder Benetton – diese und andere italienische Marken haben einen hohen internationalen Bekanntheitsgrad. Und sie haben noch etwas gemeinsam: ihre Herkunft aus Norditalien. Besonders in der Poebene gibt es viele Industriestandorte, eine hohe Bevölkerungsdichte und ein dichtes Straßen- und Eisenbahnnetz. Das wichtigste Industriegebiet in Norditalien ist das Städteviereck Mailand-Turin-Bologna-Genua. In der Region herrscht ein reger Warenaustausch. *Der Süden* Italiens ist wirtschaftlich weitaus geringer entwickelt. Das Industrieviereck im Norden zieht deshalb viele Arbeitskräfte aus dem Süden an. So entstehen starke **regionale Disparitäten**.

M1 Nord- und Süditalien – Kontrast

M2 Sekundärer Sektor und BIP pro Kopf in Euro in Italien (2020)

	Lombardei	Kampanien	∅ EU 27
BIP pro Kopf	38 600 €	18 600 €	30 200 €
Beschäftigungsquote (% der Bevölkerung im Alter von 20–64 Jahren)	73,4 %	45,2 %	73,1 %
Arbeitslosenquote (% der Erwerbsbevölkerung im Alter über 15 Jahren)	7,9 %	27,2 %	6,7 %
Jugendarbeitslosigkeit (% der Erwerbsbevölkerung im Alter von 15–24 Jahren)	18,3 %	46,6 %	15,1 %
Personen mit Hochschulabschluss (% der Bevölkerung im Alter von 30–34 Jahren)	33,0 %	k. A.	40,3 %

M3 Die Lombardei und Kampanien – BIP, Beschäftigung und Bildung: wirtschaftliche und **soziale Disparitäten** (2020)

Europa – Lebenswelten, Wirtschaftsräume und Migration 43

Während seines Modedesign-Studiums in Düsseldorf lernte Andreas Schneider seine Frau Mariella Monti kennen. Gemeinsam eröffneten sie ein Modegeschäft in Düsseldorf. Mittlerweile haben sie zwei Kinder. Doch seine Frau Mariella möchte gerne wieder in ihrer Heimat Italien leben. Sie vermisst die Sprache, das mediterrane Klima und das gute Essen. Außerdem möchte sie näher bei ihren Eltern wohnen. Herr Schneider ist einverstanden und sie suchen nach einem Zuhause für die Familie und einem geeigneten Standort für ein neues Modegeschäft.

Mariella: „Obwohl meine Familie im Süden des Landes lebt, muss ich dort nicht unbedingt wohnen. Wenn wir die Familie während der Schulferien unserer Kinder dort besuchen, reicht mir das. Wichtiger ist es mir, in einer wirtschaftlich starken Region zu leben, in der unser Geschäft gut läuft und es ein breites kulturelles Angebot gibt. Ich hätte gerne ein Boot an einem der großen Seen, zum Entspannen an den Wochenenden."

Romina: „Ich freue mich auf Italien, das Land der Mode. Hier möchte ich eine Ausbildung zur Modedesignerin machen und in die Fußstapfen meines Vaters treten."

Matteo: „Ich möchte in Italien gerne häufiger Snowboarden gehen und meine Großeltern öfter besuchen."

M4 Rom, Mailand oder Neapel? – Meinungen der Familie

Rom
Rom ist mit rund 2,8 Mio. Einwohnern die größte Stadt Italiens. Etwa zehn Millionen Touristen besuchen die Hauptstadt Italiens jährlich.  Als eine der größten Kulturstädte Europas bietet Rom nicht nur viele antike Bauwerke, sondern auch Museen, Opern, Theater und viele Konzertstätten. Rom verfügt über drei Flughäfen und drei staatliche Universitäten. Modetechnisch gilt Rom in jüngster Zeit wieder als aufstrebend. Hier leben und arbeiten junge Designer, die fantasievolle und ausgefallene Mode entwerfen und auch durch die zahlreichen Touristen einen großen Absatzmarkt finden.

Mailand
Mailand bildet zusammen mit den Städten Turin und Genua einen Wirtschaftsraum, der zu den stärksten Europas gehört.  In der zweitgrößten Stadt Italiens leben rund 1,3 Mio. Menschen. Neben Paris, New York und London zählt Mailand zu den führenden Modemetropolen weltweit. In Mailand finden die größten, bedeutendsten und mit Abstand meisten Modemessen Italiens statt. Ebenso gibt es verschiedene Modeschulen. Bekannte Marken wie Dolce & Gabbana, Armani, Prada und Gucci haben ihren Sitz in dieser Stadt.

Neapel
Die Region um Neapel liegt im Süden Italiens und gehört zu den Regionen mit dem höchsten Förderbedarf innerhalb der EU.  Neapel selbst gilt als wirtschaftliches Zentrum Süditaliens. Die Nähe zum Vesuv und zur Amalfiküste lockt zahlreiche Besucher in die drittgrößte Stadt Italiens. Jedoch herrscht hier auch eine hohe Arbeitslosigkeit, unter der gerade junge Menschen besonders leiden. In Neapel gibt es nicht viele edle Designerboutiquen, aber dafür findet man hier unzählige kleine Geschäfte, die in Familientradition noch selbst Mode produzieren.

M5 Vorstellung der Städte

Die **Lombardei** zählt zu den Regionen, die in Italien noch ein positives Bevölkerungssaldo aufweisen. So ist das Verhältnis von Geburten- zu Sterbefällen zwar negativ (73 117 Geburten, 99 983 Sterbefälle in 2019). Der Migrationssaldo liegt allerdings bei +43 635 Menschen. Das Durchschnittsalter beträgt 45,02 Jahre.
In **Kampanien** liegt das natürliche Bevölkerungswachstum bei -7 129 Personen. Der Migrationssaldo beträgt -21 019 Menschen. Das Durchschnittsalter beträgt 42,5 Jahre.

M6 Bevölkerungsentwicklung in der Lombardei und Kampanien

> *Wenn du diese Aufgaben erfolgreich bearbeitet hast, kannst du ...*
> *... regionale und soziale Disparitäten Italiens analysieren.*
> *... die Lebens- und Arbeitswelt an einem Beispiel bewerten.*
> *... die Grundbegriffe **regionale** und **soziale Disparitäten** erklären.*

Europa – von Migration geprägt

Migrationsbewegungen gehören zum Alltag innerhalb Europas:
Arbeitskräfte aus Polen arbeiten in den Niederlanden, spanische Studierende kommen für ein paar Monate nach Schweden. Außerdem sind Deutschland und die EU wichtige Anziehungspunkte für Menschen aus Nicht-EU-Ländern – zum Beispiel aus familiären Gründen, als Arbeitsmigranten oder Asylsuchende.

1. Beschreibe die Arbeitskräftemigration innerhalb der EU (M1 – M4).
2. a) Erkläre die Zusammenhänge zwischen hoher Arbeitskräftemigration und weiteren Faktoren (M3, Atlas). Erstelle eine Übersicht von Push- und Pull-Faktoren.
   b) Analysiere die Zuwanderung von Arbeitskräften auf den EU-Arbeitsmarkt (M5, M8).
   c) Vergleiche die Lebensgeschichte der Gastarbeiter mit der der zugewanderten Krankenschwester Saya heute (M6, M7, M9).
3. Beurteile die Notwendigkeit der Zuwanderung von Arbeitskräften in verschiedene Wirtschaftsbereiche (M8).

4. Recherchiere die Migrationsgeschichte eines Gastarbeiters. Stelle diese in einer Präsentation vor (M10, Internet).

Als **Migration** bezeichnet man ganz allgemein die Wanderung von Menschen (Individuen oder Gruppen) mit dem Ergebnis eines nicht nur kurzfristigen Wohnsitzwechsels. Eine wichtige Form ist dabei die **Arbeitsmigration**, die durch die **Freizügigkeit** innerhalb der EU ermöglicht wird. 2020 arbeiteten insgesamt 6,4 Millionen EU-Bürger/-innen ab 15 Jahren in einem anderen EU-Land, ohne die dortige Staatsbürgerschaft zu besitzen. Ihre Zahl ist innerhalb von zehn Jahren um 38 % gestiegen. 2011 waren rund 4,6 Millionen EU-Bürger/-innen im EU-Ausland erwerbstätig. Gründe für die Arbeitsmigration liegen dabei einerseits im heimischen Arbeitsmarkt und in der meist schlechteren wirtschaftlichen Situation (**Push-Faktoren**) und den besseren Arbeits- und Verdienstmöglichkeiten (**Pull-Faktoren**) im Zielland. Deutschland ist dabei ein attraktives Land, da die Wirtschaftslage gut ist: 2,3 Millionen EU-Ausländer/-innen waren 2020 in Deutschland erwerbstätig. Auch Spanien (0,8 Mio.), Italien (0,7 Mio.) und Frankreich (0,6 Mio.) waren wichtige Zielländer für Arbeitskräfte aus anderen EU-Staaten.

M2 Arbeitsmigration innerhalb der EU

Land	Arbeitslosenquote (2021)	Mittleres Einkommen (2019)
Deutschland	6,0 %	26 105 €
EU	7,6 %	19 567 € (ohne GB)
Rumänien	5,5 %	4 419 €
Polen	4,9 %	8 022 €
Griechenland	15,2 %	9 034 €
Luxemburg	6,7 %	42 818 €

M3 Arbeitslosenquote und mittleres Einkommen einiger EU-Staaten

Land	Arbeitskräfte aus anderen EU-Staaten (in Mio.)
Deutschland	2,30
Spanien	0,94
Italien	0,82
Frankreich	0,65
Österreich	0,42
Belgien	0,39
Irland	0,28
Niederlande	0,24
Schweden	0,15

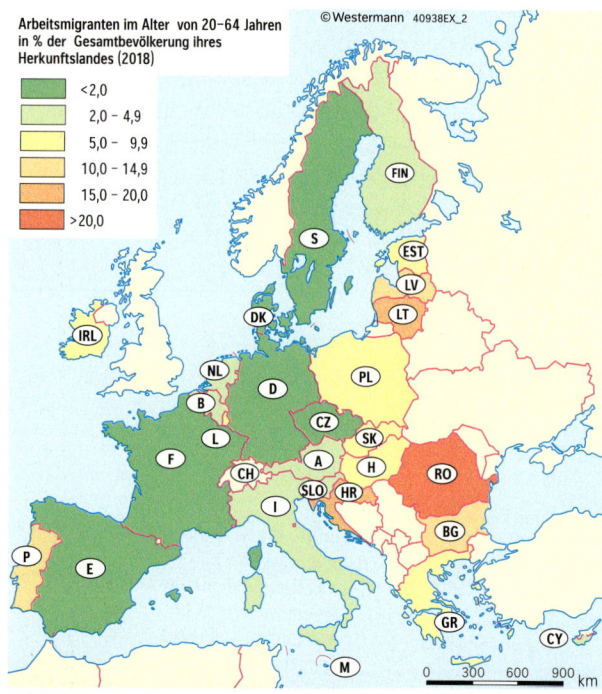

M1 Arbeitsmigranten in Europa

M4 Wo arbeiten die meisten Arbeitskräfte aus anderen EU-Staaten?

Europa – Lebenswelten, Wirtschaftsräume und Migration 45

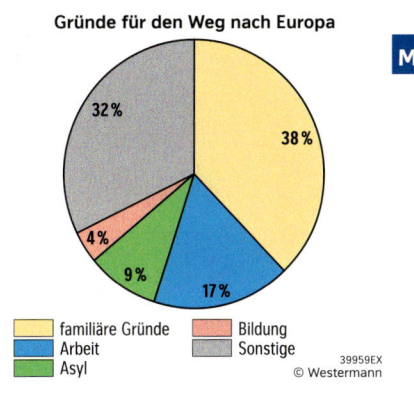

Gründe für den Weg nach Europa: 38 % familiäre Gründe, 32 % Sonstige, 17 % Arbeit, 9 % Asyl, 4 % Bildung

M5 Am 01. Januar 2020 zählte die EU 447,3 Mio. Einwohner. 23 Mio. Einwohner davon waren Nicht-EU-Bürger (5,1 % der Bevölkerung).

Bereich	Gesamtbeschäftigte von Nicht-EU-Bürgern	Gesamtbeschäftigung von EU-Bürgern
Reinigungspersonal, Hilfskräfte	11,9 %	3,1 %
Berufe im Bereich personenbezogene Dienstleistungen	9,0 %	4,2 %
Betreuungsberufe	5,1 %	2,9 %
Bauarbeiter	5,8 %	3,6 %
Hilfsarbeiter im Bergbau, Baugewerbe, verarbeitenden Gewerbe, Transport	5,6 %	2,4 %
Hilfskräfte in der Nahrungsmittelzubereitung	2,7 %	0,5 %
Arbeitskräfte in Landwirtschaft und Fischerei	2,6 %	0,6 %

M8 Beschäftigung von Nicht-EU-Bürgern in der EU: 2020 waren durchschnittlich 188,9 Millionen Menschen zwischen 20 und 64 Jahren auf dem EU-Arbeitsmarkt beschäftigt. 8,7 % davon waren Nicht-EU-Bürger.

Millionster Gastarbeiter in Deutschland angekommen – Moped für Armando Rodrigues de Sá

Mit dem Wirtschaftswachstum der 1950er-Jahre steigt in Deutschland auch der Bedarf an Arbeitskräften. Diese kommen aus Spanien, Portugal, Italien und der Türkei. Am 10.09.1964 trifft der gelernte Zimmermann Armando Rodrigues de Sá mit einem Sonderzug in Köln ein. Er ist der Millionste Gastarbeiter. Die Arbeiter werden vor allem in der Industrie und im Handwerk gebraucht. Sie sind schlecht bezahlt und leben zunächst oftmals in Baracken. Im Vergleich zu den Löhnen in ihrer Heimat ist die Bezahlung aber gut.
Nach und nach kommen auch die Familien der Gastarbeiter nach Deutschland. Bis zum sogenannten Anwerbestopp 1973 kamen 2,6 Millionen Beschäftigte nach Deutschland.

M6 Armando Rodrigues – Gastarbeiter aus Portugal

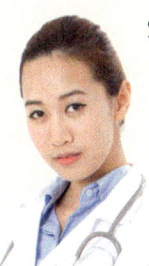

Saya T. ist 27 Jahre alt und stammt aus Manila, der Hauptstadt der Philippinen. Sie ist eine von über 150 000 Pflegekräften mit ausländischer Staatsbürgerschaft in Deutschland. Vor einem Jahr hat sie ihr Land und ihre Familie verlassen, um in Deutschland zu arbeiten. Der kleine Sohn wird von den Großeltern betreut. Viele gut ausgebildete Filipinos in diesem Bereich verlassen das Land. Man spricht auch von einem **Braindrain**, was übersetzt etwa Abfluss von Intelligenz bedeutet.
In Deutschland lernt Saya den Beruf wieder neu, da ihre Ausbildung hier nicht anerkannt wird. Manchmal bereitet ihr die Sprache noch Probleme. Sie möchte es aber schaffen, um dann hier einen guten Job zu machen, aber auch, um Geld in ihre Heimat und zu ihrer Familie zu schicken.

M7 Saya T. – neue Perspektive in Deutschland?

Umut P. ist 69 Jahre alt und stammt aus der Türkei. Bereits 1970 kam er als sogenannter Gastarbeiter nach Deutschland. Das Angebot damals, in Deutschland als Gastarbeiter zu arbeiten, kam ihm gerade recht. In seiner Heimat verdiente er nicht viel und erhoffte sich von einem Leben in Deutschland viel. Seine Frau kam später nach und die Kinder sind in Essen geboren. Er arbeitete zunächst auf dem Bau, später dann in einem Industrieunternehmen. Heute ist er in Rente und hat schon zwei Enkelkinder. Das eine geht in den Kindergarten, das andere auf das Gymnasium.

M9 Umut P. – angekommen im Ruhrgebiet

INTERNET

M10 Auf der Internetseite: www.lebenswege.rlp.de finden sich verschiedene Porträts von Gastarbeitern mit Ton-, Foto- und Filmdokumenten.

Wenn du diese Aufgaben erfolgreich bearbeitet hast, kannst du ...
… *Gründe für die Arbeitsmigration erläutern.*
… *die Bedeutung von Migration für den Arbeitsmarkt analysieren und beurteilen.*
… *die Grundbegriffe* **Migration, Arbeitsmigration, Freizügigkeit, Push- und Pullfaktoren** *und* **Braindrain** *erklären.*

Flucht nach Europa

Über 1,2 Millionen Menschen suchten 2015 und 2016 Asyl in der Europäischen Union. Das war Rekord! Auch wenn die Zahlen mittlerweile niedriger sind, stecken hinter jeder Flucht Schicksale. Einfach ist der Weg in die EU jedoch nicht.

1. Erkläre die Begriffe Flüchtling, Asyl, Migrant und irreguläre Migration mit deinen eigenen Worten (M1). Was macht die Abgrenzung so schwer?

2. a) Beschreibe wesentliche Flüchtlingsrouten in die EU und erläutere Gefahren für die Flüchtlinge.
   b) Beschreibe M4 und M7 und erläutere, welche Hoffnungen und Ängste die Menschen an der Außengrenze der EU möglicherweise haben. 241

3. Analysiere die Ursachen einer aktuellen Migrationsbewegung
   A am Beispiel eines Herkunftslandes (M3, Atlas, Internet)
   B am Beispiel Afghanistans (M8, Atlas, Internet).

4. Die europäische Asylpolitik ist umstritten.
   a) Nenne Kritikpunkte von ProAsyl an der Asylpolitik der EU (M5).
   b) Nimm Stellung zur Position von Pro Asyl.

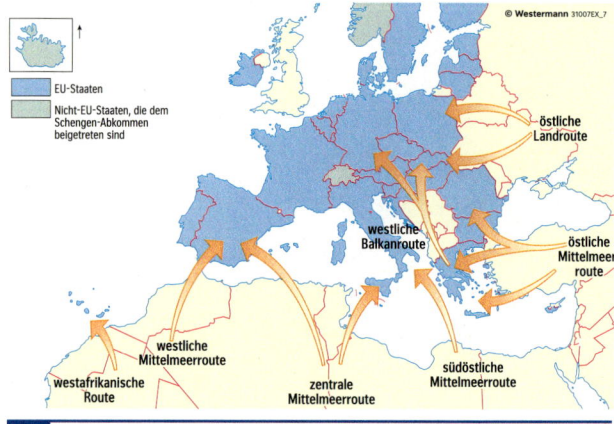

M2 Flüchtlingsrouten in die EU

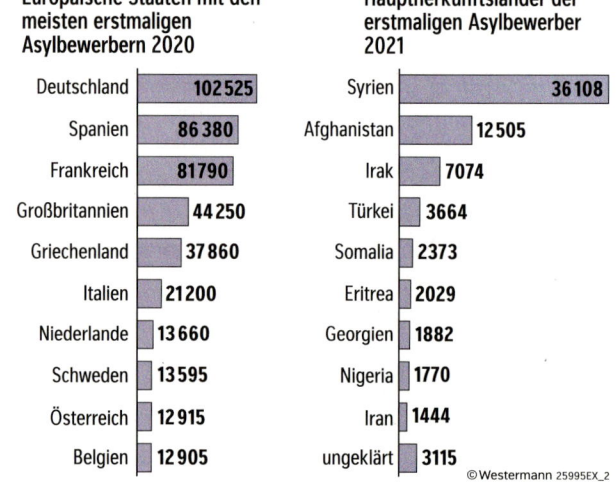

M3 Wichtigste Ziel- und Herkunftsländer

Asyl: „Eine Form von Schutz, den ein Staat auf seinem Hoheitsgebiet, basierend auf dem Prinzip der Nichtzurückweisung und auf international oder national anerkannten Flüchtlingsrechten einer Person gewährt, die in ihrem Herkunfts- und/oder Wohnsitzland keinen Schutz suchen kann, insbesondere aus Furcht vor Verfolgung aufgrund der [Ethnie], Religion, Nationalität, Zugehörigkeit zu einer bestimmten sozialen Gruppe oder der politischen Meinung."

Flüchtling: [...] „Im EU-Kontext, ein Drittstaatsangehöriger, der aus der begründeten Furcht vor Verfolgung wegen seiner [Ethnie], Religion, Nationalität, Zugehörigkeit zu einer bestimmten sozialen Gruppe oder wegen seiner politischen Überzeugung sich außerhalb des Landes befindet, dessen Staatsangehörigkeit er besitzt, und den Schutz dieses Landes nicht in Anspruch nehmen kann oder wegen dieser Befürchtungen nicht in Anspruch nehmen will [...]."

Irreguläre Migration: „Es gibt keine universal akzeptierte Definition von irregulärer Migration. Aus der Perspektive der Zielländer ist es die Einreise, der Aufenthalt oder die Arbeitsaufnahme in einem Land ohne die notwendige Berechtigung oder Dokumente, die nach den Einwanderungsregeln erforderlich sind."

Migrant: [...] „eine Person, die [...] ihren gewöhnlichen Aufenthalt im Gebiet eines EU-/EFTA-Mitgliedstaats für einen Zeitraum, der wenigstens 12 Monate ist oder sein wird, errichtet und die sich vorher gewöhnlich in einem anderen EU/EFTA-Mitgliedstaat oder einem Drittstaat aufgehalten hat [...]."

Quelle: Europäische Kommission: Glossar zu Asyl und Migration Version 5.0; S. 42, 139, 198, 228; Januar 2018

M1 Begriffsdefinitionen

Europa – Lebenswelten, Wirtschaftsräume und Migration

M4 Die Außengrenze der EU in Griechenland – Zäune sollen den Grenzübertritt erschweren.

M7 Gerettet: Bootsflüchtlinge und ihre Helfer erreichen die griechische Insel Rhodos. Die Aufnahme von Bootsflüchtlingen ist mittlerweile für die Mittelmeeranrainer zum großen Problem geworden. Nach den Regeln der Dublin-Verordnung müssen Flüchtlinge in dem Staat um Asyl bitten, in dem sie erstmals den EU-Raum betreten. Das soll sicherstellen, dass ihr Antrag innerhalb der EU nur einmal geprüft wird. Andererseits müssen die Menschen in Griechenland, Italien und den anderen Ländern auch versorgt werden.

[…] Die EU versucht, ihre Grenzen hermetisch abzuriegeln. An einigen Grenzabschnitten haben die Nationalstaaten meterhohe Stacheldrahtzäune errichtet, an anderen Abschnitten kommt die EU-Grenzschutzagentur Frontex zum Einsatz. Mittlerweile sollen auch Militäreinsätze dafür sorgen, dass Flüchtlinge es nicht in die EU schaffen. Andere der Maßnahmen zum »Grenzschutz« werden kaum sichtbar – etwa das EUROSUR-System, das die Grenzen mit Satelliten, Drohnen und Sensoren überwacht.
Letztlich sorgen die kostspieligen Investitionen vor allem dafür, dass die Fluchtwege für Schutzsuchende riskanter und teurer werden. Die oft mit „Schlepperbekämpfung" gerechtfertigte Abschottung der Grenzen ist gut für das Geschäft der Schleuser – und für das der Rüstungsindustrie. […]

Quelle: proasyl.de: EU-Asylpolitik, Zugriff: 31.08.2021

M5 Stellungnahme von PROASYL zur EU-Asylpolitik

In Kabul und anderen Landesteilen werden immer wieder schwere Anschläge verübt, die zahlreiche Todesopfer und Verletzte fordern. Bombenanschläge, bewaffnete Überfälle und Entführungen gehören seit Jahren in allen Teilen von Afghanistan zum Angriffsspektrum der regierungsfeindlichen Kräfte. Sie richten sich auch gegen die internationalen Partner der afghanischen Regierung, darunter Deutschland und deren Staatsangehörige. […]
Aktuelle Entwicklungen im Zuge des Abzugs der internationalen Militärpräsenz könnten zu einer weiter zunehmenden Gefährdung für ausländische Staatsbürger führen. Die Auseinandersetzungen zwischen regierungsfeindlichen Kräften und Sicherheitskräften der Regierung Afghanistans haben sich intensiviert […]
Landesweit kommt es immer wieder zu Attentaten, Überfällen, Entführungen auch von Ausländern und anderen Gewaltverbrechen. Daneben gibt es ein hohes Maß an Alltagskriminalität und organisierter Kriminalität in den Städten.

Quelle: Auswärtiges Amt: Afghanistan: Reise- und Sicherheitshinweise (Reisewarnung), Stand: 31.08.2021, www.auswaertiges-amt.de, Zugriff: 31.08.2021

M8 Auszug aus den Reisehinweisen des Auswärtigen Amtes (August 2021)

Jahr	Anträge
2010	206 880
2011	263 135
2012	278 280
2013	367 825
2014	562 680
2015	1 256 575
2016	1 206 045
2017	654 610
2018	602 515
2019	675 515
2020	416 950

M6 Zahl der Erstanträge auf Asyl in der EU

Wenn du diese Aufgaben erfolgreich bearbeitet hast, kannst du …
… Gründe für die Flucht nennen und Auswirkungen für die Flüchtenden erläutern.
… Probleme des Asylsystems der EU bewerten.
… den Grundbegriff **Asyl** erklären.

Fluchtgrund: Klimawandel

Der Klimawandel führt global zu massiven Problemen. In der Folge sind immer mehr Menschen gezwungen, ihre Heimat zu verlassen. Bis 2050 rechnet man weltweit mit bis zu 143 Millionen sogenannten Klimaflüchtlingen.

1. a) Lokalisiere Regionen, die vom Klimawandel betroffen sind (Atlas). 237
   b) Nenne konkrete Probleme, die sich in den Gebieten aus dem Klimawandel ergeben.

2. Erkläre kausale Zusammenhänge zwischen Klimawandel und Flucht (M1).

Bleiben oder Gehen? Tayo ist Viehhirte in Mali. Der Alltag dort ist hart. Soll er in Mali bleiben oder nach Europa gehen?

3. Analysiere die Situation in Mali (M5 – M7).

4. **A** Erstelle für Mali ein Schaubild, das wesentliche Migrationsgründe (Push- und Pullfaktoren) darstellt. Arbeite mit geeigneten Kategorien.
   B Untersuche mithilfe des Schaubildes M4 mögliche Treiber für die Entscheidung und entscheide aus Sicht Tayos für oder gegen die Auswanderung.
   C Diskutiert, welche Rolle der Klimawandel und seine Auswirkungen bei der Entscheidung spielen.

5. a) Interpretiere die Karikatur (M2). 245
   b) Erkläre warum Klimawandel selten die einzige Fluchtursache ist.

6. Bewerte die Position der Bundesregierung zum Thema Klimaflüchlinge und Asyl (M3).

M2 Karikatur: Wirtschafts- oder Klimaflüchtlinge?

Die UN hatten diese Woche festgestellt, dass „**Klimaflüchtlingen**" nicht das Recht auf Asyl verweigert werden könne, wenn ihr Leben in Gefahr sei. Die deutsche Bundesregierung hat eine andere Meinung zum Thema entwickelt. Wer wegen der Folgen des Klimawandels seine Heimat verlässt, kann nach Auffassung der Bundesregierung in Deutschland weder Asyl noch Flüchtlingsschutz einfordern. Zwischen Klimawandel, Migration und Flucht bestehe zwar ein Zusammenhang, dieser sei aber bislang nur unzureichend untersucht, teilte ein Sprecher des Innenministeriums auf Anfrage mit. „Die meisten Studien deuten darauf hin, dass Umweltveränderungen Auslöser, aber nicht alleinige Ursache von Migrationsentscheidungen sind", fügte er hinzu. […]

Quelle: Deutsche Welle: Bundesregierung: Kein Asyl für „Klimaflüchtlinge", 22.01.2020, Zugriff: 30.08.2021

M3 Kein Asyl für Klimaflüchtlinge

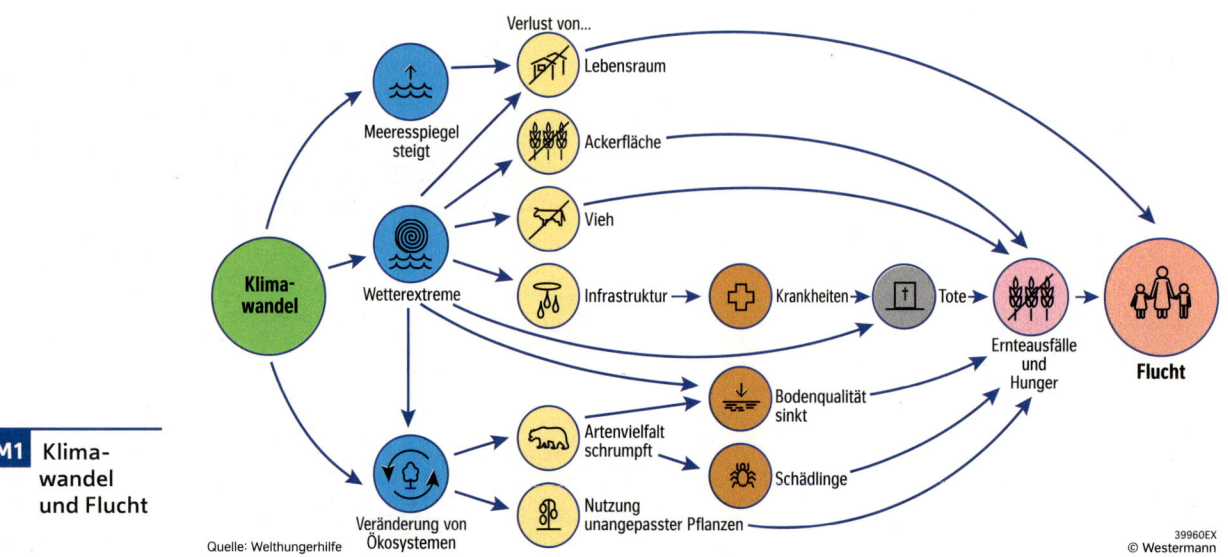

M1 Klimawandel und Flucht

Quelle: Welthungerhilfe

Europa – Lebenswelten, Wirtschaftsräume und Migration

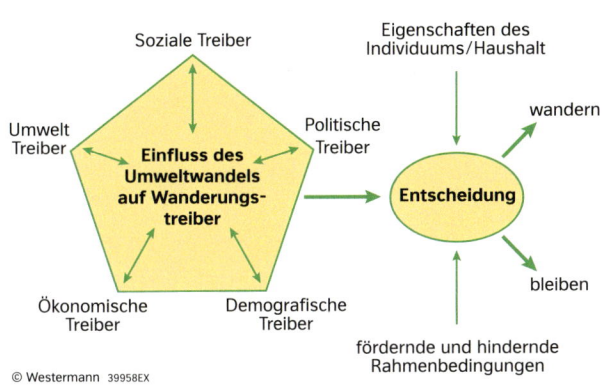

M4 Einfluss- und Entscheidungsfaktoren zu Umweltwandel und Wanderungsentscheidungen.

Steckbrief Mali
Einwohnerzahl: 19,7 Mio.
Bevölkerung: unter 15 Jahre 47,6 %
über 65 Jahre 2,5 %
Lebenserwartung: Frauen: 60 Jahre, Männer: 59 Jahre
Alphabetenrate: Frauen 25,7 %, Männer 46,2 %
BNE/Kopf: 924 US-$
Erwerbstätigkeit nach Sektoren: Landwirtschaft 62,6 %, Industrie 7,6 %, Dienstleistungen 29,8 %
Politische Situation: vielfache bewaffnete Konflikte zwischen verschiedenen Gruppen in Mali

M7 Mali: Wirtschafts- und Sozialdaten

M5 Fortschreitende Konflikte: Mithilfe der sogenannten Blauhelm-Truppe der Vereinten Nationen versucht man, Konflikte in der Region zu befrieden.

Mali-Niger: Klimawandel und Konflikte führen zu einer explosiven Mischung in der Sahelzone

[...] Nach seinem achttägigen Besuch in der Region ist sich Peter Maurer, Präsident des Internationalen Komitees vom Roten Kreuz, im Klaren darüber, dass nicht nur die Konflikte Ursache für Gewalt und Probleme in der Region sind, sondern vor allem auch die schwindende nutzbare Landfläche und die zunehmend versiegenden Wasserquellen.
„Die jahrelangen Spannungen zwischen Bauern und Viehzüchtern verschlimmern sich infolge des Klimawandels, da immer weniger Land nutzbar ist und die Menschen nicht wissen, wo sie sich noch mit Wasser versorgen können", so Peter Maurer. „Der Klimawandel verkompliziert die Lage in einer Region, in der das Leben aufgrund von Unterentwicklung, Armut, weitverbreiteter Kriminalität und Gewalt bereits äußerst schwierig ist. Diese explosive Mischung muss zu einem radikalen Umdenken bei den Hilfsansätzen für die Sahelzone führen, damit die Menschen besser gegen die drastischen klimatischen Veränderungen gewappnet sind."
Die Temperaturen in der Sahelzone steigen eineinhalb Mal schneller als im globalen Durchschnitt.

M6 Exemplarischer Konflikt: Mali und Niger

Niederschläge sind unberechenbar und die Regenzeiten werden immer kürzer. Die Vereinten Nationen schätzen, dass rund 80 % der landwirtschaftlich nutzbaren Böden in der Sahelzone ausgelaugt sind, während rund 50 Millionen Menschen, die in der Region von der Viehzucht leben, um Land konkurrieren.
Seit Ende 2018 sind rund 33 Millionen Menschen in der Sahelzone von Nahrungsmittelunsicherheit betroffen. Die verarmten Gemeinschaften haben Mühe, sicheren Zugang zu medizinischer Versorgung zu erhalten, Schulen für ihre Kinder zu finden und ein grundlegendes Einkommen zu erwirtschaften. Auf der Suche nach einer Existenzgrundlage für ihre Familien stehen die Menschen oft vor schwierigen Entscheidungen und wandern beispielsweise auf gefährlichen Routen ab oder schließen sich bewaffneten Gruppen an.
Die Gewalt ist auf beängstigendem Vormarsch. Die Forschungsgruppe Armed Conflict Location & Event Data Project hat herausgefunden, dass in Mali 1686 [gewaltsame] Todesfälle im Jahr 2018 registriert wurden (im Vergleich zu 949 im Jahr 2017 und 320 im Jahr 2016). Die entsprechenden Hotspots breiten sich ebenfalls aus, unter anderem von Nord- nach Zentralmali sowie entlang der Grenze zwischen dem Niger, Mali und Burkina Faso.
Unabhängig davon, in welchem Umfang der Klimawandel zu einer Erhöhung der Gewalt beiträgt, ist klar, dass das Überleben der Gemeinschaften umso schwerer wird, wenn sie von beiden Phänomenen gleichzeitig betroffen sind. [...]

Quelle: IKRK: Mali-Niger: Klimawandel und Konflikte führen zu einer explosiven Mischung in der Sahelzone. 22.01.2019, icrc.org, Zugriff: 30.08.2021

Wenn du diese Aufgaben erfolgreich bearbeitet hast, kannst du ...
... die Folgen des Klimawandels für einzelne Regionen beschreiben und Fluchtgründe für die Menschen analysieren.
... die Problematik des Begriffs Klimaflüchtlinge diskutieren.
... den Grundbegriff **Klimaflüchtling** erklären.

Umweltbelastung kennt keine Grenzen

Umweltbelastungen in Europa sind vielfältig: hohe Luftverschmutzung, Lärm durch weltweiten Flugverkehr, Todesfälle durch den Klimawandel, durch Hitze und Überschwemmungen. Nur durch gemeinsames Handeln, zum Beispiel in Europa, kann man den Problemen entgegentreten.

1. a) Beschreibe konkrete Umweltbelastungen in den verschiedenen Regionen der Europäischen Union (M1, M4, M5).
   b) Erläutere, welche konkreten Folgen sich lokal, regional oder sogar transnational daraus für die Menschen und die Umwelt ergeben.
   c) Bewerte die politischen Chancen auf eine Umsetzung von strengeren Regeln zum Umweltschutz (M2, M3).

2. a) Nenne wesentliche Ziele der EU gegen den Klimawandel (M6).
   b) Erläutere das Zitat der EU-Kommissionspräsidentin (M8).

3. Analysiere die Maßnahmen des Green Deal im Hinblick auf die Merkmale der Nachhaltigkeit (M9).

4. **A** Verfasse eine E-Mail an deinen EU-Abgeordneten. Mache darin konkrete Vorschläge zur Reduktion von Umweltbelastungen.
   B Verfasse ein Umweltschutzprogramm für Europa: Welche Themen sollten darin dringend in Angriff genommen werden?

M2 Karikatur

Die Art der Umsetzung von EU-Zielen, also auch im Bereich der Umweltmaßnahmen, können die einzelnen Mitgliedsstaaten weitgehend selbst entscheiden. Die Diskussion darüber, welcher Weg in der Energie- bzw. Umweltpolitik der Leitidee der Nachhaltigkeit am ehesten entspricht, ist in vollem Gange. Jedes Land hat andere Interessen und Sichtweisen. Und in jedem Land gibt es Interessengruppen, die versuchen, die Politik in ihrem Sinne zu beeinflussen. Die einen versprechen neue Arbeitsplätze im Bereich der regenerativen Energien, die anderen warnen vor dem Verlust von Arbeitsplätzen bei der Schließung von Kohlekraftwerken oder Atomkraftwerken.

M3 Die Umsetzung von Umweltschutzmaßnahmen in der EU – nicht ganz einfach

M1 Ein Flugzeug beim Landeanflug auf den Flughafen Heathrow in London: Nicht nur hier leiden die Bewohner. Studien von Medizinern aus Mainz zeigen, dass der Lärm Folgen wie Bluthochdruck, Herzinfarkte und Schlaganfälle begünstigt. Die EU arbeitet im Rahmen des Green Deal an neuen Vorgaben, z. B. zu veränderten Flugrouten.

M4 Wirtschaftliches Wachstum in Polen und vielen anderen Staaten führt zum Anstieg des Energiebedarfs. Auch Elektrofahrzeuge brauchen Strom – aber noch reichen erneuerbare Energieträger teilweise nicht aus. Die Folge: Luftverschmutzung, hohe CO_2-Emissionen und massive Auswirkungen auf die Umwelt. Die EU plant Regeln zu einer zügigen Dekarbonisierung des Energiesystems.

Europa – Lebenswelten, Wirtschaftsräume und Migration

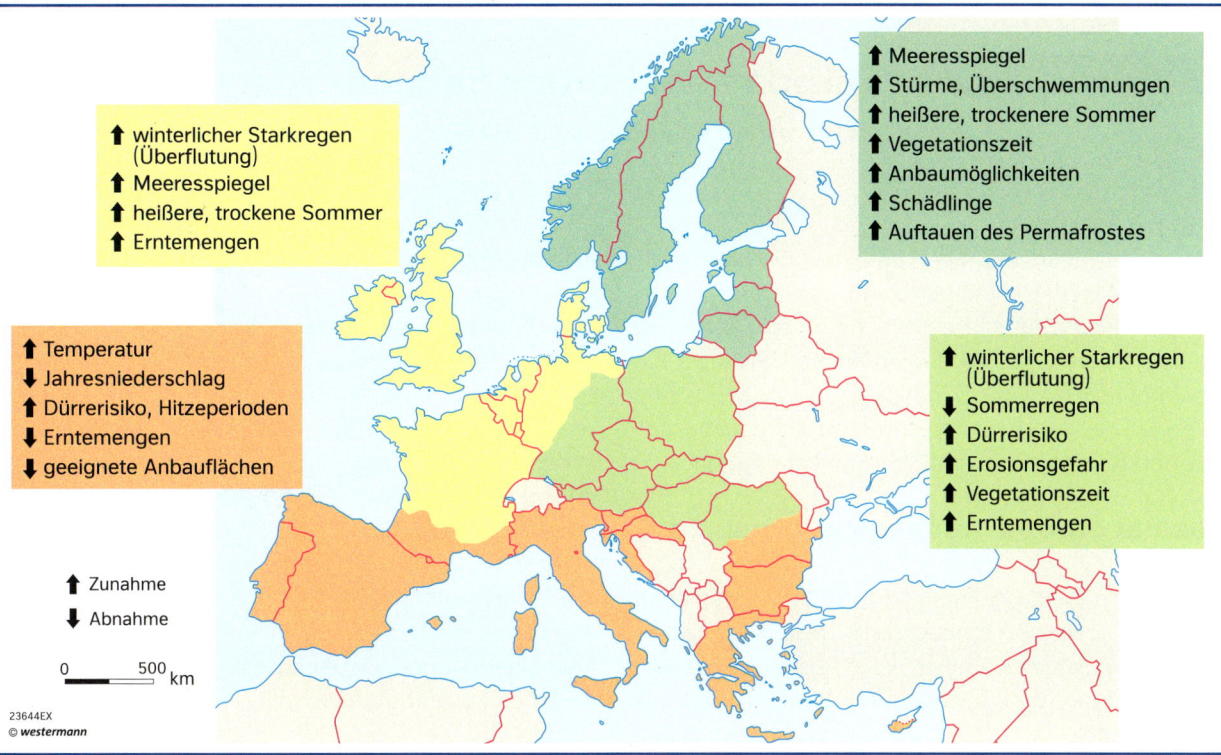

M5 Auswirkungen des Klimawandels in Ländern der Europäischen Union

Kartenbeschriftungen:

- ↑ winterlicher Starkregen (Überflutung)
- ↑ Meeresspiegel
- ↑ heißere, trockene Sommer
- ↑ Erntemengen

- ↑ Meeresspiegel
- ↑ Stürme, Überschwemmungen
- ↑ heißere, trockenere Sommer
- ↑ Vegetationszeit
- ↑ Anbaumöglichkeiten
- ↑ Schädlinge
- ↑ Auftauen des Permafrostes

- ↑ Temperatur
- ↓ Jahresniederschlag
- ↑ Dürrerisiko, Hitzeperioden
- ↓ Erntemengen
- ↓ geeignete Anbauflächen

- ↑ winterlicher Starkregen (Überflutung)
- ↓ Sommerregen
- ↑ Dürrerisiko
- ↑ Erosionsgefahr
- ↑ Vegetationszeit
- ↑ Erntemengen

↑ Zunahme   ↓ Abnahme

[...] Genau ein Jahr vor der Festlegung eines neuen Emissionsreduktionsziels haben die EU-Führungsspitzen auf einer Tagung des Europäischen Rates das Ziel unterstützt, bis 2050 eine klimaneutrale Union zu erreichen. Das bedeutet, dass die EU ihre Treibhausgasemissionen bis 2050 drastisch verringern wird und Wege finden muss, um die verbleibenden und unvermeidbaren Emissionen auszugleichen. Eine Reduzierung der Nettoemissionen auf Null wird den Menschen und der Umwelt nützen und die Erderwärmung begrenzen. In seinen Schlussfolgerungen vom Dezember 2019 betonte der Europäische Rat, dass der Übergang zur Klimaneutralität beträchtliche Chancen im Hinblick auf Folgendes mit sich bringen wird: Wirtschaftswachstum, Märkte, Arbeitsplätze, technologische Entwicklungen. Die EU-Führungsspitzen erkannten außerdem an, dass die erforderlichen Rahmenbedingungen geschaffen werden müssen, um einen kosteneffizienten, sozial ausgewogenen und gerechten Übergang zur Klimaneutralität zu gewährleisten. [...]

Quelle: Maßnahmen der EU gegen den Klimawandel. www.consilium.europa.eu, Zugriff: 01.09.2021

M6 Ziele der EU gegen den Klimawandel

„Wir wollen der nächsten Generation sowohl einen gesunden Planeten hinterlassen als auch gute Arbeitsplätze und Wachstum, das unsere Natur nicht schädigt."

EU-Kommissionspräsidentin Ursula von der Leyen

M8 Zitat

M9 Der europäische Green Deal

INTERNET

M7 Bundesministerium für Umwelt, Naturschutz und nukleare Sicherheit
- Europaparlament – Umweltpolitik
- Fit for 55-Paket
- **Green Deal**

Wenn du diese Aufgaben erfolgreich bearbeitet hast, kannst du ...
- *... die Umweltbelastungen in Europa auf unterschiedlichen Maßstabsebenen beschreiben und die Auswirkungen auf Mensch und Umwelt erklären.*
- *... Maßnahmen der EU gegen die Umweltbelastungen abwägen und eigene Ideen zur Reduktion entwickeln.*
- *... den Grundbegriff Green Deal erklären.*

Europa – vielfältige Lebens- und Wirtschaftsräume

GEWUSST? – GEKONNT!

Was ist Europa?
36 ▸ Europa ist einerseits der zweitkleinste Kontinent, andererseits ein vielfältiger Raum mit unterschiedlichsten Landschaftstypen, in dem 746 Millionen Menschen leben. Die EU (**Europäische Union**) ist ein Zusammenschluss von 27 Staaten, die gemeinsame Ziele wie Friedenssicherung sowie wirtschaftliche, soziale und territoriale Zusammenarbeit anstreben.

Was hat Europa mit meinem Leben zu tun?
38 ▸ Wesentlich prägen vier Freiheiten das Zusammenleben in Europa: freier Personenverkehr, freier Kapitalverkehr, freier Dienstleistungsverkehr und freier Warenverkehr. Dies wird im sogenannten **Binnenmarkt** zusammengefasst. Im Alltag merkt man einige Freiheiten ganz konkret: freie Wahl des Wohn- und Arbeitsortes innerhalb der EU, keine Zollkontrollen, keine Roaming-Gebühren beim Handytelefonat.

Potenziale und Perspektiven – zwischen Zentrum und Peripherie
40 ▸ Wirtschaftliche und soziale Strukturen in Europa sind vielfältig. So bilden die **Aktivräume** (blaue, gelbe Banane) wirtschaftliche **Zentren**. Diese zeichnen sich durch eine hohe Wirtschaftsleistung und eine große Attraktivität als Wohn- und Arbeitsort aus. In der **Peripherie**, also zentrumsfernen Regionen, herrschen oft Probleme wie Abwanderung und Überalterung vor. Durch gezielte Maßnahmen und Fördergelder initiiert die EU in diesen **Passivräumen** Projekte, um die Situation zu verbessern und einen Ausgleich zwischen den Regionen zu schaffen und die **Disparitäten** zu mildern. Ein wesentlicher Indikator zur Bestimmung der wirtschaftlichen Leistungsfähigkeit ist das Bruttoinlandsprodukt (BIP).

Unterschiedliche Lebens- und Arbeitswelten – Italien
42 ▸ Auch in einzelnen Ländern zeigen sich regionale, wirtschaftliche und soziale Disparitäten. So prägen ländliche und städtisch-industrielle Zentren zum Beispiel auch Italien. Dadurch herrschen soziale Unterschiede und die Lebens- und Arbeitswelten sind verschieden. Ab- und Zuwanderung von Menschen sind nur ein wesentlicher Aspekt, der diese Räume prägt.

Europa – von Migration geprägt
44 ▸ Unter dem Begriff der **Migration** versteht man zunächst Wanderungsbewegungen von Menschen mit dem Ergebnis eines nicht nur kurzfristigen Wohnsitzwechsels. Bereits in den 1950er- und 1960er-Jahren des 20. Jahrhunderts spielte die **Arbeitsmigration** eine wichtige Rolle zur Verbesserung der wirtschaftlichen Situation in Deutschland. Die Gastarbeiter wurden zum Beispiel in Deutschland gebraucht, während in anderen Ländern wie Italien oder der Türkei Arbeitsmöglichkeiten fehlten. Heute bringt die **Freizügigkeit** von Arbeitskräften ebenfalls wieder eine Wanderung innerhalb der EU. So arbeiten in Pflegeberufen, in der Landwirtschaft oder im Verkauf verstärkt Arbeitskräfte aus Osteuropa in Deutschland. Aus Staaten außerhalb der EU kommen verstärkt auch Menschen zu uns. Dabei spielen **Push- und Pullfaktoren** eine wichtige Rolle: die Suche nach Arbeit, familiäre Gründe, aber auch Ursachen wie Krieg und Vertreibung. Wenn qualifizierte Arbeitskräfte ein Land verlassen, spricht man auch von einem **Braindrain**.

Flucht nach Europa
46 ▸ In vielen Ländern der Erde herrschen kriegerische Auseinandersetzungen. Menschen sind bedroht und fliehen, um ihr Leben zu schützen. Diesen Schutz (**Asyl**) suchen sie auch in Europa. Dabei ist diese Flucht auch gefährlich, zum Beispiel bei der Überfahrt über das Mittelmeer. Auch an den EU-Grenzen gibt es hohe Hürden für eine Aufnahme.

Fluchtgrund: Klimawandel
48 ▸ Die Folgen des Klimawandels nehmen global immer weiter zu: Anstieg des Meeresspiegels, Ausbreitung von Wüstenregionen, Abschmelzen von Eisflächen und Auftauen von Permafrostböden. Dies führt zu einer Bedrohung des Lebensraums vieler Millionen Menschen und zum Verlust zum Beispiel auch von landwirtschaftlichen Flächen. Fehlt die Lebensgrundlage, müssen Menschen ihre Heimat verlassen und suchen als **Klimaflüchtlinge** eine neue Lebensperspektive – auch in anderen Ländern. Dabei sind die Ursachen für die Migration nicht monokausal, sondern oft vielfältig.

Umweltbelastung kennt keine Grenzen
50 ▸ Auch in der EU sind die Folgen des Klimawandels zunehmend spürbar: Überflutungen in Deutschland, Hitzesommer und Brände in Südeuropa usw.. Die EU bemüht sich, Auslöser der Umweltveränderungen zu identifizieren, Alternativen zu suchen und beispielsweise die CO_2-Emissionen zu reduzieren. Doch die Umsetzung der Maßnahmen ist ein politischer Prozess, bei dem eine Einigung auf konkrete Ziele und Maßnahmen nicht immer leicht ist. Mithilfe des **Green Deal** soll Europa bis 2050 klimaneutral werden.

Europa – Lebenswelten, Wirtschaftsräume und Migration

M1 Karikatur

M2 Karikatur

WES-113057-052

PROJEKT VOR ORT Europa mit Datenbanken erkunden

Wie groß ist die Bevölkerung der Staaten Europas? Wie entwickelt sie sich in den nächsten 50 Jahren? Wie viele Menschen nutzen einen Computer? Und wie viele haben ein Handy?

Diese Fragen und viele mehr lassen sich einfach mithilfe von Datenbanken beantworten. Immer mehr nationale und internationale Organisationen stellen statistische Daten zu unterschiedlichen Themen ins Internet. Das hat verschiedene Vorteile:
- die Daten sind in der Regel vertrauenswürdig
- die Daten sind immer möglichst aktuell
- man kann sie bei den meisten Datenbanken in unterschiedlicher Weise ausgeben:
  - als Tabelle,
  - als Karte
  - als Diagramm (z.B. als Bevölkerungspyramide)

EUROSTAT
ist das Statistikamt der Europäischen Union. Es liefert Daten zu allen Bereichen von Gesellschaft, Wirtschaft und Politik.
Erkunde die Datenbank: Verschaffe dir zunächst einen Überblick auf der Startseite.
1. Wähle als Sprache *Deutsch*.
2. Wähle *Daten* (Es öffnet sich *Datenbanken*.)
3. Klicke jeweils das „+" vor den Ordnern an:
Datenbank nach Themen → Allgemeine und Regionalstatistiken → Städtestatistiken → Städte und Ballungsräume → Bevölkerung am 1. Januar nach Altersgruppen und Geschlecht
4. Du kannst nun wählen
Data explorer: Hier kannst du dir den Zeitraum und die Städte selbst als Tabelle zusammenstellen.
Data browser: Hier kannst du die Ausgabe wählen: Tabelle, Liniendiagramm, Balkendiagramm, Karte.

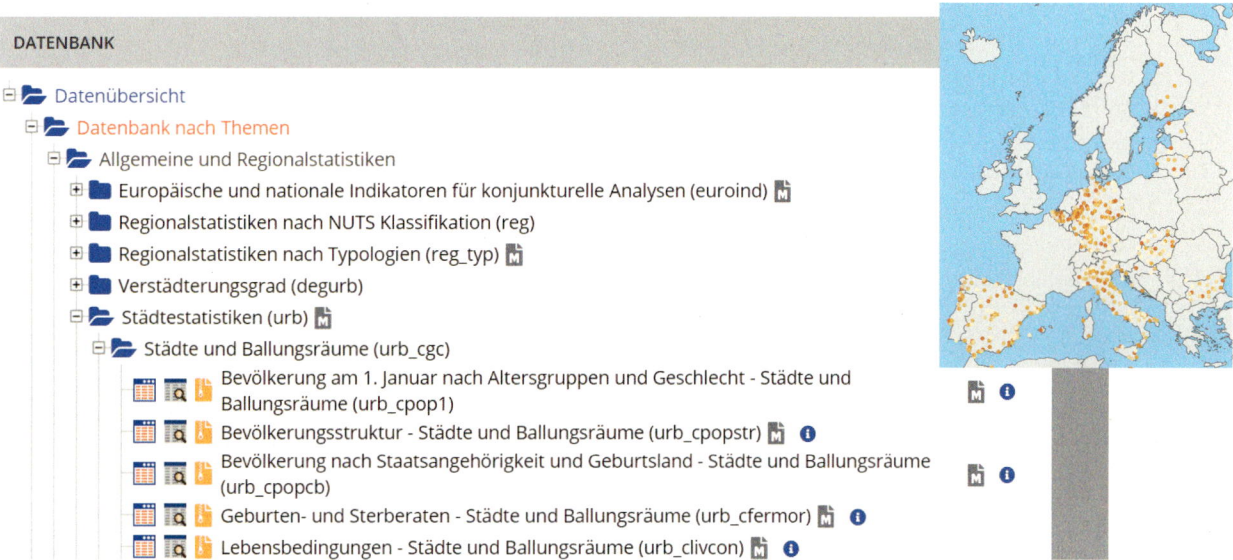

M3 Arbeit mit der Datenbank: Bevölkerungszahl in den Städten Europas (ec.europa.eu/eurostat/de)

Anwenden und üben

PROJEKT VOR ORT — Engagement über die Grenzen – Euregios und Fridays for Future

Die EU ist mehr als eine institutionelle oder politische Vereinigung. Hier engagieren sich Menschen in vielen Regionen und spannenden Projekten – grenzüberschreitend – für eine gute, gemeinsame Zukunft.

1. **A** Die „Großregion" (M3) möchte im Alltag ihrer Bürger noch bekannter werden. Erstelle eine Zeitungsanzeige, in der die Vorteile der Region und der Zusammenarbeit präsentiert werden. Wähle dazu eines der Themenfelder (M4).

   B Präsentiere eine Euregio (M1) und stelle dar, wie die einzelnen Regionen zum Wohl ihrer Bürger zusammenarbeiten. `254`

2. Fridays-for-Future-Gruppen kämpfen global in Europa, in Deutschland und auch in vielen einzelnen Städten dafür, den Klimawandel zu stoppen.
   a) Recherchiere Ziele und Projekte von FFF vor Ort. Erkläre, welche Bedeutung diese Projekte auch für ein gemeinsames Leben in Europa haben.
   b) Gestalte eine Podiumsdiskussion mit Politikerinnen und Politikern. Thema: Was kann Europa (mehr) für den Klimaschutz tun? `256`
   c) Nicht nur demonstrieren – auch machen: Plant gemeinsam einen Workshop für ein „Klimacamp".

INFO

M1 Euregios sind grenzüberschreitende Zusammenschlüsse von Regionen in Europa, die gemeinsam das Ziel verfolgen, sich stärker zu vernetzen und so den Zusammenhalt der Bürgerinnen und Bürger zu verbessern. Die starken Teilregionen sollen zu einem gemeinsamen Gebiet zusammenwachsen, in dem Grenzen keine hemmende Wirkung mehr haben.

INTERNET

M2
- Großregion / Grande Region
- GIS-GR (GeoInformationsSystem)
- Euregio SaarLorLux

M3 Die „Großregion": Sie ist aus dem Kernraum der Euregio Saar-Lor-Lux entstanden. Seit 1995 arbeitet man daran, einen integrierten, europäischen Integrationsraum für Bürger, Wirtschaft und die Regionen zu schaffen.

Freizeit & Tourismus
Kultur, Sprachen, Landschaften und Traditionen prägen Regionen sowie historische und wirtschaftliche Entwicklungen. In diesem Sinne ist die Großregion ein ganz besonderer Raum, denn hier treffen verschiedenste Einflüsse aufeinander. Entdecken Sie die Großregion, tauchen Sie ein in ihr Kultur-, Industrie- und Naturerbe und verwöhnen Sie sich mit einer Reise der Sinne!

Berufsbildung
Im Portal der grenzüberschreitenden Berufsbildung in der Großregion erfahren Sie, welche Möglichkeiten Ihnen in der Großregion zur Verfügung stehen, welche Förderprogramme in Frage kommen und wer Ihnen bei konkreten Fragen weiterhelfen kann.

Verkehr
Nirgendwo sonst in Europa gibt es eine größere grenzüberschreitende Mobilität als in der Großregion, deren Teilgebiete in vier verschiedenen Ländern liegen. Mobilität ist eine bedeutende Herausforderung in der Großregion und eine wesentliche Voraussetzung für das wirtschaftliche Wachstum, die Beschäftigung und die Einbindung der Bevölkerung in das gesellschaftliche Leben.

Quelle: grossregion.net/Buerger, Zugriff: 07.10.2021

M4 Themenfelder der Zusammenarbeit (Auswahl)

Europa – Lebenswelten, Wirtschaftsräume und Migration   55

INFO

Fridays for Future
Im August 2018 streikte ein damals fünfzehnjähriges Mädchen in Schweden für mehr politisches Engagement gegen den Klimawandel. Mittlerweile ist Greta Thunberg weltweit bekannt. Jugendliche auf allen Kontinenten haben sich unter #FridaysForFuture ihrer Bewegung und ihrem Anliegen angeschlossen.
Ihr Ziel: Der Kampf für 1,5. Gemeint ist damit das 1,5-Grad-Ziel des Pariser Klimaschutzabkommens.

M7 Mehrere Tausend Schülerinnen und Schüler demonstrieren bei der FFF-Demo in Mainz.

ERSTAUNLICH

M8 Seit dem ersten Streik von Greta Thunberg 2018 in Stockholm stieg die Teilnehmerzahl der Streikenden explosionsartig. Am 24.09.2021 z. B. demonstrierten Millionen Kinder, Jugendliche und Erwachsenen weltweit in über 90 Ländern, in mehr als 1 500 Städten.

In den Klimacamps, die von der Fridays for Future Bewegung veranstaltet werden, geht es über die Demonstrationen hinaus. Die meist auf unbestimmte Zeit andauernden Zeltlager leben von Workshops zu verschiedenen Themen rund um das Klima. Sie dienen der Vernetzung und Begegnung von Aktivisten und Interessierten.
Das Augsburger Klimacamp befindet sich seit Juli 2020 in der Augsburger Innenstadt und möchte die Politik und die Stadt Augsburg zum Handeln bewegen. Für die lokalen Klimacamps spielen vor allem lokale Themen eine Rolle. Am Augsburger Klimacamp werden unter anderem die drei Punkte: Einhaltung des CO_2-Budgets, Energiewende und Verkehrswende thematisiert. Weitere Klimacamps befinden sich z. B. in Berlin, Bremen, Konstanz, Siegen und Nürnberg.

Clemens Traub (Student aus Mainz, Autor):
„Fridays for Future fehlt das Bewusstsein dafür, dass das Klimathema eins ist, mit dem man sich vor allem dann beschäftigt, wenn es einem im Alltag relativ gut geht. Wenn man also nicht überlegen muss, ob das Geld bis zum Ende des Monats reicht oder ob der eigene Arbeitsplatz die Corona-Krise übersteht."

Quelle: Doering, Kai: Fridays for future muss raus aus der Wohlfühlzone. vorwaerts.de 21.08.2020, Zugriff: 17.09.2021

M6 Klimacamp Augsburg – Forderungen global und lokal

M9 Kritik an Fridays for Future

Europa – vielfältige Lebens- und Wirtschaftsräume

IM FOKUS

Die Türkei zwischen Europa und Asien

Die Türkei ist ein äußerst vielfältiges und spannendes Land – auf zwei Kontinenten. Vor allem in der Stadt Istanbul spürt man die Verbindung der beiden Kontinente. Aber: Wie sehen konkrete Verbindungen zwischen Europa und Asien aus?

1. a) Beschreibe die geographische Lage der Türkei (Atlas).
   b) Bewerte das Raumpotenzial hinsichtlich der wirtschaftlichen Nutzung und möglicher Disparitäten (Atlas). 237

W 2. Die Türkei investiert massiv in den Ausbau ihrer Verkehrsprojekte. Dazu zählt neben dem „Großen-Istanbul-Tunnel" und dem „Istanbul-Kanal" auch der Ausbau des Flughafens Istanbul im Jahr 2018.
   A Erläutere die Bedeutung der Tunnelprojekte zwischen dem europäischen und asiatischen Teil der Stadt (M1 – M4, Internet).
   B Analysiere die internationale Bedeutung des Flughafens Istanbul (M5, Internet).
   C Diskutiere Vor- und Nachteile des Istanbul-Kanals (M3, Internet).

3. Analysiere die Wirtschaftsbeziehungen zwischen der Türkei und Europa (M7, Atlas, Internet).

4. Verfasse
   a) aus europäischer Sicht ...
   b) aus türkischer Sicht eine Stellungnahme über die Vorteile und Bedeutung der Beziehungen.

M2 Panorama von Istanbul

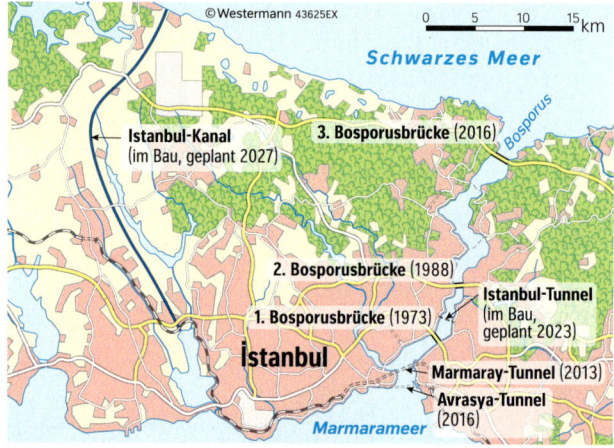

M3 Neue Tunnelsysteme verbinden Europa und Asien; der neue „Istanbul-Kanal" soll den Bosporus als Wasserweg zwischen Marmarameer und Schwarzem Meer entlasten und 2027 fertiggestellt werden.

Es gibt nur wenige Orte auf der Erde, die von sich behaupten können, dass sie auf zwei Kontinenten liegen. Für Istanbul trifft dies zu. Der Bosporus ist eine Meeresenge zwischen Schwarzem und Marmarameer. Der westliche Teil Istanbuls zählt zu Europa, der östliche zu Asien. Zwei riesige Brücken spannen sich über die breite Wasserstraße und verbinden die beiden Stadthälften. Die meisten Sehenswürdigkeiten, unter anderem die Hagia Sophia und die Blaue Moschee, liegen auf der europäischen Seite, doch die Stadt wächst vor allem nach Osten. Immer mehr Industriebetriebe siedeln sich hier an und sorgen für Hunderttausende Arbeitsplätze.

M1 Istanbul – Brücke zwischen Europa und Asien

Tunnelaufbau: zwei übereinanderliegende Spuren pro Fahrtrichtung
Länge: 5,4 km, **Durchmesser:** 13,7 m, **Tunneltiefe** bis zu 106 m unter dem Meeresspiegel
Verbindung des europäischen Westteils mit dem asiatischen Ostteil
Gesamtkosten: rund 1,2 Mrd. Euro
Baubeginn: 26.02.2011 **Fertigstellung:** 20.12.2016

M4 Ein Großprojekt in Istanbul: Der Avrasya-Tunnel

Europa – Lebenswelten, Wirtschaftsräume und Migration 57

M6 Die 3. Bosporusbrücke in Istanbul

Megaprojekt im Luftverkehr

Mit dem Neubauprojekt des Flughafens in Istanbul setzt dieser neue Maßstäbe als Verkehrsknotenpunkt – auch zwischen Europa und Asien. Als direkte Konkurrenten sieht man in Istanbul die Flughäfen Frankfurt und Dubai, die internationale Drehkreuze darstellen.
In nur viereinhalb Jahren Bauzeit wurde das Projekt im Oktober 2018 in Betrieb genommen. Mittlerweile erreicht man dort einen Besucherrekord: 2020 ist der Flughafen mit Blick auf das Passagieraufkommen der größte in Europa – vor Charles de Gaulle in Paris und Heathrow in London –, auch wenn die Zahlen coronabedingt deutlich hinter denen der letzten Jahre liegen.
Ein Vorteil der dort beheimateten Fluglinie Turkish ist, dass sie im Gegensatz zu anderen Linien jeden deutschen Flughafen anfliegen darf. Dies ist ein großer Vorteil, um möglichst viele Zubringerflüge aus Europa nach Asien anzulocken.

M5 Der neue Flughafen Istanbul International

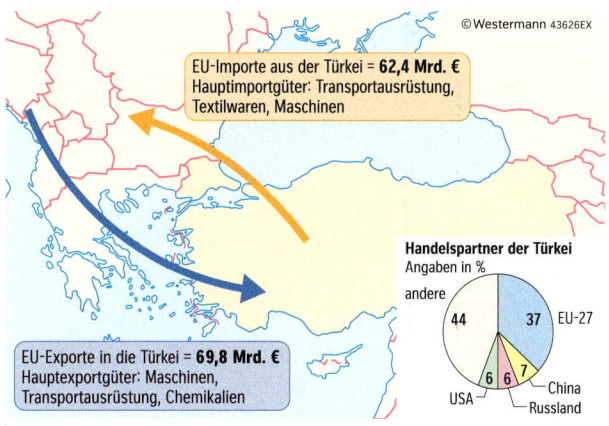

Rang	Land	Export	Land	Import
1	D	15,99	China	23,04
2	GB	11,24	D	21,73
3	USA	10,18	Russ.	17,86
4	Irak	9,14	USA	11,52
5	Italien	8,08	Italien	9,20
6	Frankreich	7,20	Irak	8,20
7	Span.	6,69	Schweiz	7,77
8	Niederlande	5,20	Frankreich	6,99

Tabelle Wichtige Handelspartner der Türkei
Volumen in Mrd. Euro (Exporte 2020 / Importe 2020)

M7 Außenhandel: Die Türkei und ihre Handelspartner

Entsteht die Welt in unseren Köpfen? – Die Beispiele Europa und Afrika

IM FOKUS

Europabilder in Afrika

Champions League-Spiele, Werbung für schicke Autos, florierende Städte – dank Fernsehen und Internet erreichen viele Bilder aus Europa auch die entlegensten Ecken in Afrika. Der Eindruck für viele Afrikaner liegt nahe: „Europa muss das Paradies sein!"

Und wie nehmen Europäer Afrika wahr? Ein Medienforscher stellt fest: „Wir pendeln ständig zwischen völlig gegensätzlichen Afrikabildern." Auch dies ist das Resultat aus der Berichterstattung über Afrika in den Medien.

Welches Afrikabild herrscht in unserer Klasse vor? Welche Europabilder gibt es unter Afrikanern? Und wie entstehen solche Vorstellungen und Bilder von Räumen?

1. a) Formuliere vier typische Klischees über Europa (M1 – M3).
   b) Vergleicht eure ausgewählten Klischees in einer Vierergruppe. Einigt euch auf vier Klischees, die ihr weiter untersuchen wollt.
   c) Sucht in Zeitschriften und im Internet nach passenden Bildern und erstellt in Gruppenarbeit ein Poster über euer Klischee von Europa.

2. a) Führt eine Umfrage auf dem Schulhof durch: „Was fällt dir spontan zu Afrika ein?"
   b) Stelle die Umfrageergebnisse in einem Diagramm dar und vergleiche mit M6. `258`

3. **A** Erläutere die Umfrageergebnisse aus Aufg. 1 oder M6 vor dem Hintergrund von M4.
   B Versetze dich in die Rolle von John und erkläre der Frau im Mainzer Dom die Verhältnisse in Ghana (M5, Internet).

4. a) Stimmt über die richtigen Antworten auf die Fragen in M8 innerhalb der Klasse ab und notiert die Abstimmungsergebnisse.
   b) Recherchiert im Anschluss die Antworten. Schildert diese vor der Klasse, erläutert Hintergründe und benennt die Quellen.

M2 Zeichnung eines südafrikanischen Schülers über seine Vorstellung von Europa

Der Mythos vom europäischen Paradies

[…] Der afrikanische Mythos vom europäischen Paradies, Eldorado, „goldener Norden" oder wie auch immer die Afrikaner ihre Hoffnung, „im Norden wird alles besser" nennen mögen, entsteht zu einem großen Teil dadurch, dass die Menschen im Zeitalter der Globalisierung immer mehr von Europa erfahren. Selbst in den entlegensten Orten empfangen sie Bilder vom Musiksender MTV und sehen junge Männer mit Goldketten und vielen Frauen in engen Bikinis an ihrer Seite in protzigen Autos auf den Bildschirmen. Tägliche Fernsehsoaps generieren [vermitteln] ein Bild von himmlischen Ländern im Norden. Auch viele Afrikaner wünschen sich ein Leben wie die europäischen Fußballstars, mit deren Teams sie allwöchentlich mitfiebern. […]

Ebenfalls von größter Bedeutung für das Europabild zahlreicher Afrikaner sind die Berichte der „Europaheimkehrer". Sie erzählen von all den Vorzügen, die das Leben in Europa bietet. Noch eindringlicher auf die Landsleute aber wirken all die Gegenstände, die […] auf die Autos der Migranten gebunden und nach Afrika verfrachtet werden. Ob Fernseher oder Waschmaschine […], alle Dinge sind der Beweis für ein glückliches Leben in Europa.

Quelle: Rickemeyer, Stefan: Nach Europa via Tanger. Eine Ethnographie. Tübingen, 2009, Tübinger Vereinigung für Volkskunde e.V., S. 79f

Schöner Kontinent	‖‖‖ ‖‖‖ ‖‖‖ ‖‖‖ II
Freundliche Menschen	‖‖‖ ‖‖‖ IIII
Reichtum	‖‖‖ ‖‖‖ III
Hohe Gebäude	‖‖‖ ‖‖‖
Nette Menschen	‖‖‖ IIII
Berühmte Leute	‖‖‖ III
Viele Arbeitsplätze	‖‖‖
Sicherheit und Ordnung	‖‖‖
Fruchtbares Land	IIII
Sauberkeit	IIII

M1 Aus einer Klassenumfrage in Südafrika auf die Frage: Was fällt dir spontan zu Europa ein?

M3 Ein Beispiel von Europa aus afrikanischer Sicht

Afrikabilder in Europa

Immer mehr Kindersoldaten – Südsudans brutaler Krieg soll bald enden. Regierungsarmee und Rebellen sollen verschmelzen. Vorher rekrutieren beide Seiten weiter Minderjährige.
Quelle: taz.de: Friedensprozess in Südsudan, Zugriff: 21.11.2020

HUNGER!

Jede Spende hilft

Kindersoldaten im Kongo

10 Tage nur 1 699 € — Afrika pur: Safari-Abenteuer

In Afrika sind Hunderttausende Menschen auf der Flucht vor Überschwemmungen. Sauberes Wasser wird knapp - angesichts von Corona ist das verheerend.
Quelle: Reuß, Anna: An einem Tag soviel Regen wie sonst in drei Monaten. sueddeutsche.de, 08.09.2020, Zugriff: 01.09.2021.

M4 Wie wird unser Afrikabild geprägt?

INFO

M7 Klischee

(franz. cliché: Abklatsch, billige Nachahmung).
Ein Klischee ist eine Verallgemeinerung, die sich auf eine Eigenschaft von Personengruppen oder Objekten bezieht, zum Beispiel: „Die Deutschen sind sehr pünktlich." „Die Menschen in Afrika sind arm."

- Bill Gates, Jeff Bezos oder Mansa Musa? Wer ist der reichste Mensch aller Zeiten?
- Abubakari II. oder Christoph Kolumbus? Wer hat Amerika entdeckt?
- Deutschland oder Ghana? In welchem Land gibt es mehr Smartphones pro Kopf?
- An der Universitätsklinik in Frankfurt oder in Ruanda? Wo werden Medikamente per Drohne geliefert?
- Marokko oder Deutschland? Welches der beiden Länder verfügt über das höhere Skigebiet?
- Südafrika oder Deutschland? Welches Land produziert mehr Wein pro Jahr und hat die größere Weinanbaufläche?
- Nollywood, Bollywood oder Hollywood? Wo werden mehr Filme pro Jahr produziert?
- Im alten Rom oder im alten Ägypten? Wo wurde der Kalender mit 365 Tagen zum ersten mal genutzt?

M8 Wusstest ihr schon, dass ...?

Eine ältere Frau im Mainzer Dom schaut nach dem Gottesdienst mitleidig den dunkelhäutigen Mann neben ihr an: „In welchem Flüchtlingsboot sind Sie nach Europa gekommen?" John ist 25 Jahre alt, kommt aus Ghana und studiert Wirtschaftswissenschaften. Nach Deutschland ist er mit dem Flugzeug gekommen. Beinahe täglich habe er mit solchen Fragen und Vorurteilen zu kämpfen, sagt er.
Und wie ist die Realität? Weder ist John aus einem heimatlichen Chaos nach Deutschland geflüchtet, noch hatte er als Kind einen Wasserbauch. Seit Jahrzehnten muss in Ghana kein Kind mehr verhungern und blutige, ethnische Konflikte gab es in dem westafrikanischen Land seit der Unabhängigkeit 1957 nicht mehr.
Mit unserer Afrika-Vorstellung hat sein Leben wenig zu tun. Mit den Klischees auseinandersetzen muss John sich trotzdem immer wieder.

M5 Vorurteile im Alltag – ein typisches Beispiel

AIDS / Krankheiten	₪₪ ₪₪ ₪₪ I
Armut / Armes Land	₪₪ ₪₪ ₪₪
Wassermangel / Verschmutztes Trinkwasser	₪₪ ₪₪ ₪₪
Unterernährung / Hunger / Hungersnot	₪₪ ₪₪
Hohe Sterberate und Säuglingssterblichkeit	₪₪ III
Hohes Bevölkerungswachstum	₪₪ III
Entwicklungsländer	₪₪ II
Bürgerkriege	₪₪
Häufig Diktaturen	IIII
Trockenheit	IIII

M6 Aus einer Klassenumfrage in Deutschland auf die Frage: Was fällt dir spontan zu Afrika ein?

3. Städtische Lebenswelten

Die Stadtviertel Rocinha (Favela) und São Conrado in Rio de Janeiro

Verstädterung weltweit – Chancen und Risiken

ORIENTIERUNG Das Wachstum der Ballungsräume

Das Wachstum von Städten und das Anwachsen großer Städte sind auf der Erde sehr unterschiedlich verteilt. Welche Bedeutung haben Städte heute und zukünftig als Lebensraum und welche Rolle spielen gerade die größten Städte?

1. Beschreibe die Entwicklung der Verstädterung weltweit (M3) und nenne fünf Länder mit sehr hoher und fünf Länder mit sehr geringer Verstädterung (M2).

2. Stimmt die These, dass in reichen Industrieländern der Anteil der Bevölkerung in den Städten besonders hoch ist? Begründe anhand von M2.

3. Fertige Ranglisten der fünf größten Städte mit mehr als zehn Millionen Einwohnern für die Jahre 1975, 2000 und 2035 an (Spalten der Tabelle: Rang, Name, Land, Kontinent, Einwohnerzahl). 237, 243

4. **A** Beschreibe, wie sich die Zahl der Megastädte auf der Erde verändert hat: Wie viele gab es 1975, wie viele wird es 2035 geben? 237
   B Beschreibe, wie sich die Verteilung der Megastädte auf der Erde verändert: Wo lagen 1975 die Megastädte, wo werden Megastädte bis zum Jahr 2035 hinzugekommen sein? 237

5. Beschreibe das Wachstum einer ausgewählten Megastadt nach der Bevölkerungszahl (M2) und anhand von Satellitenbildern (Internet). 242 Erstelle einen Steckbrief der Stadt. Wähle eine Stadt aus in
   A Süd- oder Südostasien.
   B Ostasien.
   C Afrika.
   D Lateinamerika.

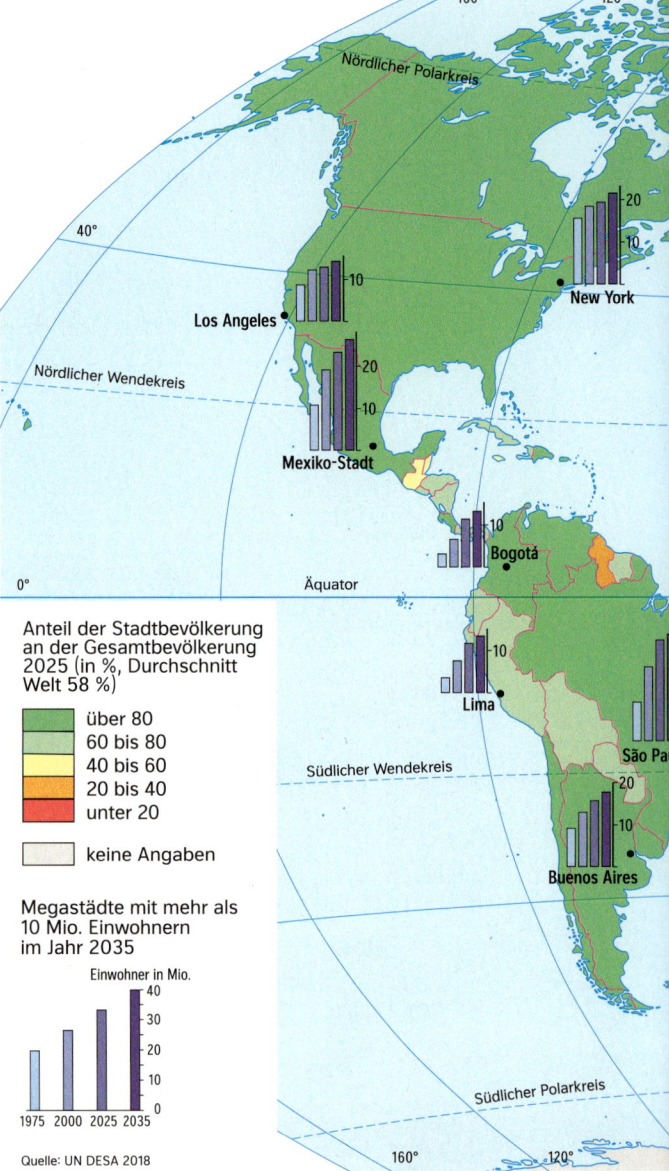

M2 Verstädterung in den Ländern der Erde (Anteil der Stadt- die 2035 zehn Millionen Einwohner und mehr haben werde

INFO

M1 Megastadt

Als Megastadt werden sehr große Städte mit mehr als zehn Millionen Einwohnern bezeichnet. Meist sind damit gerade die rasant wachsenden Großstädte in den Entwicklungsländern gemeint. Mit dem Anstieg der Bevölkerungszahl dieser Städte ist auch deren flächenhaftes Wachstum verbunden. Sie breiten sich immer weiter in ihr Umland aus.

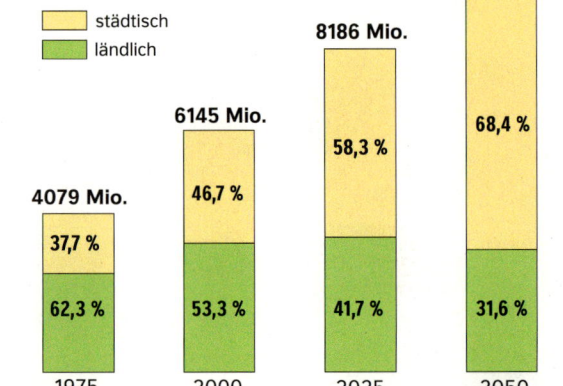

M3 Städtische und ländliche Bevölkerung in den Jahren 1975 bis 2050

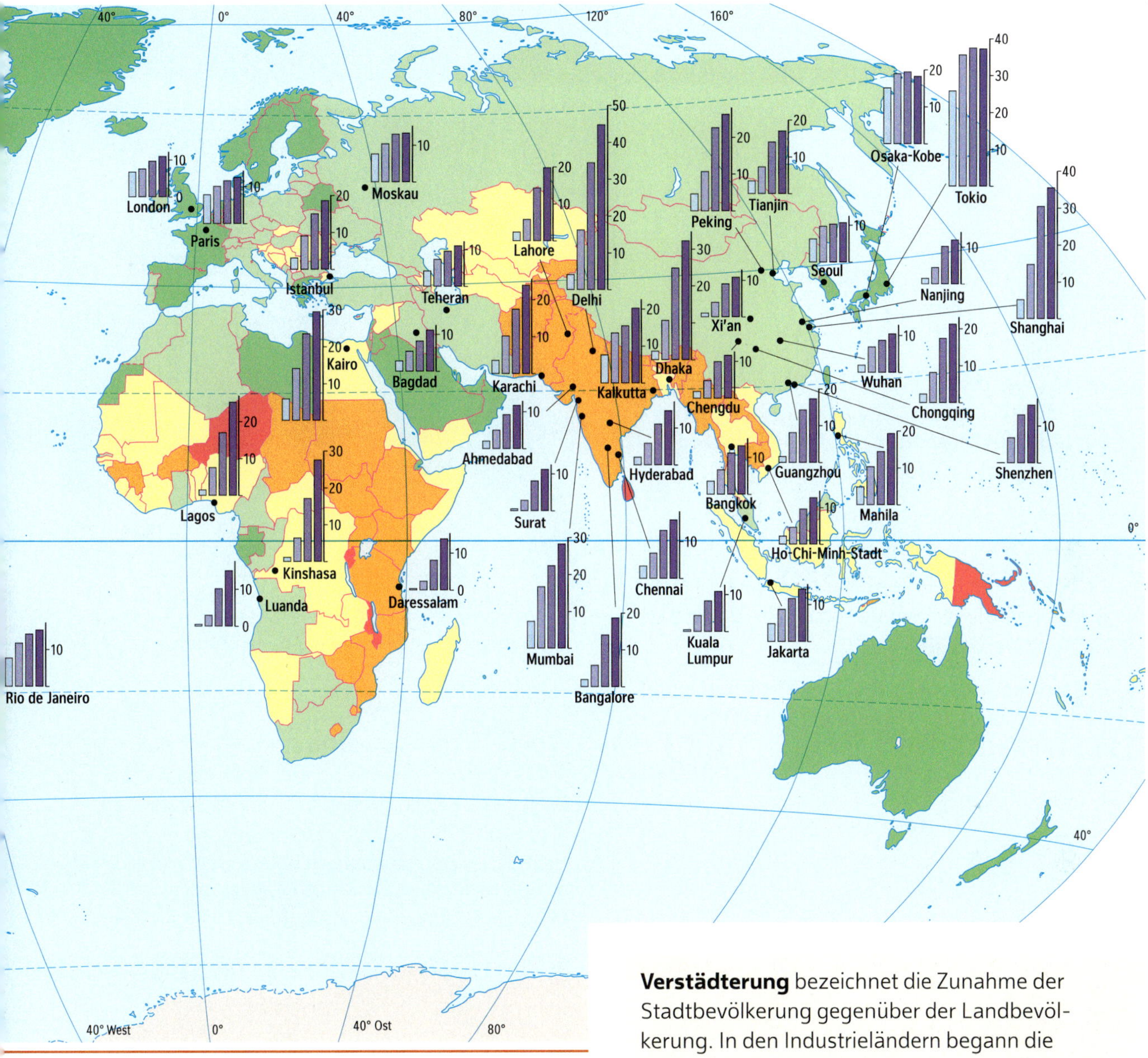

Städtische Lebensweisen 63

...evölkerung an der Gesamtbevölkerung, 2025) und Megastädte,

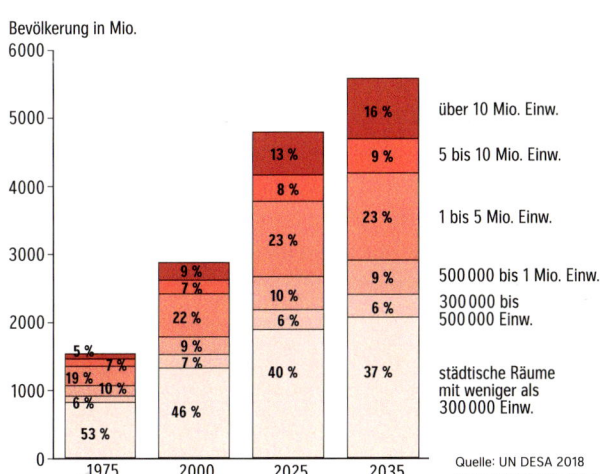

M4 Stadtbevölkerung der Welt und Anteile nach Stadtgrößen

Quelle: UN DESA 2018
© Westermann 36808EX_2

Verstädterung bezeichnet die Zunahme der Stadtbevölkerung gegenüber der Landbevölkerung. In den Industrieländern begann die Verstädterung im 19. Jahrhundert: Bevölkerungswachstum, Fortschritte in der Technik, Steigerung des Lebensstandards und Arbeitsplätze in den neuen Industrien ließen Städte wachsen. Dort wurden Wohnraum und die nötige Infrastruktur geschaffen. Später, nach dem Zweiten Weltkrieg, setzte die **Landflucht** in Entwicklungsländern ein und damit wuchsen auch dort Städte zu riesigen **Agglomerationsräumen** (**Ballungsräumen**) heran. Dabei ist festzustellen, dass in armen Entwicklungsländern der Anteil an Städtern niedrig ist.

M5 Das Stichwort „Verstädterung" in einem Lexikon

Wenn du diese Aufgaben erfolgreich bearbeitet hast, kannst du ...
- *... die Bedeutung von Megastädten und Städten anderer Größe als Lebensraum für die Menschen erläutern.*
- *... die Verstädterung der Erde und das Wachstum von Megastädten beschreiben.*
- *... die Grundbegriffe **Megastadt**, **Verstädterung**, **Landflucht** und **Agglomerationsraum (Ballungsraum)** erklären.*

Verstädterung weltweit – Chancen und Risiken

Warum verlassen Menschen ihr Dorf?

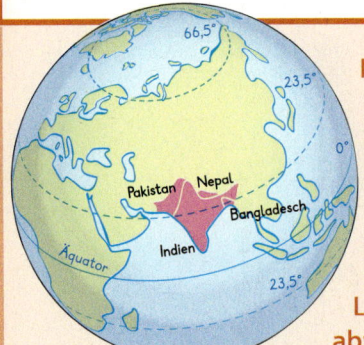

Neben dem natürlichen Wachstum ist die Abwanderung vom Land in die Stadt der wichtigste Grund des Stadtwachstums in Süd- und Südostasien. Wie sind die Verhältnisse auf dem Land? Was sind die Motive, abzuwandern?

1. Zurzeit wandern in Südasien jährlich Millionen Menschen vom Land ab. Die Gründe, die sie „abstoßen", nennt man „Push-Faktoren". Erläutere solche Gründe für Indien (M2 – M5).

2. Erkläre die Sichtweise von Shiring Doma Lhopa (M6).

3. Liste auf, welche Hintergründe, den ländlichen Raum zu verlassen, in Bangladesch und Indien deutlich werden (M6 – M10).

4. Fasse die Push-Faktoren übersichtlich in einer Mindmap oder einem anderen Schaubild zusammen. 235 ▸

INFO

M1 Push-Faktoren
Gründe und Motive zur Aus- oder Abwanderung, die in der Herkunftsregion oder im Herkunftsland gewissermaßen wegdrücken.

Landwirtschaftliche Kleinbetriebe zeichnet aus:
- hoher Anteil der Ackerflächen für die Nahrungsmittelproduktion für den eigenen Bedarf,
- schon wegen der Lage oft geringe Vermarktungsmöglichkeiten für die angebauten Produkte,
- oft zu geringe Qualität zur Vermarktung,
- breite Anbaupalette,
- Handarbeit, geringer Maschineneinsatz,
- Geldknappheit, hohe Verschuldung, kaum Zugang zu Bankkrediten.

Quelle: Khan Banerjee, Basabi et al. (2021): Südasien. Diercke Spezial. Braunschweig: Westermann, S. 32, verändert.

M2 Merkmale von Kleinbetrieben in Südasien

M3 Landarbeiter dreschen Reis in Westbengalen. Viele Klein(st)bauern arbeiten nebenher auch noch auf großen Höfen oder in einer nahen Fabrik.

„Bewirtschaften wir ein Acre, kostet uns das 40 000 Rupien, etwa 465 Euro. Aber was wir am Ende herausbekommen, sind nur 25 000 Rupien, also rund 290 Euro. Was bleibt uns Bauern? Nichts! So viele der Bauern haben sich schon umgebracht", sagt Landwirt Sarjeet auf dem Marktplatz in der indischen Kleinstadt Sonipat.

Quelle: Stiebitz, Antje et Raghavendra Verma: Bedroht von Corona und Marktliberalisierung. www.deutschlandfunkkultur.de, Deutschlandradio, Köln 12.11.2020, Zugriff: 09.07.2021

M4 Für die Ernte erhielten die Bauern lange Zeit einen staatlich festgelegten Preis.

Upender Singh, 28 Jahre, stammt von einem Bauernhof in Uttar Pradesh: „Das, was man in der Landwirtschaft verdienen kann, ist sehr wenig. Manchmal können wir nicht einmal die Hälfte von dem einnehmen, was wir investiert haben. Für diejenigen, die große Ländereien haben, ist es okay, aber nicht für die kleinen Landbesitzer. Wir beispielsweise haben 18 oder 20 Acre, aber wir sind auch fünf Brüder. Also können wir davon nicht leben und müssen in die Städte gehen."

Quelle: Stiebitz, Antje et Raghavendra Verma: Bedroht von Corona und Marktliberalisierung. www.deutschlandfunkkultur.de, Deutschlandradio, Köln 12.11.2020, Zugriff: 09.07.2021

M5 In Indien leben rund 600 Millionen Menschen von der Landwirtschaft. Der überwiegende Teil der Betriebe bewirtschaftet weniger als einen Hektar Land.

Städtische Lebensweisen 65

Ihre Eltern hatten das Nomadenleben einst aufgegeben, sind in die Stadt gezogen, wo Shiring zur Schule gehen konnte. Nun sind die Eltern wieder zurückgekehrt. Als Hirten, in die Berge. Shiring weiß noch nicht genau, wohin sie gehört:
„Die junge Generation will nicht so hart arbeiten, sie sehen die Menschen in der Stadt, in Autos, in Wohnungen. Da will doch niemand in den Bergen bleiben, hart arbeiten und als Nomade leben. Jeder möchte die neuen Möglichkeiten für sich nutzen. Ich habe ein Zuhause und fahre morgens mit dem Bus."
Ihre Eltern, erzählt sie, wollten ihre Identität – ihre Lebensweise und Traditionen am Ende nicht aufgeben.

Quelle: Genzmer, Jenny: Vom Land in die Stadt? www.deutschlandfunkkultur.de, Deutschlandradio, Köln 31.01.2017, Zugriff: 09.07.2021

M6 Shiring Doma Lhopa, Tochter von Yak-Hirten aus Arunachal Pradesh

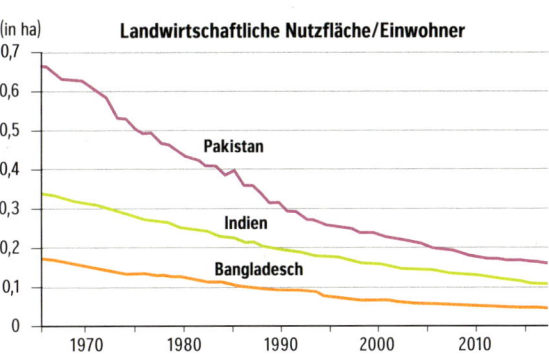
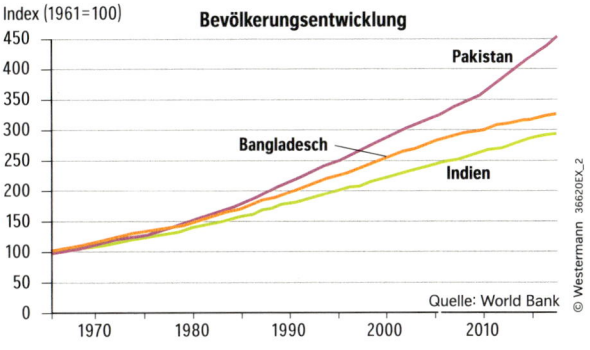

M9 Entwicklung der Agrarfläche je Einwohner und der Bevölkerung in Indien, Bangladesch und Pakistan (1961 – 2017)

M7 Küstenerosion in Bangladesch

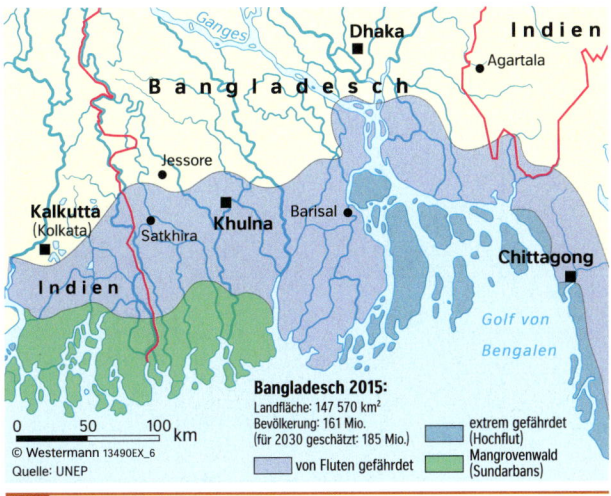

M8 Küstenregionen in Bangladesch

Da weite Teile Bangladeschs nur knapp über dem Meeresspiegel liegen und sich das Land zum Teil auch absenkt, kommt es immer wieder zu verheerenden Überschwemmungen. Zugespitzt wird die Situation durch tropische Wirbelstürme und Sturmfluten. Anders als in Mitteleuropa gibt es jedoch keinen derart ausgedehnten Hochwasserschutz, denn Bangladesch zählt zu den ärmsten Ländern der Welt. Ein Meeresspiegelanstieg von einem Meter würde bis zu 17 000 km² (12 % der Landesfläche) Bangladeschs permanent überfluten. Die Folge wäre eine dauerhafte Zerstörung wertvoller Siedlungsgebiete und fruchtbarer Ackerflächen. Böden und Trinkwasserreservoire in Küstennähe drohen zu versalzen. Diese Folgen sind heute bereits in Ansätzen zu sehen und es werden dadurch die für den Küstenschutz wichtigen Mangroven beschädigt. Für viele Millionen Menschen könnte dies den Verlust der Heimat und ihrer Lebensgrundlage bedeuten. Sturmfluten können aufgrund des höheren Pegels noch stärkere Wirkung entfalten.

Quelle: : Sven Harmeling (Germanwatch) (2018): Globaler Klimawandel. Zweite, akt. und neu bearb. Aufl., Diercke Spezial. Braunschweig: Westermann, S. 58.

M10 Auswirkungen von Meeresspiegelanstieg und Überschwemmungen in Bangladesch

Wenn du diese Aufgaben erfolgreich bearbeitet hast, kannst du ...
... unterschiedliche Gründe und Motive erläutern, das Landleben aufzugeben.
... den Grundbegriff **Push-Faktor** erklären.

Was zieht Menschen ins Ausland? – Arbeitsmigranten auf der Arabischen Halbinsel

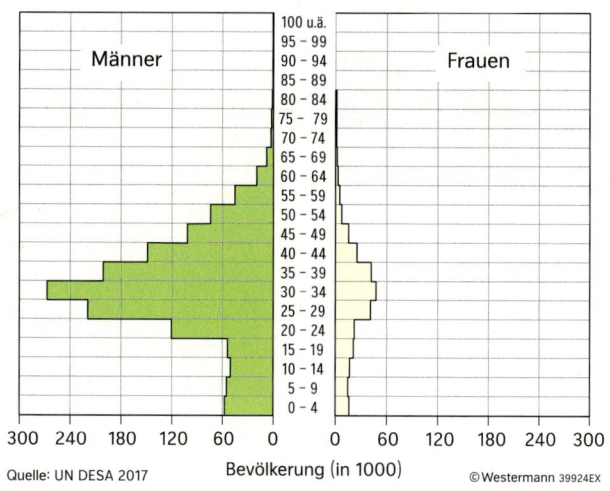

Wegen der Ungerechtigkeiten und der Armut verlassen viele Menschen die ländlichen Regionen der südasiatischen Länder. Viele gehen ins Ausland. Wohin wandern die Menschen aus und welche Folgen hat dies?

1. Beschreibe die Migrationsbewegungen aus den asiatischen Ländern (M8).
2. Gründe, die Menschen an einen Ort ziehen, nennt man „Pull-Faktoren". Stelle solche Gründe, auf die Arabische Halbinsel zu gehen, am Beispiel Dambar Rais dar (M4, M7).
3. Beschreibe, welche Bevölkerungsgruppen in Katar zugewandert sind (M3). **245**
4. Erkläre am Beispiel von Dambar Rai, was Rücküberweisungen sind und wie sie wirken (M2, M4, M7).
5. Erläutere ausgehend von M6 Lebens- und Arbeitsbedingungen der Arbeitsmigranten in Katar.
6. Beurteile, inwiefern Dambar Rai ein „moderner Migrant" ist (M2).

M1 Pull-Faktoren *(INFO)*
Gründe und Motive zur Zu- oder Einwanderung, die in der Zielregion oder im Zielland liegen, also anziehen

M2 Migration *(INFO)* bezeichnet die Wanderung von Menschen mit dem Ziel, den Wohnort zu wechseln. Binnenmigration nennt man die Migration innerhalb eines Landes, internationale Migration die über Grenzen hinweg. Wenn im 19. Jahrhundert jemand aus Europa nach Amerika auswanderte, bedeutete dies in der Regel einen endgültigen Bruch mit der Heimat. Die modernen Verkehrs- und Kommunikationsmöglichkeiten machen es heute möglich, dass Menschen an verschiedenen, weit voneinander entfernten Orten zugleich zu Hause sein können. **Rücküberweisungen** sind Geldzahlungen von Migranten, etwa an die Familie. Die meist kleinen Beträge machen in der Summe riesige Kapitalströme aus.

M3 Altersstruktur der Einwanderer nach Katar

„Als ich die 10. Klasse bestanden hatte, ist mein Vater gestorben. Ich konnte das College also nicht zu Ende machen. Ich musste meine Mutter unterstützen und meinen Geschwistern ein Studium finanzieren. Deshalb habe ich beschlossen, ins Ausland zu gehen, um Geld zu verdienen. Viele Nepalesen gingen weg, um ihren Familien zu helfen." [...] Elf Stunden arbeitet er am Stück, mit einer Stunde Pause. Danach fährt er ins firmeneigene Quartier, isst, schläft, geht zur nächsten Schicht. Sechs Tage die Woche. Von seinen 500 Euro Lohn schickt er 450 nach Nepal – an seine Mutter, die Geschwister, seine Frau und eine Tochter, die er seit Jahren nicht gesehen hat. Alle fehlen ihm, sagt er – besonders die Tochter, sie sei so klein und süß.

Quelle: Saoub, Esther: Wer in Katar für die Fußball-WM baut. www.deutschlandfunk.de, Deutschlandradio, Köln 15.01.2017

M4 Dambar Rai, 35 Jahre, seit drei Jahren Taxifahrer in Katar. Davor arbeitete er in Saudi-Arabien und Dubai.

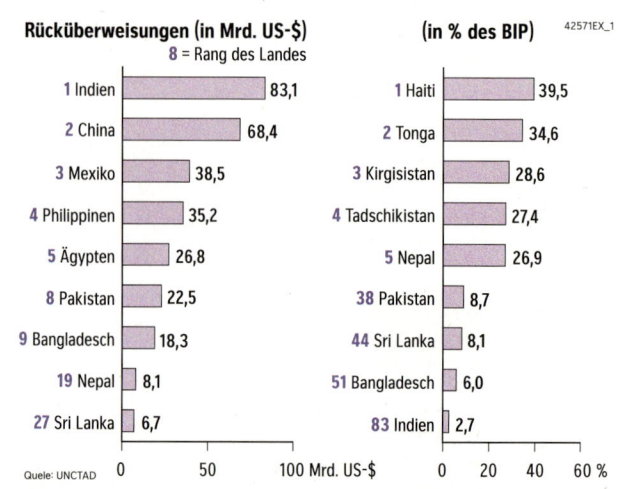

M5 Empfängerländer der höchsten Rücküberweisungen von Migranten (2019)

Städtische Lebensweisen 67

M6 Auf den großen Baustellen der arabischen Länder, wie hier im WM-Stadion in Doha (Katar), arbeiten Millionen Wanderarbeiter, oft unter ausbeuterischen Bedingungen. In Katar sind mehr als 75 Prozent der Bevölkerung Einwanderer.

„Unsere Unterkunft ist in Ordnung. Nette Sicherheitsleute, Wasser, Strom, Klimaanlagen. Ich kann mich nicht beklagen. Alle Fahrer sind zufrieden. Es gibt eine neuere Unterkunft, mit vier Personen pro Zimmer, aber bei uns sind wir zu sechst. Wenn wir essen wollen, gibt es drei Kantinen."
Essen, Schlafen und Freizeit – alles ist fremdbestimmt im Leben der Arbeitsmigranten. Wo sie wohnen, entscheidet die Firma. [...] Viele Bauarbeiter haben weniger Glück als die Taxifahrer. Sie hausen in Baracken, zweistöckig, dicht gedrängt und dreckig.

Auf allen Geländern hängt Wäsche, die Zimmer sind winzig. [...] Die privaten Arbeitsvermittlungen in Nepal versprechen den Arbeitern hohe Löhne und gute Unterkünfte – Bedingungen, die sie später nicht einhalten. Und: sie nehmen Geld für ihre Dienste. [...] Dambar Rai: „Für meinen ersten Auslandsaufenthalt habe ich 85 000 Rupien bezahlt, gut 700 Euro. Die habe ich mir geliehen von einem Nachbarn. Zu 24 Prozent Zinsen!" [...]

Quelle: Saoub, Esther: Wer in Katar für die Fußball-WM baut. www.deutschlandfunk.de, Deutschlandradio, Köln 15.01.2017, Zugriff: 09.07.2021

M7 Lebens- und Arbeitsbedingungen

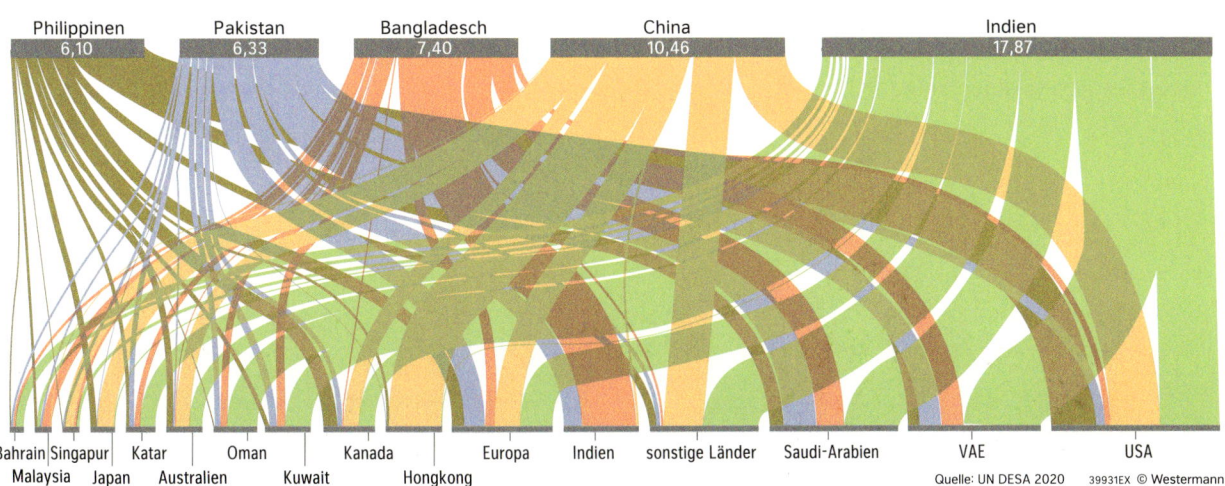

M8 Migranten aus asiatischen Ländern, in Millionen 2020 (Auswahl). Gerade die Länder der Arabischen Halbinsel ziehen viele Wanderarbeiter an.

Wenn du diese Aufgaben erfolgreich bearbeitet hast, kannst du ...
... Ursachen für Migration in die arabischen Staaten als Pull-Faktoren erklären.
... Auswirkungen der Arbeitsmigration für die Herkunftsländer insbesondere durch Rücküberweisungen erläutern.
... die Zuwanderung bestimmter demographischer Gruppen und deren Lebens- und Arbeitsbedingungen erläutern.
... die Grundbegriffe **Pull-Faktor**, **Migration** und **Rücküberweisung** erklären.

Was zieht Menschen in die großen Städte? – Landflucht

Seit Anfang dieses Jahrtausends leben erstmals mehr Menschen in Städten als auf dem Land. Im Jahr 2050 sollen es rund zwei Drittel der Menschheit sein. Städte wachsen vor allem in Entwicklungsländern und Ländern, die sich an der Schwelle zum Industrieland befinden. Ein Beispiel dafür ist die Stadt Karachi. Warum haben Städte eine so große Anziehungskraft? Wie verläuft das Wachstum dieser Städte?

1. Beschreibe das Wachstum Karachis, der größten Stadt Pakistans (M6). **237**

2. Vergleiche die Entwicklung von Stadt- und Landbevölkerung:
   a) Stelle die Verstädterung der Erde in einem geeigneten Diagramm dar (M1). **243**
   b) Beschreibe die Entwicklung in Pakistan (M3).

3. a) Überprüfe, ob Karachi eine Metropole ist (M3, M5, M6, Atlas).
   b) Erkläre, warum gerade die Metropolen große Anziehungskraft auf die Landbevölkerung ausüben.
   c) Wende das Modell der Migration (M4) auf die Zuwanderung nach Karachi an: Zeige Push- und Pull-Faktoren auf (M5). **246**

❷ 4. Angenommen, in Karachi entfiele die Hälfte des jährlichen Bevölkerungszuwachses auf die Zuwanderung und die andere Hälfte auf das natürliche Wachstum. Wieviel Menschen kommen ungefähr täglich hinzu? Berechne (M6).

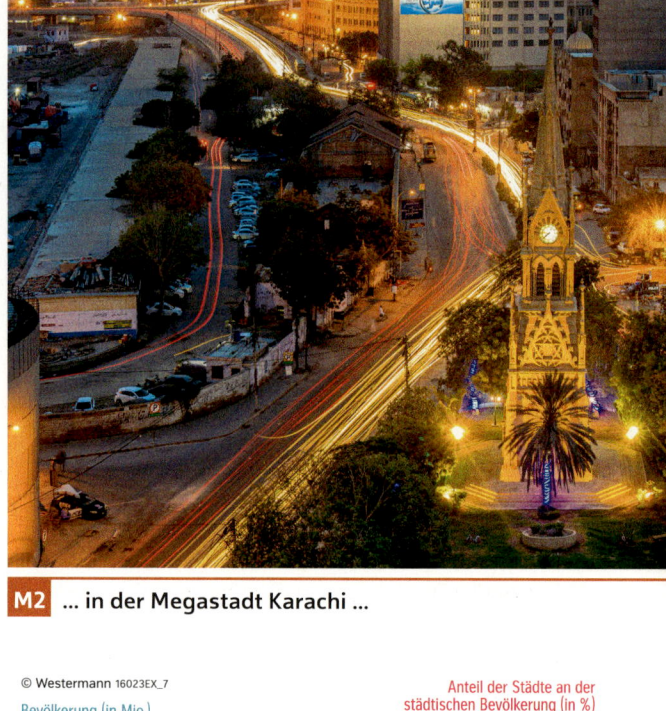

M2 … in der Megastadt Karachi …

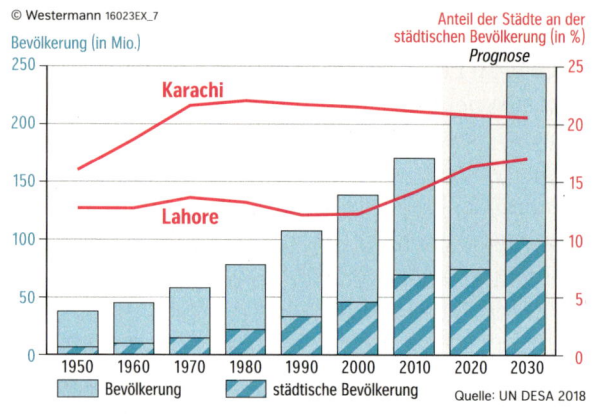

*M3 Entwicklung der Bevölkerung Pakistans

Herkunftsregion/-land
Land — massenhafte

Push-Faktoren
- geringes Einkommen, unrentable kleinbäuerliche landwirtschaftliche Betriebe
- Abhängigkeit von Großgrundbesitzern oder Gläubigern
- hohes Bevölkerungswachstum
- Arbeitslosigkeit, mangelnde Arbeitsmöglichkeiten in der Industrie und dem Dienstleistungssektor
- Auflösung von Großfamilien, die persönliche Sicherheit verliehen
- soziale Unsicherheit
- fehlende Bildungs- und Ausbildungsmöglichkeiten
- Bürgerkrieg, Verfolgung
- Natur- und Umweltkatastrophen

M4 Push- und Pull-Faktoren **246**

	1950	2020*	2050*
Welt	29,6	56,2	68,4
Industrieländer	58,5	81,9	88,4
Entwicklungsländer	17,7	51,7	65.6
Afrika	14,3	43,5	58,9
Asien	17,5	51,1	66,2
Europa	51,7	74,9	83,7
Lateinamerika	41,3	81,2	87,8
Nordamerika	63,9	82,6	89,0
Ozeanien	62,5	68,2	72,1

*Prognose Daten: UN DESA 2018

M1 Anteile der Bevölkerung in Städten in Prozent

Städtische Lebensweisen 69

Auf Karachi entfallen:

9 % der Bevölkerung
19 % des BIP
25 % der Staatseinkünfte
30 % der Industrieproduktion
40 % der Beschäftigten in der Großindustrie
62 % der Einkommenssteuer
90 % der internationalen Unternehmen
95 % des Außenhandels

M5 Bedeutung Karachis in Pakistan

M6 Wachstum Karachis

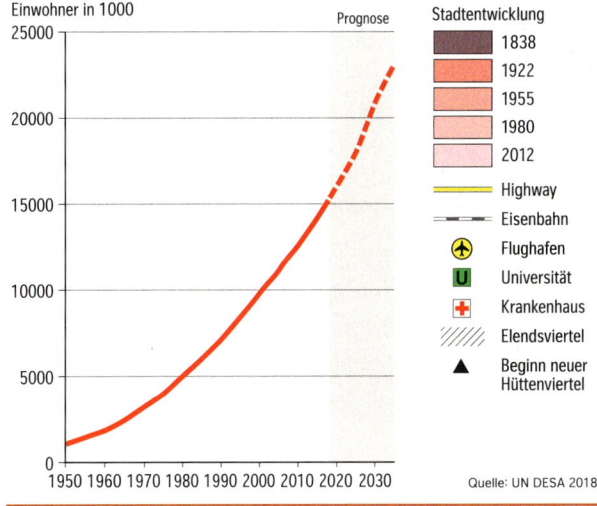

INFO

M7 **Metropole** bezeichnet eine Stadt mit überragender Bedeutung in wirtschaftlicher, politischer und kultureller Hinsicht. In vielen Entwicklungsländern konzentrieren sich dort große Industrie- und Dienstleistungsbetriebe. Dort finden sich Bildungs- und Kultureinrichtungen wie Universitäten, Forschungseinrichtungen und Sportstadien. Oft verfügen nur sie über sichere Energieversorgung, moderne Kommunikationseinrichtungen und leistungsfähige Verkehrs- und Transporteinrichtungen.

Wenn du diese Aufgaben erfolgreich bearbeitet hast, kannst du ...
... Unterschiede der Verstädterung vergleichen.
... Push- und Pull-Faktoren von Migration in Megastädte erläutern und das Stadtwachstum beschreiben.
... Bedeutung von Metropolen erläutern.
... den Grundbegriff **Metropole** erklären.

Unterschiedliche Lebenswelten in Megastädten

Das Wachstum prägt die Megastädte. Welche Folgen hat es für das Leben in den Städten?

1. a) Beschreibe die Gliederung Karachis. 237
 b) Wo in der Stadt könnten die Bilder M2 und M5 aufgenommen sein? Begründe deine Vermutung.
 c) Erkläre die Begriffe „No-Go-Areas" und „No-Entrance-Areas". Beschreibe die Lage solcher Viertel in Karachi (M1, M3).

2. Unterschiedliche Lebenswelten in Karachi: Welche Merkmale hat die jeweilige „Welt" (M2 – M6).

3. Projektvorschlag:
 a) Erkunde die Stadtteile Shantiniketan und Kaveri Nagar (M7) in einer virtuellen Exkursion (Internet): Wie zeigen sich die Gegensätze? Stelle weitere Informationen über die Gated Community zusammen.
 b) Präsentiere deine Ergebnisse in der Klasse.

W 4. Arbeite mit dem Atlas (Karte Bangalore):
 A Sind die beiden Stadtteile in M7 typisch für Bangalore? Begründe.
 B Bewerte die Lebensverhältnisse. Werden hier Nachhaltigkeitsziele (S. 11) erfüllt (M7)?

INFO

M1 Slum – dicht besiedelte Wohngebiete der Armen. Innerstädtisch oft bestehend aus heruntergekommenen Wohngebäuden, an den Stadträndern meist ausgedehnte **Hüttensiedlungen**, in denen Hütten aus Stroh, Wellblech oder Plastikplanen errichtet sind. Oft fehlen Trinkwasseranschlüsse und Kanalisation, Einrichtungen wie Schulen, Müllabfuhr oder Krankenhäuser. Dort herrschen oftmals Gewalt und Kriminalität. Deshalb werden sie von Ortsfremden gemieden (No-Go-Area) und sind auch für die Bewohner gefährlich. **Gated Community** – in den großen Städten sind Wohngebiete von Wohlhabenden oft mit Mauern und Zäunen abgeschottet und werden bewacht. Der Zutritt ist nur für ausdrücklich erwünschte Personen möglich (No-Entrance-Area). Manchmal entstehen private Siedlungen, etwa mit Schule, Shopping Mall und Golfplatz.

M2 Slum in Karachi

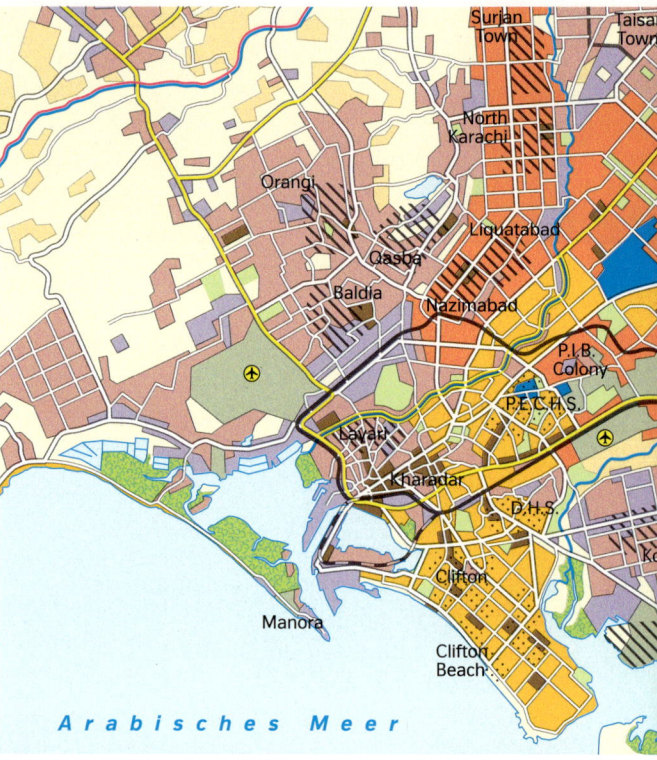

M3 Gliederung Karachis

- Die Dichte ist in solchen Stadtteilen sehr hoch, oft leben dort mehr als 6 Personen pro Raum.
- Stromausfälle und Wasserknappheit, giftiger Müll und offenes Abwasser machen das Leben schwer.
- Slum-Mafias, die mit Gewalt herrschen, haben den Staat verdrängt. Die Polizei hat sich zurückgezogen.
- Die meisten Zuwanderer und Bewohner aus Hüttenvierteln verfügen über ein so geringes Einkommen, dass Mieten oder Kaufen von Wohnungen, Häusern oder Grundstücken unmöglich ist. Deshalb entstehen Slums informell häufig auf öffentlichen Flächen, zum Beispiel entlang von Kanälen oder Bahndämmen oder am Stadtrand ohne Genehmigung oder Regeln.

M4 Fakten zum Leben im Slum in Karachi

Städtische Lebensweisen

M5 Streng gesichert: Gated Community in Karachi

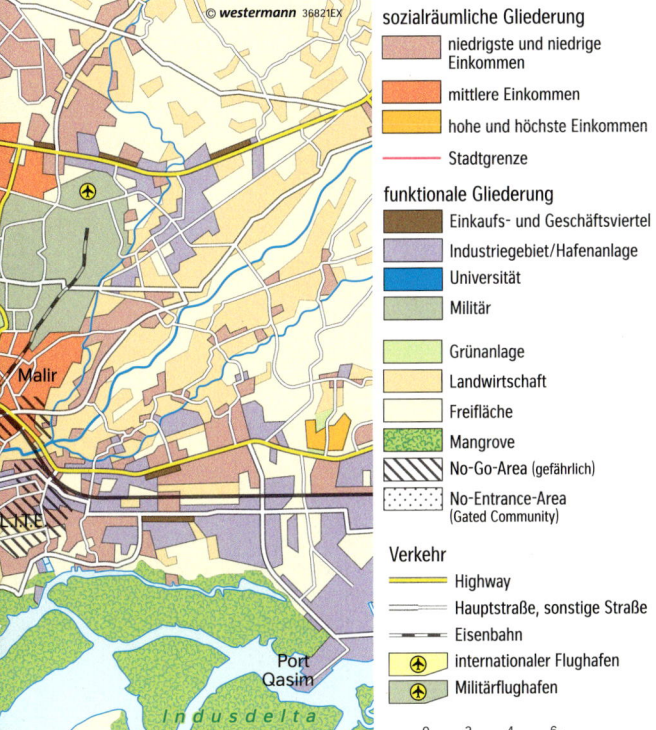

sozialräumliche Gliederung
- niedrigste und niedrige Einkommen
- mittlere Einkommen
- hohe und höchste Einkommen
- Stadtgrenze

funktionale Gliederung
- Einkaufs- und Geschäftsviertel
- Industriegebiet/Hafenanlage
- Universität
- Militär
- Grünanlage
- Landwirtschaft
- Freifläche
- Mangrove
- No-Go-Area (gefährlich)
- No-Entrance-Area (Gated Community)

Verkehr
- Highway
- Hauptstraße, sonstige Straße
- Eisenbahn
- internationaler Flughafen
- Militärflughafen

Prestige Shantiniketan

M7 PROJEKT

Die Siedlung Kaveri Nagar ist nur vier Kilometer von Prestige Shantiniketan entfernt, aber es könnten genauso gut Millionen Meilen sein. Shantiniketan, in Whitefield, Bengaluru [Bangalore], ist eine Community mit befestigten Straßen, geschnittenem Rasen, batteriegetriebenen Golfwagen für den Sicherheitschef, um damit herumzufahren. Kaveri Nagar, wo einige Leute leben, die in Shantiniketan beschäftigt sind, ist eine Nachbarschaft mit niedrigen Gebäuden, mit einigen Läden, die Dinge des Alltagsbedarfs verkaufen, und Karren von Gemüseverkäufern. Anupama und Varghese Abraham […] leben in Shantiniketan; Ratnamma, ihre Haushaltshilfe, lebt in Kaveri Nagar. Der Kontrast zwischen Shantiniketan und Kaveri Nagar symbolisiert moderne indische Städte und die problematische Zweiteilung in ihnen. […] Ratnamma […] fährt jeden Tag nach Shantiniketan zur Arbeit. In dem Appartementkomplex muss sie sich einigen bezeichnenden Demütigungen unterwerfen. Zuerst muss sie das Geld, das sie bei sich hat, deklarieren, wenn sie den Baukomplex betritt. Wenn sie hinausgeht, zählen die Wachen den Betrag noch einmal. […] Prestige Shantiniketan verfügt über 2850 Appartements. Es gibt 162 Wächter, die die 23 Türme belauern, Parkplätze im Untergeschoss, Gärten und Spielplätze. Das Wohnareal von 24 ha hat Parkplätze für 2850 Wagen, außerdem Besucherparkplätze. […] [Der Wohnkomplex] verbraucht auch etwa 1,2 Mio. Liter Wasser pro Tag, was bei schätzungsweise 10 000 Bewohnern 120 Liter pro Person und Tag ist.

Quelle: Chandran, Rahul: Class divide in a gated community. MINT on Sunday, 10.12.2016 (Übersetzung: Georg Stöber) zitiert n. Khan Banerjee, Basabi et al.: Südasien. Diercke Spezial, Braunschweig 2021, S. 85.

„Hier in Karachi gibt es ständig Überfälle, Entführungen, Diebstähle von Autos usw. Aus Angst bewegen sich die wohlhabenden Leute nicht frei auf den Straßen. An unserem Schlagbaum kommen Fremde nur herein, wenn die Bewohner dies erlaubt haben. Wir sind bewaffnet! Hier wohnen reiche Pakistanis und Ausländer, die bei den großen Firmen arbeiten. Innerhalb der Mauern können die Bewohner spazieren gehen, sich mit Nachbarn treffen und Grillabende veranstalten. Sie haben Fahrer, Köche, Reinigungskräfte und Kindermädchen. Es gibt hier in der Gegend Restaurants, die ich mir nie leisten könnte. Die Kinder besuchen gute Schulen oder studieren in England. Auch die Kinder werden gefahren. Alle versuchen, sich so wenig wie möglich vor der Mauer aufzuhalten."

M6 Bericht eines Wachmanns in einer Gated Community in New Clifton

---

Wenn du diese Aufgaben erfolgreich bearbeitet hast, kannst du …
- … soziale Gegensätze und Merkmale der sozialen Gliederung beschreiben.
- … Auswirkungen des Wachstums von großen Städten darstellen.
- … Merkmale, Lage und Struktur von Gated Communities erläutern.
- … die Grundbegriffe **Slum**, **Hüttensiedlung** und **Gated Community** erklären.

Wie sind die Lebensverhältnisse in Slums?

Die Ungleichheit in den großen Städten zeigt sich vor allem in den Wohnverhältnissen. Wie ist das Leben auf der „anderen Seite des Zauns"? Wovon leben die Menschen im Slum?

1. Werte das Bild M5 aus: Welche Lebensumstände werden hier deutlich? Welche Aussage möchte der Fotograf Hartmut Schwarzbach mit seinem Bild machen? 241

2. Beschreibe den Slum (M4) und seine Umgebung im Stadtteil Tondo am Hafen (Internet).

3. Vergleiche die Entwicklung der Bevölkerung in Slums in den verschiedenen Erdteilen (M1).

4. Ist das Leben im Slum ein Fortschritt? Diskutiert (M2).

5. Erläutere die Bedeutung des informellen Sektors
   A in Indien (M6, M8, M9).
   B für die Familie in M7.

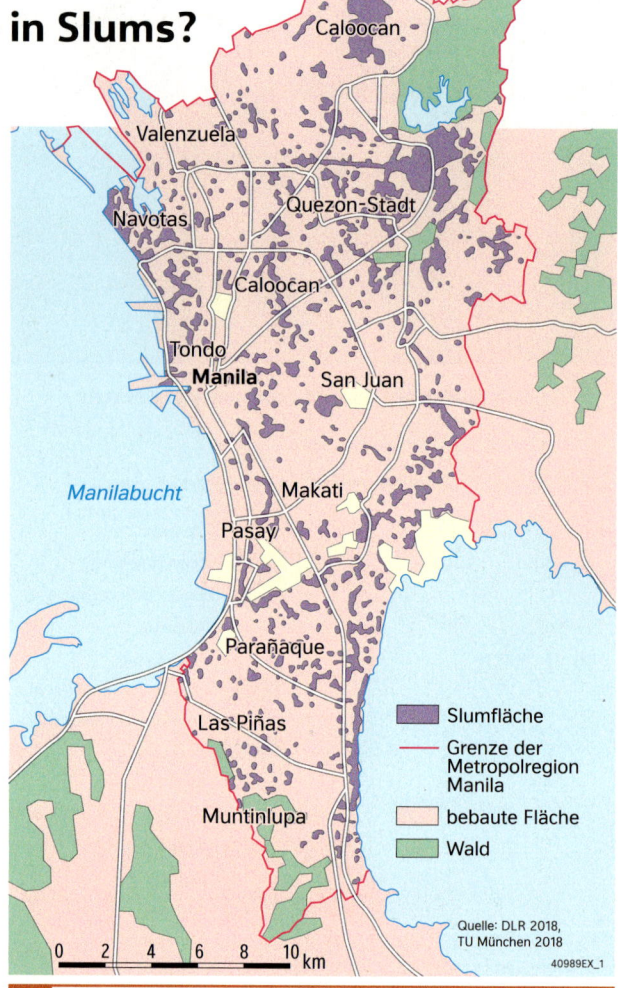

M3 Slums in Manila: Hier leben 70 000 Einwohner auf einem Quadratkilometer, ohne Strom- und Trinkwasseranschluss, Krankheiten und Mangelernährung sind verbreitet und die Lebenserwartung ist niedrig.

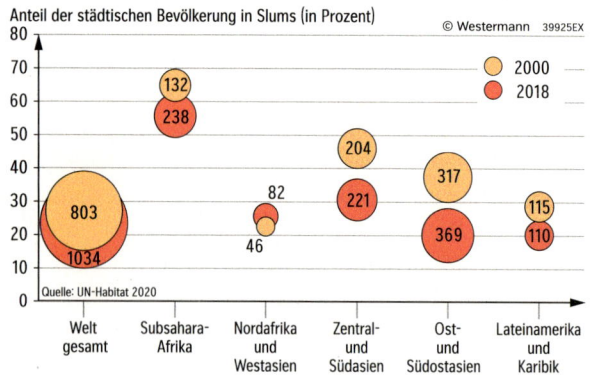

M1 Anteil der städtischen Bevölkerung in Slums

„Wenn man sie fragt: Warum geht ihr nicht zurück aufs Land?, antworten sie: Wenn die Dinge im Slum schlecht für mich laufen, muss ich meine Kinder zum Zigarettenverkaufen auf die Straße schicken. Aber wenn es auf dem Land schlecht läuft, verhungern meine Kinder."

Quelle: Saunders, Doug: Die neue Völkerwanderung – Arrival City. München 2013, zitiert n. Dege, Stefan (Deutsche Welle): Doug Saunders: „Ankunftsstädte sind unsere Zukunft". www.dw.de, 08.05.2016, Zugriff: 06.07.2021.

M2 Was hält die Bewohner trotz der Lebensumstände im Slum?

Nicht alle Haushalte in den Slums sind jedoch einkommensschwach. Nur etwa 32 Prozent der Slumbevölkerung [...] sind arm, gemessen an den nationalen Armutsgrenzen pro Kopf. [...] Der Großteil oder mehr als 50 Prozent lebt über der Armutsgrenze und kann zwischen 2 und 4 Dollar pro Tag ausgeben, wohnt aber in einem armen Wohnumfeld. Dabei handelt es sich meist um Mindestlohnempfänger und Gelegenheitsarbeiter, die weiterhin in Slums leben, weil es in der Stadt keine alternativen Unterkunftsmöglichkeiten gibt und 'sie sich die Kosten für die Anfahrt aus der weiteren, weniger teuren, stadtnahen Peripherie zu Erwerbszwecken in städtische Zentren nicht leisten können'. Zugleich leben nicht alle Armen in Elendsvierteln, sondern sind in der Stadt verteilt, mit einer ähnlichen physischen Ausstattung wie die Slums – mit mangelhafter Infrastruktur und unsicheren Besitzverhältnissen.

Quelle: Ballesteros, Marife: Why slum poverty matters. Philippine Institute for Development Studies (Policy Notes) 02/2011, S. 2/3, übersetzt von Andreas Bremm

M4 Menschen im Slum

Städtische Lebensweisen 73

M5 Die 13-jährige Wenie in Manila, Philippinen. Im Stadtteil Tondo am Hafen leben Kinder davon, Plastikflaschen aus der Bucht zu fischen. Wenn sie Glück haben, liegt ihr Tageslohn vom Verkauf an einen Recycler bei 50 philippinischen Pesos, etwa 90 Cents.

M6 INFO

Der **informelle Sektor** ist ein wichtiger Wirtschaftsbereich in Entwicklungsländern. Gemeint sind Tätigkeiten, die nicht formell erfasst werden und geregelt sind. Straßenhandel, Garküchen, Müllsammeln und -sortieren, aber auch meist Kleinbetriebe und die kleinbäuerliche Landwirtschaft gehören dazu. Oft arbeiten so mehr als 75 Prozent der Menschen, etwa in Indien.

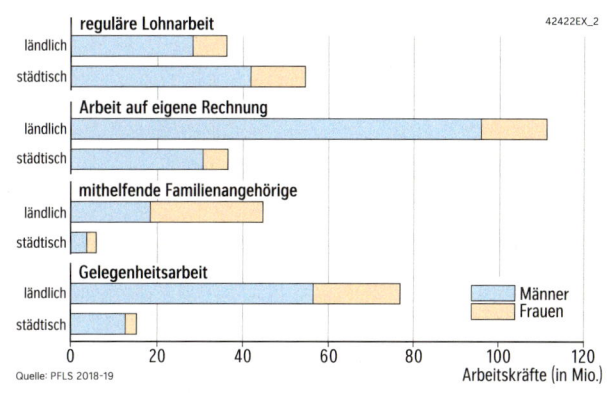

M8 Indien: Arbeitskräfte nach Beschäftigungsstatus

Von einer achtköpfigen Familie arbeiten die ältesten Kinder in Dhaka (Rana als Näherin, Rashid als Riksha-Fahrer). Sie überweisen kleine Summen an ihre Eltern und erhalten von dort Nahrungsmittel, wodurch sie ihre Ernährung sichern und etwas Geld sparen können. Die zweite Tochter Aisha schuftet in einer Shrimpsfarm und der jüngere Bruder Yoosef als Houseboy bei einem Landlord einzig für Essen und Unterkunft. Die Mutter produziert Gemüse auf dem Wegrain und dem Hüttendach sowie Flechtwerk für den Markt. Der Vater ist offiziell als Fahrer bei der Grameen Bank beschäftigt. Dafür benötigt er Kleider, die er sich nur mit den Überweisungen der Tochter und des Sohnes aus Dhaka leisten kann, denn sein Lohn wird zur Gänze vom Schulgeld für die beiden jüngsten Kinder [...] aufgezehrt.

Quelle: Scholz, Fred: Länder des Südens. Diercke Spezial, Braunschweig 2017, S. 168.

M7 Beispiel: Eine Familie in Bangladesch

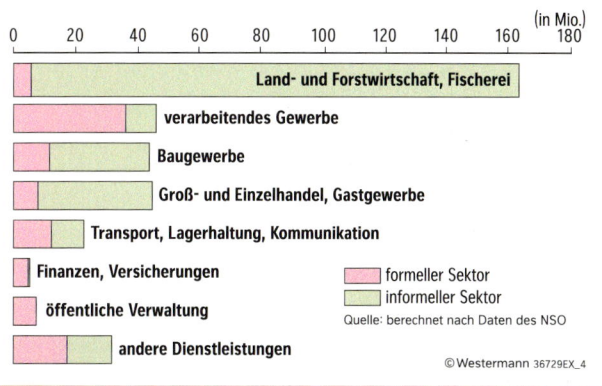

M9 Indien: Arbeitskräfte nach Wirtschaftszweigen

Wenn du diese Aufgaben erfolgreich bearbeitet hast, kannst du ...
- ... Merkmale, Lage und Struktur von Slums erläutern.
- ... die Bedeutung des informellen Sektors erläutern.
- ... die Anteile von Menschen, die in Slums in den verschiedenen Teilen der Erde leben, beschreiben.
- ... den Grundbegriff *informeller Sektor* erklären.

Wie können die Lebensverhältnisse in einem Slum verbessert werden?

Häufig werden Slums, deren Bewohner und ihre Schwierigkeiten schlichtweg ignoriert oder die Siedlungen werden zerstört und die Bewohner vertrieben. Dabei lebt fast ein Drittel der Menschheit in Slums. Doch wie können die Verhältnisse in Slums verbessert werden, sodass man auch den Bewohnern gerecht wird?

1. Erkunde Dharavi in einer virtuellen Exkursion (Internet). **239, 242**
2. Der Slum Dharavi ist weit mehr als ein heruntergekommener Wohnort. Erkläre.
3. Erläutere kurz, wie die drei Strategien die Lebensverhältnisse im Slum verbessern sollen.
4. Bewerte die drei Strategien
   A aus wirtschaftlicher Sicht.
   B aus sozialer Sicht.
5. Mit welcher Strategie wird das Ziel, die Lebensverhältnisse zu verbessern, besonders gut erreicht? Begründe ausführlich.

M2 In Dharavi teilen sich geschätzt 1440 Menschen eine Toilette.

Mumbai (engl. Bombay), 12,5 Mio. Einw., mehr als 20 Mio. Einw. im Ballungsraum, wichtigste indische Hafenstadt und Wirtschaftsmetropole

Umsiedlung: Site- and Service-Programme
Die Stadtverwaltung stellt Familien mit geringem Einkommen Grundstücke zur Verfügung, auf denen Häuser oder Hütten in Selbsthilfe errichtet werden. Die Familien können günstige Kredite für Baumaterial und kostenlose Beratung von Experten in Anspruch nehmen. Der Staat sorgt in der Regel für Anschluss an die Kanalisation, Wasser- und Stromversorgung. So werden die Familien rechtmäßige Besitzer eines Hauses und eines Grundstücks. Besondere Variante: Bereitstellung einer Fläche mit Rohbau und Sanitärraum

„Es ist nicht immer möglich, eine geeignete Fläche für die Menschen zu finden. Solche Flächen gibt es meist nur am Stadtrand."
Vertreter der Stadtverwaltung

„Vorher hatten wir kurze Wege zur Arbeit, wir lebten ja mitten in der Stadt. Hier gibt es nichts und wir sind zur Arbeit Stunden unterwegs!"
Bewohner einer neuen Siedlung

„In unserem Viertel gibt es sogar eine neu gebaute Schule. Leider haben wir jetzt noch weniger Geld zur Verfügung. Meine Eltern zahlen einen Kredit ab und für Strom und Wasser. Ich arbeite nun nach der Schule auch, um Geld zu verdienen."
13-jähriger Junge in einer Neubausiedlung

„Wir mussten unsere frühere Nachbarschaft verlassen. Wenn wir bislang Hilfe brauchten, dann konnten wir uns immer an unsere Nachbarn wenden. Jetzt ist alles neu …"
Einwohnerin einer neuen Siedlung

Mit den hier hergestellten Produkten im Wert von jährlich 650 Millionen Dollar ist Dharavi Mumbais produktivster Slum. […] Schätzungen zufolge leben und arbeiten hier auf zwei Quadratkilometern zwischen 600 000 und einer Million Menschen. […] Gerade einmal zehn Gehminuten vom Finanzzentrum Mumbais entfernt liegt das Viertel, eingeklemmt zwischen zwei Bahntrassen. Dicht an dicht stehen hier ein- bis dreistöckige Häuser aus Beton, Holz, Blech und Plastik gebaut. Umfragen haben ergeben, dass die meisten Familien ein Haus bewohnen, das aus einem Raum besteht. Dieser Raum misst durchschnittlich 12,5 Quadratmeter und beherbergt 6,2 Personen. Doch in den letzten Jahrzehnten haben sich die Bewohner Dharavis […] Netzwerke gesponnen, die ihnen das Überleben sichern. Typisch für das Viertel sind winzige Manufakturen geworden, in denen drei bis fünf Arbeiter Lebensmittel, Kleidung, Lederwaren und vieles mehr herstellen.

Quelle: Stiebitz, Antje: Ein Slum als Lebens- und Arbeitswelt. www.deutschlandfunkkultur.de, 29.03.2017, Zugriff: 14.07.2021.

M1 Steckbrief Dharavi

M3 Strategie 1

Städtische Lebensweisen

M4 Im Töpferviertel von Dharavi gehen etwa 2000 Familien ihrem traditionellen Handwerk nach.

M6 Nähereien, Bäckereien, Recycling-Höfe, Färbereien, Schmelzhütten – in Dharavi wirtschaften rund 15000 Kleinstbetriebe. Daneben gewinnt in Dharavi auch der Slumtourismus an wirtschaftlicher Bedeutung.

Vor Ort: Slumsanierung

In der Verwaltung plant die **Stadtplanung**, wie die Wohnverhältnisse vor Ort verbessert werden sollen: Die Bewohner werden Eigentümer des Landes, wenn sie sich zu einem Sanierungsprojekt zusammenschließen. Die Wohnverhältnisse vor Ort werden verbessert: Der Slum wird abgerissen und mehrgeschossige Wohnhäuser bereitgestellt. Für die Kosten entschädigt sich das ausführende private Unternehmen durch die gewinnbringende Bebauung von nicht benötigtem Land. Die Bewohner müssen Steuern, Strom und Wasser bezahlen.

„Wir haben unsere Nachbarschaft verloren. Außerdem haben wir uns mit dem neuen Haus eigentlich nicht verbessert."
Einwohnerin im sanierten Viertel

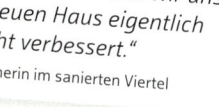

„Andere Familien konnten sich hier die Kosten zum Beispiel für die Steuern nicht leisten und mussten wegziehen. Hier wohnen nun einige wohlhabendere Familien."
Bewohner nach der Sanierung

„Manche Slums sind viel zu klein und ihre Lage ist nicht attraktiv. Deshalb fällt es schwer, private Investoren zum Wohnungsbau anzulocken. Sie fürchten, dort nichts verdienen zu können."
Stadtplanerin in der Stadtregierung

„Wir bauen neue Wohnhäuser für die Bewohner des Slums. Auf der anderen Seite entstehen Bürogebäude, aber auch bessere Wohnungen. Da, wo in der Stadt die Bodenpreise besonders hoch sind, können wir ein ganz gutes Geschäft machen!"
Vertreter einer Immobiliengesellschaft

M5 Strategie 2

Vor Ort: Slum-Aufwertung

Die bestehenden Häuser und Hütten werden verbessert. Von der Stadtregierung werden Kanalisation, Wasser- und Stromversorgung mit hohen Kosten ausgebaut oder nachgerüstet. Die Selbsthilfe der Bewohner wird gestärkt, etwa durch die Vergabe von günstigen Kleinkrediten. Die Menschen werden offiziell Eigentümer ihrer Häuser. Sie sind der Stadtverwaltung nun bekannt und müssen Strom, Wasser und Steuern zahlen. Die Stadt muss hohe Kosten tragen.

„Seit die Stadt hier investiert, kann man sich viel sicherer fühlen. Die Kriminalität ist deutlich zurückgegangen!"
12-jähriges Mädchen

„Die Lage von Dharavi mitten im Stadtzentrum zieht viele Menschen an, die besser verdienen. Sie können höhere Preise für Häuser bezahlen und verdrängen bisherige Bewohner."
Arbeiter im Stadtzentrum

„Früher gab es hier viel mehr Dreck und Krankheiten. Leider sind die Kosten für Kredite und Steuern für uns kaum bezahlbar."
Bewohner von Dharavi

„Mumbai benötigt dringend Flächen im Stadtzentrum, auf denen Gebäude für Unternehmen gebaut werden können. Mumbai ist Weltstadt und wächst weiter. Es sind viele neue Hochhäuser geplant."
Vertreterin der Stadtregierung

M7 Strategie 3

Wenn du diese Aufgaben erfolgreich bearbeitet hast, kannst du ...
- ... am Beispiel Dharavis unterschiedliche Funktionen erläutern, die ein Slum haben kann.
- ... verschiedene Strategien, die Lebensverhältnisse in einem Slum zu verbessern, erläutern und aus unterschiedlichen Perspektiven bewerten.
- ... den Grundbegriff **Stadtplanung** erklären.

*M1 Slum am Vakola Nala (Mithi River), Mumbai. In Sichtweite der Mumbaier Börse und der indischen Zentralbank treffen extreme Armut und Wohlstand aufeinander.

GEWUSST? – GEKONNT! Verstädterung weltweit – Chancen und Risiken

Das Wachstum der Ballungsräume

62 2007 lebte weltweit erstmals mehr als die Hälfte der Menschheit in Städten, bald werden es mehr als zwei Drittel sein. Während in den Industrieländern mit der Industrialisierung die **Verstädterung** schon lange weit fortgeschritten ist, wachsen durch die **Landflucht** seit dem Ende des Zweiten Weltkriegs heute die Anteile der Städter in den Ländern Afrikas und Asiens. Dabei wachsen auch die Zahl der **Megastädte** und der Anteil der Menschen in diesen großen Städten. Einige dieser Städte entwickeln sich zu riesigen **Agglomerationsräumen (Ballungsräumen)**.

Warum verlassen Menschen ihr Dorf?

64 Die Ursachen für die Abwanderung aus den Dörfern sind vielfältig. Oftmals sind Armut und fehlende Zukunftsaussichten Gründe, die Menschen dazu bringen, das Leben auf dem Land aufzugeben. Solche Motive und Gründe, die Menschen ab- oder auswandern lassen, werden **Push-Faktoren** genannt.

Was zieht Menschen ins Ausland?

66 Man kann verschiedene Formen von **Migration** unterscheiden. Ob jemand dauerhaft in die USA auswandert, von seiner Firma für einige Jahre nach China geschickt wird oder zur Arbeit auf den Bau an den Persischen Golf geht – die Gründe, die Entfernung, der Zeithorizont und wie die Verbindung zum Herkunftsort bestehen bleibt, unterscheiden sich erheblich. Neben Push-Faktoren führen **Pull-Faktoren** dazu, in eine andere Region oder ein anderes Land zu- oder einzuwandern. Die Hoffnung etwa auf bessere Lebensumstände oder auf ausreichendes Einkommen ziehen die Menschen zum neuen Ziel. Dort angekommen unterstützen sie in der Regel ihre Familien und damit auch die Wirtschaft der Herkunftsländer durch **Rücküberweisungen**.

Was zieht Menschen in die großen Städte? – Landflucht

Landflucht, aber auch das natürliche Wachstum, sind 68 die Ursachen der zunehmenden Verstädterung besonders in den Entwicklungsländern. Oft ist es nur eine Stadt, die die anderen Städte eines Landes an Bedeutung weit übertrifft: Dort sind die Standorte der wichtigsten Unternehmen, der Sitz von Regierung und Verwaltung, der wichtigsten Kultur- und Bildungseinrichtungen. Deshalb üben gerade diese **Metropolen** große Anziehungskraft aus.

Unterschiedliche Lebenswelten in Megastädten

Die Erwartungen der meisten Zuwanderer erfüllen sich 70 nicht. Es gibt kaum genug Arbeitsplätze und preiswerter, angemessener Wohnraum fehlt. Entsprechend wachsen am Rande der Städte **Hüttenviertel** und auch auf freien innerstädtischen Flächen oder in Vierteln mit heruntergekommener Bausubstanz entwickeln sich **Slums**. Oft in unmittelbarer Nähe zu den Bereichen mit großer Armut liegen „Wohlstandsinseln", Bürohausviertel, Einkaufszentren, gehobene Wohngegenden mit **Gated Communities** und Villenviertel. Die großen Gegensätze in unmittelbarer Nachbarschaft sind Kennzeichen solcher Städte.

Städtische Lebensweisen

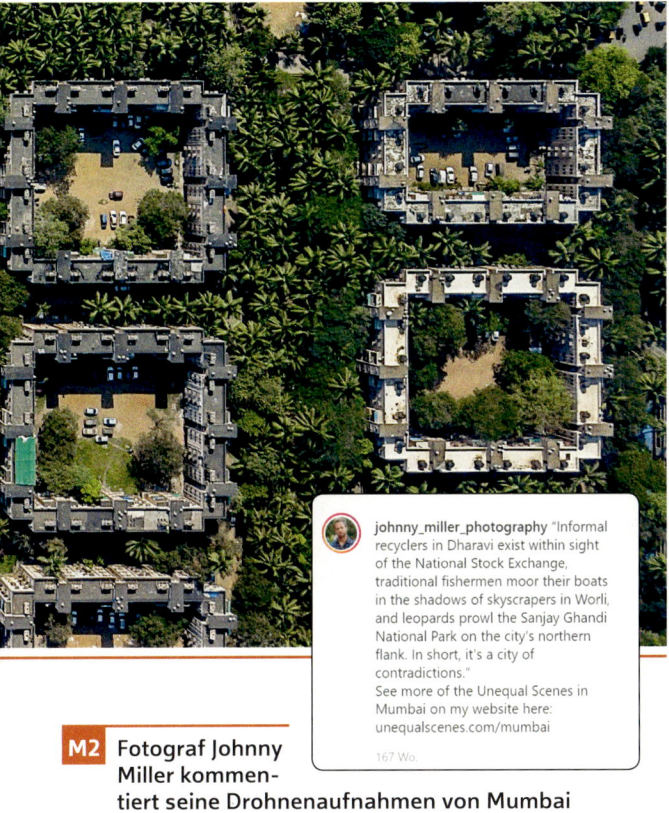

M2 Fotograf Johnny Miller kommentiert seine Drohnenaufnahmen von Mumbai

Wie sind die Lebensverhältnisse in Slums?

In den Entwicklungsländern leben große Teile der städtischen Bevölkerung in Slums, die sich oft durch eine sehr große Bevölkerungsdichte, schlechte, oft improvisierte Gebäude, mit viel zu geringer Wohnfläche für die Bewohner, durch mangelhaften Zugang zu Trinkwasser sowie mangelhafter Ausstattung mit Sanitär- und Abwassereinrichtungen auszeichnen. Auch rechtlich leben die Menschen oft in unsicheren Verhältnissen, weil sie oft nicht Eigentümer der Grundstücke sind und mit Vertreibung rechnen müssen. Slums entstehen auf freien Flächen aus Not, oft an ungünstigen oder gefährlichen Plätzen.
Große Teile der städtischen Bevölkerung überleben im **informellen Sektor**.

Wie können die Lebensverhältnisse in einem Slum verbessert werden?

Dazu werden von der **Stadtplanung** verschiedene, teils umstrittene Strategien verfolgt – von der Umsiedlung der Bewohner, dem Neubau am Ort und der Aufwertung der bestehenden Häuser und Hütten.

WES-113057-076

M3 Karikatur

W 1 Beschreibe und interpretiere das Luftbild
  A M1.
  B das Foto auf Seite 60/61.
Bereite die Präsentation der Arbeitsergebnisse in einem kurzen Vortrag vor.

2 a) Finde den Bildausschnitt M1 im Satellitenbild (Internet; er liegt in der Umgebung des Bandra-Kurla-Komplexes).
  b) Beschreibe die Lage und das Umfeld des Slums genauer.
  c) Handelt es sich um eine typische Situation? Begründe.

3 Interpretiere die Karikatur M3 und erläutere das dargestellte Problem.

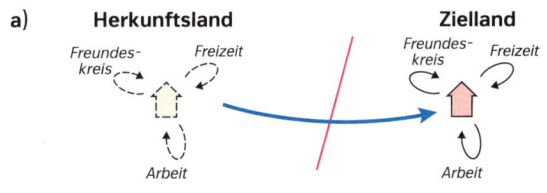

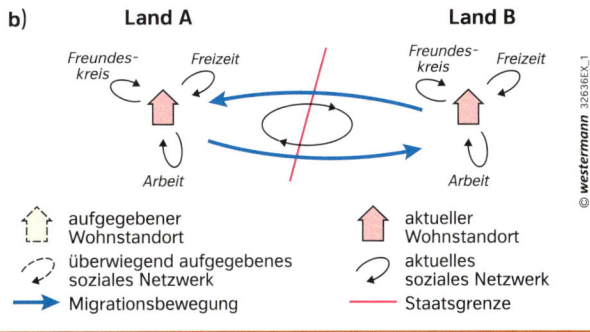

M4 Migration über Ländergrenzen

4 a) Vergleiche die Darstellung unterschiedlicher Formen der Migration (M4).
  b) Welche Darstellung passt zum Beispiel M4 auf Seite 66? Begründe.

Anwenden und üben

PROJEKT VOR ORT: Unterschiedliche Lebenswelten auch bei uns?

Unterschiedliche Lebenswelten finden sich auch in Städten bei uns und es gibt auch bei uns Dörfer, aus denen Menschen in Städte ziehen, sowie wachsende und schrumpfende Orte und Regionen. Wie verhält sich dies in unserer Region oder Stadt?

Projektvorschlag 1:
Unterschiedliche Lebenswelten bei uns

1. Hier findet ihr Anregungen, unterschiedliche Lebenswelten in eurer Stadt oder an eurem Schulort mit den Methoden Fotografieren, Befragen, Recherchieren und Kartieren zu erforschen (M1, M5, M8, M10). Die Arbeitsergebnisse können zu einem kurzen Referat 247 oder einer Präsentation vorbereitet werden. 254

Projektvorschlag 2:
Landflucht auch bei uns? – Wachsen und Schrumpfen in Deutschland

2. Beschreibe die Bevölkerungsentwicklung von Voigtsdorf (M7).
3. Stelle Push- und Pull-Faktoren für Voigtsdorf aus der Sicht einer Schülerin und eines Rentners dar (M6).
4. Untersuche die Bevölkerungsentwicklung deines Schul- oder Wohnortes: Recherchiere, wie viele Menschen zu- und wegziehen (M3, M4).
5. Berichte aus deiner Stadt oder Gemeinde: Welche Push- und Pull-Faktoren lassen sich für deinen Schul- oder Wohnort anführen? Welche Merkmale von wachsenden oder schrumpfenden Dörfern treffen auf deinen Wohnort zu (M3, M4)?
6. Die Arbeitsergebnisse können zu einem „sprechenden Bild" wie in M6 oder einer Collage vorbereitet werden.

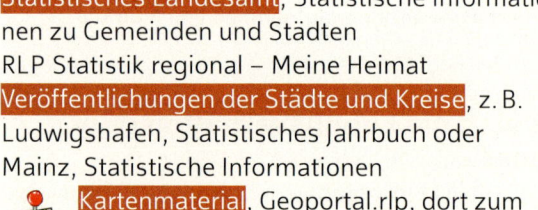

Veränderung der Bevölkerungszahl 2002 – 2020 in %
- < -15
- -15 – < -9
- -9 – < -3
- -3 – < 3
- 3 – < 9
- ≥ 9

Quelle: BBSR 2014

M2 Regionen mit wachsender und mit schrumpfender Bevölkerung in Deutschland

---

Statistisches Landesamt, Statistische Informationen zu Gemeinden und Städten
RLP Statistik regional – Meine Heimat
Veröffentlichungen der Städte und Kreise, z. B. Ludwigshafen, Statistisches Jahrbuch oder Mainz, Statistische Informationen
Kartenmaterial, Geoportal.rlp, dort zum Beispiel „Topographische Karte" oder „Historische Karten"

M3 Informationsquellen – Rheinland-Pfalz 249

INTERNET

M4 Wo die Zahl der Bewohner in Rheinland-Pfalz künftig sinkt – und wo sie steigt: Entwicklungsagentur (ea-rlp.de)

Bevölkerungsprognose für Rheinland-Pfalz – regionalisiert: Statistisches Landesamt (statistik.rlp.de)

Kartiert zum Beispiel ...
... die Veränderung eines Stadtteils oder einer Gemeinde in alten Karten (M3) und zeichnet die Veränderung in eine topographische Karte ein.
... Stadtteile oder Gemeinden mit wachsender und schrumpfender Bevölkerung (M2, M9).
... Alter und Erhaltungszustand von Gebäuden in einem Stadtviertel, zum Beispiel auf Basis der topographischen Karte M3.

M1 Kartieren

Fotografiert zum Beispiel Motive zu Themen wie ...
... unterschiedliche Merkmale von Stadtteilen.
... unterschiedliche Wohngebäude und deren Zustand.
... ländliche und städtische Lebenswelten.
... was eurer Meinung nach lebenswerte Stadtteile ausmacht.

M5 Fotografieren 241

Städtische Lebensweisen

M6 Aussagen aus Voigtsdorf

Sprechblasen:
- „Ich bleibe hier! Das Haus kann ich sowieso nicht verkaufen, dafür gibt es keine Käufer!"
- „Die Sparkasse, der Herr Doktor – alles in Strasburg!"
- „Als Kind nutzte ich den Schulbus, für praktisch alles andere mussten die Eltern als Taxi herhalten!"
- „Viele Häuser werden nicht mehr genutzt, sie stehen leer und verfallen – keine schöne Nachbarschaft!"
- „Die meisten sind weg, dahin, wo sie arbeiten können. Warum sollten sie wiederkommen?"
- „Von wegen sterbendes Dorf: Wir Senioren spielen hier eine wichtige Rolle! Wir unterstützen und packen überall an. Der Zusammenhalt im Dorf ist großartig!"
- „Bei uns im Dorf gibt es keine Unternehmen und Gewerbe mehr. Der größte landwirtschaftliche Betrieb war nach der Wende schnell weg."

Voigtsdorf, vor 750 Jahren gegründet, ist die kleinste selbstständige Gemeinde des Amtes Woldegk (Landkreis Mecklenburgische Seenplatte). Die nächste Stadt ist Strasburg (Uckermark).

	1990	2000	2010	2020
Bevölkerungszahl	180	158	110	93
Altersgruppen:				
unter 15	45	16	16	18
15 bis unter 30	35	32	6	2
30 bis unter 45	36	43	21	13
45 bis unter 60	29	27	35	23
60 bis unter 75	27	31	18	27
75 und älter	8	9	14	10

Quelle: Statistisches Amt Mecklenburg-Vorpommern 2020

M7 Daten und Fakten zu Voigtsdorf

Wachsende Dörfer:
- sind im Umland von Städten mit Pendeldistanz zu den Arbeitsplätzen,
- haben ein attraktives touristisches Angebot,
- haben ansässige größere Unternehmen.

Schrumpfende Dörfer:
- liegen in abgelegenen, eher dünn besiedelten Regionen,
- haben wenige Arbeitsplätze und eine mangelnde Infrastruktur,
- haben Abwanderung, dadurch Gebäudeleerstände und weitere Ausdünnung der Infrastruktur (z. B. Schule, Gasthof, Geschäft).

M9 Kennzeichen von wachsenden und von schrumpfenden Dörfern

Befragt zum Beispiel ...
... die Einwohner eines Stadtteils, was sie in den Stadtteil gezogen hat, was ihnen gut gefällt, ob sie lieber woanders leben würden oder was sie hält. Lasst euch berichten, wie es dort früher einmal war, was sich verändert hat und was die Befragten in diesem Stadtteil verändern würden.

M8 Befragen

Recherchiert zum Beispiel ...
... beim statistischen Amt der Stadt zu zwei unterschiedlichen Stadtvierteln Angaben wie Haushaltsgröße, Einwohnerdichte, Eingewanderte und ihre Nachkommen, Altersstruktur, z. B. die Einwohner unter 18 Jahre und die über 65 Jahre usw. und vergleicht.
... verschiedene statistische Angaben zu einem städtischen Wohnviertel und einer ländlichen Gemeinde und vergleicht.
Überlegt, welche Rückschlüsse die jeweiligen Größen ermöglichen.

*M10 Recherchieren

Anwenden und üben

IM FOKUS São Paulo – lateinamerikanische Megastadt

Wie alle lateinamerikanischen Länder ist auch Brasilien im Verstädterungsprozess weit fortgeschritten und die Lateinamerikaner leben zum größten Teil in Städten. Dies unterscheidet den Kontinent von Afrika und Asien. São Paulo ist eine der größten Städte der Welt, eine von zwei Megacities in Brasilien und es hat eine große Anziehungskraft. Wie ist São Paulo gewachsen? Welche Merkmale haben Megastädte wie São Paulo?

1. Erarbeite einen Kurzvortrag, der das Thema dieser Doppelseite vorstellt. **246, 247, 254**

Tipps zur Gliederung:
- Beschreibe das Wachstum São Paulos (M2, M3).
- Erläutere die Bedeutung São Paulos für Brasilien (M1).
- Werte das Bild M5 aus **241**. Erstelle zunächst eine Skizze. Verwende dabei möglichst viele Fachbegriffe des Kapitels.
- Werte die Materialien M4–M7 aus: Stelle Ursachen, Ausmaß und Folgen der verschiedenen Problemfelder in einem Schaubild dar.

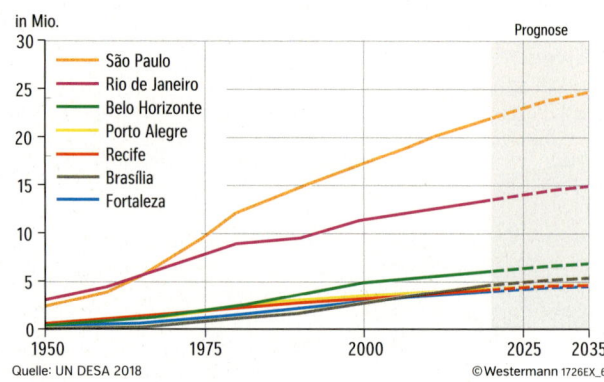

M3 Brasilien – Bevölkerungswachstum der sieben größten Ballungsräume

Die Kriminalitätsrate und die Gefahr, Opfer eines Raubüberfalls oder eines anderen Gewaltverbrechens zu werden, sind in Brasilien hoch, besonders in den Großstädten wie [...] Porto Alegre, Recife, Rio de Janeiro [...] und São Paulo. Dort wiederum besonders stark betroffen sind Armensiedlungen (Favelas). Die Favelas von Rio de Janeiro waren zuletzt immer wieder von Gewaltakten auch mit Todesfolge betroffen. Favelas werden teilweise von Kriminellen und Drogenbanden kontrolliert. Bewaffneten Auseinandersetzungen, auch mit der Polizei, fallen häufig auch Unbeteiligte zum Opfer.

Quelle: Auswärtiges Amt: Brasilien: Reise- und Sicherheitshinweise (COVID-19-bedingte Reisewarnung). Stand 14.07.2021, www.auswaertiges-amt.de, Zugriff: 14.07.2021.

M4 Reise- und Sicherheitshinweise des Auswärtigen Amtes

- 11 % der Bevölkerung
- 19 % des BIP
- 25 % der Steuereinnahmen
- 21 % der Fahrzeuge
- 30 % der Industriebeschäftigten
- 55 % der Industrieproduktion
- 36 % der Dienstleistungen
- 60 % des Energieverbrauchs
- 32 % der größten Unternehmen des Landes
- 900 von 1200 Niederlassungen deutscher Unternehmen
- 32 der 50 größten Finanzinstitutionen
- 7 der 10 größten Banken des Landes

M1 Anteile des Ballungsraums São Paulo am Staat Brasilien

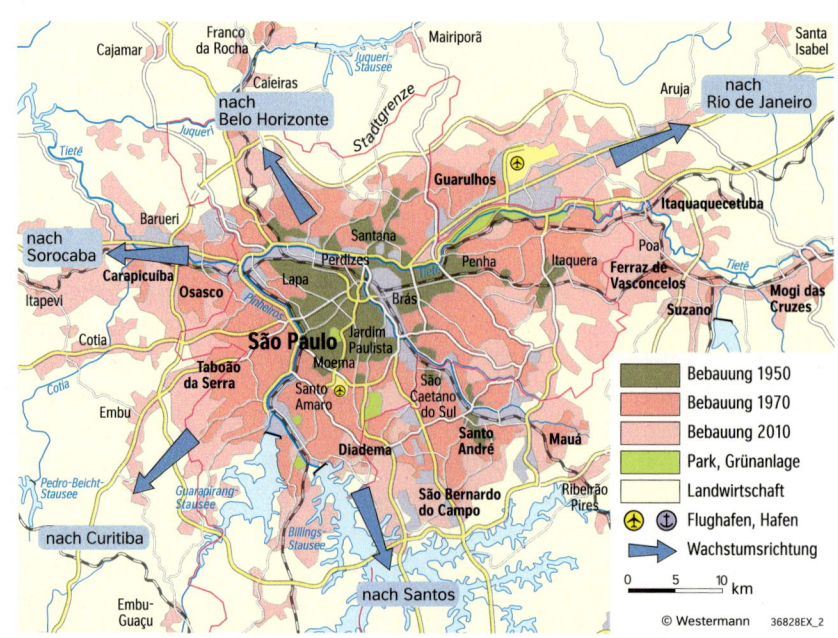

M2 Wachstum von São Paulo

M5 Paraisópolis (Paradiesstadt), links im Bild, ist mit geschätzten 60 000 Einwohnern die größte Favela São Paulos. Sie liegt in Morumbi, einem der reichsten Stadtteile der Metropole.

Dass sich die Luftbelastung zu einem zentralen Umweltproblem entwickelt hat, mit dem die Bewohner São Paulos täglich konfrontiert werden, ist vorwiegend auf die Emissionen des Verkehrs zurückzuführen. Heute verkehren in São Paulo etwa acht Millionen Kraftfahrzeuge, die für die hohe Konzentration an Kohlenmonoxid und Stickoxiden verantwortlich sind. [...] Auch das täglich wechselnde Fahrverbot nach geraden und ungeraden Nummern hat die Belastung nicht wesentlich vermindert. Die dieselgetriebenen Lkw – mangels Umgehungsautobahn muss selbst der Durchgangsverkehr die Stadt queren – und Busse, die den Hauptteil des ÖPNV abwickeln, sorgen zusätzlich für eine Belastung [...]. Dass die Industrie [...] nicht der Hauptverursacher der Luftverschmutzung ist, liegt in erster Linie daran, dass schon seit den 1950er-Jahren viele Großbetriebe der Schwer- und Chemieindustrie außerhalb des Ballungsraumes, vornehmlich in Santos-Cubatao, angesiedelt wurden.

Quelle: Bähr, Jürgen et Ulrich, Jürgens: Stadtgeographie II. Braunschweig 2009, S. 297.

M6 Standortnachteil: Luftverschmutzung und Verkehr

Im vergangenen Jahr wurden mehr als 4 000 Menschen ermordet, Raubüberfälle, Autodiebstähle und Wohnungseinbrüche gehören zum Alltag wie das Zähneputzen. [...] Die größte Gefahr lauert in São Paulo jedoch an den roten Ampeln. Wer eine teure Uhr, ein Smartphone oder Bargeld bei sich trägt, muss ständig damit rechnen, bei Rot in den Lauf einer Pistole zu schauen. [...] Voriges Jahr wurden in São Paulo 40 000 gepanzerte Autos verkauft. Was für die Autos gilt, trifft für das Zuhause umso mehr zu. Hochhäuser in besseren Lagen sind wegen der latenten Gefahr von Einbrüchen abgesichert wie Festungen. [...] Für ein abwechslungsreiches Privatleben reicht das nicht. Wer nach São Paulo kommt, der will nicht leben, sondern überleben.

Quelle: Rybak, Andrzej: Metropole São Paulo. Willkommen in der Vorhölle. www.manager-magazin.de, 24.06.2014, Zugriff: 14.07.2021.

M7 Standortnachteil Kriminalität

*Violent crime in São Paulo has dropped dramatically

Latin America's largest city, São Paulo, was once among the region's most violent. But the bustling metropolis of over 12 million Paulistanos has experienced a remarkable decline in homicide. The murder rate dropped from a high of 52.5 per 100,000 in 1999 to just 6.1 per 100,000 today. The current rate is almost five times lower than the national average.

Quelle: Muggah, Robert et Ilona Szabó de Carvalho: Violent crime in São Paulo has dropped dramatically. Is this why? World Economic Forum, weforum.org, 07.03.2018, Zugriff: 14.07.2021.

Die Stadt ist als ein Häusermeer mit Inseln beschrieben worden: Reiche hüpfen von der Insel, auf der sie wohnen, etwa zum Golfspielen auf die Sportinsel, bringen ihre Kinder zur Schulinsel oder gehen auf einer Shoppinginsel einkaufen. Die Inselwelt wird mit gepanzerten Fahrzeugen und Helikoptern durchkreuzt. Arme und Reiche leben dicht beieinander in São Paulo. Vielleicht schaut jemand von seinem grünen Balkon direkt auf Holzhütten oder ein anderer blickt aus dem Bürofenster auf vermüllte, schlammige Wege zwischen Blechverschlägen und Pappbehausungen.

M8 Aus einem Reisebericht

4. Die Entwicklung der Weltbevölkerung

Wohnbebauung in Mexiko-Stadt

Was beeinflusst die Bevölkerungsentwicklung?

Das Bevölkerungswachstum – weltweit sehr verschieden

Während du diese Wörter liest, sind auf der Erde sieben Babys auf die Welt gekommen und fünf Menschen gestorben. Jede Minute nimmt die Weltbevölkerung um 150 Menschen zu, pro Jahr um etwa 80 Millionen – bildlich sprechen manche von einer „Bevölkerungsexplosion". Wie stark wächst die Bevölkerung nun genau? Und inwieweit gibt es Unterschiede zwischen den Ländern und Regionen der Erde?

1. Interpretiere die Karikatur M3. **245**
2. **A** Beschreibe das globale Bevölkerungswachstum.
   B Verfasse einen kurzen Zeitungsbericht zu den Szenarien zur Bevölkerungsentwicklung.
3. Ermittle, auf welchen Kontinenten es zu einem besonders starken Bevölkerungswachstum kommt (M4–M6). **246**
4. Besuche im Internet die Seite der Deutschen Stiftung Weltbevölkerung (M8) und dort die Weltbevölkerungsuhr.
   a) Lies zehnmal genau jede Minute die aktuelle Zahl ab und erstelle daraus eine Tabelle.
   b) Berechne, der wievielte Erdenbürger du bist.
5. Berichte über die erwartete Bevölkerungsentwicklung bis 2050 in einem Land deiner Wahl (M8).
6. Erstelle ein aussagekräftiges Diagramm aus der Tabelle M5. **243**

M3 Karikatur

INTERNET

M1 Im Internet bieten mehrere Organisationen ausgezeichnetes Material zum Thema Bevölkerung an: statistische Daten, Szenarien bis 2100, PowerPoint-Präsentationen, Filme und vieles mehr.
- Deutsche Stiftung Weltbevölkerung (DSW)
- United Nations (z. B. World Population Prospects, United Nations Population Fund)
- Population Reference Bureau (PRB)
- Statistisches Bundesamt (DESTATIS)

Die **demographische Entwicklung** ist weltweit sehr unterschiedlich: In den sogenannten **Industrieländern** wächst die Bevölkerung nur sehr wenig oder geht sogar teilweise zurück. In den sogenannten **Entwicklungsländern** (eingeschlossen Staaten, die auf der Schwelle zum Industrieland stehen) wächst die Bevölkerung stark.
So ist der Anteil der Menschen, die in Entwicklungsländern leben, in den letzten Jahren beständig gestiegen. 1950 lag er bei 68 Prozent, im Jahr 2000 bei 80 Prozent. 2050 werden wahrscheinlich neun von zehn Menschen auf unserem Planeten in Entwicklungsländern leben. Die meisten davon in Indien und China.
Doch die Verteilung der Weltbevölkerung hängt nicht nur von der natürlichen Bevölkerungsentwicklung, den Geburten und Todesfällen ab. Millionen von Menschen verlassen jährlich ihre Heimat und ziehen an einen anderen Ort, in ein anderes Land, oft sogar auf einen anderen Kontinent. Auch diese **Migration** trägt zur unterschiedlichen Verteilung der Bevölkerung weltweit bei.

M4 Regionale Unterschiede

M2 Die Entwicklung der Weltbevölkerung

Die Entwicklung der Weltbevölkerung 85

Wenn du diese Aufgaben erfolgreich bearbeitet hast, kannst du ...
- *... die Bevölkerungsentwicklung und das unterschiedliche Bevölkerungswachstum auf der Erde beschreiben.*
- *... die Grundbegriffe **demographische Entwicklung**, **Entwicklungsland**, **Industrieland**, **Migration**, **Vereinte Nationen (UN)** und **Szenario** erklären.*

Wenn die Welt 2020 ein Dorf mit nur 100 Einwohnern wäre, wären davon ...

	2020	2050
Einwohnerzahl	100*	125
Afrikaner	17	32
Asiaten	60	68
Europäer	10	9
Lateinamerikaner	8	10
Nordamerikaner	5	5
Ozeanier	1	1

*rundungsbedingte Abweichungen
Quelle: UN DESA 2020

M5 Die Weltbevölkerung nach Regionen

M8 Die Deutsche Stiftung Weltbevölkerung bietet auch die aktuellsten Szenarien zur weiteren Bevölkerungsentwicklung zum Download im „Datenreport" und im „Weltbevölkerungsbericht".

Weltbevölkerungsuhr Hannover, Stand: 23.01.2021

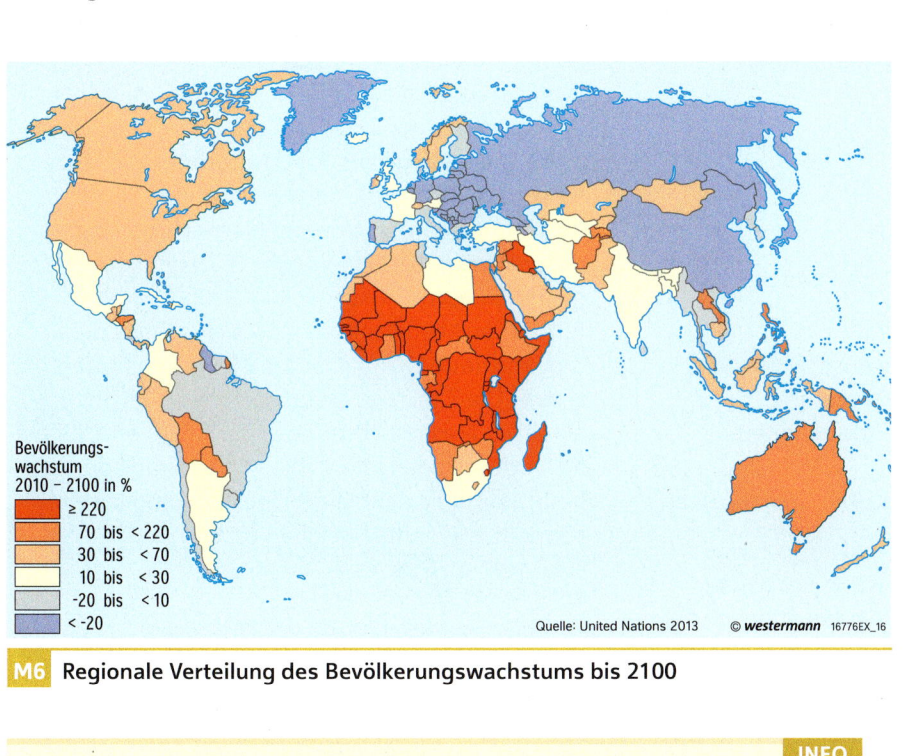

M6 Regionale Verteilung des Bevölkerungswachstums bis 2100

M7 Wie viele Menschen leben 2050 auf der Erde? In welchen Ländern leben sie? – Wissenschaftler der **Vereinten Nationen (UN)** erstellen regelmäßig **Szenarien** (Singular: Szenario) zur weltweiten Bevölkerungsentwicklung. Dabei gehen sie von der bisherigen Entwicklung aus und führen diese in komplizierten Berechnungen in die Zukunft fort.
Die Szenarien zeigen dann, wie die Entwicklung unter verschiedenen Voraussetzungen verlaufen könnte (z. B. wenn in Entwicklungsländern weniger Kinder geboren würden oder die Lebenserwartung zunähme).

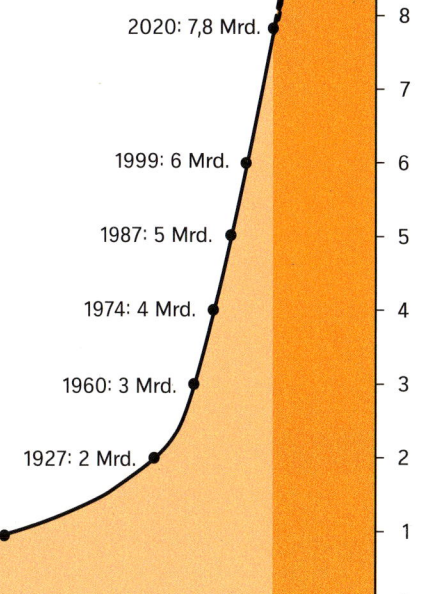

Wie viele Menschen kann die Erde tragen?

Die Bevölkerungszahl steigt und steigt ... Aber wie viele Menschen kann die Erde tragen? Wie viele Menschen können ernährt werden? ...

1. Interpretiere die Karikatur (M2).
2. Berichte über Berechnungen zur Tragfähigkeit der Erde (M1, M3) in Form
   A eines Podcasts (ca. 2 Min.).
   B eines Berichtes für eine Jugendzeitschrift.
3. Erläutere anhand eines Wirkungsgefüges, welche Faktoren die Tragfähigkeit eines Raumes beeinflussen (M4, M8).
4. Erkläre den Begriff „Bevölkerungsdruck" anhand von M5, M6 und M7.
5. Beschreibe Möglichkeiten, die Tragfähigkeit der Erde zu erhöhen (M8):
   a) allgemein.
   b) für dich selbst.

M2 Karikatur

Wie viele Menschen erträgt die Erde?

[...] Diese Frage hat die Menschheit schon früh umgetrieben, wie der Text «De Anima» von Tertullian (150-220) zeigt [...]: „überall sind Wohnungen, überall Bevölkerungen, überall Staaten, überall Leben. Wir sind der Erde eine Last, kaum reichen die Elemente für uns aus, die Bedürfnisse werden knapper und überall gibt's Klagen, da uns die Natur bereits nicht mehr erhalten will. Seuchen, Hunger, Kriege [...]."
Damals lebten jedoch erst maximal 200 Millionen Menschen auf der Erde; weniger als heute allein in Pakistan. Tertullians Furcht vor Überbevölkerung erscheint vor diesem Hintergrund als arge Schwarzmalerei. [...] Wie viel Menschen erträgt unser Planet also? [...] Im Jahr 1679 ging der niederländische Wissenschaftler und Erfinder Antoni van Leeuwenhoek davon aus, dass die Erde maximal 13,4 Milliarden Menschen tragen könne. Die Zahl liegt erstaunlich nahe bei der [...] aktuellen Maximal-Prognose der UNO von 13,2 Milliarden für das Jahr 2100. [...] Die Frage dürfte freilich nicht so sehr lauten, ob dies möglich ist – sondern eher, unter welchen Umständen.

Quelle: Daniel Huber: Wie viele Meschen erträgt die Erde? www.watson.ch, 10.05.2018, Zugriff: 01.07.2021

M3 Bericht einer Schweizer Nachrichtenagentur 2018

Vor über 50 Jahren nutzten Wissenschaftler das erste Mal komplexe Computerprogramme, um die Grenzen der Tragfähigkeit der Erde zu untersuchen.
In ihrer ersten Veröffentlichung, „Die Grenzen des Wachstums", stellten sie fest:

If the present growth trends in world population, industrialization, pollution, food production, and resource depletion continue unchanged, the limits to growth on this planet will be reached sometime within the next one hundred years.

Quelle: Meadows, Donella et al.: The Limits to Growth. New York 1972, S. 23

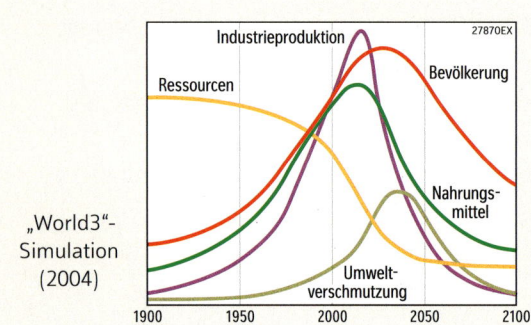

Die Szenarien waren in der Wissenschaft umstritten. Dennoch machten sie zum ersten Mal vielen Menschen bewusst, dass viele unterschiedliche Faktoren die Tragfähigkeit der Erde bestimmen.

M1 Grenzen des Wachstums

Problem Ackerland: Wegen des Bevölkerungswachstums und der Veränderung der Ernährungsweise muss innerhalb der nächsten 30 Jahre die Nahrungsmittelproduktion verdoppelt werden. Gleichzeitig geht Ackerfläche durch Erosion und durch Besiedlung (Häuser, Arbeitsstätten, Verkehrswege usw.) verloren.

Problem Umweltbelastung: Alle Umweltbereiche werden durch Emissionen belastet: das Klima, der Boden, das Wasser, die Pflanzen- und die Tierwelt.

Problem Energie: Immer mehr Energie wird für die Wirtschaft und die Privathaushalte benötigt. Die verbleibenden fossilen Energieträger (Kohle, Erdöl, Erdgas, Uran) werden mit zunehmender Geschwindigkeit aufgebraucht. Auf der Suche nach Ersatz wird mehr Ackerland für die Erzeugung von Biokraftstoffen benötigt – das dann für die Erzeugung von Nahrungsmitteln fehlt (z. B. Ölpalmen, Zuckerrohr).

Problem Trinkwasser: Weltweit werden die Wasservorräte (z. B. für die Landwirtschaft und die Industrieproduktion) aufgebraucht oder verschmutzt.

Problem Bevölkerungswachstum

Problem Wald: Der Bedarf an Brennholz, Baumaterial, Papier, Acker- und Weideland sowie Siedlungsraum wächst.

Tragfähigkeit

© Westermann

M4 Dimensionen der Tragfähigkeit

Die Entwicklung der Weltbevölkerung 87

M5 Weil der **Bevölkerungsdruck** so hoch ist, sind die Menschen gezwungen, Nutzpflanzen bis in die höchsten Höhenlagen und an steilen Berghängen anzubauen. Die landwirtschaftliche Nutzfläche kann hier sonst nicht erweitert werden.

Agrarwissenschaftler gehen davon aus, dass man mit den heutigen technischen Möglichkeiten 0,07 Hektar Ackerland pro Person benötigt, um genügend Nahrungsmittel zu erzeugen. 2025 könnten 2,5 Milliarden Menschen von Landknappheit betroffen sein (2010: 260 Millionen). 830 Millionen Menschen sind bereits chronisch unterernährt.

< 0,07 ha Ackerland/Kopf
- 2010
- zusätzlich 2025 (Szenario)

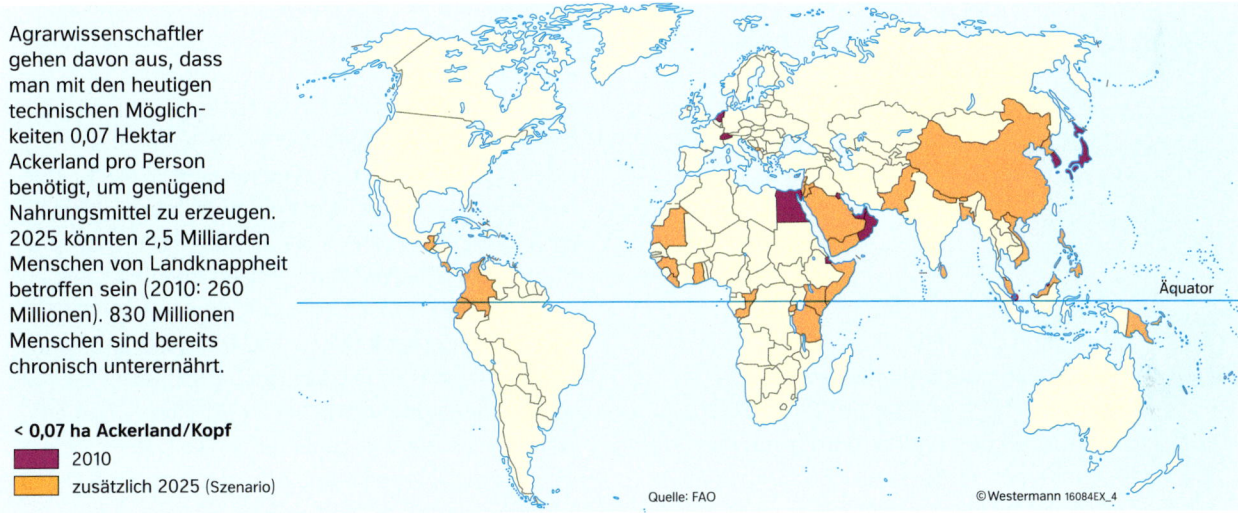

M6 Länder mit weniger als 0,07 Hektar Ackerland pro Kopf

		China	Deutschland	Indien	Peru
1961	Bev.	686	73	460	10
	LN	343	19	175	17
2000	Bev.	1320	81	1057	26
	LN	524	17	180	23
2020	Bev.	1439	84	1380	33
	LN	529	17	180	24
2050*	Bev.	1366	79	1663	40
	LN	?	?	?	?

Bev. Bevölkerung in Mio.
LN (Landwirtschaftliche Nutzfläche) in Mio. Hektar: Ackerland + Wiesen und Weiden
*Prognose

M7 Wenn die Bevölkerungszahl steigt und die Landwirtschaftliche Nutzfläche gleich bleibt, nimmt der Bevölkerungsdruck zu.

Die Tragfähigkeit der einzelnen Regionen der Erde ist sehr unterschiedlich: Der tropische Regenwald und die Dornstrauchsavanne haben zum Beispiel nur eine geringe Tragfähigkeit, die meisten Regionen der gemäßigten Zone haben dagegen eine hohe Tragfähigkeit. Dabei wird diese nicht nur bestimmt durch Geofaktoren wie Klima und Boden, sondern vor allem auch dadurch, wie die Menschen mit den natürlichen Ressourcen umgehen. Tragfähigkeit und Nachhaltigkeit stehen in einem engen Zusammenhang.

M8 Tragfähigkeit und Nachhaltigkeit

Wenn du diese Aufgaben erfolgreich bearbeitet hast, kannst du …
… *die Faktoren erläutern, die die Tragfähigkeit eines Raumes beeinflussen.*
… *die Grundbegriffe* **Tragfähigkeit** *und* **Bevölkerungsdruck** *erklären.*

Familien – in Ruanda und in Deutschland

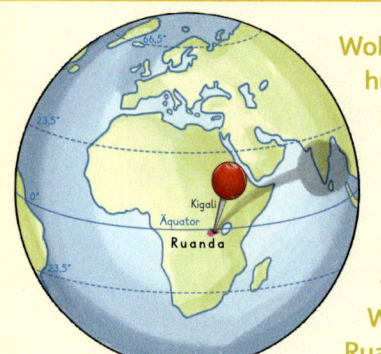

Wohnort, Arbeitsplatz, Erziehung und Bildung – viele Bereiche des Lebens werden in Familien entschieden. Sie sind in den meisten Regionen und Kulturen besonders wichtige Institutionen in der Gesellschaft. Wie sind die Verhältnisse in Ruanda?

1. a) Stelle die Aussagen zur Familie, zu Frau, Mann und Kindern in einer Tabelle zusammen (M1 – M9).
   b) Vergleiche deine Ergebnisse mit den Verhältnissen in Deutschland.

2. **A** Gibt es eine typisch afrikanische Familie und eine typisch europäische Familie?
   B Gibt es eine typisch ruandische Familie und eine typisch deutsche Familie?
   Begründe deine Meinung anhand von Beispielen.

Man kann das Land Ruanda nur vor dem Hintergrund der Ereignisse von 1994 verstehen: Damals wurden in einem grausamen Bürgerkrieg (Völkermord) rund eine Million Menschen ermordet und schätzungsweise bis zu einer halben Million Frauen vergewaltigt. Nach dem Bürgerkrieg trugen die Frauen entscheidend zum Wiederaufbau des Landes bei.

M1 Ein furchtbarer Bürgerkrieg

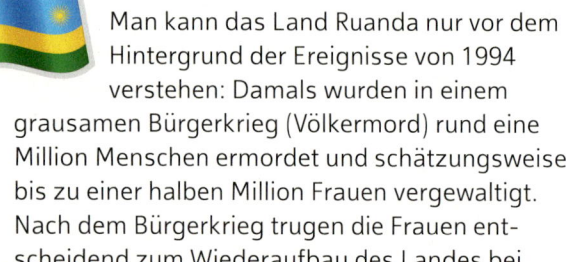

M2 Familienausflug

M3 Die meisten Familien in Ruanda wohnen auf dem Land.

Im Mittelpunkt des gesellschaftlichen Lebens steht die **Großfamilie**. Sie bedeutet für die ärmeren Bevölkerungsschichten einen Schutz vor Verelendung und Hunger, denn alle sind füreinander da. Eine ruandische Familie hat im Durchschnitt fünf Kinder. Kinder gelten als Segen und Glück. Je mehr Kinder eine Frau besitzt, um so angesehener ist sie. Kinder helfen im Haushalt und in der Landwirtschaft. Später tragen sie zur Altersvorsorge ihrer Eltern bei. Die Hauptlast im bäuerlichen Familienbetrieb tragen die Frauen. Sie müssen die Nahrung erwirtschaften und die Kinder großziehen. Die Trennung zwischen Männern und Frauen ist in den traditionellen Gesellschaften von Ruanda noch sehr streng. Frauen werden nicht gern in der Öffentlichkeit gesehen. Meist sind sie ihrem Mann oder Vater unterstellt. [...] Langsam ändert sich diese Tradition.

Quelle: Ruanda. Leben in der Großfamilie, SCALA Z MEDIA GMBH, München, www.afrika-junior.de, Zugriff: 12.07.2021

M4 Leben in der Großfamilie

„Wir wohnen eine Stunde Fußweg von Kabgayi entfernt, einer Stadt, 90 Autominuten von Kigali. Sonntags besuchen wir dort auch die Kirche. Meine Eltern besitzen ein kleines Stück Land, auf dem sie Bananen, Süßkartoffeln, Bohnen und vieles andere anbauen. Mein Vater arbeitet in einer Schreinerei. Meine Mutter kümmert sich um meine vier Geschwister, um den Haushalt und um einen Teil der Feldarbeit. Dabei helfen wir auch. Wir gehen alle zur Schule. Meine Oma sagt immer, wie froh sie gewesen wäre, wenn sie auch in die Schule gedurft hätte. Damals gab es noch keine Schulpflicht und nur die Jungs durften den Unterricht besuchen."

M5 Melissa Cherono aus Musumba (bei Kabgayi)

Die Entwicklung der Weltbevölkerung 89

M6 Ruanda ist ein Land der Kinder: Rund 40 Prozent der Bevölkerung sind jünger als 15 Jahre und nur drei Prozent älter als 65. Ruanda ist mit weit über 430 Einwohnern pro Quadratkilometer auch das dichtest besiedelte Land Afrikas – ein Land mit sehr hohem Bevölkerungsdruck.

[…] in Eastern Rwanda the majority of population is Christian and most people live in households consisting of husband, wife and an average of six children. [in Ruanda durchschnittlich 4,0] Approximately one-fifth of households consists of woman alone with children and are de facto ´female-headed´. Households with a husband are always considered to be headed by the man. […] It is common for girls to start living with men at 17–18 years of age and the majority of girls have their first child before 18 years of age. Women are often unable to use contraception without approval of their spouse. […]

Quelle: Anne Rietveld: Gender Norms and Farming Households in Rural Rwanda. 2017, S.2

M9 Familien im ländlichen Ruanda

„Meine Eltern, meine kleine Schwester und ich, wir wohnen in Kigali. Mein Vater arbeitet bei der Telefongesellschaft Rwandatel. Meine Mutter betreibt seit vier Jahren eine kleine Modefirma mit sechs Angestellten. Vor einem halben Jahr sind wir aus unserer alten Wohnung in einen Neubau am Stadtrand gezogen. Jetzt haben meine Schwester und ich jeder ein eigenes Zimmer. Und nun haben wir auch endlich WLAN.
Am Samstag ist der erste Samstag im Monat, dann ist Umuganda Day. Dann sind alle Familien verpflichtet, die Straße zu reinigen und Müll zu beseitigen, auf Straßen, Plätzen und auf dem eigenen Grundstück. Am Sonntag kommt uns Oma besuchen und Tante Aloma. Dann gucken wir alle zusammen das Freundschaftsspiel unserer Nationalmanschaft gegen Kenia."

M7 Collins Mushimere aus Kigali

Keine Verallgemeinerungen!
„Afrika besteht aus über 50 Ländern mit unterschiedlichsten Menschen, Sprachen, Kulturen. Gerade diese Vielfalt ist das Kennzeichnende, das Wunderbare an unserem Kontinent! Da kann man nicht von einer typischen afrikanischen Kultur oder einer typischen afrikanischen Familie sprechen."

M10 Lucy Ishimwe, Kigali

INTERNET

M8 „Afrika-Junior" bietet viele interessante Informationen zu Ruanda und anderen Ländern Afrikas. Außerdem gibt es Filme, Quiz, afrikanische Kochrezepte und vieles mehr.
Viel Interessantes findet sich auch in der „Ruanda Revue" auf der Seite der „Partnerschaft Rheinland-Pfalz/Ruanda".

M11 Ein Werbefoto – Ist das typisch für eine deutsche Familie? Was ist typisch?

Wenn du diese Aufgaben erfolgreich bearbeitet hast, kannst du …
… über das Leben in ruandischen Familien berichten.
… den Grundbegriff **Großfamilie** erklären.

Wovon hängt die Geburtenrate ab?

Pro Minute werden weltweit 273 Kinder geboren, 246 davon in Entwicklungsländern. Allein in Indien kommen jährlich 28 Millionen Kinder zur Welt. Das ist mehr, als die gesamte Bevölkerung Australiens ausmacht. In wenigen Jahren wird Indien mit fast eineinhalb Milliarden Menschen der bevölkerungsreichste Staat der Erde sein. Warum kommen gerade in den armen Ländern so viele Kinder zur Welt?

1. Nenne die Gründe für die hohen Geburtenraten in Entwicklungsländern (M1 – M10). 246
2. Erstelle zur Bevölkerungsentwicklung in Indien
   A eine Tabelle. 243
   B eine Zeitungsnotiz.
3. a) „Bildung ist der erste Schritt zu einer geringeren Geburtenrate." Erkläre (M4, M6).
   b) Nenne mögliche weitere Schritte.
4. Erläutere die Problematik von Teenagerschwangerschaften (M5, M10).
5. Stelle die Gründe für die hohen Geburtenraten in einem Wirkungsgefüge dar (M1 – M10). 235
6. Nenne zehn Staaten weltweit, in denen die Geburtenrate besonders hoch ist (Atlas).

M2 Familienausflug nach Kerala (Indien)

Kinderreich sind in den Entwicklungsländern vor allem die armen Familien. Kinder sind wichtig für die gesamte Lebensplanung: In vielen Entwicklungsländern gibt es zum Beispiel noch keine staatliche Altersversorgung, keine Arbeitslosen- und keine Krankenversicherung. Seniorenheime sind unbekannt; im Alter leben die Menschen bei ihren Kindern. Werden die Eltern einmal krank, dann sind sie auf die Kinder angewiesen: Diese müssen dann zum Beispiel die Feldarbeit erledigen und das Geld für nötige Medikamente erwirtschaften. Bis zu 50 Millionen Kinder weltweit haben sogar feste, allerdings sehr schlecht bezahlte Arbeitsplätze in Industriebetrieben. Mit ihrem geringen Einkommen tragen die **Kinderarbeiter** zum Lebensunterhalt ihrer Familie bei. Nicht selten sind die Eltern arbeitslos. So ist eine hohe Zahl von Kindern für arme Familien sehr wichtig. Außerdem sorgt eine große Kinderzahl in Teilen der Bevölkerung für hohes Ansehen.

M3 Viele Kinder – ein Segen!

Jede Frau sollte selbst darüber entscheiden können, wann, ob, mit wem und wie viele Kinder sie bekommen möchte. Klingt logisch, oder? Doch 218 Millionen Frauen in Ländern mit mittlerem und niedrigem Einkommen haben diese Entscheidung NICHT in ihrer eigenen Hand. Jede vierte Frau in Entwicklungsländern kann nicht verhüten, obwohl sie gerne möchte. Deswegen kommt es jedes Jahr zu 111 Millionen ungewollten Schwangerschaften. Davon: 30 Millionen ungeplante Geburten, 35 Millionen oft lebensbedrohliche Schwangerschaftsabbrüche, die aufgrund von Verboten oder fehlendem Zugang zu sicheren Schwangerschaftsabbrüchen von ungeschultem Personal und im Verborgenen durchgeführt werden.

Quelle: Deutsche Stiftung Weltbevölkerung: Freiwillige Familienplanung. www.dsw.org, Zugriff: 13.11.2020

M1 Aufklärung und Verhütung – oftmals (k)eine normale Sache!

	Anteil der Analphabeten 2018	Geburten pro Frau 1990	Geburten pro Frau 2020
Deutschland	ca. 0 %	1,3	1,5
Japan	ca. 0 %	1,6	1,3
USA	ca. 0 %	2,0	1,6
China	3 %	2,3	1,3
Brasilien	7 %	2,9	1,7
Peru	6 % (2020)	3,9	2,2
Südafrika	5 % (2019)	4,0	2,3
Indien	26 %	4,0	2,2
Niger	65 %	7,9	7,1
Mali	69 % (2020)	7,2	6,3

Quelle: PRB 2022, The World Bank 2020

M4 Analphabetenrate und Kinderzahl von Frauen

Die Entwicklung der Weltbevölkerung

M5 Der Ehemann der 15-jährigen Nasoin Akhter ist 32 Jahre alt.

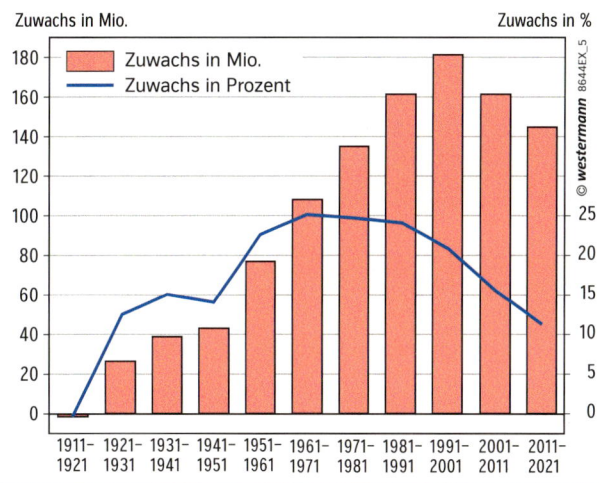

M8 Bevölkerungsentwicklung in Indien

In zahlreichen Ländern ist das Leben der Frauen noch sehr stark auf die Rolle als Ehefrau und Mutter ausgerichtet. Die Eltern sind daher oft nicht bereit, in die Bildung ihrer Töchter zu investieren. Man hält sie lieber zu Hause, wo sie im Haushalt, bei der Erziehung der Geschwister und im Garten helfen können. Viele dürfen nicht einmal eine Grundschule besuchen. In Afrika sind dies 40 Prozent aller Mädchen. Sie sind daher **Analphabetinnen** und können weder lesen noch schreiben. Eine Faustregel sagt jedoch: Je länger die Schul- und Berufsausbildung dauert und je höher der Bildungsabschluss einer Frau, desto niedriger die Kinderzahl. Im afrikanischen Land Uganda zum Beispiel haben Frauen ohne Schulbildung durchschnittlich 7,8 Kinder, solche mit höherer Schulbildung jedoch nur 3,9.

So sind auch viele Eltern bestrebt, möglichst früh für ihre Tochter eine gute Partie zu sichern. Nicht selten werden Mädchen daher bereits im Kindesalter verheiratet, pro Jahr weltweit etwa 10 Millionen. Für diese Kinder ist es selbstverständlich, dass sie schon vor dem 18. Lebensjahr mindestens einmal Mutter geworden sind. Auch diese frühe Mutterschaft trägt dazu bei, dass die **Geburtenrate** hoch bleibt und die Bevölkerung schnell wächst.

M6 Die Rolle der Frauen

INFO

M7 Die **Geburtenrate (GR)** ist die Zahl der Geburten auf 1000 Einwohner. Sie liegt in Entwicklungsländern doppelt so hoch (20,1 ‰) wie in den Industrieländern (10,6 ‰). So hat Deutschland eine Geburtenrate von 9,4 Promille, Niger dagegen von 46,3 Promille. Statt in Promille (‰) wird die Geburtenrate häufig auch in Prozent (%) angegeben.

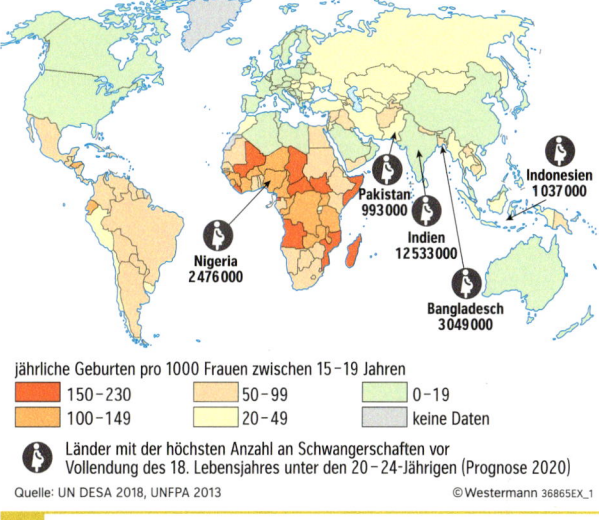

M9 Teenagerschwangerschaften (2018)

[...] Pro Jahr bekommen 7,3 Millionen Teenager ein Kind, zwei Millionen davon sind gar unter 15 Jahre alt. [...]
95 Prozent der Teenagerschwangerschaften betreffen die Entwicklungsländer. 20 000 Mädchen werden täglich Mütter. 90 Prozent dieser Schwangerschaften erfolgen in Partnerschaften oder in der Ehe. Teenagerschwangerschaften bedeuten ein besonders hohes Gesundheitsrisiko für Mütter und ihre Kinder. [...] Pro Jahr sterben weltweit rund 70 000 Mädchen an Komplikationen während der Schwangerschaft oder bei der Geburt.

Quelle: APA/CSM: Kurier: Handlungsbedarf bei Teenagerschwangerschaften. 30.10.2013, www.kurier.at, Zugriff: 13.11.2020

M10 Handlungsbedarf bei Teenagerschwangerschaften

Wenn du diese Aufgaben erfolgreich bearbeitet hast, kannst du ...
- ... die hohen Geburtenraten in Entwicklungsländern begründen.
- ... Vorschläge machen, wie man durch die Stärkung und Förderung von Frauen die Geburtenrate senken kann.
- ... die Grundbegriffe **Kinderarbeiter**, **Analphabet** und **Geburtenrate** erklären.

„Frauen tragen die Hälfte des Himmels"

Frauen haben eine Schlüsselrolle bei der demographischen Entwicklung in allen Ländern. Doch ihre Stellung innerhalb der Gesellschaft unterscheidet sich nach Ländern, Regionen, sozialen Schichten und Kulturen.

Immer wieder sieht man zu diesem Thema Sendungen im Fernsehen oder in einem Streamingdienst, hört einen Bericht im Radio oder liest etwas in der Zeitung. Doch das sind immer nur Blitzlichter.

Wir wollen uns mit der Situation der Mädchen und Frauen in vier bevölkerungsreichen Ländern näher beschäftigen.

W 1. Informiere dich über die Situation der Frauen. Wähle aus, ob du dich mit
  A Brasilien,
  B Indien,
  C China,
  D Ruanda (siehe dazu auch S. 88/89)
genauer befassen möchtest. Gehe dabei von den Quellen aus, die unter den Materialien genannt werden. Ergänze sie durch Materialien aus dem Internet. `249`
Fasse deine Ergebnisse in einem kurzen Vortrag zusammen.

2. Vergleiche deine Ergebnisse mit der Situation in Deutschland.

M1 INTERNET
Die Organisation Terre des Femmes beschäftigt sich mit der Rolle und den Lebensbedingungen der Mädchen und Frauen in aller Welt.

M2 Wo Frauen alles bestimmen – Besuch bei einer glückseligen Gemeinschaft
Was ist das nur für ein seltsames Dorf? [...] Die Kinder gehen nicht in die Krippe, sondern werden reihum von Familien betreut, damit die Mütter arbeiten oder sich ausruhen können. Um die Alten kümmern sich nicht Pfleger, sondern wechselweise Nachbarn. Streitfälle klären die Bewohner nicht vor Gericht, sondern im Kollektiv auf der Theaterbühne am Samstagabend.
[...] In Noiva regieren die Frauen. Sie bestimmen die Politik und die Finanzen, sie regieren in der Kultur, Justiz und Landwirtschaft. Mitten in diesem so patriarchalischen Staat [...].
Quelle: Reportage von J.C. Wiechmann aus STERN, 29.12.2018

M3 Im Schnitt alle sieben Stunden wird in Brasilien eine Frau ermordet, wegen ihres Geschlechts. Tendenz steigend, ...
Quelle: Ebert, Matthias; Aders, Thomas: Weltspiegel, DasErste.de, 15.07.2020

M4 Der Fortschritt ist weiblich
Wenn es um die Gleichberechtigung von Frauen geht, dann steht das ostafrikanische Ruanda weltweit auf Platz 5. [...] Die traditionelle Rollenverteilung zwischen Mann und Frau muss weg. Das ist Programm in Ruanda. Das kleine Land in Ostafrika ist vorbildlich bei der Gleichberechtigung. So sind beispielsweise über 60 Prozent der Parlamentsabgeordneten Frauen – die höchste Quote der Welt. „In unserem Staat sind immer mehr Frauen Entscheidungsträger. Nicht nur im Parlament, sondern im Kabinett, in halbstaatlichen Organisationen, in der Privatwirtschaft, selbst in Gemeindeversammlungen. Frauen haben prominente Positionen überall in der Gesellschaft."
[...] Gleichberechtigung steht in Ruanda in der Verfassung – eine Folge des dunkelsten Kapitels in der Geschichte des Landes, dem Völkermord von 1994. [...] Die Frauen waren gezwungen, sich ohne ihre Männer durchzuschlagen. [...]
Quelle: Radioreportage von Linda Staude in Deutschlandfunk Kultur – Weltzeit, Deutschlandradio, Köln 27.11.2018

Die Entwicklung der Weltbevölkerung

M5 Die Hälfte des Himmels?

Mit Chinesinnen kann ich allerdings lachen über die Verheißung, mit der Mao Tse-tung immer zitiert wird, dass Frauen die Hälfte des Himmels tragen. „In der Tat waren und sind die meisten Frauen in China erwerbstätig", kommentierte die Professorin Li Xiaojiang einmal, „doch das heißt keineswegs, dass sie gleiche Karrierechancen haben." Hausarbeit und Kinderversorgung bleiben ohnehin Frauensache. [...]
Frauen haben heute jung, schlank, attraktiv und unterwürfig zu sein. In Seminaren können sie lernen, wie sie Männer dazu bringen, sie zu heiraten.

Quelle: Mehldorn, Annette: chrismon plus März 2017, Gemeinschaftswerks der Evangelischen Publizistik gGmbH, 21.3.2017

M6 Chinas Sexproblem ist so groß, dass Männer ungewöhnliche Maßnahmen ergreifen, um eine Frau zu finden

[...] In China leben heute 30 bis 40 Millionen mehr Männer als Frauen, in den kommenden fünf Jahren wird deshalb einer von fünf Männern schon aus rein mathematischen Gründen in China keine Frau finden, die er heiraten könnte. Vor allem in manchen ländlichen Regionen gibt es ganze Dörfer, die von Junggesellen und ihren Eltern besiedelt sind. [...] Um nicht alleine bleiben zu müssen, nehmen manche Männer aus diesen Junggesellen-Orten weite Reisen auf sich. [...]
Dieses Ungleichgewicht ist alles andere als ein Zufall: Männliche Nachkommen gelten in China als wertvoller, weil sie die Familie besser ernähren können, wenn Eltern und Großeltern alt werden und keinen Beitrag mehr leisten können. Außerdem tragen sie den Namen des Vaters weiter. [...] Die strikte Familienpolitik [Ein-Kind-Politik] soll nach offiziellen Schätzungen mehrere Millionen Geburten verhindert haben. Sie führte jedoch auch dazu, dass Mädchen vermehrt abgetrieben wurden.

Quelle: Bericht in Business Insider Deutschland, Berlin, 24.6.2018

M7 Die Rolle der Frau in China

Im feudalen China war die gesellschaftliche Stellung der Frauen extrem niedrig. [...] In der chinesischen Staatspolitik gilt das Prinzip der „gleichberechtigten Mitwirkung von Männern und Frauen auf Basis der gemeinsamen Entwicklung und des gemeinsamen Nutzens". [...]
„Als der ehemalige chinesische Staatspräsident Mao Ende der 1960er-Jahre den Frauen „die Hälfte des Himmels" versprach, unterstrich er die politische Gleichstellung von Mann und Frau in der Volksrepublik China . [...]"

Quelle: China Radio International, übersetzt von Huang Gang, Bejing, 29.03.2011

M8 Frauen in Indien

Indiens Frauen werden in vielerlei Hinsicht diskriminiert: Misshandlung, Abtreibung weiblicher Föten, Entführung und Vergewaltigung sind keine Einzelfälle, sondern ein Massenphänomen. Gewalt gegen Frauen ist in Indien an der Tagesordnung. Die Geringschätzung von Frauen zeigt sich auch an der noch immer häufig geforderten Mitgift der Braut. [...]
Noch heute haben sich in Indien die Töchter und Söhne bei der Partnerwahl den Wünschen der Eltern zu fügen. Von einer Frau wird erwartet, dass sie froh ist, wenn sie in den Haushalt der Schwiegereltern aufgenommen wird. Dementsprechend müssen die Brauteltern bei einer Heirat zahlen. Hat die Braut eine akademische Ausbildung, beeindruckt das die Schwiegereltern nur selten. Die neue Frau in der Familie soll den Haushalt nach dem Geschmack der Schwiegermutter weiterführen. [...] Rund 90 Prozent aller indischen Ehen werden von den Eltern des Brautpaars arrangiert. [...]
Doch gerade in der wachsenden Mittel- und Oberschicht bestehen immer mehr Frauen darauf, auch nach der Heirat außerhalb des Familienhaushaltes zu arbeiten. Notfalls verzichten sie darauf, zu heiraten. [...]

Quelle: Reportage von Ana Rios: Planet Wissen ARD, Westdeutscher Rundfunk Köln, 16.07.2020

Wenn du diese Aufgaben erfolgreich bearbeitet hast, kannst du ...
- ... die Situation der Frauen innerhalb der Gesellschaft einiger Staaten beschreiben.
- ... an Beispielen erläutern, inwieweit die Situation der Frauen weltweit unterschiedlich ist.

Sinkende Sterberaten ...

Während die Geburtenrate in vielen Teilen der Erde nur sehr langsam sinkt, konnten in den letzten Jahrzehnten bei der Senkung der Sterberate große Fortschritte gemacht werden. Wie konnte das gelingen?

1. Liste die Maßnahmen auf, durch die die Sterberate in vielen Ländern gesenkt werden konnte (M3, M5 – M7). 246

W 2. Erkläre die Entwicklung der Wachstumsrate in Indien (M1, M2) anhand eines selbst gezeichneten 243
   A Liniendiagramms.
   B Säulendiagramms.

3. „Um die Sterberate weiter zu senken, bleibt noch einiges zu tun", meint V. Kumar. Mache Vorschläge, wie man die Sterberate in Indien weiter senken könnte (M3, M4, M7).

4. Verfasse einen kurzen Infotext zu den Ursachen des Bevölkerungswachstums.

Z 5. Verfolge den Lauf des Ganges. Wo entspringt, wo mündet er? Welche Länder und welche Millionenstädte liegen an seinen Ufern (Atlas)?

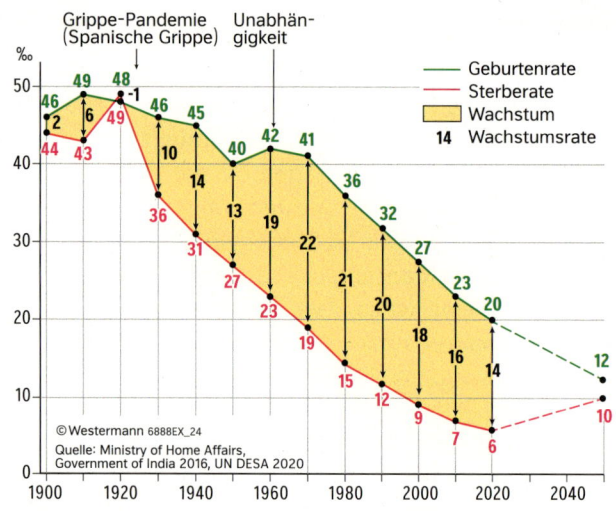

M2 Entwicklung der Geburten-, der Sterbe- und der Wachstumsrate in Indien (in Promille)

Herr Kumar, Sie beschäftigen sich bereits seit einigen Jahren mit der Demographie, der Bevölkerungswissenschaft. Im Gegensatz zur Geburtenrate ist die Sterberate in vielen Entwicklungsländern sehr schnell gesunken. Wieso?

Nun, die Geburtenrate zu senken ist ein langer und schwieriger Prozess. Man muss zum Beispiel eine Renten- und Krankenversicherung einführen, die Aufklärung verbessern und mit alten Traditionen brechen. Die Sterberate dagegen konnte und kann mit wenigen Maßnahmen gesenkt werden. Ja, durch die medizinische Forschung konnten Impfstoffe und Medikamente für viele früher tödliche Krankheiten entwickelt werden, zum Beispiel gegen Kinderlähmung, Typhus oder Cholera. Und gab es früher Krankenhäuser und Ärzte nur in den Großstädten, so gibt es heute auch auf dem Land ärztliche Versorgung.
Verbessert wurde auch die Hygiene. Immer mehr Dörfer haben Zugang zu sauberem Trinkwasser und eine geregelte Abwasserentsorgung.

Wie steht es im Kampf gegen Aids?
Weltweit sind bislang über 30 Millionen HIV-Infizierte an ihrer Krankheit gestorben. Besonders betroffen sind die Länder im südlichen Afrika. Aber durch bessere Aufklärung geht die Zahl der Neuinfektionen in den meisten Staaten zurück.

Noch immer sterben Menschen an Unterernährung. Wie beurteilen Sie die Nahrungsmittelversorgung weltweit?
Die Ernährungssituation ist wesentlich besser geworden. Aber leider ist Hunger in vielen Regionen immer noch ein drängendes Problem. Man darf nicht eher ruhen, bis jeder Mensch satt wird.

M3 Interview mit Vimal Kumar, Wissenschaftler aus Delhi

INFO

M1 Sterberate (SR)
Die Sterberate ist die Zahl der Todesfälle auf 1000 Einwohner. Sie wird statt in Promille (‰) auch in Prozent (%) angegeben.

Wachstumsrate (WR)
Die Wachstumsrate ergibt sich aus der Geburten- und der Sterberate. Erst eine hohe Geburtenrate in Verbindung mit einer sinkenden Sterberate führt zu einer hohen Wachstumsrate.

GR - SR = WR

	GR - SR	= WR
Welt	19‰ - 7‰	= 12‰ (1,2%)
Industrieländer	10‰ - 10‰	= 0‰ (0%)
Entwicklungsländer	20‰ - 7‰	= 13‰ (1,3%)

Daten: PRB 2020

Die Entwicklung der Weltbevölkerung

M4 Der Ganges: heiliger Fluss, Trinkwasserreservoir, Abwasserkanal und Begräbnisstätte

Zwischen 1891 und 1901 ging die Bevölkerung Indiens aufgrund von Hungersnöten, Seuchen und Epidemien um 41 Millionen zurück, 1918 starben 18,5 Millionen Menschen während einer Grippeepidemie. Erst seit Beginn der 1920er-Jahre wurden die Lebensbedingungen besser: Es gab bessere Medikamente und auch außerhalb der Städte ließen sich Ärzte nieder.
Indien hat in der Sterberate bereits 1991 mit Deutschland gleichgezogen (12 von 1000). Die durchschnittliche **Lebenserwartung** für Männer betrug 2020 68 Jahre (1971: 44 Jahre) und für Frauen 70 Jahre (1971: 46 Jahre). In Deutschland sind es zum Vergleich bei Männern 78 Jahre und bei Frauen 83 Jahre.

M5 Aus einem Internetlexikon

UNGLAUBLICH

M7 Jeder 13. Mensch weltweit lebt am Ganges, für 330 Millionen ist er die einzige Trinkwasserquelle. Gleichzeitig fließen vier Milliarden Liter ungeklärte Abwässer pro Tag in den Fluss. 40 000 Leichen werden jährlich darin bestattet – nicht immer werden sie vorher verbrannt. So brechen immer wieder Epidemien aus. Durchschnittlich stirbt jede Minute mindestens ein Mensch an Durchfall, jährlich allein über 100 000 Kinder. Für 900 Millionen Hindus ist der Ganges vor allem der heilige Fluss. 60 000 Pilger besuchen ihn täglich und baden in ihm. 2013, beim großen Hindu-Fest Kumbh Mela, badeten innerhalb von 24 Stunden 30 Millionen Pilgerinnen und Pilger im heiligen Wasser.

	Sterberate 2020	Kindersterblichkeit 1990	Kindersterblichkeit 2020	Müttersterblichkeitsrate pro 100 000 Geburten 2017	Lebenserwartung in Jahren (bei der Geburt) 2020
Deutschland	12	10	4	7	81
China	7	54	12	29	77
Indien	6	134	39	145	69
Nigeria	12	112	102	917	54
Peru	5	94	16	88	76
Industrieländer	10	16	5	–	79
Entwicklungsländer	7	106	44	–	71

Quelle: UN DESA 2020, UNICEF 2020

M6 Sterberaten im Vergleich

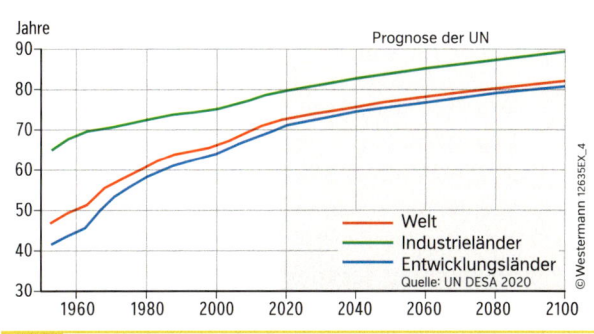

*M8 Lebenserwartung zum Zeitpunkt der Geburt

Wenn du diese Aufgaben erfolgreich bearbeitet hast, kannst du ...
- ... begründen, warum die Sterberate in einigen Staaten stark zurückgegangen ist.
- ... die entscheidenden Ursachen des Bevölkerungswachstums erläutern.
- ... die Grundbegriffe **Sterberate**, **Wachstumsrate** und **Lebenserwartung** erklären.

Das Modell vom demographischen Übergang

Die Bevölkerungsentwicklung sagt auch einiges über die Entwicklung eines Landes aus. Welche Zusammenhänge gibt es zwischen der demographischen Entwicklung und dem Entwicklungsstand eines Landes? Welche Rückschlüsse lassen sich auf die soziale und die wirtschaftliche Situation der Menschen ziehen?

W
1. Beschreibe die Entwicklung der Geburten- und der Sterberate in Kenia und in Italien (M2)
   A anhand einer von dir erstellten Tabelle.
   B anhand zweier von dir erstellten Diagramme.

2. a) Ordne die Einflussfaktoren auf Geburten- und Sterberate den einzelnen Phasen des demographischen Übergangs zu.
   b) Fasse die Kernaussage(n) des Modells vom demographischen Übergang zusammen (M1, M7).

3. Ordne die demographische Entwicklung eines Landes deiner Wahl (M2) den Phasen des demographischen Übergangs zu (M7).

4. Begründe die Einordnung von Ostafrika und Westeuropa in das Modell vom demographischen Übergang (M6, M8).

5. Suche anhand der demographischen Daten (S. 274/275) zwei Beispiele für Länder in unterschiedlichen Phasen des demographischen Übergangs. Begründe deine Auswahl.

6. Was leistet ein Modell (M1, M7, M8) im Vergleich zu den Diagrammen der einzelnen Länder (M3, M4)? 246

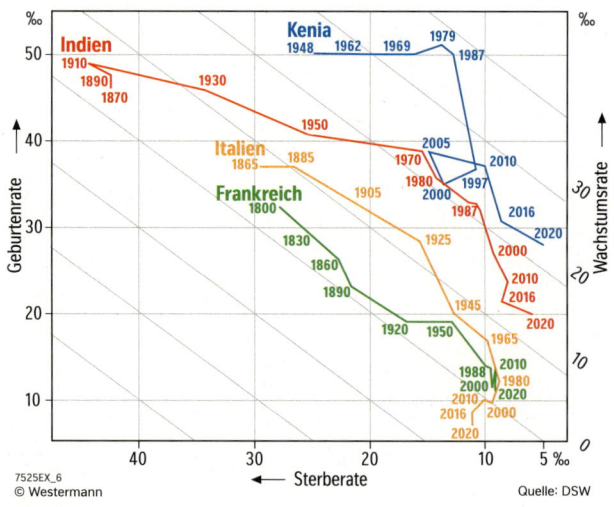

★M2 Die Entwicklung von Geburten- und Sterberaten im demographischen Vergleichsdiagramm

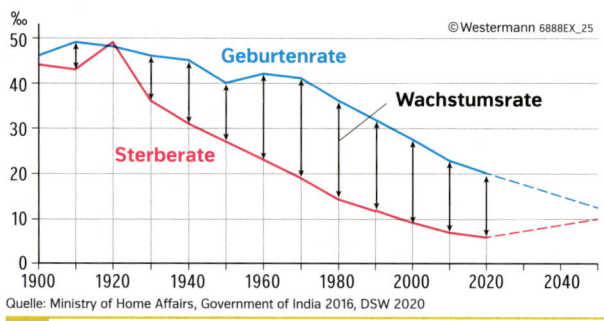

M3 Die demographische Entwicklung Indiens

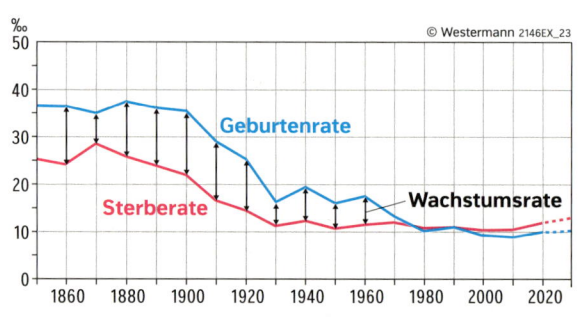

M4 Die demographische Entwicklung Deutschlands

INFO

M1 **Das Modell des demographischen Übergangs ...**

In den 1920er- und 1930er-Jahren untersuchten amerikanische Demographen, ob sich Regelmäßigkeiten in der Bevölkerungsentwicklung der Länder finden ließen. Dazu analysierten sie den Verlauf der Geburten- und der Sterberate europäischer Länder. Ihre Ergebnisse nahmen sie als Basis, um ein allgemeingültiges Modell zur Bevölkerungsentwicklung zu erstellen: das Modell des **demographischen Übergangs**. Es dient bis heute dazu, den Stand eines Landes im Entwicklungsprozess zu veranschaulichen.

INFO

M5 **... mit begrenzter Aussagekraft**

Die Aussagekraft des Modells ist jedoch eingeschränkt: Es ist ausschließlich von der Entwicklung europäischer Länder abgeleitet. Viele soziale und kulturelle Faktoren (z. B. unterschiedliche gesellschaftliche Normen, Stellung der Frau), die heute in anderen Teilen der Erde von Bedeutung für die Bevölkerungsentwicklung sind, werden darin nicht erfasst. Daher kann man nicht davon ausgehen, dass sich diese Entwicklung in allen Ländern der Erde in genau derselben Weise wiederholt.

Die Entwicklung der Weltbevölkerung 97

M6 Ostafrika und Westeuropa: in der zweiten bzw. der fünften Phase des demographischen Übergangs

Einflussfaktoren auf die Geburten- und die Sterberate:

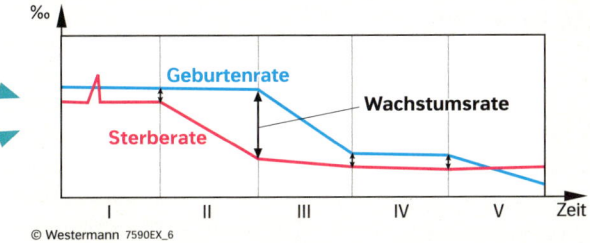

Geburtenrate:
Kinder als notwendige Arbeitskräfte, Kinder als Sozial- und Krankenversicherung sowie Altersvorsorge, Bedeutung der Kinderzahl für das Ansehen der Familie, Aufklärung über Familienplanungsmöglichkeiten, Zugang zu Verhütungsmitteln, Kinder als (hoher) Kostenfaktor, Heiratsalter/Alter bei der ersten Geburt, Generationenabstand, Betreuungsangebot für (Klein)Kinder, Möglichkeit für die Berufstätigkeit von Frauen, gesellschaftliche Stellung der Frau

Sterberate
Gesundheitsversorgung, Hygiene, Nahrungsmittelversorgung, Ausbreitung von Epidemien, Seuchen und Hungerkatastrophen, Kriege

M7 Das Modell vom demographischen Übergang

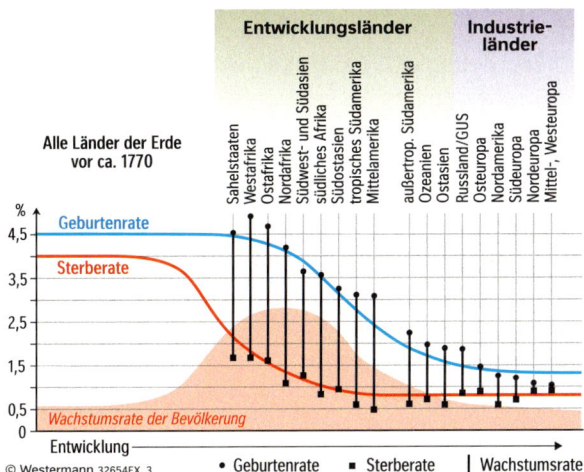

M8 Regionen der Erde im demographischen Übergang

INTERNET

M9 Die *Deutsche Stiftung Weltbevölkerung (DSW)* bietet Informationen zur Demographie aller Staaten.
In einer interaktiven Weltkarte der *Kreditanstalt für Wiederaufbau (KfW)* findest du alle Kenndaten zur Bevölkerungsentwicklung der Staaten. → KfW interaktive Weltkarte

Wenn du diese Aufgaben erfolgreich bearbeitet hast, kannst du ...
... anhand der Stellung eines Landes im demographischen Übergang Hinweise auf seinen Entwicklungsstand geben.
... die Aussagekraft des Modells vom demographischen Übergang kritisch beurteilen.
... den Grundbegriff **demographischer Übergang** erklären.

Wo die Bevölkerung schrumpft

Eine wachsende Bevölkerung? Deutschland und auch andere Staaten wünschten, es wäre so. Denn in einigen Industrieländern nimmt die Bevölkerungszahl seit Jahren ab.

Warum ist das so? Und: Welche Folgen hat das?

1. Vergleiche die Geburtenrate und die Sterberate von drei Staaten deiner Wahl anhand eines selbst gezeichneten Diagramms (Datenquellen findest du auf Seite 274). 243
2. Erläutere die Gründe des Bevölkerungsrückgangs in einigen Industrieländern anhand von M7.
3. Welche Meinung hast du zu den Ursachen des Geburtenrückgangs? Welche Gründe findest du nachvollziehbar, welche nicht? Schreibe dazu einen Kommentar, in dem du deine persönliche Meinung darstellst (M7).
4. Interpretiere die Karikatur M2. 245
5. Beschreibe mögliche Folgen der niedrigen Geburtenrate für Deutschland (M2 – M4).
6. a) Beschreibe die Entwicklung der Familiengrößen in Deutschland (M8, M9).
   b) Fragt in eurer Klasse die Eltern und Großeltern, wie viele Geschwister sie haben (erfasst auch gestorbene Geschwister). Erstellt eine Tabelle und wertet sie aus.
7. Erläutere an zwei Beispielen, wie die Geburtenrate und die Sterberate von geschichtlichen Ereignissen beeinflusst werden (M6).
8. Innerhalb Deutschlands gibt es regionale Unterschiede. Beschreibe die unterschiedliche Lebenserwartung anhand von M5. 246

Vorschlag für die Anlage der Tabelle in 6b:

	Anzahl der Befragungen	Anzahl der Geschwister insgesamt	Durchschnittliche Anzahl der Geschwister
Großeltern			
Eltern			

M2 Karikatur

M3 Schlagzeilen

Demografische Zeitbombe – **Japan schrumpft im Rekordtempo**
Quelle: ntv.de, mmo/rts: Japan schrumpft im Rekordtempo. www.ntv.de, 05.07.2017, Zugriff: 13.11.2020

Bevölkerung schrumpft erstmals seit zehn Jahren. [...] Indirekt ist dafür die Corona-Pandemie verantwortlich.
Quelle: mfh/dpa: Bevölkerung schrumpft erstmals seit zehn Jahren. www.spiegel.de, 13.10.2020, Zugriff: 13.11.2020

Geburtenrate: Warum bekommen wir immer weniger Kinder?
rtl.de: Geburtenrate: Warum bekommen wir immer weniger Kinder? www.rtl.de, 17.07.2018, Zugriff: 13.11.2020

Es kommt zu einer **Überalterung** der Bevölkerung. Wenigen jüngeren Menschen im arbeitsfähigen Alter von 15 bis 65 Jahren stehen viele ältere Menschen über 65 Jahre gegenüber. In Deutschland zum Beispiel kamen 1900 auf einen alten Menschen 12,4 Menschen mittleren Alters, heute ist das Verhältnis 1 zu 4.
Wissenschaftler befürchten, dass es in Zukunft nicht mehr genügend Arbeitskräfte geben und die Wirtschaft in eine schwere Krise geraten könnte. Gleichzeitig könnte auch nicht mehr genügend Geld vorhanden sein, um so hohe Renten und Pensionen wie heute zu zahlen. Eine weitere Zunahme der Altersarmut wäre die Folge.

M4 Alarmierende Szenarien

	2020	2050*
Deutschland	83,8	80,1
Italien	60,5	54,4
Japan	126,5	105,8
Russland	145,9	135,8

*Prognose Quelle: UN DESA 2021

M1 Bevölkerungsentwicklung in ausgewählten Industrieländern in Millionen Einwohnern

Die Entwicklung der Weltbevölkerung 99

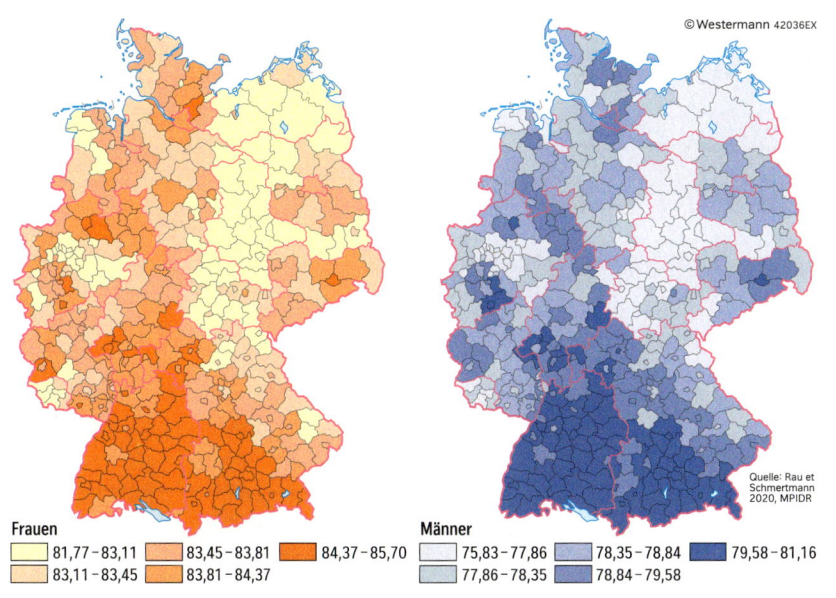

M5 Lebenserwartung bei der Geburt (2015 – 2017) in Deutschland

M8 Bürgerfamilie aus Berlin um 1900

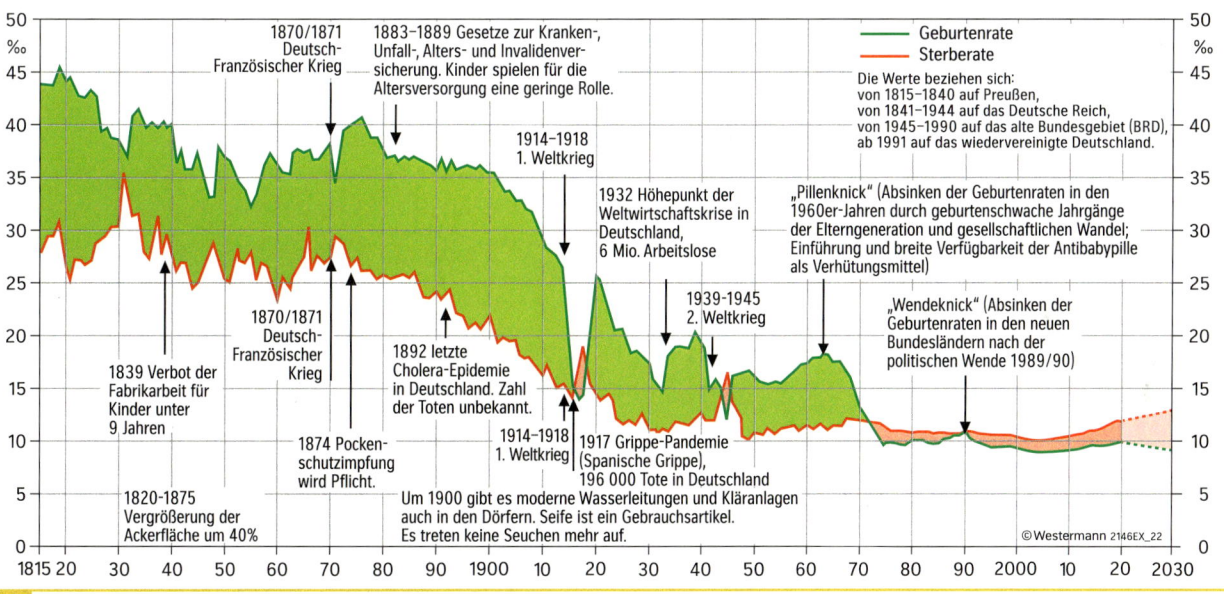

M6 Entwicklung der Geburten-, Sterbe- und Wachstumsrate in Deutschland

- Das Heiratsalter und das Alter der ersten Mutterschaft sind gestiegen.
- Viele Frauen schließen vor einer Mutterschaft erst eine Berufsausbildung oder ein Studium ab und gehen dann einem Beruf nach.
- Eine große Zahl von Kindern sorgt nicht mehr gleichzeitig für höheres Ansehen.
- Durch Kinder entstehen hohe Kosten. In Deutschland kostet ein Kind seine Eltern bis zur Volljährigkeit geschätzte 200 000 bis 300 000 Euro.
- Die Möglichkeiten zur Empfängnisverhütung sind sehr gut.
- Familie, Beruf und Karriere sind oft schwierig zu vereinbaren: Es gibt z. B. nicht genügend Kitaplätze.

M7 Gründe für den Rückgang der Zahl der Geburten in Industrieländern

Eheschlie-ßungsjahr	Von 100 Ehen haben				
	0 Kinder	1 Kinder	2 Kinder	3 Kinder	4 und mehr Kinder
1910 – 1912	12	17	22	17	32
1951 – 1955	13	25	31	17	14
1970 – 1974	19	29	40	10	2
2000 – 2004	44	26	22	6	2

*M9 Familiengrößen in Deutschland

Wenn du diese Aufgaben erfolgreich bearbeitet hast, kannst du …
… begründen, warum die Geburtenrate in einigen Staaten sehr stark zurückgegangen ist.
… mögliche Folgen des Geburtenrückgangs nennen.
… den Grundbegriff **Überalterung** erklären.

Der Altersaufbau der Bevölkerung

Eine hohe Geburtenrate bedeutet, dass es viele Kinder in einem Land gibt, bei einer geringen Sterberate und hoher Lebenserwartung gibt es viele alte Menschen.
Wie wirkt sich die Veränderung der Geburtenrate und der Sterberate auf die Alterszusammensetzung einer Bevölkerung aus? Wie kann man sich einen einfachen Überblick über den Altersaufbau einer Bevölkerung verschaffen?

1. a) Beschreibe die drei Grundformen von Bevölkerungspyramiden (M4).
   b) Ordne die Bevölkerungspyramiden von Deutschland den Grundformen zu (M3, M4).

2. Geschichtliche Ereignisse wirken sich auf die Altersstruktur aus. Erläutere das
   A anhand von M7.
   B anhand der Bevölkerungspyramide von 1950 (M3) mithilfe von M6 auf Seite 99.

3. Interpretiere die Bevölkerungspyramide (M1, M2) von Indien 2020, indem du `245`
   a) sie beschreibst,
   b) sie auswertest,
   c) mögliche Abweichungen von der Idealform feststellst,
   d) auf zukünftige Entwicklungen hinweist.

4. Arbeite mit der interaktiven Bevölkerungspyramide. Welches Szenario hat dich besonders beeindruckt? Berichte (M6). `245`

Nach der Schule

Indien (2020) – das Land der Kinder
Die Pyramide hat eine breite Basis. 10 % der Bevölkerung sind jünger als fünf und 26 % jünger als 15 Jahre. Um allen Sechsjährigen einen Schulbesuch zu ermöglichen, müssten jährlich 1200 neue Schulen gebaut und 300 000 Lehrkräfte zusätzlich ausgebildet und eingestellt werden. Nur 6 % der Bevölkerung sind älter als 65 Jahre.

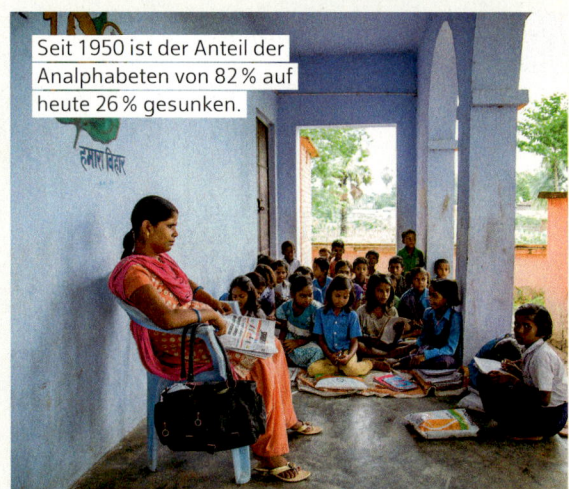
Seit 1950 ist der Anteil der Analphabeten von 82 % auf heute 26 % gesunken.

Indien (2020) – das Land der Arbeitsuchenden
67 % der Bevölkerung sind 15 bis 65 Jahre alt. Sie könnten also einen Beruf ausüben. Doch schon heute gibt es nicht genug Arbeitsplätze und zurzeit verlassen jedes Jahr 13 Millionen Jugendliche die Schulen auf der Suche nach einem Arbeitsplatz oder einem Platz an der Universität.

Indien (2020) – das Land der Männer
Weil viele Ehepaare männliche Nachkommen mehr schätzen als weibliche, werden weibliche Föten häufig abgetrieben. Dies kann man in der Bevölkerungspyramide erkennen (M1).

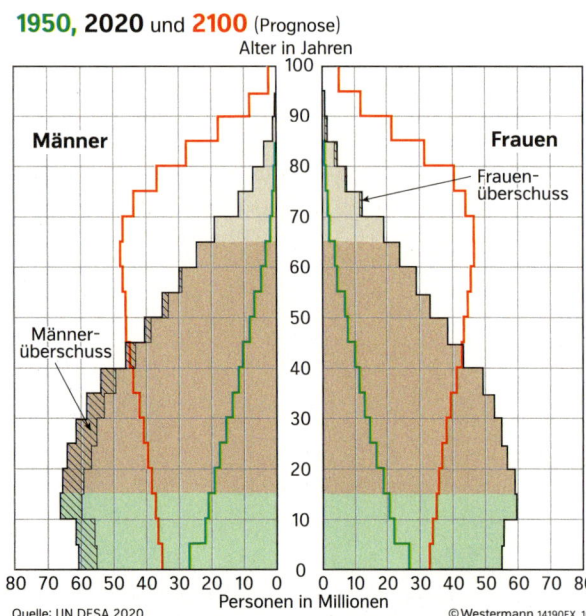

M1 Bevölkerungspyramiden Indiens

M2 Fakten zur indischen Bevölkerung 2020

Die Entwicklung der Weltbevölkerung

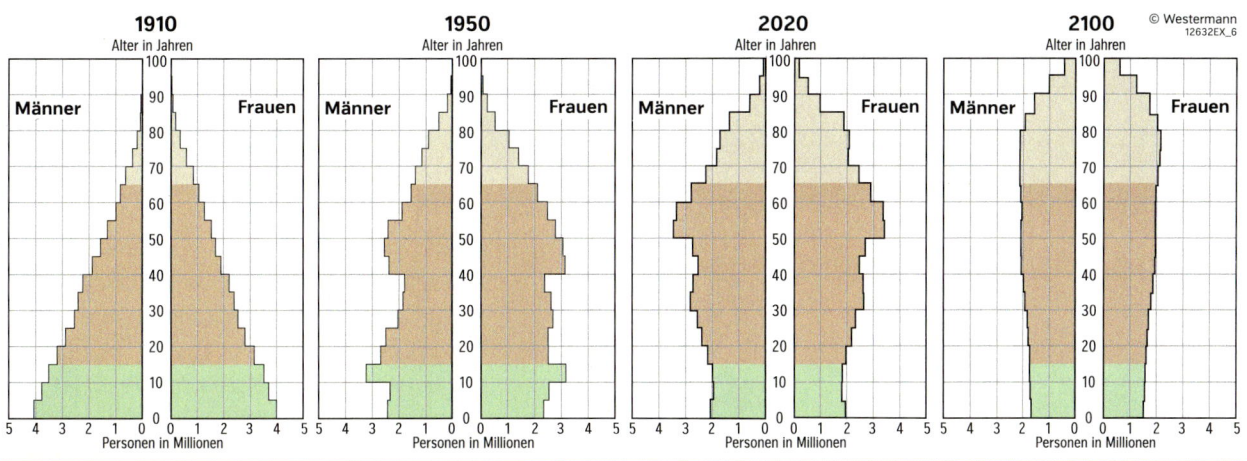

M3 Bevölkerungspyramiden Deutschlands im Wandel der Zeit: Glich die Bevölkerungspyramide 1910 noch der eines Entwicklungslandes, so zeigen sich 1950 schon starke Veränderungen: Dadurch, dass während der Weltkriege und der Weltwirtschaftskrise (1929–1932) die Geburtenrate sehr niedrig war, gibt es in den entsprechenden Jahrgängen deutliche Einschnitte.

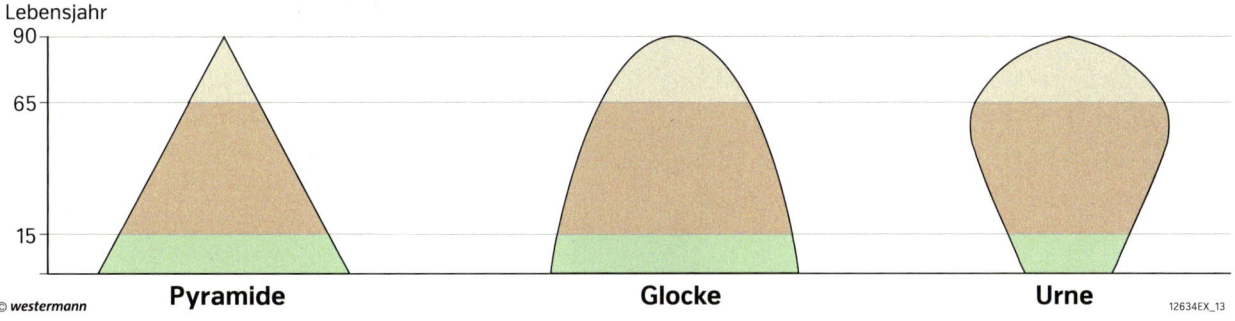

M4 Man unterscheidet modellhaft drei Grundformen von Bevölkerungspyramiden. Diese drei Grundformen vereinfachen die Form der Bevölkerungspyramiden sehr stark. Dadurch werden jedoch die jeweiligen Aussagen umso deutlicher. Natürlich verlaufen in jedem Land die Entwicklungen anders, langsamer oder schneller, dennoch lassen sich die meisten Bevölkerungen eines Landes oder einer Region einer der drei Grundformen zuordnen.

INFO

M5 In der Bevölkerung eines Landes oder einer Region sind nicht alle Jahrgänge gleich stark vertreten. In manchen Jahrgängen werden viele, in anderen wenige Menschen geboren. In manchen Jahrgängen sterben mehr, in anderen weniger Menschen. Außerdem wandern Menschen zu oder ab. So hat jede Bevölkerung einen bestimmten Altersaufbau, eine bestimmte **Altersstruktur**. Diese lässt sich gut in einer **Bevölkerungspyramide** (Alterspyramide, Altersstrukturdiagramm) darstellen. Sie zeigt die Altersstruktur einer Bevölkerung und den Anteil von Frauen und Männern in den einzelnen Jahrgängen.

INTERNET

M6 Unter www.destatis.de/bevoelkerungspyramide bietet das Statistische Bundesamt eine interaktive Bevölkerungspyramide Deutschlands. Hier kannst du dir die Veränderung der Pyramide verdeutlichen, Altersgruppen einfärben und abgrenzen sowie verschiedene Szenarien durchlaufen lassen.

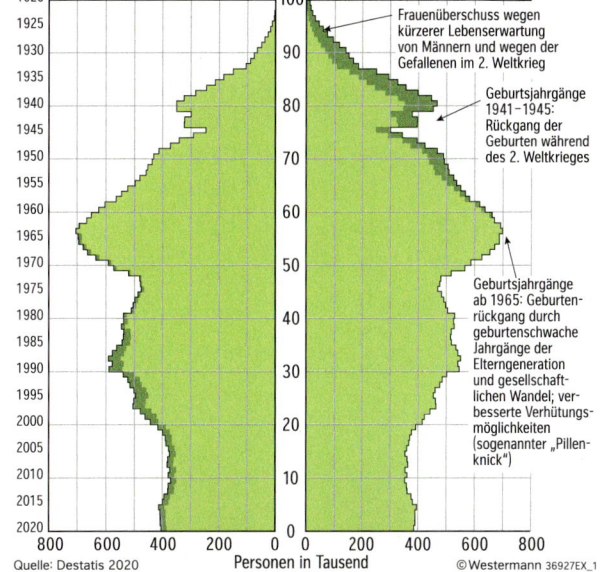

M7 Historische Ereignisse beeinflussen den Altersaufbau der Bevölkerung (Deutschland 2020)

Wenn du diese Aufgaben erfolgreich bearbeitet hast, kannst du …
… *den Altersaufbau der Bevölkerung eines Landes oder einer Region erläutern.*
… *unterschiedliche Typen der Altersstruktur einer Bevölkerung beschreiben.*
… *die Grundbegriffe Altersstruktur und Bevölkerungspyramide erklären.*

Wie kann man die Geburtenrate beeinflussen?

In Indien, Nigeria oder Indonesien ist die Geburtenrate sehr hoch, in Japan und Deutschland sehr niedrig. Politiker und Wissenschaftler sind sich einig: Man sollte versuchen, die Geburtenrate zu beeinflussen.
Welche Möglichkeiten gibt es, die Zahl der Geburten zu senken? Welche gibt es, sie zu erhöhen? Was wird unternommen?

1. Beschreibe die Rahmenbedingungen zu einer Senkung der Geburtenrate (M1, M5, M7).
2. a) Erläutere, welche Maßnahmen zur Senkung der Geburtenrate ergriffen werden (M1–M3, M5, M6, M8, M9).
   b) Nenne drei Maßnahmen, die dir besonders sinnvoll erscheinen. Begründe.
3. Erläutere, welche Maßnahmen zur Erhöhung der Geburtenrate ergriffen werden könnten (M4).
4. Erstelle eine Mindmap zum Thema Bevölkerungspolitik/Familienplanung.

ERSTAUNLICH

M1
- Hätten alle Frauen Zugang zu Verhütungsmitteln, käme es jährlich statt zu 111 nur noch zu 35 Millionen ungewollten Schwangerschaften.
- Aufgrund des erschwerten Zugangs zu Verhütungsmitteln ist es 2020 durch die Pandemie weltweit zu über sieben Millionen ungewollten Schwangerschaften gekommen.

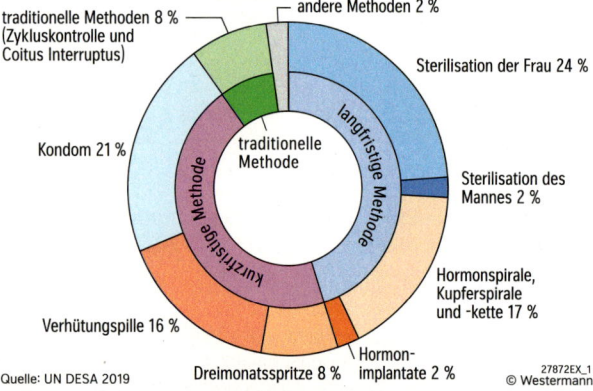

M2 2020 konnten weltweit 55 Prozent der Frauen moderne Verhütungsmethoden anwenden.

Vimal Kumar, Bevölkerungswissenschaftler (Indien)
Ziel sollte es sein, die Geburtenrate zu senken! Die Menschen müssen überzeugt werden, **Familienplanung** zu betreiben. Dazu gibt es weltweit unterschiedliche Maßnahmen: In Indonesien werben große Plakate: „Zwei Kinder sind genug", bei uns in Indien ziehen Puppenspieler übers Land, um auch den Analphabeten auf den Dörfern die Ideen der Familienplanung nahezubringen. Das hat natürlich nur Erfolg, wenn die Rahmenbedingungen stimmen: Der Staat muss für eine Altersversorgung, eine Kranken- und eine Arbeitslosenversicherung sorgen. Zudem müssen Frauen und Männer gleichgestellt werden – mit einem gesetzlichen Recht auf Bildung. Schließlich müssten Verhütungsmittel auch überall frei verkäuflich sein.
Bis 2015 wandte man in China sehr rigorose Maßnahmen an. Ein-Kind-Familien erhielten zum Beispiel jährlich eine Prämie. Zudem wurde das Einzelkind bei der Krankenversorgung, im Kindergarten, bei der Auswahl der Schule und bei der Zuteilung von Arbeitsplätzen bevorzugt. Ehepaare, die sich sterilisieren ließen, wurden öffentlich ausgezeichnet. In diesem Zusammenhang wurde auch das Mindestheiratsalter für Frauen auf 20 und für Männer auf 22 Jahre festgelegt. Ehepaare mit mehr als zwei Kindern wurden mit Lohnabzug oder Geldstrafen bestraft. Diese Maßnahmen haben in China gewirkt: Die Geburtenrate sank drastisch. Aus Angst vor einer Überalterung wurde diese Politik aufgegeben: Seit 2016 dürfen Ehepaare zwei und seit 2021 sogar drei Kinder bekommen.

M3 Statement 1

Lena Schriedendahl, Politikerin (Deutschland)
Ziel sollte es sein, die Geburtenrate zu erhöhen! Es müssen gute Rahmenbedingungen für Familien mit Kindern geschaffen werden: zum Beispiel preiswerter Wohnraum sowie genügend Kitaplätze und Betreuungsmöglichkeiten, damit auch Mütter einem Beruf nachgehen können. Außerdem müssen Familien finanziell unterstützt werden. Für die meisten Staaten würde es ausreichen, wenn jedes Paar im Durchschnitt 2,1 Kinder hätte. Dann würde die Bevölkerungszahl wenigstens nicht sinken, sondern gleich bleiben.

M4 Statement 2

Die Entwicklung der Weltbevölkerung

M5 In Ostafrika (Kenia) informieren sich Frauen und Männer über die Möglichkeiten der Familienplanung.

M8 Mosambik: Verkauf von Kondomen (im Bild: „JeitO") an dem Stand eines Straßenhändlers

Die Kartensymbole sind Themengebieten zugeteilt:

- ♣ Kreuz zeigt die Gefahren von sexuell übertragbaren Krankheiten wie Aids auf;
- ♠ Pik nennt die Gesetze zur Familienplanung;
- ♥ Herz-Karten beschäftigen sich mit Gesundheit und Hygiene beim Sex;
- ♦ Karo stellt Verhütungsmethoden dar.

M6 China: Ein Kartenspiel, das der Familienplanung dient: Die ersten 6000 Exemplare waren in den Pekinger Familienplanungsbüros nach wenigen Stunden vergriffen.

„Die Regierungen weltweit müssen dafür sorgen, dass junge Frauen und Männer Zugang zu Bildung und Sexualaufklärung sowie Gesundheitsversorgung und modernen Verhütungsmitteln erhalten. [...] Zudem muss in Forschung und Entwicklung für neue Methoden der Verhütung investiert werden, die besser an die Bedürfnisse vor allem junger Frauen in Entwicklungsländern angepasst sind. Wichtige Entscheidungskriterien sind: sicher, diskret, einfach anzuwenden, preisgünstig, breit verfügbar und möglichst geringe Nebenwirkungen. [...] In aktuellen Bevölkerungsstudien wird aus gutem Grund betont, dass Bildung und der Zugang zu Verhütungsmitteln die wichtigsten Faktoren für eine Verlangsamung des Bevölkerungswachstums sind. Denn es besteht ein deutlicher Zusammenhang zwischen formalem Bildungsabschluss, Zugang zu Verhütungsmitteln und der durchschnittlichen Kinderzahl pro Frau."

Quelle: DSW: Weltverhütungstag 2020: Fast jede zweite junge Frau in Entwicklungsländern kann nicht verhüten. www.dsw.org, 25.09.2020, Zugriff: 13.11.2020

M7 Jan Kreutzberg, Deutsche Stiftung Weltbevölkerung anlässlich des Weltverhütungstages 2020 (jährlich am 26. September)

M9 Briefmarken

Wenn du diese Aufgaben erfolgreich bearbeitet hast, kannst du ...
... Maßnahmen erläutern, die die Geburtenrate senken, und Maßnahmen, die sie steigern.
*... den Grundbegriff **Familienplanung** erklären.*

Was beeinflusst die Bevölkerungsentwicklung?

Das Bevölkerungswachstum – weltweit sehr verschieden

84 Die Weltbevölkerung nimmt seit Jahrzehnten sehr schnell zu. **Szenarien** der **Vereinten Nationen (UN)** sagen für 2050 eine Bevölkerungszahl von über neun Milliarden voraus. Die Verteilung der Bevölkerung hängt von der natürlichen Bevölkerungsentwicklung in den einzelnen Ländern und Regionen der Erde ab und von der **Migration**. Dadurch ist die **demographische Entwicklung** in den einzelnen Ländern sehr unterschiedlich. Grundsätzlich kann man feststellen, dass die Bevölkerung in den **Industrieländern** gleich bleibt oder sogar abnimmt. In den **Entwicklungsländern** und auch in Ländern, die sich an der Schwelle zum Industrieland befinden, wächst sie stark.

Wie viele Menschen kann die Erde tragen?

86 Schon seit Hunderten von Jahren denken Wissenschaftler darüber nach, wie viele Menschen auf der Erde leben können, wie groß die **Tragfähigkeit** der Erde ist. Dabei geht es zum einen darum, ob genügend Nahrung produziert werden kann. Das gilt vor allem für Länder, in denen die Bevölkerung stark wächst, aber die landwirtschaftliche Nutzfläche nicht ausgedehnt werden kann. Dort wird der **Bevölkerungsdruck** immer größer.

Neben der Nahrungsmittelversorgung spielt aber auch der nachhaltige Umgang mit der Natur eine entscheidende Rolle: die Umweltbelastungen, die Versorgung mit Trinkwasser und Energie und die Nutzung des Waldes. All diese Faktoren wirken zusammen. Dabei haben die einzelnen Räume auf der Erde eine unterschiedlich große Tragfähigkeit, schon wegen ihrer unterschiedlichen natürlichen Ausstattung. Grundsätzlich gilt jedoch: Die Menschheit kann die Tragfähigkeit der einzelnen Regionen und der gesamten Erde nur steigern und erhalten, wenn alle Menschen nachhaltig leben.

Familien – in Ruanda und in Deutschland

88 Das Leben in den Familien beeinflusst die Erziehung, die Bildung, die meisten Bereiche des Lebens.

In Ruanda wohnen die meisten Familien auf dem Land. Hier lebt man häufig mit mehreren Generationen in **Großfamilien**. Man ist stolz darauf, viele Kinder zu haben. Sechs Nachkommen sind hier keine Seltenheit. Die Kinder helfen bei allen Arbeiten, aber es gehen auch alle zur Schule. Die Mädchen heiraten schon recht früh, die meisten haben mit 18 Jahren schon ein Kind. In den Großfamilien unterstützt man sich gegenseitig im Alltag und auch in Notzeiten. Männer arbeiten oft schon außerhalb der Landwirtschaft, Frauen kümmern sich um die Kinder, den Haushalt und die kleine Landwirtschaft.

In den Städten ist das Familienleben völlig anders. Viele leben zum Beispiel in gut ausgestatteten Mietwohnungen, man hat nur wenige Kinder und Männer und Frauen haben Berufe außerhalb der Landwirtschaft. Damit ähnelt das Leben in einigen Teilen dem in deutschen Städten.

Grundsätzlich gibt es jedoch große Unterschiede zwischen den einzelnen Familien, sowohl zwischen Stadt und Land als auch zwischen Deutschland und Ruanda.

Wovon hängt die Geburtenrate ab?

90 Vor allem in den Entwicklungsländern und dort gerade bei armen Familien gibt es zahlreiche Gründe, möglichst viele Kinder zu bekommen: Sie können bei der Arbeit helfen und sind oft auch als **Kinderarbeiter** tätig. Sie sind für die Eltern die Altersversorgung und ersetzen eine Krankenversicherung. Zudem sorgt eine hohe Kinderzahl in vielen Regionen für hohes Ansehen. Die Höhe der **Geburtenrate** ist aber auch sehr stark abhängig von der Rolle der Frau im jeweiligen Land. Für viele Länder mit einer hohen Geburtenrate ist typisch, dass Frauen sehr früh heiraten (Teenagerschwangerschaften), dass viele unzureichend gebildet sind (oft **Analphabetinnen**). Außerdem haben sie oft einen schlechten Zugang zu Verhütungsmitteln.

„Frauen tragen die Hälfte des Himmels"

92 Die Situation der Frauen in den einzelnen Ländern ist sehr unterschiedlich. Es gibt kleine und große Regionen, wo Frauen gleichberechtigt sind und auch führende Positionen in Politik und Verwaltung innehaben. Es gibt aber auch viele Regionen, wo Frauen in keiner Weise gleichberechtigt, sondern stark benachteiligt sind. Das zeigt sich zum Beispiel in der Bildung, der Politik und im Berufsleben.

Reportagen in den Medien geben meist nur einen kleinen Ausschnitt der Wirklichkeit wieder. Darüber muss man sich bei allen Berichten in der Presse, im Internet und im Fernsehen bewusst sein.

Quelle: Jupp Wolter (Künstler), Haus der Geschichte, Bonn

M1 Karikatur

M2 Informationsveranstaltung zu Möglichkeiten der Verhütung auf den Philippinen

Sinkende Sterberaten ...

Im Gegensatz zur Geburtenrate ist die **Sterberate** in zahlreichen Ländern schnell gesunken und die durchschnittliche **Lebenserwartung** hat sich erhöht. Dadurch ist die **Wachstumsrate** gestiegen, das heißt, die Bevölkerung dieser Länder wächst nun schneller. Die Gründe für das Sinken der Sterberate liegen vor allem in einer besseren ärztlichen Versorgung, in verbesserten hygienischen Bedingungen und einer verbesserten Nahrungsmittelversorgung. Dennoch gibt es auch in diesen Bereichen weltweit immer noch zahlreiche Missstände. Wenn diese beseitigt werden, wird sich die Sterberate noch weiter senken und die Lebenserwartung noch weiter erhöhen lassen.

Das Modell vom demographischen Übergang

Die typische Entwicklung der Geburten- und der Sterberate spiegelt sich im Modell vom **demographischen Übergang** wider. Obwohl auch dieses Modell umstritten ist, können auf seiner Basis doch die Geburten-, die Sterbe- und die Wachstumsrate gut als Indikatoren für den Entwicklungsstand eines Landes dienen.

Wo die Bevölkerung schrumpft

In einigen Industrieländern sinkt die Bevölkerungszahl sogar. Die Geburtenrate ist dort unter die Sterberate gesunken. Die Gründe dafür sind vielfältig: Das Alter der ersten Mutterschaft liegt hoch, weil viele Frauen zuerst einen Beruf erlernen, eine Ausbildung abschließen und arbeiten möchten. Dabei sind dann eine Familie mit Kindern und die gleichzeitige Ausübung eines Berufes oft schwierig vereinbar. Die Kinderzahl in den Familien ist aus diesen Gründen auch geringer als früher. So wird der Anteil der alten Menschen an der Bevölkerung immer größer. Es kommt zur **Überalterung**. Das hat zur Folge, dass immer weniger junge Menschen für immer mehr alte Menschen sorgen müssen.

Der Altersaufbau der Bevölkerung

Die **Alterstruktur** der Bevölkerung eines Landes oder einer Region lässt sich gut in einer **Bevölkerungspyramide** darstellen. Aus dieser besonderen Art von Diagramm lässt sich ablesen, wie viele Menschen es innerhalb eines Jahrgangs gibt und wie viele davon männlich und weiblich sind. So kann man Rückschlüsse ziehen auf die Geburtenrate oder die Lebenserwartung. Auch geschichtliche Ereignisse haben Einfluss auf die Geburten- und die Sterberate und auch das lässt sich an der Bevölkerungspyramide ablesen.

Wie kann man die Geburtenrate beeinflussen?

Mit unterschiedlichen Maßnahmen versucht man in den meisten Ländern, die Geburtenrate zu steuern: Entweder Geburten zu fördern oder die Geburtenrate zu senken.
Im Rahmen der **Familienplanung** geht es in den Ländern mit stark wachsender Bevölkerung vor allem um eine Senkung der Kinderzahl pro Familie. Dazu müssen nach Möglichkeit die Gründe beseitigt werden, die zu einer hohen Geburtenrate führen.
In Ländern mit schrumpfender Bevölkerung werden Anreize zur Familiengründung geschaffen. Wesentlich ist, dass in allen Ländern von den Regierungen die entsprechenden Rahmenbedingungen geschaffen werden, z. B. Gesetze, finanzielle Unterstützung.

M3 Karikatur

Anwenden und üben

PROJEKT VOR ORT — **Bevölkerungsentwicklung in Rheinland-Pfalz**

In vielen Ländern der Erde wächst die Bevölkerung und in anderen schrumpft sie. Wie hat sich die Bevölkerungszahl in Rheinland-Pfalz entwickelt?
Verändert sich die Altersstruktur der Bevölkerung und wie alt werden die Menschen? Entwickelt sich die Bevölkerung in Rheinland-Pfalz überall gleich oder gibt es regionale Unterschiede? Und wie verhält es sich in eurer Gemeinde, wie in den Familien?

1. Recherchiert dazu im Internet oder fragt nach in eurer Gemeindeverwaltung. Befragt Personen aus eurer Familie oder aus der Nachbarschaft (M6).
Überlegt und entscheidet, wie ihr eure Arbeitsergebnisse am besten darstellen und präsentieren könnt.

Projektvorschlag 1
Erstellt von eurer Familie einen Stammbaum. Wie viele Geschwister hast du und wie viele haben deine Mitschülerinnen und Mitschüler? Berechnet die durchschnittliche Anzahl der Kinder eurer Familien. Wie viele Kinder (noch lebende und vielleicht schon verstorbene) hatten eure Großeltern im Durchschnitt? Hatten sie mehr oder weniger Kinder als eure Eltern?
In welchem Alter bekamen eure Mütter und Großmütter ihr erstes Kind? Wie alt waren eure Väter und Großväter, als das erste Kind der Familie auf die Welt kam?
Erstellt zu den Arbeitsergebnissen Tabellen und/oder Diagramme. Sucht auch in Familienalben nach Fotos eurer Vorfahren. Kopiert die Fotos und beschriftet sie. Präsentiert die Fotos (z. B. Gallery Walk).

Projektvorschlag 2
Untersucht, wie sich die Einwohnerzahlen in eurer Heimatregion (kreisfreie Stadt, Landkreis) entwickeln werden. Wie verändert sich dadurch die Form der Bevölkerungspyramide? Die Informationen bietet die Internetseite des Statistischen Landesamtes Rheinland-Pfalz: Startseite → „Gesellschaft/Staat" → „Demografischer Wandel" (Vorausberechnungen) → „Karten und Pyramiden" → „Interaktive Karten und Bevölkerungspyramiden" → Klicke auf der interaktiven Karte („Interaktiver Atlas für die Kreisebene") deinen Heimatkreis an.
Wie verändert sich die Bevölkerungspyramide bis 2070? Welche Gründe könnte es für die Veränderungen geben? Wie entwickelt sich im Vergleich dazu ein Nachbarkreis?
Berichte, was du herausgefunden hast.

Jahr	Einwohner	Jahr	Einwohner
2017	215 110	2050	214 332
2020	218 235	2070	203 002

M2 Dynamische Bevölkerungspyramide und Bevölkerungsentwicklung der Stadt Mainz (Statistisches Landesamt)

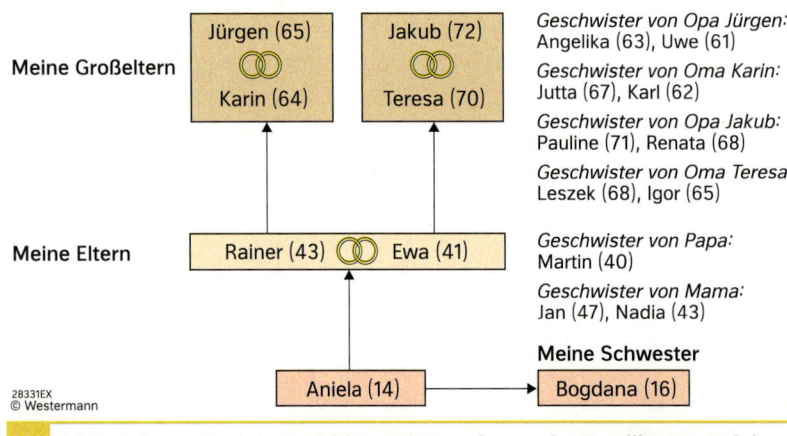

M1 Material zum Projektvorschlag 1: Stammbaum der Familie von Aniela

Aniela hat dieses Foto im Familienalbum entdeckt. Es wurde Anfang der 1980er-Jahre gemacht. Ihre Mama (rechts) war damals 4 Jahre und deren Schwester Nadia 6 Jahre alt. Ihr Bruder Jan fehlt auf dem Bild.

Die Entwicklung der Weltbevölkerung 107

Projektvorschlag 3

Wie viele Einwohner leben in deinem Wohnort und in deiner Verbandsgemeinde? Wie hat sich die Einwohnerzahl im Vergleich zu früher entwickelt? Leben mehr ältere als jüngere Menschen in deinem Wohnort und in der Verbandsgemeinde? War das schon immer so?

Recherchiere (Internet). Veranschauliche die Entwicklung der Einwohnerzahlen und die Altersstruktur der Bevölkerung (z. B. in einer Karte, Tabelle oder einem Diagramm).

Informationen findest du auf der Internetseite des Statistischen Landesamtes Rheinland-Pfalz: Startseite → „Regional" → „Meine Heimat" (alle kommunalen Ebenen) → „Meine Verbandsgemeinde" → Klicke in der Themenauswahl „Bevölkerung" an und wähle auf der Karte oder in der Liste den Kreis, zu dem deine Verbandsgemeinde gehört → Klicke deine Verbandsgemeinde an.

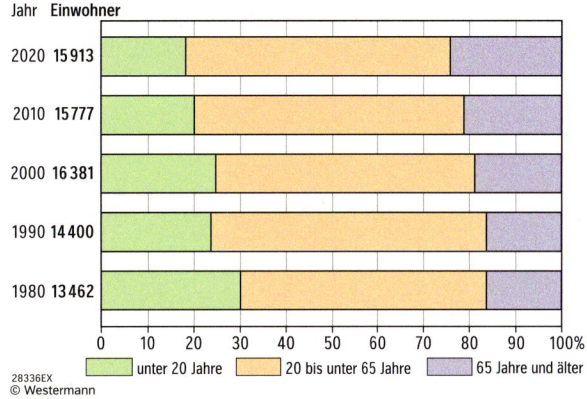

M3 Verbandsgemeinde Kastellaun (Rhein-Hunsrück-Kreis): Bevölkerung nach Altersgruppen

Projektvorschlag 4

Wie hoch sind die aktuelle Geburtenrate und Sterberate eures Wohnortes oder Schulortes? Wie haben sich die Geburten- und Sterberaten im Laufe der Zeit verändert?

Recherchiert für eure Berechungen die Einwohnerzahlen, die Zahl der Lebendgeborenen (Geburten) und die Zahl der Gestorbenen. Berechnet die Zahl der Geburten und Gestorbenen pro 1000 Einwohner, das heißt in Promille (‰). Stellt die Daten in einem Liniendiagramm oder einem Säulendiagramm dar. Fasst eure Ergebnisse in wenigen Sätzen zusammen.

Informationen findest du auf der Internetseite des Statistischen Landesamtes Rheinland-Pfalz: Startseite → „Regional" → „Meine Heimat" (alle kommunalen Ebenen) → „Meine Verbandsgemeinde" → Klicke in der Themenauswahl „Bevölkerung" an und wähle auf der Karte oder in der Liste den Kreis, zu dem deine Verbandsgemeinde gehört → Klicke deine Verbandsgemeinde an → Klicke auf „Zeitreihe Bevölkerungsbewegungen"

Jahr	Einwohner	Geburten (Lebendgeborene)	Geburtenrate (Lebendgeborene/1000 Einw.)	Gestorbene (Todesfälle)	Sterberate (Todesfälle/1000 Einw.)
2020	172 557	1861	10,8 ‰	1872	10,9 ‰
2015	164 718	1751	10,6 ‰	1789	10,9 ‰
2010	164 351	1647	10,0 ‰	1603	9,8 ‰
2005	163 343	1525	9,3 ‰	1627	10,0 ‰
2000	162 233	1553	9,6 ‰	1671	10,3 ‰
1995	...	...	...	...	...

M4 Stadt Ludwigshafen: Geburten- und Sterberate

Projektvorschlag 5

Menschen, die zwischen 2013 und 2019 in Rheinland-Pfalz beerdigt wurden, starben im Alter von 78 bis 79 Jahren (mittleres Sterbealter). Frauen wurden im Durchschnitt älter als Männer. Erkundet einen Friedhof und überprüft, ob die Zahlen auch für euer Dorf oder euren Stadtteil zutreffen. Legt eine Liste mit den Geburts- und Sterbedaten der Verstorbenen an. Berechnet das Alter der Verstorbenen. Stellt eure Ergebnisse grafisch dar.

Hinweis: Ihr dürft auch Fotos von den Grabsteinen und Urnengräbern machen. Stellt sie dem Verein für Computergenealogie zur Verfügung (Genealogie = Ahnenforschung).

- Gemeinde-, Stadt-, Verbandsgemeinde- und Kreisverwaltungen helfen gerne bei der Beschaffung von Daten zur Bevölkerung.

M5 Informationsquelle öffentliche Verwaltung

INTERNET

M6 Statistisches Landesamt Rheinland-Pfalz mit Daten zu deinem Wohnort, deiner Verbandsgemeinde, deiner Stadt oder deinem Kreis: Es gibt aktuelle Zahlen, Entwicklungen in der Vergangenheit und Prognosen/Szenarien für die Zukunft; Entwicklungsagentur Rheinland-Pfalz e. V. mit Daten und anderen Materialien zur Bevölkerung, aber auch zur Digitalisierung und vielem anderen mehr.

Lateinamerika – Bevölkerung und Bevölkerungsentwicklung

IM FOKUS

Die Länder Mittel- und Südamerikas zeichnen sich durch eine unterschiedliche Bevölkerungsentwicklung aus. Lateinamerika war jahrzehntelang von großem Bevölkerungswachstum geprägt. Dabei verlief die Entwicklung von Land zu Land anders. Wie ist die Bevölkerung in Lateinamerika verteilt und wie hat sie sich entwickelt?

1. Erarbeite einen Kurzvortrag, der das Thema dieser Doppelseite vorstellt. `247, 249, 254`

   Tipps zur Gliederung:
   - Beschreibe die Bevölkerungsverteilung in Lateinamerika (M2).
   - Nenne Faktoren, die Einfluss auf diese Verteilung haben.
   - Arbeite mit dem Atlas (Karte: Erde – Sprachen): Genau genommen wird in Lateinamerika nicht nur Spanisch und Portugiesisch gesprochen (M3). `237`
     - Liste die anderen Sprachen auf.
     - Welche Schlussfolgerungen lassen sich daraus ziehen?
   - Berechne die Wachstumsrate der Bevölkerung Guatemalas und beschreibe die Entwicklung.
   - Zeichne nach dem Vorbild von M7 das Diagramm mit GR, SR und WR für Uruguay (M8) und ein Diagramm zum Bevölkerungswachstum nach M4. `243`
   - Ordne beide Länder in Lateinamerika ein (M1, M4).

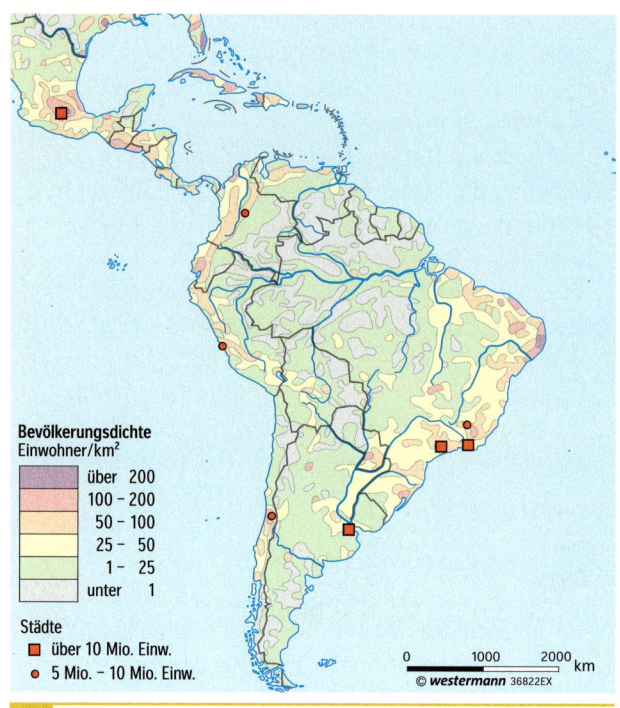

M2 Die Verteilung der Bevölkerung

INFO

M3 Lateinamerika
bezeichnet die Staaten des nord- und südamerikanischen Kontinents südlich der USA. Der Name leitet sich von den zur lateinischen Sprachfamilie gehörenden Sprachen Spanisch und Portugiesisch ab, die hier bis auf wenige Ausnahmen gesprochen werden. In den USA wird die spanischsprachige Bevölkerungsgruppe oft als Hispanics bezeichnet.

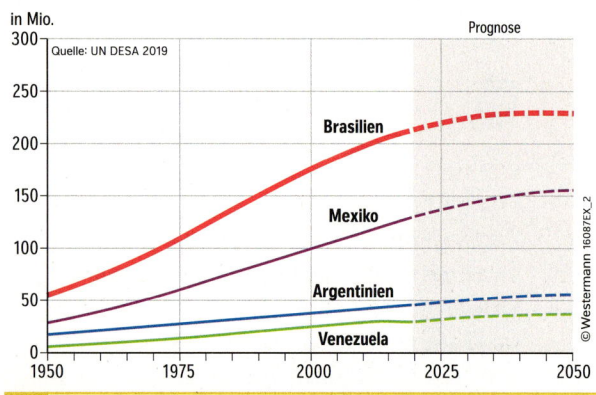

M1 Das Bevölkerungswachstum in Lateinamerika

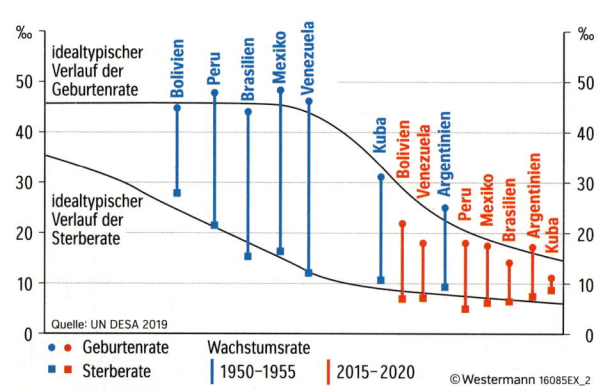

M4 Die Geburten- und Sterberaten 1950–1955 und 2015–2020

Die Entwicklung der Weltbevölkerung 109

M5 Schulkinder am Titicacasee kommen mit dem Boot nach Hause. Gerade in den Andenländern ist die Kinderzahl in den Familien noch sehr hoch.

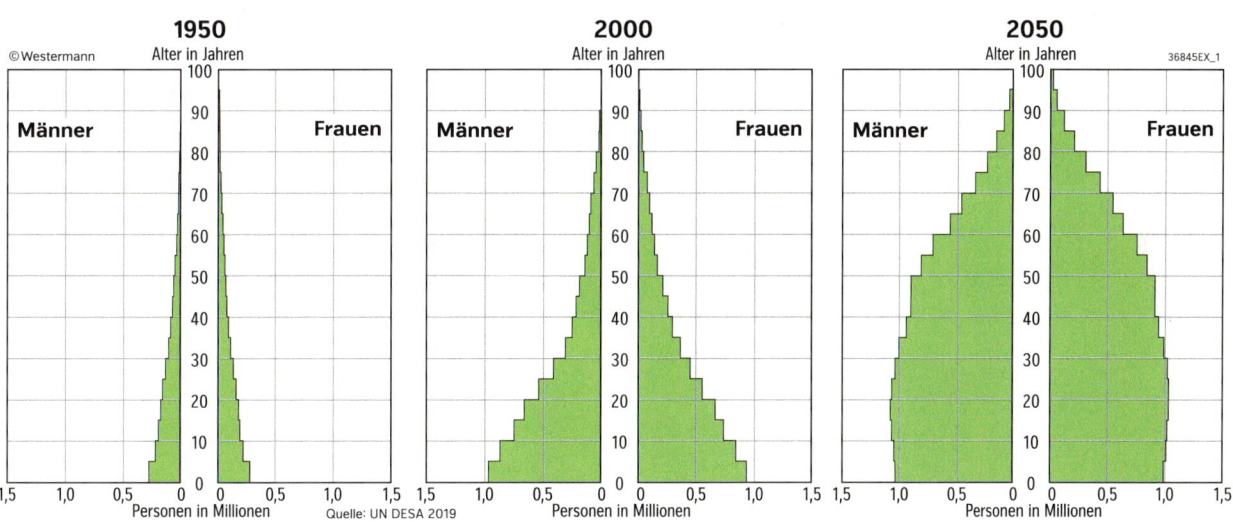

M6 Die Entwicklung der Altersstruktur in Guatemala

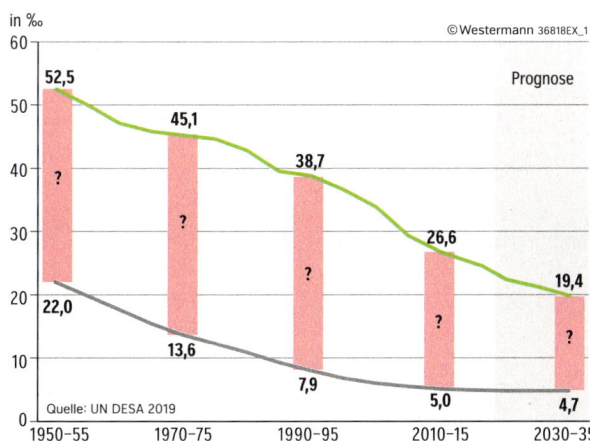

M7 Die Entwicklung der Geburten-, Sterbe- und Wachstumsrate Guatemalas

M8 Bevölkerungsdaten

Uruguay			Bevölkerung (in 1000)		
Jahr	GR	SR	Jahr	Uruguay	Guatemala
1950 – 1955	21,2	10,5	1950	2239	3115
1960 – 1965	21,9	9,5	1960	2539	4211
1970 – 1975	21,1	10,0	1970	2810	5622
1980 – 1985	18,3	9,8	1980	2915	7283
1990 – 1995	18,2	9,7	1990	3110	9264
2000 – 2005	15,8	9,4	2000	3320	11651
2010 – 2015	14,3	9,4	2010	3359	14630
2020 – 2025	13,3	9,5	2020	3474	17916

GR = Geburtenrate in ‰, SR = Sterberate in ‰, 2020 – 2025/2020 = Prognose
Daten: United Nations 2019

5. Welternährung – zwischen Überfluss und Mangel

Reisterrassen in Vietnam

Hunger – ein weltweites Problem

Die Ernährungssituation – weltweit sehr verschieden

Was wir als Hunger wahrnehmen, ist oftmals einfach ein Gefühl von Appetit. Knurrt wirklich einmal der Magen, ist die einfachste Lösung, den Kühlschrank zu öffnen und sich etwas zu Essen zu holen. Weltweit aber hungern Hunderte Millionen Menschen! Aber wie genau sieht die Ernährungssituation bei uns und anderswo aus?

1. Beschreibe die Ernährungssituation in Deutschland (M2, M3).
2. Erkläre mithilfe von M3, warum die Deutschen manchmal Probleme haben, sich abwechslungsreich zu ernähren.
3. Vergleiche die Ernährungssituation in Deutschland mit der in Bangladesch und ordne beiden passende Formen der Fehlernährung (M4–M6) zu. 253
4. Beschreibe die unterschiedlichen Ernährungssituationen auf der Erde (M6–M9).
5. Erstellt gemeinsam eine Liste mit Vermutungen (Hypothesen), was die Ursachen für Hunger und Unterernährung weltweit sein könnten. Überprüft im Verlauf des Unterrichts, welche davon sich bestätigen und welche verworfen werden müssen.

M2 Einkaufen im Supermarkt in Deutschland: alles vorhanden, große Auswahl, (fast) immer geöffnet!

Eine Umfrage ergab, dass
- *für die Hälfte der Deutschen gutes Essen wichtig ist,*
- *der Verzicht auf Fleisch vielen Menschen schwerfällt,*
- *wegen Zeitmangels eine gesunde Ernährung schwierig ist,*
- *nur bei der Hälfte der Haushalte noch selbst gekocht wird,*
- *gesunde Ernährung auch eine Geldfrage ist.*

M3 Ernährungsgewohnheiten der Deutschen

Forschungen in Deutschland haben gezeigt, dass Kinder und Jugendliche sich nicht optimal ernähren. Zwar stehen ihnen zahlreiche Lebensmittel zur Verfügung. Aber im Durchschnitt stehen zu oft fettreiche, tierische Lebensmittel auf dem Speiseplan. Außerdem werden zu viele Süßigkeiten gegessen, was langfristig Folgen wie Übergewicht und andere Krankheiten mit sich bringt. Pflanzliche Lebensmittel wie Obst und Gemüse müssten verstärkt auf dem Speiseplan stehen, fordern Wissenschaftler. Untersuchungen zum Essen in den Mensen der Schulen zeigen, dass auch hier nicht in allen Küchen täglich Gemüse auf dem Speiseplan steht.

M4 Ernährungsprobleme in Deutschland

INFO

M1 Der Nahrungsbedarf eines Menschen ist abhängig von seiner körperlichen Tätigkeit. Diese bestimmt seinen Energiverbrauch. Im Durchschnitt braucht ein Mensch ca. 10000 kJ (Kilojoule) am Tag. Beim Schlafen verbraucht er in einer Stunde etwa 80 kJ, beim Stehen 190 kJ, beim Gehen 790 kJ und beim Dauerlauf 2520 kJ.

Auch die Zusammensetzung der Nahrung ist wichtig. Sie sollte etwa zu 55% – 60% aus Kohlenhydraten (z.B. Getreide, Kartoffeln) bestehen sowie zu mindestens 10% – 15% aus Eiweiß (z.B. Fleisch, Fisch, Milch, Soja, Linsen, Kichererbsen). Neben diesen Makronährstoffen benötigt der Körper Mikronährstoffe: verschiedene Vitamine, Mineralstoffe und Spurenelemente. Diese sind zum Beispiel in Obst und Gemüse enthalten.

INFO

M5 **Unterernährung**: Zustand bei zu geringer Nahrungsaufnahme
Mangelernährung: Folge einseitiger Ernährung, bei der ein Mangel an Nährstoffen vorliegt
Überernährung: Nahrungsaufnahme, die den notwendigen Bedarf übersteigt
Fehlernährung: Mangelhafte Zusammensetzung der Ernährung, die langfristig gesundheitliche Folgen hat

Welternährung – zwischen Überfluss und Mangel 113

Reis ist eines der Hauptanbauprodukte und wesentliches Nahrungsmittel in Bangladesch. Das Land kann sich damit selbst versorgen. Umso erstaunlicher ist es, dass die Welthungerhilfe die Ernährungssituation dort als „ernst" einstuft.

Wesentliche Probleme liegen woanders: Die Ernährung ist zu einseitig, es mangelt an weiteren Nahrungsmitteln. So sind Milch und Fleisch knapp. Obst und Gemüse sind teuer. Die Folge ist ein Mikronährstoffmangel. Auswirkungen sieht man vor allem bei den Kindern: 15,2 % leiden an Unterernährung, 36,1 % an Wachstumsverzögerungen – weil es auch den Müttern an Nährstoffen fehlt.

M6 Die Ernährungssituation in Bangladesch

M10 Karikatur

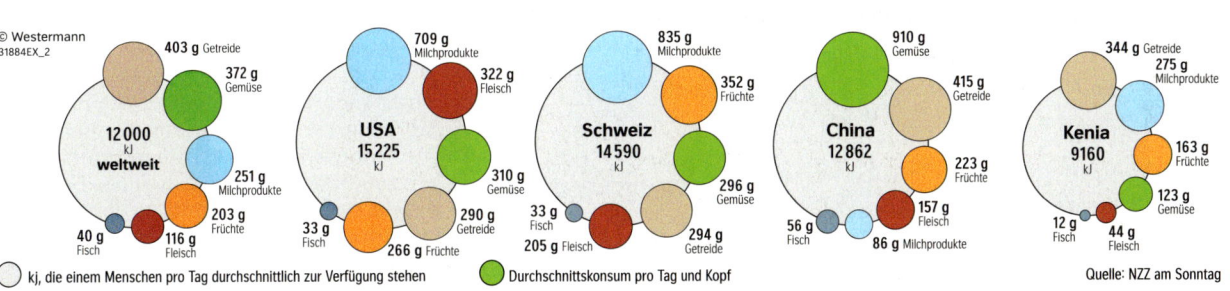

*M7 Nahrungsmittel pro Tag und Kopf in unterschiedlichen Ländern

Über die Hälfte der etwa elf Millionen Einwohner*innen Burundis leidet an Mangelernährung. Betroffen sind vor allem Kinder, denn Unter- und Mangelernährung verursachen Entwicklungsstörungen mit oft lebenslangen Folgen. Ein unterernährtes Kind kann sich schlecht konzentrieren, hat wenig Kraft und Ausdauer, ist anfälliger für Krankheiten. Mangelnde Bildung jedoch bedeutet oftmals, lebenslang in Armut und gesellschaftlicher Ausgrenzung gefangen zu bleiben. Die meisten Familien hier leben von der Landwirtschaft, doch land- und forstwirtschaftlich nutzbare Flächen sind knapp. Auch fehlt es den Landwirt*innen zumeist an Mitteln und Wissen, um ihre kargen Erträge zu steigern. Unter dieser Situation leiden besonders die Kinder. […] Wenn die Kinder zu Hause nichts oder nur wenig zu essen bekommen, vermeiden sie den anstrengenden Schulweg. Die Familien brauchen die Arbeitskraft ihrer Kinder auf den Feldern.

Gibt es jedoch Essen in der Schule, verhilft dies vor allem Kindern aus hilfsbedürftigen Familien zum Schulbesuch. […]

Quelle: Bildung geht durch den Magen. welthungerhilfe.de, Zugriff: 16.08.2021

M8 Die Ernährungssituation in Burundi

INTERNET

M9 Weitere, immer aktuelle Informationen gibt es bei folgenden Organisationen:
- Welthungerhilfe (deutsche Hilfsorganisation der Entwicklungszusammenarbeit und Nothilfe)
- Word Food Programme (WFP)
- FAO (Ernährungs- und Landwirtschaftsorganisation der Vereinten Nationen)

Wenn du diese Aufgaben erfolgreich bearbeitet hast, kannst du …
… *die Ernährungssituation bei uns mit der in anderen Regionen der Erde vergleichen.*
… *die Grundbegriffe* **Unterernährung, Mangelernährung, Überernährung** *und* **Fehlernährung** *erklären.*

In welchen Regionen hungern die Menschen?

Der Zugang zu Nahrungsmitteln ist auf der Welt nicht gleich verteilt. In manchen Regionen herrscht Überfluss, in anderen Hunger.

1. Beschreibe die Verbreitung der Regionen, in denen Hunger herrscht.
   A Nenne Länder, die „ernst" oder „sehr ernst" vom Hunger betroffen sind. Ordne sie Kontinenten zu (M4, Atlas). 237
   B Im Text M1 wird der Hungergürtel der Erde erwähnt. Mache diesen sichtbar, indem du eine Kartenskizze der Erde anlegst und diesen Hungergürtel einzeichnest (M4, Atlas). 240

2. Erkläre die Mythen zum Hunger mit eigenen Worten und nenne konkrete Beispiele für versteckten Hunger, Verschwendung und die Folgen von Konflikten (M3).

3. a) Analysiere die Handelsströme auf dem Weltagrarmarkt (Atlas). 237
   b) Stelle die Funktionsweise des Weltagrarmarktes in einem einfachen Modell dar (M5). 246
   c) Berichte über die Entwicklung des Weizen- und des Sojapreises in den letzten Jahren (Internet). 249

4. Erläutere die Entwicklung der Weltbevölkerung und die der Getreideproduktion (M6).

5. Recherchiere konkrete Auswirkungen der Corona-Pandemie auf die Hungerproblematik weltweit. 249, 250

6. Auch wir können einen Beitrag zur Sicherung der Welternährung leisten (M7).
   A Verfasse dazu einen Radiokommentar oder
   B zeichne dazu ein Plakat.

Hunger herrscht dann vor, wenn die tägliche Energiezufuhr für einen längeren Zeitraum unter dem Bedarf für ein gesundes und aktives Leben liegt. 811 Millionen Menschen auf der Welt leiden an Hunger (2021). Dabei ist der Zugang zu Nahrung global sehr unterschiedlich verteilt. Während Länder in Europa und Nordamerika kaum betroffen sind, zählt man viele Länder auf den anderen Kontinenten zum sogenannten „**Hungergürtel**".

M1 Hunger – nicht überall!

M2 Händler an der Börse – der globale Handel mit Produkten der Agrarwirtschaft erfolgt meistens über Börsen.
Eine der bedeutendsten Börsen für Agrargüter ist die 1848 gegründete Börse in Chicago. Sie hat vor allem großen Einfluss auf den Weltmarktpreis für Getreide. Ein zunehmend großer Anteil des Handels wird heute nicht mehr vor Ort, sondern über die Internetplattformen dieser und anderer Börsen abgewickelt.

1. Mythos: Hunger bedeutet, nicht genug zu essen zu haben.
Die Realität: Hunger ist viel mehr als ein leerer Magen. Es gibt auch den „versteckten Hunger", der durch nährstoffarme Ernährung entsteht [...].

3. Mythos: Es wird nie genug Nahrung geben, um die ganze Welt zu ernähren.
Die Realität: Aktuell gibt es genug Nahrung, um alle Menschen auf der Welt zu ernähren. [...] die Weltbevölkerung [wird] bis 2050 auf 9 Milliarden anwachsen [...]. Damit auch weiterhin genug Nahrung für alle verfügbar ist, müssen wir die Produktion und unserer Verhalten umstellen [...].

4. Mythos: Hunger wird allein von Dürren und anderen Naturphänomenen verursacht.
Die Realität: [...] Die Natur ist [...] nur ein Faktor unter vielen. Seit 1992 hat sich die Anzahl der Ernährungskrisen mit menschlichen Ursachen verdoppelt. Bewaffnete Konflikte stehen heutzutage im Mittelpunkt der schlimmsten Ernährungskrisen [...]. Kämpfe vertreiben Menschen, zerstören die lokalen Märkte, treiben die Nahrungsmittelpreise in die Höhe und erschweren die Ernährungshilfe [...].

Quelle: Institut für Welternährung: 10 Mythen über den Welthunger. kontext.wfp.org, 01.08.2017, Zugriff: 03.12.2020

M3 Mythen über den Welthunger (Auswahl)

Welternährung – zwischen Überfluss und Mangel

ORIENTIERUNG
Der Welthungergürtel

Ernährungslage

- gravierend: 1
- sehr ernst: 9
- ernst: 37
- mäßig: 31
- wenig problematisch: 50

4 Anzahl der Länder

nicht berechnet oder nicht erfasst

Der **Welthunger-Index 2021** bewertet für 128 Länder die Ernährungslage der Bevölkerung anhand von vier Indikatoren:
- Unterernährung,
- Auszehrung bei Kindern (unter 5 Jahren; zu geringes Gewicht im Verhältnis zur Körpergröße),
- Wachstumsverzögerung bei Kindern (unter 5 Jahren),
- Kindersterblichkeit (bei Kindern, die vor Vollendung ihres fünften Lebensjahres sterben).

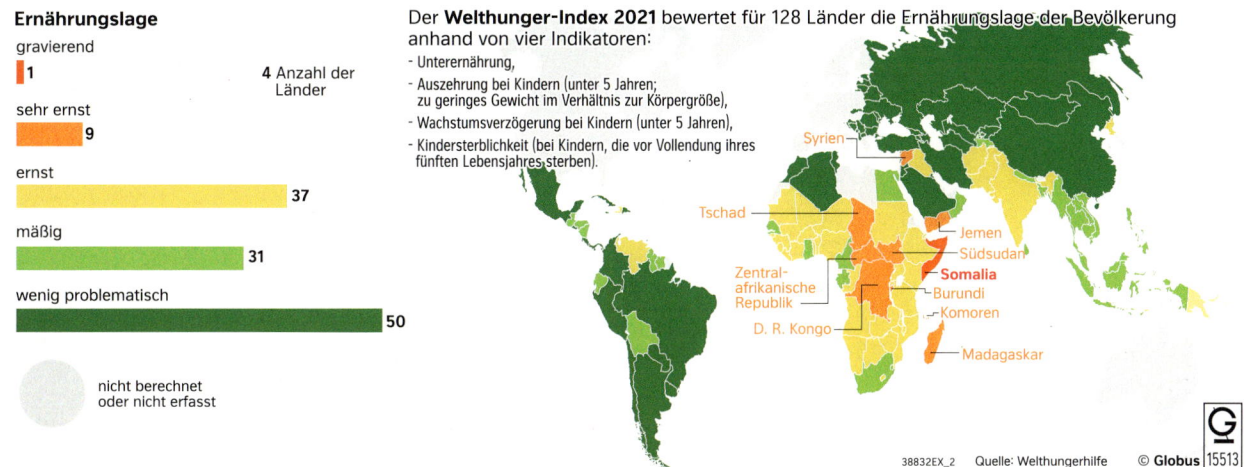

Quelle: Welthungerhilfe © Globus

M4 Situation der **Welternährung** im Überblick

INFO

M5 Die meisten Länder der Erde können sich nicht selbst mit allen agrarischen Rohstoffen und Nahrungsmitteln versorgen. Entweder sind die natürlichen Bedingungen für bestimmte Anbauprodukte (z. B. Bananen) nicht geeignet, die landwirtschaftlich nutzbare Fläche ist zu klein oder der Anbau ist unrentabel. Daher gibt es global einen regen **Import** und **Export** von Agrarprodukten.

Die Preise auf dem **Weltagrarmarkt** richten sich nach Angebot und Nachfrage. Ist zum Beispiel wegen Missernten in Brasilien oder einem Wirbelsturm in Mittelamerika das Angebot an Kaffee gering, steigt auf dem Weltmarkt der Kaffeepreis.

Grundsätzlich geht es auf dem Weltagrarmarkt vorrangig nicht darum, Nahrungsmittel gerecht zu verteilen. Ziel ist es vor allem, möglichst hohe Gewinne zu erzielen.

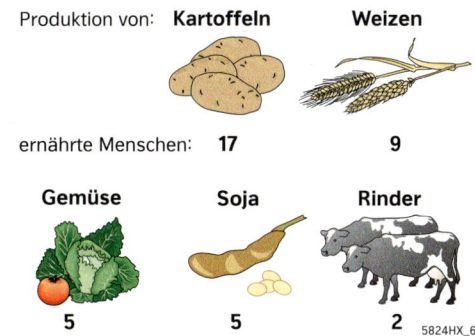

1 Hektar Kulturland ernährt so viele Menschen
(nach Kalorien gerechnet)

Produktion von:	Kartoffeln	Weizen
ernährte Menschen:	17	9

Gemüse	Soja	Rinder
5	5	2

M7 Ernährung über Pflanzen oder Tiere. Den größten Anteil am Weltagrarmarkt haben Futtermittel wie Soja oder auch Weizen.

INTERNET

M8 **Welthungerindex**
FAO Data – Datenbank mit Daten zur Bevölkerungsentwicklung, Nahrungsmittelproduktion und zum Weltagrarmarkt (seit den 1960er-Jahren)

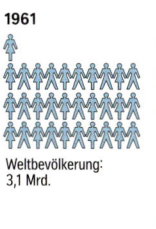

1961
Weltbevölkerung: 3,1 Mrd.
Getreideproduktion pro Kopf: 261 kg
globale Getreideproduktion: 0,8 Mrd. t

Quelle: www.prb.org
© Westermann

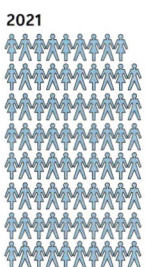

2021
Weltbevölkerung: 7,9 Mrd.
Getreideproduktion pro Kopf: 342 kg
globale Getreideproduktion: 2,7 Mrd. t

M6 Getreideproduktion und Weltbevölkerung

Wenn du diese Aufgaben erfolgreich bearbeitet hast, kannst du …
… die weltweite Ernährungslage anhand einer thematischen Karte beschreiben.
… Zusammenhänge zwischen wachsender Weltbevölkerung und globaler Welternährung erklären.
*… die Grundbegriffe **Hunger**, **Hungergürtel**, **Welternährung**, **Import**, **Export** und **Weltagrarmarkt** erklären.*

Warum kommt es zu Versorgungsproblemen? – Ostafrika I

Ein Blick in die Schlagzeilen im Internet oder der Zeitung zeigt uns: Hunger in Afrika ist ein ungelöstes Problem. Allein in Äthiopien hungerten 2020 acht Millionen Menschen, in Kenia drei Millionen und in Somalia schätzungsweise sechs Millionen.

Aber was sind die genauen Gründe für diese Hungerkatastrophen? Und welche Folgen hat der Hunger in der Region?

1. a) Erstelle eine Kartenskizze von Ostafrika. `240`
   b) Trage landwirtschaftliche Produkte und dürregefährdete Gebiete ein (Atlas, Karten: Afrika – Klima). `237`
2. Erläutere die Folgen von Dürre und Starkregen für die landwirtschaftliche Nutzung (M4, M5).
3. Erkläre steigende Nahrungsmittelpreise als Folge von Naturereignissen (M5 – M7). Fertige dazu ein Schaubild an.
4. „Die globale Ernährungssicherheit und der Klimawandel sind die beiden Überlebensfragen der Menschheit", so der ehemalige deutsche Entwicklungsminister Gerd Müller. Bewerte diese Aussage (M7).
5. Forsche nach, wie sich die Hungersituation weltweit entwickelt und welche Gründe dafür im neuesten Welthungerindex der Welthungerhilfe genannt werden (Internet). `249`
6. Fasse die auf dieser Doppelseite dargestellten Ursachen für Hunger in einer Conceptmap zusammen. `235`

Ostafrika & Sahel: Hungersnöte in Afrika 2021
Quelle: Caritas International, Zugriff: 21.09.2021

Dürre in Madagaskar: Weiter warten aufs Wasser
Quelle: Deutsche Welle. 20.1.2021

M1 Schlagzeilen

M2 Getreidespeicher in Burkina Faso – in einigen Ländern Afrikas, vor allem in der Sahelzone, legt die Bevölkerung schon seit Jahrhunderten Getreidespeicher an, um für Missernten vorzusorgen. Wenn jedoch mehrere **Dürrejahre** hintereinander folgen, reicht auch das nicht aus.

M3 Hirseanbau in Burkina Faso. Die meisten Kleinbauern betreiben **Subsistenzproduktion**. Das heißt, sie bauen Grundnahrungsmittel wie Hirse, Mais oder Erdnüsse nur für den Eigenbedarf an. Die wenigen Überschüsse werden – wenn möglich – gelagert oder auf dem lokalen Markt verkauft. Ernteausfälle wirken sich gerade bei Subsistenzbauern verheerend aus.

Am Horn von Afrika und in den umliegenden Ländern herrscht weiterhin eine Hungerkatastrophe verheerenden Ausmaßes. Schon im dritten Jahr bleibt der dringend notwendige Regen aus oder ist viel zu gering, um die Ernährung der Kleinbauern und Viehzüchter sicherzustellen. Derzeit sind über 23 Millionen Menschen von Hunger bedroht. Experten fürchten, dass das Leid sogar noch das der Hungerkrise von 2010 bis 2011 übertreffen könnte. Damals starben am Horn von Afrika eine Viertelmillion Männer, Frauen und Kinder. Jetzt liegen erneut die Felder brach, die ohnehin schon geschwächten Menschen haben ihre Lebensgrundlage verloren: Das letzte Saatgut ist verbraucht, Wasserstellen versiegen und Tausende Tiere verenden. Zudem sind die zugesagten Gelder der internationalen Gemeinschaft zu gering, um die Versorgungslücke zu schließen, bis die Menschen wieder genügend ernten und ihren Viehbestand aufbauen können.

Quelle: Welthungerhilfe: Factsheet: Dürre in Ostafrika 7/2017

M4 Immer wieder Dürren

Welternährung – zwischen Überfluss und Mangel

Daven: *„Was bedeutet eigentlich Dürre und wie oft tritt das Phänomen überhaupt auf?"*
Prof. Sanju: „Dürren sind lang andauernde, meist mehrjährige Trockenperioden. In den wechselfeuchten Klimaten kommt es in den eigentlichen Regenzeiten nicht mehr zur gewohnten Menge an Niederschlag – und das bei hohen Temperaturen. Die Folge sind Wassermangelerscheinungen bei Menschen, Tieren und Pflanzen. In Kenia sind nicht alle Gebiete davon betroffen. Aber etwa in zwei Dritteln des Landes, vor allem im Norden, kommt es in drei von zehn Jahren zu Dürren. Etwa alle zehn Jahre sind diese besonders schlimm. Dann fallen weniger als 30 Prozent des durchschnittlichen Niederschlags."
Daven: *„Welche Folgen hat dann der Regen nach der langen Dürre?"*
Prof. Sanju: „Oh, das kann schon zum Problem werden: In wenigen Stunden fällt dann beispielsweise die Menge an Niederschlägen, die in Köln sonst in zwei Monaten fällt. Das können schon mal 150 Liter pro Quadratmeter sein!"
Daven: *„Hat der Klimawandel hier Auswirkungen?"*
Prof. Sanju: „Vermutlich ja. Sicher ist, dass es in Ostafrika über Jahre hinweg zu steigenden Durchschnittstemperaturen kam und kommt. Bei den Niederschlägen kann man es noch nicht genau einschätzen."

M5 Dürre und Klimawandel

Welthunger-Index 2019: Klimawandel verschärft den Hunger

[...] (dpa) Die Welthungerhilfe warnt vor neuen Gefahren für die Ernährungssicherheit durch den Klimawandel in ohnehin gefährdeten Staaten.
„Die Bekämpfung von Hunger und Unterernährung in einem sich wandelnden Klima erfordert groß angelegte Maßnahmen, um klimawandelbedingte Ungerechtigkeiten zu beseitigen und gleichzeitig Umweltveränderungen zu minimieren, die katastrophal für die Menschheit sein könnten", heißt es in dem [...] vorgestellten Welthungerindex 2019 der Organisation. Ein herber Rückschlag sei, dass die Zahl der Hungernden seit drei Jahren wieder ansteigt. [...]
„Die Verantwortung für den Klimawandel und seine Folgen sind sehr ungerecht verteilt. Die Menschen, die ihn am wenigsten verursacht haben, leiden am stärksten unter seinen Auswirkungen", warnte die Präsidentin der Welthungerhilfe, Marlehn Thieme. Sie verwies auf Dürren, Überschwemmungen und Stürme. Nötig ist nach Einschätzung der Welthungerhilfe eine bessere Vorbereitung auf Katastrophen und eine gerechte Finanzierung von Klimaschutzmaßnahmen. Der Klimawandel müsse abgeschwächt werden, ohne die Ernährungssicherheit zu gefährden.

Quelle: NZZ: Welthunger-Index 2019, 15.10.2019, Zugriff: 16.08.2021

M7 Pressemeldung

M6 Heuschrecken sind in Ostafrika eine Plage. Besonders Äthiopien, Kenia, Somalia, Tansania, Uganda und der Sudan sind betroffen. Und gerade hier ist die Versorgung der Menschen mit Nahrungsmitteln problematisch. Es sind Milliarden von Tieren, die am Tag bis zu 150 Kilometer zurücklegen können. Ein Schwarm kann an einem Tag so viel fressen wie 35 000 Menschen zur Ernährung bräuchten. Viehhirten finden kaum noch Futter für die Tiere und die Ackerflächen der Kleinbauern bleiben nicht verschont. Gleichzeitig steigen dadurch auch die Preise für Nahrungsmittel und Viehfutter auf den Märkten vor Ort.

Wenn du diese Aufgaben erfolgreich bearbeitet hast, kannst du ...
... einige Gründe für den Hunger in Ostafrika nennen.
... natürliche Ursachen für die Probleme der Nahrungsmittelproduktion in Ostafrika nennen und Zusammenhänge erklären.
... die Grundbegriffe **Dürre** und **Subsistenzproduktion** erklären.

Warum kommt es zu Versorgungsproblemen? – Ostafrika II

Natürliche Faktoren können die Nahrungsmittelproduktion in Ostafrika negativ beeinflussen. Aber auch menschliches Handeln trägt dazu bei, dass es zu Problemen kommt – durch Entscheidungen vor Ort, aber auch durch Entwicklungen, die von außen auf ein Land einwirken.

1. Beschreibe die Bevölkerungsentwicklung in Ostafrika und nenne Folgen für die Nahrungsmittelversorgung (M2).
2. „Der Anbau von Cash Crops kann auch zum Hunger beitragen!" (M3). Erkläre.
3. Recherchiere zu einem der folgenden Themen im Internet weitere Fakten und erstelle ein Plakat. Skizziere darauf die Wechselwirkungen zur Hungerproblematik in einem Wirkungsgefüge und erläutere die Abhängigkeiten. 235
   A Anbau von cash crops
   B Anbau von Energiepflanzen
   C Landgrabbing
   D bewaffnete Konflikte
   E steigende Bevölkerung bei gleichbleibender oder sinkender Landnutzungsfläche.
4. Fasse die Ursachen für die Hungerproblematik in Ostafrika noch einmal zusammen (S. 116 – 119):
   A Erstelle eine Conceptmap. 235
   B Erstelle eine digitale Präsentation. 255

Die meisten Plantagenprodukte werden nicht zur eigenen Versorgung angebaut, sondern sie sind für den Export auf den Weltmarkt bestimmt. Durch den Anbau dieser **cash crops** wie Kaffee, Tee oder Bananen gibt es wesentlich weniger Ackerflächen zum Anbau von **food crops** zur Ernährung der eigenen Bevölkerung. Viele Länder sind daher auf den Import von food crops angewiesen – obwohl sie Plantagenprodukte exportieren.

M3 cash crops – Teeanbau für den Weltmarkt

Energiepflanzen
Der verstärkte Anbau von Energiepflanzen (vgl. Landgrabbing) ist mitverantwortlich für weltweite Preissteigerungen bei vielen Nahrungsmitteln.

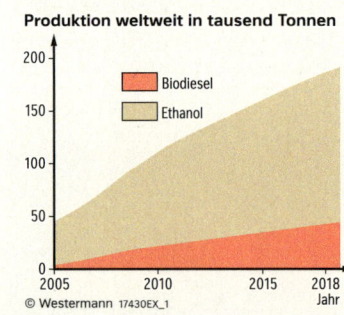

Biodiesel (hergestellt aus Raps, Soja, Ölpalmen oder anderen ölhaltigen Pflanzen)
Ethanol (hergestellt aus Pflanzen, zum Beispiel Mais, Zuckerrohr und Weizen)

M4 Energiepflanzen und Preisentwicklung

M1 INTERNET — Die neuesten Strukturdaten (z. B. zur Bevölkerungsentwicklung) werden jährlich im Weltbevölkerungsbericht veröffentlicht (Download bei der Deutschen Stifung Weltbevölkerung).

	2020	2035[1]	2050[1]	Fruchtbarkeitsrate[2]	Einw./km² LNF[3]	Welthungerindex Rang[4]
Ostafrika	445	645	874	4,5	652	–
Äthiopien	114,9	161,0	208,6	4,3	720	92
Somalia	15,9	24,3	34,9	6,0	1445	k.A.
Kenia	53,5	71,9	89,7	3,5	923	84
Ruanda	13,0	17,9	23,0	4,0	1125	97
Tansania	59,7	80,4	129,4	4,9	442	89

[1] Projektionen 2020, [2] Fruchtbarkeitsrate = Geburten pro Frau 2020, [3] Einwohner pro km² Landwirtschaftliche Nutzfläche 2020, [4] Der Welthungerindex 2020 erfasst 117 Länder, auf Rangplatz 117 liegt der Tschad; Quellen: Weltbevölkerungsbericht 2020, Welthungerindex 2020

M2 Einwohner in Millionen (2020 – 2050) und weitere Strukturdaten zu Ostafrika (Auswahl)

Welternährung – zwischen Überfluss und Mangel 119

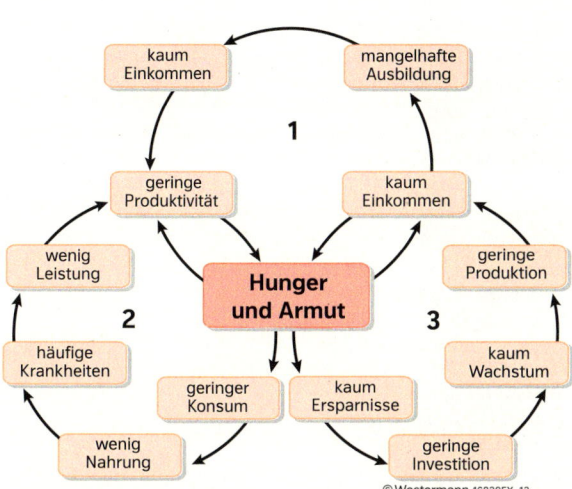

Beispiel Kreislauf 1:
Armut bedeutet ein niedriges Einkommen. Es fehlt Geld, um es in die Ausbildung zu investieren. Deshalb bleibt die Ausbildung oft mangelhaft. Das führt zu schlecht entlohnten Arbeitsverhältnissen, wodurch Armut und Hunger entstehen.

M5 Hunger und Armut sind eng verbunden.

Weltweit wird fruchtbares Ackerland durch die steigende Nachfrage nach Nahrungs- und Futtermitteln sowie Energiepflanzen immer knapper. Seit Jahren kaufen oder pachten große, transnationale Konzerne und auch finanzstarke Länder riesige Flächen Ackerland in Entwicklungsländern Afrikas, Lateinamerikas und Asiens.
Mit diesem „Landklau" sichern sich zum Beispiel die Golfstaaten, die bevölkerungsreichsten Länder China und Indien, aber auch zahlreiche europäische Länder Ackerland zur Versorgung ihrer Bevölkerung mit Nahrungsmitteln bzw. für den Anbau von Energiepflanzen. Die Bauern in den Entwicklungsländern aber verlieren ihre Ernährungsgrundlage. Armut und Hunger nehmen zu. Allein in Mosambik sind bereits rund 30 % der Agrarflächen in ausländischem Besitz!

M7 Landgrabbing zerstört die Lebensgrundlage der Bauern vor Ort.

In einigen Teilen Afrikas haben kriegerische Auseinandersetzungen oft ethische und religiöse Ursachen. Aber auch Streitigkeiten um Wasser und Weideland gehören dazu. So herrscht zum Beispiel in Somalia seit Jahrzehnten ein Bürgerkrieg: Hier kämpfen verschiedene Gruppen um die Macht im Staat. Ohne eine stabile Regierung und Friedensgespräche wird das Land auch weiterhin große Probleme haben: Städte und Dörfer werden zerstört, etwa die Hälfte der Bevölkerung ist von Nahrungsmittelknappheit bedroht. Viele Menschen fliehen auch ins Ausland, zum Beispiel nach Dadaab in Kenia, das 100 km von der Grenze entfernt liegt. Hier liegt das größte Flüchtlingslager der Welt mit 200 000 Menschen.

M6 Bürgerkriege – Flucht und Vertreibung

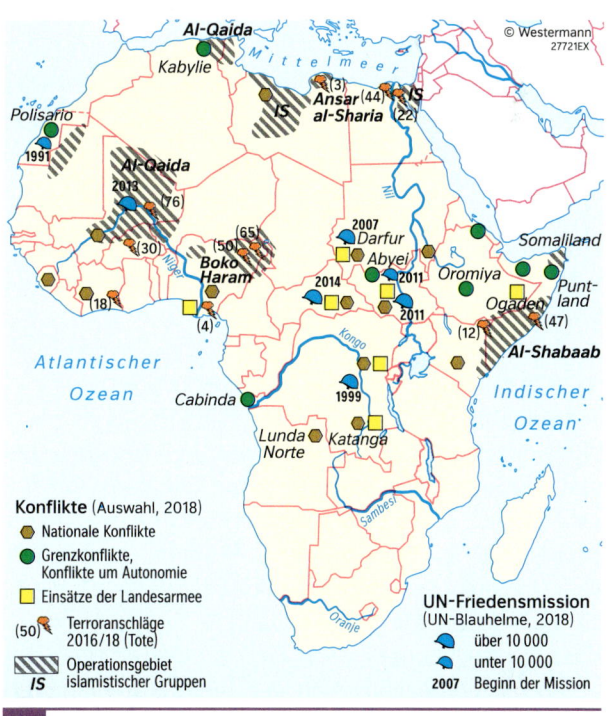

M8 Bewaffnete Konflikte in Afrika (Auswahl, 2018)

Wenn du diese Aufgaben erfolgreich bearbeitet hast, kannst du …
… unterschiedliche Ursachen des Hungers und dessen Auswirkungen am Beispiel Ostafrikas nennen und erklären.
… die Wechselwirkungen von Armut und Hunger analysieren.
… die Grundbegriffe **cash crops** und **food crops** erklären.

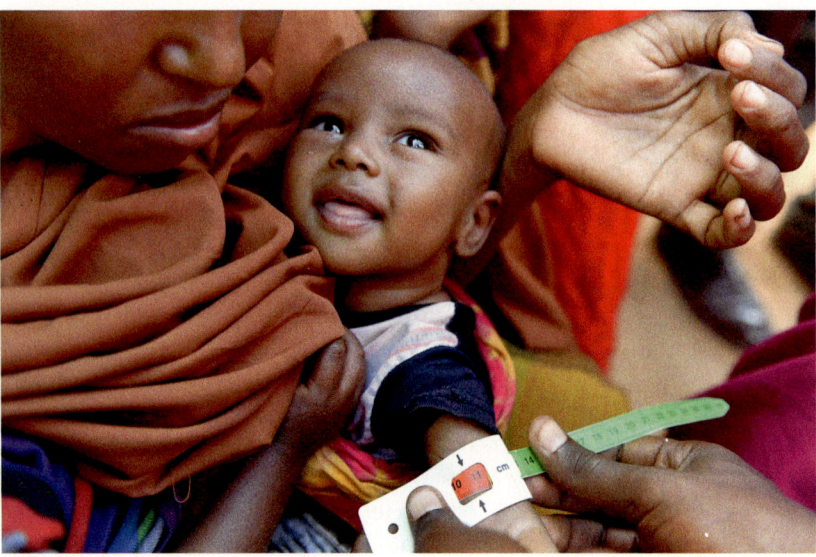

M1 In einem von UNICEF unterstützten Gesundheitszentrum in Doolow (Somalia) wird der Umfang des Oberarms eines einjährigen Kindes gemessen.

INFO

M2 Unterernährung von Kindern ist ein großes Problem. Um schnell eine Diagnose stellen zu können, gibt es den MUAC-Test (Middle-Upper-Arm-Circumference).
Das Armband wird um den Oberarm gelegt und zeigt drei Farben. Grün: alles in Ordnung; gelb: moderate Unterernährung; rot: schwere Unterernährung.

GEWUSST? – GEKONNT!

Hunger – ein weltweites Problem

Die Ernährungssituation – weltweit sehr verschieden

112 Unsere Kühlschränke und Supermärkte sind voll. Nahrungsmittel sind zu jeder Zeit verfügbar. Viele Deutsche wollen sich gesund ernähren. Oft fehlt aber auch die Zeit selbst zu kochen und manchmal auch das Geld. Dann greifen viele Menschen zu Fastfood (**Fehlernährung**), denn das geht schnell und ist billig. Pommes, Currywurst und Schokolade führen aber zu **Überernährung**. Außerdem ist die Ernährung einseitig. Die Folge ist ein Mangel an Nährstoffen (**Mangelernährung**). In anderen Ländern der Erde fehlt es jedoch an ausreichender Nahrung. Es kommt zu **Unterernährung**.

In welchen Regionen hungern die Menschen?

114 Weltweit leiden 811 Millionen Menschen **Hunger**. Dabei zieht sich ein **Hungergürtel** um die Welt. In Afrika, Südasien und Südostasien ist die Lage besonders ernst, aber auch in einigen Ländern Südamerikas spielt Hunger eine große Rolle. Eigentlich ist aktuell die **Welternährung** gesichert – die vorhandene Nahrung reicht theoretisch für alle. Der Anstieg der gesamten Weltbevölkerung auf über neun Milliarden bis 2050 und die ungleiche Verteilung der Nahrung führen aber zu großen Problemen. Auch die Produktion, zum Beispiel von Weizen oder anderen wichtigen Produkten, ist nicht jedes Jahr gleich. So können natürliche und vom Menschen beeinflusste Faktoren die Hungerproblematik verstärken.

Der Weltagrarmarkt lebt vom Handel mit Anbauprodukten, wobei Angebot und Nachfrage den Preis bestimmen. Da es global unterschiedliche Produkte gibt, die aber nicht überall in gleichem Maße vorhanden sind, kommt es zu einem regen Import und Export (z.B. Bananen, Kaffee, Hühnchen, Soja).

Warum kommt es zu Versorgungsproblemen? – Ostafrika I + II

Ostafrika ist besonders stark von Hunger betroffen. 116 Die klimatischen Bedingungen sind von teilweise geringen Niederschlägen und immer wiederkehrenden **Dürren** geprägt. Die Menschen dort betreiben oft **Subsistenzwirtschaft** in Form von Viehwirtschaft. Durch Dürre finden die Tiere nicht genug Nahrung und sterben. Heuschrecken sind ein weiteres Problem. Große Schwärme fallen über die Felder her und fressen die Ernte in wenigen Minuten auf.

Die steigende Zahl von Menschen in Ländern Ostafrikas führt zu einer Verschärfung der Situation. Eigentlich müssten immer mehr **food crops** zur Ernährung der eigenen Bevölkerung angebaut werden. Da aber **cash crops** auf dem Weltmarkt viel Geld versprechen, werden eher diese Produkte angebaut und exportiert. Auch der Anbau von Energiepflanzen führt dazu, dass Lebensmittel fehlen. Diese müssen dann wieder importiert werden. 118

Landgrabbing führt dazu, dass sich Länder wie China, Indien, aber auch europäische Länder Ackerflächen zur Versorgung sichern. Damit fehlt aber den Bauern vor Ort die Ernährungsgrundlage. Oft werden diese auch enteignet und sie erhalten kein Geld.

Kriegerische Auseinandersetzungen führen oft zur Vertreibung von Menschen und zur Zerstörung von Städten, Dörfern und Anbauflächen.

Welternährung – zwischen Überfluss und Mangel

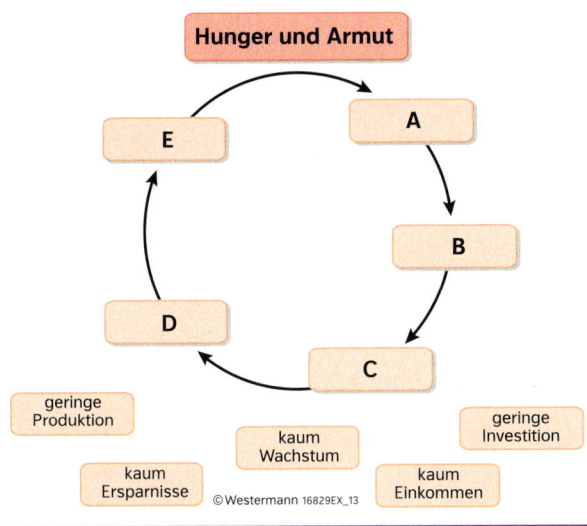

WES-113057-120

M3 Hunger und Armut – ein Kreislauf

Weltweit leiden von 100 Kindern unter 5 Jahren ...

22 an Wachstumshemmungen.

7 an Auszehrung.

6 an Übergewicht.

M4 Folgen unterschiedlicher Ernährung

M5 Karikatur

„Die Weltlandwirtschaft könnte problemlos zwölf Milliarden Menschen ernähren. Das heißt, ein Kind, das heute an Hunger stirbt, wird ermordet."
Jean Ziegler, ehemaliger UN-Sonderberichterstatter für das Recht auf Nahrung

M6 Aussage zur Weltlandwirtschaft

1 a) Beschreibe das Foto M1.
b) Interpretiere es.

2 a) Setze die Kärtchen an die richtige Stelle im Kreislauf (M3).
b) Erkläre den Zusammenhang mit eigenen Worten.

3 Ordne den Abbildungen in M4 die Begriffe Mangelernährung, Unterernährung und Überernährung zu. Erkläre die Folgen für das Leben der Kinder.

4 a) Bewerte die Aussage von Jean Ziegler (M6).
b) Gestalte eine Zeitungsanzeige einer Hilfsorganisation, in dem du das Zitat mit einbringst. **254**

5 Das Welternährungsprogramm der Vereinten Nationen (WFP) wurde 2020 mit dem Friedensnobelpreis geehrt. Recherchiere die Begründung für die Preisvergabe und stelle die Arbeit der Organisation in einem Vortrag vor.

6 a) Interpretiere die Karikatur (M5). **245**
b) Finde eine geeignete Bildunterschrift.

Ursachen – Folgen – Lösungsmöglichkeiten

Wie kann man die Nahrungsmittelproduktion erhöhen?

Vor einigen Jahren hatte man noch gehofft, die Versorgung mit Nahrungsmitteln deutlich verbessern zu können; doch nicht zuletzt durch die Pandemie 2020 hat die Zahl der Hungernden und Mangelernährten weltweit wieder zugenommen.

Wie entwickelt sich die Landwirtschaft, um die weltweite Versorgung mit Nahrungsmitteln für die Menschen zu sichern?

1. Nenne nach Möglichkeit auf jedem Kontinent drei Länder mit Reisanbau (Atlas). 237
2. **A** Stelle die Entwicklung des Reisanbaus in Asien in einem Diagramm dar (M6). 243
   B Errechne zu den einzelnen Ländern die Reiserträge pro Hektar 1960 und 2018 (M6).
3. Begründe die Entwicklung im Reisanbau (M2 – M6, M8).
4. Recherchiere im Internet verschiedene Quellen und berichte in einem Kurzvortrag 249, 250, 254
   A über die Hoffnungen und die Bedenken, die man mit dem Einsatz der Gentechnik verbindet, am Beispiel des „Goldenen Reis" (M3, M7).
   B über die Arbeit am Kartoffelforschungsinstitut CIP in Peru.

TIPP

M1 Die über 2000 Jahre alten Reisterrassen von Banaue (Philippinen) gelten als Weltwunder und zählen zu den spektakulärsten Orten in Asien. Im Internet gibt es davon Hunderte guter Fotos und Satellitenbilder. 241, 242

Steigerung der Nahrungsmittelproduktion

Ausweitung der Anbauflächen
- Rodung von Wald
- Bewässerung von Trockengebieten
- Trockenlegung von Sümpfen
- Gewinnung von Neuland (z. B. am Meer)

Intensivierung des Anbaus auf vorhandenen Flächen
- ertragreichere Pflanzensorten
- Bewässerung (evtl. weitere Ernte möglich)
- Düngung
- Modernisierung der Anbaumethoden (z. B. mit besseren Maschinen)

M2 Wege zur Erhöhung der Nahrungsmittelproduktion

Herr Rivero, haben Sie Ihre Reiserträge in den letzten Jahren steigern können?
Oh ja! Unsere Ernte ist etwa dreimal so hoch wie zu der Zeit, als ich den Hof übernommen habe. Wir haben vom International Rice Research Institute neu gezüchtetes Saatgut von **Hochertragssorten** bekommen. Es hat kürzere Stängel, dickere Körner und benötigt eine kürzere Wachstumszeit. So können wir im Tiefland dreimal jährlich ernten. Und mit einer anderen Sorte kann man sogar noch auf Feldern über 1 500 Meter gute Erträge erzielen, das war früher undenkbar.
Hat das keine Nachteile?
Nun ja, man muss gezielt bewässern, Düngemittel und Pflanzenschutzmittel einsetzen und immer wieder neues Saatgut nachkaufen. Diese **Intensivierung** benötigt Geld und viel Know-how. Doch im Dorf gibt es halbjährlich Fortbildungsveranstaltungen und übers Handy gibts eine Online-Beratung.
Wie könnte die Entwicklung Ihrer Meinung nach weitergehen?
Seit einigen Jahren versucht man, den Reis nicht nur durch Züchtungen, sondern auch durch Gentechnologie zu verändern. Dadurch verspricht man sich zum einen noch höhere Erträge durch die Resistenz gegenüber Pflanzenkrankheiten oder Dürre. Zum anderen könnte man dadurch auch Gene in die Pflanzen einfügen, die Menschen vor Krankheiten schützen.
Aber das wäre ja phantastisch!
Ja, das sind Hoffnungen. Viele Forscher warnen vor gentechnisch veränderten Nahrungsmitteln, weil ihre Wirkungen noch nicht genügend erforscht sind. Daher ist ihr Verkauf auch in den meisten Ländern verboten.

M3 Gespräch mit einem philippinischen Reisbauern

M4 Reispflanzen werden nicht gesät, sondern in Saatbeeten gezogen und später einzeln gesetzt – so ist der Ertrag pro Hektar sehr viel höher.

M5 In den Reisterrassen von Longji (China). Jede Fläche wird zur Nahrungsmittelproduktion genutzt, selbst steile Berghänge. Die Anlage der völlig ebenen Felder, auf denen das Wasser für die Zeit der Bewässerung nur wenige Zentimeter hoch stehen darf, ist eine Meisterleistung. Nicht selten sind die Lehmwälle zum höher gelegenen Feld über fünf Meter hoch. Die Felder werden mit Hand oder mithilfe von Wasserbüffeln bestellt, nur wenige mit Maschinen.

Land	Anbaufläche in Mio. ha 1960	2018	Erzeugung in Mio. t 1960	2018	Einwohnerzahl in Mio. 1960	2018
VR China	27,0	30,5	56,2	214,1	671	1459
Indien	34,7	44,5	53,4	172,6	452	1352
Indonesien	6,9	26,8	12,0	83,0	97	268
Japan	3,3	1,5	16,1	9,7	94	127
Malaysia	0,5	0,7	1,0	2,7	8	32
Nepal	1,0	1,5	2,1	5,6	10	28
Pakistan	1,2	2,8	1,6	10,8	49	212
Philippinen	3,2	4,8	3,9	19,0	27	107
Thailand	6,1	10,4	10,1	32,2	27	69
Vietnam	4,7	7,6	8,9	43,0	34	96

M6 Reisanbau in Asien

Für Millionen arme Bauernfamilien ist Reis nahezu das einzige Nahrungsmittel. Morgens, mittags und abends gibt es Reis – in gekochter oder gebratener Form oder in der Suppe. Beilagen wie Gemüse oder sogar Fleisch können sich arme Familien nur an wenigen Tagen im Monat leisten. Am International Rice Research Institute auf den Philippinen versuchen internationale Wissenschaftler, neue, produktivere Reissorten zu züchten. Größter Erfolg des IRRI war die Entwicklung einer sehr ertragreichen Reissorte, die in Kombination mit Maßnahmen der Intensivierung große Ertragsteigerungen brachte. Weltweit bezeichnete man dies als die **Grüne Revolution**.

M8 Die Bedeutung von Reis

Beim „Goldenen Reis" wurden mithilfe der Gentechnik zwei Gene der Osterglocke den Reisgenen hinzugefügt. Sie sorgen dafür, dass der Reis Beta-Karotin produziert und damit die Vitamin-A-Produktion anregt. Vitamin A unterstützt das Knochenwachstum, fördert die Sehkraft und hält Haut und Schleimhäute gesund. Dadurch wird der Körper widerstandsfähiger gegen Infektionen. Nach über 25 Jahren Forschung und nach jahrelangem heftigem Widerstand von Gentechnik-Kritikern wurde der „Goldene Reis" in einigen Staaten als Nahrungsmittel zugelassen, z.B. 2019 auf den Philippinen und in Bangladesch.

M7 „Goldener Reis"

Wenn du diese Aufgaben erfolgreich bearbeitet hast, kannst du …
… am Beispiel von Reis Maßnahmen erläutern, mit denen die Nahrungsmittelproduktion gesteigert werden kann und Vor- und Nachteile von Intensivierungsmaßnahmen beschreiben.
*… die Grundbegriffe **Hochertragssorte**, **Intensivierung** und **Grüne Revolution** erklären.*

Biodiversität in Gefahr?

Wurde früher Saatgut von Landwirten noch selbst gewonnen, beherrschen heute weltweit tätige Konzerne den Markt dafür mehr und mehr. Das hat „nachhaltige" Folgen. Aber es geht auch anders ...

1. a) Erkläre den Zusammenhang zwischen der Biodiversität und der traditionellen, informellen Saatgutgewinnung (M1, M2).
   b) Recherchiere zur Saatgutbank in der Arktis und stelle das Projekt vor. 249

2. a) Stelle Vor- und Nachteile von Hybridsaatgut gegenüber (M4).
   b) Diskutiert aus der Perspektive eines Landwirtes und eines Herstellers von Hybridsaatgut den Nutzen des Produktes.

3. Interpretiere die Karikatur und nimm Stellung zur Aussage: „Wer die Saat hat, hat das Sagen" (M3, M6). 245

4. „Saatgut sollte zum Gemeingut werden", so die Forderung von Reinhard Lühring (M5). Bewerte das Ziel vor dem Hintergrund der Nachhaltigkeit.

5. Auch Vandana Shiva setzt sich für traditionelle Anbaumethoden, lokale Märkte und traditionelle Nutzpflanzen ein (M7). Sie verteilt Saatgut kostenfrei an Mitglieder von Navdanya und diese müssen die eineinhalbfache Menge an die Saatgutbank oder zwei Familien geben. So entsteht ein Kreislauf des Teilens.
   A Schildere konkret die Auswirkungen der Idee für Kleinbauern vor Ort.
   B Erkläre an einem anderen Beispiel das Prinzip der Sharing Economy.

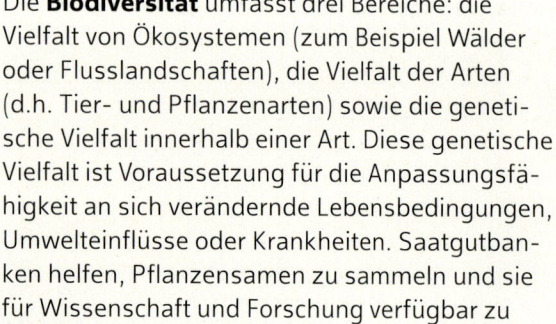

Traditionelle Saatgutgewinnung für den Anbau wurde lange Zeit von den Bauern selbst vorgenommen. Samen oder andere Pflanzenteile, z.B. Stecklinge oder die Wurzelknollen, wurden aufbewahrt und im Folgejahr zur Saat oder Anpflanzung verwendet. Dabei erfolgt auch der Tausch des Saatgutes unter Freunden, Nachbarn oder in Genossenschaften. Bei diesem informellen Saatgutsystem entstand Saatgut, bei dem wünschenswerte, typische Eigenschaften selektiert und weitergegeben wurden. Die entstandenen vielfältigen Landrassen waren sehr gut auf die klimatischen und edapischen (auf den Boden bezogenenen) Eigenschaften angepasst. Heute nutzt man altes Saatgut, um es an den Klimawandel anzupassen.
Diese Praxis ist jedoch in den Industrieländern und zuletzt auch in den Entwicklungsländern stark rückläufig.
Die Folgen: Es gibt immer weniger angebaute Sorten. Bei Kohl sind 95% aller existierenden Sorten verloren gegangen, bei Mais 78%. Von den 2000 Apfelsorten in Deutschland findet man im Handel gerade mal etwa drei Dutzend.

M2 Traditionelle Saatgutgewinnung und alte Sorten

Die **Biodiversität** umfasst drei Bereiche: die Vielfalt von Ökosystemen (zum Beispiel Wälder oder Flusslandschaften), die Vielfalt der Arten (d.h. Tier- und Pflanzenarten) sowie die genetische Vielfalt innerhalb einer Art. Diese genetische Vielfalt ist Voraussetzung für die Anpassungsfähigkeit an sich verändernde Lebensbedingungen, Umwelteinflüsse oder Krankheiten. Saatgutbanken helfen, Pflanzensamen zu sammeln und sie für Wissenschaft und Forschung verfügbar zu machen.

M1 Was ist Biodiversität?

Konzerne wie Monsanto, Syngenta und Bayer melden mehr und mehr Patente auf Saatgut an und bilden so schrittweise ein Monopol über unsere Ernährung. Bereits jetzt kontrollieren lediglich fünf Konzerne etwa 75% des EU-Marktes für Mais-Saatgut. Ebenfalls fünf Konzerne kontrollieren 95% des Marktes beim Saatgut für Gemüse.

M3 Protest gegen Patente

Saatgut ist heute zunehmend ein kommerzieller Faktor. So haben global große Pharma- und Chemiekonzerne die Saatgutherstellung übernommen. Drei große Konzerne beherrschen dabei über 60% des Marktes: DuPont-Dow, ChemChina-Syngenta und Bayer-Monsanto. Letzterer verfügt über die Kontrolle eines Drittels des weltweiten Saatgutmarktes.

Die Marktmacht hat Konsequenzen: Wenige Konzerne können Produkte und Preise diktieren und steuern. Folgen sind eine industrialisierte Landwirtschaft, die auf immer größere Flächen, Monokulturen und Hybridsaatgut setzt. Hybridsaatgut hat dabei Vor- und Nachteile. Das Saatgut verbindet positive Eigenschaften aus beiden Elternlinien, die Produkte haben ein ansprechendes Aussehen, was Verbraucher auch wünschen. Positiv sind auch höhere Erträge. Das Saatgut ist damit auch für Entwicklungsländer sehr interessant. Hinzu kommt, dass die Pflanzen resistent gegen Krankheiten sind.

Ein wesentlicher Nachteil des Hybridsaatgutes ist: Eine Nachzucht ist meist nicht sinnvoll, da die eingezüchteten Eigenschaften bereits in der zweiten Generation verloren gehen. Das bedeutet, dass das Saatgut jedes Jahr erneut von Konzernen gekauft werden muss. Das ist jedes Jahr mit Kosten verbunden, außerdem ist das Saatgut teuer.

M4 Hybridsaatgut und seine Folgen

M6 Karikatur: Wer das Saatgut hat

Reinhard Lühring vom Bio-Saatgutvertrieb Dreschflegel setzt sich dafür ein, dass Saatgut zum Gemeingut und damit Teil der **Sharing Economy** wird. Dafür züchtet er auf seinem Hof in Ostfriesland 30 Grünkohlsorten. Insgesamt zählen 17 Höfe in ganz Deutschland zur Gruppe „Dreschflegel". Seit 1990 setzen sich die Gärtner und Gärtnerinnen für alte Gemüsesorten, verschiedene Kulturpflanzen und deren biologische Saatgutvermehrung und -züchtung ein. Bei der langjährigen biologischen Sortenentwicklung erfolgt eine Anpassung an die biologischen Anbaubedingungen vor Ort. Diese können regional unterschiedlich sein.

M5 Grünkohl züchten – für mehr Biodiversität

Navdanya bedeutet „Neun Samen" und gilt weltweit als größtes Netzwerk aus lokalen Gemeinschaften, das traditionelle Nutzpflanzen sichert. Die indische Organisation will die Unabhängigkeit von Kleinproduzenten sichern und lokale Märkte stärken. Sie betreibt 122 gemeinschaftliche Saatgutbanken in 18 indischen Staaten und unterrichtet traditionelle Anbaumethoden. Gegründet wurde Navdanya vor 30 Jahren von der Trägerin des alternativen Nobelpreises Vandana Shiva.

Quelle: frings 1/2021, S. 15

M7 Projekte in Indien und auf den Philippinen

Wenn du diese Aufgaben erfolgreich bearbeitet hast, kannst du …
… *die Vor- und Nachteile traditioneller und moderner Saatgutproduktion gegenüberstellen und bewerten.*
… *die Grundbegriffe Biodiversität und Sharing Economy erklären.*

Nahrung aus dem Meer – am Limit?

Bereits vor Jahrtausenden lebten die Menschen weltweit auch vom Fisch. In welchem Maße kann Fisch zur Welternährung beitragen? Wie haben sich Nachfrage und Fangmethoden entwickelt? Und mit welchen Folgen?

1. Beschreibe die Entwicklung des Fischfangs und der Aquakulturen (M2).
2. Vergleiche den traditionellen Fischfang in Ghana (M1) mit der modernen Hochseefischerei (M4).
3. Erkläre die Folgen für die Fischbestände weltweit (M3).
4. Erstelle einen kurzen Vortrag zum Thema Aquakulturen und erkläre die Funktionsweise an einem Beispiel (M5–M9, Internet). 247
5. Stelle in einer Tabelle die Positionen von Befürwortern und Gegnern der Aquakultur gegenüber. Recherchiere dazu auch im Internet.
6. **A** Der WWF empfiehlt den Verbrauchern beim Fischkauf auf Biosiegel zu achten: Bewerte, ob Siegel eine gute Entscheidungshilfe für den Fischkauf im Supermarkt sind. Recherchiere dazu „Fischkauf" und „Siegel" (M7).
   B Recherchiere die Herkunftsangaben auf einer Packung Tiefkühlfisch. Berichte.
7. Nimm Stellung: Versorgung mit Fisch – am Limit oder auch zukünftig ein Beitrag zur globalen Ernährungssicherung?

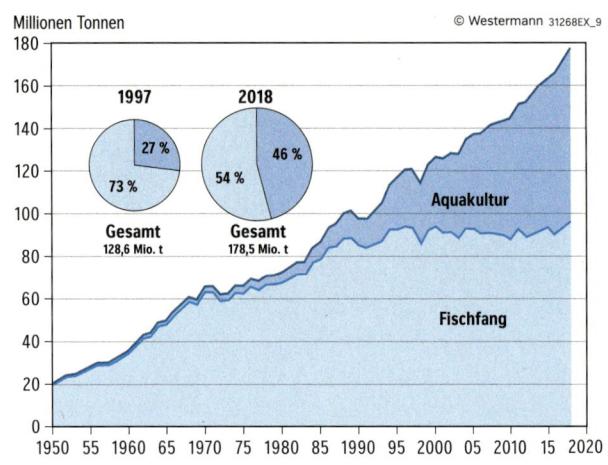

M2 Entwicklung des Fischfangs und der Produktion in Aquakulturen. Aquakulturen sind künstlich angelegte Zuchtanlagen, zum Beispiel für Fische oder Muscheln.

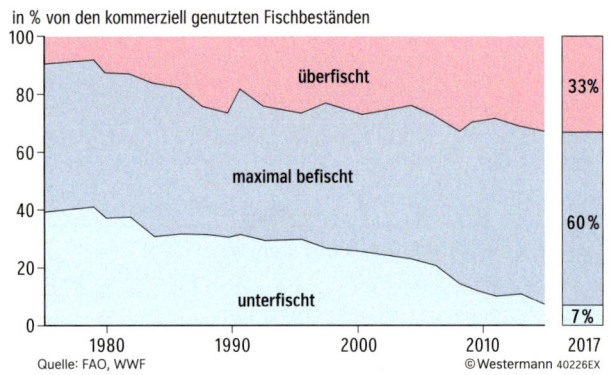

M3 Entwicklung der Fischbestände weltweit

M1 Fischereiboote in Accra, der Hauptstadt Ghanas. Hier landen die Fischer an, um ihren Fang auf dem Markt direkt zu verkaufen. Die Küsten in Ghana sind sehr fischreich und 10 % der Menschen dort leben direkt oder indirekt (z.B. als Bootsbauer) vom Fischfang. Das Problem: Auch hier wird zunehmend mit großen Schiffen gefischt und das teilweise illegal! Die Meere werden zunehmend überfischt.

M4 Das Hochseefischereischiff „Mark" ist eines der größten Fischereischiffe Deutschlands. Es ist etwa 90 Meter lang, 16 Meter breit und hat eine Tragfähigkeit von 1274 Tonnen. 34 Mann Besatzung arbeiten auf dem Schiff. Gefischt wird zum Beispiel vor Spitzbergen. Nach dem Fang kann der Fisch hier direkt weiterverarbeitet und verpackt werden und wird dann tiefgekühlt.

Welternährung – zwischen Überfluss und Mangel

M5 **Aquakulturen** können ganz unterschiedlich aussehen: So gibt es zum Beispiel Fischteiche (zum Beispiel für Forellen oder Karpfen), Netzgehege in natürlichen Gewässern (zum Beispiel für die Lachszucht vor den Küsten Norwegens) oder sogar Indoor-Kreislauf-Anlagen (zum Beispiel Edelfische aus der Schweiz).
Weltweit wächst die Produktion in den Aquakulturen rasant. Führend sind hier vor allem China, aber auch Indien, Indonesien, Vietnam, Ägypten und Norwegen.

M8 In den Fjorden Norwegens werden zunehmend Fischfarmen eingerichtet. In der Region um Bergen finden sich unterschiedliche Formen von Aquakulturen, z. B. bei Hjartas, Skranestoi und Molohopen.

Schon heute ist Fisch weltweit der wichtigste Proteinlieferant für die menschliche Ernährung, noch vor Geflügel und Schweinefleisch. Rund 17 Prozent aller Menschen decken ihren Eiweißbedarf hauptsächlich über Fisch. In etwa 20 Jahren soll sich die Nachfrage noch mehr als verdoppeln.
„Um die wachsende Bevölkerung ausreichend mit Proteinen zu versorgen, kommen wir ohne Aquakulturen nicht mehr aus", sagt Ulfert Focken, Experte für Aquakultur und Fischernährung am Thünen-Institut für Fischereiökologie in Ahrensburg. Denn Fakt ist: Im Vergleich zur Schweine- oder Rindermast ist die Fischzucht klar im Vorteil. Zum einen brauchen Fische und andere Wasserorganismen weniger Nahrung als Tiere an Land. Beispielsweise benötigt man für die Produktion von einem Kilogramm Rindfleisch 15-mal mehr Futter als für die von einem Kilogramm Karpfen. Denn Fische sind wechselwarme Tiere. Ihre Körpertemperatur entspricht in etwa der Umgebungstemperatur. Sie müssen also im Vergleich zu Säugetieren oder Vögeln fast keine Energie aufwenden, um ihre Körpertemperatur zu halten. Zum anderen verbrauchen Tiere im Wasser weniger Energie, um sich fortzubewegen.
Quelle: Planet Wissen: Aquakultur: Sargnagel statt Rettungsanker?

M6 Bedeutung der Aquakulturen

Doch mit der Fischzucht wächst auch die Kritik seitens der Umweltschützer. Denn anstatt der Überfischung der Meere entgegenzuwirken, hat die Fischzucht diese teilweise noch weiter vorangetrieben.
Der Grund: Viele Zuchtarten, sogenannte karnivore Arten, sind selbst Fleischfresser und müssen mit anderen Fischen gefüttert werden. Und diese stammen meist direkt aus dem Meer.
Besonders haarsträubend ist die Zucht von Thunfischen in Aquakultur. Diese können nicht wie etwa die Lachse einfach nachgezüchtet werden. Daher fängt man wildlebende Jungthune und mästet sie in großen Netzen mit wertvollen, im Meer gefangenen Speisefischen. In ihren Käfigen haben sie dann nicht einmal die Möglichkeit, für Nachwuchs zu sorgen.
Bei anderen karnivoren Fischarten sieht die Bilanz viel besser aus. „Auch Zuchtlachse benötigen eine Mindestmenge an Fischmehl in ihrem Futter, um heranzuwachsen. Dieser Anteil wurde jedoch so weit reduziert, dass man heute mit etwa 1,2 Kilogramm Kleinfischen ein Kilogramm Lachs erzeugen kann", sagt Aquakultur-Ökonom Michael Ebeling vom Thünen-Institut für Seefischerei in Hamburg.
Quelle: Planet Wissen: a. a. O.

M9 Fischzucht in Aquakulturen in der Kritik

M7 Siegel sollen Verbraucher beim Fischkauf unterstützen.

Wenn du diese Aufgaben erfolgreich bearbeitet hast, kannst du ...
... den traditionellen Fischfang mit dem modernen Fang vergleichen.
... Ursachen und Folgen der steigenden Nachfrage analysieren.
... nachhaltige Möglichkeiten des Fischfangs diskutieren.
... den Grundbegriff der **Aquakultur** erklären.

Fleischkonsum und seine Auswirkungen – Rindfleisch aus dem Regenwald

Fleisch ist weltweit ein beliebtes Nahrungsmittel. Weltweit wurden 2020 rund 333 Millionen Tonnen Fleisch erzeugt. Das waren über 40 % mehr als noch im Jahr 2000. Am stärksten ist die Fleischerzeugung in den letzten Jahren in Südamerika gestiegen – vor allem zur Sättigung des Weltmarktes. Aber um welchen Preis? Was ist unser Anteil?

W 1. Recherchiere die Problematik ausgehend von den Materialien M1 – M8.
  A Beschreibe das Ausmaß und die Entwicklung der Rodungen im Amazonasgebiet mithilfe von Satellitenbildern 🗺 und des Internets. 242
  B Beschreibe die Verbreitung von Rinderzucht und Sojaanbau im Amazonasgebiet mithilfe des Atlas. 237

2. Durch unseren Fleischkonsum haben wir Anteil an den Rodungen, sowohl direkt als auch indirekt. Erkläre.

3. Erläutere, warum in Amazonien produziertes Rindfleisch auf dem Weltmarkt begehrt ist.

4. Bewerte die Projektidee zu umweltfreundlichen Farmen.

5. Analysiere in Hinblick auf das Thema den Fleischkonsum von dir und deiner Familie.

Z 6. Beurteile die Wirkung des Plakates (M4). Könnte man es noch wirkungsvoller gestalten? Mache Vorschläge.

Wie die Deutschen den Regenwald aufessen
Quelle: Welt, 20.10.2019

Rinderbaron in Brasilien: Zwischen Gewinn und Umweltschutz
Quelle: Deutsche Welle, 10.10.2019

Soja und Fleisch aus Regenwald-Regionen. Grüne fordern Importstopp
Quelle: Märkische Allgemeine, 31.08.0219

M1 Schlagzeilen zum Thema

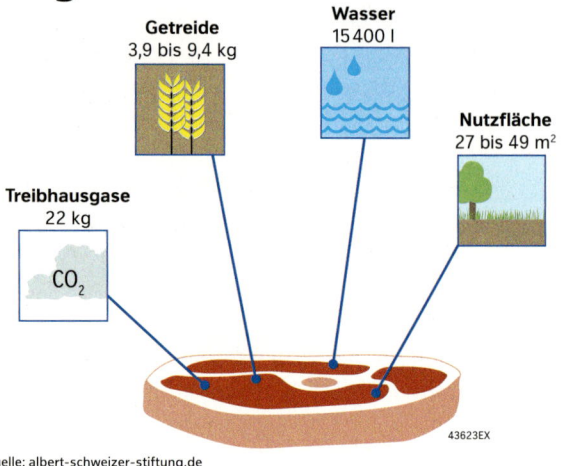

Quelle: albert-schweizer-stiftung.de

M2 Was steckt in einem Kilo Rindfleisch?

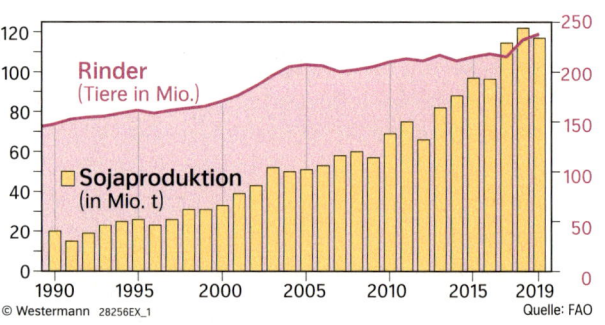

© Westermann 28256EX_1 · Quelle: FAO

M3 Soja und Rindfleischproduktion in Brasilien

M4 Plakat zu Sojaanbau und Regenwald. Was könnte in der Sprechblase stehen?

INFO
M5 Soja dient als Lebensmittel (z. B. als Sojamilch oder Tofu). Besonders häufig wird Soja jedoch als Viehfutter verwendet. Ein Rind von 600 kg braucht in zwei Jahren Mast etwa 3,5 Tonnen Soja und Getreide als Futtermittel.

Welternährung – zwischen Überfluss und Mangel

INFO

M6 Brasiliens Fleischwirtschaft auf dem Vormarsch

Die Produktionsbedingungen für Rindfleisch in Brasilien sind optimal: Mais und Soja als Viehfutter wachsen hier gut. Die Löhne der Bauern sind im weltweiten Vergleich niedrig. Das bedeutet: Die Produktion einer Tonne Rindfleisch kostet hier 2000 US-Dollar, in Deutschland umgerechnet rund 5300 US-Dollar.

Ein Drittel der Fläche Brasiliens gilt als landwirtschaftliche Fläche; davon sind drei Viertel Weiden!

M8 Rinderweide im Amazonasgebiet. Die Abholzung des Regenwaldes in Brasilien nimmt massiv zu. 80 % davon stehen im Zusammenhang mit der Rinderzucht!

Vor rund 30 Jahren wurde das Land im Bundesstaat Mato Grosso – wie die Bauern sagen – „freigegeben". Dort gibt es heute die größten Rinderherden. Die Böden haben das lange mitgemacht, doch inzwischen sind große Flächen ausgelaugt und geben für die Rinderhaltung nicht mehr genug her. Es besteht die Gefahr, dass immer mehr Rinderherden weiter nach Norden ziehen, also tiefer in den Amazonas hinein. Um hier gegenzusteuern, wird der Versuch gemacht, die Höfe mit ihrem degradierten Land zu modernisieren und so mehr Rinder auf weniger Fläche halten zu können. [...]

Finanziert wird das Projekt vom Althelia Climate Fund, der in Initiativen zur nachhaltigen Landnutzung investiert. Projektziel ist, Gebiete, in denen die Böden durch Rinderfarmen geschädigt sind, nachhaltig zu bewirtschaften. Den Prozess der Veränderung der Böden nennt man auch **Degradation**.

[...] In einem ersten Schritt werden die degradierten Böden wiederhergestellt. Es handelt sich um ein aufwendiges Verfahren: Die Böden werden mehrmals umgepflügt, mit Nährstoffen wie Kalkstein und Urea (Stickstoffdünger aus Harnstoff) versorgt und mit ergiebigen Grassorten bepflanzt. Es geht um eine Umstellung der gesamten Produktionsweise. Die Wasserversorgung der Rinder erfolgt nach modernen Standards, die Tiere sollen nicht mehr am Fluss trinken. Die Ufer und Wasserquellen werden renaturiert.

Das System ist effizient, die Investition allerdings hoch.

Quelle: Deutsche Welle: Schutz des Amazonas: Können Brasiliens Rinderfarmen umweltfreundlich werden? Beitrag vom 19.11.2019; Zugriff: 21.09.2021 [geändert]

M7 Nachhaltige Rindfleischproduktion – ein Projekt

Ein deutscher Discounter hat den Preiskampf eröffnet: 16 € pro Kilo Rindfleisch. Beim Metzger würde das Stück Fleisch aus Deutschland mindestens doppelt so viel kosten.

M9 Angebot zur Grillsaison

INTERNET

M10 Verschiedene Umweltschutzorganisationen informieren über die Funktion und Bedeutung des Regenwaldes und zu Schutzmaßnahmen, z. B. Rettet den Regenwald e. V., der WWF oder Greenpeace.

Wenn du diese Aufgaben erfolgreich bearbeitet hast, kannst du ...
... die Voraussetzungen für die Fleischproduktion in Brasilien nennen.
... die Zusammenhänge zwischen der Nahrungsmittelproduktion und dem Konsum am Beispiel des Rindfleischs erklären und bewerten.
... den Grundbegriff der **Degradation** erklären.

Fastfood – Produktion und Konsum

Fastfood ist bequem und billig: An jeder Ecke bekommt man Pommes, Burger und Döner. Auch in der Schulmensa ist am Pizzatag der Andrang größer als sonst. Dazu noch eine Cola oder ein Energydrink. Aber oft hört man, das Fastfood mache dick und krank. Stimmt das? Und gibt es vielleicht „bessere" Alternativen, mit denen man auch noch die globale Nahrungsmittelsituation verbessern kann?

1. Beschreibe die Bedeutung von Fastfood in Deutschland (M1).
2. Analysiere eine Fastfood-Mahlzeit (M4). Vergleiche diese mit einer „gesunden" Mahlzeit. Stelle diese auch als Bildkollage zusammen.
3. Analysiere die Essentrends der Europäer (M5). Vergleiche auch den Stellenwert von Fastfood und gesundem Essen in den einzelnen Ländern.
4. Erstellt eine Liste mit Pro- und Kontra-Argumenten zum Thema „Fastfood" und führt eine Diskussion dazu. Findet eine passende Fragestellung für die Diskussion. 256
5. Erkläre die Vorteile von Insekten als nachhaltiges und gesundes Lebensmittel – auch im Vergleich zu Fleisch (M7, M8).
6. **A** Verfasse einen Leserbrief für oder gegen die Verwendung von Insekten als Lebensmittel.
   B Erstelle ein Werbeplakat für „Insektenfood".

M3 Fastfood – auf einer Party

Nährstoffangaben jeweils pro Portion

Doppelter Hamburger mit Käse, Salat, Rindfleisch und Soße
Energiewert in kJ:	2130
Eiweiß:	27 gr
Kohlenhydrate:	42 gr
Fett:	26 gr

Eine mittlere Portion Pommes frites
Energiewert in kJ:	1427
Eiweiß:	4 gr
Kohlenhydrate:	42 gr
Fett:	17 gr

1 Softdrink (0,5 l)
Energiewert in kJ:	879
Eiweiß:	0 gr
Kohlenhydrate:	53 gr
Fett:	0 gr

Gesamtbilanz   **4436 kJ**

Empfehlung (15–19 Jahre) täglich:
Mädchen: 8370 kJ, Jungen: 10 460 kJ

M4 Eine Fastfood-Mahlzeit unter der Lupe

Eine Umfrage hat ergeben, dass in Deutschland rund 32 % der Deutschen über 14 Jahre mindestens einmal im Monat zu McDonalds gehen. Bei Burger King sind es rund 17 %, bei Pizza Hut immerhin gut 6 %.

M1 Fastfood-Besuche

INTERNET

M2 Verschiedene Seiten informieren über die Themen Gesundheit und Essen, zum Beispiel die DGE (Deutsche Gesellschaft für Ernährung) und die Aktion „5 am Tag".

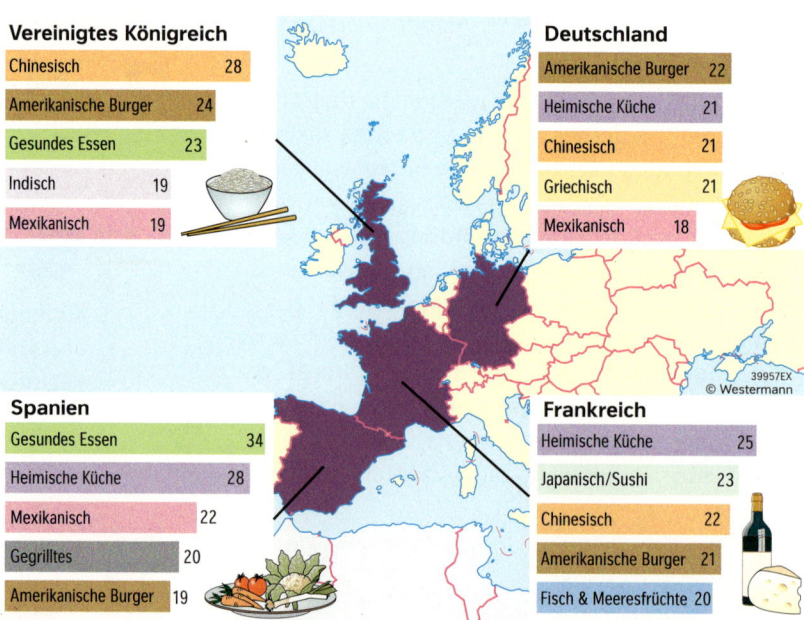

Vereinigtes Königreich
- Chinesisch 28
- Amerikanische Burger 24
- Gesundes Essen 23
- Indisch 19
- Mexikanisch 19

Deutschland
- Amerikanische Burger 22
- Heimische Küche 21
- Chinesisch 21
- Griechisch 21
- Mexikanisch 18

Spanien
- Gesundes Essen 34
- Heimische Küche 28
- Mexikanisch 22
- Gegrilltes 20
- Amerikanische Burger 19

Frankreich
- Heimische Küche 25
- Japanisch/Sushi 23
- Chinesisch 22
- Amerikanische Burger 21
- Fisch & Meeresfrüchte 20

★M5 Trends zum Essen in Europa: Diese Grafik zeigt, von welchen Speisen Bürger ausgewählter Länder gerne mehr im Angebot hätten (in %).

Welternährung – zwischen Überfluss und Mangel

Youtuber futtert eine Woche im Fastfood-Laden

In einem Selbstversuch hat sich der Youtuber Mike Jeavons eine Woche lang ausschließlich von 21 Menüs einer bekannten Fastfood-Kette ernährt. Was zunächst wie ein Traum erscheint, wird für ihn schnell zum Albtraum. Zwar versucht er, die tägliche Anzahl der Kalorien durch die Auswahl der Menüs zu beeinflussen; daher nimmt er auch nicht zu. Allerdings kämpft er mit anderen Problemen: Der hohe Fettanteil sorgt für Magenschmerzen. Er fühlt sich insgesamt schlapp und krank. Sein Fazit: Er möchte in der nächsten Zeit keine Burger mehr sehen!

M6 Meldung: Youtuber isst eine Woche nur Fastfood.

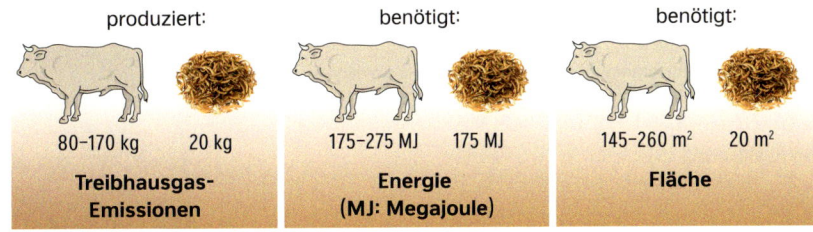

Um 1 kg Eiweiß für Nahrungsmittel zu erhalten, werden

produziert: 80–170 kg / 20 kg — Treibhausgas-Emissionen

benötigt: 175–275 MJ / 175 MJ — Energie (MJ: Megajoule)

benötigt: 145–260 m² / 20 m² — Fläche

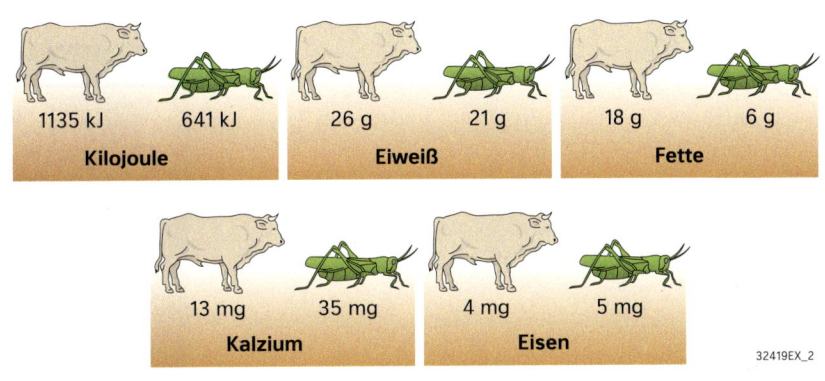

In 100 Gramm gehacktem Rindfleisch bzw. gehackten Heuschrecken sind enthalten:

1135 kJ / 641 kJ — Kilojoule
26 g / 21 g — Eiweiß
18 g / 6 g — Fette
13 mg / 35 mg — Kalzium
4 mg / 5 mg — Eisen

M8 Insekten als Fastfood – eine Alternative?

Lukas hat für die Grillparty eingekauft und berichtet:
Ich stehe vor dem Grillregal einer großen Supermarktkette. Es ist Sommer und für den Abend haben sich Freunde angesagt. Was es zum Essen geben soll? Burger, bitte!
Das Kühlregal ist voll: „Burger-Patties aus 100 % Rindfleisch" – ab in den Wagen! Ein Freund ist Vegetarier. Auch da findet sich was – mit Kidney-Bohnen. Aber was ist denn das? Burger mit Insekten!? Mein erster Gedanke dabei: Das ist doch ekelig. Oder doch nicht?
Wieder daheim angekommen recherchiere ich im Internet. Insekten sind als neuartige Lebensmittel in der EU zugelassen. Bereits wenig später tauchten die ersten Produkte bei großen Lebensmittelketten in den Regalen auf.
Aber was genau ist drin? Buffalowürmer und Sojaprotein steht auf der Verpackung. Buffalowürmer sind die Larven des Glänzenden Getreideschimmelkäfers. Klingt nicht ganz so lecker. Ein Blick auf die Nährwerte macht die Sache interessanter: Der Anteil an Protein macht über 50 % aus! Die Haltung der Tiere ist artgerecht, bei der Zucht werden wenig Energie, Wasser oder Futter benötigt. Also ökologisch auch noch nachhaltig. Und übrigens: In anderen Ländern werden Maden, Käfer und Heuschrecken täglich gegessen. Also: Auf die Gesichter beim Grillen bin ich gespannt. Wer sich wohl an diesen Burger wagt?

M7 Insektenburger – da ist der Wurm drin.

M9 Insektenburger mit frittierten Mehlwürmern

ERSTAUNLICH

M10 Im Mai 2021 wurde der gelbe Mehlwurm als erstes Insekt überhaupt in der EU als Lebensmittel zugelassen. Die EU-Lebensmittelbehörde EFSA erklärt den Mehlwurm nach einer intensiven Prüfung als sicher. Er zählt zu den „Novel Foods", den neuartigen Lebensmitteln.

Wenn du diese Aufgaben erfolgreich bearbeitet hast, kannst du …
… Vor- und Nachteile von Fastfood nennen und diskutieren.
… Vorzüge von Insekten als alternative Nahrungsmittel analysieren und aus individueller Sicht bewerten.

Hunger durch Bioenergie?

Je mehr Biosprit wir nutzen, desto besser für die Umwelt! Ist doch klar! Oder?

1. Nenne Merkmale des Biokraftstoffes (M4).

2. a) Benenne die unterschiedlichen Positionen zu Biokraftstoffen (M3).
   b) Beschreibe und interpretiere die Karikatur (M1). `245`
   c) Stelle Vermutungen an, warum es zu den unterschiedlichen Positionen kommen konnte.

3. a) Der Biokraftstoff E10 ist umstritten. Liste Argumente für und gegen den Biotreibstoff auf (M4 – M6, M8).
   b) Ergänze die Argumente durch Materialien aus dem Internet.

4. Erläutere die Zusammenhänge zwischen der Hungerproblematik und der Verwendung von E10 in Deutschland.

5. Führt eine Debatte für interessierte Verbraucher durch: Thema „E20 – mehr Bio für Deutschland?" `256`

M2 Blühendes Rapsfeld

Deutschlands Autofahrer tanken bald E 20
Quelle: Welt, 21.12.2019

Umwelthilfe fordert Abschaffung von Biokraftstoffen
Quelle: evangelisch.de, 10.03.2020

M3 Schlagzeilen

Warum gibt es E10?
Biokraftstoffe wie das im E10 enthaltene Bioethanol spielen eine wichtige Rolle beim Klimaschutz und bei der Energieversorgung. Indem wir Biokraftstoffe verwenden, sinkt unsere Abhängigkeit vom immer knapper werdenden Erdöl, das oftmals aus politisch instabilen Ländern importiert wird. Ein Großteil der benötigten Rohstoffe für Bioethanol dagegen wächst in Deutschland oder anderen Ländern Europas. Daher hat die EU beschlossen, den Anteil an Biokraftstoffen im Verkehrsbereich zu erhöhen.

Woraus bestehen Biokraftstoffe?
In Deutschland werden bislang vorwiegend Raps, Zuckerrüben und Getreide zur Verwendung in Biokraftstoffen angebaut. Hinzu kommen in geringerem Umfang importierte Produkte, wie zum Beispiel Biodiesel aus Palmöl oder Sojaöl oder Bioethanol.

M1 Karikatur

M4 Biokraftstoffe in Deutschland (Informationen in Anlehnung an BMU: häufige Fragen zu E10)

M7 Informationen zu E 10 findest du unter anderem bei folgenden Institutionen:
- ADAC
- Bundesumweltministerium
- Greenpeace
- Deutsche Umwelthilfe

„Bei allen Biokraftstoffen aus Anbau-Biomasse besteht ein fundamentales, unlösbares Problem: Durch ihren Einsatz erhöht sich der weltweite Bedarf an Agrarflächen. Dies führt entweder direkt oder indirekt über die Kettenwirkung des globalen Markts zur Erschließung bisher unbewirtschafteten Lands, vorwiegend in Ländern der Tropen. Wichtige CO_2-speichernde Ökosysteme, insbesondere Regenwälder und Feuchtgebiete, werden durch die stetige Expansion von Agrarflächen verdrängt. [...] Biodiesel aus Ölpflanzen verursacht im Schnitt 80 % mehr Emissionen als fossiler Diesel; ist die Basis Soja-bzw. Palmöl, sind es sogar 200 % bzw. 300 % Mehremissionen. Raps-Biodiesel ist etwa 20 % klimaschädlicher als fossiler Diesel. Auch Bioethanol auf Getreidebasis verursacht ähnliche oder mehr Emissionen als fossiles Benzin. Insgesamt hat damit ca. 75 % (Schätzung von 2016) des heute in Europa eingesetzten Biosprits eine vergleichbare oder schlechtere Klimabilanz als der substituierte fossile Kraftstoff."

Quelle: DHU-Positionspapier „Biokraftstoffe und Klimaschutz im Verkehr", S. 3f, Stand 06.03.2020

M5 Positionspapier der Deutschen Umwelthilfe

Geht die Herstellung von E10 zu Lasten der Welternährung?
Weltweit fließen mit rund 175 Millionen Tonnen rund neun Prozent der Weltgetreideernte in die Produktion von Biokraftstoffen. Dieser Anteil schwankt jedoch je nach landwirtschaftlicher Kulturart. Rund 14 % der Welternte an Mais wurde für die Treibstofferzeugung verwendet, sowie rund 14 % der Welternte an Zuckerpflanzen (Zuckerrüben und Zuckerrohr).
Grundsätzlich gilt bei der Frage „Tank oder Teller?": Der Anbau von Nahrungsmitteln muss immer Vorrang haben vor dem Anbau von Energiepflanzen. Die Position der Bundesregierung ist hier eindeutig, denn die landwirtschaftlich nutzbare Fläche zur Produktion von Nahrungsmitteln ist weltweit begrenzt. Richtig ist aber auch: Hunger ist vor allem ein Armutsproblem. Es hat mit Verteilungsgerechtigkeit zu tun und bedeutet nicht, dass grundsätzlich zu wenig Nahrungsmittel produziert würden.

M6 Aussagen auf der Homepage des Bundesministeriums für Ernährung und Landwirtschaft

„Bioethanol kann wie alle Biokraftstoffe zum Klimaschutz beitragen, denn Kohlendioxid, das bei der Verbrennung entsteht, wurde wenige Jahre vorher von Pflanzen der Atmosphäre entnommen. Bioethanol, das fossilen Ottokraftstoff ersetzt, verringert die Treibhausgasemissionen laut europäischer Richtlinie zur Förderung der Nutzung von Energie aus erneuerbaren Quellen typischerweise um 60 bis über 75 Prozent. Daneben bieten Biokraftstoffe Potenzial für eine Vielfalt weiterer positiver Wirkungen, die bis hin zur Wertschöpfung in ländlichen Regionen reichen. Bei der Produktion können zudem Nebenprodukte anfallen, die andere, ggf. energieaufwendig erzeugte Stoffe ersetzen können.
Zugleich besteht aber auch die Gefahr ernsthafter Nachteile wie Flächenkonkurrenz zur Nahrungsmittelerzeugung, negative Effekte durch Landnutzungsänderungen, was sehr hohe Treibhausgasemissionen auslösen kann, wenn Moore oder Regenwald in Anbauflächen umgewandelt werden, oder die Ausweitung von Monokulturen. Eine Reihe nachteiliger Effekte wird durch den gesetzlichen Rahmen ausgeschlossen, etwa im Rahmen der Erneuerbare-Energie-Richtlinie der EU oder der nationalen Biokraftstoff-Nachhaltigkeitsverordnung. Damit wird z. B. sichergestellt, dass die in Verkehr gebrachten Biokraftstoffe eine Treibhausgasminderung von mindestens 60 Prozent erzielen müssen.
Zusätzlich macht die Nachhaltigkeitsverordnung auch Vorgaben zum Schutz natürlicher Lebensräume und zur nachhaltigen landwirtschaftlichen Bewirtschaftung im In- und Ausland. Sie schützt z. B. Flächen mit einem hohen Wert für die biologische Vielfalt (z. B. Regenwald), Flächen mit hohem Kohlenstoffbestand und Torfmoore." [...]

Quelle: ADAC: E10 – das müssen Sie über das Benzin mit Biokraftstoff-Anteil wissen, 20.08.2020, Zugriff: 03.10.2020

M8 Informationen des ADAC zu E10 auf der Homepage

Wenn du diese Aufgaben erfolgreich bearbeitet hast, kannst du ...
... unterschiedliche Positionen zum Biokraftstoff analysieren.
... Gründe für und gegen Biokraftstoffe nennen.
... dich mit verschiedenen Rollen und Meinungen zum Thema auseinandersetzen.

GEWUSST? – GEKONNT! Ursachen – Folgen – Lösungsmöglichkeiten

M1 Hunger hat verschiedene Ursachen. Oftmals liegen diese nicht nur in der Situation vor Ort begründet, sondern auch wir tragen direkt oder indirekt dazu bei. Aber wie sehen mögliche Lösungen aus?

Wie kann man die Nahrungsmittelproduktion erhöhen?

Um die Nahrungsmittelproduktion zu steigern, gibt es zwei Möglichkeiten: Entweder man erschließt neues Ackerland oder man intensiviert den Anbau auf den vorhandenen Flächen. Dann kann man auf derselben Fläche mehr ernten. Diese **Intensivierung** geschieht beim Reis durch den Anbau von **Hochertragssorten**, die mehr und dickere Körner tragen, die wegen ihrer kurzen Wachstumszeit drei Ernten im Jahr möglich machen oder die auch in hoch gelegenen Gebieten angebaut werden können. Damit die Pflanzen die gewünschten Erträge liefern, müssen Dünger und Pflanzenschutzmittel eingesetzt werden; zudem ist häufig auch Bewässerung nötig. Diese Maßnahmen sind teuer, vor allem, weil das Saatgut vor jeder Aussaat neu gekauft werden muss. Diese Maßnahmen führten zu großen Ertragssteigerungen (**Grünen Revolution**). Heute wird versucht, mithilfe der Gentechnik weitere Verbesserungen zu erzielen. Das ist jedoch sehr umstritten.

Biodiversität in Gefahr?

Die Vielfalt von landwirtschaftlichen Produkten wie Weizen und Gemüse ist ein Beispiel für die **Biodiversität**. Allerdings dominieren mehr und mehr kommerzielle Saatguthersteller den Markt, traditionelle Saatgutvermehrung ist auf dem Rückzug. Die Folge: Die Anzahl der Sorten schwindet, da viele Bauern Hybridsaatgut verwenden. Dies hat den Vorteil eines höheren Ertrags, eines guten Aussehens der Pflanzen und der Resistenz gegen Krankheiten. Aber das Saatgut muss jedes Jahr neu gekauft werden und ist teuer. Saatgutbanken und Initiativen der Sharing Economy versuchen, alte Sorten zu erhalten, wieder zu verbreiten und so die Vielfalt und die Vorteile dieser traditionellen Sorten, z.B. im Hinblick auf den Klimawandel, zu nutzen.

Nahrung aus dem Meer – am Limit?

Fisch ist ein beliebtes Nahrungsmittel. Die Nachfrage steigt seit Jahrzehnten. Immer größere Fischereischiffe kommen zum Einsatz und verarbeiten die Produkte direkt nach dem Fang. Viele Fischarten sind aber mittlerweile bedroht und die Bestände sind überfischt. Eine mögliche Alternative stellen **Aquakulturen** dar, um der Überfischung entgegenzuwirken. Hier werden Fische gezüchtet.
Für die Produktion wird weniger Futter benötigt als für Schweine oder Rinder. Kritisiert wird aber, dass hier z. B. Jungtiere im Meer gefangen werden, die so nicht für Nachwuchs sorgen können.

Fleischkonsum und seine Auswirkungen

Fleisch ist in Deutschland ein vergleichsweise günstiges Nahrungsmittel. Gerade Rindfleisch wird dabei auch aus Ländern in Südamerika – besonders aus Brasilien – zu uns importiert. Die Produktionsbedingungen sind geprägt durch immer größere Flächen als Weiden für die Tiere und für den Anbau von Futtermitteln wie Soja und Getreide. Da aber Flächen knapp sind, wird auch der Regenwald immer stärker gerodet und ist damit in seiner ursprünglichen Form für immer verloren. Das hat natürlich auch Auswirkungen auf das Klima.
Die Verdichtung der Böden und das Abfressen der Pflanzen durch das Vieh führten zur **Degradation**.

Fastfood – Produktion und Konsum

Wir kennen Fastfood alle: Pommes, Burger, Pizza. Dabei ist dieses Fastfood alles andere als gesund. Mittlerweile gibt es aber auch Alternativen. Immer öfter werden weltweit Insekten als Alternative angeboten. Dabei haben diese viele Vorteile: Sie benötigen in der Produktion weniger Fläche und Energie. Dadurch entstehen auch weniger Treibhausgase. Als Nahrungsbestandteil enthalten Heuschrecken zum Beispiel fast so viel Eiweiß wie Rindfleisch, haben weniger Fett und damit weniger Kalorien. Vielleicht sind Insekten also bald eine sinnvolle Alternative zu Rind und Schwein?

Hunger durch Bioenergie?

Weizen, Mais, Soja, Zuckerrüben und Zuckerrohr sind weltweit wichtige Nahrungsmittel. Seit einigen Jahren erzeugt man daraus aber auch Energie, zum Beispiel als Beimischung im Super-Treibstoff E10. Ziel ist es, dadurch den Anteil an Erdöl zu reduzieren und durch den Einsatz der nachwachsenden Rohstoffe etwas für die Umwelt zu tun. Das ist aber nicht unumstritten: Darf man Lebensmittel in den Tank packen? Führt das nicht zu Hunger? Diese Fragen werden von unterschiedlichen Akteuren sehr unterschiedlich bewertet. So fordern Umweltschützer sogar ein sofortiges Ende von Biotreibstoff, während das Bundesministerium für Ernährung eher weniger Probleme bei der Nutzung von Biosprit sieht.

Welternährung – zwischen Überfluss und Mangel

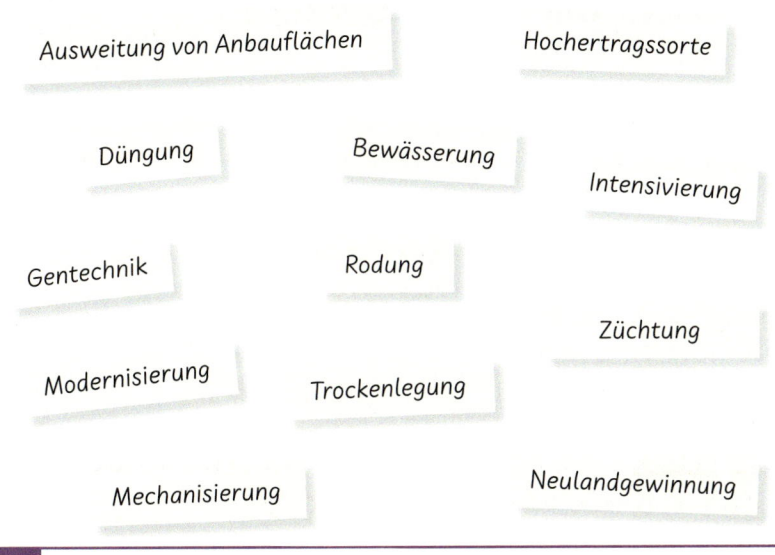

M2 Stichwörter zur Steigerung der Nahrungsmittelproduktion

WES-113057-134

1 Erkläre an einem Beispiel den Zusammenhang zwischen unseren Ernährungsgewohnheiten und dem Hunger weltweit (M1).

2 Erstelle aus den Stichwörtern (M2) ein sinnvolles Schaubild zur Steigerung der Nahrungsmittelproduktion.

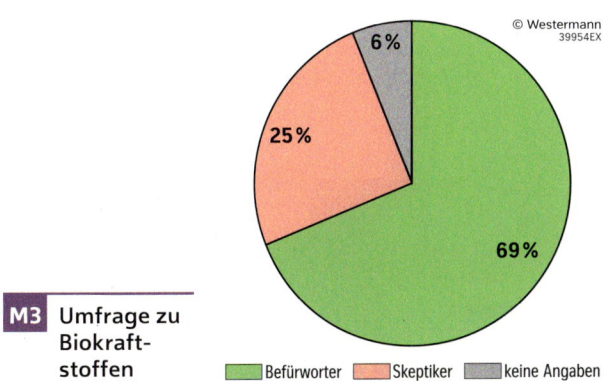

M3 Umfrage zu Biokraftstoffen

M5 Aquaponik-Anlage

3 Beschreibe die Umfrageergebnisse zu Biokraftstoffen (M3). Erstelle ein fiktives Radiointerview: Was denkt ein Befürworter über Biokraftstoffe? Was denkt ein Gegner darüber?

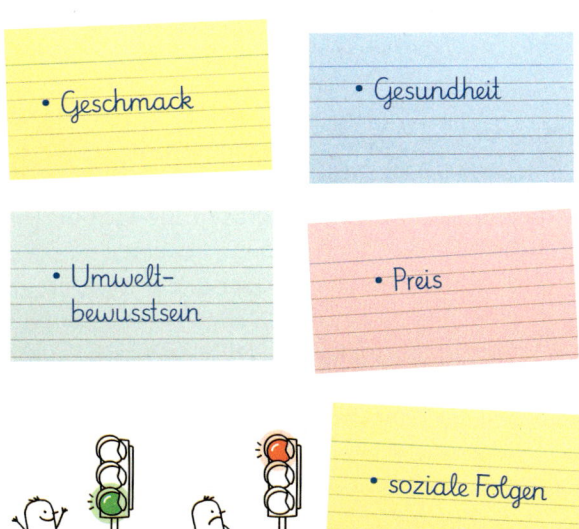

M4 Kategorien zur Bewertung der Ideen

4 In immer mehr Städten finden sich sogenannte Aquaponik-Anlagen. Diese sind eine Kombination von Fischaufzucht und Pflanzenzucht. Verfasse einen Zeitungsbericht über das Thema „Aquaponik – Nahrungsmittelproduktion im Kombipack."

5 Viele Menschen machen sich zunehmend mehr Gedanken darüber, was sie essen und auch, wie sich ihr Konsum auf die Umwelt auswirkt. Nutze die Kategorien auf den Kärtchen (M4) und bewerte folgende Ideen für dich und als globalen Trend:
① Vom Fleischesser zum Flexitarier (eine Person, die nur selten Fleisch ist und dann vor allem auf die Qualität achtet)
② Fastfoodketten führen Insektenburger ein.
③ Fischstäbchen – aber nur aus Aquakultur

Anwenden und üben

PROJEKT VOR ORT — Kampf gegen Hunger – mit Spenden?!

Immer wieder finden sich in der Werbung oder in Fernsehsendungen Spendenaufrufe, zum Beispiel nach schweren Katastrophen oder in der Vorweihnachtszeit. Viele Menschen finden eine Spende sinnvoll und wollen Projekte unterstützen. Aber welches Spendenprojekt ist das richtige?

1. Analysiere die Arbeit von Hilfsorganisationen, die gegen den Hunger kämpfen (M1). Recherchiert dazu im Internet (Suchbegriffe: „Hunger", „Hilfsorganisation") und erstelle für den Vergleich eine Tabelle.
2. Nenne Bereiche, für die die Deutschen spenden (M2). Ordne die Spenden für Ernährungsprojekte begründet einem oder mehreren Bereichen zu.
3. Erkläre die Funktion des Spendensiegels (M7, Internet).
4. Analysiere den Spendenaufruf gegen den Hunger (M3) mithilfe des AIDA-Prinzips (M4). Ist das Plakat gelungen? Würdest du spenden?
5. Suche ein für dich gutes Projekt und erstelle einen Spendenflyer. Recherchiere dazu auf den Homepages, zum Beispiel denen der Welthungerhilfe. M6 hilft euch bei der Auswahl!
6. **A** Erkläre, was das Zitat von Konfuzius zum Thema Spenden und Nachhaltigkeit lehrt (M8).
   B Führe ein fiktives Interview mit Mary darüber, wie sich ihr Leben durch die Spende verändert hat (M9).

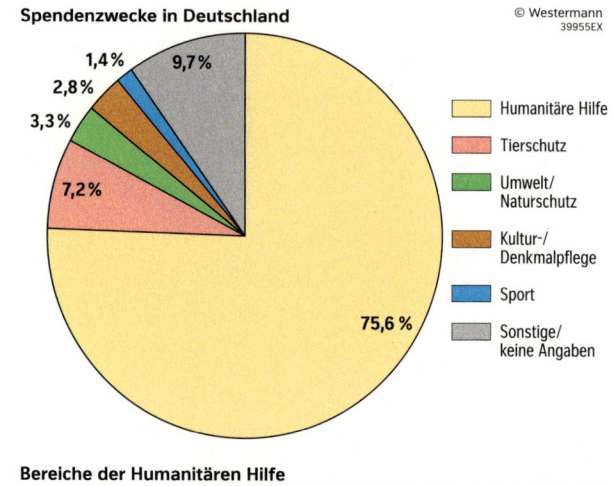

M2 Wofür die Deutschen spenden

M3 Spendenaufruf

Hilfsorganisationen
- Wo helfen sie?
- Wie viele Projekte werden gefördert?
- Wie finanzieren sie ihre Arbeit?
- In welcher Art helfen sie (z.B. durch Lebensmittel, Hilfe vor Ort, …)?
- Ist die Hilfe eher langfristig oder kurzfristig?
- Wer ist Träger der Organisation?
- Ist die Organisation seriös?
- Hat sie das Spendensiegel? (siehe M7)

M1 Mögliche Untersuchungsaspekte zur Arbeit der Hilfsorganisationen

INFO

M4 Das AIDA-Prinzip ist ein Modell, mit dem man Werbung genauer analysieren kann. Es unterscheidet vier Phasen, die der Betrachter durchlaufen muss, um eine Entscheidung für das Produkt zu treffen oder eine Spende zu tätigen. Für eine gelungene Spendenkampagne bedeutet das:

Attention: Die Aufmerksamkeit des Betrachters wird erlangt.
Interest: Das Interesse für die Situation wird geweckt.
Desire: Beim Betrachter wird der Wunsch zu helfen erzeugt.
Action: Der Betrachter spendet.

Welternährung – zwischen Überfluss und Mangel 137

M5 Ein „gutes" Spendenprojekt finden

M6 INFO

Viele Organisationen in Deutschland kämpfen aktiv gegen den Hunger. Damit sie dies tun können, sind sie auf Spenden angewiesen. Wichtige Organisationen sind zum Beispiel die „Aktion gegen den Hunger", „Care", die „Welthungerhilfe" oder „Malteser International" (vgl. M9)

M7 INFO

Das Spendensiegel des Deutschen Zentralinstituts für soziale Fragen.
Informationen zum „sicheren Spenden" beantwortet das DZI auf seiner Seite zu „Häufig gestellten Fragen":
- www.dzi.de/faq/

Mary lebt im Südsudan. Neben drei eigenen Kindern muss sie sich auch um sechs Kinder ihrer Schwägerin kümmern. Ihr Mann kämpft als Soldat. In Maridi, einer Kleinstadt im Südwesten des Landes, ist es vergleichsweise friedlich. Daher kamen viele Binnenflüchtlinge in die Gegend. Mary hat über ein Spendenprojekt Saatgut und Werkzeuge zum Gemüse- und Getreideanbau erhalten. Außerdem hat man ihr gezeigt, wie man ein Stück Land gut bewirtschaftet.
Auch in den Schulen im Südsudan lernen Kinder in Schulgärten mehr über moderne Anbaumethoden. Das hilft langfristig auch bei der Versorgung der Bevölkerung.

M9 Schulgärten im Südsudan

Der Philosoph Konfuzius lebte von 551 vor Christus bis 479 v. Chr..
Er sagte: „Gib einem Hungernden einen Fisch und er wird einen Tag lang satt, lehre ihn fischen und er wird nie mehr hungern."

M8 Aus den Lehren des Konfuzius

IM FOKUS Ruanda – Bevölkerungsentwicklung und Ernährungssicherung im „Land der tausend Hügel"

Das kleine ostafrikanische Land Ruanda hat ein sehr hohes Bevölkerungswachstum auf sehr engem Raum.
Wie sieht hier die Ernährungslage aus?

1. Erstelle eine Präsentation über die Ernährungslage in Ruanda.
   Gehe dabei auf folgende Aspekte ein:
   a) den Naturraum und seine Nutzungsmöglichkeiten (z.B. Klima, Relief),
   b) die Bevölkerungsverteilung und -entwicklung,
   c) die Versorgung der Bevölkerung mit Nahrungsmitteln,
   d) die Probleme der Landwirtschaft.

2. Erstelle ein Schaubild, in dem du die wesentlichen Gründe, aber auch mögliche Lösungen für die Ernährungsproblematik in Ruanda darstellst.

M3 Hügeliges Bergland macht den Anbau landwirtschaftlicher Produkte in Ruanda schwierig.

M1 INFO Zahlreiche Informationen über den Staat Ruanda, den Naturraum, Land und Leute findest du unter Partnerschaft Rheinland-Pfalz-Ruanda e.V.

Trotz zuletzt hoher Steigerungsraten des Bruttoinlandsproduktes gehört Ruanda nach wie vor zu den ärmsten Staaten der Erde. Etwa 40% der Bevölkerung leben unterhalb der Armutsgrenze. Vor allem die Landbevölkerung ist von Hunger betroffen. 35% der ruandischen Kinder unter fünf Jahren zeigen Wachstumsverzögerungen infolge Unterernährung. Im 2020 veröffentlichten UN-Index der menschlichen Entwicklung belegte Ruanda Platz 160 von insgesamt 189 Ländern.

M4 Armut in Ruanda

Jahr	Gesamtbevölkerung in Mio.	durchschnittliche jährliche Wachstumsrate
1970	3,75	3,25%
1975	4,36	3,58%
1980	5,14	3,93%
1985	6,15	3,71%
1990	7,29	3,13%
1995	5,84	-0,5%
2000	7,93	5,27%
2005	8,84	2,06%
2010	10,04	2,39%
2015	11,37	2,34%
2020	12,85	2,33%

M2 Bevölkerungsentwicklung in Ruanda 1970 – 2020

M5 An der kongolesischen Grenze: Export von Eiern für einen Wochenmarkt im Kongo

Welternährung – zwischen Überfluss und Mangel

M6 Außerhalb der Hauptstadt findet die Versorgung vor allem über Wochenmärkte statt.

M9 cash crop Kaffee

Die ländliche Bevölkerung hat in vielen Gebieten keinen gesicherten Zugang zu sauberem Trinkwasser. Wasser wird mühsam aus Flüssen, Bächen, Bergquellen oder Sumpflöchern zu Fuß mit Kanistern angeschleppt. Diese schlechte Versorgungslage schlägt sich in mangelnder Hygiene und schlechter Gesundheit (Durchfall, Parasiten) sowie hoher Kindersterblichkeit nieder. [...].
Das Fehlen jeglicher Infrastruktur und die zunehmende Bodenknappheit bewirken, dass 70 Prozent der Einwohner Ruandas unter der Armutsschwelle leben.

Quelle: Wasserfonds Ruanda | GStB - Gemeinde- und Städtebund Rheinland-Pfalz (gstb-rlp.de) Zugriff: 16.08.2021

M10 Die Versorgung mit Trinkwasser

Mit circa 500 Einwohnern pro km² ist Ruanda das dichtest besiedelte Land in Afrika (zum Vergleich Rheinland-Pfalz: 206 Einwohner pro km²).
Von der Landesfläche werden fast 60 Prozent landwirtschaftlich genutzt. Weil etwa 80 Prozent der Bevölkerung von der Landwirtschaft leben, kommt es immer wieder zu Konflikten um Anbauflächen, um Weide- oder Siedlungsflächen. Der Waldbestand des Landes geht seit Jahren wegen starker Rodungen zurück. Vor allem durch den Bevölkerungsdruck kommt es zur Ausweitung des Ackerlandes, zur Übernutzung der Böden und in Verbindung mit starken Regenfällen auch zu verstärkter Bodenerosion. Damit geht wertvoller Boden für die landwirtschaftliche Nutzung verloren.
Große Teile des Anbaus erfolgen in Subsistenzwirtschaft oder für den heimischen Markt. Vor allem Bananen, Maniok, Kartoffeln, Mais, Bohnen und Sorghum (Hirse) spielen eine tragende Rolle. Exportprodukte der Landwirtschaft Ruandas sind vor allem Tee und Kaffee. Beide zusammen machen etwa zwei Drittel aller Exporterlöse aus.

M7 Die Landwirtschaft

Low crop yield is not the only factor contributing to hunger in Rwanda. Lack of access to safe drinking water also leads to malnutrition. [...]
Rwanda, along with countries such as Cambodia and Myanmar, has made the most progress in alleviating hunger between the years 2000 and 2016. The Global Hunger Index estimates that hunger in Rwanda dropped from 58% to 27% during those years.
Although hunger in Rwanda has been steadily decreasing, there is still plenty of work to be done. In 2015, the World Food Programme estimated that up to 40% of Rwandan children still do not receive the proper nutritional care they need to become successful later in life.
Violent political conflicts in eastern Congo drive many Congolese people to take refuge within the borders of Rwanda, but often these refugees also face hunger in their new homes. [...]
Another factor that contributed to the presence of hunger in Rwanda was the 1994 Rwandan genocide. The violent conflict between the Hutu and Tutsi people of Rwanda interrupted many farmers' planting and harvesting routines, causing thousands of people to go hungry.

Quelle: Five facts about hunger in rwanda. borgenproject.org/hunger-rwanda/ Zugriff: 16.08.2021

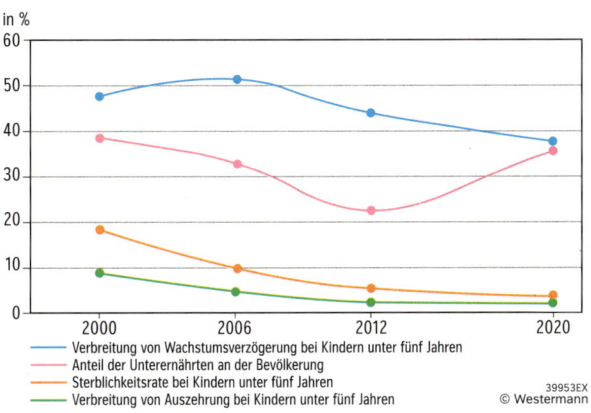

- Verbreitung von Wachstumsverzögerung bei Kindern unter fünf Jahren
- Anteil der Unterernährten an der Bevölkerung
- Sterblichkeitsrate bei Kindern unter fünf Jahren
- Verbreitung von Auszehrung bei Kindern unter fünf Jahren

M8 Ernährungsprobleme

★M11 Facts about Poverty in Rwanda

6. Die Länder der Welt – unterschiedliche Entwicklungen

Mali: Familie Natomo auf dem Dach ihres Lehmziegelhauses in Kouakourou. Gekocht wird auf einem Holzfeuer. Die Lebensmittel werden durch das Trocknen an der Luft haltbar gemacht. Wöchentliche Ausgaben für Nahrung: 21,30 Euro.

USA: Familie Revis in der Küche ihres Hauses in einer Vorstadt von Raleigh (North Carolina). Gekocht, gebacken und gegrillt wird auf einem Elektroherd, einem Minibackofen, einer Mikrowelle und draußen auf einem BBQ-Grill. Zur Aufbewahrung von Lebensmitteln gibt es eine Kühltruhe. Wöchentliche Ausgaben für Nahrung: 275,60 Euro.

Philippinen: Familie Cabana im Wohnzimmer ihres 19 m² großen Appartements in Manila. Gekocht wird auf einem Gasherd. Es gibt keine Möglichkeit, Lebensmittel haltbar zu machen. Wöchentliche Ausgaben für Nahrung: 39,80 Euro.

Ecuador: Familie Ayme in der Küche ihres Hauses in Tingo. Gekocht wird auf einem Holzfeuer. Die Lebensmittel werden durch das Trocknen an der Luft haltbar gemacht. Wöchentliche Ausgaben für Nahrung: 25,40 Euro.

Was kennzeichnet Entwicklung?

Die soziale Situation – soziale Indikatoren

„Industrieländer", „Entwicklungsländer" – das sind für uns gängige Bezeichnungen für „entwickelte" und „weniger entwickelte" Länder. Doch was heißt überhaupt „Entwicklung"? Wie kann man den Entwicklungsstand eines Landes messen?

1. Vergleiche die Fotos auf den Seiten 140/141. **241, 253** Was sagen sie aus über die Lebensverhältnisse (z. B. Familie, Wohnung, Art der Ernährung)?

2. Erläutere, inwieweit die Heimatländer der Mädchen in M2 aufgrund der Lebensbedingungen eher den Entwicklungs- oder den Industrieländern zuzuordnen sind (M1, M2, M6).

3. Beschreibe die komplexen Folgen, die sich aus Unter- und Mangelernährung ergeben (M4).

4. Zeichne ein Wirkungsgefüge zu den Ursachen und Folgen von Kinderarbeit. Gehe dabei von M5 aus. Ergibt sich auch ein Teufelskreis (M4)?

5. Auch aus der Position eines Landes im demographischen Übergang lassen sich Rückschlüsse über den Entwicklungsstand des Landes ziehen. Erkläre (S. 96/97).

W 6. Vergleiche die soziale Situation in Deutschland, Äthiopien und Peru **253**
   A anhand des Atlas (Weltkarten zu Lebenserwartung, Bildung, Gesundheit).
   B anhand der Daten auf Seite 274/275.

Z 7. „Die Menschen in den Entwicklungsländern waren von der Pandemie 2020 noch stärker betroffen als die in den Industrieländern." Erkläre (M1).

Eden (Äthiopien)*
Eltern: Bauern; sechs Geschwister

mit 8: Schulabbruch, Mitarbeit im Haushalt, Betreuung der Geschwister

mit 11: Vater stirbt

mit 16: Verheiratung mit einem von der Mutter ausgesuchten Mann, 1. Kind

mit 19: 2. Kind

mit 29: fünfte Schwangerschaft, schwere Komplikationen, Kind stirbt bei der Geburt

mit 35: Aufklärung und Zugang zu Verhütungsmitteln

mit 38: Geburt des vierten Enkels

mit 64: Tod

Julia (Deutschland)*
Vater: Angestellter, **Mutter**: Beamtin; ein Bruder

mit 8: Schülerin der 3. Klasse, Ballett- und Reitunterricht

mit 11: Sexualaufklärung in der Schule

mit 16: Mittlere Reife, erster fester Freund

mit 19: Abitur, Work and Travel in Australien, dann Studium

mit 26: Nach Studienabschluss Arbeit als Biologin

mit 29: Heirat

mit 31: 1. Kind, Elternzeit

mit 34: 2. Kind, Elternzeit

mit 35: Teilzeitarbeit

mit 37: Vollzeitarbeit

mit 62: Geburt des ersten Enkels

mit 83: Tod

*aus didaktischen Gründen verändert, Quelle: Deutsche Stiftung Weltbevölkerung: Eden und Julia (Poster), 25.10.2016, Zugriff: 05.03.2018.

M2 Leben in zwei Welten

INTERNET

M3 Die *Deutsche Stiftung Weltbevölkerung* bietet auf ihrer Seite unter den Rubriken *Themen* und *Service* viele Informationen, vor allem sehr sehenswerte Filme.

INFO

M1 Die Lebensbedingungen der Menschen – ein Maß für Entwicklung

Die Befriedigung der **Grundbedürfnisse** ist der entscheidende Indikator, um den Entwicklungsstand eines Landes zu kennzeichnen. Dabei werden als Grundbedürfnisse nicht nur Ernährung, Arbeit, Bildung gesehen, sondern zunehmend auch der Zugang zu Kommunikationsmitteln, die Möglichkeit politischer Mitbestimmung und die Gleichberechtigung von Mann und Frau.
Unter dem Oberbegriff **Entwicklungsländer** (engl. „developing countries") oder auch „Länder des **Globalen Südens**" werden sehr unterschiedliche Staaten gefasst, auch solche, die uns als entwickelt erscheinen. Sie sind zwar in vieler Hinsicht sehr modern und scheinen wohlhabend, dennoch sind die Grundbedürfnisse vieler Menschen dort nicht befriedigt. Auch in den sogenannten **Industrieländern** (**Globaler Norden**) gibt es Elend und Armut. Dennoch sind hier die Grundbedürfnisse der meisten Menschen erfüllt (siehe auch S. 146).

Die Länder der Welt – unterschiedliche Entwicklungen 143

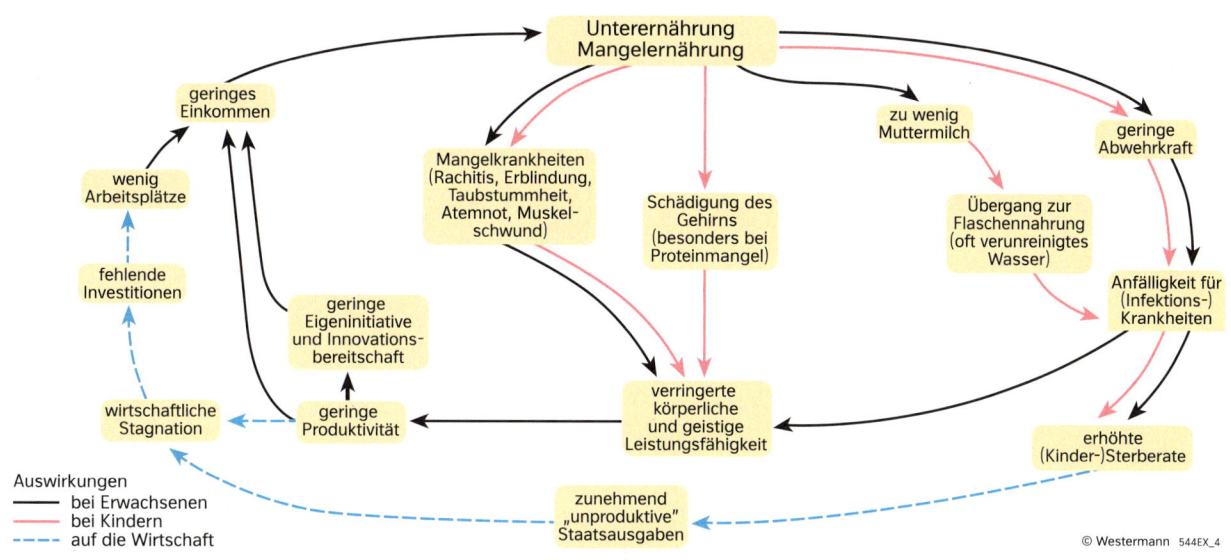

M4 Teufelskreis Unterernährung/Mangelernährung: Etwa 20 Prozent der Weltbevölkerung sind von Unterernährung betroffen. Das heißt, die Menschen bekommen zu wenige Nahrungsmittel, um den notwendigen Kalorienbedarf zu decken. Zudem leiden Millionen an Mangelernährung. Ihre Nahrung ist sehr einseitig zusammengesetzt, sodass lebensnotwendige Stoffe (z. B. Eiweiß, Vitamine, Spurenelemente) fehlen. Zum Beispiel können sich viele Bauernfamilien in Süd- und Ostasien kaum andere Nahrungsmittel leisten als Reis. Daher gibt es zu allen Mahlzeiten Reis, nur selten Gemüse und höchstens einmal im Monat Fleisch.

Teufelskreis aus Armut und Kinderarbeit

Die Internationale Arbeitsorganisation (ILO) schätzt, dass aktuell 168 Millionen 5- bis 17-Jährige verbotene Kinderarbeit leisten. [...] Dazu gehört Arbeit, für die Kinder zu jung sind, die gefährlich oder ausbeuterisch ist, die die körperliche oder seelische Entwicklung schädigt oder die Kinder vom Schulbesuch abhält. Weltweit leiden elf Prozent aller Kinder unter solch schädlichen Arbeitsverhältnissen.
Südlich der Sahara ist der Anteil der Kinderarbeiter mit etwa 21 Prozent am höchsten. Dort müssen rund 60 Millionen Minderjährige schuften. In Asien und dem Pazifikraum arbeiten absolut gesehen die meisten Kinder, knapp 80 Millionen.

Hier sind die schlimmsten Formen der Kinderarbeit am häufigsten, solche, die das körperliche, geistige, soziale oder moralische Wohlergehen des Kindes schädigen. Dazu zählen Sklaverei, Prostitution, Kinderpornografie, der Einsatz als Kindersoldat oder Drogenkurier. Die wichtigste Ursache der Kinderarbeit ist Armut. In Indien [...] gilt es als selbstverständlich, dass Kinder zum Lebensunterhalt beitragen. Schätzungen zufolge erwirtschaften arbeitende Kinder 15 bis 30 Prozent des Haushaltseinkommens.

Quelle: Brot für die Welt: Arbeit statt Spielen: Wenn Kinder keine Kindheit haben. www.brot-fuer-die-welt.de/themen/kinderarbeit, Zugriff: 16.01.2018

M5 Arbeiten statt Spielen

M6 Grundbedürfnisse

M7 Kinderarbeit in Nepal

INTERNET

M8 Der Fotograf *Peter Menzel* dokumentiert seit Jahren in Fotoreihen (S. 140/141) und Bildbänden die Lebensbedingungen der Menschen in aller Welt.

Wenn du diese Aufgaben erfolgreich bearbeitet hast, kannst du ...
* ... *soziale Indikatoren erläutern, an denen man den Entwicklungsstand eines Landes erkennen kann.*
* ... *die komplexen Zusammenhänge von mangelnder Grundbedürfnisbefriedigung darstellen.*
* ... *die Grundbegriffe* **Grundbedürfnis**, **Entwicklungsland**, **Globaler Süden** *und* **Industrieland**, **Globaler Norden** *erklären.*

Die wirtschaftliche Situation – ökonomische Indikatoren

Eine wesentliche Voraussetzung für Entwicklung sind genügend finanzielle Mittel.
Wie misst man den Wohlstand von Staaten? Wie aussagekräftig sind solche Werte?

1. a) Beschreibe die Verteilung der armen und der reichen Länder weltweit (M1, Atlas).
   b) Diskutiere die Vorteile, die Nachteile und die Intention der Kartendarstellung in M1.

2. Erläutere die Bedeutung des informellen Sektors für die Menschen und die Wirtschaft in Entwicklungsländern (M4, M5, S. 73).

3. Erläutere anhand zweier Beispiele die unterschiedliche Aussagekraft von absoluten (BNE) und relativen Werten (BNE pro Kopf; M6). 251

4. Beurteile den Aussagewert des BNE als Indikator für Entwicklung (M2, M6).

5. Recherchiere, wie sich die Unterschiede zwischen Arm und Reich entwickeln, global und in Deutschland (M8, Internet).

6. Erstelle auf Grundlage von M7 ein Wirkungsgefüge oder eine Conceptmap 235 für die
   A Auswirkungen von Armut innerhalb der Familien.
   B Zusammenhänge zwischen der Armut der Familien und der des Staates.

M2 INFO

Bruttonationaleinkommen (BNE)
Das **BNE** wird errechnet, indem man die Werte der erzeugten Güter in der Landwirtschaft und der Industrie eines Jahres addiert. Hinzugerechnet wird dann der Wert aller Dienstleistungen, die in diesem Land in Anspruch genommen wurden (in Bildungseinrichtungen, in Banken usw.).
Erfasst werden jedoch nur die Betriebe und Beschäftigten, die offiziell angemeldet sind und zum Beispiel Steuern zahlen. Dies ist jedoch bei Hunderten von Millionen Menschen in den Entwicklungsländern nicht der Fall. Sie arbeiten im **informellen Sektor** – ohne Arbeitsvertrag, ohne Versicherung, ohne Steuern zu zahlen.

M3 KAUM ZU GLAUBEN!

- Die drei reichsten Menschen besitzen mehr Vermögen als das BNE der 48 ärmsten (meist afrikanischen) Staaten der Erde mit 568 Millionen Einwohnern zusammen.
- 20 Prozent der Menschen konsumieren 86 Prozent der Güter weltweit.
- 50 Prozent der Weltbevölkerung sind so arm, dass sie mit weniger als 2 US-Dollar am Tag auskommen müssen.

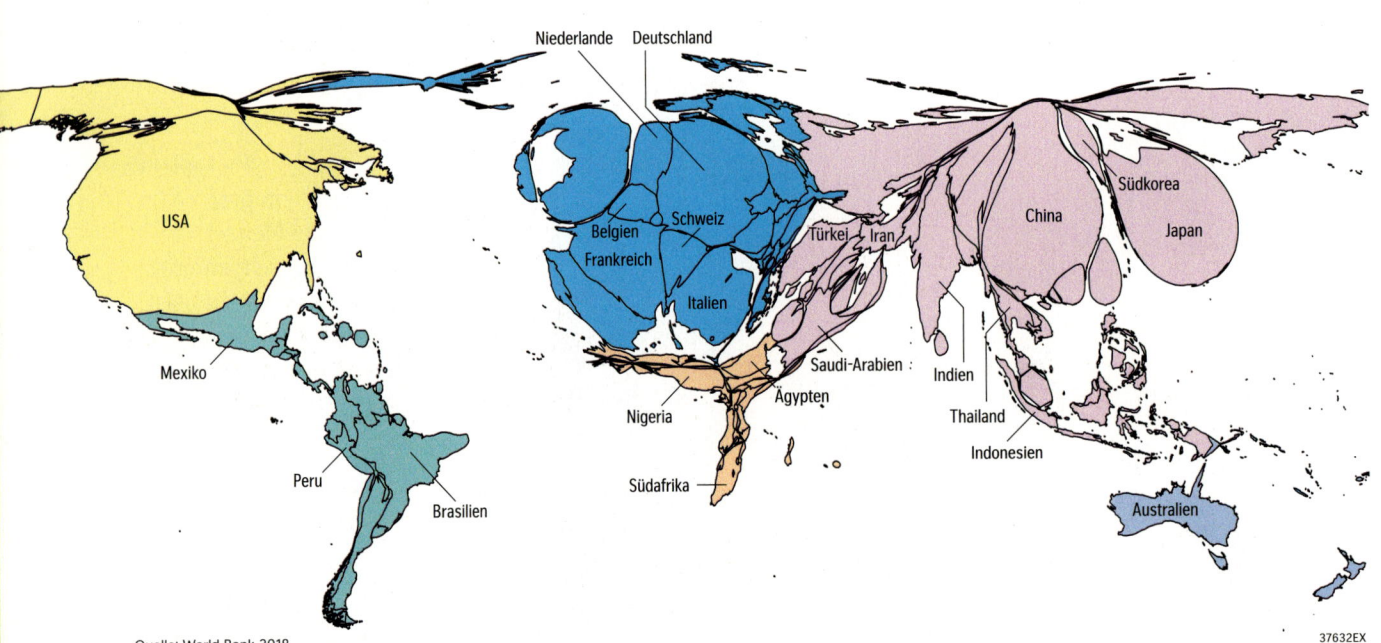

Quelle: World Bank 2018

M1 Reiche und arme Länder: Die Größe der Fläche entspricht dem BNE des jeweiligen Landes im Jahr 2016 (Daten zum BNE S. 275).

Die Länder der Welt – unterschiedliche Entwicklungen 145

M4 Informelle Tätigkeiten gibt es in allen Bereichen der Wirtschaft: In Mexiko-City transportieren Zehntausende informeller Taxis täglich Hunderttausende Kunden. In Kairo (Ägypten) liegt die gesamte Müllentsorgung in der Hand Tausender Menschen, die täglich von den Müllkippen im Umland kommen und für die Müllabfuhr, aber auch für Recycling sorgen. In Delhi (Indien) schätzt man, dass rund 70 Prozent aller Erwerbstätigen im informellen Sektor arbeiten. Durch die vielen Beschränkungen während der Corona-Pandemie haben gerade im informellen Sektor viele ihre Beschäftigung verloren.

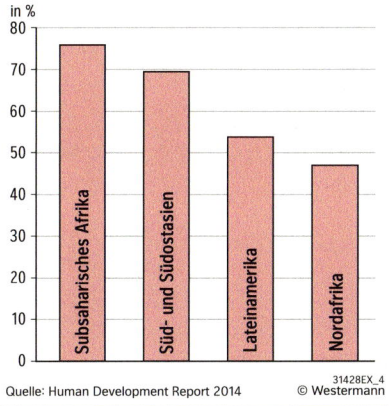

M5 Beschäftigtenanteil des informellen Sektors außerhalb der Landwirtschaft

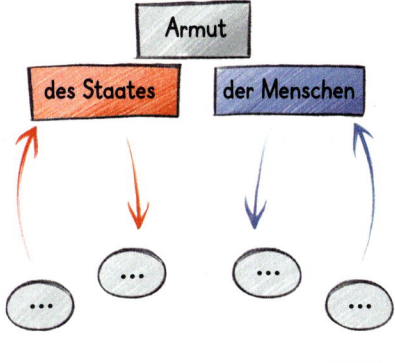

✱M7 Teufelskreise ...

Die Reichen werden reicher, die Zahl der Armen steigt.

Quelle: Dunz, Kristina: Klingbeil fordert Vermögensteuer als Reaktion auf Spaltung zwischen Arm und Reich. www.rp-online.de, 08.10.2019, Zugriff: 02.12.2020

Immer größere Kluft zwischen Arm und Reich in Deutschland

Quelle: jen/DPA: Immer größere Kluft zwischen Arm und Reich in Deutschland. www.stern.de, 23.02.2016, Zugriff: 02.12.2020

Globalisierung öffnet die Schere zwischen Arm und Reich

Quelle: Rövekamp, Marie: Globalisierung öffnet die Schere zwischen Arm und Reich. www.tagesspiegel.de, 25.03.2014, Zugriff: 02.12.2020

Corona-Krise vergrößert Ungleichheit zwischen Arm und Reich

Quelle: cr/dpa: Corona-Krise vergrößert Ungleichheit zwischen Arm und Reich. www.manager-magazin.de, 23.09.2020, Zugriff: 02.12.2020

M8 Pressemeldungen

ACHTUNG

M6 **Vorsicht bei Durchschnittswerten!**
Viele Wirtschaftsdaten sind Durchschnittswerte. So wird das **Pro-Kopf-Einkommen** errechnet, indem man einfach das BNE eines Landes durch seine Bevölkerungszahl dividiert.
Doch dieser Durchschnittswert täuscht: Gerade in Entwicklungsländern gibt es sehr große Unterschiede zwischen Arm und Reich. In China gibt es 689 Dollar-Milliardäre (2021) aber auch rund 100 Millionen Menschen, die unter der **Armutsgrenze** leben.

Wenn du diese Aufgaben erfolgreich bearbeitet hast, kannst du ...
... ökonomische Indikatoren beschreiben, mit denen man den Entwicklungsstand eines Landes kennzeichnen kann.
... die Aussagekraft von ökonomischen Indikatoren diskutieren.
... die Grundbegriffe **Bruttonationaleinkommen (BNE)**, **informeller Sektor**, **Pro-Kopf-Einkommen** und **Armutsgrenze** erklären.

146 Was kennzeichnet Entwicklung?

ORIENTIERUNG

Eine Erde – verschiedene Welten

Pro-Kopf-Einkommen, Bruttonationaleinkommen, Alphabetisierungsgrad, Wachstumsrate – ein einzelner Indikator sagt nur wenig über den Entwicklungsstand eines Landes aus. Daher ist die UNO dazu übergegangen, verschiedene für alle Länder verfügbare Indikatoren in einem Entwicklungsindex zusammenzufassen. Welche Indikatoren sind das und wie ist ihre Aussagekraft zu beurteilen?

1. Beurteile die Aussagekraft des HDI im Vergleich zu der des BNE (M3).

2. Vergleiche den MPI (M4) und den GDI (M5) mit dem HDI (M2).

3. a) Nenne aus jeder der in Karte M2 dargestellten Gruppen möglichst zwei Länder je Kontinent.
   b) Welche Länder werden als LDCs bezeichnet? Erstelle eine Liste nach Kontinenten (M2).

4. a) Welche Einteilung der Länder nach ihrem Entwicklungsstand scheint dir die sinnvollste? Begründe.
   b) Welche Bezeichnungen für die Länder mit hohem und niedrigem Entwicklungsstand scheinen dir am sinnvollsten? Begründe.

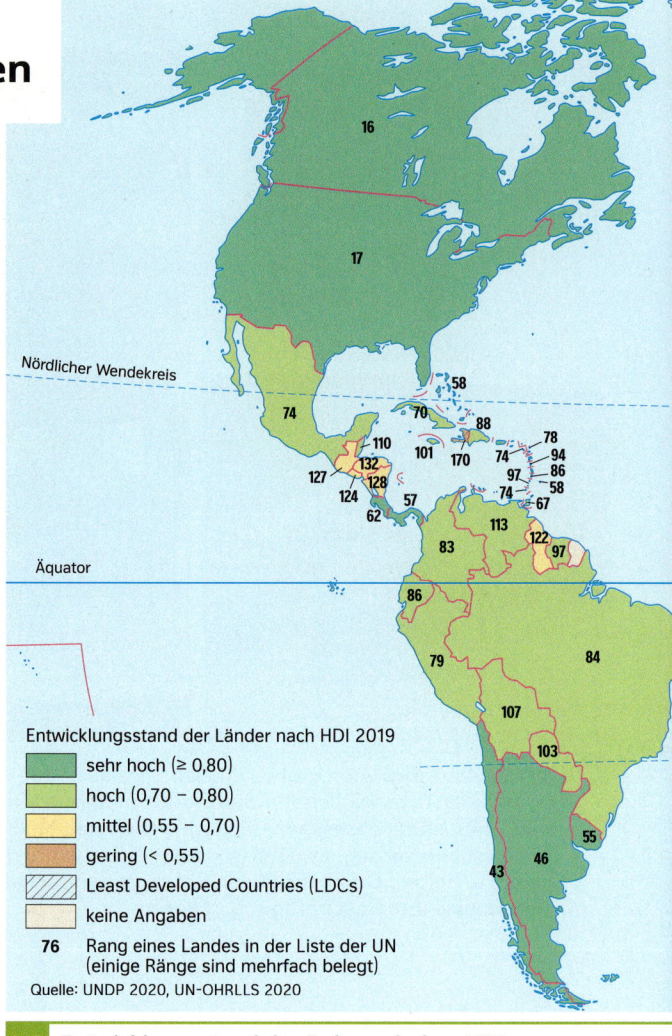

M2 Entwicklungsstand der Erde nach dem HDI

INFO

M1 Begriffsverwirrung ...

... herrscht im allgemeinen Sprachgebrauch beim Thema „Entwicklungsländer". Viele Bezeichnungen existieren konkurrierend nebeneinander:

Entwicklungsland: armes Land mit geringer Industrialisierung und mit schlechten Lebensbedingungen für die meisten Menschen

Industrieland: reiches Land mit hoher Industrialisierung (obwohl in den „entwickelten" Ländern heute der tertiäre Sektor dominiert) und guten Lebensbedingungen

Schwellenland: ein „auf der Schwelle zum Industrieland" stehendes Land, z. B. Brasilien.

Dritte Welt: die Entwicklungsländer

Vierte Welt: sehr arme Entwicklungsländer (LDCs)

Erste Welt: die Industrieländer; früher die westlichen Industrieländer.

Zweite Welt: früher Länder des Ostblocks. Der Begriff wird heute nicht mehr benutzt.

Eine Welt: Der Gebrauch dieses Begriffes soll daran erinnern, dass wir in enger Verknüpfung und Abhängigkeit mit den anderen Ländern leben und wir die „Dritte Welt" nicht gelöst von der „Ersten Welt" betrachten dürfen.

Länder des Südens, globaler Süden: Sammelbezeichnung für Entwicklungs- und Schwellenländer (engl. „global south"). Diese Bezeichnung wird häufig verwendet, um das in seiner Bedeutung umstrittene Wort „Entwicklung" zu vermeiden.

Länder des Nordens, globaler Norden: Bezeichnung für die Industrieländer (engl. manchmal „global north").

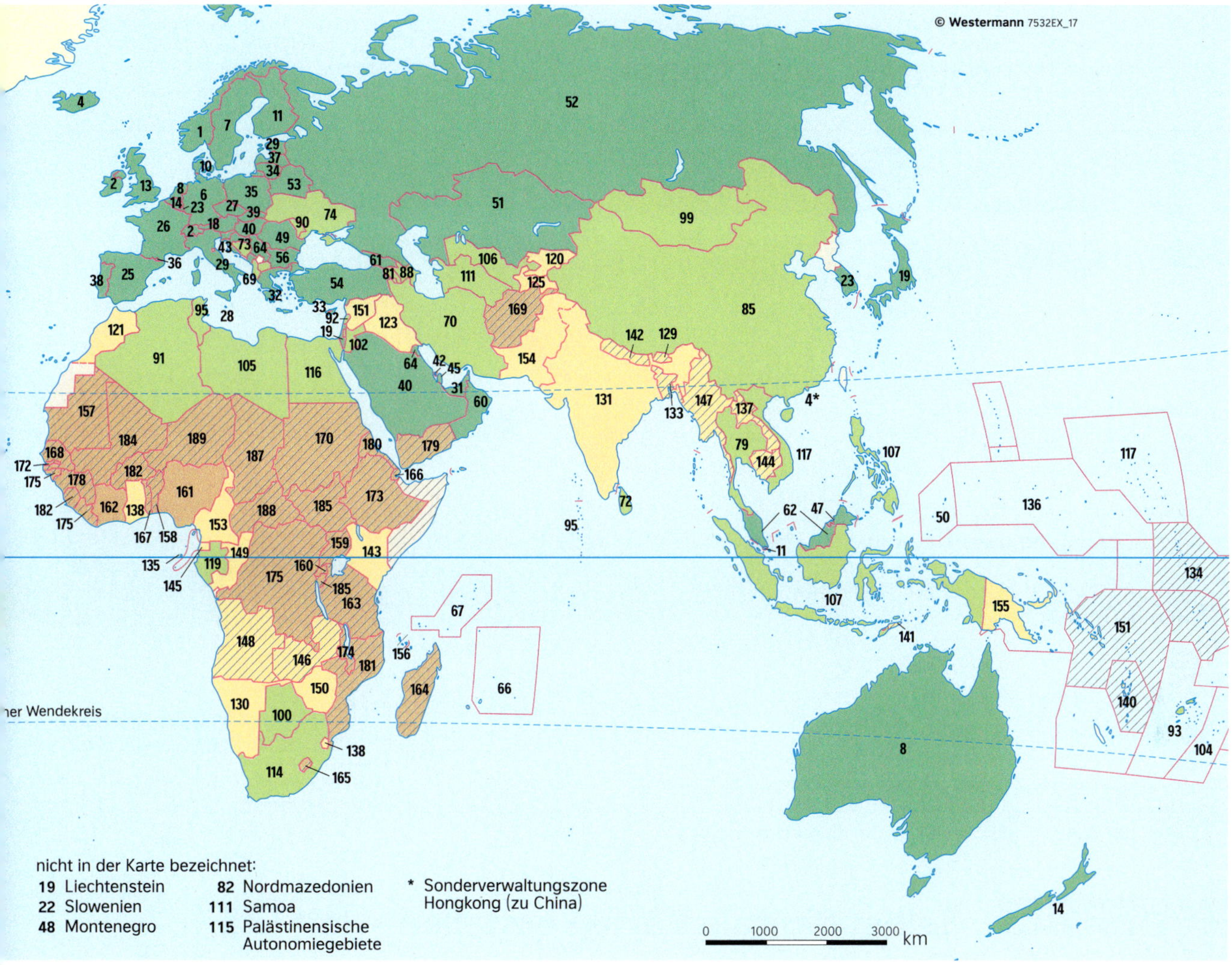

Die Länder der Welt – unterschiedliche Entwicklungen 147

nicht in der Karte bezeichnet:
19 Liechtenstein
22 Slowenien
48 Montenegro
82 Nordmazedonien
111 Samoa
115 Palästinensische Autonomiegebiete
* Sonderverwaltungszone Hongkong (zu China)

INFO

M3 Der Human Development Index (HDI)
Jährlich berechnet die UNO den **Human Development Index (HDI)**. In die Berechnungen des HDI fließen das Pro-Kopf-Einkommen, die Lebenserwartung und der Grad der Schulbildung (absolvierte Schuljahre bei 25-Jährigen und voraussichtliche Dauer bei Kindern bei der Einschulung) ein. Daraus ergibt sich ein Wert, mit dem man die Länder der Erde nach dem „Grad der menschlichen Entwicklung", das heißt nach der Befriedigung der Grundbedürfnisse, ordnen kann. Nach dieser Einteilung lag Deutschland 2019 zum Beispiel auf Platz 6 und Indien auf Platz 131. Maßgebend für die Vergabe von Entwicklungshilfe bleibt jedoch weiterhin, ob ein Land bei der UNO als **Least Developed Country (LDC)**, das heißt als besonders unterentwickeltes Land, anerkannt ist. Für diese Einteilung spielt vor allem die Wirtschaftskraft (BNE, Industrialisierung) eine entscheidende Rolle.

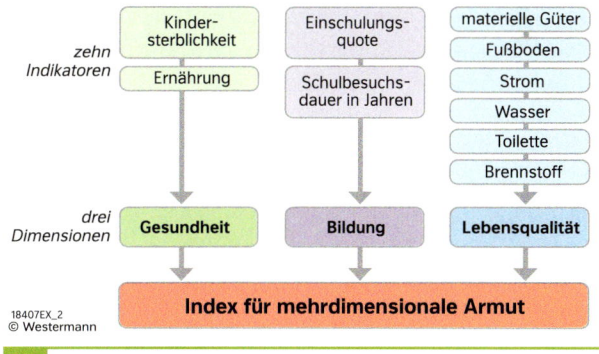

M4 Der Multidimensional Poverty Index (MPI)

M5 Der Gender Development Index (GDI) misst, inwieweit die Geschlechter in einem Land gleichgestellt sind und Frauen die gleichen Lebensbedingungen und -chancen haben wie Männer.

Wenn du diese Aufgaben erfolgreich bearbeitet hast, kannst du …
… unterschiedliche Einteilungen des Entwicklungsstandes der Länder der Erde beschreiben.
… die Lage der Länder mit ähnlichem Entwicklungsstand auf der Erde beschreiben.
… die Grundbegriffe **Schwellenland**, **Human Development Index (HDI)**, **Least Developed Country (LDC)** erklären.

Was kennzeichnet Entwicklung?

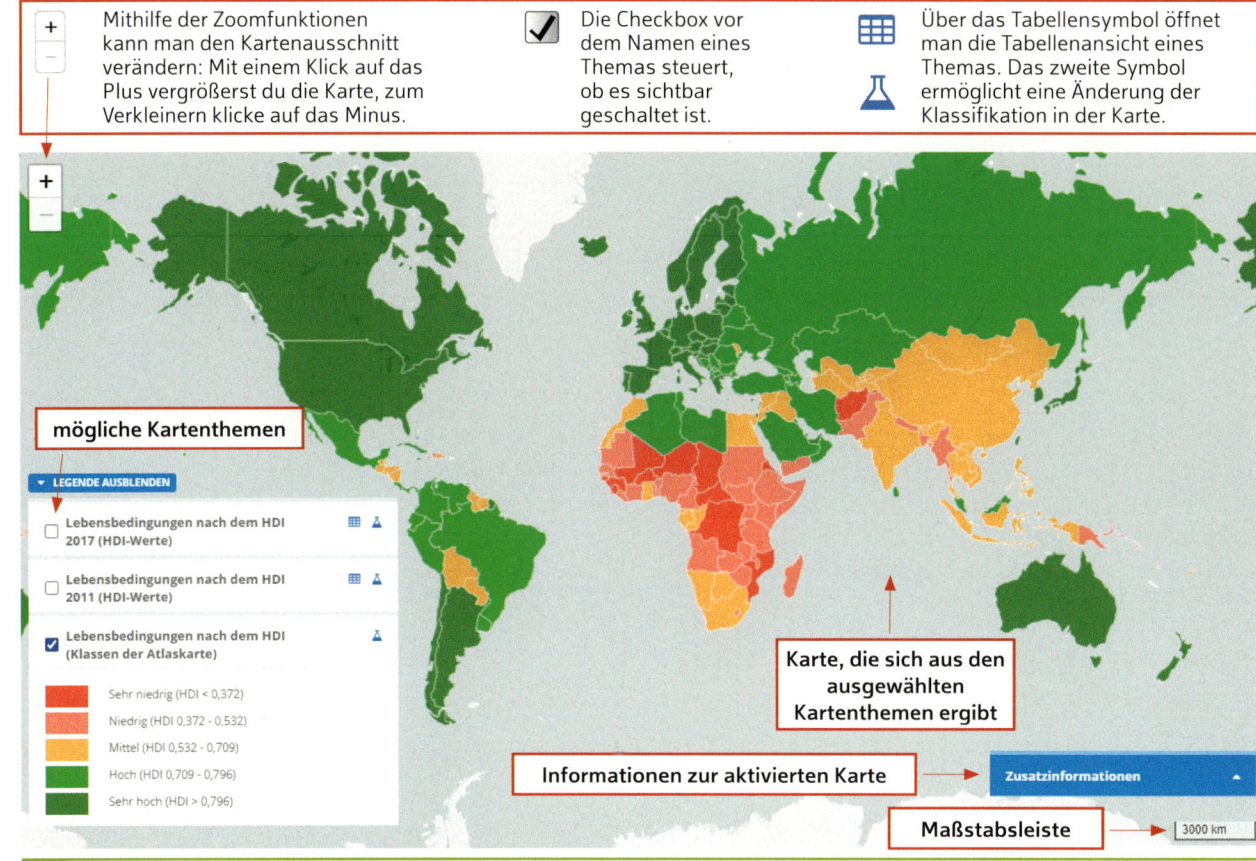

M1 Diercke WebGIS (www.diercke.de/diercke-webgis)

PROJEKT VOR ORT — Selbst digitale Karten erstellen – mit GIS

Zwei Welten, drei Welten, fünf Welten – mithilfe eines GIS kann man aktuelle Karten selbst herstellen und die Inhalte auch selbst bestimmen. Es ist interessant zu sehen, wie selbst kleine Veränderungen der Grenzwerte große Veränderungen im Kartenbild ergeben. Hier einige Anregungen:

1. a) Rufe die Karte zum Entwicklungsstand der Staaten auf,
   b) rufe dann Informationen ab: eine Tabelle mit den HDI-Werten. Bestimme die fünf Länder mit dem höchsten und niedrigsten HDI.

2. Erstelle eine Karte zum Entwicklungsstand der Erde
   a) mit sechs Klassen (Gruppen),
   b) mit drei Klassen (Gruppen),
   c) mit zwei Klassen (Gruppen).
   d) Entscheide, welche Karte dir am aussagekräftigsten erscheint. Begründe.

3. Angenommen: Du bist für die Pressearbeit eines Staates zuständig und möchtest ihn für mögliche Investoren besonders entwickelt erscheinen lassen. Fertige eine entsprechende Karte. Diskutiere das Ergebnis in deiner Klasse (M2).

M2 Manipulieren leicht gemacht! 251
In einem GIS (Geographisches Informationssystem) 240 werden den Gebietsdaten (z.B. Staaten) bestimmte Sachdaten (z.B. Bevölkerungsdichte, Entwicklungsstand) zugeordnet. Wenn ihr mit dem GIS selbst Karten erstellt, könnt ihr einmal erfahren, wie leicht sich ausdrucksstarke oder auch in ihrer Aussage manipulative Karten herstellen lassen. Dies kann zum einen über die Auswahl der Layer oder der Farben geschehen (grün hat eine positive Konnotation, rot eine eher negative). Es kann aber auch über die Abgrenzung der Klassen geschehen: Welche Grenzen zieht man bei der Zuordnung der Sachdaten? Schon eine Veränderung des Grenzwertes um wenige Hundertstel kann eine völlig andere Karte ergeben.

Die Länder der Welt – unterschiedliche Entwicklungen 149

Diercke WebGIS bietet drei Funktionen: die Darstellung von Informationen in Karten, den Abruf von Informationen in Form von Tabellen und Diagrammen und die Erstellung von digitalen Karten nach eigenen Vorgaben.

Abruf einer Karte

1. Gehe im Browser auf die Seite **www.diercke.de/diercke-webgis**.

2. Finde den Abschnitt **Erde – Entwicklungsstand der Staaten** und öffne den Kartendienst per Mausklick.

3. Nun kannst du links in der Legende vor den Themennamen deren Sichtbarkeit ein- und ausschalten.

4. Über die Zoomfunktion kannst du die Kartenansicht vergrößern und verkleinern.

Abruf von Informationen

Man kann zu einem Kartenthema Informationen aus der Datenbank abrufen und diese in Tabellenform darstellen lassen.

1. Stelle zunächst sicher, dass nur das gewünschte Kartenthema sichtbar ist.

2. Dann klicke in der Legende auf das Symbol **Tabellenansicht öffnen** neben dem Namen des Kartenthemas. Es öffnet sich die Tabellenansicht, in der alle verfügbaren Informationen zu einem Staat dargestellt werden.

3. Nun kannst du den Namen eines Staates, dessen genauen HDI-Wert oder dessen HDI-Rang notieren.

4. Scrolle die Tabellenansicht weiter nach unten, um die Werte bestimmter Staaten zu finden. Welcher Staat hat den höchsten Wert, welcher den niedrigsten?

5. Schließe die Tabellenansicht über das x und überprüfe anhand der Kartenansicht, wo der Staat mit dem höchsten/niedrigsten HDI liegt.

Veränderung einer Karte

Die Karten im Diercke WebGIS haben alle eine Grundeinstellung. Diese legt fest, welche Farben benutzt werden, wie viele Farbstufen es gibt und welche Farbe welchen Wert darstellen soll (z. B. HDI-Werte in sieben Stufen, grün = sehr hoch).
Man kann auch andere Einteilungen wählen: Willst du z. B. einen HDI mit drei Klassen erhalten, dann kannst du die Grundeinstellung verändern:

1. Stelle die Sichtbarkeit so ein, dass nur das Kartenthema „Lebensbedingungen nach dem HDI (HDI-Werte)" zu sehen ist.

2. Klicke dann auf das Symbol **Ebene filtern und neu klassifizieren**.

3. Reduziere die Sichtbarkeit auf vier Klassen, indem du bei den drei mittleren Klassen auf das Augensymbol klickst.

4. Verändere die Klassengrenzen so, dass die vier Klassen entstehen (wie in der Abbildung rechts). Bitte achte darauf, dass zur Abtrennung der Dezimalen ein Punkt verwendet wird (US-amerikanische Schreibweise).

5. Ändere die Beschriftungen der Klassen, sodass sie mit der Klassendefinition übereinstimmen.

6. Wenn du zufrieden bist, klicke auf **Anwenden**. Nun erhältst du eine neue Karte mit den gewünschten Abstufungen und Farben.

M1 Frankreich: Familie Le Moine im Wohnzimmer ihres Appartements in einem Vorort von Paris. Gekocht wird auf einem Elektroherd mit Backofen und mit einer Mikrowelle. Zur Aufbewahrung der Lebensmittel gibt es einen Kühlschrank und einen Gefrierschrank. Wöchentliche Ausgaben für Nahrung: 356,50 Euro.

GEWUSST? – GEKONNT!

Was kennzeichnet Entwicklung?

Die soziale Situation – soziale Indikatoren

142 Was kennzeichnet Entwicklung? Man unterscheidet soziale und ökonomische Indikatoren, an denen man den Entwicklungsstand eines Landes ablesen kann. Die sozialen Indikatoren umfassen alle Merkmale, die die Lebensbedingungen der Menschen betreffen. Das sind in erster Linie die **Grundbedürfnisse** der Menschen. Grundsätzlich kann man sagen, dass Länder, in denen die Grundbedürfnisse der meisten Menschen nicht erfüllt sind, zu den **Entwicklungsländern** zu zählen sind und Länder, in denen die Grundbedürfnisse der meisten Menschen erfüllt sind, zu den **Industrieländern**.
Die einen werden auch als **Globaler Süden**, die anderen als **Globaler Norden** bezeichnet.

Die wirtschaftliche Situation – ökonomische Indikatoren

144 Die ökonomischen Indikatoren nehmen die wirtschaftliche Entwicklung als Gradmesser für den Entwicklungsstand eines Landes. Diese ist abzulesen am **Bruttonationaleinkommen (BNE)** oder am **Pro-Kopf-Einkommen** oder am Anteil derjenigen Menschen, die in einem Land unter der **Armutsgrenze** leben. Zwei Dinge sind jedoch zu beachten: Da gerade in Entwicklungsländern sehr viele Menschen im **informellen Sektor** arbeiten, hat das BNE nur einen begrenzten Aussagewert. Zudem muss man unterscheiden zwischen der finanziellen Situation des Staates und der der Menschen. Alle Werte, die jedoch zur Situation der Menschen genannt werden (z. B. das Pro-Kopf-Einkommen), sind immer Durchschnittswerte, die auch nur eine sehr begrenzte Aussagekraft haben.

Eine Erde – verschiedene Welten

146 Einer der aussagekräftigsten und gebräuchlichsten Indikatoren für den Entwicklungsstand eines Landes ist heute der **Human Development Index (HDI)**. Er errechnet sich aus Daten zur Bildung, zur Lebenserwartung und zum Durchschnittseinkommen. Mithilfe des HDI stellt die UNO jährlich eine Rangfolge der Länder der Erde nach dem „Grad der menschlichen Entwicklung" auf. So lassen sich die Länder der Erde nach ihrem Entwicklungsstand in unterschiedliche Gruppen einteilen: in Industrieländer, **Schwellenländer**, Entwicklungsländer und **Least Developed Countries (LDCs)**.

Selbst digitale Karten erstellen – mit GIS

148 Sechs, drei oder gar nur zwei Welten – diese Aufteilung kann man mit einem **Geographischen Informationssystem** selbst ausprobieren. Dabei kannst du die Grenzwerte zur Abgrenzung der Gruppen selbst bestimmen. Grundlage für deine neuen Karten ist eine Datenbank mit aktuellen Daten zum HDI.

M2 Karikatur

Die Länder der Welt – unterschiedliche Entwicklungen 151

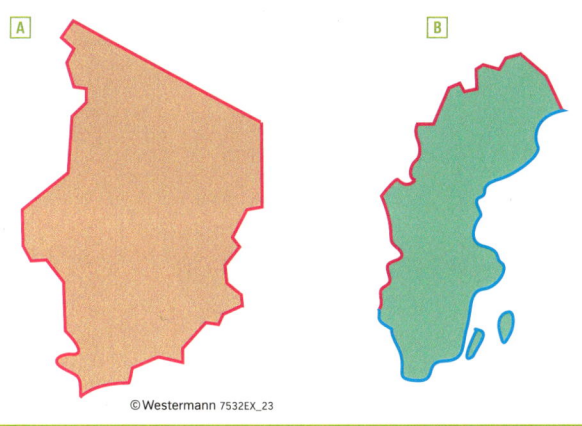

M3

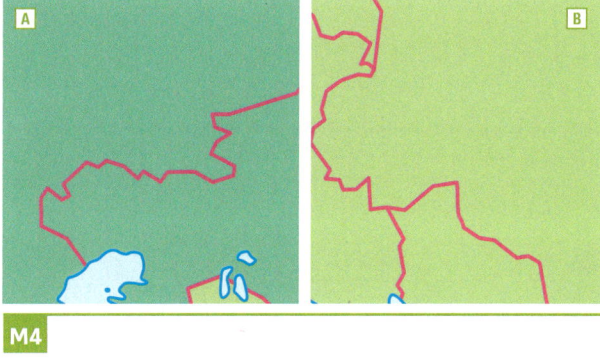

M4

M5

1. Erkennst du die Staaten (M3, S. 146 M2)?
   a) Nenne die Namen der Staaten und ihre Hauptstädte.
   b) Erläutere den Entwicklungsstand der beiden Staaten.

2. Zu welchen Staaten gehören diese Grenzverläufe (M4, S. 146 M2)? Nenne die Staaten und die Hauptstädte.

3. Erkennst du die Inselstaaten (M5, S. 146 M2)? Achtung, sie sind in unterschiedlichem Maßstab gezeichnet. Nenne den Namen und die Hauptstadt.

4. Interpretiere die Karikatur M6.

5. Interpretiere das Bild der Familie (M1).
   a) Was sagt es über die Lebensbedingungen der Familie aus?
   b) Beurteile: Inwieweit ist es typisch für ein Industrieland?

6. a) Stelle das BNE pro Kopf von Ägypten, Nigeria und Senegal in einem Diagramm dar (S. 275).
   b) Bewerte die Aussagekraft dieser Daten (Verwende dazu auch die Aussagen des Diagramms M5 auf Seite 145).

7. Suche aus den Daten auf Seite 274/275 drei Länder heraus, die wegen ihrer Geburten- und Sterberate für unterschiedliche Phasen des demographischen Übergangs typisch sind.

M6

Was bedingt Entwicklung? – Ein Puzzle

1. Der Naturraum

Der Küstenraum (Costa)
Wüste mit fruchtbaren Flussoasen, regional Schäden durch Desertifikation

Costa — Anbau von Mais, Wein, Zuckerrohr, Gemüse, Obst, im Meer hoher Fischreichtum, Guano-Dünger auf Inseln (Seevogel-Exkremente)

Sierra — Bis in 3500 m Anbau Dutzender Kartoffelarten und anderer Knollenfrüchte sowie von Gerste, Weizen, Mais, Bohnen, Erbsen; Rinderzucht; häufig Erosionsschäden

M1 Der Naturraum Perus

Warum sind in so vielen Ländern der Erde die Lebensbedingungen so schlecht? Warum sind so viele Länder der Erde arm?

Wir wollen am Beispiel des südamerikanischen Staates Peru die wichtigsten Bedingungsfaktoren von Entwicklung untersuchen. Wie in kaum einem anderen Land auf der Welt werden in Peru die Faktoren für Entwicklung und Unterentwicklung in ihrem Zusammenwirken deutlich.

Es ist zum Beispiel zu fragen: Welche Bedeutung für die Entwicklung eines Landes hat der Naturraum?

1. a) Beschreibe die geographische Lage Perus (Atlas). 236
b) Erstelle eine naturräumliche Gliederung Perus. Fasse dazu die Regionen mit ähnlichem Klima, ähnlichem Relief und ähnlicher Vegetation zusammen (M1, M3, M4, Atlas).

2. Erstelle eine Tabelle mit den drei natürlichen Großräumen Perus. Untersuche dann (M1 – M6, Atlas)
a) die Eignung für Ackerbau (Wie ist die Nutzbarkeit, unter welchen Bedingungen kann man Ackerbau betreiben?),
b) die Eignung für Viehwirtschaft,
c) die Bedingungen für Fischerei innerhalb des Landes und an der Küste,
d) die Ausstattung mit Bodenschätzen,
e) die Möglichkeiten zum Ausbau einer leistungsfähigen Verkehrsinfrastruktur,
f) die natürlichen Voraussetzungen für Tourismus.

3. Vergleiche die Großräume Perus in Bezug auf ihre Verletzlichkeit (Vulnerabilität; M6, Atlas).

4. Beurteile abschließend die natürlichen Voraussetzungen für eine wirtschaftliche Entwicklung.

5. Untersuche und bewerte auf Basis geeigneter Atlaskarten das Entwicklungspotenzial des Naturraums (Atlas, M3) von
a) Nepal,
b) Ägypten,
c) Saudi-Arabien.

INFO

M2 Allgemeine Voraussetzungen für die wirtschaftliche Entwicklung eines Landes

Wirtschaftsbereich	wichtige natürliche Voraussetzungen für eine Nutzung
Landwirtschaft	fruchtbarer Boden, ausreichend hohe Temperaturen, ausreichend lange Vegetationszeit, (ganzjährig) genügend Niederschlag, Bewässerungsmöglichkeiten, genügend flache bebaubare Flächen, Möglichkeiten für die Viehwirtschaft
Fischerei	fischreiche Gewässer
Bergbau/Industrie	Bodenschätze, insbesondere wertvolle Bodenschätze wie z. B. Erdöl, Seltene Erden; Möglichkeiten für den Ausbau einer guten Infrastruktur, z. B. schiffbare Flüsse, kein zu starkes Relief; Zugang zum Meer (kein Binnenland)
Tourismus	„tourismusfreundliche" Temperatur- und Niederschlagsverteilung, Seen und Küsten mit Stränden und nicht zu geringer Wassertemperatur

INTERNET

M3  Die staatliche *Gesellschaft für internationale Zusammenarbeit (GIZ)* betreibt ein Länderinformationsportal mit Informationsmaterial auch zu Peru.

Die Länder der Welt – unterschiedliche Entwicklungen

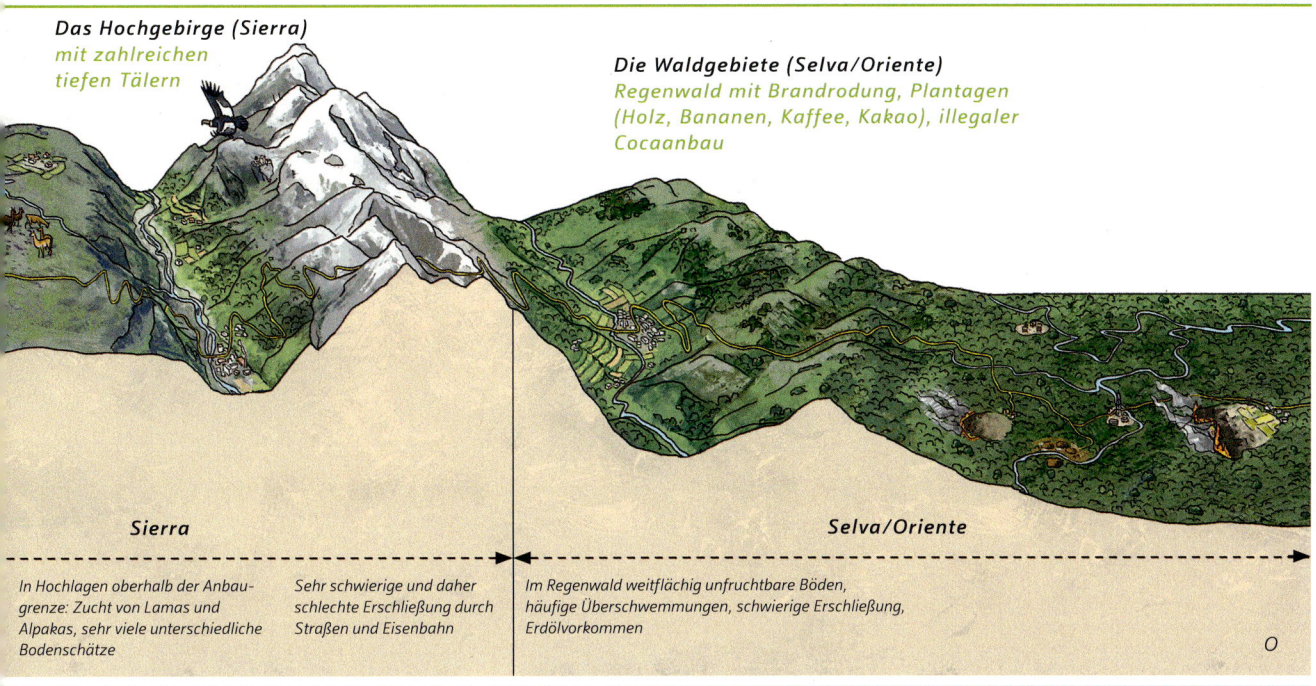

Das Hochgebirge (Sierra) mit zahlreichen tiefen Tälern

Die Waldgebiete (Selva/Oriente) Regenwald mit Brandrodung, Plantagen (Holz, Bananen, Kaffee, Kakao), illegaler Cocaanbau

Sierra: In Hochlagen oberhalb der Anbaugrenze: Zucht von Lamas und Alpakas, sehr viele unterschiedliche Bodenschätze. Sehr schwierige und daher schlechte Erschließung durch Straßen und Eisenbahn.

Selva/Oriente: Im Regenwald weitflächig unfruchtbare Böden, häufige Überschwemmungen, schwierige Erschließung, Erdölvorkommen

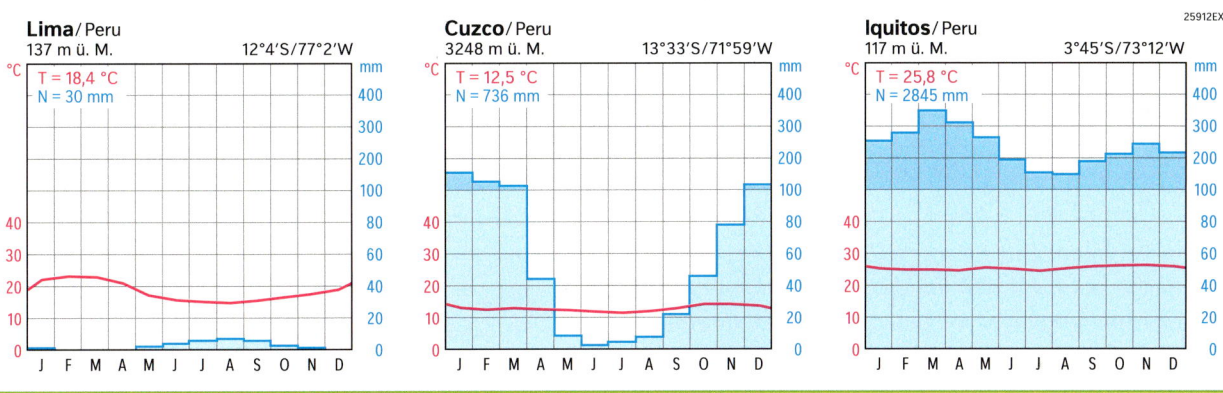

M4 Das Klima von Lima, Cuzco und Iquitos

Eine leistungsfähige **Infrastruktur** ist eine wesentliche Voraussetzung für die wirtschaftliche Entwicklung eines Landes. Nur so können die peripheren Regionen, die besonders **strukturschwachen Räume**, in die Entwicklung miteinbezogen werden. In Peru existierte bereits vor der Kolonialzeit ein für die damaligen Verhältnisse sehr leistungsfähiges Straßennetz. Dieses ist während der Kolonialzeit weitgehend in Vergessenheit geraten. Nur die Straßen zu Bergwerken und Plantagen wurden ausgebaut.

Heute rangiert Peru hinsichtlich seiner Infrastruktur im weltweiten Vergleich auf den hinteren Plätzen. Es gibt keine modernen Eisenbahnstrecken und nur 13 Prozent der Straßen gelten als Allwetterstraßen. Die bis zu 6700 Meter hohen Anden teilen das Land wie eine Barriere und erschweren den Schienen- und den Straßenbau. Auch in den Dünengebieten an der Küste und im tropischen Regenwald stehen die Bauingenieure vor großen Herausforderungen. Häufige Erdbeben und Überschwemmungen verstärken die Probleme noch.

M5 Peru: Naturraum und Infrastruktur

INFO

M6 Die **Verletzlichkeit (Vulnerabilität)** durch Naturkatastrophen – ein Hindernis bei der Entwicklung

Geologie	Erdbeben, Vulkanausbrüche
Klima	Dürren, Wirbelstürme
Wasser	Überschwemmungen, Erdrutsche

Wenn du diese Aufgaben erfolgreich bearbeitet hast, kannst du …
- … erläutern, inwieweit der Naturraum die Entwicklung eines Landes beeinflusst.
- … die Bedeutung des Naturraums für die Entwicklung eines einzelnen Landes beurteilen.
- … die Grundbegriffe **Infrastruktur**, **strukturschwacher Raum** und **Verletzlichkeit (Vulnerabilität)** erklären.

2. Die Bevölkerungsentwicklung sowie die sozialen und politischen Verhältnisse

Wir wollen am Beispiel des südamerikanischen Staates Peru die wichtigsten Bedingungsfaktoren von Entwicklung untersuchen. Wie in kaum einem anderen Land auf der Welt werden in Peru die Faktoren für Entwicklung und Unterentwicklung in ihrem Zusammenwirken deutlich. Es ist zum Beispiel zu fragen:
Welche Bedeutung für die Entwicklung eines Landes haben die Bevölkerungsentwicklung sowie die sozialen und die politischen Verhältnisse?

W 1. Erläutere und beurteile
  A die Zusammensetzung und räumliche Verteilung der Bevölkerung (M2 – M5, M7).
  B die Entwicklung und die Altersstruktur der Bevölkerung (S. 274/275, Atlas, M9).
  C die soziale Situation der Bevölkerung (M1, M9).
  D die Entwicklung der Bevölkerung und der Nutzfläche (M6, M9, S.159 M6).

2. In Peru konzentrieren sich 22,3 % der Ackerfläche auf 0,4 % der Landbesitzer. Berichte über die ungleiche Verteilung von Wirtschaftskraft und Macht innerhalb Perus (M1, M4, M9).

3. Erläutere, inwieweit Bad Governance die Entwicklung eines Landes behindert (M1, M5, M8, M10).

Z 4. Untersuche und bewerte auf Basis geeigneter Atlaskarten und Informationen aus dem Internet die Bevölkerungsentwicklung sowie die sozialen und politischen Verhältnisse von Kenia, Syrien oder Brasilien.

M2 Die Bevölkerungsverteilung in Peru

Mestizen	60 %
indigene Bevölkerung	25 %
europäischer Abstammung	6 %
andere	9 %
spanischsprachig	83 %
katholisch	76 %
evangelisch	14 %

Quelle: INEI Census 2017

★M3 Ethnische und kulturelle Disparitäten

Die Küstenstädte und Wirtschaftszentren der Costa werden überwiegend von Mestizen und Peruanern europäischer Abstammung bewohnt. Bei ihnen konzentriert sich auch die politische und wirtschaftliche Macht. Der größte Teil der **indigenen Bevölkerung** lebt in der Sierra. Hier werden noch die alten Sprachen Quechua und Aymará gesprochen und indigene Traditionen gepflegt. In der Selva ist die Bevölkerungsdichte sehr gering. Hier leben neben Siedlern, Ölarbeitern und Goldschürfern mehrere indigene Völker, einige hatten bislang kaum Kontakt mit der Zivilisation.

M4 Ethnische und soziale Disparitäten

Die Indigenen leben im Bergland oder in den Randsiedlungen der Großstädte, d. h., dass sie den höchsten Anteil der Armen darstellen, kaum Zugang zu Dienstleistungen, Informationen, Transport, Medien, Märkten, Bildung, Strom und Wasser haben, nur geringe politische Partizipation und sehr geringe politische Repräsentanz haben. In Peru werden die Indigenen – wie in keinem anderen Land Südamerikas – diskriminiert. Die Afroperuaner sind ebenfalls von Diskriminierung betroffen.

Quelle: Valverde, Gerardo Basurco: Peru – Themenfeld: Gesellschaft – Sozialstruktur. GIZ, Bonn. www.liportal.de, Dez. 2017. Zugriff: 06.06.2018.

★M1 Diskriminierung der indigenen Bevölkerung

M5 *Transparency International* veröffentlicht jährlich einen Korruptionsindex aller Länder der Erde (2021: Peru Platz 105, Deutschland Platz 10).
Das *Länderinformationsportal* (S. 152, M3) gibt Informationen zu Gesellschaft und Politik in Peru.

Die Länder der Welt – unterschiedliche Entwicklungen

M6 Die Märkte sind gut gefüllt. Doch auch in der Sierra steigt der Bevölkerungsdruck: Pro Person steht immer weniger landwirtschaftliche Fläche zur Verfügung. Außerhalb der Landwirtschaft gibt es kaum Arbeit. Viele junge Leute wandern ab.

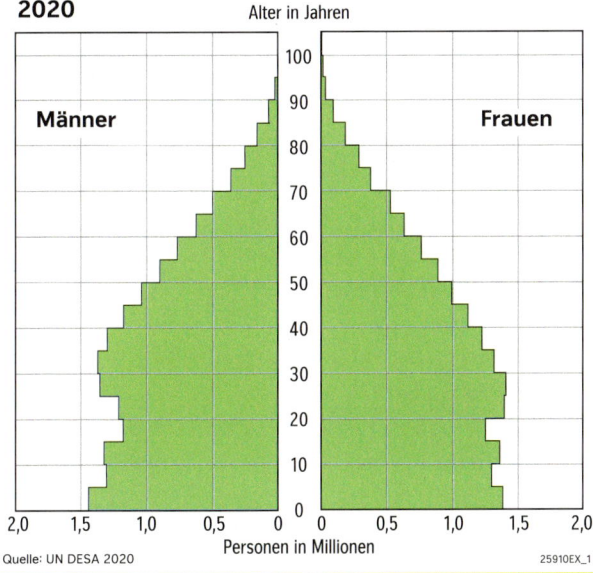

Quelle: UN DESA 2020

M7 Die Altersstruktur der peruanischen Bevölkerung

	2000	2019
HDI-Rang	82	82
BNE pro Kopf (reale Kaufkraft)	5310 in US-\$ (2002)	12760 in US-\$
informell Beschäftigte außerhalb der Landwirtschaft	77 %	59 %
landwirtschaftliche Nutzfläche pro Einw.	0,88 ha	0,75 ha
Säuglingssterblichkeit	3,8 %	1,3 %

Quelle: FAO, INEI, UNDP, UNICEF, Weltbank, weitere Daten siehe S. 274/275

M9 Entwicklungen innerhalb Perus

Heute wurde Francisco Sagasti als Präsident von Peru vereidigt – als dritter Präsident innerhalb einer Woche. Sein Vorgänger war nach Korruptionsvorwürfen zu Beginn der Woche vom Parlament abgesetzt worden. Dessen Nachfolger war dann wegen gewalttätiger Demonstrationen zurückgetreten. Das Land steckt in einer tiefen Krise: Es hat in der Pandemie eine der höchsten Sterberaten weltweit und verliert dramatisch an Wirtschaftskraft. Gegen rund die Hälfte der Abgeordneten laufen Ermittlungsverfahren …
Von dem ehemaligen UN-Berater Sagasti erhofft man sich, dass er das Vertrauen in die Politik wiederherstellt.

Quelle: Nach Rundfunkmeldungen am 16.11.2020

M8 Hoffnung auf **Good Governance**

INFO

M10 Bad Governance als Hemmschuh der Entwicklung

Die meisten Entwicklungsländer werden wirtschaftlich und politisch von einer kleinen, reichen, gebildeten Oberschicht dominiert. Sie ist nicht an einem Abbau der sozialen Unterschiede interessiert. So lähmen oft Bereicherung, Vetternwirtschaft und Korruption die Entwicklung. Daran sind häufig auch internationale Firmen beteiligt, die zum Beispiel an staatlichen Aufträgen oder an Schürfrechten interessiert sind.
Teil dieser **Bad Governance** ist auch Misswirtschaft, die nicht selten zu extremer Inflation führt. Den Rekord hält Simbabwe mit einer jährlichen Inflationsrate von über 89 Trilliarden (= 89 x 10^{21}) Prozent (2008).

Wenn du diese Aufgaben erfolgreich bearbeitet hast, kannst du …
… *die Auswirkungen einer ungerechten Macht- und Besitzverteilung erklären.*
… *Bevölkerungswachstum und Bevölkerungsstruktur als mögliche Hemmschuhe für Entwicklung darstellen.*
… *die Grundbegriffe indigene Bevölkerung, Bad Governance und Good Governance erklären.*

3. Die Einbindung in die Weltwirtschaft – historisch und aktuell

Wir wollen am Beispiel des südamerikanischen Staates Peru die wichtigsten Bedingungsfaktoren von Entwicklung untersuchen. Wie in kaum einem anderen Land auf der Welt werden in Peru die Faktoren für Entwicklung und Unterentwicklung in ihrem Zusammenwirken deutlich.

Es ist zum Beispiel zu fragen:
Welche Bedeutung für die Entwicklung eines Landes hat die Einbindung in die Weltwirtschaft – historisch und aktuell?

1. Beschreibe die wirtschaftlichen Strukturen, die heute noch auf die Kolonialzeit zurückzuführen sind (M1, M2, M5, M6). 246

2. a) Beschreibe die Entwicklung der Rohstoffpreise (M4).
   b) Begründe, warum in M4 die Verwendung von Indexzahlen sinnvoll ist. 253

3. Erkläre, wieso der überwiegende Export von landwirtschaftlichen und bergbaulichen Rohstoffen für die Exportländer problematisch sein kann (M4, M6 – M8).

4. Bewerte die Struktur des Außenhandels von Peru (M5).

5. Forsche nach, welche afrikanischen Staaten früher deutsche Kolonien waren und wie ihr heutiger Entwicklungsstand ist (Atlas).

M1 Deutschland (Deutsches Kaiserreich) besaß Kolonien in Afrika, Asien und Ozeanien. Eine Darstellung zeigt die Geld- und Warenströme.

Schon die spanischen Konquistadoren (spanische Eroberer) wurden im 16. Jahrhundert von den reichen Bodenschätzen im Andenraum magisch angezogen. In Peru vermutete man das sagenumwobene „Eldorado".
Nachdem 1542 das Vizekönigreich Peru gegründet worden war, errichteten die Kolonialherren zahllose Bergwerke, um die reichen Bodenschätze, vor allem Gold und Silber, auszubeuten. Die indigene Bevölkerung wurde zur Zwangsarbeit in den Minen verpflichtet. Allein 3840 Tonnen Gold wurden während der Kolonialzeit nach Spanien verschifft – ein Grundstein für die in Europa erblühende Wirtschaft.
Innerhalb der **Kolonie** wurden große Landflächen an verdiente Konquistadoren vergeben. Sie hatten auf ihren Ländereien für „Ruhe und Ordnung" zu sorgen. Das taten sie mit großer Brutalität. Auf dem Großgrundbesitz produzierten die Arbeiter landwirtschaftliche Rohstoffe für den Export, zum Beispiel Wolle im Hochland, Baumwolle an der Küste und Kautschuk im Amazonastiefland.
Um die bergbaulichen und landwirtschaftlichen Rohstoffe schnell nach Europa verschiffen zu können, wurde an der Küste die Stadt Lima gegründet, die auch zur Hauptstadt erklärt wurde und zu einer der wichtigsten Städte des kolonialen Südamerika avancierte. Das gesamte Verkehrsnetz des Landes wurde dahin ausgerichtet.
Aus den Rohstoffen wurden – typisch für den kolonialen Handel – in Europa Fertigwaren hergestellt, die dann wieder an die Kolonien verkauft wurden. Damit dieser Handel Bestand hatte, behinderten oder verboten die Kolonialmächte den Aufbau von Industrie in den Kolonien.

M2 Die Kolonialzeit

UNFASSBAR

M3 Durch die schlechten kolonialen Lebensbedingungen, durch Kriege und Seuchen wurde die indigene Bevölkerung Perus während der Kolonialzeit von etwa 10 – 15 Millionen auf ungefähr eine Million dezimiert.

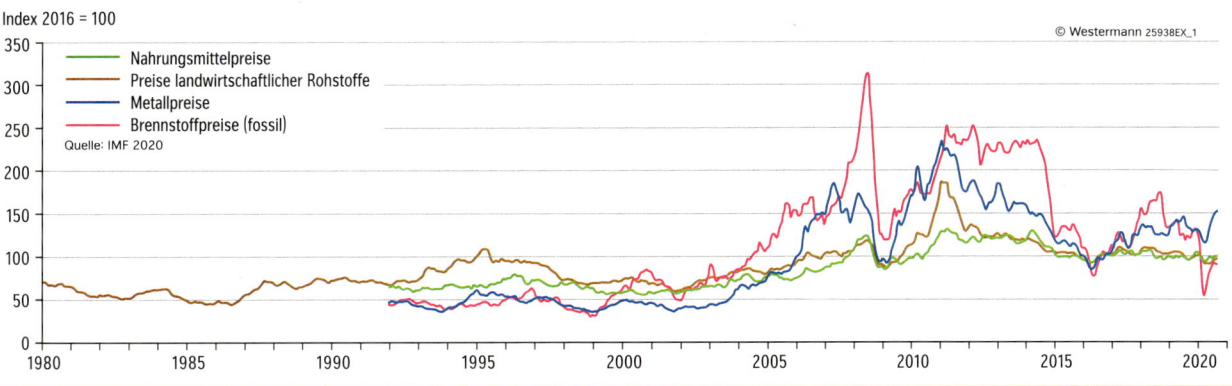

M4 Die Entwicklung der Rohstoffpreise auf dem Weltmarkt

Import: 42,4 Mrd. US-$; Güter: 14 % Treibstoffe, 13 % Maschinen, 10 % Elektronik, 10 % Nahrungsmittel, 9 % Kfz und Kfz-Teile
Export: 46,1 Mrd. US-$; Güter: 66 % Bergbauprodukte (z. B. Silber[1], Kupfer[2], Zink[2], Blei[1], Molybdän[3], Gold[6], Erdöl, Uran[7], in Zukunft: Lithium), 16 % landwirtschaftliche Produkte (z. B. Blaubeeren[1] und Spargel[2], Mangos, Zuckerrohr)

[1]–[7]: jeweiliger Weltrang   Quelle: Fresh Plaza, UN Comtrade, Weltbank

M5 Die Struktur des Außenhandels von Peru (2019)

INFO

M7 Terms of Trade
Verhältnis zwischen Exportgüterpreisen und Importgüterpreisen. Das Verhältnis verschlechtert sich z. B. für ein Land, wenn die Exportpreise fallen und die Importpreise steigen oder die Exportpreise langsamer steigen als die Importpreise.

Bis heute exportieren viele Entwicklungsländer überwiegend Rohstoffe und importieren Fertigwaren. Die Preise für Rohstoffe auf dem Weltmarkt schwanken jedoch sehr stark und sind bei Überangebot auch häufig gesunken. Zink und Kupfer waren zum Beispiel um 2000 zeitweise billiger als 30 Jahre zuvor. Zudem sind in der Landwirtschaft gerade die exportorientierten Monokulturen anfällig für Schädlingsbefall. Im Gegensatz zu den Rohstoffpreisen sind die Preise für hochwertige Fertigwaren (z. B. Maschinen) stetig gestiegen. Viele Entwicklungsländer müssen also für die importierten Fertigwaren (auch bei gleicher Menge) stetig mehr zahlen, während die Erlöse für die Exporte nicht in demselben Maße steigen. Das heißt: Die **Terms of Trade** werden schlechter.
Um dennoch auch weiterhin Industriegüter kaufen zu können, die dringend für die Entwicklung benötigt werden, kann ein Entwicklungsland auf zwei Arten reagieren: Die erste Möglichkeit ist, die Produktion von Rohstoffen zu erhöhen – das könnte jedoch zu einem höheren Angebot auf dem Weltmarkt und einem Fallen der Preise führen. Viele Staaten haben daher Schulden bei den reichen Ländern gemacht. So hat die **Auslandsverschuldung** seit Jahren immer weiter zugenommen.

M6 Die Entwicklungsländer im Welthandel

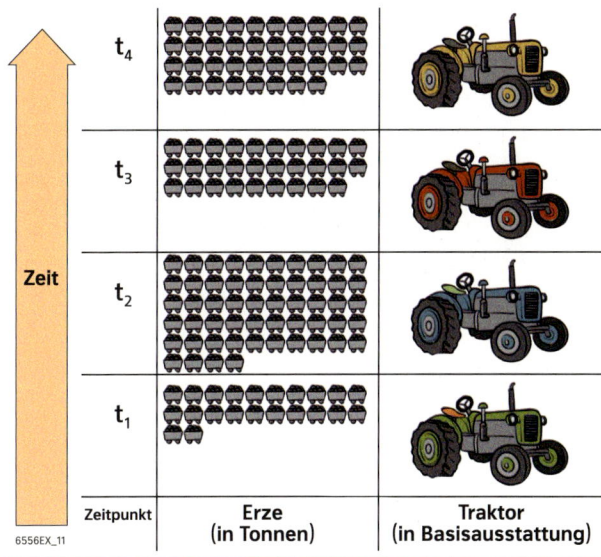

M8 Entwicklung der Terms of Trade über Jahrzehnte (modellhaft)

INTERNET

M9 Länderinformationsportal der *Gesellschaft für internationale Zusammenarbeit (GIZ)*

Wenn du diese Aufgaben erfolgreich bearbeitet hast, kannst du ...
... erklären, inwieweit die Kolonialzeit die heutigen wirtschaftlichen Strukturen der Entwicklungsländer geprägt hat.
... erläutern, inwieweit der überwiegende Export von Rohstoffen problematisch ist.
... die Handelsstruktur eines Landes beurteilen.
... die Grundbegriffe **Kolonie**, **Terms of Trade** und **Auslandsverschuldung** erklären.

4. Das Ausmaß der Disparitäten innerhalb des Landes

Wir wollen am Beispiel des südamerikanischen Staates Peru die wichtigsten Bedingungsfaktoren von Entwicklung untersuchen. Wie in kaum einem anderen Land auf der Welt werden in Peru die Faktoren für Entwicklung und Unterentwicklung in ihrem Zusammenwirken deutlich. Es ist zum Beispiel zu fragen: Welche Bedeutung für die Entwicklung eines Landes hat das Ausmaß der Disparitäten innerhalb des Landes?

1. a) Beschreibe die räumlichen Disparitäten innerhalb Perus (M2, M3).
   b) Begründe, inwieweit man hier von einer „Fragmentierung" des Landes sprechen kann (M7).

2. Erläutere die Auswirkungen der Disparitäten auf die Bevölkerungsverteilung (M2, M3, M6).
   A Erstelle dazu eine Kartenskizze mit wahrscheinlichen Migrationsströmen.
   B Erstelle dazu einen zweiminütigen Radiobericht.

3. a) Beschreibe die Bedeutung Limas für Peru (M5, M6).
   b) Begründe, inwieweit man hier von einer „Fragmentierung" der Stadt sprechen kann (M7, M8).

4. Disparitäten behindern die Entwicklung des Landes. Nimm Stellung zu dieser Aussage.

5. Untersuche mögliche räumliche Disparitäten in Brasilien oder China (Atlas).

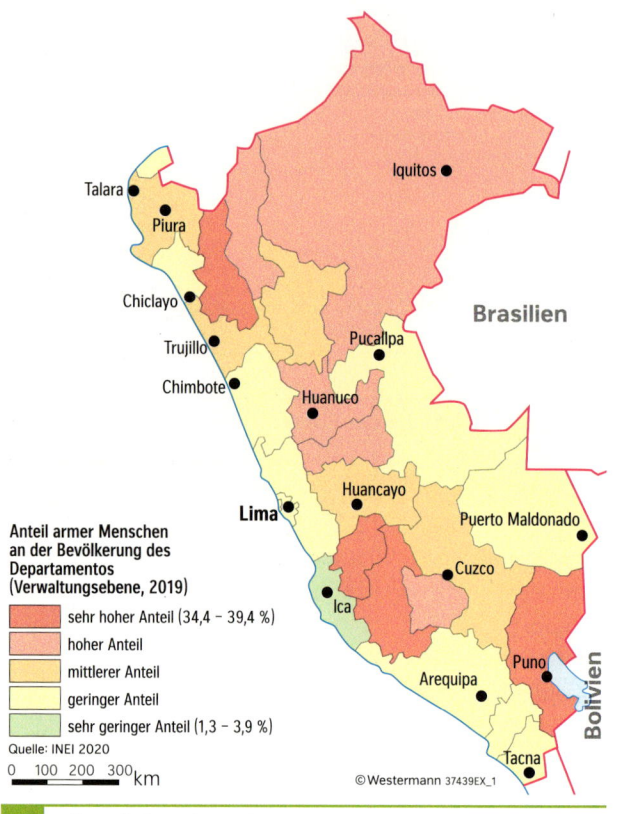

M2 Räumliche Disparitäten innerhalb Perus: die Verteilung der Armut

Die ländlichen Gebiete in der Sierra und im Oriente sind vom modernen wirtschaftlichen Leben weitgehend abgeschnitten. Arbeitsplätze gibt es fast nur im Bergbau und in der Landwirtschaft. Dabei handelt es sich meist um Kleinbauern, die Subsistenzwirtschaft betreiben oder im Oriente Koka anbauen. Moderne, produktive Betriebe gibt es so gut wie keine. Lediglich an den kulturell bedeutenden Stätten wie der vorkolonialen Inka-Hauptstadt Cusco und der Inka-Festung Machu Picchu (beide Weltkulturerbe) gibt es nennenswerten Tourismus mit daraus resultierenden Beschäftigungseffekten. Der wachsende Bevölkerungsdruck, Armut, Arbeitslosigkeit und Unterbeschäftigung sind starke Push-Faktoren, die seit Jahren zu einer starken Binnenmigration in die Städte führen.

M1 Sierra und Oriente

Die Wirtschaftskraft ballt sich an der Küste: Hier finden sich moderne, exportorientierte landwirtschaftliche Großbetriebe mit sehr hoher Produktivität. In den Städten konzentrieren sich – wie in allen Entwicklungsländern – das wirtschaftliche Leben und die politische Macht. Daher befinden sich dort auch die weitaus meisten Wirtschaftsbetriebe. Denn nur dort gibt es gute Standortfaktoren: z. B. eine gute Verkehrsanbindung, eine ausreichende Energieversorgung, Telekommunikationsinfrastruktur, ausgebildete Fachkräfte und ausreichend Arbeitskräfte mit Grundbildung. Schließlich sind die Städte auch der kaufkräftigste Absatzmarkt für Industrieprodukte. In Lima mit seiner Hafenstadt Callao finden sich alle wichtigen staatlichen Institutionen, die Management-, Vertriebs- und Forschungsabteilungen der nationalen Firmen sowie Niederlassungen ausländischer Konzerne. Die wohlhabende Oberschicht, zu der auch die Beschäftigten der internationalen Konzerne zählen, schottet sich in bestimmten Stadtteilen in **Gated Communities** ab. Hier lässt es sich angenehm leben: Es gibt Parks, klimatisierte Wohnungen mit Swimmingpools und Einkaufsmalls – unmittelbar neben den wachsenden **Slums** und Hüttensiedlungen. Diese sind erste Anlaufstelle für Zehntausende Migranten, die jährlich aus den ländlichen Gebieten in die Küstenstädte und vor allem nach Lima strömen.

M3 In der Costa – die Städte an der Küste

Die Länder der Welt – unterschiedliche Entwicklungen 159

M4 Stadtteile von Lima: Miraflores und Hüttensiedlung an der Panamericana (Nord-Lima)

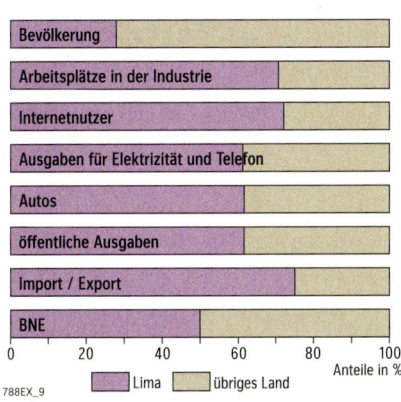

M5 Die Bedeutung Limas innerhalb Perus

Jahr	Bev.
2020	11,0 Mio.
2000	6,3 Mio.
1981	4,0 Mio.
1961	1,3 Mio.
1940	0,5 Mio.

Zum Vergleich die zweitgrößte Agglomeration Perus: Arequipa (2020): 1,1 Mio.

M6 Lima Bevölkerungsentwicklung (mit Hafenstadt Callao)

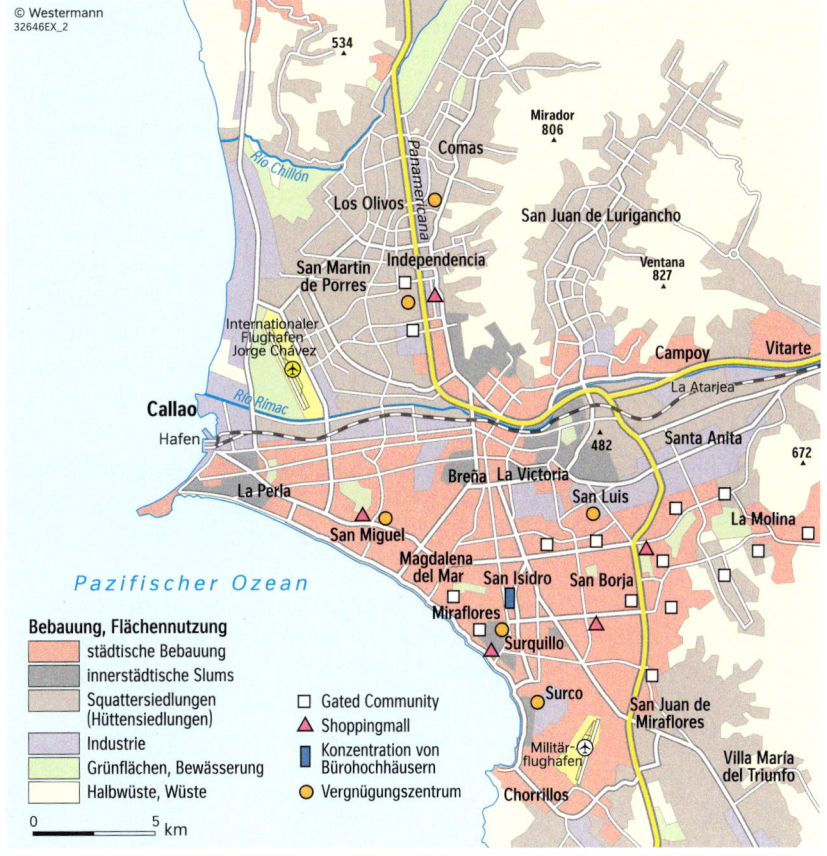

★M8 Lima mit Hafenstadt Callao – Flächennutzung

INFO

M7 Fragmentierung

„Zerstückelung" eines Raumes in einzelne, sehr unterschiedliche Elemente: Arme Wohngebiete grenzen an sehr wohlhabende, global tätige Unternehmen haben ihre Verwaltungshochhäuser neben nur lokal oder national tätigen Firmen oder Betreibern des informellen Sektors.

Wenn du diese Aufgaben erfolgreich bearbeitet hast, kannst du ...
- ... *erläutern, warum Lima das wirtschaftliche und demographische Zentrum Perus ist.*
- ... *die Stadt-Land-Disparitäten in Entwicklungsländern und ihre Auswirkungen am Beispiel Perus beschreiben und begründen.*
- ... *die Grundbegriffe* **räumliche Disparität**, **Gated Community**, **Slum** *und* **Fragmentierung** *erklären.*

Was bedingt Entwicklung? – Ein Puzzle

GEWUSST? – GEKONNT!

1. Der Naturraum

Es gibt unterschiedliche Gründe, die dazu führen, dass in den Entwicklungsländern die Lebensbedingungen der Menschen so schlecht sind und dass die Länder so arm sind.

Eine Ursache liegt bei manchen Ländern in den naturräumlichen Bedingungen. Wichtig für die Entwicklung eines Landes ist, dass günstige Bedingungen für die Landwirtschaft (z. B. genügend Niederschlag zur richtigen Zeit, nicht zu steile Flächen für die Felder), für die Fischerei, für Bergbau und Industrie (Bodenschätze, Infrastruktur) und für den Tourismus herrschen.

Besonders wichtig ist, dass ein Land mit einer guten **Infrastruktur** ausgestattet ist und die peripheren, **strukturschwachen Räume** in die Wirtschaft eingebunden sind. In diesem Zusammenhang spielt auch die **Verletzlichkeit (Vulnerabilität)** des Landes eine große Rolle: Häufige Naturkatastrophen können jeden Fortschritt schnell wieder zunichte machen.

2. Die Bevölkerungsentwicklung sowie die sozialen und politischen Verhältnisse

Auch die Zusammensetzung und eine ungünstige Verteilung der Bevölkerung können die Entwicklung eines Landes behindern. Dasselbe gilt für eine stark wachsende Bevölkerungszahl. Dadurch steigt vor allem in den ländlichen Gebieten der Bevölkerungsdruck.

In vielen Ländern werden Minderheiten diskriminiert. Dies gilt vor allem für die **indigene Bevölkerung**. In einem Großteil der Entwicklungsländer ist die wirtschaftliche und politische Macht auf eine kleine reiche Bevölkerungsgruppe konzentriert. Dadurch ist die Entwicklung des Landes von dieser kleinen Schicht abhängig: Bei **Good Governance** bieten sich Entwicklungsmöglichkeiten für die breite Bevölkerung, bei **Bad Governance** profitieren jedoch nur wenige. Diese Bad Governance geht häufig einher mit Korruption und Misswirtschaft.

3. Die Einbindung in die Weltwirtschaft – historisch und aktuell

Die Wirtschaft der Entwicklungsländer ist oftmals durch die Kolonialzeit geprägt. Damals ging es vor allem um die Ausbeutung der Rohstoffe und deren Export nach Europa. Dazu wurden in den **Kolonien** Bergwerke angelegt und große landwirtschaftliche Betriebe, die in Monokulturen pflanzliche Rohstoffe für den europäischen Markt anbauten. An den Küsten baute man Häfen und das Straßennetz war darauf ausgerichtet, die Rohstoffe möglichst schnell dorthin zu bringen. In Europa wurden aus den gelieferten Rohstoffen Fertigwaren produziert, die dann in die Kolonien exportiert wurden.

Bis heute hat sich an dieser Struktur des Außenhandels oft nicht viel geändert; Entwicklungsländer exportieren überwiegend Rohstoffe und importieren Fertigwaren. Das bringt verschiedene Probleme mit sich: Die Rohstoffpreise auf dem Weltmarkt schwanken stark und in der Landwirtschaft kommt es immer wieder zu Missernten (z. B. durch Schädlingsbefall). Hinzu kommt, dass die Preise für die importierten Fertigwaren schneller steigen als die Erlöse für die exportierten Rohstoffe. Durch diese Verschlechterung der **Terms of Trade** steigt die **Auslandsverschuldung**.

4. Das Ausmaß der Disparitäten innerhalb des Landes

Innerhalb der Entwicklungsländer gibt es häufig sehr große **räumliche Disparitäten**: Innerhalb des Landes liegen reiche Regionen neben armen, wirtschaftlich aktive Städte mit internationalen Firmen neben armen landwirtschaftlich geprägten Regionen. Diese **Fragmentierung** behindert die Entwicklung des Landes. Es kommt zur Migration in die Städte. Auf dem Land bleibt oftmals eine überalterte Bevölkerung zurück.

Die Städte sind die Zentren der Wirtschaft (Lima ist zum Beispiel in allen Bereichen mit weitem Abstand die wichtigste Stadt Perus). Dort gibt es sehr gute Standortfaktoren und viele, preiswerte und gebildete Arbeitskräfte. Daher konzentrieren sich in den Städten auch die Wirtschaftsbetriebe.

Auch hier gibt es eine **Fragmentierung**: Reiche Stadtteile grenzen an arme, **Gated Communities** liegen neben Hüttensiedlungen und **Slums**. Industriegebiete mit internationalen Firmen grenzen an lokal tätige Unternehmen und Betriebe der informellen Wirtschaft.

M1 Karikatur (nach einer peruanischen Zeitschrift): „Bildung in Zeiten der Pandemie"

1 Interpretiere die Karikatur M1.

Die Länder der Welt – unterschiedliche Entwicklungen

GEWUSST? – GEKONNT!

M2 Machu Picchu, die von den Inkas um 1450 erbaute Stadt, liegt in 2400 m Höhe mitten in den Anden. Sie wurde von den Konquistadoren (spanischen Eroberern) nie gefunden. Erst 1911 wurde sie durch Zufall von Wissenschaftlern entdeckt. Heute ist sie UNESCO-Weltkulturerbe und eines der attraktivsten Tourismusziele in Südamerika. Die UNESCO möchte die Besucherzahl auf 800 pro Tag beschränken, um den Bergwald und die Stadt nicht zu gefährden.

Es kommt auf unterschiedliche Faktoren an, ob ein Land in seiner Entwicklung voranschreitet oder nicht. Auf den letzten Seiten habt ihr einige wichtige Faktoren für Entwicklung und Unterentwicklung kennengelernt. Sie alle wirken zusammen:

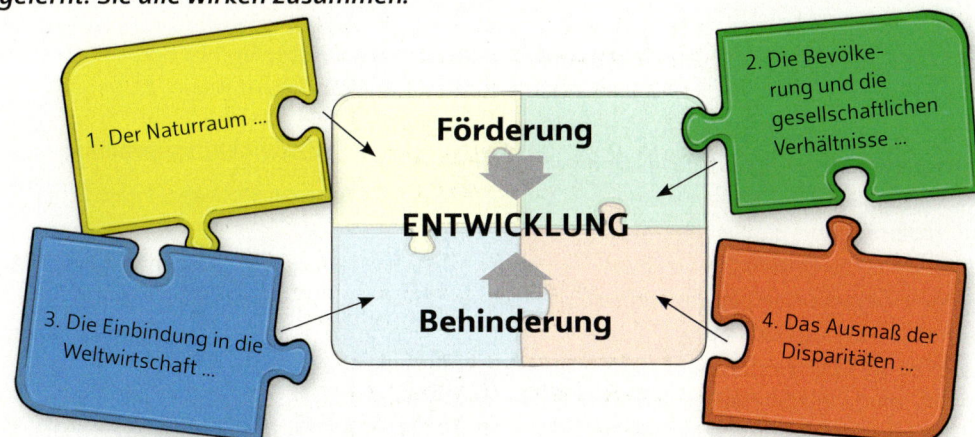

Begriffe: Attraktionen für Tourismus, Auslandsverschuldung, ausreichender Niederschlag, Außenhandel, Bad Governance, Bevölkerungsverteilung, Bevölkerungswachstum, Bevölkerungszusammensetzung, Bodenfruchtbarkeit, Bodenschätze, Dürren, Erdbeben, Export von Rohstoffen, Fischreichtum der Gewässer, Fragmentierung, Gated Communities, Good Governance, Großgrundbesitz, Hüttensiedlungen, Import von Fertigwaren, indigene Bevölkerung, Inflation, Infrastruktur, internationale Unternehmen, klimatische Bedingungen, Kolonie, Konzentration der Wirtschaft, Korruption, Migration vom Land in die Städte, Missernte, Misswirtschaft, Monokulturen, Relief, Rohstoffpreis, arme ländliche Gebiete, schwankende Preise auf dem Weltmarkt, sehr gute Standortfaktoren, Slums, soziale Situation, Strände, Terms of Trade, Überschwemmungen, Verkehrsnetz auf Häfen ausgerichtet, Verletzlichkeit (Vulnerabilität), Vulkanismus, Wirbelstürme, wirtschaftlich starke Städte

M3 Faktoren, die die Entwicklung eines Landes fördern oder behindern

2 Nenne weitere Beispiele aus Entwicklungsländern, wo historische Stätten wie Machu Picchu Tourismusmagneten sind.

WES-113057-160

Strategien zur Entwicklung

Welcher Weg ist der richtige?

Dass alle Menschen auf der Erde menschenwürdig leben können, das wünscht sich wohl jeder.

Doch welche Strategien zu Entwicklung gibt es? Wo müssen Maßnahmen ansetzen? Nur in den Entwicklungsländern oder auch in den Industrieländern?

1. Gib ein Beispiel für ein Entwicklungshemmnis, eine daraus folgende Strategie, ein mögliches Entwicklungsprojekt und seine Wirkung (M2).
2. Beschreibe die Leitlinien von Entwicklungszusammenarbeit (M1, M3).
3. Berichte, welche Staaten der Welt vor allem von der öffentlichen Entwicklungszusammenarbeit profitiert habe (Atlas).
4. Erkläre und beurteile die Maßnahmen und Zielsetzungen des fairen Handels (M5 – M8).

Als **Entwicklungszusammenarbeit** bezeichnet man die gemeinsamen Bestrebungen sogenannter Industrieländer und Entwicklungsländer, soziale und ökonomische Unterschiede sowie Differenzen in den allgemeinen Lebensbedingungen zwischen diesen beiden Ländergruppen abzubauen. Der Begriff Entwicklungshilfe gilt dagegen als veraltet, da er den Fokus zu sehr auf die vermeintliche Hilfsbedürftigkeit der weniger entwickelten Länder legt. Die Entwicklungszusammenarbeit unterstreicht dagegen die gleichberechtigte Rolle der Geber- und Empfängerländer. Sie verfolgt vor allem das Ziel […,] die Lebensbedingungen nachhaltig zu verbessern und die Menschen vor Ort langfristig unabhängig von externer Hilfe zu machen. Entwicklungszusammenarbeit verfolgt in der Regel langfristige, nachhaltige Ziele und strukturelle Änderungen, wohingegen beispielsweise die Hunger-, Katastrophen- und humanitäre Hilfe kurzfristig und schnell bei akuten Krisen hilft.

Quelle: Freiwilligenarbeit.de: Entwicklungszusammenarbeit.
www.freiwilligenarbeit.de, Zugriff: 02.12.2020

M1 Kurzfristige Hilfe und langfristige Entwicklungszusammenarbeit

Welchen Weg soll man einschlagen?

M2 Strategien

INTERNET

M3 Das *Bundesministerium für wirtschaftliche Zusammenarbeit und Entwicklung (BMZ)* ist verantwortlich für die staatliche Entwicklungszusammenarbeit.

Die Länder der Welt – unterschiedliche Entwicklungen

M4 Seit Jahren werden immer wieder Veränderungen im Welthandel gefordert, vor allem faire Preise für die Rohstoffe der Entwicklungsländer und faire Löhne für die dort arbeitenden Menschen. Einige Organisationen versuchen, mit fairem Handel erste Veränderungen zu erreichen.

M5 Über eine Million Blumen verlassen täglich den Naivashasee in Kenia. Der Export läuft über die Blumenbörse in Amsterdam. Dort ist der Anteil der nach Deutschland exportierten fair gehandelten Blumen schon auf ein Viertel gewachsen.

M8 Eine neue Idee zum Vertrieb von fair gehandelten Produkten ist der Fair-o-mat. Er ist nachhaltig produziert, weil er aus Altgeräten per Upcycling entsteht, funktioniert ohne Strom und ist zu fast 100% recyclingfähig.

Egal auf welchem Kontinent oder in welchem Land: Menschen wollen mit ihrer Arbeit mindestens so viel verdienen, dass sie davon leben können. Wenn ein Bauer trotz harter körperlicher Arbeit seine Familie nicht ernähren kann, dann liegt das zum Teil auch an ungerechten Welthandelsstrukturen. Im **fairen Handel** sind die Strukturen anders: Die Produkte werden zu fairen Bedingungen hergestellt und importiert. [...] Der faire Handel ist mehr als Import und Vertrieb von Produkten. Er gibt den Menschen hinter den Produkten ein Gesicht. Ihre Lebens- und Arbeitsbedingungen zu verbessern, ist das Ziel des fairen Handels.

Beim fairen Handel geht es nicht nur um den Warenhandel, sondern es geht auch darum, auf politischer Ebene für mehr Gerechtigkeit einzutreten. Viele verbinden mit dem fairen Handel die Zahlung eines fairen Preises. Damit ist gemeint, dass für bestimmte Produkte ein Fairtrade-Mindestpreis garantiert wird. Für diese Produkte muss er immer gezahlt werden – egal, wie niedrig der Weltmarktpreis liegt. Darüber hinaus wird für viele Produkte auch eine Fairtrade-Prämie bezahlt.

Die zu Genossenschaften zusammengeschlossenen Bauern entscheiden selbst, wofür die Fairtrade-Prämie verwendet wird, z. B. für:
- Bau von Trinkwasserbrunnen
- Bau oder Renovierung von Straßen/Schulen
- Medizinische Versorgung
- Fortbildungen

Außerdem sind im fairen Handel ausbeuterische Kinderarbeit und Zwangsarbeit verboten. Angestellte auf Plantagen und in Fabriken erhalten eine angemessene Bezahlung und profitieren unter anderem von Schutzkleidung, bezahltem Urlaub und sozialer Vorsorge – alles Dinge, die bei uns selbstverständlich sind. [...]

Quelle: GEPA: Was ist fairer Handel? www.fairtrade.de, Zugriff: 18.01.2018.

M6 Fairer Handel – eine Strategie

INTERNET

M7 Informationen zum fairen Handel und Möglichkeiten, dich selbst zu engagieren, findest du zum Beispiel bei den Organisationen *FAIRTRADE Deutschland*, *GEPA*, Unternehmen *Weltladen*.

Wenn du diese Aufgaben erfolgreich bearbeitet hast, kannst du …
… unterschiedliche Ansatzpunkte der Entwicklungszusammenarbeit beschreiben.
… Ziele und Auswirkungen des fairen Handels erläutern.
… die Grundbegriffe **Entwicklungszusammenarbeit** und **fairer Handel** erklären.

Nachhaltige Entwicklung – Hilfe zur Selbsthilfe

In der Agenda 2030 wurden 17 Zielsetzungen für die nachhaltige Entwicklung der Erde festgelegt, die Sustainable Development Goals (s. S. 8–11). Doch was bedeutet nachhaltige Entwicklung in der Entwicklungszusammenarbeit? Welche Strategien, welche Maßnahmen gibt es, sie zu erreichen?

W 1. **A** Erläutere an einem der auf dieser Doppelseite genannten Projekte und Strategien, was nachhaltige Entwicklung bedeutet.
B Berichte in einem kurzen Podcast (ca. 2–3 Minuten) anhand der Materialien auf dieser Seite über nachhaltige Entwicklung.

2. Welche der Sustainable Development Goals der Agenda 2030 sind deiner Meinung nach die drei wichtigsten für die Entwicklung der Länder des Südens? Begründe (S. 8–11).

W 3. Informiere dich über mindestens drei NGOs, die in der Entwicklungszusammenarbeit tätig sind (M6).
A Berichte, in welchen Regionen der Erde und in welchen Entwicklungsbereichen sie tätig sind.
B Welche dieser Organisationen würdest du unterstützen? Begründe.

4. Vergleiche die Zielsetzungen von Entwicklungszusammenarbeit und Katastrophenhilfe.

M2 Nachhaltige Entwicklung ist nur mit Good Governance, einer guten Regierungsführung möglich – nicht nur in den Entwicklungs- sondern auch in den Industrieländern.

(Diagramm: **Politik** Demokratie, gute Regierungsführung; **Wirtschaft** Versorgung mit Gütern und Dienstleistungen, Beschäftigung und Einkommen; **Soziales** Selbsterhaltung, Fortbestand im Wandel, soziale Sicherheit und Integration; **Umwelt** Schutz von Ökosystemen und natürlichen Lebensgrundlagen)

Hilfe zur Selbsthilfe zu leisten, das ist ein Grundsatz für viele Organisationen, die in der Entwicklungszusammenarbeit tätig sind.
Vor allem die **Nichtregierungsorganisationen** (= Non-Governmental Organizations = NGOs) unterstützen kleine Projekte, die die Menschen in die Lage versetzen, sich nachhaltig selbst zu helfen:
So werden in den Slums von Kairo junge Männer zu Tischlern ausgebildet, in den bolivianischen Anden gibt es Nähkurse für die Bäuerinnen und Schulungen in Bewässerungslandwirtschaft für Bauern und in den Trockenregionen Nordindiens werden im Barefoot College seit 1989 Tausende Frauen und Kinder im Umgang mit Solarenergie geschult (S. 166).

M3 Hilfe zur Selbsthilfe

  **M1** Wenig Maschineneinsatz, arbeitsintensive Produktion – das ist eine Strategie, um möglichst vielen Familien eine gesicherte Existenz zu verschaffen. Wenn auf diese Weise gleichzeitig auch noch weitere wichtige Projekte verwirklicht werden können (hier: Teeren einer Dorfstraße in Südindien), ist die Wirkung umso größer.

Die Länder der Welt – unterschiedliche Entwicklungen

"Haupteinkaufsstraße" des Flüchtlingslagers

Das Flüchtlingslager Zaatari  im Norden Jordaniens: 2012 als Notunterkunft für syrische Flüchtlinge angelegt, entwickelte es sich zu einer dauerhaften Siedlung mit mehr als 80 000 Einwohnern (2021).

M4 Die Maßnahmen der **Katastrophenhilfe** zielen auf eine kurz- und mittelfristige Befriedigung der Grundbedürfnisse. Diese Hilfsmaßnahmen bestehen vor allem in Nahrungsmittellieferungen, der Installation von Wasseraufbereitungsanlagen, dem Bau von Notunterkünften und der Sicherstellung der ärztlichen Versorgung. Eine mangelnde oder auch zerstörte Infrastruktur stellt dabei oft ein großes Hindernis dar.

3 GOOD HEALTH AND WELL-BEING

Gesundheit ist Ziel, Voraussetzung und Ergebnis von nachhaltiger Entwicklung. Ihre Förderung ist ein Gebot der Menschlichkeit und Bestandteil verantwortungsvoller Regierungsführung. [...] Die Herausforderungen im Gesundheitsbereich sind allerdings weiterhin groß. So sterben noch immer jeden Tag 16 000 Kleinkinder, sehr viele von ihnen an Krankheiten, die heute vermeidbar sind. [...]

4 QUALITY EDUCATION

Bildung ist ein Menschenrecht – sie befähigt Menschen, ihre politische, soziale, kulturelle und wirtschaftliche Situation zu verbessern. Jedes Kind hat das Recht auf eine Schulausbildung und jeder Mensch ein Anrecht darauf, seine grundlegenden Lernbedürfnisse zu befriedigen – ein Leben lang.

Quelle: BMZ: Ziel 3 und Ziel 4. www.bmz.de, Zugriff: 15.10.2020

M5 Zwei Zielbereiche der Agenda 2030

6 CLEAN WATER AND SANITATION **M7** In vielen Slums, Hüttensiedlungen und Dörfern gibt es keine Wasserleitungen. Trinkwasser muss kilometerweit herangetragen oder oft auch literweise teuer gekauft werden – die Schaffung einer leistungsfähigen Wasserversorgung wie hier in Indien gehört auch zur Grundbedürfnisbefriedigung.

INTERNET

M6  Auch alle großen in der Entwicklungszusammenarbeit tätigen Nichtregierungsorganisationen (NGOs) stellen ihre Maßnahmen und Ziele im Internet dar: z. B. *Misereor, Brot für die Welt, Welthungerhilfe, Ärzte ohne Grenzen, terre des hommes, Menschen für Menschen*.

Wenn du diese Aufgaben erfolgreich bearbeitet hast, kannst du ...
- *die Merkmale nachhaltiger Entwicklungszusammenarbeit an Beispielen erläutern,*
- *die Grundbegriffe* **nachhaltige Entwicklung**, *Hilfe zur Selbsthilfe,* **Nichtregierungsorganisation (NGO)** *und* **Katastrophenhilfe** *erklären.*

Entwicklungszusammenarbeit mit Frauen – ein wichtiger Baustein zur Entwicklung

Viele der Projekte der Entwicklungzusammenarbeit, ob staatlich oder von NGOs richten sich an Frauen.

Warum ist gerade die Förderung von Frauen so wichtig? Wie sehen diese Projekte aus?

1. Beschreibe die Bedeutung der Frauen für die Nahrungsmittelversorgung und die Energieversorgung in Familien des globalen Südens (M4, M5, M8).

2. Erkläre die Wirkung des M-Farm- (M2) oder des Holzofen-Projektes (M8).

W 3. Erläutere anhand eines Beispiels Maßnahmen und Ziele des Barefoot College. Erstelle dazu
   A auf Basis von M5 eine Conceptmap, 235
   B aufgrund von Informationen aus dem Internet (M1) einen Podcast (max. 3 Minuten).

4. Professor Yunus erhielt für seine Idee der Kleinkredite einen Nobelpreis (M4, M6, M7, M9, M10). Hältst du das für gerechtfertigt? Begründe.

M3 Peru, Provinz Huamanga: Kleinbäuerin Victoriana pflegt mit ihrer Tochter das Kartoffelfeld hinter ihrem Haus.
„Mit einer höheren Artenvielfalt reduzieren wir das Ernterisiko durch Wettereinbrüche infolge des Klimawandels", erklärt die Agrarwissenschaftlerin Marcela Machaca, Gründerin von ABA, der lokalen Partnerorganisation der Welthungerhilfe. „Die einheimischen Sorten sind nicht nur resistenter, sondern auch nährstoffreicher als moderne Züchtungen." Denn auf das Wetter ist kein Verlass mehr: Fröste, Starkregen und Hagelschauer erschweren die Landwirtschaft in den Anden ebenso wie lang anhaltende Trockenzeiten und Hitzewellen.

Quelle: Welthungerhilfe: Artenvielfalt gegen Klimawandel. Welthungerhilfe.de, Zugriff: 1.10.2021

INTERNET

M1 Genauere Informationen findest du unter anderem bei folgenden NGOs
- Barefoot College (Schulungsprogramme u.a.)
- Atmosfair (effiziente Öfen u.a.)

M2 Kenia: Mit M-Farm können sich Bauern gegen eine kleine Gebühr per SMS oder über die App die aktuellen Marktpreise an den Lebensmittelbörsen anzeigen lassen. Zudem bekommen sie über einen Blog Tipps für die Aussaat, Düngemittel oder Wetterinfos. Und sie können ihre Produkte gleich auf einem Online-Marktplatz Händlern zum Verkauf anbieten.

[...] Nach Angaben der Ernährungs- und Landwirtschaftsorganisation der Vereinten Nationen FAO sind weltweit 45 Prozent aller Arbeitskräfte in der Landwirtschaft weiblich. Allerdings mit großen Unterschieden: In Afrika und Asien liegt der Frauenanteil bei etwa 60 Prozent, in Lateinamerika dagegen nur bei 20 Prozent.
Das Land ist jedoch meist im Besitz der Männer. Frauen besitzen weltweit weniger als 20 Prozent der landwirtschaftlichen Nutzfläche. Auch die Arbeit ist häufig ungleich verteilt. In Entwicklungsländern in Afrika, Asien und im Pazifik arbeiten Frauen in der Landwirtschaft durchschnittlich 12 bis 13 Stunden mehr pro Woche als Männer.
Studien der FAO belegen: Wenn Bäuerinnen den gleichen Zugang zu Ressourcen hätten wie Männer, könnten die Ernteerträge um fast ein Drittel gesteigert werden. Die Zahl der hungernden Menschen auf der Welt könnte mit diesen Produktivitätssteigerungen um bis zu 150 Millionen reduziert werden. Frauen investieren bis zu 90 Prozent ihres Einkommens wieder in ihre Haushalte – das ist Geld, das für Ernährung, Gesundheit, Schule und einkommensschaffende Aktivitäten ausgegeben wird.

Quelle: Bundesinformationszentrum Landwirtschaft: Frauen in der Landwirtschaft. landwirtschaft.de 23.06.2021, Zugriff: 25.09.2021

M4 Die Bedeutung der Frauen in der Landwirtschaft

M5 Das Barefoot College ist eine in 93 Ländern tätige NGO, die durch die Schulung von Landfrauen bislang Zehntausende Haushalte mit Solarstrom versorgen konnte.

M8 In Ruanda werden immer häufiger effiziente Holzöfen genutzt. Sie benötigen 80 Prozent weniger Holz als traditionelle Kochstellen. Die gesamte Produktion findet seit 2021 in Kigali statt.

- Teilhaber der Rural Women's Bank sind nicht einzelnen Frauen, sondern rund 12 000 kleine dörfliche Gemeinschaften (Frauen-Kooperativen).
- Jede Gruppe besitzt ihr eigenes Konto und entscheidet gemeinsam über die Geldverwendung.
- Die Mitglieder der Gruppen bürgen gegenseitig.
- Erst wenn das geliehene Geld zurückgezahlt worden ist, wird ein neuer Kredit vergeben.
- Die Kreditnehmerinnen müssen erklären, wofür sie das Geld nutzen. Unterstützt wird nur der Kauf nachhaltig wirkender Güter.
- Eingeschlossen in die Teilhaberschaft ist häufig auch eine Lebensversicherung.

M6 Organisation der Rural Women's Bank im indischen Bundesstaat Tamil Nadu

M9 Mitgliederversammlung im Bankgebäude auf dem Dorfplatz (Indien)

1983 gründete der aus Bangladesch stammende Wissenschaftler Professor Muhammad Yunus die Grameen Bank, die „Bank auf dem Land". Sie verleiht auch an arme Menschen Geld. Dabei geht es um kleine Summen ab einem Euro, meist unter 50 Euro. Jeder, der Geld ausleiht, wird dabei auch Miteigentümer der Bank – und fühlt sich dadurch zur Rückzahlung verpflichtet. Die Kunden sind fast ausschließlich Frauen. Sie verwenden die Kredite zum Beispiel, um Handel mit handwerklichen oder landwirtschaftlichen Produkten zu beginnen. Das kommt auch ihren Kindern zugute. Selbstbewusste Frauen, die über eigenes Einkommen verfügen, sind auch auf eine Ausbildung ihrer Kinder bedacht. So werden durch diese Art der Frauenförderung viele Probleme direkt bei der Wurzel gepackt. Das Kreditsystem wurde in über 60 Ländern übernommen. 2006 erhielt Prof. Yunus den Friedensnobelpreis.

M7 Nobelpreis für nachhaltige Armutsbekämpfung

„Wir geben der Bäuerin und dem Bauern nicht die Hirse, sondern eine Hacke. Das Kind erhält von uns keine Almosen, sondern eine Ausbildung, damit es später einmal eine Familie ernähren kann!"

M10 Zitat einer Mitarbeiterin einer Nichtregierungsorganisation (NGO)

Wenn du diese Aufgaben erfolgreich bearbeitet hast, kannst du …
… *die Bedeutung der Frauen für die Nahrungsmittelerzeugung und die Energieversorgung in den Familien beschreiben.*
… *die Wirkungsweise von Kleinkrediten erläutern.*

Entwicklungsperspektive erneuerbare Energien – Afrika

Der Bedarf an nachhaltig erzeugter Energie steigt sprunghaft. Damit eröffnen sich für viele Länder des globalen Südens völlig neue Entwicklungsperspektiven...

1. a) Beschreibe die Bedeutung von Wasserstoff für die Energiewende (M1).
   b) Erkläre, warum sich Namibia gut für die Herstellung von grünem Wasserstoff eignet (M1, M3, M5).
2. Stelle mit einem Wirkungsgefüge oder einer Conceptmap dar, inwieweit die Nutzung der Solarenergie den Staaten und den dort lebenden Menschen nutzen könnte. 235
3. Erläutere die Probleme, die sich bei der Umsetzung des Vorhabens ergeben könnten (M6).
4. Beurteile das Vorhaben unter dem Aspekt der Nachhaltigkeit.
5. Nutze den H2Atlas-Tool (M8).
   a) Beschreibe, wo es die größten Potenziale für Wasserstofferzeugung gibt.
   b) Erkunde, welche Angaben aus dem GIS außerdem abgelesen werden können und berichte.
6. In vielen Ländern des globalen Südens gibt es ein hohes Potenzial zur Nutzung der Solarenergie. Nenne drei Beispiele (M5).

M2 Der Physiker Solomon Nwabueze Agbo koordiniert das Projekt „H2Atlas-Africa" am Forschungszentrum Jülich.

Deutschland und Namibia schließen Wasserstoff-Partnerschaft

„Weltweit herrscht bereits ein Rennen um die besten Wasserstofftechnologien und die besten Standorte zur Wasserstoff-Produktion. Namibia hat in diesem Wettbewerb aus unserer Sicht besonders große Chancen. Wir wollen sie gemeinsam nutzen. […] Namibia hat enorme Potenziale für den Hochlauf einer grünen Wasserstoffwirtschaft: Das Land verfügt über große, bislang ungenutzte Flächen. Die Windgeschwindigkeiten in Namibia ermöglichen eine besonders profitable Erzeugung von Windstrom. Noch größer ist das Potenzial beim Solarstrom: Über 3.500 Sonnenstunden zählt Namibia jährlich. Das ist fast doppelt so viel wie in Deutschland. […] Der jüngste Bericht des Weltklimarats hat uns erneut vor Augen geführt, dass wir beim Thema Klimaschutz das Tempo erhöhen müssen. Dabei trifft die globale Erwärmung gerade die Länder besonders hart, die kaum CO_2-Emissionen verursachen – zum Beispiel Staaten wie Namibia. Gerade sie haben jedoch die Sonne und den Wind, die Schlüsselfaktoren dafür sind, erneuerbare Energie zu erzeugen und mittels Grünem Wasserstoff Emissionen zu reduzieren. […]"

Quelle: BMBF: Pressemitteilung: 172/2021

M3 Pressemitteilung des Bundesministeriums für Bildung und Forschung (BMBF) 2021

Grüner Wasserstoff ist ein Schlüsselelement der Energiewende. Mit seiner Hilfe lassen sich Industrie, Flug- und Schwerlastverkehr klimafreundlich gestalten. Allerdings hat Deutschland weder genügend freie Flächen noch genügend Wind- und Sonnenenergie, um seinen Wasserstoffbedarf selbst decken zu können. Deutschland wird daher auch langfristig Grünen Wasserstoff importieren müssen. Zum Beispiel aus West- und Südafrika. Um herauszufinden, welche Potenziale es für die Produktion und den Export von Grünem Wasserstoff in Afrika gibt, fördert das Bundesforschungsministerium seit 2020 einen „Potenzialatlas Wasserstoff". Er betrachtet neben den Bedingungen für die Erzeugung erneuerbarer Energien und der notwendigen Infrastruktur insbesondere die Möglichkeiten einer nachhaltigen Entwicklung vor Ort.

M1 Wasserstoff, Schlüsselelement der Energiewende

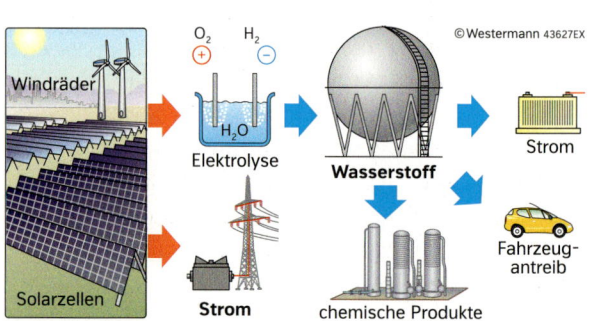

Die Länder der Welt – unterschiedliche Entwicklungen 169

M4 Solarkraftwerk in der Wüste Negev

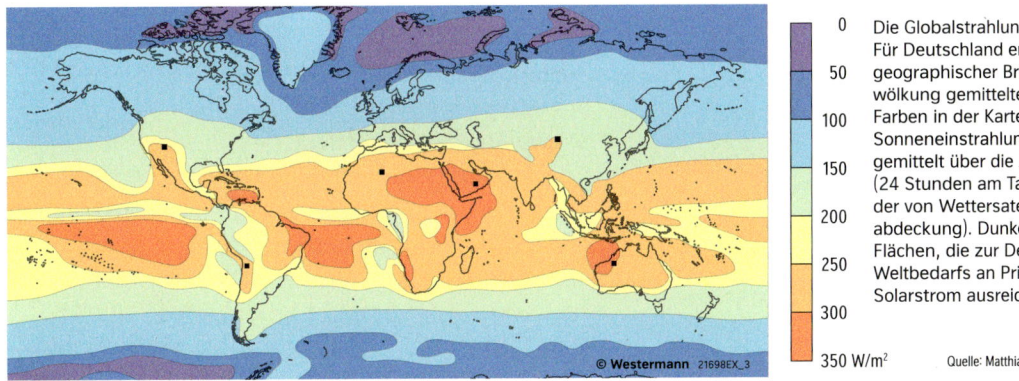

M5 Sonneneinstrahlung (Globalstrahlung) in W/m²

Die Globalstrahlung wird in W/m² gemessen. Für Deutschland ergibt sich ein für Tag/Nacht, geographischer Breite, Sonnenschein/Bewölkung gemittelter Wert von 110 W/m². Die Farben in der Karte zeigen die örtliche Sonneneinstrahlung auf der Erdoberfläche, gemittelt über die Jahre 1991–1993 (24 Stunden am Tag, unter Berücksichtigung der von Wettersatelliten ermittelten Wolkenabdeckung). Dunkel gekennzeichnet sind die Flächen, die zur Deckung des derzeitigen Weltbedarfs an Primärenergie allein durch Solarstrom ausreichend wären.

Quelle: Matthias Loster 2010, eigene Aktualisierung 2019

Die Verwirklichung einer Wasserstoff-Partnerschaft mit den afrikanischen Staaten steht jedoch noch vor zahlreichen Herausforderungen:
Zum einen ist die Frage des Wasserstofftransports nach Deutschland bislang noch nicht abschließend gelöst. Hier muss in den beteiligten Staaten neben den Solarkraftwerken auch eine umfangreiche Transportinfrastruktur aufgebaut werden. Zudem ist auch noch nicht vollständig geklärt, wo genügend Wasser zur Wasserstoffgewinnung bereitgestellt werden kann. In diesem Zusammenhang denkt man auch über große, solarbetriebene Meerwasserentsalzungsanlagen nach.
Mögliche Probleme gibt es auch innerhalb der beteiligten Staaten: Hier muss oft erst innerhalb des Landes ein Stromnetz aufgebaut und die einheimische Bevölkerung mit Strom versorgt werden. Zudem ist nicht in allen Staaten von einer verlässlichen Politik auszugehen, sodass sowohl auf politischer Ebene als auch in der Verwaltung große Hürden zu überwinden sind.
Schließlich sind auch andere Staaten an der Herstellung von Grünem Wasserstoff in Afrika interessiert, nicht zuletzt China, das sich in vielen Ländern seit Jahren stark im Ausbau der Infrastruktur engagiert.

M6 Mögliche Probleme

ERSTAUNLICH

M7 2019 hat man errechnet, dass 400 000 km² in Wüstengebieten ausreichen würden, um den gesamten Primärenergiebedarf (Kohle, Ergas, Erdöl, Wasserkraft usw.) der Erde zu decken (siehe M5).

INTERNET

M8 Der H2ATLAS-AFRICA ist ein Projekt des Forschungsministeriums (BMBF) mit afrikanischen Partnern in der Subsahara Region, um die Potenziale der grünen Wasserstoffproduktion zu erforschen. Erste Teile sind seit 2021 als GIS (H2 Atlas-Tool) abrufbar.

Wenn du diese Aufgaben erfolgreich bearbeitet hast, kannst du ...
... die Bedeutung und die Herstellung von Grünem Wasserstoff beschreiben.
... erklären, welche Entwicklungsperspektiven die Nutzung der erneuerbaren Energien in vielen Entwicklungsländern bietet.
*... den Grundbegriff **Grüner Wasserstoff** erläutern.*

Die Industrie als Entwicklungsmotor – Indien

Neben der Förderung der Landwirtschaft baut die indische Politik vor allem auf die Förderung der Industrie, insbesondere der Hightech-Industrie. Was sind die Ziele dieser Politik? Welches sind die Entwicklungsmaßnahmen? Was die erhofften Wirkungen?

1. Beschreibe die Strategie der indischen Regierung (M1 – M3, M6). `246`
2. Stelle die Interessen der ausländischen Konzerne bei Direktinvestitionen in Indien denen der indischen Regierung gegenüber (M2 – M4).
3. Beschreibe mögliche negative Auswirkungen des Hightech-Booms am Beispiel von Bangalore (Atlas, M6 – M8).
4. Beurteile, ob die Entwicklung in Bangalore aus deiner Sicht sinnvoll und nachhaltig ist.
5. Begib dich auf virtuelle Exkursion (M5, Internet).
6. Vergleiche die Strategie der Industrie-Förderung mit der der Tourismusförderung (S. 172/173). Welche erscheint dir sinnvoller?
7. Stelle die Wirkungen der Förderung der Hightech-Industrie als Conceptmap dar. `235`

Herr Murlidhar, die indische IT-Industrie hat in den vergangenen Jahrzehnten einen Boom ohnegleichen erlebt. Wie kam es dazu?

*Wir haben bereits in den 1980er-Jahren erkannt, dass die IT-Industrie eine **Wachstumsbranche** ist. Daher haben wir in einigen Städten den Aufbau von IT-Zentren gefördert, zum Beispiel in Bangalore. Zudem gründeten wir Elitehochschulen zur Ausbildung von Ingenieuren. Ausländischen Konzernen haben wir gute Standortbedingungen wie zum Beispiel Steuererleichterungen geboten mit dem Ziel, hochwertige Arbeitsplätze zu schaffen und an möglichst viel Know-how zu gelangen.*

Mit Erfolg, wie man sieht!

*Ja, Hunderte in- und ausländische Unternehmen sind heute in der Branche tätig, sie beschäftigen mehr als drei Millionen Mitarbeiter. Fast alle internationalen Konzerne von Weltruf unterhalten hier einen Standort, häufig als **Joint Venture** mit einem einheimischen Unternehmen. Die ausländischen Konzerne schätzen die hohe Verfügbarkeit und die gute Ausbildung unserer Arbeitskräfte, die zudem über gute Englischkenntnisse verfügen. Dabei betragen die Lohnkosten oft nur ein Zehntel dessen, was in den USA oder Europa für dieselbe Leistung gezahlt wird. Seit der Jahrtausendwende fließen viele Direktinvestitionen in den Bereich Forschung und Entwicklung (FuE). Texas Instruments, SAP, IBM oder Mercedes-Benz unterhalten bei uns eigene Entwicklungszentren.*

Streng genommen handelt es sich hierbei also nicht mehr um Industrie-, sondern um Dienstleistungsbetriebe?

Sowohl als auch! Wir produzieren elektronische Bauteile und kundenspezifische Software, wir betreuen Computerzentren in aller Welt und übernehmen aber auch das Business Process Management von großen internationalen Firmen. Das heißt, unsere Betriebe optimieren in diesen Firmen die geschäftlichen Abläufe.

Wie ist das möglich?

Ein Tastendruck und der Ingenieur in Bangalore ist verbunden mit einem Computerzentrum in den USA. Wegen der 13 Stunden Zeitunterschied arbeitet Indien, während Amerika schläft – und die US-Kunden können ihre Rechner während ihrer Arbeitszeit uneingeschränkt nutzen.

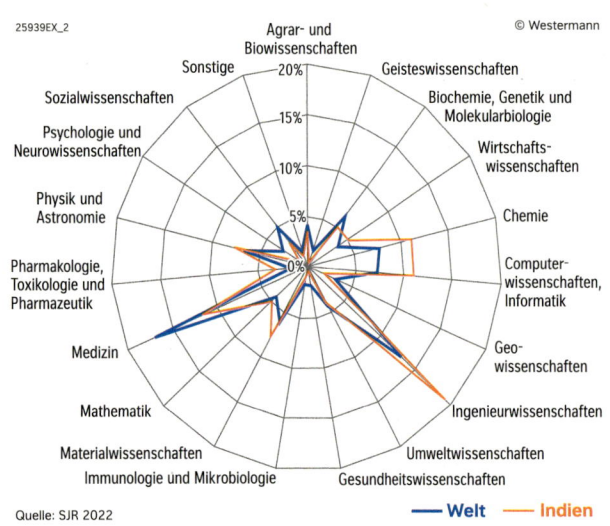

M1 Die Themen der wissenschaftlichen Publikationen zeigen, wo das Ministry of Education Schwerpunkte in Entwicklung und Forschung legen will. Schon heute zählt Indien in der Informationstechnologie und vor allem in der Biotechnologie zu den führenden Nationen.

M2 Interview mit Herrn Jyotsna Murlidhar (State Department of Information Technology and Electronics)

Die Länder der Welt – unterschiedliche Entwicklungen   171

M3 In den Hightech-Zentren werden jährlich Umsätze von über 100 Milliarden US-Dollar erreicht. Etwa 90 Prozent davon durch Exporte.

Infosys Konzernzentrale, Bangalore

M6 Die Fünf-Millionen-Metropole Bangalore hat sich innerhalb der letzten zwei Jahrzehnte zu einem der weltweit führenden Hightech-Zentren mit über 300 000 IT-Spezialisten entwickelt. Hier sind die wichtigsten Betriebe der indischen Luft- und Raumfahrtindustrie und die Hälfte aller Biotech-Unternehmen ansässig. Alle international bekannten IT-Unternehmen betreiben hier Tochterunternehmen oder Joint Ventures.

INFO

M4 Zusammenarbeit mit der Wirtschaft der Industrieländer – Indien

Ziel der Firmen aus den Industrieländern ist es, die Standortvorteile in den Ländern des Südens zu nutzen, zum Beispiel niedrige Lohnkosten, gebildete Arbeitskräfte und eine gute Infrastruktur. Ziel **ausländischer Direktinvestitionen (ADI)** ist es vor allem, möglichst hohe Gewinne zu erzielen. Dabei sind die Branchen, in die investiert wird, von Land zu Land sehr unterschiedlich: Fahrzeugbau, Erdölförderung, Tourismus oder auch Landwirtschaft.

Die Regierungen der Entwicklungsländer bestehen häufig darauf, dass ADI vor allem in Joint Ventures fließen. In diesen gemeinsamen Wirtschaftsunternehmen kommen aus dem Ausland das Kapital und das Know-how und das Partnerland bietet die günstigen Produktionsbedingungen.

„Das ist ja wie in Bangalore", sagt man in Indien inzwischen, wenn man meint: Nichts geht mehr, Stau, hohe Preise, schlechte Luft, Parkplätze statt Parks. Für die gut bezahlten IT-Beschäftigten in Bangalore ist die Fahrt vorbei an Slums durch überfüllte Straßen zu einem der Industrieparks wie Electronic City eine Tortur. Erst wenn man die Wachleute am „Gate" passiert hat, kehrt Ruhe ein: saubere Straßen, Fitnessstudios, Garten-Restaurants – ganz wie in der Gated Community am Stadtrand.

★M7 Fortschritt?

M8 Bangalore: Die Grenzen der Infrastruktur sind erreicht.

INTERNET

M5 Unternimm mithilfe von Satellitenbildern, Fotos und digitalen Karten eine virtuelle Exkursion in Bangalore.
Präsentiere deine Ergebnisse möglichst anschaulich.
Gehe folgenden Fragen nach: Wie groß ist das Stadtgebiet von Bangalore? Wie sind die Lebensbedingungen? Gibt es Disparitäten? Wie wird deutlich, dass hier mit Hightech Geld verdient wird? Welche Entwicklungsfortschritte und welche Probleme sind für dich erkennbar? Starte in Bangalore Electronic City.

Wenn du diese Aufgaben erfolgreich bearbeitet hast, kannst du …
… *Maßnahmen und Ziele der Förderung der Hightech-Industrie erläutern.*
… *die Nachhaltigkeit von Industrieförderung beurteilen.*
… *die Grundbegriffe* **Wachstumsbranche**, **Joint Venture** *und* **ausländische Direktinvestition (ADI)** *erklären.*

Tourismus als Entwicklungsmotor – Kenia

Weiße Sandstrände, unberührte Landschaften, andere Kulturen und vieles mehr zieht Menschen seit jeher in die Ferne. Welche Bedeutung hat der Tourismus für die Wirtschaft eines Landes? Und worin liegt das touristische Potenzial des jeweiligen Landes?

M2 Weltweite Bedeutung des Tourismus 2019

1. Stelle die Bedeutung des Tourismus grafisch dar:
   A in einer Conceptmap. [235]
   B in einem Wirkungsgefüge. [235]
   Ergänze deine Darstellung durch konkrete Daten zum Tourismus in Kenia.

2. Liste Gründe auf, inwiefern der Tourismus die wirtschaftliche Entwicklung eines Landes fördern kann (M1–M6).

3. Recherchiere zu den Nationalparks in Kenia und erstelle eine Fotosafari (M6, M8).

4. Kennzeichne den Entwicklungsstand Kenias (S. 274/275, Atlas).

5. Beschreibe und erkläre die Veränderung des Entwicklungsstandes von Kenia (M1, Atlas).

6. „Naturkatastrophen, Terrorismus, Pandemie – der weltweite Tourismus ist ein empfindliches Pflänzchen." Erläutere die Aussage von Herrn Bulala, Staatssekretär im kenianischen Tourismusministerium.

7. Vergleiche die Strategie der Tourismusförderung mit der der Industrieförderung (S. 170/171). Welche erscheint dir sinnvoller?

8. Nimm Stellung zum Zitat der World Tourism Organization: „Tourism accelerates reform. Tourism is a beacon for pro-business policies and reforms that can help SME [small and medium-sized enterprises] development and stimulate foreign investment."

M3 Durch den Tourismus kommt viel ausländisches Geld in ein Land. Diese **Devisen** sind für viele Länder ein wichtiger Wirtschaftsfaktor. Ein Drittel aller Entwicklungsländer nehmen die meisten ihrer Devisen durch den Tourismus ein. Mit den Einnahmen können Produkte auf dem Weltmarkt eingekauft werden oder die Infrastruktur des Landes aufgewertet werden. Aufgrund der starken Bedeutung des Tourismus versuchen immer mehr Entwicklungsländer, ihr touristisches Potenzial (Natur, Kultur) auszuschöpfen und für Reisende in Szene zu setzen. Häufig entsteht dabei **Massentourismus**.

Der Aufbau einer touristischen Infrastruktur ist für viele Länder ein Entwicklungsschub. Denn durch den Tourismus werden Arbeitsplätze geschaffen. Direkte Arbeitsplätze in der Tourismusbranche sind Reiseführerinnen, Hotelangestellte, Busfahrerinnen oder auch Strandhändler. Indirekte Arbeitsplätze liegen in der Landwirtschaft für die Bereitstellung von Lebensmitteln oder in der Baubranche, da die touristische Infrastruktur aufgebaut und gewartet werden muss. Auch die Bildung wird verbessert, da zum Beispiel Fremdsprachenkenntnisse von Vorteil sind. Durch den Arbeitslohn können sich die Menschen ernähren, Steuern zahlen und es sich leisten, ihre Kinder zur Schule zu schicken. Die Nachfrage nach Waren und Dienstleistungen kurbelt die Wirtschaft an.

Nimmt das Land direkt und indirekt durch den Tourismus mehr Geld ein, kann es auch in Regionen investieren, die fernab der Touristenzentren liegen. So können durch den Tourismus auch im gesamten Land die Infrastruktur und der Lebensstandard verbessert und Disparitäten verringert werden.

Tourismus	2000	2010	2019
Internationale Ankünfte (in 1000)	899	1470	1364*
Internationale Tourismuseinnahmen (in Mio. US-$)	500	1620	1564*
Anteil am BIP (in %)	9,6	11,1	8,2
Anteil der Arbeitsplätze (in %)	8,9	10,4	8,5
HDI	0,446	0,533	0,579

Quelle: UNDP, UNWTO, WKÖ Stabsabteilung Statistik, WTTC *2017

M1 Bedeutung des Tourismus in Kenia

M4 Tourismus als Entwicklungsmotor

Die Länder der Welt – unterschiedliche Entwicklungen 173

M5 Im Tsavo-Nationalpark: 21 812 km² (etwas größer als Hessen), 1948 gegründet

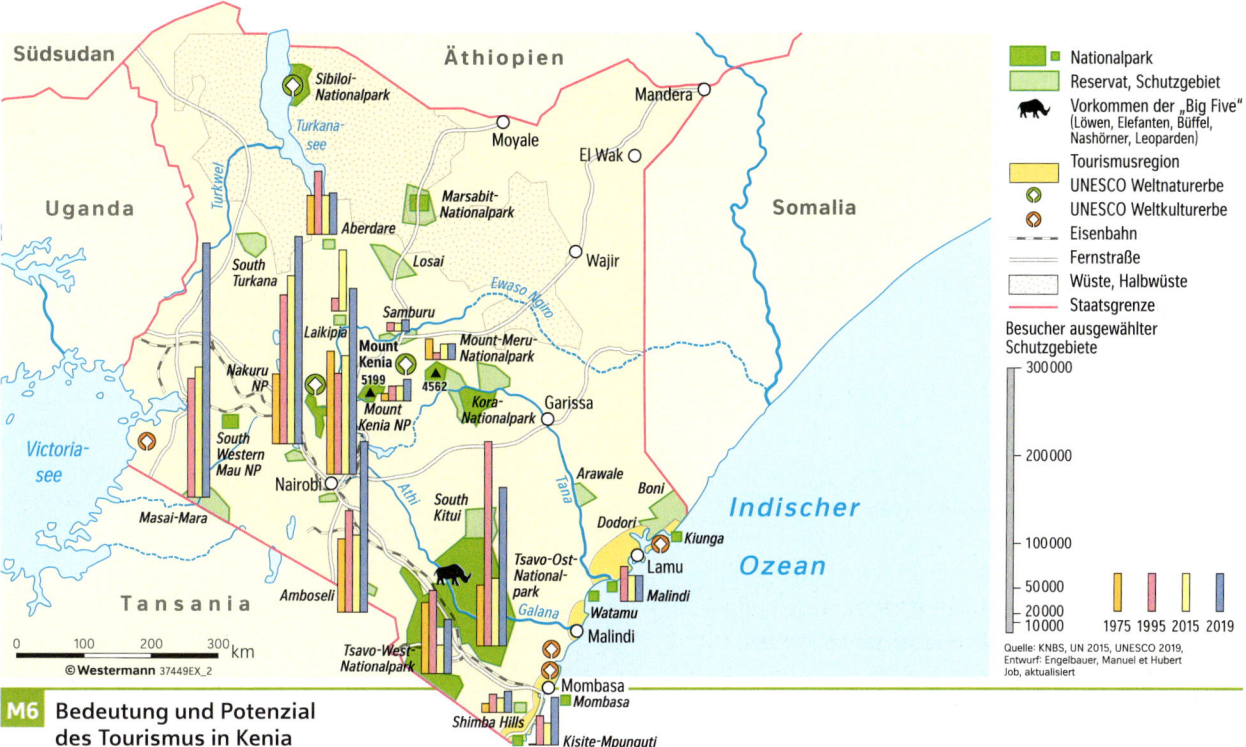

M6 Bedeutung und Potenzial des Tourismus in Kenia

M7 Auf Safari in der Masai-Mara

M9 Im Masai-Mara-Schutzgebiet

INTERNET

M8 Über die Seite des *Kenya Wildlife Service* gelangst du zu den einzelnen Nationalparks des Landes.
World Travel and Tourism Council
World Tourism Organization (UNWTO)

ERSTAUNLICH

M10 Kenia hat über 60 Nationalparks.

Wenn du diese Aufgaben erfolgreich bearbeitet hast, kannst du ...
... die Bedeutung des Tourismus für ein Entwicklungsland darstellen.
... das touristische Potenzial eines Landes kennzeichnen.
... die Grundbegriffe **Devisen** und **Massentourismus** erklären.

IM FOKUS: Ruanda und Rheinland-Pfalz – eine Graswurzelpartnerschaft

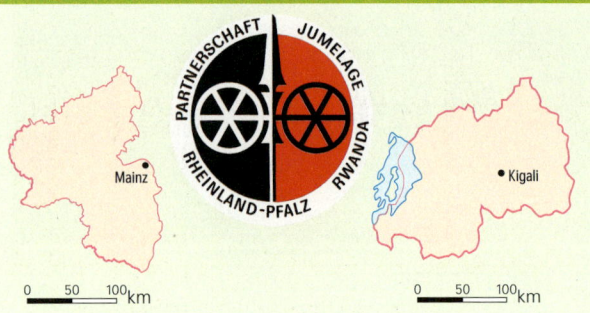

M2 Mit Spenden und Fördergeldern neu errichtete Unterrichtsräume in der GS Ruyenzi

Als Rheinland-Pfalz 1982 mit dem etwa gleich großen ostafrikanischen Ruanda eine Partnerschaft begann, verfolgte man eine ungewöhnliche Strategie: Man wollte eine Partnerschaft auf allen Ebenen, nicht nur zwischen den Ländern, sondern auch zwischen Städten, Kreisen, Schulen, Vereinen, kirchlichen Organisationen oder auch Einzelpersonen.
Was kann eine solche Strategie bewirken? Wie stellt sich heute diese Partnerschaft dar?

Die Partnerschaft zwischen Rheinland-Pfalz und Ruanda besteht seit über 40 Jahren. Was 1982 als ein ungewöhnlicher Versuch zweier Länder zur Neugestaltung von Entwicklungspolitik begann, ist heute zu einem international anerkannten Modell einer bürgernahen, dezentralen und effizienten Entwicklungszusammenarbeit auf lokaler Ebene geworden.
Diese Form einer Graswurzelpartnerschaft beruht auf der Begegnung mit gegenseitigem Respekt und Achtung und will über eine reine Entwicklungszusammenarbeit hinaus zu einer Partnerschaft im alltäglichen, gesellschaftlichen und kulturellen Leben werden. [...]
Menschen beider Länder versuchen, sich auf Augenhöhe zu begegnen, auszutauschen und gemeinsam Projekte zu entwickeln. [...]

Quelle: Graswurzelpartnerschaft Rheinland-Pfalz – Ruanda. rlp-ruanda.de, Zugriff: 02.09.2021

1. Erstelle eine Präsentation über die Partnerschaft Rheinland-Pfalz – Ruanda 254, 255
   Dazu:
   a) Charakterisiere Ruanda hinsichtlich seines Naturraums, der Bevölkerung, der Wirtschaft und des Entwicklungsstandes.
   b) Erläutere das Konzept der „Graswurzelpartnerschaft" auf dem Hintergrund der Aussage „Nicht wir wissen, was für Ruanda gut ist, sondern die Ruander selbst!"
   c) Beschreibe Erwartungen und Möglichkeiten von Schulpartnerschaften auf dem Hintergrund des Interviews mit Schulleiterin Nyinawumwami.
   d) Beschreibe mindestens ein weiteres Projekt der Partnerschaft (M2, M5).
   e) Beurteile die mit der Partnerschaft eingeschlagene Strategie auf dem Hintergrund der Nachhaltigkeit.

M3 Graswurzelpartnerschaft als neue Form der Entwicklungszusammenarbeit

INTERNET

M4 Informationen zur Partnerschaft findest Du hier:
- www.rlp-ruanda.de
- www.kunga-ruandahilfe.de

❶ „Sports4Peace": Wie lassen sich Sport und Friedensarbeit verbinden?
❷ Das Kant-Haus Museum in Kigali: Zusammenarbeit im musealen Bereich
❸ Rettung der Grauen Kronenkraniche: Zoo Landau unterstützt die RWCA (Rwanda Wildlife Conservation Association)

M1 Drei besondere Projekte im Rahmen der Partnerschaft

M5 Ruandische Frauen wurden im Rahmen eines Partnerschaftsprojekts zu Kindergärtnerinnen ausgebildet.

M6 Unterricht in der Group Scolaire Ruyenzi

M8 Rheinland-pfälzische Schüler und Schülerinnen besuchen eine Partnerschule in Ruanda.

Interview mit Schulleiterin Schwester Thérèse Nyinawumwami

1. What is the particularity of our partnership? What other options do we have to support you and the school?
Actually, the specialty of our partnership lies in the exchange of practical experience in the natural sciences and in the expansion of the infrastructure in our regard. Our young people have elective subjects: Mathematics, Chemistry and Biology (MCB), Mathematics, Economics and Geography (MEG), as well as the choice of languages Literature in English, Kiswahili and Kinyarwanda (LKK).

2. 1500 pupils of the St. Katharinen high school in Oppenheim took part again this year in the German-wide action day „Your Day for Africa" and worked for one day. The students have returned their salaries to our school. With this donation, we can support other projects in your school in Ruyenzi. What do you need most now?
First of all, I would like to thank all young people who thought of this good deed. What else we need concerns a cafeteria. As you know, our students have lunch here, but they don't have a cafeteria. They take their meals in the classrooms, which is a problem for afternoon classes. Apart from the cleanliness, the smell of the food doesn't go away immediately. Because Covid requires a lot of cleanliness, places to wash hands are also a need of the hour for our large number of students. However, there is a lack of water, because the tank that supplies us with water is old and needs to be repaired, which would also cost around 800 euros.

3. How can our students find out more about Rwanda and how can your students find out more about Rhineland-Palatinate and Germany?
In my opinion, it would be good to create a communication network via the Internet so that our young people can get to know each other and exchange ideas. With the new technological means, the world has become small. I am sure that you are more advanced; as far as we are concerned, we could create communication through Internet blogs to share science, language and culture experiences. Since young people know a little about the geography of our two countries, why couldn't we plan to exchange our institutions? I know that this would have different requirements, but our young people and teaching staff would benefit greatly from it.

4. The corona pandemic prevented schoolchildren in Rhineland-Palatinate and across Germany from going to school for many weeks. How have you experienced the crisis?
During the time of this Covid 19 pandemic, young people stayed home and learned either through television for those who had it, or through the radio or telephone. I cannot say that this was easy for all students, only those in the cities benefited from it, while in the rural areas the young people were more likely to pursue other activities than picking up their exercise books. Going back to school in November 2020 was almost like starting over, because the students had forgotten almost everything. At the moment we have just finished the school year for the elementary school classes. Those who finish their school cycle will take the national exams in July 2021. I can tell you that it is not easy to adhere to the hygiene measures and have the masks on, it is a constant struggle. We don't know how long it will take because the pandemic is ongoing. The only hope is that the country will start giving vaccines. How can we do that? We would need didactic material that conveys the message, that attracts attention.

*M7 Die Schule in Ruyenzi und das Gymnasium zu St. Katharinen (Oppenheim) – eine von 180 Schulpartnerschaften

GEWUSST? – GEKONNT!
Strategien zur Entwicklung

Welcher Weg ist der richtige?
Es gibt unterschiedliche Wege, unterschiedliche Strategien zur Entwicklung eines Landes. Dabei geht man von den die Entwicklung hemmenden Faktoren aus und versucht, diese zu mildern oder zu beseitigen.
So dienen die vielen Projekte des **fairen Handels** dazu, die ungerechten Strukturen im Welthandel zu beseitigen. Faire Preise für die Exportgüter, faire Löhne und menschenwürdige Arbeitsbedingungen helfen zum Beispiel dabei, die Lebensbedingungen der Menschen zu verbessern.
Dies ist auch ein Ziel der deutschen **Entwicklungszusammenarbeit**, die vor allem ein Ziel hat: die Menschen in den Entwicklungsländern langfristig von externer Hilfe unabhängig zu machen.

M1 Produkte aus fairem Handel

Nachhaltige Entwicklung – Hilfe zur Selbsthilfe
Die Lebensbedingungen der Menschen langfristig zu verbessern, das ist das Prinzip der **nachhaltigen Entwicklung**. Nachhaltig bedeutet, dass keine irreparablen Schädigungen der Umwelt vorgenommen werden, dass wirtschaftlich langfristige, tragfähige Lösungen gefunden werden und die sozialen Bedingungen, die Lebensbedingungen der Menschen, dauerhaft verbessert werden.
Ein Mittel dazu ist die **Hilfe zur Selbsthilfe**: Die Menschen werden in die Lage versetzt, selbstständig ihre Lebensbedingungen zu verbessern.
Diese nachhaltige Entwicklung ist auch das Ziel der Agenda 2030 für nachhaltige Entwicklung der UNO.
Neben den staatlichen Organisationen sind vor allem im Bereich der nachhaltigen Entwicklung und der Hilfe zur Selbsthilfe viele **Nichtregierungsorganisationen (NGOs)** engagiert.
Im Gegensatz zu nachhaltiger Entwicklung dient **Katastrophenhilfe** nur dazu, kurzfristig die Grundbedürfnisse von Menschen in Notlagen zu befriedigen und ihr Überleben zu sichern.

Entwicklungszusammenarbeit mit Frauen – ein wichtiger Baustein zur Entwicklung
In den Ländern des globalen Südens spielen die Frauen sowohl in der Ernährung der Familie als auch bei der Energieversorgung des Haushalts eine große Rolle: Aus diesem Grund ist die Zusammenarbeit mit Frauen ein Schwerpunkt der Entwicklungszusammenarbeit.
In der Landwirtschaft erfolgen Schulungen, um die Produktivität zu erhöhen und den Anbau dem Klimawandel anzupassen. In der Energieerzeugung werden Frauen in die Lage versetzt, Sonnenenergie zu nutzen und mit neu entwickelten Öfen Brennholz einzusparen.
Mit Kleinkrediten setzt man Frauen in die Lage, von fremder Hilfe unabhängig zu werden und eigenständig zu wirtschaften.

Entwicklungsperspektive erneuerbare Energien – Afrika
Zahlreiche Länder des globalen Südens verfügen über ein großes Potenzial, mit regenerativer Energie **Grünen Wasserstoff** herzustellen. Dieser könnte in die Länder des globalen Nordens geliefert werden. Dazu gibt es schon erste Abkommen, aber bis zur Verwirklichung sind noch einige Hürden zu überwinden.

Die Industrie als Entwicklungsmotor – Indien
Eine Entwicklungsstrategie besteht darin, statt Rohstoffen mehr Fertigwaren zu exportieren. Dazu bemühen sich die Entwicklungsländer, vor allem Industrien in **Wachstumsbranchen** aufzubauen, weil dadurch langfristig viele Arbeitsplätze entstehen und wirtschaftliches Wachstum erzielt wird. Deswegen sind diese Branchen auch interessant für **ausländische Direktinvestitionen**. Dabei arbeiten die Firmen aus dem Ausland häufig mit Firmen aus dem Entwicklungsland in **Joint Ventures** zusammen. Dies nützt beiden Seiten.
In Indien hat man zum Beispiel einen Schwerpunkt der Entwicklung auf den Aufbau einer IT-Industrie gelegt. Heute zählt Indien in diesem Bereich weltweit zu den wichtigsten Standorten.

Tourismus als Entwicklungsmotor – Kenia
Viele Entwicklungsländer setzen auf die Förderung des Tourismus als Entwicklungsstrategie. Auch dadurch werden zahlreiche neue Arbeitsplätze geschaffen, sowohl direkt in Hotels und in touristischen Einrichtungen als auch indirekt in der Landwirtschaft oder im Baugewerbe. Außerdem kommen **Devisen** ins Land, mit denen man dann im Ausland wieder Güter einkaufen kann. Wenn alle Rahmenbedingungen für die ausländischen Touristen günstig sind, kann es zu **Massentourismus** kommen.

Die Länder der Welt – unterschiedliche Entwicklungen 177

Voraussetzung für eine positive Entwicklung ist jedoch, dass das Land auch für Touristen attraktiv ist. Im günstigen Fall kann ein Tourismusort die Entwicklung einer gesamten Region fördern. Der Tourismus ist jedoch keine durchgängig sichere Einnahmequelle. Durch unterschiedlichste Anlässe können die Touristen von einer Reise abgeschreckt werden – mit schwerwiegenden Folgen für die gesamte Wirtschaft. Doch es können auch vom Tourismus selbst negative Auswirkungen ausgehen.

Ruanda und Rheinland-Pfalz – eine Graswurzelpartnerschaft

Eine besondere Form der Entwicklungszusammenarbeit ist die sogenannte „Graswurzelpartnerschaft" zwischen Rheinland-Pfalz und Ruanda. Die Zusammenarbeit findet auf vielen politischen, gesellschaftlichen und privaten Ebenen statt und richtet sich ausschließlich nach den Vorschlägen und Bedürfnissen der Partnerinnen und Partner in Ruanda.

M2 Nigerianisch-deutsches Joint Venture für Industrieanlagen

M5 Sprechstunde! – Medizinische Versorgung im äthiopischen Hochland

M3 Trinkwasserbrunnen in Malawi

M6 „Afrikas Amazon" – das Online-Handelsunternehmen Jumia bei der Essenslieferung in Kigali, Ruanda

1 Wähle eine der Entwicklungsmaßnahmen aus. (M1 – M3, M5, M6) und
   a) beschreibe die Strategie, die hinter der jeweiligen Maßnahme steckt,
   b) diskutiere, ob die Maßnahme nachhaltig und Hilfe zur Selbsthilfe ist.

2 Interpretiere die Karikatur M4.

M4 Karikatur

WES-113057-176

Anwenden und üben

Global denken!
Lokal handeln!

PROJEKT VOR ORT Auch du kannst helfen!

Wir sind alle besorgt. Wir würden auch alle gerne helfen!
Aber was können wir schon tun? Es ist wie beim Umweltschutz, wie in der Politik, wie überall: Ich allein kann nichts tun – erst recht als Jugendlicher!

Unsinn!

Jeder Einzelne kann etwas tun! Jeder Einzelne kann helfen, dass sich in unserer Welt etwas verändert!
Du kannst diskutieren und helfen, Einstellungen zu verändern. Du kannst etwas organisieren und die Menschen in den Entwicklungsländern direkt unterstützen!

Hier findest du einige Anregungen:

Du kannst zum Beispiel:
- Arbeiten verrichten,
- mit Freundinnen und Freunden oder der Klasse einen Sponsorenlauf durchführen, bei dem jeder Kilometer bzw. jede Runde auf dem Sportplatz bezahlt wird,
- einen Kuchen-, Saft- oder Waffelstand an der Schule oder in der Einkaufszone aufstellen (Achtung: Genehmigung einholen!).

Die Menschen kaufen und spenden besonders gerne, wenn sie wissen, für welchen konkreten Zweck gesammelt wird. Informationsmaterial gibt es bei den Hilfsorganisationen.

M2 Spenden sammeln? Kein Problem! Ideen muss man haben!

Sozialer Tag – mach doch.
Zehntausende Schüler*innen bundesweit tauschen ihre Schulbank gegen einen Arbeitsplatz und spenden ihren Lohn an Schüler Helfen Leben. Somit unterstützen sie nicht nur Jugend- und Bildungsprojekte für Gleichaltrige in Südosteuropa und Jordanien, sondern haben auch die Möglichkeit, einen Tag lang in ihren Traumberuf zu schnuppern. […] Schüler Helfen Leben ist der beste Beweis dafür, dass Jugendliche gemeinsam etwas bewegen können – wenn sie nur wollen.

Quelle: Schüler Helfen Leben e.V., Neumünster: Sozialer Tag – mach doch. www.schueler-helfen-leben.de, Zugriff: 16.05.2018

*M1 Bei Schüler Helfen Leben entscheiden die Schülerinnen und Schüler selbst, welche Kooperationsprojekte mit den Geldern des Sozialen Tages gefördert werden.

Sommer 2018. Wieder einmal haben sich Los Masis angesagt. Alle drei Jahre kommt die Musikgruppe aus Bolivien nach Deutschland. Hier tritt sie in Kirchen, Schulen, bei Vereinen und auf Plätzen auf. Die Musiker sammeln Geld für ihre Schule in Bolivien, dem „Centro Cultural Masis" in der Hauptstadt Sucre.

Hier werden benachteiligte Kinder und Jugendliche unterstützt. Viele von ihnen sind Migranten vom Land oder Nachfahren von zugewanderten Landbewohnern in zweiter oder dritter Generation. Viele leben am Stadtrand von Sucre, wo Land- und Stadtleben aufeinanderstoßen.

Das Centro bietet pädagogische und psychologische Unterstützung und hat zum Ziel, die Identität

der Jugendlichen durch Musik, Tanz und Erhalt der kulturellen Werte zu stärken.

M3 Auch ihr könnt einen Auftritt von Los Masis organisieren: in eurem Ort, in eurer Schule, in eurer Nachbarschaft. Du kannst Los Masis auch auf Facebook besuchen.

www.brot-fuer-die-welt.de

www.caritas-international.de

www.hhn.org

www.misereor.de

www.tdh.de

www.unicef.de

www.dsw.org

www.welthungerhilfe.de

M4 Große NGOs, die sich mit Hunderten unterschiedlichsten Projekten in den Ländern des Südens engagieren.

- Berichte deinen Eltern und Verwandten, was du inzwischen über die Verhältnisse in Entwicklungsländern gelernt hast und mache Vorschläge zur Hilfe.
- Überprüfe dich: Achtest du darauf, wenn es möglich ist, Produkte aus fairem Handel zu kaufen?
- Verwendet ihr solche Produkte in eurem Haushalt?
- Gibt es Fair-Trade-Produkte bei euch in der Schule?
- Willst du dich nicht in einem Eine-Welt-Laden engagieren?
- Frage nach, welche (kleine) Hilfsorganisation es in deinem Heimatort oder Schulort gibt, bei der du ehrenamtlich mitarbeiten kannst.
- Engagiere dich beim „Sozialen Tag". Hilf bei der Organisation, der Auswahl der Einzelprojekte.
- Überzeuge Mitschülerinnen und Mitschüler, sich auch zu engagieren.

M5 Man kann nicht nur Spenden sammeln ...

INTERNET

M6 *Make me smile Kenya – Aktion gegen den Hunger – Menschen für Menschen – help2kids – Ärzte ohne Grenzen – Freiwilligenarbeit Südamerika*
Es gibt zahllose Organisationen, die sich für die Menschen in den Entwicklungsländern einsetzen.
Aber aufgepasst! Nicht alle sind seriös! Auch hier gibt es „schwarze Schafe"! Zum Beispiel fließt bei einigen mehr Geld in die Verwaltung und Organisation, als bei den Bedürftigen ankommt. Das DZI (Deutsches Institut für soziale Fragen) testet die Organisationen auf Seriosität und gibt Tipps zum Spenden.

Wenn du diese Aufgaben erfolgreich bearbeitet hast, hast du ...
... wirklich einen Beitrag geleistet, die Lebensbedingungen von Menschen in Entwicklungsländern zu verbessern!

Auf welche Entwicklungsstrategien setzt China?

IM FOKUS

Die Volksrepublik China wurde 1949 gegründet. Sie war damals ein Entwicklungsland. Doch seit etwa 1980 hat das Land China eine tiefgreifende wirtschaftliche Entwicklung durchgemacht.

W Aspekt 1: Welche Entwicklungsstrategie hat die chinesische Regierung verfolgt und welchen Entwicklungsstand hat China erreicht?

China ist kein armes Land mehr. Es gibt Hinweise darauf, dass es den Anschluss an die führenden Industrieländer geschafft hat.

1. Gestalte ein Kurzreferat zur Leitfrage. 247

   Tipps zur Gliederung:
   - Beschreibe den Entwicklungsstand Chinas 1978/1980.
   - Stelle die Entwicklung Chinas anhand sozialer, ökonomischer und demographischer Indikatoren dar. Nutze auch den Atlas und die Länderdaten auf S. 274/275.
   - Arbeite heraus, welche Entwicklungsstrategie China verfolgt hat.
   - Bewerte die Entwicklungsstrategie Chinas am Beispiel von Shenzhen.

	1978	1980	1990	2000	2010	2016	2020
	(in Mrd. US-Dollar)						
Import	11	20	53	225	1396	1588	2066
Export	10	18	62	249	1578	2098	2590

Quelle: China Statistical Yearbook 2021

M1 China – Entwicklung des Außenhandels

INFO

M2 1978 war für China das Jahr der Wende. Bis dahin hatte die Regierung das Land von der übrigen Welt abgeschottet. Um den Wohlstand der eigenen Bevölkerung anzuheben, beschloss die Regierung, die Industrialisierung des Landes voranzutreiben. Sie ließ zum ersten Mal zu, dass sich ausländische Unternehmen in China ansiedeln konnten.

INTERNET

M3 Das *Statistische Bundesamt der Bundesrepublik Deutschland (Destatis)* hat in mehreren Länderprofilen Daten zur Entwicklung Chinas zusammengestellt.

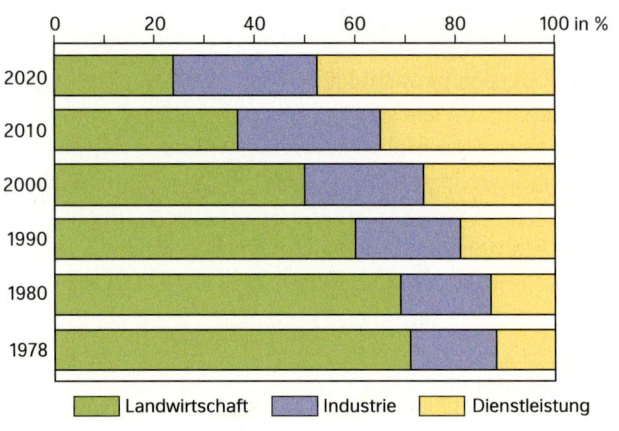

Quelle: Schucher 1999, Brooks Ray et Tao Ran 2003 (IMF Working Papers), China Statistical Yearbook 2021

M4 China – Erwerbstätige nach Wirtschaftsbereichen

	1980	2000	2020
Bevölkerung in Mio.	987	1267	1412
Anteil der städtischen Bevölkerung in %	19,4	36,2	63,9
Geburtenrate pro 1000 Einw.	18,2	14,0	8,5
Sterberate pro 1000 Einw.	6,3	6,5	7,1
BNE pro Kopf in US-$	220	940	10610
Human Development Index (HDI)	0,42	0,59	0,76**
Direktinvestitionen in Mio. US-$			
aus dem Ausland	57	42095	144369
Chinas ins Ausland	44*	4612	153710
Internationaler Tourismus (Ankünfte in Mio.)	5,7	83,4	145,3**

*1982 **2019 Quelle: The World Bank

M5 China – Indikatoren der Entwicklung (Auswahl)

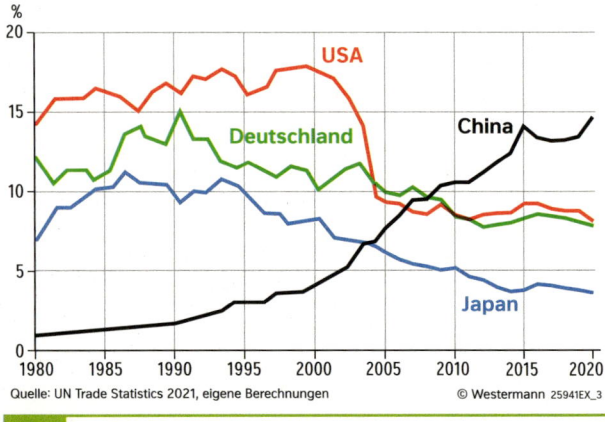

Quelle: UN Trade Statistics 2021, eigene Berechnungen

★M6 Exportanteil an den gesamten Weltexporten

Die Länder der Welt – unterschiedliche Entwicklungen

M7 Shenzhen ist ein Symbol für die wirtschaftliche Entwicklung in China. In der um das Jahr 1965 nur rund 13 000 Einwohner zählenden Stadt leben heute rund 13 Millionen Menschen. Shenzhen ist eine der am schnellsten wachsenden Städte der Welt.

Shenzhen […] ist heute neben Shanghai das reichste und modernste Ballungszentrum Festlandchinas. Mit Ausfuhren im Wert von 237 Mrd. US-Dollar im Jahr 2016 [2020: 245 Mrd. US-Dollar] ist Shenzhen der größte Exporteur aller chinesischen Städte und trägt 11 % [2020: 9,5 %] zum nationalen Außenhandelsvolumen bei. Hauptverantwortlich für den Erfolg der Stadt ist der High-Tech Manufacturing Sektor, insbesondere in den Bereichen Elektronik, IT, Hardware und Telekommunikationsausrüstung. In der Herstellung von Elektronik-Hardware ist Shenzhen weltweit führend […]. Alle wichtigen Hersteller, u. a. Samsung, Apple oder Microsoft, und natürlich die chinesischen Produzenten [z. B. Huawei, Lenovo], lassen hier produzieren.

Quelle: Außenwirtschaft Austria (Hg.): Außenwirtschaft – Regional-Update Guangdong und Südchina. Wien 2017, S. 4/5.

M8 Zur wirtschaftlichen Bedeutung von Shenzhen

M9 Die Verteilung des Pro-Kopf-Einkommens und die Wirtschaftsförderzonen in China

Auf welche Entwicklungsstrategien setzt China?

Die Volksrepublik China wurde 1949 gegründet. Sie war damals ein Entwicklungsland. Doch seit etwa 1980 hat das Land China eine tiefgreifende wirtschaftliche Entwicklung durchgemacht.

W Aspekt 2: Was hat die chinesische Regierung unternommen, um die räumlichen Disparitäten zwischen West- und Ostchina abzubauen?

Westchina und die übrigen Großregionen Chinas haben sich mit unterschiedlicher Geschwindigkeit entwickelt. Im Osten an der Küste entstanden exportorientierte Industriezentren. Im Westen des Landes machte sich der wirtschaftliche Aufschwung kaum bemerkbar.

1. Gestalte ein Kurzreferat zur Leitfrage. 247

   Tipps zur Gliederung:
   - Beschreibe die Entwicklungsstrategie der chinesischen Regierung und ihre Zielsetzung.
   - Erläutere die Bedeutung einzelner Maßnahmen für die wirtschaftliche Entwicklung Westchinas. Nutze auch den Atlas.
   - Formuliere zum Abschluss eine Einschätzung der zukünftigen wirtschaftlichen Entwicklung Westchinas.

M2 Im März 1999 beschloss die chinesische Regierung, die wirtschaftliche Entwicklung in Westchina voranzubringen. Dazu investierte sie allein in den Jahren 2000 bis 2016 umgerechnet insgesamt 914 Milliarden US-Dollar.

Seit dem Jahr 2000 fördert die chinesische Regierung mit der Go-West-Politik zwölf Provinzen und autonome Regionen zwischen der Wüste Gobi und dem Südchinesischen Meer. [...] Peking pumpt Milliarden für den Bau von Infrastruktur in diese Provinzen und setzt großzügige Anreize bei Steuern oder Landnutzung für ansiedlungswillige Firmen. Dennoch zog es lange weder chinesische noch ausländische Firmen dorthin. Die Unternehmen schreckten zurück vor den langen Transportwegen [...]. Doch als vor wenigen Jahren die Löhne in den boomenden Küstengebieten zu steigen begannen, da wurde der Westen auf einmal interessant. Zumal er mit zunehmender Entwicklung selbst zum Absatzmarkt wird.

Quelle: Kühl, Christiane: Projekt Aufbau West. In: Außenwirtschaft. Deutscher Sparkassenverlag Stuttgart, Heft 5 (Okt./Nov. 2013), S. 10.

M1 Förderprogramm „Go West"

Tibet soll zu einer Touristenregion ausgebaut werden. Deshalb wurde die Hochgebirgseisenbahn von Golmud nach Lhasa gebaut (Lhasa-Bahn: Fertigstellung 2006, Kosten rund 3,3 Mrd. Euro). In Lhasa, das im Jahr 2018 von 19 Mio. Touristen besucht wurde, sollen zum Beispiel bis zu zehn Fünfsternehotels entstehen, damit die Zahl der Touristen steigt. Es sollen vor allem mehr zahlungskräftige Touristen aus Europa und Nordamerika angesprochen werden. Die Einnahmen aus dem Fremdenverkehr sollen dadurch von drei auf sieben Milliarden Euro pro Jahr gesteigert werden.

M3 Entwicklungsmaßnahme im Bereich des Tourismus

Die Länder der Welt – unterschiedliche Entwicklungen

M4 Der Drei-Schluchten-Damm am Jangtsekiang, dem längsten Fluss Chinas, wurde 2009 fertiggestellt. Seitdem kann der Fluss das ganze Jahr über von hochseetüchtigen Schiffen befahren werden. Zwischen Westchina und den rund 1500 km entfernten Seehäfen im Osten Chinas können nun Güter kostengünstig transportiert werden. Der Umschlag der Häfen von Chongqing (rund 650 km flussaufwärts des Drei-Schluchten-Damms) z.B. hat sich von 2009 bis 2020 auf rund 200 Mio. Tonnen verdoppelt (zum Vergleich 2020: größter Binnenhafen Europas – Duisburg 110,4 Mio. Tonnen).

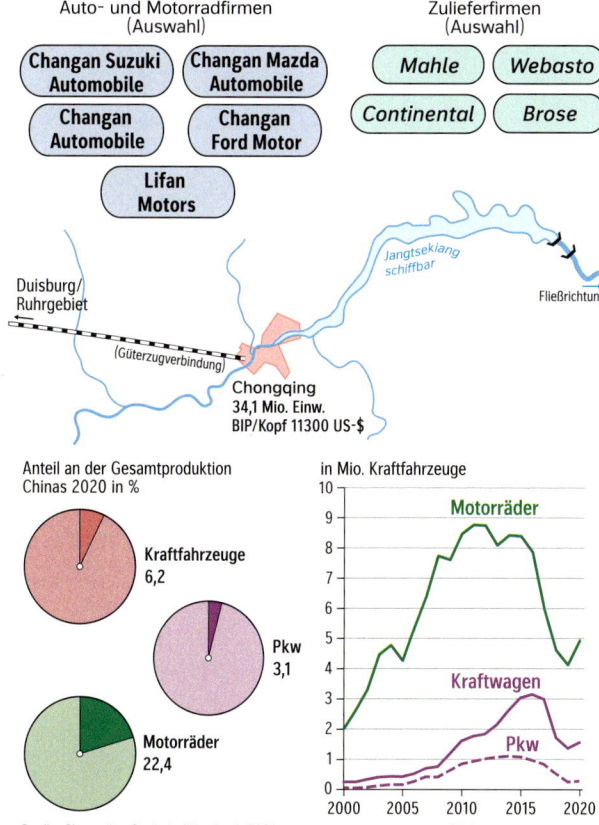

	West	Ost	West	Ost
	Länge in km		Anteil in %	
Straßen				
2000	553 900	848 800	39,5	60,5
2020	2 202 300	2 995 800	42,4	57,6
Eisenbahn				
2000	22 100	36 500	37,7	62,3
2020	59 100	87 200	40,4	59,6
Binnenwasserstraßen				
2000	21 900	97 500	18,3	81,7
2020	34 700	92 900	27,2	72,8

Hinweis: Länge in km gerundet
Quelle: China Statistical Yearbook 2001 und 2021, eigene Berechnungen

M6 Entwicklungsmaßnahme: Ausbau der Infrastruktur

M5 Entwicklungsmaßnahmen im Bereich der Industrie: In Chongqing gelang es der chinesischen Regierung, verschiedene Industriebranchen anzusiedeln. Die Produktion von Kraftfahrzeugen ist in den letzten Jahren u. a. wegen strengerer Umweltschutzbestimmungen (CO_2-Emissionen) und niedrigerer Absatzzahlen (z. B. geringeres Wirtschaftswachstum in China) zurückgegangen.

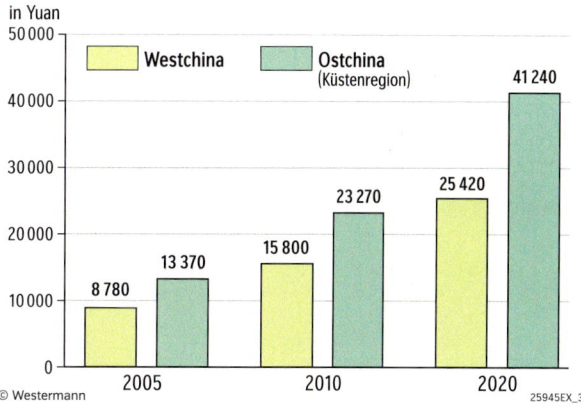

M7 Westchina: Verfügbares Pro-Kopf-Einkommen im Vergleich zu Ostchina (Küstenregion)

IM FOKUS — Auf welche Entwicklungsstrategien setzt China?

Die Volksrepublik China wurde 1949 gegründet. Sie war damals ein Entwicklungsland. Doch seit etwa 1980 hat das Land China eine tiefgreifende wirtschaftliche Entwicklung durchgemacht.

W Aspekt 3: Welche Entwicklungsstrategie verfolgt China, um weltweit zur führenden Wirtschaftsmacht zu werden?

Die chinesische Regierung hat sich zum Ziel gesetzt, China bis zum 100-jährigen Bestehen des Landes im Jahr 2049 weltweit zur allein führenden Wirtschaftsmacht zu machen. Um dieses Ziel zu erreichen, hat sie eine globale Strategie entwickelt und erste Entwicklungsmaßnahmen bereits umgesetzt.

1. Gestalte ein Kurzreferat zur Leitfrage. 247

   Tipps zur Gliederung:
   - Beschreibe die Entwicklungsstrategie Chinas und deren Zielsetzung.
   - Arbeite heraus, wie China die Modernisierung der Industrie vorantreibt.
   - Erläutere die Intention der chinesischen Regierung für das kostspielige Projekt der „Neuen Seidenstraße".
   - Formuliere zum Abschluss eine Einschätzung der zukünftigen wirtschaftlichen Entwicklung Chinas.

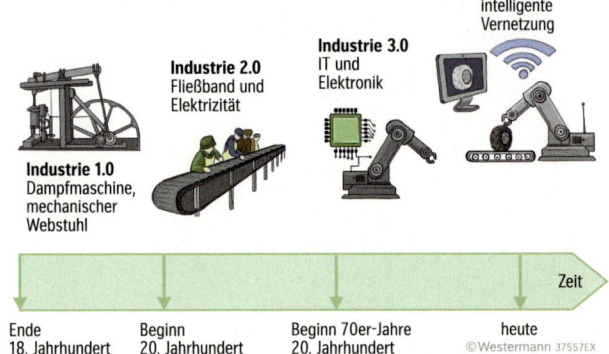

M2 Im Zentrum der Strategie „Made in China 2025" steht die Automatisierung und Digitalisierung der Industrie. Die Strategie ähnelt der deutschen Industrie 4.0-Strategie. Die chinesische Strategie zielt stärker darauf ab, die Produktion auf das Niveau der Industrie 3.0 zu heben.

INFO

M3 Die chinesische Regierung will mithilfe der „Going-Out"-Entwicklungsstrategie zur weltweit führenden Industrie- und Handelsmacht werden. In China sollen in Zukunft vor allem qualitativ hochwertige und international konkurrenzfähige Güter für den Export produziert werden. Wirtschaftsexperten sind der Meinung, dass China dieses Ziel nur erreichen kann, wenn die Industrie modernisiert wird. Darüber hinaus setzt der weltweite Handel mit Gütern eine Vielzahl von Handelsplätzen voraus, die untereinander gut vernetzt sind.

In der Werkshalle 18 von Sany im zentralchinesischen Changsha ist die Fabrik der Zukunft bereits Wirklichkeit. Chinas größter Maschinenbauer stellt hier Asphaltiermaschinen und Betonmischer her. Die Fabrik ist durch und durch mit Elektronik durchzogen: Die Maschinen sind untereinander vernetzt und sammeln ununterbrochen Daten über den Produktionsprozess. Die Position von Werkstücken und Liefereinheiten ist jederzeit abrufbar. Mit den gewonnenen Informationen optimiert Sany die Produktion. Damit rückt das Unternehmen dem Ziel der sich selbst organisierenden [...] „intelligenten Fabrik" ein Stück näher.

Quelle: Wübbeke, Jost und Conrad, Björn: Industrie 4.0: Deutsche Technologie für Chinas industrielle Aufholjagd? In: China Monitor (Mercator Institute for China Studies) Berlin, Nr. 23 (11.03.2015), S. 2.

M1 „Intelligente Fabriken" (Industrie 4.0) wie die von Sany in Changsha sind noch die Ausnahme in China.

Die Länder der Welt – unterschiedliche Entwicklungen

Schlüsselindustrie		Ziel bis 2025
	Automobil-industrie	Steigerung der Produktion von Elektrofahrzeugen; Verkauf von 3 Mio. Stück, d. h. Weltmarktanteil 80 %
	Informations-technik	geringere Abhängigkeit vom Ausland; Steigerung des Anteils chinesischer IT von 75 % (2020) auf 90 %
	Schiffbau	verstärkter Einsatz von Hochtechnologie; Steigerung des Weltmarktanteils von 40 % (2020) auf 50 %
	Industrieroboter	Steigerung des Anteils in China hergestellter Roboter auf 70 %

M4 Schlüsselindustrien (Auswahl), bei denen China bis zum Jahr 2025 weltweit Spitze sein will.

Unternehmen	Branche	Investition in Mio. € (Unternehmens-anteil in %)
Daimler	Automobilhersteller	7200 (10)
Kuka	Roboter für die Automobilindustrie	4660 (95)
Biotest	Hersteller von Arzneimitteln	1300 (90)
KraussMaffei	Spezialist für Kunststoffmaschinen (z. B. Autoarmaturen)	925 (100)
Robert Bosch Starter Motors	Anlasser, Komponenten für Elektroantriebe	545 (100)
Manz CIGS Technology	Maschinenbau (z. B. für Solarmodule)	54 (30)

M7 Auf Einkaufstour – chinesische Investoren übernehmen oder beteiligen sich an deutschen Firmen.

	2013–2016	2017–2020
Investitionen in Mrd. US-$	148,2	107,6
Zahl der Unternehmenskäufe und -beteiligungen	821	757
davon in Deutschland	172	156

Quelle: Ernst&Young (2021): Chinesische Unternehmenskäufe in Europa. Eine Analyse von M&A-Deals 2006–2020. o.O., S. 3/4/7, eigene Berechnungen.

M5 Chinas Investitionen in Europa

„An Kuka hat Midea vor allem fasziniert, dass Kuka für deutsche Hochtechnologie steht, exzellente Facharbeiter und Ingenieure hat sowie über ein gutes Management verfügt."

Quelle: Stahl, Stefan: Deshalb haben die Chinesen Kuka gekauft. Augsburger Allgemeine Zeitung, www.augsburger-allgemeine.de, 20.01.2017, Zugriff: 09.12.2020.

M8 Till Reuter, Firmenchef von Kuka, zur Übernahme durch die chinesische Firma Midea

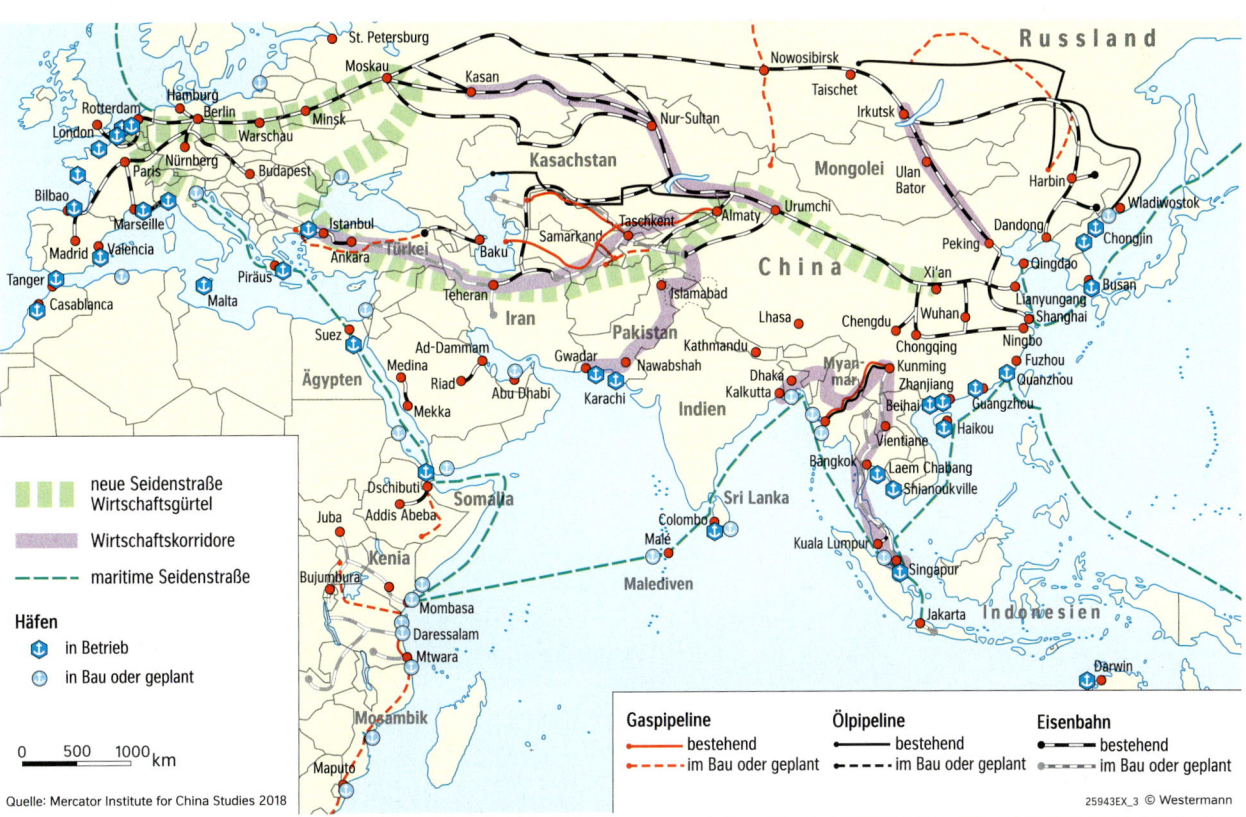

M6 Die „Neue Seidenstraße" ist das bisher größte Infrastrukturprojekt der chinesischen Regierung im Rahmen der „Going Global"-Strategie. Nach Schätzungen wird es rund 1000 Milliarden US-Dollar kosten. Durch das Projekt sollen alte Handelswege neu belebt und die Handelsbeziehungen Chinas zu insgesamt 56 Ländern in Asien, Europa und Afrika ausgebaut werden.

7. Globalisierte Lebenswelten

Ein Hamburger Containerterminal

Im Zeitalter der Globalisierung

Was heißt Globalisierung?

„Wir leben in einer globalisierten Welt.", heißt es. Das mache unsere Welt immer kleiner.
Doch was genau ist mit „globalisiert" oder „Globalisierung" gemeint? Wodurch wird die Welt kleiner?

1. Erläutere, welche Bereiche der Globalisierung die Fotos beispielhaft veranschaulichen (M3, M5). **241**

2. a) Charakterisiere das Youtube-Video als globalisiertes Produkt (M6).
   b) Stelle mehrere Bezüge zu dem Schema in M5 her.
   c) Erörtere, ob die Globalisierung rund um den Videoclip nur Vorteile hat (M6).

W 3. **A** Die Welt wird immer kleiner. Erläutere, inwiefern der Satz stimmt (M1 – M4).
   B Fasse M4 in wenigen Thesen zusammen.

Z 4. Finde ergänzende Beispiele für die Äste der Globalisierung im Schema (M5), z. B. aus deinem Alltag.

Formulierungshilfen für Aufgabe 1–3
Globalisierung zeigt sich dadurch, dass ...
Eine globale Bedeutung liegt in ...
Ein Kennzeichen der globalen Verflechtung ist, dass ...

M3 Beispiele für Globalisierung

ERSTAUNLICH

M1
- Mehr als 1,2 Milliarden Menschen reisten 2019 als Touristen in ein anderes Land.
- In 57 Staaten ist Englisch Landes- oder Amtssprache, in mindestens 25 weiteren Geschäfts- oder Verkehrssprache.
- Die internationale Rotkreuzbewegung besteht in nahezu allen Ländern weltweit.

Internationale Beziehungen existieren schon lange. Spätestens seit Marco Polo um 1300 die Seidenstraße nach China bereiste oder Kolumbus 1492 Amerika erreichte. Von **Globalisierung** spricht man dennoch erst ab etwa 1990. Denn zu dieser Zeit führten große technologische Neuerungen (z. B. Internet) zeitgleich mit politischen Veränderungen (Ende des „Eisernen Vorhangs" zwischen Ost und West) zu einem ungeheuren Wandel in Wirtschaft und Gesellschaft. Die Welt wurde schlagartig stärker verflochten. Reisen wurde einfacher, günstige Textilien und Elektronik kamen aus allen Teilen der Welt. Der Handel wuchs rasant, auch der globale Wohlstand nahm zu. Heute lassen sich überall auf der Welt Spuren der Globalisierung finden. Allerdings stehen zunehmend auch ihre wirtschaftlichen, sozialen und ökologischen Folgen in der Kritik. Die Corona-Pandemie verdeutlichte zudem, wie anfällig die globalen Verflechtungen sind.

M4 Entwicklung der Globalisierung

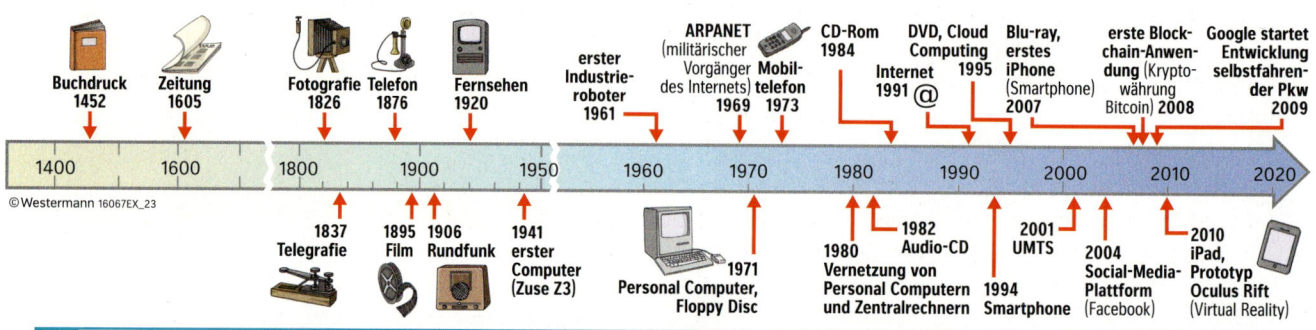

M2 Erfindung wichtiger Medien – der Weg zur digitalen Globalisierung

Globalisierte Lebenswelten 189

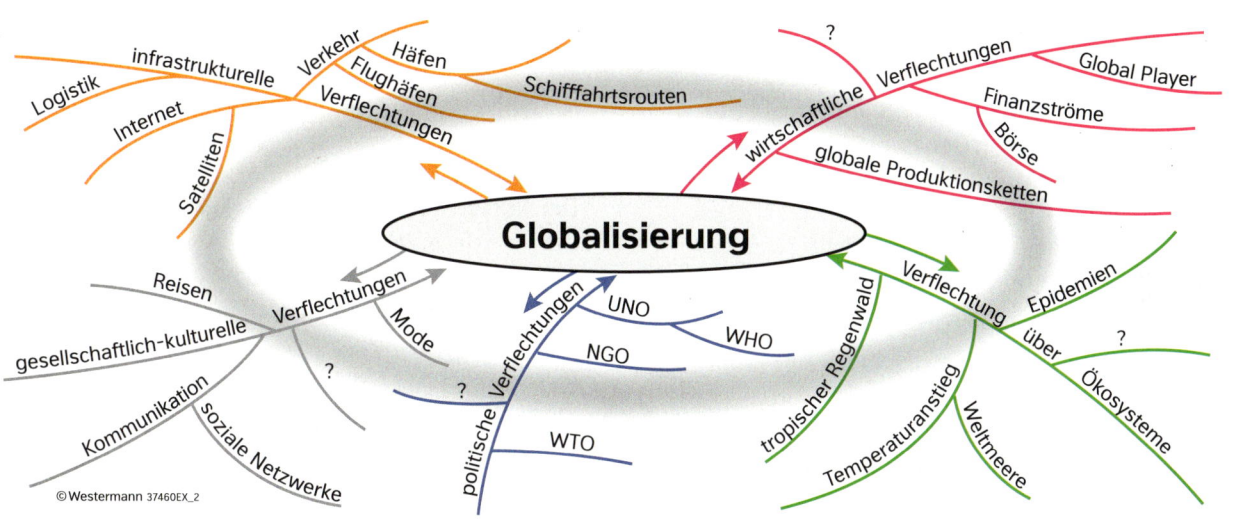

M5 Weltweite Verflechtungsbereiche, die die Globalisierung prägen und verstärken (Schema)

Das Video „Despacito" wurde seit 2017 weltweit sieben Milliarden Mal aufgerufen (05/2021). Der Song war wochenlang in über 20 Ländern in den Charts. Das Musiklabel Universal Music sitzt in Kalifornien und ist eine Tochterfirma des französischen Medienkonzerns Vivendi. Der Sänger lebt in Florida und singt auf Spanisch. Das Video wurde in Puerto Rico aufgenommen. Seitdem hat das Interesse für Puerto Rico auf Reisewebseiten deutlich zugenommen. Das Video sehen die meisten mit einem Smartphone „Made in China". Dabei werden riesige Mengen an Daten um die Welt geschickt. Das Streaming des Songs sorgte allein 2017 für einen CO_2-Ausstoß von 250 000 Tonnen.

M6 Globalisierung digital – Verflechtungen und Auswirkungen

Wenn du diese Aufgaben erfolgreich bearbeitet hast, kannst du ...
... Erscheinungsformen der Globalisierung mit Beispielen beschreiben.
... erläutern, welche Bereiche die weltweite Verflechtung bewirken.
*... den Grundbegriff **Globalisierung** erklären.*

Im Zeitalter der Globalisierung

BAUSTEIN 1  **Welche Rolle spielt der Handel?**

Handel gilt als Motor der Weltwirtschaft. Rohstoffe und Fertigprodukte werden von einer Region der Welt in eine andere importiert oder exportiert. Auch Dienstleistungen und Finanzprodukte (z. B. Aktien) werden global gehandelt. Allerdings sind die Handelsströme auf der Erde unterschiedlich verteilt und die Weltwirtschaft wandelt sich.

1. a) Ordne den drei großen Wirtschaftsräumen der Erde jeweils mehrere Länder zu (M4, Atlas).
   b) Vergleiche den Handel innerhalb Europas mit dem in Asien und in Afrika (M4).

2. Analysiere die Phasen der Globalisierung von 1990 bis 2020. Beachte das Verhältnis von Welthandel und gesamter Weltwirtschaft (M2).

W 3. Nenne Möglichkeiten, wie man auf die Handelsströme Einfluss nehmen kann:
   A allgemein als Bürger und Konsument.
   B du persönlich im Alltag.

4. Die Summe der Exporte und Importe an der Wirtschaftsleistung Deutschlands liegt bei über 80 Prozent. Deutschlands Wirtschaft treibt also die Globalisierung an und ist auch davon abhängig. Erläutere, welche Branchen stark ex- oder importabhängig sind (M1).

W 5. Recherchiere (Internet) **249**
   A die aktuell „größten" Exportländer (M5a).
   B Entwicklung der weltweiten Exporte ab 2020 (M2).
   Kommentiere deine Ergebnisse.

Z 6. Ergänze die Anfangsbuchstaben der Hafenstädte zu ihrem vollständigen Namen. Notiere sie nach Wirtschaftsräumen (M4, Atlas).

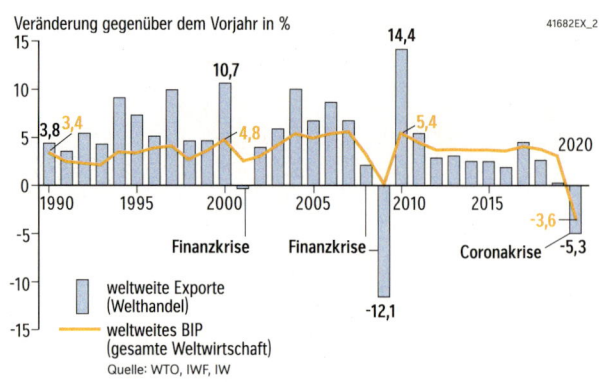

M2 Globalisierung seit 1990: Die Entwicklung des Welthandels und der gesamtem Weltwirtschaft

Vor 5000 Jahren fanden drei Viertel des Handels in einem Umkreis von 20 Kilometern statt. Heute hat ein Smartphone bis zu uns 20000 Kilometer Seeweg zurückgelegt.
Dazwischen liegen einige Schritte.
Handel war schon immer wichtig für die Entwicklung der Wirtschaft und der Gesellschaft, weil er günstige Handelsrouten und reiche Städte hervorbrachte. Der **Welthandel** *hat seit 1990 dramatisch zugenommen.*
Der Nutzen daraus ist aber ungleich verteilt?!
Die reichen Länder profitierten überproportional, während vielen armen Ländern weiterhin nur die Rolle als Rohstofflieferanten bleibt. In der Weltwirtschaft haben nicht alle die gleichen Chancen. Für einen Auftraggeber ist es austauschbar, ob sein Lieferant in Köln, Tanger oder Shanghai sitzt. Alle konkurrieren um das weltweit günstigste Angebot.
Haben wir in Deutschland Vorteile vom Handel?
Ja. Als Verbraucher schätzen wir die Angebotsvielfalt zu jeder Zeit zu günstigen Preisen. Indirekt profitieren wir in Deutschland durch den florierenden Export. Aber die Coronakrise hat uns auch die Nachteile internationaler Verflechtung aufgezeigt.
Wie sehen Sie die Zukunft des Welthandels?
Diese ist angesichts zunehmend nationalistischer Wirtschaftspolitik deutlich unsicherer geworden. Auch Bestrebungen zu einer regionaleren Nahrungsmittelversorgung und zu einer Verringerung der Transportwege zwecks Klimaschutz sprechen dafür, dass sich das Wachstum des Welthandels nicht ungebremst fortsetzen wird. Allerdings lässt sich das Rad nicht zurückdrehen. Die internationale Politik muss für verlässliche Regeln durch Handelsabkommen sorgen, die so gestaltet sind, dass sie auch ärmeren Ländern eine faire Chance geben und die Ökosysteme schützen.

Handelsware	Export in Mrd. Euro	Import in Mrd. Euro
Nahrungsmittel und Futtermittel	56,7	49,7
Erdöl, Erdgas	11,9	63,5
chemische Erzeugnisse	118,6	86,7
pharmazeutische Erzeugnisse	83,3	58,9
Metalle	57,6	56,9
Datenverarbeitungsgeräte, elektr. und opt. Erzeugnisse	118,8	118,6
elektrische Ausrüstungen	89,8	66,8
Maschinen	196,4	88,2
Kfz und Kfz-Teile	224,6	128,5
sonstige Waren	79,6	99,5

Quelle: Destatis 2020

M1 Außenhandel Deutschlands – die wichtigsten Export- und Importgüter 2019

M3 Interview mit dem Wirtschaftsgeographen Professor Rauch aus Berlin (2021)

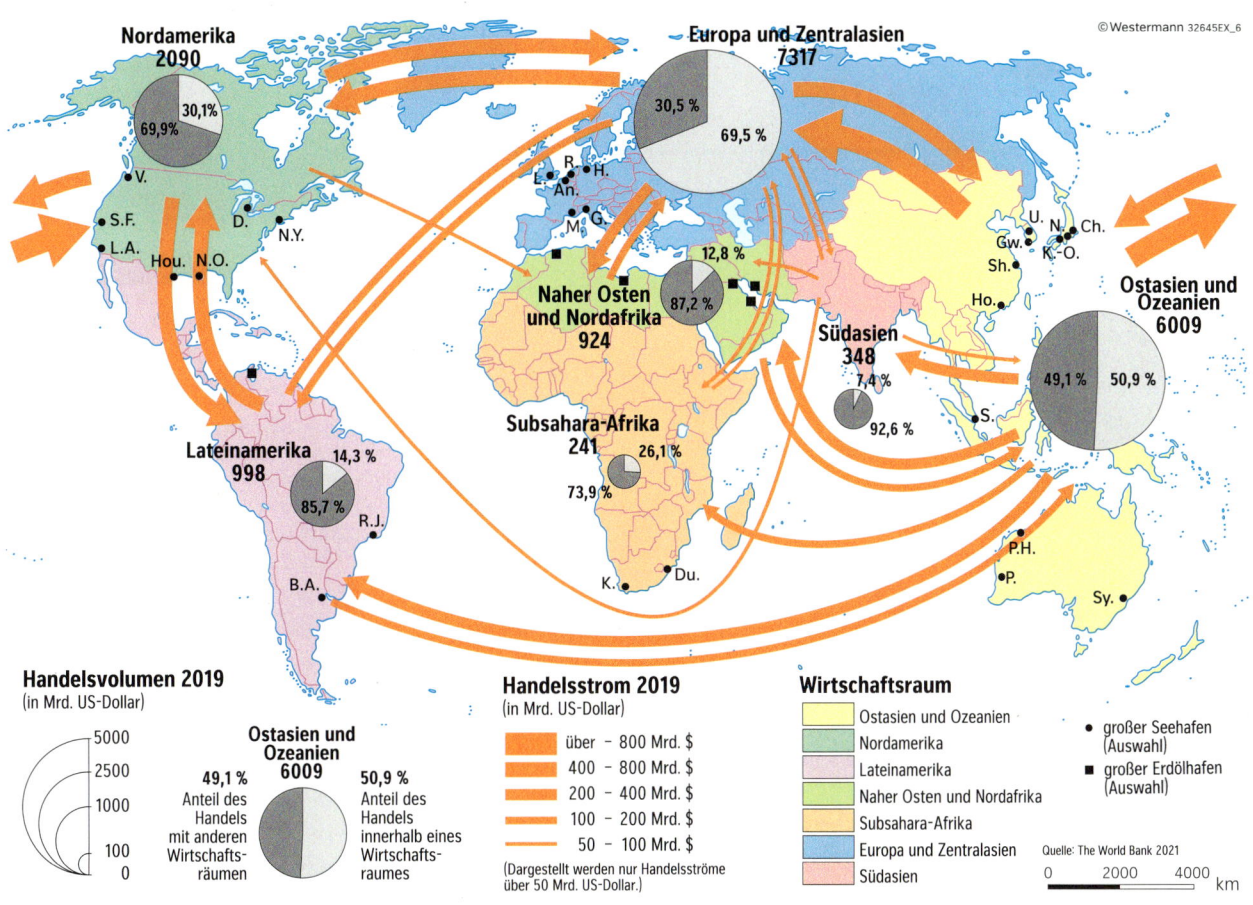

M4 Regionale und internationale Warenströme der großen Weltwirtschaftsregionen. Der Transport der Waren erfolgt zu 90 Prozent über den Seeweg und zu 10 Prozent per Bahn oder Flugzeug.

M5 Daten und Fakten zum Welthandel

M7 Ein Containerschiff verstopft im März 2021 eine „Hauptschlagader" des Welthandels, den Suezkanal, weil es auf Sand auflief. Für 360 Frachter heißt das Lieferverspätungen; einige machen den langen Umweg um Afrika, d.h. fünf statt drei Wochen von China nach Europa.

INTERNET

M8 Unter *Marinetraffic* kannst du den weltweiten Schiffsverkehr in Echtzeit verfolgen und z. B. auch nach Meeresregionen oder Schiffstypen unterscheiden.

M6 Handelswaren in Afrika: Altkleider aus Europa auf einem Markt in Gambia (Beispiel)

Wenn du diese Aufgaben erfolgreich bearbeitet hast, kannst du …
- *… die Entwicklung des Welthandels darstellen.*
- *… die Verteilung der globalen und regionalen Handelsströme sowie die regionalen Unterschiede charakterisieren.*
- *… die Bedeutung des Handels und der Weltwirtschaft für die Globalisierung und für einzelne Länder oder Regionen erläutern.*
- *… den Grundbegriff **Welthandel** erklären.*

BAUSTEIN 2  Welche Rolle spielt die Logistik?

Welche Stationen hat mein neues Smartphone oder Fahrrad hinter sich, wenn es bei mir zu Hause ankommt? Bei den Abläufen, die dahinterstehen, spielt die Logistik eine große Rolle.

1. a) Notiere der Reihe nach alle Stationen der Lieferkette des Rucksacks, den Lily kauft. Füge jeder Station die genannten Länder und Transportmittel hinzu (M4).
   b) Gliedere die Stationen farblich nach den Phasen in M8. Notiere, an welche Stelle die Fotos M3, M6 und M9 passen.
2. Verfolge die Bahnstrecke von Duisburg nach China. Notiere die Länder und ihre Hauptstadt, außerdem die Anzahl der Zeitzonen (Atlas, M5).
3. Begründe, weshalb Duisburg ein guter Umschlag- und Logistikstandort für Deutschland und Europa ist (M3, M5, M7, Atlas).
4. Formuliere für ein Fachbuch, wie Globalisierung und Logistik zusammenhängen (M5, M8, M10).
5. Erläutere anhand von Satellitenbild und Karte, woran man sieht, dass es um einen Logistikstandort geht (Internet): 239, 242
   A Duisburg Trimodal Terminal (D3T).
   B Köln Eifeltor.
6. Ordne die Produktionsschritte des Smartphones dem Schema in M8 zu (M2).

INTERNET

M1 Weitere Informationen zum duisport findest du mit den Suchbegriffen *duisport* und *Hafeninformationen*.

M3 duisport ist Logistikspezialist für den 11 000 km langen Bahntransport nach China, bis zu 80 Züge verkehren wöchentlich. Begonnen hat man 2011 mit einer Verbindung nach Chongqing. Angeliefert werden Elektronik, Textilien und Spielzeug für Mitteleuropa.

Der erste Zug von Weihai (China) nach Duisburg im Jahr 2017

Lily möchte einen neuen Rucksack kaufen. Im Internet bestellt sie in einem irischen Geschäft einen, der ihren Vorstellungen entspricht. Zwei Tage später wird er geliefert. Das finden wir ganz alltäglich, ebenso, wie im Supermarkt Lebensmittel aus aller Welt einzukaufen. Allerdings stehen hinter diesen Einkäufen sehr komplexe Abläufe. Erst diese sorgen dafür, dass wir schnell, kostengünstig und nach unseren Wünschen einkaufen können. Die Rucksackbestellung etwa gelangt digital an ein Zentrallager in Neuss, wo der Rucksack verpackt und an ein Paketzentrum in Lilys Wohnort gesendet wird. Dort übernimmt ihn der Paketbote. Vorher hat der Rucksack aber schon einige Stationen hinter sich: in London entworfen, aus indischem Leder mit Farbe aus China in Ambur (Indien) gefertigt, dann per Lkw zum Containerhafen, im **Container** erst nach Rotterdam, dann Duisburg, von dort per Lkw nach Neuss, wo er schließlich im Logistikzentrum bis zur Bestellung lagert. So löst ein Mausklick Aufträge in der ganzen Welt aus, und die Waren müssen rechtzeitig am richtigen Ort sein. Produkte durchlaufen oft mehr als 20 Stationen in ihren **Lieferketten**.

M4 Lily kauft einen Rucksack – mit viel **Logistik**.

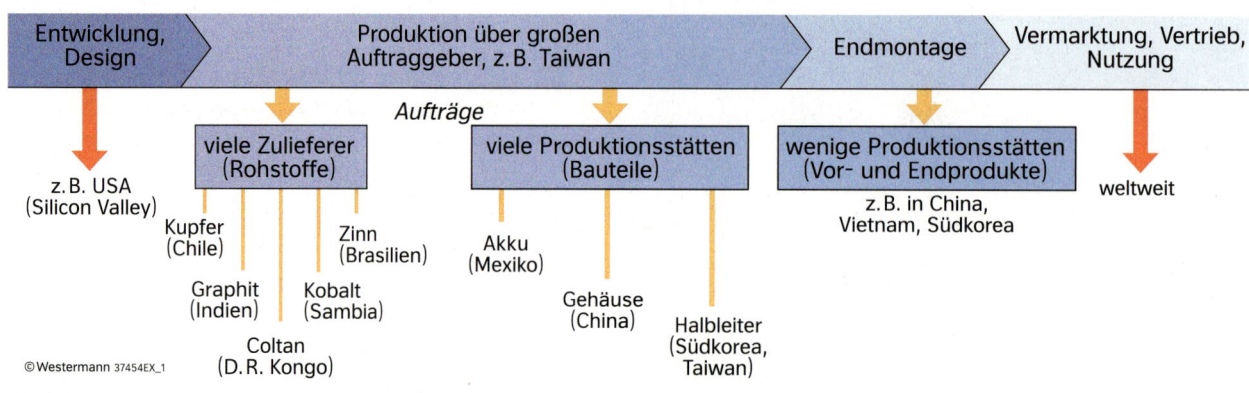

*M2 Produktionsschritte und globale Lieferkette (Beispiel Smartphone)

Globalisierte Lebenswelten   193

Wie gelangt eine Lieferung von Mountainbikes aus einer Fabrik bei Shanghai nach Duisburg? Welche Transportroute und welches Verkehrsmittel sind am günstigsten?
Die Logistikfirma richtet sich nach dem Kunden: Wie dringend und zu welchem Zeitpunkt benötigt er die Lieferung? Welche Kosten auf jeder Route bis zum Logistikzentrum in Duisburg sind damit verbunden (z. B. Frachtkosten, Versicherung, Zölle, Lagerhaltung)? Immer wichtiger: Welche Umweltbelastung entsteht?
Alle Teilbereiche regeln und koordinieren Logistikunternehmen.

Anmerkung: Seefrachtkosten im Container pro Fahrrad (2019): 11 Euro; Seefrachtkosten im Container pro Smartphone: 0,1 Euro; bei Luftfracht je das Fünffache; 2020/2021 starker Anstieg der Containerfrachtpreise

M5 Mögliche Transportrouten von Shanghai nach Nordrhein-Westfalen – Aufgaben der Logistik

M6 Wenn die Waren aus aller Welt, z. B. Rucksäcke, im Duisburger Hafen (duisport) ankommen, sind genau abgestimmte Abläufe nötig: Neben teil- und vollautomatisierten Prozessen werden viele Aufgaben immer noch von Menschen übernommen. Zum Beispiel wird die Steuerung der Containerkräne von speziell ausgebildeten Kranführern durchgeführt.

M9 Für die Logistik sind Lagerhallen sehr wichtig, da hier die umgeschlagenen Waren zunächst gelagert und dann passgenau an die Händler verteilt werden. In großen Verteilzentren schlagen Gabelstapler in knapp drei Stunden etwa 3000 Sendungen (Fahrräder, Handys, Rucksäcke) um.

INFO

M7 Die **Logistik** zählt zum Dienstleistungssektor. Ihre Aufgabe ist die Planung, Steuerung, Koordination, Durchführung aller betrieblichen Abläufe im Gütertransport und Datenverkehr, sowohl lokal als auch global. In Nordrhein-Westfalen arbeiten über 600 000 Beschäftigte in Logistikbetrieben.

Vorteile: weltweit standardisierte Maße; genormt für Schiff, Bahn, Lkw; leicht stapelbar; spart Lagerhallenkosten; vereinfacht die Logistik im Handel

M10 Container – „Kisten der Globalisierung"

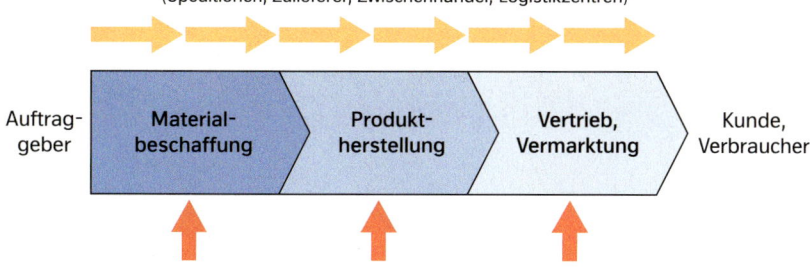

M8 Logistik und ihre Bedeutung in der globalen Warenproduktion (Schema)

Wenn du diese Aufgaben erfolgreich bearbeitet hast, kannst du ...
- *... Beispiele für globale Lieferketten beschreiben (Rucksack, Smartphone).*
- *... die Logistik konkret auf mehreren Ebenen sowie im Modell erläutern.*
- *... die Grundbegriffe **Container**, **Lieferkette** und **Logistik** erklären.*

Im Zeitalter der Globalisierung

BAUSTEIN 3  Welche Rolle spielt die Digitalisierung?

„Alexa, sage bitte meinem Kühlschrank, dass der meinem Fernseher sagen soll, dass der dem Rasenmäher sagen soll, dass der meine Smartwatch fragen soll, wieviel Uhr es ist." Zugegeben, dieses Szenario ist eine Übertreibung. Es könnte sich in Bielefeld abspielen, auch in Venedig, Tokio oder Kapstadt: Digitalisierung durchdringt unser Leben, die Wirtschaft und Gesellschaft auf der ganzen Welt.

W
1. Berichte über deinen digitalisierten Alltag:
   A welche Dateninfrastruktur ist für deine Datennutzung nötig (M4, M5, M8, M9).
   B wo gibt es Bezüge zur Globalisierung (M3, M5, M9, M10).
2. Erkläre, welche Standortfaktoren Frankfurt zu einem global bedeutenden digitalen Knotenpunkt machen (M1, M4, Atlas).
3. Die Rechenzentren in Frankfurt sind für 20 Prozent des Stromverbrauchs der Stadt verantwortlich (Städtedurchschnitt: 2 Prozent). Recherchiere die Gründe für den hohen Stromverbrauch (M1, M2, M5).
4. Bewerte in einem Zeitungsartikel anhand von Beispielen, wie die Digitalisierung die globale Ökologie und Gesellschaft beeinflusst (M3, M5 – M10, Internet).
5. Starte eine virtuelle Tour durch ein Rechenzentrum, z. B. von Google (Internet, M2). Was hat dich überrascht? **249**

ERSTAUNLICH

M1 Frankfurt ist einer der größten Datenumschlagplätze (Internetknoten) der Welt: Der Datendurchsatz liegt bei bis zu 10 Terabit pro Sekunde (11/2020). Das entspricht der Übertragung von 2,2 Mrd. beschriebenen DIN-A4-Seiten oder 2,2 Mio. HD-Videos pro Sekunde. Über 50 Rechenzentren verbinden rund 1000 Netzwerke in über 80 Ländern. Mehr Unternehmen wollen ihre Daten schnell transferieren und siedeln sich in der Nähe von großen Rechenzentren an.

INTERNET

M2 Mit dem Suchbegriff „Data Center" findest du auf Videoportalen virtuelle Rundgänge durch Rechenzentren.

M3 Instagram und Co – weit gereist: Kaum zu glauben ist, dass das Selfie dabei eine Reise über Frankfurt, den Atlantik bis North Carolina, nach Kalifornien zu Facebook und schließlich auf die irischen Facebook-Server hinter sich hat.

> *Mit meinen Freundinnen abends auf dem Sofa abhängen und Netflix schauen, mit dem Smartphone ein Selfie machen, bei Instagram hochladen. Millisekunden später erscheint es auf dem Smartphone der Freundinnen neben mir, während die Serie weiterläuft.*

Frankfurt zählt zu den Welthauptstädten des Informationszeitalters. Die Stadt ist eine gigantische Datenschaltstelle. Der Deutsche Commercial Internet Exchange, kurz DE-CIX, ist, gemessen am Datendurchsatz, der größte Internetknoten der Welt. Serverfarmen von Unternehmen – wie Interxion oder Equinix – halten die Rechenpower für Hunderte Unternehmen, Netzwerkbetreiber, Cloud Service Provider und Finanzdienstleister bereit. Frankfurts Stellung als internationales Finanz- und Dienstleistungszentrum hängt in hohem Maße vom reibungslosen Funktionieren dieser digitalen Infrastrukturen ab. Eine entscheidende Rolle kommt dabei der zuverlässigen Versorgung der Rechenzentren mit elektrischer Energie zu. [...]

Quelle: Alsheimer, Constantin H. (Mainova): Stromnetz – Zuverlässige Versorgung. (IHK WirtschaftsForum Juli 2012), www.frankfurt-main.ihk.de, Zugriff: 21.11.2020

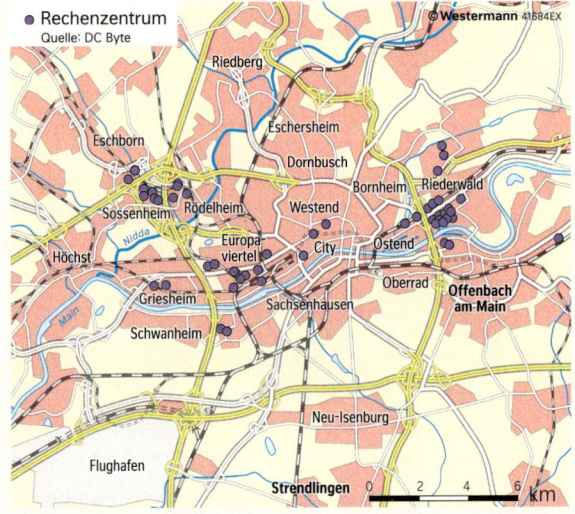

M4 Rechenzentren in Frankfurt (Auswahl) – Lage und Standortfaktoren

Hinter jeder Datennutzung stehen reale Orte mit einer realen **digitalen Infrastruktur**, und zwar überall auf der Welt. Ohne sie gäbe es keine Digitalisierung und kein Internet. Dazu zählen Stromnetze und Kraftwerke, Rechenzentren oder Unterseekabel im Weltmeer sowie Satelliten im Weltall.
Sämtlicher Datenverkehr läuft über Rechenzentren, den Kern digitaler Infrastruktur. Das sind stark gesicherte Gebäude mit abgeriegelten Serverräumen, in denen die Kunden (z. B. Internetdienstanbieter, Unternehmen) Rechenleistung, Speicherplatz und direkten Zugang zu vielen anderen Netzwerkbetreibern oder großen Cloudanbietern wie Amazon oder Microsoft nutzen. Dabei müssen immer größere Datenmengen transportiert werden, z. B. durch Video-Streaming. Größere Datenmengen erfordern auch immer gigantischere Mengen Speicherplatz. Die Sicherheit der Daten und ein leistungsfähiges, stabiles Stromnetz sind für den Standort immens wichtig. In Deutschland gibt einige Tausend Rechenzentren kleiner und mittlerer Größe. Größere Rechenzentren (über 5000 m^2) gibt es ungefähr 100, die meisten davon in und um Frankfurt.

M5 Digitale Infrastruktur – weltweit, grenzenlos

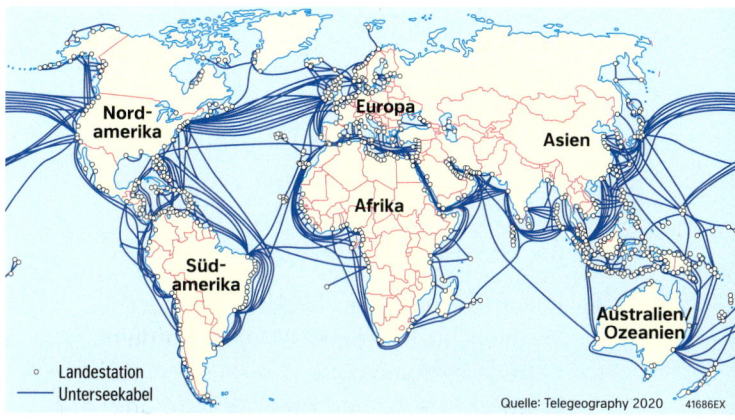

M8 Rund 2000 Satelliten gibt es 2020. Unzählige weitere werden jeden Monat ins All geschossen, um zukünftig schnelles Internet an jedem Ort der Welt per Satellit zu ermöglichen. Gefährdungen treten durch Weltraumschrott auf.

M9 Unterwasserkabel transportieren den Großteil der Daten weltweit. Sie verbinden über Landestationen die Kontinente: Die Kabelschläuche, mehr als 400 Glasfaserkabel (2020), sind über 1,2 Millionen Kilometer lang und kaum dicker als ein Gartenschlauch. Schäden an den Kabeln treten unter anderem durch Schiffsanker, Erdbeben oder Sabotage auf.

M6 Kehrseite der Digitalisierung: Roboter könnten in Kambodscha 500 000 Beschäftigte in der Textilindustrie arbeitslos machen, in Indonesien 1,7 Millionen Büroangestellte. Billiglohnländer laufen Gefahr, ihre Standortvorteile zu verlieren.

ERSTAUNLICH

M10
- Die CO_2-Emissionen des Internets entsprechen denen des globalen Luftverkehrs von 2019.
- Videostreaming macht 80 Prozent des Datenverkehrs aus (2020).
- Die Abwärme eines durchschnittlichen Rechenzentrums könnte 10 000 Wohnungen heizen.
- Cyberkriminalität ist 2020 erstmals das größte Geschäftsrisiko für Unternehmen weltweit.
- Die erste Webseite der Welt (1990) ist auch heute noch abrufbar: info.cern.ch

— **Flugscham? Streamingscham!** —
Wer den Computer anschaltet, wer per Smartphone oder Tablet Filme konsumiert, verhält sich nicht „grüner" als Autofahrerinnen oder Flugreisende. Es sieht nur sauberer aus.
Quelle: Peitz, Christiane: Wie sehr die Digitalbranche das Klima belastet. www.tagesspiegel.de, 19.10.2019, Zugriff: 21.11.2020

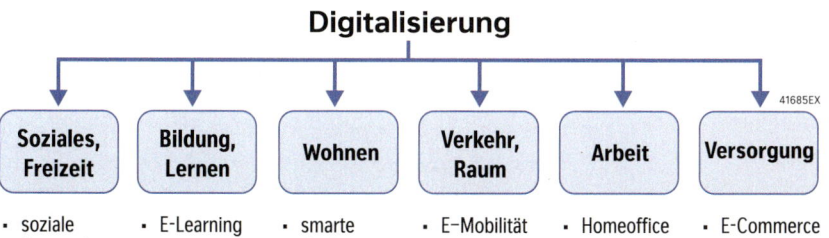

Digitalisierung

- **Soziales, Freizeit**
  - soziale Netzwerke
  - Videospiele
  - ...
- **Bildung, Lernen**
  - E-Learning
  - hybrider Unterricht
  - Fernuni
  - ...
- **Wohnen**
  - smarte Geräte
  - ...
- **Verkehr, Raum**
  - E-Mobilität
  - digitale Kartendienste
  - autonomes Fahren
  - ...
- **Arbeit**
  - Homeoffice
  - IT
  - Robotik
  - E-Commerce
  - ...
- **Versorgung**
  - E-Commerce
  - ...

M7 Einfluss der Digitalisierung auf Wirtschaft und Gesellschaft weltweit (Schema)

Wenn du diese Aufgaben erfolgreich bearbeitet hast, kannst du …
… die globale digitale Infrastruktur beschreiben und ihre Bedeutung am Beispiel Frankfurts erläutern, z. B. Internetknoten.
… Beispiele für die digitale globale Vernetzung anführen und Auswirkungen aufzeigen (Umwelt, Wirtschaft, Gesellschaft).
… den Grundbegriff **digitale Infrastruktur** erklären.

Im Zeitalter der Globalisierung

BAUSTEIN 4  Welche Rolle spielen die Global Player?

Coca-Cola, Apple, Toyota und Co – wer kennt sie nicht? Kaum irgendwo auf der Welt kommt man an ihnen vorbei.

1. Kennzeichne den Weltkonzern Nestlé als Global Player (M4, M6, M7, M9, M11).

2. Verdeutliche tabellarisch die Unterschiede zwischen einem Global Player (z. B. Nestlé) und der Firma Krah (M1, M4–M6, M11).

3. Recherchiere einen Global Player.
   a) Stelle ihn der Klasse vor (M8, Internet; Tipp: Steckbrief).
   b) Bewerte den Internetauftritt: Wie sind Produktionsketten und Räume dargestellt?

4. a) Analysiere M8.
   b) Vergleiche die Zusammensetzung der Top Ten von 2020 mit der von 2008 (z. B. Länder, Branchen) und leite die sich daraus abzeichnende Entwicklung ab (M8, M10, Internet).

W 5. Verfasse einen Radiokommentar (3 Minuten)
   A zur Wirtschaftsweise der Global Player (M4).
   B zum Titel „Hilfe! Global Player bestimmen mein Leben!"

6. Recherchiere, inwiefern es sich bei der Firma Nießing Anlagenbau GmbH aus Borken um einen Hidden Champion handelt (M1, M2).

INFO

M1 **Hidden Champions** agieren wie die großen **Global Player** auf dem Weltmarkt, aber eher versteckt als meist mittelständische Betriebe. Ihr Umsatz liegt meist über 50 Millionen Euro, übersteigt die drei Milliarden Euro jedoch nicht. Sie halten in ihrer Branche weltweit eine Spitzenposition und arbeiten an Nischenprodukten – hochspezialisiert, innovativ und effizient, häufig in seit Generationen geführten Familienbetrieben. Das hohe Ansehen deutscher Produktqualität hat hier seine Wurzeln. In Deutschland gibt es viele Weltmarktführer (etwa 1600).

INTERNET

M2 Nießing Anlagenbau GmbH → Profil

M3 Der deutsche Konzern Adidas hat Absatzstandorte in 45 Ländern und weltweit ca. 60 000 Beschäftigte. 98 Prozent der Schuhproduktion erfolgen in Asien. Adidas ist bekannt für Investitionen in die Forschung.

M4 Bedeutung und Wirtschaftsweise der Global Player

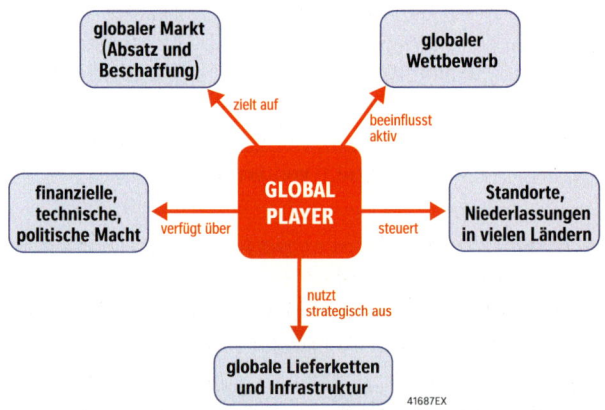

Frau Mason-Hermann, Sie gehören zur Leitung des Weltmarktführers Krah. Was macht die Firma Krah zum Weltmarktführer?
Wir sind Automobilzulieferer und auf Drahtwiderstände für manuelle Klimaanlagen spezialisiert. Sie werden für jeden Kunden speziell gefertigt.
Wir sind weltweit in neun Ländern tätig, schwerpunktmäßig in Europa, Ostasien und Südamerika. Die Exportquote liegt bei gut 70 Prozent, der Jahresumsatz bei 175 Millionen Euro. Alle bekannten Pkw weltweit fahren mit unseren Widerständen, von Audi, Ford bis VW. Das schafft man nur dann, wenn man extrem professionell ist.
Halten Sie die Globalisierung für einen Vorteil?
Unbedingt! Sie ist notwendig, damit wir bestehen können! Der nationale Markt ist für uns zu klein.

M5 Interview mit Frau Mason-Hermann, Gesellschafterin und Marketingleiterin eines Weltmarktführers aus Westfalen

Globalisierte Lebenswelten

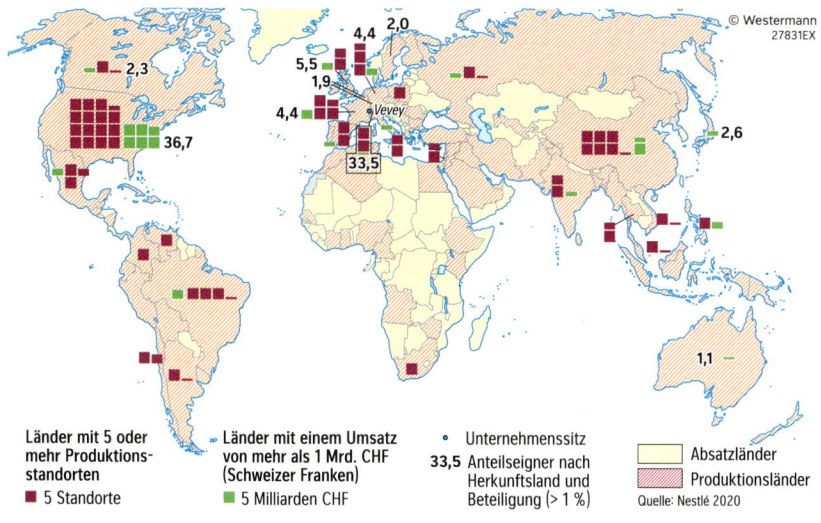

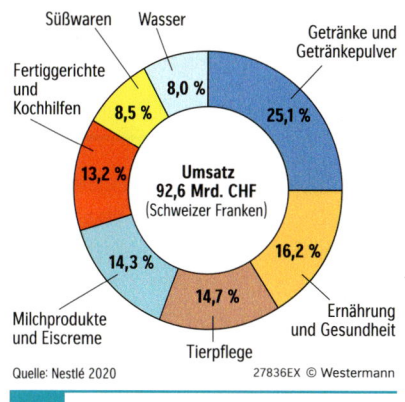

M11 Nestlé produziert mehr als 2000 Marken (z. B. Maggi, Nesquik, Vittel). Etwa 100 Fabriken arbeiten vollautomatisiert und papierlos.

M6 Nestlé: größter Nahrungsmittelkonzern der Welt mit 291 000 Beschäftigten

Der größte Nahrungsmittelkonzern der Welt ist in der Vergangenheit oft von Naturschützern angeprangert worden: weil er auch dort Wasser abpumpt, wo es knapp ist wie in Afrika, weil er für Süßigkeiten Palmöl verwendet und so die Abholzung des Regenwaldes vorantreibt, weil er Tierversuche mit Mäusen für seine Kosmetikprodukte duldet. Aber inzwischen zeigt sich der Schweizer Konzern zunehmend auf der ökologischen Höhe der Zeit. [...] Der Wandel zeigt sich an vielen Neuerungen: deutliche Angaben zum Nährwert auf den Lebensmittelverpackungen, nachfüllbare Behältnisse für Katzenfutter und Coffee-to-go, immer mehr Burger, Bratwürste und Schnitzel auf pflanzlicher Basis [...]. Nestlé kann allein schon wegen seiner schieren Größe Krisen und Kritik ziemlich schadlos wegstecken. In 187 Ländern verkauft der größte Nahrungsmittelkonzern der Welt insgesamt mehr als eine Milliarde Produkte täglich. [...] In der Corona-Krise hat sich gezeigt, wie sich ein derart solides Unternehmen [...] zu behaupten weiß.

Quelle: Klemm, Thomas: Nestlé ist unverwüstlich. In: FAZ, 24.05.2020, S. 26 © Alle Rechte vorbehalten. Frankfurter Allgemeine Zeitung GmbH, Frankfurt. Zur Verfügung gestellt vom Frankfurter Allgemeine Archiv

M7 „Nestlé ist unverwüstlich"

Rang 2021	Rang 2008	Unternehmen	in Mrd. US-$
1.	41.	Apple (USA)	2051
2.	–[1]	Saudi Aramco (Saudi-Arabien)	1920
3.	7.	Microsoft (USA)	1778
4.	–[2]	Amazon.com (USA)	1558
5.	36.	Alphabet (USA)	1393
6.	–[1]	Facebook, heute Meta (USA)	839
7.	–[2]	Tencent (China)	753
8.	–[1]	Tesla (USA)	641
9.	–[1]	Alibaba (China)	615
10.	13.	Berkshire Hathaway (USA)	588
...	...	...	...
*66.	60	Volkswagen (Deutschland)	165

[1] nicht börsennotiert [2] nicht im Ranking erfasst Quelle: PWC 2013, 2021

M8 Größte Unternehmen der Welt nach Börsenwert (März 2021)

M9 Nestlé präsentiert auf einer Messe in Peking neben neuen Produkten auch Innovationen zum digitalen Marketing und neue Technologien.

ERSTAUNLICH

M10
- Der Amazon-Gründer Jeff Bezos ist der reichste Mensch der Welt mit einem Vermögen von mehr als 201 Milliarden Dollar (11/2021). Das entspricht der Wirtschaftsleistung (BIP) des Staates Peru (211 Mrd. bei 35 Mio. Einw.), der vierfachen von Bulgarien (50 Mrd. bei 7,5 Mio. Einw.) und der hundertfachen der Zentralafrikanischen Republik (1,9 Mrd. bei 5 Mio. Einw.).
- Google (Alphabet), Amazon.com, Meta (Facebook), Apple und Microsoft gehören zu den Pandemie-Gewinnern 2020 – 2022, da ihre digitalen Dienste in der Pandemie besonders stark nachgefragt waren.

Wenn du diese Aufgaben erfolgreich bearbeitet hast, kannst du …
… *Bedeutung und Wirtschaftsweise der Global Player beschreiben und kritisch betrachten.*
… *den Erfolg von Hidden Champions erläutern und sie mit Global Playern vergleichen.*
… *die Grundbegriffe* **Hidden Champion** *und* **Global Player** *erklären.*

Im Zeitalter der Globalisierung

BAUSTEIN 5  **Welche Rolle spielen die Arbeitskräfte?**

Vom Erzabbau bis zur Handynutzung, vom Kakaoanbau bis zur Tafel Schokolade – hinter jedem Produktionsschritt stehen Menschen, die arbeiten. Das gilt für die ersten Meilen, aber auch auf der letzten Meile hin zum Verbraucher.

1. Stelle drei Arbeitsbeispiele vor: Tätigkeit, Lohn, Wirtschaftssektor, Land, Arbeitsbedingung (M3 – M7, 10).
   Tipp: Erklärvideo von 3 Min. 255

2. Erläutere die Bedeutung der Arbeitsmigranten
   A für die Globalisierung bzw. Weltwirtschaft.
   B für die Heimatländer.
   C für dich persönlich.

3. Analysiere die Lage
   a) der Verteilzentren (M8).
   b) des Essener Verteilzentrums (M7, 🗺).

4. Erstelle eine Grafik zum Boom der Zustelldienste und ihre sozialen und räumlichen Folgen (M5 – M9).

5. Ist es nachhaltig, wenn bald mehr Roboter oder Drohnen die letzte Meile der Paketzustellung erledigen? Erörtere die Frage kontrovers.

- Arbeitsmigranten weltweit: rund 280 Mio.
- Rücküberweisungen in Heimatländer: 690 Mrd.$ – mehr als die gesamte Entwicklungshilfe und mehr als alle ausländischen Direktinvestitionen
- 800 Mio. Menschen weltweit hängen von den Einkünften ab. (Spiegel 2.1.2021).

M1 Bedeutung der globalen Arbeitsmigranten 2020

M3 Arbeiten auf den ersten Meilen einer Lieferkette
Ⓐ Kakao für Schokolade Ⓑ Spielzeug aus China

Die Globalisierung hat auch einen globalen Arbeitsmarkt hervorgebracht. Entlang der Lieferketten sind Standorte mit niedrigen Löhnen begehrt. Von Ländern wie China (326$/Monat) oder Türkei (340$), zog die Produktionskarawane weiter nach Indonesien (280$), Vietnam (180$), dann Bangladesh (95$), Myanmar (95$), Äthiopien (26$). Solche Mindestlöhne reichen nicht zur Existenzsicherung, Überstunden sind die Folge. Die Kinder leben bei Verwandten. Arbeitsbedingungen und Unterkünfte sind oft prekär und gesundheitsschädlich. In der Landwirtschaft und im Bergbau ist Kinderarbeit häufig.

Darüber hinaus sind Arbeitskräfte zu einem weltweiten „Exportgut" (ILO) geworden: phillipinische Seeleute auf Frachtern, indische Bauarbeiter in Katar, osteuropäische Fleischer in Westfalen, polnische Pflegekräfte in London u.v.m.. Auch wenn die Arbeitsmigranten nur kleine Summen in ihre Heimat rücküberweisen, machen sie z.B. in Tadschikistan oder Nepal über 25%, in Haiti sogar fast 40% des BIP aus.

Datenquelle: Mindestmonatslöhne von 2019 aus BMZ.de, Nachhaltige Textilien, Broschüre, S. 9

M4 Schuften auf dem globalisierten Arbeitsmarkt

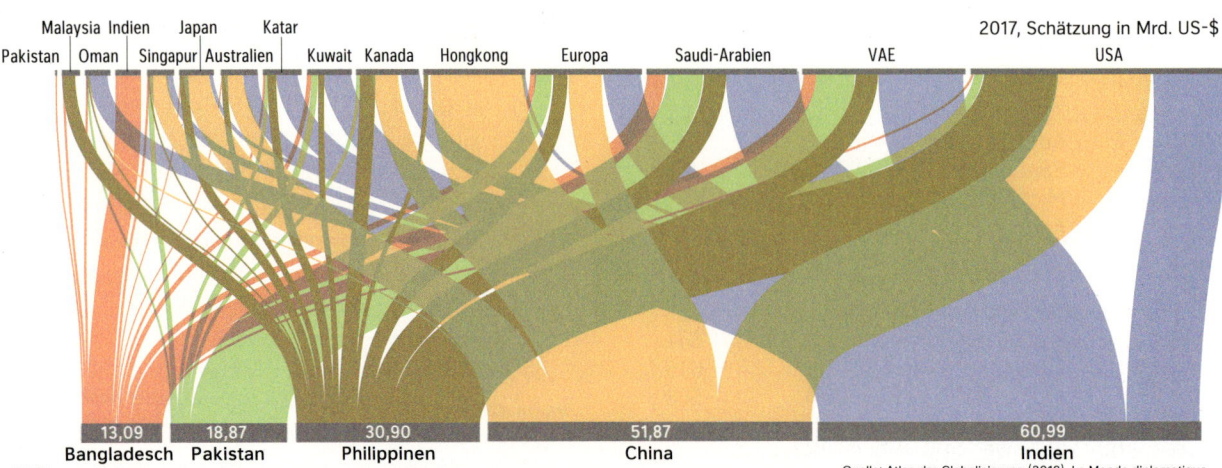

M2 Globaler Arbeitsmarkt und die Bedeutung von Rücküberweisungen: So viel transferieren Arbeitsmigranten zurück in ihre Heimat, hier in fünf Beispielländern Asiens.

M5 Die letzte Meile erstreckt sich vom Logistikzentrum über Sortier- und Verteilzentren bis zur Haustür (Foto links: Verteilzentrum in China am Singles Day).

In Deutschland werden in diesem Jahr etwa 3,5 Milliarden Pakete ausgeliefert. Die Branche boomt. Immer öfter müssen kurzfristig engagierte Arbeitskräfte aus Süd- und Osteuropa aushelfen – häufig unterbezahlt und nicht ordnungsgemäß versichert.[...] Der Zoll befragte 12 135 Fahrer; daraus folgten 25 Strafverfahren, 49 Bußgeldverfahren und 2 143 Verdachtsfälle auf Mindestlohnunterschreitungen. [...] Kurier-, Express- und Paketdienste liefern sich in Deutschland einen harten Wettbewerb, Pakete möglichst billig zuzustellen. Onlinehändler wie Amazon entscheiden je nach Region, welcher Dienst ihre Millionen Sendungen ausfahren soll. Sie handeln hohe Mengenrabatte aus. Die Zusteller beschäftigen 230 000 Menschen, Tendenz steigend. Im Mittel verdienen Paketzusteller 2 478 Euro brutto pro Monat. Selbständige oder scheinselbständige Paketfahrer in Subunternehmen sind dabei noch nicht erfasst.

Quelle: Gammelin, Cerstin und Müller, Benedikt: So will Heil den Paketboten helfen. www.sueddeutsche.de, 27.4.2019, Zugriff: 09.05.2021

M6 Arbeiten am Ende der Lieferkette – auf der letzten Meile

M8 Amazon-Logistikstandorte in Deutschland 2020

- 2020 Eröffnung in zentraler Lage von in Essen
- 2020 Schließung des Kaufhofs am Hauptbahnhof
- 50 000 Pakete aus aller Welt pro Tag (Versand)
- 180 Mitarbeiter und Mitarbeiterinnen, meist Packer, Paketsortierer (11,8 €/h brutto) im Schichtbetrieb, vor allem nachts
- 150 eigene Elektro-Transporter, 340 Ladestationen, auch für Zuliefererfahrzeuge
- 11 beauftragte Auslieferungsfirmen der Region mit über 400 Fahrern und Fahrerinnen (12 €/h)
- Beladungsdauer pro Transporter 11 – 14 Min.
- Hauptanlieferung abends, im Anschluss Umsortierung und erneuter Versand
- Proteste von Anwohnern und Anwohnerinnen wegen Stau, Lärm- und Umweltbelastung

M7 Steckbrief zum Amazon-Verteilzentrum Essen

M9 Paketroboter auf Kundenzustellung in Hamburg

INTERNET

M10
- Mindestlohn vs. Existenzlohn in versch. Länder: https://saubere-kleidung.de/lohn-zum-leben/
- bmz.de (Nachhaltige Textilien) u.a. zu Löhnen, Arbeitsbedingungen in der Textilindustrie
- www.HDE.de – Online-Monitor

Wenn du diese Aufgaben erfolgreich bearbeitet hast, kannst du …
… die Funktion der Arbeitskräfte und ihre Arbeitsbedingungen entlang der Lieferkette erläutern.
… die Bedeutung der Arbeitsmigranten für ihre Heimatländer erklären.

Globalisierung hautnah – wie kommen die Waren aus aller Welt in unseren Alltag?

Was wir anziehen, was wir essen, Gegenstände bei uns zu Hause: Hautnah und in allernächster Nähe finden wir die weite Welt.

1. Liste spontan zehn Produkte aus deinem Alltag auf, die nicht aus Deutschland stammen, und recherchiere ihre Herkunft (z.B. Etikett).
2. Beschreibe die Fotos in M4 und ordne sie
   A den Produktionsstufen in M6 zu.
   B einer Phase in M1 zu.
3. Erstelle einen Podcast (3 Min.) mit dem Titel: Das globale Geschäft mit schönem Haar. Verwende dazu M1, M3 – M5, M7, M8.
4. Visualisiere die Länder und Phasen der Lieferkette des indischen Tempelhaares auf einer Weltkarte (M1, M5, Kopie, Faustskizze).
5. Erkläre, welchen Beitrag jeder Baustein der Globalisierung (S. 190 – 199) bei der Erzeugung und Vermarktung des Tempelhaares hat. (Welche Rolle spielt dabei der Handel, welche die Logistik u.s.w.).
6. Übertrage Teile der Produktions- und Lieferkette eines Smartphones (S. 192 M2) oder Rucksacks (S. 192 M4) in ein Schema wie in M1.

M2 Globalisierung hautnah – Warenbeispiele

Die meisten Waren unseres Alltags haben einen weit verzweigten Produktionsweg mit Zwischenhändlern und ausgeklügelter Logistik durch viele Länder hinter sich. Insofern ist es nicht ganz korrekt, wenn auf dem Etikett eines Handys allein steht: „Made in China". In der Regel stellt eine Firma ihre Produkte nicht vollständig selbst her, sondern mit Zulieferungen aus aller Welt. Ganze Produktionsstufen werden woanders produziert und benötigte Teile woanders eingekauft. So erfolgten eine **arbeitsteilige Produktion** und **Outsourcing**. Dabei geht es immer darum, die Kosten in jedem Produktionsschritt niedrig zu halten, damit der Warenendpreis maximal konkurrenzfähig sein kann. Wo auf der Welt Produktionsschritte erfolgen, hängt daher von den günstigsten Standortfaktoren ab (z.B. Lohnkosten, Rohstoffpreis).

M3 Der lange Weg der Handelswaren

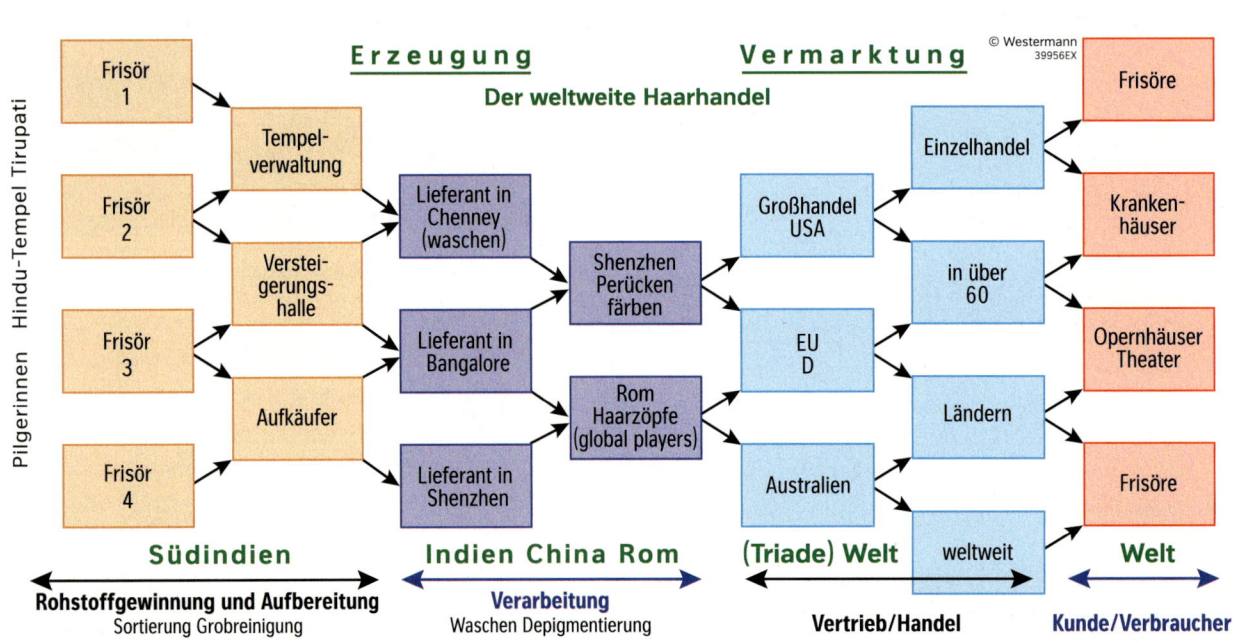

M1 Der weltweite Haarhandel – Erzeugung und Vermarktung (Lieferkette)

Globalisierte Lebenswelten

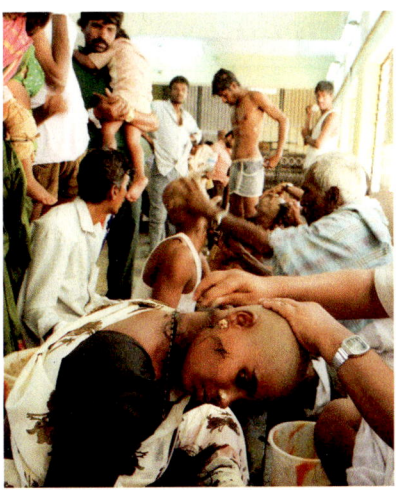  

M4 Beispiel einer globalen Lieferkette: Produktionsschritte bei der Herstellung von Perücken

Haarverdichtungen und -verlängerungen sind groß in Mode – bei Frauen und Männern. Auch bei Perücken steigt die Nachfrage. Woher kommen diese „Echthaare"? Wer ist am Geschäft damit beteiligt? Die in Europa verwerteten Haare stammen wegen der ähnlichen Haarstruktur und ihrer weichen kräftigen Qualität fast ausschließlich aus Indien. Der Rohstoff Echthaar wird in Tirumala/Südindien gewonnen, wo jährlich ca. 30 Millionen Hindus dem Gott Vishnu huldigen. Rund um den Terupati-Tempel schneiden täglich Hunderte Frisöre und Frisörinnen kostenlos bis zu 40 000 Pilgern die Haare, die diese als Teil von sich aufgrund religiöser Tradition opfern. So kann die Tempelverwaltung von Tirupati tonnenweise Echthaar an internationale Händler versteigern. Der Erlös dient dem Erhalt des Tempels und sozialen Einrichtungen der Stadt, was mehr Wohlstand gebracht hat. Während man früher die Haare als Füllmaterial für Matratzen u.ä. verkaufte, werden sie heute direkt in umliegenden Dörfern in Heimarbeit vorsortiert, anschließend in etwa 50 Betrieben Indiens, z.B. in Chennai, gewaschen und für den Export verarbeitet. Zur Depigmentierung und Färbung des Haares geht es weiter nach Europa oder China. In China/Shenzen oder auf Bali werden dann z.B. Perücken oder Haarteile angefertigt. Abnehmer sind spezialisierte Groß- oder Einzelhändler in der EU, in Israel, Japan, Südafrika, den USA oder Golfstaaten. Als Weltmarktführer gilt der Global Player Great Lenghts in Rom mit Niederlassungen in 53 Ländern.

M5 Indische Tempelhaare als Ware – weltweit attraktiv

INFO

M6 Produktionsstufen
1. *Entwicklung und Design:* Planungen in der Markenfirma
2. *Rohstoffphase:* Gewinnung der Rohstoffe, Aufbereitung
3. *Produktionsphase:* Anfertigen der Ware, Montage, Kontrolle, Verpackung
4. *Gebrauchsphase:* Vermarktung, Vertrieb, Kauf und Nutzung der Ware
5. *Verwertung:* Entsorgung, Verschrottung, Recycling

ERSTAUNLICH

M8
- Ein Großhändler bezahlt für ein Kilo Tempelhaare 700 – 1000 €, vor 20 Jahren lediglich 50 – 80 €.
- Der Lohn der Frauen und Kinder in den Dörfern für das Sortieren der Haare beträgt einen Euro pro Tag.
- Mittellange Haarextensions, die sechs Monate lang halten, kosten beim Frisör rund 1000 €.
- Die Stiftung des Tempels macht einen Jahresumsatz von 250 Mio. Euro pro Jahr.
- Eine geübte Knüpferin braucht für durchschnittlich 100 000 Haare pro Perücke zehn bis 14 Tage.

INTERNET

M7
- 360° – GEO Reportage: Indien – Das Geschäft mit dem Tempelhaar (51 Min., youtube.com)
- Missio: Haarige Geschäfte in Indien (3 Min., youtube.com)
- Auftritt des Global Players Great Lengths in Nepi (Rom)

Wenn du diese Aufgaben erfolgreich bearbeitet hast, kannst du ...
... *die Lieferketten in ihrer internationalen Vernetzung als Grundstruktur der Globalisierung erläutern und visualisieren.*
... *die Bausteine der global am Beispiel des globalen Haarhandels anwenden und zusammenführen.*
... *die Grundbegriffe* **arbeitsteilige Produktion** *und* **Outsourcing** *erklären.*

Unser täglicher Einkauf – welche Folgen hat er anderswo auf der Welt?

Ein Euro beim Discounter für ein Kilo Bananen, 20 Euro der neue Stuhl aus Tropenholz – und wir freuen uns über die günstigen Einkäufe. Aber wir überlegen dabei immer häufiger, wie so ein Preis zustande kommen kann und welche Folgen er woanders auf der Welt hat.

1. Zeichne die Lieferkette in M5 als Raster ab.
   a) Füge an passenden Stellen in Stichworten möglichst viele Aspekte aus M2 und M6 ein.
   b) Erörtere die Weitergabe von Kleidung in Secondhandläden oder in Altkleidersammlungen. Ergänze die letzte Spalte in M5.

2. **A** Erläutere mögliche Maßnahmen, die eine nachhaltigere Produktion zur Textilherstellung bewirken können (M4 – M7).
   B Beurteile deine Einkäufe. Was kann dein Beitrag zu mehr Nachhaltigkeit woanders auf der Welt sein? Skizziere es an zwei Beispielen (M2 – M8).

3. Recherchiere fünf Modefirmen, die ihre Lieferketten (für Verbraucher) transparent machen (Internet: Firmencheck von *Saubere Kleidung*).

4. Interpretiere die Karikatur (M3). 245 ▶

INFO
M1 Glokalisierung
Alle Prozesse der Globalisierung haben irgendwo auf der Welt auch Auswirkungen auf die regionale oder lokale Ebene (z. B. in der Bekleidungs- oder der Lebensmittelindustrie). Diesen Zusammenhang bezeichnet man mit dem Kunstwort Glokalisierung.

M3 Nachhaltig einkaufen – warum?

Wie billig darf ein T-Shirt sein, drei Euro, fünf oder 15? Sicher ist, dass ein T-Shirt zu 5 € nicht unter nachhaltigen Bedingungen hergestellt werden kann. Wer so ein Schnäppchen kauft, unterstützt damit wahrscheinlich ein Unternehmen, das nicht genug Lohn zahlt oder Umwelt- und Sicherheitsauflagen missachtet. Mit dem **Fast-Fashion**-Trend in der Modeindustrie wird immer mehr und schneller produziert, konsumiert und weggeworfen. Über 20 preisgünstige Kollektionen pro Jahr verführen z. T. wöchentlich erneut zum Kauf solcher Billigware. Seit dem großen Unglück in einer Textilfabrik in Bangladesch mit über 1100 Toten, überwiegend Näherinnen, richtet sich der Blick verstärkt auf die Produktionsbedingungen von Handelswaren und ihre Nachhaltigkeit.

M4 Billig und nachhaltig?

M2 Unser Einkauf hat eine Vorgeschichte – Auswirkungen woanders und auf andere

Globalisierte Lebenswelten

	Rohstoffgewinnung	Produktionsphase		Vermarktungs-, Verkaufs- und Gebrauchsphase	Second Hand
Länder	Kasachstan, Indien	Äthiopien, Bangladesch	Indonesien, Bangladesch	EU, USA	
Betriebe, Arbeitsplätze	- Plantagen - Weberei - niedrige Löhne	- Betriebe zum Färben - Sandstrahlen - niedrige Löhne	- Nähereien - Verpackung - niedrige Löhne	- Großhandel - Textilgeschäft - Discounter - Mindestlohn	?
Gesundheitsgefährdung	- Pestizide - Dünger	- giftige Chemikalien	- lange Arbeitszeiten - belastete Luft - fehlende Sicherheitsstandards	- Ausdünstungen der Textilien - Arbeitszeiten auch am Abend/Wochenende	
Umweltbelastung	Monokultur	Entsorgung der Chemikalien in Flüssen, Seen, auf Böden	schädliche Abluft in Fabriken	Kleiderabfall	

M5 Lieferkette in der Bekleidungsindustrie

„Nachhaltig leben in einer globalisierten Welt, ohne Natur und Mensch auszubeuten: Das ist die große Herausforderung des 21. Jahrhunderts. Denn unser Wohlstand wird viel zu oft mit der Not anderer erkauft.

Das fängt morgens beim Duschen an: Fast jedes Shampoo enthält Palmöl. Für die riesigen Plantagen werden Regenwälder in Indonesien und Malaysia abgeholzt. Weltweit alle vier Sekunden die Größe eines Fußballfeldes. Elf Prozent der CO_2-Emissionen gehen auf Waldzerstörung zurück!

Das geht beim Anziehen weiter: 90 Prozent unserer Kleidung stammen aus Südostasien. Häufig bedeutet das 16-Stunden-Schichten in stickigen Fabriken, Kündigung bei Schwangerschaft oder Krankheit und Hungerlöhne.

Oder beim Frühstück: Auf vielen Kaffee-Plantagen müssen Kinder schuften. Ein Kilo Kaffee kostet in Deutschland zehn bis zwölf Euro. Nur 50 Cent kommen davon bei den Bauern an. Davon können die Familien nicht leben! Deshalb müssen die Kinder mitarbeiten, allein in Westafrika 2,3 Millionen.

Kinderarbeit in einer Gerberei in Dhaka, Bangladesch. Die Kinder und Jugendlichen arbeiten häufig ohne Schutzkleidung mit giftigen Chemikalien.

Die Aufzählung ließe sich beliebig fortführen: In unseren Handys, E-Bikes und Autos steckt Kobalt. 60 Prozent davon stammen aus dem Kongo, wo in illegalen Minen Zwangsarbeit und Umweltzerstörungen an der Tagesordnung sind. Zurecht würden wir solche Bedingungen in Europa niemals aktzeptieren. Warum anderswo?

Deswegen kämpfe ich für nachhaltige Lieferketten. [...] Nun sind wir gefordert, soziale und ökologische Mindeststandards weltweit durchzusetzen, besonders das Verbot von Kinderarbeit. Nachhaltig zu konsumieren, ist dabei ein wichtiger erster Schritt."

Quelle: Müller, Gerd: „Ich kämpfe für nachhaltige Lieferketten". In: Green Lifestyle 2020, 12/2019, S. 2

M6 Dr. Gerd Müller zur Nachhaltigkeit in einer globalisierten Welt (Bundesminister für wirtschaftliche Zusammenarbeit und Entwicklung von 2013 bis 2021). Siehe dazu auch das Interview auf S. 221 M9.

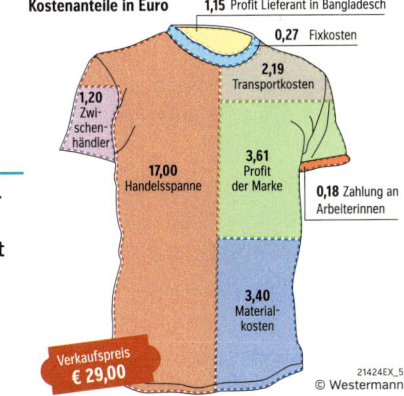

M7 An diese Personen oder Betriebe geht unser Geld beim T-Shirt Kauf.

Kostenanteile in Euro:
- 1,15 Profit Lieferant in Bangladesch
- 0,27 Fixkosten
- 2,19 Transportkosten
- 1,20 Zwischenhändler
- 17,00 Handelsspanne
- 3,61 Profit der Marke
- 0,18 Zahlung an Arbeiterinnen
- 3,40 Materialkosten
- Verkaufspreis € 29,00

INFO

M8 Zunehmend werden getragene Kleidungsstücke auch in Secondhandläden verkauft oder in Altkleidersammlungen gespendet. Auf den Märkten der Entwicklungsländer (S.191 M6) sorgen sie in Änderungsschneidereien für neue Arbeitsplätze, behindern aber den Aufbau einer einheimischen Bekleidungsindustrie.

Wenn du diese Aufgaben erfolgreich bearbeitet hast, kannst du ...
- ... die möglichen Folgen des Kaufs von (billiger) Bekleidung anderswo auf der Welt erklären.
- ... Vorschläge zu einer nachhaltigeren Bekleidungsproduktion machen.
- ... die Grundbegriffe **Glokalisierung** und **Fast Fashion** erklären.

M1 Die Apple-Konzernzentrale „The Ring" in Cupertino (Silicon Valley, Kalifornien) misst im Durchmesser 461 Meter, der innere Park ist 12 000 Hektar groß. Auf vier Etagen arbeiten mehr als 12 000 Mitarbeiter. Die Baukosten betrugen 5 Milliarden US-Dollar (Die Summe entspricht dem Wert des BIP von Malawi oder dem fünffachen von Gambia). Der Entwurf stammt von dem englischen Architekten Norman Foster, die Glaskonstruktion lieferte eine Firma aus Augsburg.

GEWUSST? – GEKONNT! Im Zeitalter der Globalisierung

Was heißt Globalisierung?
188 Mit **Globalisierung** ist die weltweite grenzüberschreitende Vernetzung durch Ströme an Waren, Menschen und Daten gemeint. Das zeigt sich hauptsächlich im Bereich der Wirtschaft (Handel, Produktion in Warenlieferketten, Verkehr, Logistik). Dazu kommen weitere Dimensionen: globale Verflechtungen in der Kultur (Mode, Medien, Essgewohnheiten), Politik (Organisationen wie UN, WTO) sowie in der Kommunikation (Internet) und Ökologie (Weltklima). Globalisierung betrifft jeden von uns und beeinflusst mit ihren Auswirkungen direkt oder indirekt jeden Teil der Erde.

Welche Rolle spielt der Handel?
190 Internationale Wirtschaftsbeziehungen zwischen Ländern hat es immer gegeben, seit etwa 1990 verstärkt mit immer mehr Ländern und Menschen. Besonders der **Welthandel** stieg. Die Handelsströme sind ungleich verteilt, zu 80 Prozent verlaufen sie zwischen Europa, Asien und Nordamerika. Wichtige Handelswaren sind z. B. Maschinen, Elektronik, Energierohstoffe, Textilien. Krisen (politische Umbrüche, Pandemien) können den globalen Handel gefährden.

Welche Rolle spielt die Logistik?
192 Die Globalisierung ist ohne **Logistik** nicht denkbar. Die Branche plant und koordiniert mit modernster Technik die Produktion und den Transport in globalen **Lieferketten**, vom Auftraggeber bis zum Verbraucher. Zentrale Hilfsmittel sind neben der Digitalisierung global genormte **Container** sowie Verkehrsdrehkreuze.

Welche Rolle spielt die Digitalisierung?
194 Die gestiegene Digitalisierung in allen Lebensbereichen hat einen digitalen Globalisierungsschub bewirkt. Abläufe verändern sich: Lieferketten werden einfacher, Onlinehandel wächst und Roboter sind bereits Alltag, was wiederum Arbeitsplätze bedroht. Datenströme brauchen eine reale **digitale Infrastruktur**, regional durch starke Stromnetze und Rechenzentren, global durch Internetknoten (z. B. Frankfurt) oder Unterseekabel zwischen den Kontinenten sowie Satelliten im All. Die Digitalisierung verursacht einen hohen Strombedarf und CO_2-Ausstoß.

Welche Rolle spielen die Global Player?
196 **Global Player** sind Weltkonzerne mit Produktionsstätten und Märkten weltweit. Sie beliefern den Weltmarkt und nutzen ihre finanzielle, technische Macht sowie die Vorteile der globalen Lieferketten aus. Ihr Börsenwert übersteigt vielfach das BIP ganzer Staaten. Auch die kleineren **Hidden Champions** bedienen den Weltmarkt, meist mit hoch spezialisierten Nischenprodukten. Sowohl große als auch kleine Global Player stehen in einem harten globalen Konkurrenzkampf.

Welche Rolle spielen die Arbeitnehmer?
198 Hunderte Millionen Arbeitskräfte, etwa am Anfang der globalen Warenproduktion oder auf der letzten Meile, tragen dazu bei, dass wir günstig und bequem einkaufen können. Ihre Löhne sind meist niedrig, die Arbeitsbedingungen oft prekär. Globale Arbeitsmigranten sorgen mit Rücksendungen für ihre Familien in der Heimat.

Globalisierte Lebenswelten 205

Globalisierung hautnah – wie kommen Waren aus aller Welt in unseren Alltag?

Globale Handelswaren, ob es nun ein Handy oder ein Haarteil ist, spiegeln die Bausteine der Globalisierung: in den verzweigten Lieferketten über Länder und Kontinente greifen in vielen Einzelschritten Handel, Logistik, Digitalisierung und Global Player sowie Arbeitskräfte jeder Phase ineinander. Es kommt zu weltweit verteilten Produktionsstufen, wobei die **Produktion arbeitsteilig** erfolgt, viele Abläufe werden **outgesourct**. Am Beispiel des globalen Haarhandels sieht man etwa, dass die Erzeugung von Perücken überwiegend in Indien und Ostasien, die Vermarktung dagegen in Europa und den USA geschieht.

Unser täglicher Einkauf – welche Folgen hat er anderswo auf der Welt?

Jeder von uns nimmt aktiv an der **Glokalisierung** teil und kann somit Einfluss nehmen, z. B. beim Einkaufen. In Deutschland achten die meisten darauf, ob ein Produkt preiswert ist. Wenn wir aber wissen, wie und wo ein Produkt entstanden ist und auch, welche Folgen das woanders in der Welt hat, können wir uns anders entscheiden: für mehr Nachhaltigkeit und weniger Ausbeutung der Natur (Waldvernichtung für Soja und Palmöl) und des Menschen (Billiglohn, Zwangsarbeit) oder kürzere Transportrouten mit weniger CO_2- Ausstoß. Oder wir machen zum Beispiel beim **Fast-Fashion**-Trend einfach nicht mit oder wir verzichten ganz.

M2 Auf einer Modenschau in Berlin

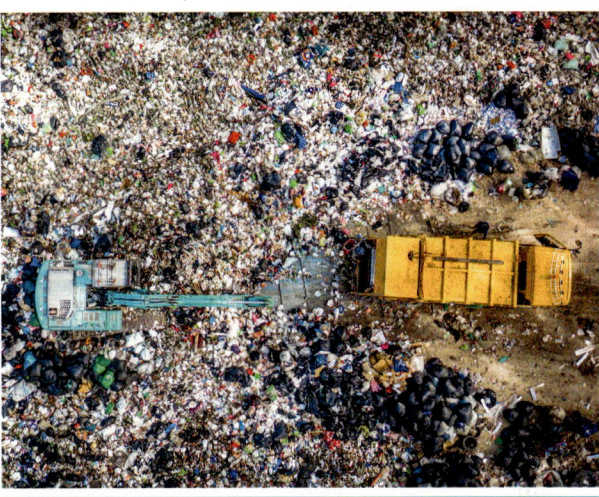

M5 Abfallberge mit Plastikmüll – letzte Phase der Lieferkette

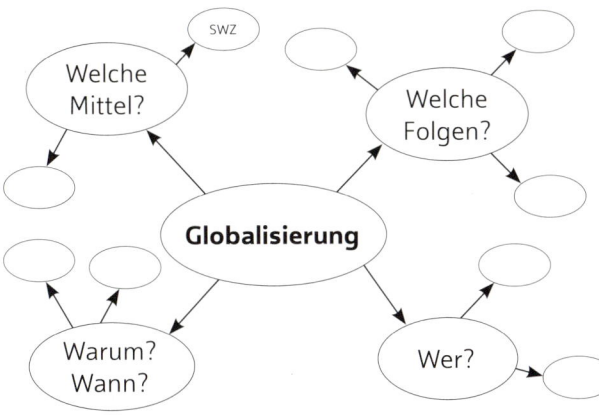

M3 Vorschlag zu einer Conceptmap

Container – digitale Infrastruktur – Digitalisierung – Globalisierung – nachhaltige Produktion – Welthandel – Global Player – globale Konkurrenz – Lieferkette – Internetknoten – Outsourcing – Logistik(standort) – Onlinehandel

M4 Fachsprache – kennst du dich aus?

1 Die Konzernzentrale des Global Players Apple gilt als Sinnbild für Globalisierung und Digitalisierung gleichermaßen. Begründe die These (M1).

W 2 A Ordne M2 und M5 einer Phase der Lieferkette auf Seite 203 M5 zu. Erkläre deine Entscheidung. Wo wäre M1 einzuordnen?
B Soll man Textilfabriken schließen, die zulasten der Arbeiterinnen und der Umwelt möglichst billig produzieren? Erörtere Pro und Kontra.
C Was muss sich ändern, damit Warenlieferketten nachhaltig sind? Entwickle Vorschläge.

3 Vervollständige die Conceptmap zur Globalisierung (M3). Nutze auch Begriffe aus M4.

4 Lass dir drei Begriffe aus M4 von deiner Tischpartnerin oder deinem Tischpartner erklären.

Die Weltwirtschaft im Prozess der Globalisierung

Industrie 4.0 – die Digitalisierung der Arbeit

Der globale Wettbewerbsdruck zwingt Unternehmen in Deutschland, im Rahmen der Digitalisierung immer wieder neue Produktionskonzepte und Strategien zu entwickeln. Ziel ist es, die Kosten zu senken und die Produktivität zu erhöhen. Dies steigert die Wettbewerbsfähigkeit der Unternehmen. Welche Konzepte und Strategien verfolgen Unternehmen heutzutage, um wettbewerbsfähig zu bleiben?

1. a) Beschreibe, was für dich einen modernen Industriebetrieb ausmacht.
   b) Vergleiche deine Ergebnisse mit den Merkmalen der Industrie 4.0 (M1 – M4). Notiere Gemeinsamkeiten und Unterschiede.
2. Arbeite die Entwicklung hin zur Industrie 4.0 heraus. Erstelle einen Zeitstrahl (M1 – M4).
3. Erkläre das Prinzip der Just-in-time-Produktion, indem du
   A ein Schaubild erstellst (M5 – M7). **235**
   B ein kurzes Erklärvideo erstellst (M5 – M7). **255**
4. Erläutere Probleme, die durch eine Just-in-time-Fertigung auftreten könnten (M5 – M8, Internet).
5. Beurteile, ob die Just-in-time-Produktion ein zukunftsfähiges Konzept ist. (M5 – M8, Internet).
6. Zeichne eine Karikatur zum Thema „Industrie 4.0" (M1 – M4). **245**

M3 Eine Ingenieurin steuert die automatische Wartung eines Roboterarms in einer Smart Factory.

INFO

M4 In der **Industrie 4.0** werden industrielle Produktionsprozesse mit modernster Informations- und Kommunikationstechnik vernetzt. So können die Wirtschaftlichkeit der Produktion und die Flexibilität erhöht werden. Im Mittelpunkt der Industrie 4.0 steht die **Smart Factory**, die intelligente Fabrik. In einer Smart Factory koordinieren intelligente Maschinen selbstständig Fertigungsprozesse, Roboter kooperieren in der Montage mit Menschen, fahrerlose Transportfahrzeuge erledigen eigenständig Logistikaufträge. Wesentliche Voraussetzungen sind leistungsfähige Rechner sowie die Möglichkeit, sehr große Datenmengen extrem schnell zu verarbeiten. Dadurch verändert sich auch die Arbeitswelt. Der Mensch wird zukünftig Hand in Hand mit Robotern und Computersystemen arbeiten. Seine direkte Anwesenheit wird dadurch kaum noch nötig sein.

Die **künstliche Intelligenz (KI)** ist ein Teilgebiet der Informatik. Ihr Ziel ist es, menschliche Intelligenz nachzuahmen und sogar zu verbieten. KI-Systeme sind Software, Maschinen oder Roboter, die Aufgaben eigenständig erledigen, ohne dass jeder Schritt vom Menschen programmiert wird. Sie zeichnen sich dadurch aus, dass sie lernen und sich selbst und andere programmieren und weiterentwickeln können. In der Automobilindustrie wird künstliche Intelligenz in der Produktion eingesetzt. Abweichungen von der Norm verbauter Teile werden bei der Herstellung eines Autos in Echtzeit durch künstliche Intelligenz geprüft, wie beispielsweise Risse in Blechteilen. Dadurch lässt sich die Produktqualität erhöhen.

M1 Künstliche Intelligenz in der Industrie 4.0

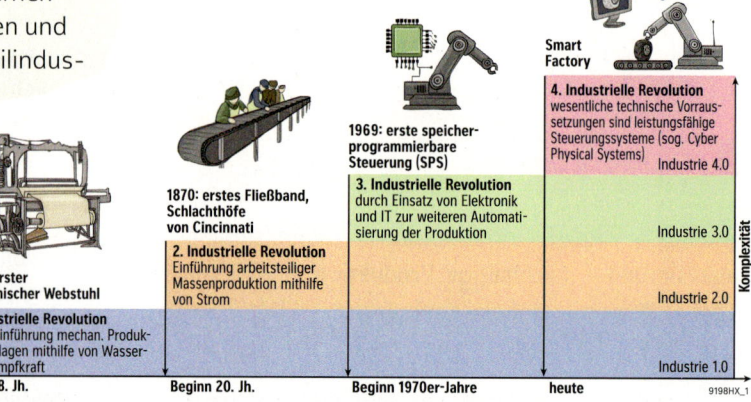

M2 Die Entwicklung hin zur Industrieproduktion 4.0

Globalisierte Lebenswelten 207

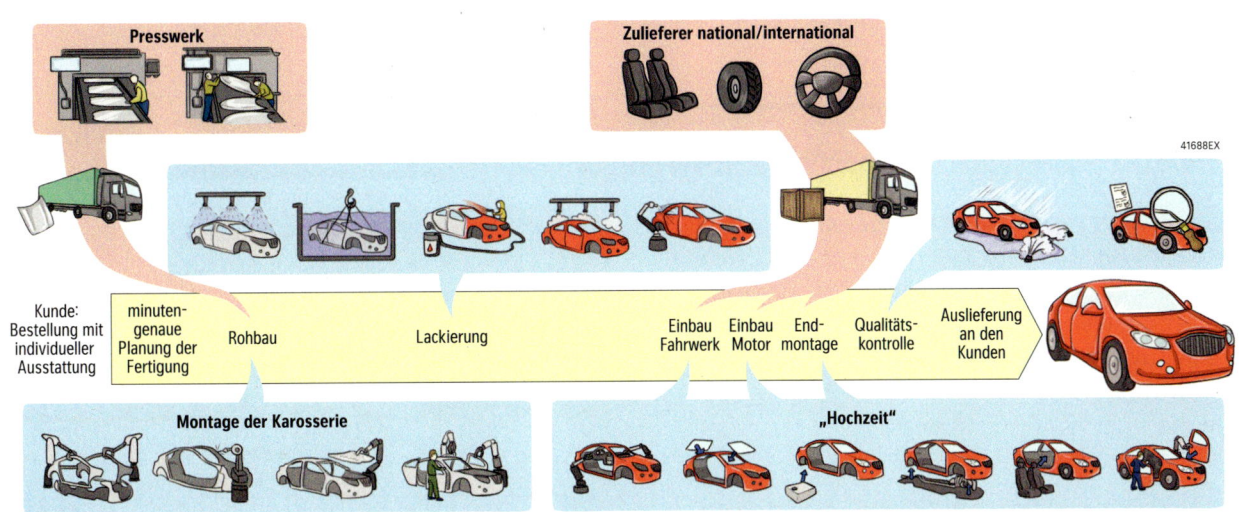

M5 Jedes Automobil wird individuell – ganz nach den Wünschen des Kunden produziert (z. B. unterschiedliche Ausstattung). Es wird nach den Prinzip der Just-in-time-Fertigung produziert. Eine perfekt getaktete Logistik hält dabei das gesamte Produktionssystem in Gang.

M6 INFO

Viele Arbeitsschritte der Produktion werden heutzutage nicht mehr von den Firmen selbst erledigt, sie werden outgesourct (**Outsourcing**). Das heißt, sie werden an Firmen vergeben, die in diesem Bereich kostengünstiger arbeiten können (z. B. im Ausland) oder über ein besonders großes Know-how verfügen. Die Einzelteile, aber auch komplette Bauteile (z. B. das Armaturenbrett), werden dann von den Zulieferfirmen zeitgenau, **Just-in-time**, an das Produktionsband geliefert. So spart man die Kosten für die Lagerhaltung. Dadurch besteht zwischen Lieferanten und Abnehmer eine hohe gegenseitige Abhängigkeit. Die Autobauer sind abhängig von einer sehr pünktlichen Lieferung der Autoteile. Durch das Outsourcing auch an weit entfernte Firmen ist das Verkehrsaufkommen und damit auch die Umweltbelastung erhöht.

Bisher wollten viele Unternehmen nach dem Just-in-time-Prinzip ihre Teile für die Produktion erst geliefert bekommen, wenn sie auch gebraucht wurden. In der Corona-Krise hat sich dann gezeigt, dass dieses Prinzip sehr riskant ist, weil es die Versorgungssicherheit stark einschränkt. Kann also China nicht liefern, weil es mitten in der Pandemie steckt, kommen in Deutschland keine Teile an, und die Produktion steht still. Das hat zuletzt die deutsche Automobilindustrie viel Geld gekostet. „Wir erleben gerade in vielen Branchen die Abkehr von Just-in-time", sagt Neumeier [Logistikberater]. „Wir haben heute weltweite Lieferketten und damit eine weltweite Abhängigkeit. [...] Jetzt sehen wir, was passiert, wenn die Kette unterbrochen ist und wir keine Pufferlager haben." Er geht davon aus, dass die Unternehmen künftig stärker auf eigene Zwischenlager setzen werden. Manche gehen noch einen Schritt weiter und sagen voraus, dass die kompletten Lieferketten nationaler oder sogar regionaler werden, man also auch viel mehr hier im Land produzieren wird und dazu die entsprechenden Lager braucht. [...] Aber solche Veränderungen kosten Geld, denn in Deutschland sind Flächen und Löhne teurer als in den derzeitigen Lieferländern."

Quelle: „Platz für Pasta", Bärbel Brockmann, SZ vom 20.06.2020

– – – **Eilmeldung** – – –
Ein fehlendes Bauteil zwingt BMW zum teilweisen Stopp der Produktion im wichtigen Werk Leipzig. Der Schaden geht in die Millionenhöhe.
Quelle: Milde, Ulrich: Fehlendes Bauteil: BMW hält in Leipzig die Bänder an. www.lvz.de, 28.05.2017, Zugriff: 12.11.2020.

M7 „Smart Transport Robot" von BMW und vom Fraunhofer-Institut. Autonome Transportroboter liefern Autoteile Just-in-time in Automobilwerke.

M8 Just-in-time – ein Produktionskonzept mit Zukunft?

Wenn du diese Aufgaben erfolgreich bearbeitet hast, kannst du ...
- ... die Entwicklung zur Industrie 4.0 herausarbeiten.
- ... das Verfahren Just-in-time erklären.
- ... Probleme erläutern, die durch eine Just-in-time-Fertigung auftreten könnten.
- ... die Grundbegriffe **künstliche Intelligenz (KI)**, **Industrie 4.0**, **Smart Factory**, **Outsourcing** und **Just-in-time** erklären.

Wie sieht die Industrie von morgen aus?

Im Zuge der Digitalisierung und Globalisierung steht die industrielle Produktion in Deutschland immer wieder vor Veränderungen und Herausforderungen. Die digitalen Möglichkeiten in der Industrie sorgen insbesondere dafür, dass sich die Arbeitswelt ständig verändert. Wie arbeiten wir in Zukunft? Machen Roboter den Menschen überflüssig? Welche technischen Neuerungen prägen in Zukunft die Industrie?

1. Nenne mindestens drei Beispiele, in denen der 3D-Druck zum Einsatz kommt (M2, M7, M8, Internet).
2. Erläutere mögliche Vor- und Nachteile des 3D-Drucks. Erstelle eine Tabelle (M1 – M4, M7, M8, Internet).
3. Nimm Stellung zu der Frage:
   A Wird der Mensch durch die Digitalisierung arbeitslos (M1 – M8, S. 206/207 M1 – M8, Internet)?
   B Wie sieht die Arbeitswelt der Zukunft im Rahmen der Digitalisierung aus (M1 – M8, S. 206/207 M1 – M8, Internet)?
4. Berichte von zwei modernen Berufen, die im Zuge der Digitalisierung entstanden sind (M5, M6, M8, Internet).
5. Erstelle eine digitale Collage zur Industrie der Zukunft (M1 – M4, M8; S. 206/207 M1 – M8, Internet).

1 Der Schuh wird am Computer auf die Wünsche der Kundin oder des Kunden zugeschnitten.

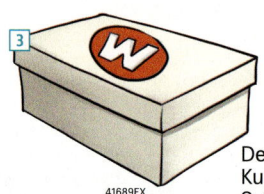
2 Die Schuhe werden mithilfe eines 3D-Druck-Verfahrens hergestellt. Dabei härtet eine Lichtquelle gezielt einzelne Bereiche eines flüssigen Harzes in einem Behälter aus.

3 Der individuell nach Kundenwunsch gefertigte Schuh wird verschickt.

M2 3D-Druck in der Schuhherstellung. 3D-Druck lässt es zu, Einzelstücke nach individuellen Kundenwünschen am Computer zu entwickeln und herzustellen.

Erste Markenhändler aus dem Bereich Sport nutzen bereits die neuen technischen 3D-Möglichkeiten. So werden Turnschuhsohlen oder ganze Markensportschuhe gemeinsam mit dem Kunden vor Ort im Geschäft oder auch vorab über neue Medien nach den individuellen Farb- und Formwünschen individuell digital konzipiert. Und vom ausgewählten Einzelhändler werden sie sofort gedruckt, übergeben oder von dort zugestellt. Die neuartigen Möglichkeiten der Kundenbindung verändern die klassische Wertschöpfungskette zwischen Entwickler, Hersteller und Handel. Die lokale Ansiedlung der 3D-on-demand-Fertigung [also der Fertigung auf Abruf] steigert die Kundenzufriedenheit dank der personalisierten Produkte und kurzer Lieferzeiten.

Quelle: Auer, Josef (Hg. Stefan Schneider, Deutsche Bank Research): 3D-Druck: Starkes Wachstum in der Nische. (=EU-Monitor, Digitale Ökonomie und struktureller Wandel), 02.04.2019, S. 9

M3 Einzelhandel: Produkte vor Ort drucken

Viele Fachleute glauben, dass der 3D-Druck eine neue technologische Revolution auslösen wird. Güter müssen nicht mehr an Land, auf dem Wasser oder durch die Luft transportiert werden. Sie können als digitales 3D-Modell per Internet an jeden Ort der Welt geschickt werden. Das spart nicht nur Transportkosten, sondern dürfte die automatisierte Produktion von Waren überall auf der Welt zum selben Preis möglich machen. Dadurch könnte die Produktion vieler Güter wieder zurück nach Deutschland geholt werden. Der 3D-Druck spart nicht nur wertvolle Zeit, sondern auch Lagerfläche und Rohstoffe. Es wird nach Bedarf produziert und das ausschließlich mit dem benötigten Rohmaterial.

M4 Ein revolutionäres Verfahren – der 3D-Druck

M1 Unternehmen müssen sich die Frage stellen, an welcher Stelle der 3D-Druck zum Einsatz kommen soll.
(klassische Wertschöpfungskette / dezentraler 3D-Druck / Produktion am Bedarfsort)
Informationen → Warentransport
Quelle: IM+io

Schlagzeilen

Digitalisierung schafft Arbeitsplätze: Neue Technologien ermöglichen neue Produkte und Dienstleistungen [...]
Quelle: Schaible, Stefan et al. (Roland Berger GmbH): 12 Thesen zu Auswirkungen der Digitalisierung auf die Arbeitswelt der Zukunft. Stuttgart 11/2017, S. 4

Arbeit der Zukunft: Roboter vs. Mensch?
Quelle: Mahanty, Wolfgang: Arbeit der Zukunft : Roboter vs. Mensch? T4M Transofmations-Magazin.com, www.transformations-magazin.com 09.12.2019, Zugriff: 12.11.2020

Fabrik der Zukunft – mehr Möglichkeiten für gut ausgebildete Ingenieure
Quelle: Wallner, Philipp: Fünf Trends für die Fabrik der Zukunft. www.industr.com, 10.12.2019, Zugriff: 12.11.2020

Die voranschreitende Digitalisierung wird die Wirtschafts- und Arbeitswelt der Zukunft auch weiterhin stark verändern.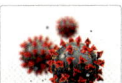
Quelle: Altmaier, Peter (BMWi): KI und Robotik im Dienste der Menschen. Grußwort von Bundesminister Peter Altmaier. Berlin 09/2019, S. 2

Industrie 4.0: Roboter sind die zentralen Elemente in der digitalen Produktion
Quelle: Industrieanzeiger: Roboter sind die zentralen Elemente in der digitalen Produktion. www.industrieanzeiger.industrie.de, 28.02.2020, Zugriff: 12.11.2020

Corona als Stresstest – wie die Krise die Industrie 4.0 pusht
Quelle: Lina, Stephan (BR): Corona als Stresstest – wie die Krise die Industrie 4.0 pusht. www.br.de, 12.06.2020, Zugriff: 12.11.2020

M5 Ausgewählte Schlagzeilen – die Arbeitswelt der Zukunft

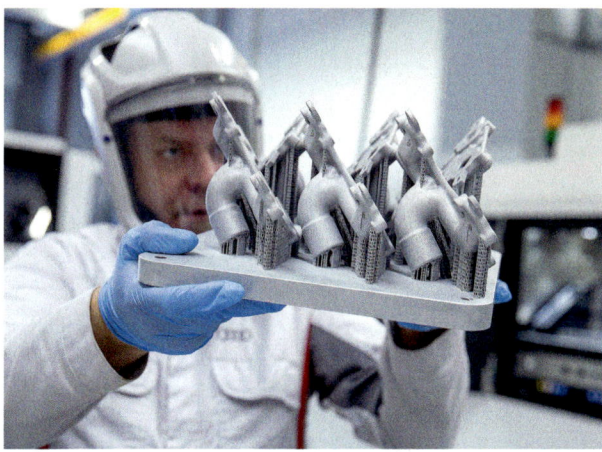

M7 Autoteile aus dem 3D-Drucker. So können komplexe Bauteile schnell und in kleinen Stückzahlen produziert werden. Der 3D-Druck hält zunehmend Einzug in die Industrie. Dadurch verändern sich zukünftig auch die Anforderungen an die Arbeitskräfte.

INTERNET

M8 Weitere Informationen zur Industrie 4.0, zur Arbeitswelt der Zukunft und zu Anwendungsbeispielen für 3D-Druck findest du hier:
- acatech
- BMWi
- Plattform Industrie 4.0
- 3D-grenzenlos Magazin

---

tagesschau.de: Welche Jobs sind am ehesten von der Digitalisierung gefährdet?
Schwentker: *Am ehesten betroffen sind die Jobs, für die man keine oder nur eine kurze Ausbildung braucht, sogenannte Helfer-Berufe. Je besser die Ausbildung ist, desto weniger läuft man Gefahr, dass der Job ersetzt wird. Das ist der generelle Trend. Wenn man studiert hat und in einem Feld Experte ist, dann ist die Gefahr geringer.*
tagesschau.de: Was passiert mit den Menschen, die ersetzt werden? Entstehen neue Jobs oder droht uns ein enormer Anstieg der Arbeitslosigkeit?
Schwentker: *[...] Es gibt Forscher, die sehr pessimistisch sind und glauben, dass viele Arbeitsplätze verloren gehen. Und es gibt andere, die sagen, es passiert genau das Gegenteil. Ich persönlich neige eher dazu, optimistisch zu sein. Und zwar aus einer historischen Perspektive heraus: Spätestens seit Henry Ford das Förderband in der Autoproduktion erfunden hat, haben wir diesen Effekt, dass Maschinen immer mehr von dem übernehmen können, was Menschen machen. Seitdem ist die Beschäftigung aber gleichzeitig immer weiter gestiegen, weil auch die Wirtschaft immer weiter gewachsen ist. Das ist ein Trend, der – abgesehen von ein paar Krisen – eigentlich die ganze Zeit über anhält. Und man müsste schon Argumente liefern, warum wir jetzt qualitativ vor einem Sprung stehen, wie wir ihn historisch noch nicht erlebt haben.*
tagesschau.de: Stellen vollautomatisierte Fabriken, von denen ja häufig die Rede ist, denn keine neue Dimension dar?
Schwentker: *[...] Es gibt ganz wenige Betriebe in Deutschland, in denen das überhaupt so umgesetzt wird, wie man sich das vielleicht vorstellt. Und selbst, wenn das so kommt, ist die industrielle Fertigung bei Weitem nicht der einzige Wirtschaftszweig, der den Arbeitsmarkt bestimmt. Mit zunehmender Automatisierung verlagern sich die Arbeitsplätze weiter in Richtung Dienstleistung. Das ist ein Trend, den wir schon länger beobachten können. In dem Bereich wachsen auch die Beschäftigtenzahlen. Ich neige da nicht zu großer Angst. Wandel gibt es immer. Man muss den Wandel mitgehen. Und am besten selbst prägen.*

Quelle: Abdulaziz-Said, Aimen (tagesschau.de): „Man muss den Wandel mitgehen". www.tagesschau.de, 26.10.2016, Zugriff: 12.11.2020

M6 Ausschnitt aus einem Interview mit dem Datenjournalisten Björn Schwentker

---

Wenn du diese Aufgaben erfolgreich bearbeitet hast, kannst du ...
... Vor- und Nachteile des 3D-Drucks erläutern.
... Stellung nehmen zum Thema „Die Arbeitswelt der Zukunft".

Auf den Standort kommt es an!

Viele der in Deutschland produzierten Autos werden in Sachsen hergestellt. Dort gibt es zahlreiche Unternehmen aus der Automobilindustrie, zum Beispiel BMW oder Porsche. Warum ist das so? Warum wählen Unternehmen bestimmte Standorte aus?

1. a) Beschreibe die Lage des Automobilstandortes Sachsen (M4, Atlas). **236**
   b) Arbeite Gründe heraus, warum der Standort Leipzig für die Automobilindustrie attraktiv ist (M1 – M5, Atlas).

2. Erkläre den Begriff Cluster. Erstelle ein Schaubild (M4, M6, M7). **235**

3. a) Analysiere, inwieweit der Automobilstandort Sachsen die Kennzeichen eines Clusters erfüllt (M4 – M7, Atlas).
   b) Erstelle eine Liste mit möglichen Vorteilen für einen Standort in einem Cluster aus Sicht eines Unternehmens (M1 – M7, Internet).

W 4. Analysiere die Standortfaktoren, die für die Ansiedlung entscheidend sein können (M1, M3, Internet, Atlas):
   A für ein High-Tech-Unternehmen.
   B für ein Logistikzentrum.
   C für ein beliebiges Unternehmen.

Z 5. Erstelle eine Kartenskizze zur Verteilung der Standorte der Automobilindustrie in Deutschland (Atlas, Internet)? **240**

Formulierungshilfen zu Aufgabe 1
Der Automobilstandort Sachsen erstreckt sich …
Folgende Städte … umfasst …. In Leipzig gibt es viele Unternehmen ….
Die Infrastruktur …

- **BMW und Porsche** am Standort etabliert
- **trimodaler Verkehrsknoten:** beste Erreichbarkeit über Straße, Schiene und Luft
- **weltweite Schienenverbindungen:** insbesondere nach China
- über 110 großräumige und erschlossene **Industrieflächen** mit über 10 000 Quadratmeter verfügbar
- ausgezeichnete **Telekommunikationsinfrastruktur:** 5G-Standard in Vorbereitung
- Produktionszentrum von **Elektro- und Hybridfahrzeugen**
- **täglicher Güterverkehr** zu großen europäischen Häfen
- **24-Stunden-Flughafen** für Frachtflüge
- herausragendes **Fachkräftepotenzial** in einer wachsenden Region
- **Investitionszuschuss** durch Landesförderbank von bis zu 30 Prozent

Quelle: Stadt Leipzig

M2 Zehn gute Gründe für den Standort Leipzig

INFO

M3 Passt jedes Unternehmen an jeden Ort? Bei der Suche nach dem geeigneten Standort für ein Unternehmen spielen viele Faktoren eine Rolle. Diese Faktoren werden als **Standortfaktoren** bezeichnet. Es wird zwischen harten und weichen Standortfaktoren unterschieden. Harte Standortfaktoren wirken sich direkt auf die Produktionskosten eines Unternehmens aus. Die weichen Standortfaktoren machen in ihrer Summe die Lebensqualität einer Region aus und sind schwierig messbar. In der Regel ist nicht nur ein einzelner Faktor bei der Standortbewertung ausschlaggebend. Auch können die Standortfaktoren für die einzelnen Branchen jeweils ein sehr unterschiedliches Gewicht haben. In der Praxis ist die Standortentscheidung eines Unternehmens ein sehr komplizierter Prozess.

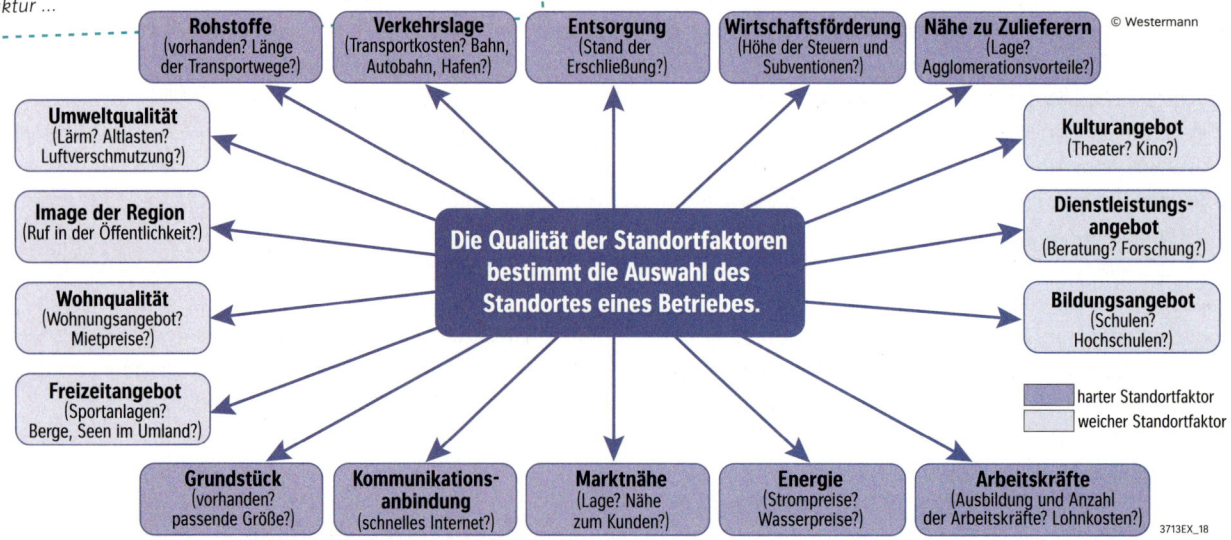

M1 Harte und weiche Standortfaktoren im Überblick

Globalisierte Lebenswelten 211

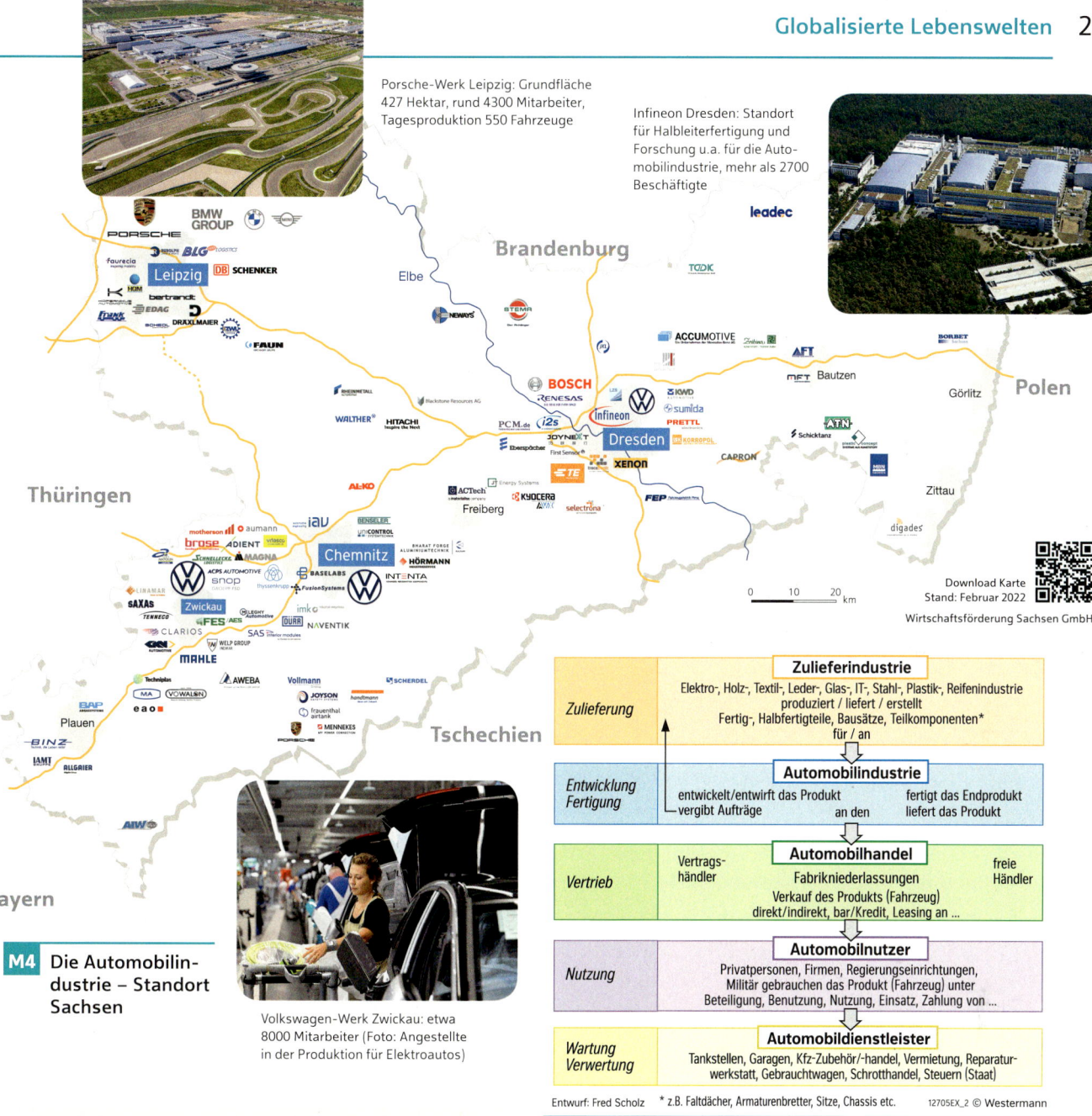

Porsche-Werk Leipzig: Grundfläche 427 Hektar, rund 4300 Mitarbeiter, Tagesproduktion 550 Fahrzeuge

Infineon Dresden: Standort für Halbleiterfertigung und Forschung u.a. für die Automobilindustrie, mehr als 2700 Beschäftigte

Download Karte
Stand: Februar 2022
Wirtschaftsförderung Sachsen GmbH

M4 Die Automobilindustrie – Standort Sachsen

Volkswagen-Werk Zwickau: etwa 8000 Mitarbeiter (Foto: Angestellte in der Produktion für Elektroautos)

M6 Organisation der Automobilwirtschaft

Heute gehört das „Autoland Sachsen" mit fünf Fahrzeug- und Motorenwerken von Volkswagen, BMW und Porsche sowie rund 780 Zulieferern, Ausrüstern und Dienstleistern der Branche zu den deutschen Top-Standorten. Etwa jeder achte in Deutschland gebaute Pkw kommt aus Sachsen. Die Automobilindustrie ist zugleich der Motor des verarbeitenden Gewerbes in Sachsen. Die über 95 000 Beschäftigten, davon mehr als 80 % in der Zulieferindustrie, erbringen über ein Viertel der sächsischen Industrieproduktion. Von A wie Antrieb bis Z wie Zubehör können die Automobilzulieferer in Sachsen nahezu alle für ein Fahrzeug notwendigen Komponenten und Teile sowie die erforderlichen Produktionsausrüstungen entwickeln und fertigen. Insgesamt befassen sich in Sachsen über 50 universitäre und außeruniversitäre Forschungseinrichtungen […] mit dem Thema Automobil.

Quelle: Wirtschaftsförderung Sachsen GmbH (WFS): Das „Autoland Sachsen" im Überblick. www.standort-sachsen.de, Zugriff: 12.11.2020

M5 Die Automobilindustrie ist eine Schlüsselindustrie für Sachsen.

INFO

M7 In einem **Cluster** befinden sich in räumlicher Nähe Unternehmen und Institutionen aus einem bestimmten Wirtschaftszweig. Sie stehen häufig in Konkurrenz in der Lieferkette zueinander, aber kooperieren in bestimmten Bereichen miteinander. Ein Cluster stellt eine Art Netzwerk dar. So arbeiten beispielsweise in einem Automobilcluster die Autobauer, Zulieferer, Forschungseinrichtungen und Behörden eng zusammen. Im globalen Wettbewerb tragen Cluster dazu bei, Innovationen voranzutreiben und die Wettbewerbsfähigkeit der Unternehmen zu steigern.

Wenn du diese Aufgaben erfolgreich bearbeitet hast, kannst du …
… den Unterschied zwischen harten und weichen Standortfaktoren erklären.
… mithilfe eines Modells erklären, was ein Cluster ist.
… die Grundbegriffe **Standortfaktor (hart, weich)** und **Cluster** erklären.

Die Automobilindustrie – weltweite Standorte

„BMW steckt Millionen in sein größtes Werk in den USA in Spartanburg."

„Volkswagen zählt 125 Produktionsstandorte auf der ganzen Welt."

„Das größte Mercedes-Werk steht jetzt in China."

Viele Unternehmen aus der Automobilindustrie haben Standorte auf der ganzen Welt. Welche Gründe gibt es dafür?

1. Beschreibe die Lage der Produktionsstätten und Montagewerke des Global Players BMW (M1, M5, M6, Atlas).

W 2. Erläutere Gründe, warum der BMW-Konzern in
   A China produziert (M3, M5–M11, Internet).
   B Osteuropa produziert (M3–M5, Internet).

3. Interpretiere die Karikatur M2. 245▶

4. a) Stelle die Daten aus M4 in anderer Form dar (z. B. nur eine Y-Achse, Indexwerte). 253▶
   b) Beurteile, ob die Darstellung in M4 manipulativ ist. 251▶

5. „BMW – Zukunft durch neue Produktionsstandorte?" Nimm Stellung zu der Frage (M1–M12).

Z 6. Du bist Managerin oder Manager bei BMW. Nenne aus deiner Sicht zwei Länder für weitere Werksgründungen. Begründe deine Auswahl (Atlas). 236, 237▶

Formulierungshilfe zu Aufgabe 1

BMW hat weltweit ...
BMW produziert beispielsweise in ....
Montagewerke befinden sich in ...
Der Hauptsitz von BMW ...

M1 BMW eröffnet 2019 ein Werk in San Luis Potosí, Mexiko.

M2 „Ja! Ich sehe eine Besserung der unternehmerischen Aussichten."

Von je 100 deutschen Unternehmen nennen als Gründe für ein Engagement im Ausland (Mehrfach-Nennungen möglich):

Erschließung neuer Märkte	95
Wettbewerbssituation, spezieller Markt für das Produkt	84
Kundenwunsch, Nähe zum Kunden	81
persönliche Gründe, zufällige Kontakte	64
niedrige Personal- oder Sachkosten	60
bessere staatliche Rahmenbedingungen	56
bessere Verfügbarkeit von qualifiziertem Personal	55

© Westermann

M3 Wenn europäische Firmen einen Teil der Produktion ins Ausland verlagern, achten sie auf gute Standortfaktoren.

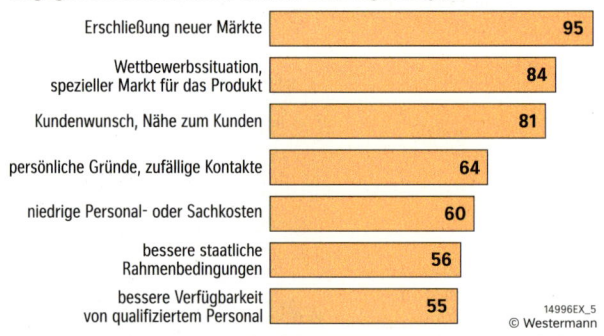

*M4 Wichtige Standortvorteile für die Automobilindustrie bieten Wirtschaftszonen in Osteuropa. Dazu zählen beispielsweise der europäische Absatzmarkt, die geringen Lohnkosten, die qualifizierten Arbeitskräfte und die Steuervergünstigungen.

INTERNET

M5 Die *BMW Group* gibt einen Überblick und Informationen zu weltweiten Standorten des Unternehmens.

Globalisierte Lebenswelten 213

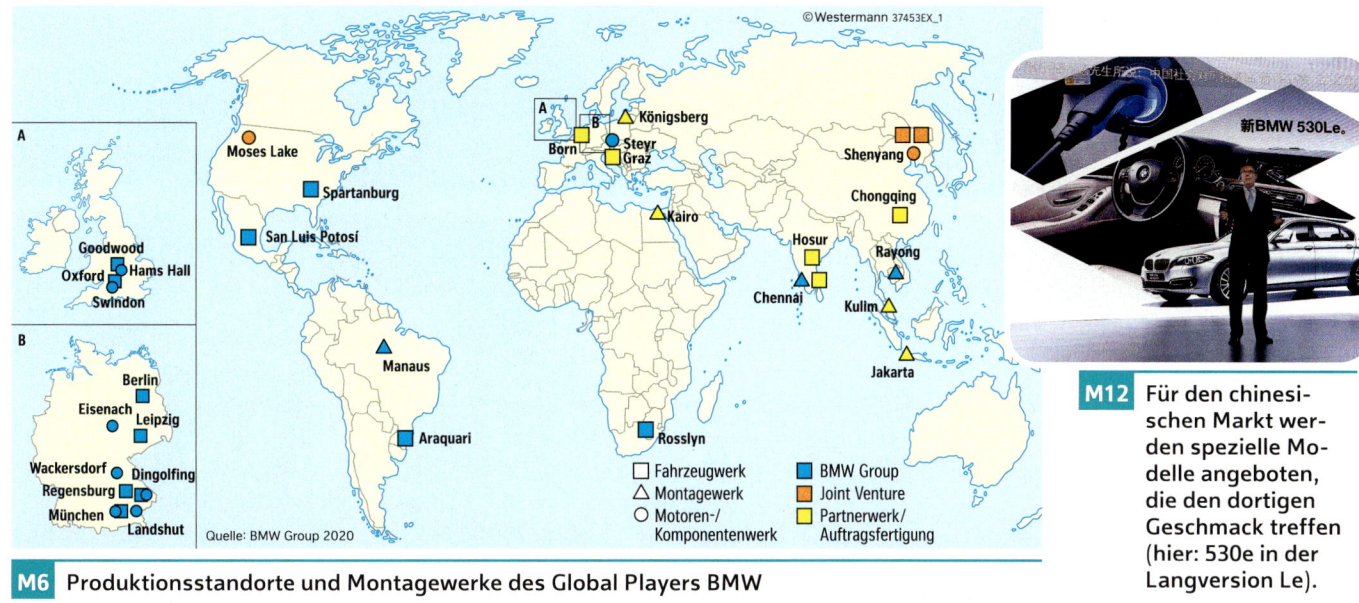

M12 Für den chinesischen Markt werden spezielle Modelle angeboten, die den dortigen Geschmack treffen (hier: 530e in der Langversion Le).

M6 Produktionsstandorte und Montagewerke des Global Players BMW

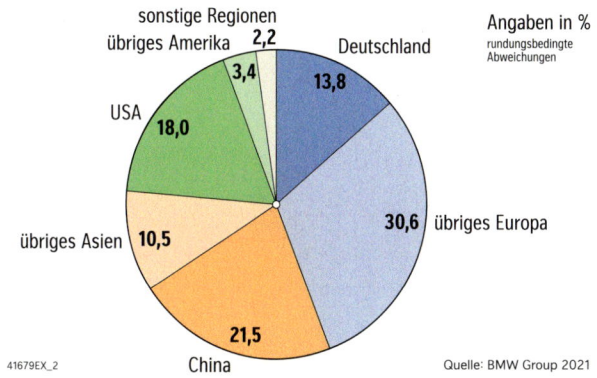

M7 Umsatz der BMW Group im Jahr 2020 nach Regionen (in Millionen Euro)

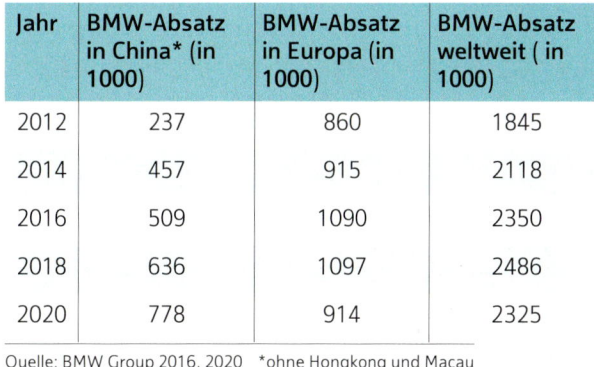

Jahr	BMW-Absatz in China* (in 1000)	BMW-Absatz in Europa (in 1000)	BMW-Absatz weltweit (in 1000)
2012	237	860	1845
2014	457	915	2118
2016	509	1090	2350
2018	636	1097	2486
2020	778	914	2325

Quelle: BMW Group 2016, 2020 *ohne Hongkong und Macau

M10 Entwicklung des Automobilabsatzes der BMW Group (verkaufte Fahrzeuge in 1000)

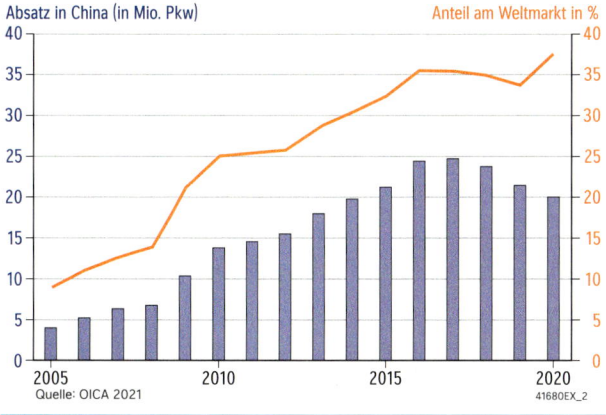

M8 Chinesischer Pkw-Markt und Chinas Anteil am Weltmarkt

In China arbeitet der Konzern BMW seit 2003 mit seinem chinesischen Partner Brilliance in einem **Joint Venture** zusammen. Die staatlich kontrollierten Joint Ventures sorgen dafür, dass viele westliche Modelle auch in China gebaut werden können. Durch diese Kooperationen fließen sowohl Gewinne als auch Know-how nach China. Joint Ventures haben BMW geholfen, die Märkte in Wachstumsregionen wie China zu erschließen. Der Joint-Venture-Vertrag zwischen BMW und Brilliance, der eigentlich 2028 ausläuft, wurde 2018 um 22 Jahre verlängert. Die Joint-Venture-Pflicht für die Automobilproduktion in China läuft im Jahr 2022 aus.

M11 BMW baut auch in China.

BMW hat in der Corona-Krise im zweiten Quartal 25,3 Prozent weniger Autos verkauft als im Vorjahreszeitraum. Einziger Lichtblick war China, wo der Absatz um 17,1 Prozent zunahm.
Quelle: ZDF: Absatz von BMW bricht um ein Viertel ein. www.zdf.de, 07.07.2020, Zugriff: 12.11.2020

M9 Pressemitteilung aus dem Juli 2020

Wenn du diese Aufgaben erfolgreich bearbeitet hast, kannst du ...
... Gründe für weltweite Produktionsstandorte erläutern.
... die Zukunftsperspektiven des Automobilstandortes China erörtern.
... den Grundbegriff **Joint Venture** erklären.

Impfstoffe für die Welt – BioNTech

Uğur Şahin und Özlem Türeci sind vielleicht Deutschlands berühmtestes Forscher-Paar und vom Erfolg ihrer Firma BioNTech profitiert die Welt im Kampf gegen das Virus SARS-CoV-2. Was stellt die Firma her? Wie hat sie sich entwickelt?

1. Erstellt in kleinen Gruppen eine Präsentation zur Firma BioNTech und stellt eure Ergebnisse vor. Ordnet die folgenden Fragestellungen Teammitgliedern zu.
   a) Welche Standortfaktoren führten zur Gründung von BioNTech im Mainz? (M6)
   b) An welchen Standorten forscht BioNTech, an welchen werden Impfstoffe produziert (M3, M4, Internet)?
   c) Inwieweit trifft die Aussage zu „BioNTech – das ist eine unbezahlbare Imagekampagne für Mainz, Rheinland-Pfalz und Deutschland" (M8, M9, Internet)?

2. Erkläre, inwieweit BioNTech ein Global Player ist (M2–M4, M8, M9 und S. 196/197)?

3. Berichte über die aktuelle Entwicklung dieser Firma.
   a) Woraus besteht ihre Produktpalette?
   b) Wie entwickelt sich der aktuelle Börsenwert?

4. Überprüfe, ob die größten Unternehmen in Rheinland-Pfalz als „Global Player" bezeichnet werden können und begründe (M5, S. 196/197, Internet)?

M3 BioNTech – Produktions- und Forschungsstandorte in Deutschland (Stand 2021)

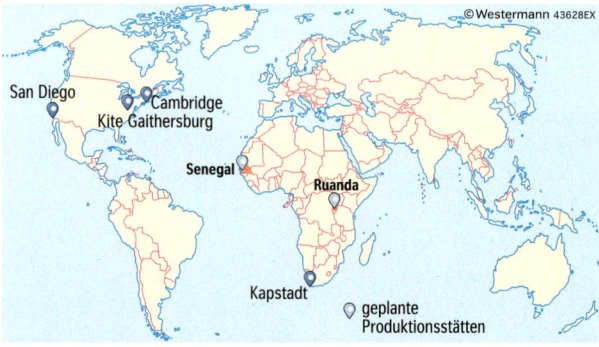

M4 BioNTech – Weltweite Produktion- und Forschungsstandorte (Stand 2021)

M1 Büro- und Laborgebäude von BioNTech in Mainz

M2 INTERNET — Die Homepage von BioNTech informiert unter anderem über die Produktpalette und die Entwicklung der Firma. Tipp: Benutze „Edward", den virtuellen Ansprechpartner von BioNTech.

1. BASF: 40 000 Mitarbeiter am Standort Ludwigshafen, 120 000 weltweit
2. Deutsche Bahn Cargo AG Mainz: 30 000 Mitarbeiter in ganz Deutschland
3. Debeka Allgemeine Versicherung AG Koblenz: 16 000 Mitarbeiter weltweit
4. Schott AG: von 16 000 Mitarbeitern sind 2 400 am Hauptsitz in Mainz beschäftigt
5. Boehringer Ingelheim GmbH: ca. 8 000 Mitarbeiter am Standort Ingelheim, 50 000 weltweit

M5 Die fünf größten Unternehmen in Rheinland-Pfalz (2021)

Uğur Şahin und Özlem Türeci sind Kinder türkischer Einwanderer. Sie wuchsen in Deutschland auf und lernten sich im Universitätsklinikum des Saarlandes in Homburg kennen. Uğur Şahin hatte sein Medizinstudium in Köln bereits abgeschlossen und arbeitete als Arzt, während Özlem Türeci gerade ihr Humanmedizinstudium beendete. Beide forschen an der Bekämpfung von Lungen- und Speiseröhrenkrebs. Sie gingen 2000 an die Johannes Gutenberg-Universität Mainz, wo gute Bedingungen für Lehre und Forschung herrschten und Forschungsgelder zur Verfügung standen. Ihnen fehlte aber weiteres Geld für ihre Krebsforschungen. Daher gründeten sie 2001 ihr erstes Unternehmen Ganymed. 2002 heirateten beide. 2008 gründeten sie dann das Unternehmen BioNTech („Biopharmaceutical New Technologies"). Der Standort in der Mainzer Oberstadt „An der Goldgrube" war praktisch, weil er in Laufweite zur Johannes Gutenberg-Universität liegt.

BioNTech wollte sich auf individualisierte Krebsimmuntherapien über mRNA-Verfahren spezialisieren. Dieses Verfahren funktioniert bei Krebszellen, aber auch bei Viren. Dabei wird dem Körper quasi eine Gebrauchsanweisung gespritzt, wie die Zellen selbst ein Protein herstellen können, das sonst eigentlich auf der Oberfläche der Zelle oder des Virus vorkommt. Gegen dieses Protein bilden die Zellen dann wiederum Antikörper.

2019 ging BioNTech an die US-Technologiebörse Nasdaq, um an neues Kapital zu kommen. Als Anfang 2020 die ersten Meldungen über ein hochansteckendes Coronavirus aus der chinesischen Metropole Wuhan nach Europa gelangten, befürchteten Wissenschaftler bereits Schlimmes. Uğur Şahin war klar, dass BioNTech allein nicht in der Lage sein würde, einen neuen mRNA-Impfstoff schnell in der ganzen Welt zur Marktreife zu führen und zuzulassen. Solche Prozesse dauern in der Regel zehn Jahre oder mehr.

So kontaktierte Professor Uğur Şahin im Februar 2020 die leitende Impfstoffentwicklerin bei Pfizer, die Deutsche Kathrin Jansen, um sie für eine Zusammenarbeit zu gewinnen. Im März 2020 begann die Zusammenarbeit. Schon im Dezember 2020 erhielt der Impfstoff „Comirnaty" eine bedingte Marktzulassung in der Europäischen Union, in den USA sowie weiteren 40 Ländern der Erde.

Auf dem unmittelbar neben dem derzeitigen Gebäude befindlichen Kasernengelände in der Mainzer Oberstadt wird bald der BioNTech-Campus entstehen. Er wird Mainz zum weltweit anerkannten Forschungsstandort für Biomedizin machen.

M6 Die Entwicklung der Mainzer Firma BioNTech

M7 Die beiden Gründer von BioNTech Özlem Türeci und Uğur Şahin werden auch in der Türkei als Helden verehrt. Hier Porträts an Autobahnpfeilern in Ankara.

Schlagzeilen

Pfizer und BioNTech erhalten erste EU-Zulassung eines COVID-19-Impfstoffs für Jugendliche in der EU
Quelle: BIONTECH Pressemitteilung, www.investors.biontech.de, 28.05.2021
Zugriff: 13.09.2021

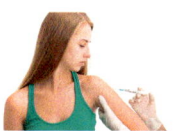

ERFOLGREICHER TEST AN MÄUSEN
BioNTech arbeitet an mRNA-Impfstoff gegen Multiple Sklerose
Quelle: SWR Aktuell, www.swr.de, 08.01.2021,
Zugriff: 13.09.2021

Klinische Studie geplant
BioNTech will Malaria-Impfstoff entwickeln
Quelle: Tagesschau, www.tagesschau.de, 27.07.2021, Zugriff: 13.09.2021

Mainzer Unternehmen
BioNTech will Impfstoffe in Ruanda und Senegal herstellen
Quelle: Spiegel Wirtschaft, www.spiegel.de, 27.08.2021, Zugriff: 13.09.2021

M8 Ausgewählte Pressemeldungen

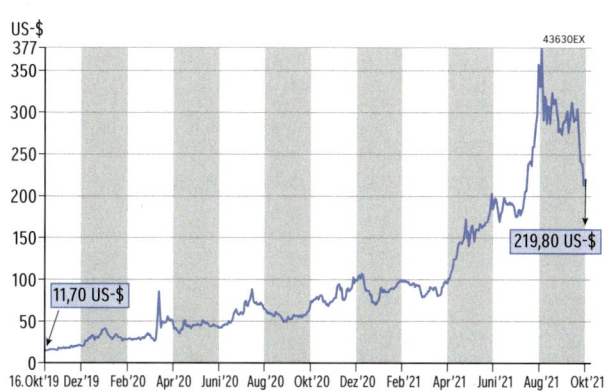

M9 Entwicklung der BioNTech-Aktie seit Börsenstart Oktober 2019 bis Oktober 2021

Wenn du diese Aufgaben erfolgreich bearbeitet hast, kannst du ...
... das Mainzer Unternehmen BioNTech, seine Entwicklung und Bedeutung beschreiben.
... eine Firma als Global Player charakterisieren.

Global Cities – das Beispiel Singapur

New York, London, Tokio, Singapur – sie gehören zu den berühmtesten und attraktivsten Städten der Erde. Mit der Globalisierung wuchs ihr Einfluss weiter; ihre weltweite Strahlkraft scheint sich selbst zu verstärken.
Was zeichnet solche Städte aus und wodurch sind sie für die ganze Welt so wichtig?

1. Beschreibe und erläutere die Verteilung der Global Cities (M5, Atlas).
2. **A** Untersuche, inwieweit man bei Singapur von einer globalen Vernetzung von Handels-, Daten- und Menschenströmen sprechen kann (M3, M5, S. 195).
   B Liste die Funktionen einer Global City auf und stelle ihnen die entsprechenden Kennzeichen von Singapur zur Seite (M1 – M8). Fasse das Ergebnis in zwei Sätzen zusammen.
3. Vergleiche (Lage, Größe, Bedeutung) die derzeitigen Global Cities (M5) mit denen, die ein besonderes Zukunftspotenzial aufweisen (M4, M5, Atlas, Internet). Kommentiere dein Ergebnis.
4. Recherchiere eine ausgewählte Metropole (M5) und charakterisiere sie als Global City (Internet, M1, M4) **249**
5. Die Attraktivität Singapurs hat zu großer Platznot geführt, sodass Land im Meer aufgeschüttet wird. Berichte anhand von Satellitenbildern (Tuas, Semakau 🗺), wo genau und für welche Nutzung (Internet) **239, 242**

M2 Singapur: Skyline mit dem historischen Zentrum und Marina Bay Sand Luxushotel

- Gründung 1819 als Posten für die Handelsroute China – Europa, heute Symbol als Aufsteiger durch die Globalisierung,
- jüngste Global City (5,8 Mio. Einw.),
- zweitgrößter Containerhafen der Welt; Logistikdrehscheibe für 25 Prozent des Welthandels; der Flughafen Changi zählt so viele Fluggäste wie New York (JFK),
- viertgrößter Finanzplatz der Welt; Diamanten- und Wertpapierbörse,
- Hauptsitz von 10 der 100 größten Global Player; Sitz vieler kontinentaler Firmenzentralen, Rechenzentren, Dienstleister,
- Vertretungen internationaler Organisationen (WTO, ASEAN, IWF, Weltbank),
- eine der 10 meistbesuchten Städte der Welt.

M3 Singapur („Löwenstadt")

Städte sind dann Global Cities, wenn sie einen globalen Bedeutungsüberschuss haben: Einige Standortfaktoren müssen global herausragend sein, z. B. Innovationsfähigkeit oder Lage. Je nach Ausprägung der Funktionen teilt man sie in Rangstufen ein. Global Cities der höchsten Kategorie erzielen meist Spitzenwerte in allen vier Bereichen:
Wirtschaft: globale Steuerung, z. B. Global Player über Lieferketten: welche Industriezone in welchem Land, welche Absatzmärkte, welche politischen Kontakte oder Dienstleister werden ausgewählt.
Verkehr und Logistik: globaler Verkehrsknotenpunkt: internationaler Schiffs- und Flugverkehr, Handel und Warenumschlag, Internetknoten
Finanzen: internationaler Finanzplatz (Börse, Bankenzentralen, Finanzdienste)
Internationalität: Sitz internationaler politischer Institutionen, Messen; Kongresse, Kultur von Weltrang; einzigartige Sehenswürdigkeiten

M4 Kennzeichen von Global Cities

INFO

M1 **Global Cities** sind meist Millionenstädte; sie sind wichtig für die Weltwirtschaft und konkurrieren untereinander um die besten Fachkräfte oder innovativsten Unternehmen. Hier konzentrieren sich Hauptsitze von Global Playern. Die Verkehrsanbindung ist global exzellent. Die Funktion für die Weltwirtschaft ist deren Steuerung. Die Arbeitsplätze im dritten Sektor sind wissensintensiv, die Kultur- und Freizeiteinrichtungen erstklassig. Global Cities sind ständig im Wandel, um attraktiv zu bleiben. Derzeit steigt die Bedeutung von digitaler Infrastruktur und Innovationen, aber auch Nachhaltigkeit und Lebensqualität zählen immer mehr.

Globalisierte Lebenswelten

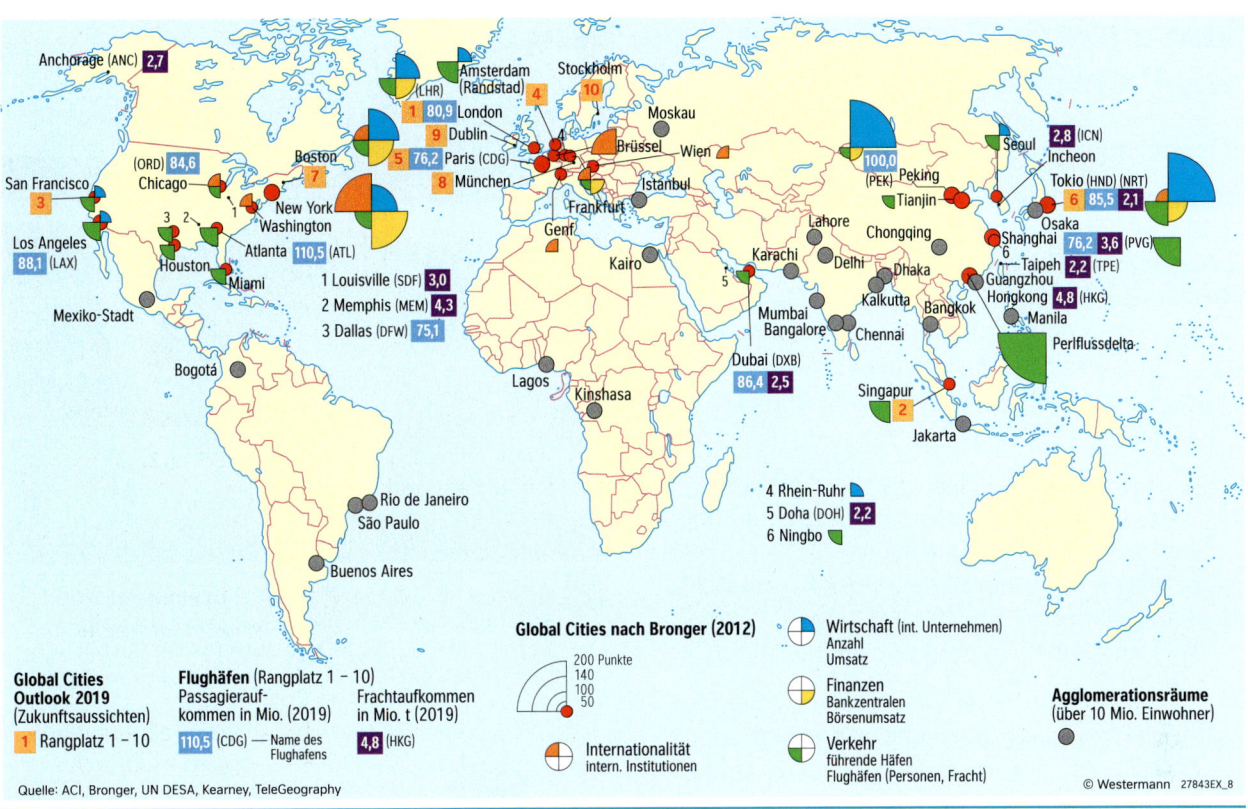

M5 Lage der Global Cities und der größten Flughäfen

Sie leben seit 5 Jahren in Singapur und arbeiten für ein deutsches Unternehmen in der Biotechnologie. Was ist besonders an Singapur?
Nirgendwo arbeiten so viele Erwerbstätige, nämlich 55 %, in wissensintensiven Berufen. Das liegt an internationalen Forschungsinstituten der Biotechnologie, KI und Messtechnik, weiter an den exzellenten Wissenschaftsparks und zahlreichen (Elite)Universitäten: Yale, TU München, Cambridge, ETH Zürich – alle sind vertreten. Singapur ist ein Knotenpunkt für innovative Technologien und weltweit begehrter Teststandort.

Leben Sie gerne in Singapur?
Ich mag die Internationalität. Im Alltag und im Arbeitsleben. Man muss sich vorstellen, dass hier Standorte von über 7000 Unternehmen allein aus der EU, den USA und Ostasien angesiedelt sind, davon 1400 deutsche. Die Lebensqualität ist extrem hoch. Und es gibt nur selten Staus.

Eine Global City ohne Staus?
Ja! Das Liniennetz von Bussen, U-Bahnen und Transitzügen ist international Vorreiter. Jeder Ort ist in Rekordzeit erreichbar. Es gibt ein smartes Mobilitätskonzept, entwickelt in der Denkfabrik Future City, wo man an nachhaltigen Baukonzepten arbeitet. Es gilt das Motto: Singapore is working on solutions for future cities. Man setzt eindeutig globale Standards.

Das klingt so fantastisch. Zu welchem Preis?! Wo ist der Haken?
Es profitieren nur bestimmte Teile der Bevölkerung. Das Leben hier ist sehr teuer. Wir in der Forschung haben hohe Gehälter, können uns das leisten. Aber viele Angestellte, nicht qualifizierte Hilfskräfte können das nicht bezahlen und wurden in Randzonen gedrängt. 500 000 Menschen leben unter der Armutsgrenze, in einigen Vierteln mehr als 25 Prozent.

M6 Interview mit Dr. Özlem Sahin, Neuroinformatikerin zu Leben und Arbeiten in Singapur

M7 Merlion-Brunnen (Löwenfisch)

M8 Günstige Gemeinschaftsunterkunft

Wenn du diese Aufgaben erfolgreich bearbeitet hast, kannst du …
… Global Cities weltweit lokalisieren und ihre Standortqualitäten nach verschiedenen Merkmalen erläutern.
… Singapur als Beispiel einer Global City charakterisieren.
… den Grundbegriff **Global City** erklären.

Globalisierte Regenwälder – die Bedeutung des Palmölbooms

Tropische Regenwälder stellen ein einzigartiges globales Ökosystem dar. Sie sind als „grüne Lunge" unserer Erde besonders wertvoll. Dennoch werden sie in großem Stil gerodet, zu 70 Prozent für die Produktion von Rindfleisch, Soja, Kakao und Palmöl. Hier spielt die Globalisierung eine wichtige Rolle, wie besonders der Palmölboom in Indonesien zeigt.

W 1. Wir nutzen häufig Produkte, die ihren Ursprung im tropischen Regenwald haben.
   - **A** Notiere diese und sortiere sie dabei möglichst nach Branchen (M2, M4, M6).
   - **B** Erläutere deinen persönlichen Konsum.

2. Palmöl ist eine globale Handelsware. Ordne den sechs Phasen der Lieferkette in M4 mögliche Produktions- und Absatzländer zu (z. B. Anbau: Indonesien; M2, M5, Atlas, S. 193 M8).

3. a) Liste die Akteursgruppen auf, die direkt oder indirekt ein ökonomisches oder ökologisches Interesse am tropischen Regenwald haben (M1 – M11).
   b) Ergänze jeweils ihre anzunehmenden Ziele und bewerte ihre Nachhaltigkeit.

4. Entwirf ein Wirkungsgefüge zu den räumlich-ökologischen Auswirkungen des globalen Palmöl-Booms (M2, M6 – M10). **235**

Z 5. Nimm persönlich Stellung zur Globalisierung des Regenwaldes durch die Palmölproduktion.

INTERNET

M1 Verschiedene Interessen zeigen die Internetauftritte des weltgrößten Palmölkonzerns *Wilmar* (Singapur) und *Rettet den Regenwald*.

M3 Arbeiter bei der Ernte der Früchte auf einer Plantage: Der Palmölboom hat sein Leben verbessert, da die Löhne nun auch für die Ausbildung der Kinder, ein Mofa und ein festes Dach reichen.

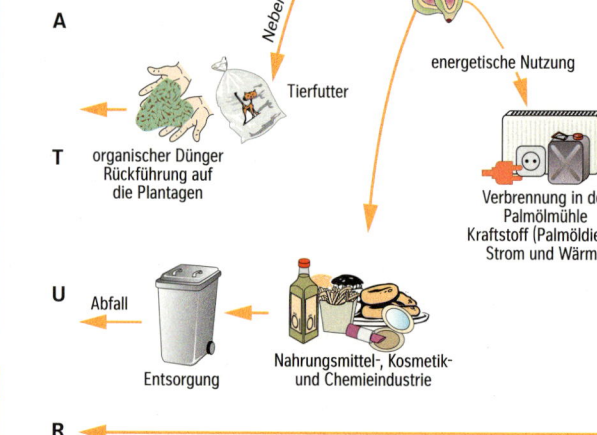

M4 Produktionskette Palmöl: vom Rohstoff zum Verbraucher

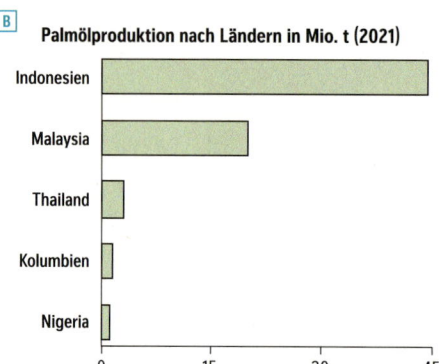

M2 Daten zur globalen Palmölproduktion

A Palmölproduktion weltweit in Mio. t
B Palmölproduktion nach Ländern in Mio. t (2021)

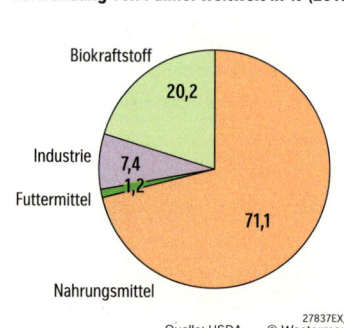

C Verwendung von Palmöl weltweit in % (2018)
- Biokraftstoff 20,2
- Industrie 7,4
- Futtermittel 1,2
- Nahrungsmittel 71,1

Quelle: USDA

Globalisierte Lebenswelten

M5 Protest auf Sumatra gegen den Beschluss im EU-Parlament, ab 2021 Palmöl im Biosprit zu verbieten. Sie fürchten Absatzeinbußen.

M8 Das Ökosystem Regenwald speichert Feuchtigkeit und absorbiert CO_2 auf globaler Ebene. Doch die Fläche für Ölpalmen verdreifachte sich seit 1990.

In der indonesischen Provinz Papua läuft ein Großangriff auf die Natur: Für die größte Palmöl-Plantage der Welt sollen Zigtausende Hektar Regenwald zerstört werden. Palmöl boomt, weil der Weltmarkt nach dem billigen Rohstoff lechzt. [...] Palmöl in unseren Autotanks und Kosmetika, Steaks und Avocados auf unseren Tellern, Tropenholz für unsere Gartenmöbel, Rohstoffe für unsere Handys und Industrien – unser Leben wird von der Globalisierung geprägt. Jederzeit können wir Dinge kaufen, die mit riesigen Containerschiffen, Tankern und Flugzeugen von weither herangeschafft werden. Häufig unglaublich billig. Die Schäden an Natur und Klima blenden wir dabei genauso aus wie Menschenrechtsverletzungen.
Die Wahrheit ist: Unser Konsum führt dazu, dass für Plantagen und Weiden Wälder gerodet werden, dass von Minen Flüsse vergiftet und Landschaften zerfurcht werden, dass Indigenen das Land geraubt wird. „Globalisierung vernichtet die Natur" [...].

Quelle: Rettet den Regenwald e. V., Hamburg: News: Globalisierung – Abholzen und Natur plündern. www.regenwald.org, 27.03.2020, Zugriff: 12.11.2020

M6 Protest der Nichtregierungsorganisation „Rettet den Regenwald e. V." aus Hamburg

2005	2010	2015	2016	2017	2018	2019	2020
3,3	3,3	2,9	6,1	5,0	3,7	3,8	4,2

Quelle: WRI 2021

M9 Weltweiter Verlust an primärem Regenwald in Millionen Hektar

INTERESSANT!

M10
- Speziell auf indonesischen Torfmoorböden wird bei der Neuanlage (Brandrodung) von Monokulturen besonders viel Kohlenstoff freigesetzt, da die Böden bis zu 6000 t CO_2 pro Hektar abgeben.
- Fast 50 Prozent (2020) des weltweiten Palmöls werden von Kleinbauern erzeugt, die damit ihre Familien ernähren. Der Protest der Kleinbauern (M5) hatte Erfolg: Die Europäische Union beschloss einen Aufschub des Verbotes bis 2030.

M11 Karikatur

M7 Naturschützer retten Orang-Utans aus den Rodungsgebieten für Palmölplantagen. Indonesien und Malaysia sind Länder mit großer Artenvielfalt. Viele gelten als bedroht.

Wenn du diese Aufgaben erfolgreich bearbeitet hast, kannst du ...
... die Bedeutung von Palmöl als globale Handelsware beschreiben.
... erläutern, welche unterschiedlichen Interessen mit der Nutzung des Regenwaldes und der Palmölproduktion verbunden sind.
... verschiedene räumliche und ökologische Auswirkungen des Palmölbooms erläutern und vor dem Hintergrund von Nachhaltigkeit erörtern.

Freier Handel – fairer Handel?!

Schon seit der Kolonialzeit ist der Welthandel in vielen Strukturen ungerecht. Gibt es Ansätze, dies zu verändern? Was kann man tun?

1. a) Beschreibe einige wesentliche Strukturen des Welthandels (M2–M5, M6, S. 224 M4–M8)
   b) Bewerte diese Strukturen ausgehend von den Zielsetzungen der WTO (M2).

2. Beschreibe grundsätzliche Möglichkeiten zur Änderung der Situation (M2, M6–M9).

3. a) Erkläre die Ziele und die Maßnahmen des fairen Handels anhand von konkreten Beispielen aus Entwicklungsländern (M7, M8, Internet).
   b) Beschreibe mögliche Maßnahmen zur weiteren Verbesserung des Systems fairer Handel (M7, Internet).

W 4. Erläutere vom Bundesministerium für wirtschaftliche Zusammenarbeit (BMZ) angestrebte Maßnahmen (Internet):
   A das Lieferkettengesetz (M9).
   B die Initiative BMZ Aid for Trade.

Z 5. Welche zwei Maßnahmen erscheinen dir besonders wichtig? Verfasse einen Podcast (90 Sekunden).

INTERNET

M1
- BMZ: → Lieferkettengesetz, Aid for Trade, Welthandel
- FAIRTRADE Deutschland, Gepa, Unternehmen Weltladen und Fairtrade Kritik

Ziele der **WTO** sind eine größtmögliche Transparenz der Handelspolitiken ihrer Mitglieder, die Vereinbarung, Einhaltung und Überwachung der gemeinsamen multilateralen Handelsregeln sowie die fortwährende Liberalisierung des Welthandels durch Senkung/Abschaffung von Zöllen und anderen Handelshemmnissen sowie die Vereinfachung der Zollverfahren, die letztlich zur Stärkung der Wirtschaftskraft und Wettbewerbsfähigkeit führen sollen. Die besonderen Entwicklungsinteressen der ärmeren und ärmsten Mitglieder werden hierbei besonders berücksichtigt.

Quelle: BMWi: Handelspolitik. Ziele, Aufgaben und Prinzipien. www.bmwi.de, Zugriff: 14.12.2020

M2 Ziele der World Trade Organization (WTO)

M3 Großkonzerne vermarkten ihre Produkte massiv in Entwicklungs- und Schwellenländern.

Beispiel Milchpulver: Bereits zwischen 2008 und 2018 sind die EU-Exporte von Magermilchpulver, das mit Pflanzenfett angereichert ist, nach Westafrika um 234 Prozent gestiegen. Konzerne [...] verpacken dieses Milchpulver in ihren westafrikanischen Werken um und vermarkten es dort – auch aufgrund von EU-Agrarsubventionen – zu Dumpingpreisen. [...] Zugleich wird dadurch lokalen Milchviehhaltern die Vermarktung ihrer Vollmilch erschwert und ihr Recht auf Nahrung gefährdet. Das geplante Wirtschaftspartnerschaftsabkommen (EPA) der EU mit dem westafrikanischen ECOWAS-Raum könnte die Problematik verschärfen [...].

Quelle: Schneider, Sarah et Armin Paasch: Mehr europäisches Milchpulver in Westafrika. E+Z 11/2020, S. 24

M4 Freier Handel – nicht ohne Probleme

Kritische Stimmen bewerten die globale Handelsordnung als weitgehend ungerecht und undemokratisch, da sie im Wesentlichen große transnationale Unternehmen und ökonomische Eliten bevorzuge, wettbewerbsschwächere soziale Gruppen und Länder hingegen seien dem „Diktat der Märkte" ausgeliefert. Weitere Spannungsfelder zeichnen sich hinsichtlich der Frage ab, unter welchen Bedingungen das Wachstums- und Profitstreben mehrheitlich privater Akteure mit Umwelt-, Menschenrechts-, Arbeits- und sozialem Schutz vereinbar sind.

Quelle: Öztürk, Asiye: Editorial. In: bpb: Welthandel. APuZ 64, Bonn 1–3/2014, S. 2

M5 Kritik an den Strukturen des Welthandels

M6 Demonstration gegen die Strukturen des Welthandels

Ziele und Kennzeichen:
- Die Produkte sollen zu fairen Bedingungen hergestellt werden (angemessene Löhne und Arbeitszeiten, Urlaub, Versicherung, keine Kinderarbeit).
- Die Erzeuger sollen angemessene Zahlungen für ihre Produkte erhalten, im Wesentlichen unabhängig vom (schwankenden) Weltmarktpreis.
- Die Erzeuger (häufig Kleinbauern, in Genossenschaften zusammengeschlossen) erhalten auch Fairtrade-Prämienzahlungen zur Finanzierung sozialer Einrichtungen (Schulen, Brunnen, Ausbildung).

Probleme und Kritikpunkte:
- Produkte des fairen Handels sind für Verbraucher nicht immer eindeutig identifizierbar.
- Die Zertifizierung als anerkannte Partner ist für die Erzeuger oft zu schwierig und zu teuer.

M7 Fairer Handel (am Beispiel der Organisation Fairtrade) – Wandel mithilfe der Verbraucher?

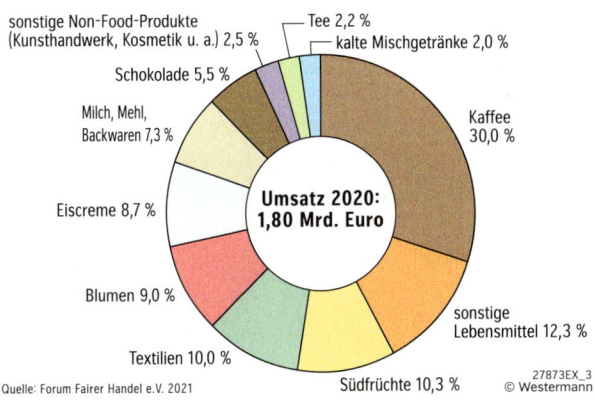

Quelle: Forum Fairer Handel e.V. 2021

M8 Produktpalette des fairen Handels

Herr Müller, warum braucht Deutschland ein Lieferkettengesetz?
Die **Lieferketten** deutscher Firmen reichen in alle Teile der Welt. Eine normale Jeans legt beispielsweise […] dutzende Stationen zurück, bis sie bei uns im Laden liegt. In Bangladesch wird sie für 5 Euro produziert […]. Das geht oft nur, weil die Frauen in den Textilfabriken 14 Stunden am Tag schuften und ökologische sowie soziale Mindeststandards wie das Verbot der Kinderarbeit missachtet werden. […]

Was soll sich verändern?
Das neue Gesetz soll dafür sorgen, dass auch am Anfang unserer Lieferketten grundlegende Menschenrechtsstandards eingehalten werden, wie das Verbot von Zwangs- und Kinderarbeit. […] Ich habe mit vielen Firmen gesprochen. Und viele erfüllen bereits die Standards. Etwa die 52 Unternehmen, die beim staatlichen Textilsiegel „Grüner Knopf" mitmachen. Darunter sind Nachhaltigkeits-Pioniere […], Sportlabels […], Mittelständler […] und große Einzelhändler wie Tchibo, Lidl, Aldi oder Kaufland. Sie zeigen: Es geht! Aber es kann nicht sein, dass andere ohne Rücksicht auf Menschenrechtsstandards produzieren und sich so Wettbewerbsvorteile verschaffen. Märkte brauchen klare Regeln. […]

Quelle: Stiftung Warentest, test.de: Firmen sollen mehr Verantwortung übernehmen. Interview mit Entwicklungshilfeminister Müller: Schluss mit freiwilligen Standards! www.test.de, 18.09.2020, Zugriff: 14.12.2020

M9 Lieferkettengesetz – Wandel mithilfe des Staates?

Wenn du diese Aufgaben erfolgreich bearbeitet hast, kannst du …
… wesentliche Strukturen des Welthandels beschreiben und bewerten.
… Schritte zu einem gerechteren Welthandel erläutern und bewerten.
… die Grundbegriffe **WTO**, **fairer Handel** und **Lieferkette** erklären.

Globale Vernetzungen – mit Schattenseiten?

Globalisierung und Digitalisierung haben in einem nie dagewesenen Tempo die Entwicklung der Welt geprägt. Haben sich die grenzenlosen Ströme von Menschen, von Waren und Daten immer positiv ausgewirkt? Gibt es Schattenseiten?

1. Erstelle auf der Basis von M4 ein Diagramm und erläutere es.
2. Die Schattenseiten sind eine Folge der großen Intensität von globalen Verflechtungen. Begründe dies für
   A eine Pandemie (z. B. Corona; M3 – M5).
   B invasive Tierarten (z. B. Baumwanze; M6 – M8).
   C Organisierte Kriminalität (z. B. Drogen; M9 – M11).
3. Recherchiere und berichte 249
   A zur Coronapandemie und ihren globalen Folgen (Internet).
   B zu anderen Pandemien (z. B. Spanische Grippe, Ebola, Afrikanische Schweinepest).
   C über eine weitere Schattenseite (M2, M11).
4. Erörtere und beziehe Position, inwiefern es von Nachteil ist, wenn man in Ländern mit grenzenlosen Daten- und Warenströmen lebt (M9, M11).

M3 Corona-Folgen in Downtown Los Angeles (2020): Obdachlosenzelte aufgrund von Jobverlust

Datum	Infizierte weltweit (aufsummiert)	betroffene Länder
Dezember 2019	1	1
22.01.2020	466	6
01.02.2020	12 025	25
01.03.2020	87 415	65
01.04.2020	873 856	177
01.05.2020	3 205 153	184
01.06.2020	6 076 390	185
01.10.2020	33 892 747	186
01.11.2020	46 065 027	188
01.12.2020	62 995 994	189

Quelle: WHO; von den Ländern selbst bestätigte Fälle/Infizierte

M4 Die Coronapandemie 2020/2021 brachte mit einem Lock- oder Shutdown die ganze Welt zum Erliegen (z. B. Ausgangssperre, Reise- und Flugverbot, Grenzschließungen, Arbeitsverbote, Exportstopp in Häfen).

ERSTAUNLICH

M1
- Coronapandemie: 2,7 der 3,3 Milliarden Arbeitskräfte weltweit leiden unter Betriebsschließungen oder Störungen der Wirtschaft.
- Beispiel für Fake News im Internet: „Knoblauch hilft gegen Corona"

[Die wirtschaftsräumliche] Globalisierung erzeugt räumliche Ungleichheiten unterschiedlicher Art und es lassen sich Gewinner und Verlierer der Globalisierung bilanzieren. [Dazu kommen] die Schattenseiten der Globalisierung, die mit Themen wie dem Menschen-, Drogen- und Waffenhandel, dem illegalen Abbau von Rohstoffen, dem Machtmissbrauch transnationaler Konzerne, dem Sextourismus, dem Organhandel oder mit illegalen Finanztransaktionen verbunden sind.

Quelle: Oßenbrügge, Jürgen: Globalisierung. In: PG, 6/2020, S. 7

M2 Grenzen der grenzenlosen Vernetzungen

Touré: [...] Das Virus hält sich nicht an nationale Grenzen. Interessanterweise sind in dieser Krise die westlichen Staaten besonders verwundbar. [...] In Senegal etwa wurden früh die Grenzen geschlossen, früher als in vielen europäischen Staaten. Versammlungen wurden verboten, der öffentliche Nahverkehr runtergefahren. Moscheen wurden geschlossen. Das war hart für eine Bevölkerung, die zu 97 Prozent muslimisch ist.
SPIEGEL: Andererseits: In vielen afrikanischen Staaten wächst die Armut, Tagelöhner und Wanderarbeiter haben ihre Lebensgrundlagen verloren. Menschen gerade auf dem Land haben selten Zugang zu Covid-Tests oder einer Behandlung. Fachleute zweifeln an den offiziellen Corona-Zahlen.
Touré: Sicher, die Coronakrise hat den Druck auf schwache Gesundheitssysteme erhöht. Und auch auf die Wirtschaften: Gerade für junge Menschen in Afrika ist es viel schwerer geworden, einen Job zu finden. Diese Probleme müssen wir dringend angehen.

Quelle: „Die Welt hätte von Afrika lernen können", SPIEGEL.de, Maria Stöhr, 24.11.2020, Zugriff: 16.12.2020

M5 Interview mit Aminata Touré, ehemalige Premierministerin des Senegal zu Corona in Afrika

Globalisierte Lebenswelten 223

M6 Die in Ostasien heimische Marmorierte Baumwanze ist eine der gefährlichsten invasiven Tierarten der letzten Jahre ohne natürliche Feinde bei uns.

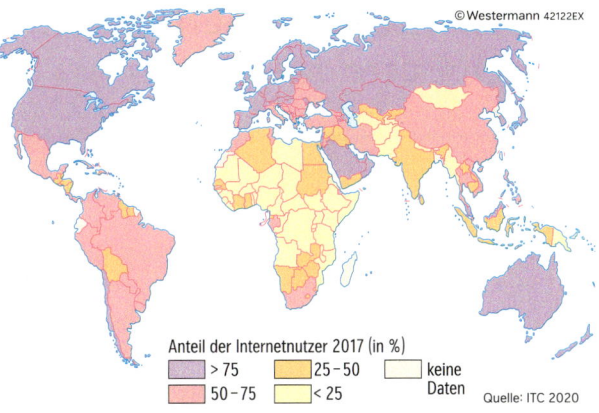

M9 Globale Internetnutzung: Mehr als die Hälfte aller Menschen (4,1 Mrd., 2021) ist durch Datenströme beeinflussbar oder kann sie grenzenlos (miss)brauchen.

Eine Lieferung Dachziegel in Holzkisten – als Geschenk der chinesischen Partnerstadt Kunming an Zürich – brachte 1998 die ersten Marmorierten Wanzen als blinde Passagiere in die Schweiz. Durch den Transport von Waren vermehrten sie sich ab 2000 explosionsartig von der Schweiz aus fast über den gesamten Globus: in andere Länder Europas, USA, Kanada. Da sie nicht wählerisch sind, überleben sie auf Balkonen, in Kisten, Autos, Wohnhäusern, Containern. Sie legen in warmen Sommern zweimal Eier. Inzwischen werden Autos aus Schutz vor solcher Invasion vor ihrem Schiffstransport wärmebehandelt. Die Baumwanze nutzt rund 200 Wirtspflanzen, besonders im Obst- und Gemüseanbau. Landwirte tragen durch ihren Befall Millionenschäden davon, oft werden ganze Ernten vernichtet, besonders bei Birnen oder Paprika. Die Bekämpfung ist extrem schwierig, da der Schädling auf so vielen Pflanzen sitzt und sehr robust ist.

M7 Globalisierte Natur – die Marmorierte Baumwanze

*M10 Organisierte Kriminalität in einem ehemaligen Bunker bei Traben-Trarbach: Auf 5 Etagen, 25 Meter tief, mit leistungsstarkem Rechenzentrum diente der Standort bis 2019 als globaler Internetknoten im Darknet. Bis auf eine Seite waren alle illegal. Es ging um rechtsextreme Hetze, Waffen- und Drogenverkauf und Kinderpornografie. Allein eine Drogenplattform erzielte jährlich Millionenumsätze.

INFO

M8 Invasive Arten werden meist unbeabsichtigt durch menschliches Handeln aus ihrer natürlichen Umgebung in ein fremdes Gebiet gebracht und schaffen es, dort zu überleben. Invasiv sind sie, wenn ihre massenhafte Ausbreitung die heimische Artenvielfalt und die Ökosysteme gefährdet. Beispielarten sind:
Tiere: Spanische Wegschnecke, Asiatischer Marienkäfer, Wanderratte;
Pflanzen: Ambrosie, Wasserpest

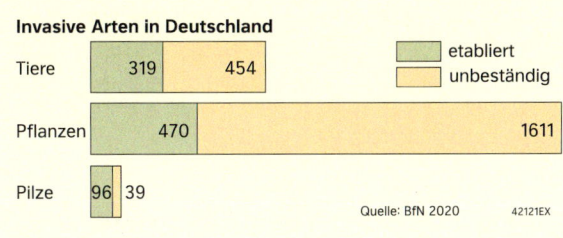

Invasive Arten in Deutschland

	etabliert	unbeständig
Tiere	319	454
Pflanzen	470	1611
Pilze	96	39

Quelle: BfN 2020

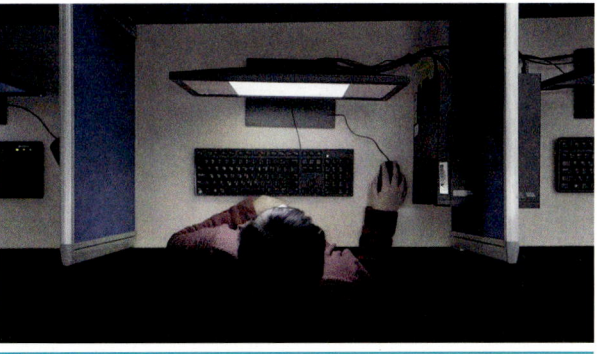

M11 Weltweit löschen Hunderttausende an Content-Moderatoren rund um die Uhr Posts, Fotos und Videos, die z. B. Folter, Mord, Vergewaltigung und Kindesmissbrauch verbreiten oder zeigen. Einen Schwerpunkt der Tätigkeit gibt es auf den Philippinen. In Deutschland arbeiten über 1000 Content-Moderatoren, z. B. in Essen. Die psychische Belastung ist enorm.

Wenn du diese Aufgaben erfolgreich bearbeitet hast, kannst du …
… *an Beispielen anführen, wie grenzenlose Vernetzungen durch den Transport von Waren, Daten und Menschen negative Auswirkungen für viele Menschen und Länder haben können.*
… *die Tragweite dieser Vernetzungen und die negativen Seiten der Globalisierung bewerten und eine persönliche Position beziehen.*

Macht die Globalisierung das Leben auf der Erde besser? – Eine Debatte über Gewinner und Verlierer

Die Globalisierung ist wie die Digitalisierung nicht umkehrbar. Ihre Auswirkungen zeigen sich auf verschiedenen Ebenen, ganz konkret für Einzelpersonen ebenso wie im großen Maßstab weltweit. Sie werden oft heftig diskutiert, besonders wenn Wertekonflikte auftreten oder sich Krisensituationen entwickeln.
Ob die Globalisierung das Leben auf der Erde verbessert, – das ist meist eine Frage der Perspektive, auf die jedes Mal eine neue Antwort gefunden werden muss.

1. **A** Führt in der Klasse eine Debatte zur Leitfrage durch. Nutzt dazu die Materialien dieser und der anderen Seiten im Kapitel. Beachtet die festen Regeln einer Debatte. 256
   B Tragt tabellarisch Gewinner und Verlierer der Globalisierung zusammen. Ergänzt jede Eintragung mit einem Argument; markiert auch Krisensituationen. Nutzt die Materialien dieser und der anderen Seiten im Kapitel. Formuliert abschließend eure persönliche Position zur Leitfrage. 249

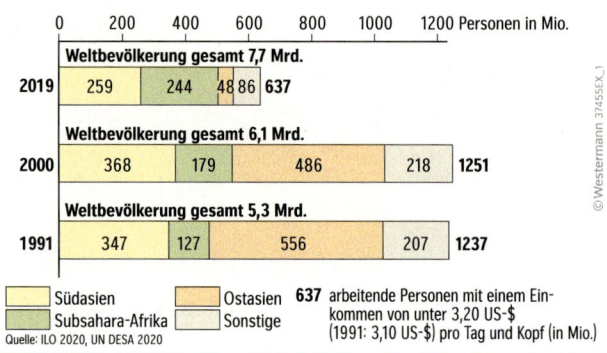

M3 Arbeitende Personen, die am Tag unter 3,20 US-Dollar zum Leben haben – „arm trotz Arbeit"

M1 Statussymbol und Verkehrsmittel Nr.1 – Gewinnerland Vietnam

DIE ZEIT: Geht es der Menschheit heute besser oder schlechter als vor zwei Jahrzehnten?

Winnie Byanyima: Besser. Millionen von Menschen sind der Armut entkommen, die Welt ist für sie also besser geworden.

DIE ZEIT: Sie als Globalisierungskritikerin räumen ein, dass die Globalisierung funktioniert?

Winnie Byanyima: Wir sind keine Globalisierungskritiker. Wir wollen eine andere Globalisierung, denn auch heute geht immer noch einer von neun Menschen hungrig schlafen. Einer von zehn hat weniger als zwei Dollar pro Tag zur Verfügung, das ist die offizielle Armutsgrenze. Und [...] versuchen Sie, von zwei Dollar am Tag zu leben. Das ist ziemlich elend [...].

Quelle: Schieritz, Mark und Pinzler, Petra: „Die Welt wird immer instabiler". www.zeit.de, 02.03.2017, Zugriff: 28.03.2018.

M4 Interview mit Winnie Byanyima aus Uganda, Leiterin von Oxfam (NGO) und Politikerin

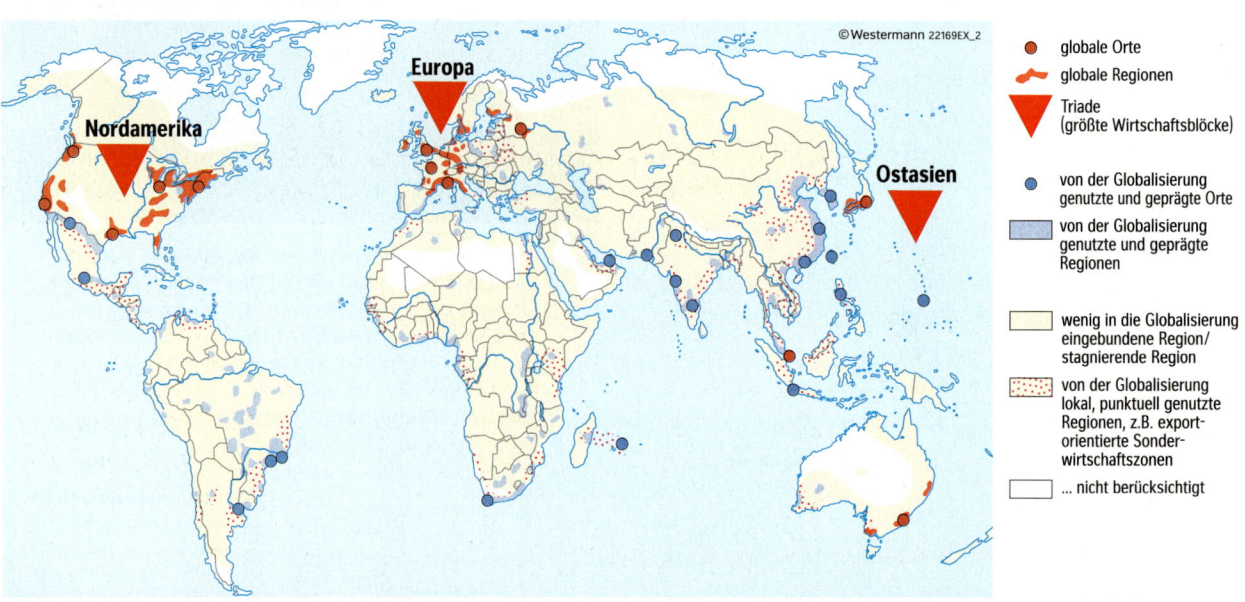

M2 Globale Fragmentierung – Wirtschaftsräume der Erde und ihre Bedeutung im Rahmen der Globalisierung

Globalisierte Lebenswelten

 Ⓐ „Wir brauchen die Investitionen. Die Investoren bringen Technologie und Arbeitsplätze mit, es kommt Kapital und Know-how ins Land", sagt eine staatliche Agentur, die Land zum Verkauf anbietet. Zugleich verschärft sich seit 2017 die Hungersnot in Ostafrika. Nach mehreren Dürrejahren verschlimmerten die größte Heuschreckenplage Ostafrikas seit 25 Jahren und die Coronapandemie die Lage im Jahr 2020 weiter. 20 Millionen Menschen sind von Hunger bedroht.

 Ⓑ Seit zehn Jahren arbeitet Nejat (32 Jahre) aus Tadschikistan auf zwei Stellen. Zum einen als Haushaltshilfe bei Privatleuten und zum anderen als Hilfsköchin in einem Imbiss. Sie ist oft traurig, weil sie ihre beiden Kinder, 8 und 13 Jahre, nur einmal im Jahr sieht (ein Flugticket kostet einen Monatslohn). Aber sie sollen eine gute Schule besuchen. Wenn Nejat sparsam lebt, schickt sie 60 € im Monat nach Hause; darauf ist sie stolz.

 Ⓒ Kostengünstige chinesische Solarstromanlagen stehen in vielen afrikanischen Dörfern. Sie sind die Basis für neue Lebens- und Wirtschaftsweisen. Aufgeladene Smartphones fördern Geschäftskontakte, Information und digitales Arbeiten; der Strom schafft z. B. durch Kühltechnik neue Arbeitsplätze, beispielsweise im Kiosk von Jon und Milele. Durch die Nutzung der Sonnenenergie sind die Dörfer unabhängig vom Energiemarkt.

M5 Auf verschiedenen Maßstabsebenen und aus mehreren Perspektiven – Beispiele für „Gewinner und Verlierer"
Ⓐ Agrarland in Äthiopien: Josef bewacht die Rosenplantage eines amerikanischen Agrarinvestors.
Ⓑ Arbeitsmigration in Moskau: Nejat arbeitet je zwölf Stunden an sechs Tagen die Woche.
Ⓒ Globale digitale Vernetzung und Stromversorgung in einem Dorf in Sambia

Der Technologiekonzern *Meta Platforms (ehemals Facebook)*, zu dem auch *WhatsApp* und *Instagram* gehören, wurde 2004 von Mark Zuckerberg gegründet. Die Dienste des Unternehmens werden 2020 von weltweit über drei Milliarden Menschen und mehr als 180 Millionen Unternehmen genutzt. Das Unternehmen beschäftigt weltweit 58 600 Mitarbeiter und betreibt 17 eigene Rechenzentren. Es machte 2020 einen Umsatz in Höhe von 86 Mrd. US-Dollar (Vergleich: BIP von Luxemburg 73 Mrd. US-Dollar).

M6 Global Player: Technologiekonzern

Alibaba wurde 1999 von Jack Ma als digitale Handelsplattform gegründet. Heute betreibt der chinesische Technologiekonzern die größte globale Handelsplattform und investiert in Cloud-Computing und KI-Technologie, in Deutschland entstehen eigene Logistikzentren. Alibaba beschäftigt 117 600 Mitarbeiter, es ist das nach Börsenwert siebtgrößte Technologieunternehmen der Welt (Börsenwert Juni 2020: 577 Mrd. US-$).

M8 Global Player im Online-Handel

 Radikal ist schon die Diagnose, die der Münchner Soziologe Stephan Lessenich stellt:
Die Bürger im Norden lebten auf Kosten der Menschen im Süden, sagt er, sie lagerten die schmutzigen Teile der Produktion einfach zu ihnen aus. Für uns „werden Ressourcen gefördert, Giftstoffe freigesetzt, Abfälle gelagert, Landstriche verwüstet, Sozialräume zerstört, Menschen getötet", wirft er den Verbrauchern vor: „Unser Überfluss raubt anderen die Lebensgrundlage."

Quelle: Jung, Alexander: Selbstbetrug mit System. In: Der Spiegel, 27/2017, S. 16.

M7 Globalisierung auf der Nord- und Südhalbkugel: Professor Stephan Lessenich (Ungleichheitsforscher)

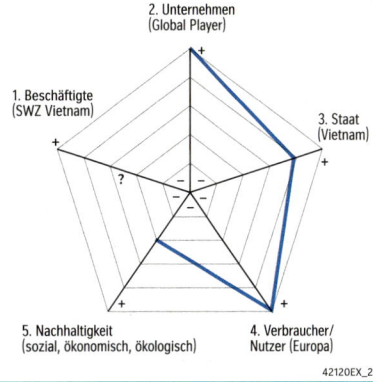

Hinweis: zur Bewertung anderer Fragestellungen ändern sich die Parameter, z.B. als Land: Tadschikistan, als Beschäftigte: Köchin in Moskau...

M9 Eintragungen in die Bewertungsspinne für die Beurteilung des Fakts „Die Textilexporte von Vietnam steigen." – Beispiel für einen Wertekonflikt bei unterschiedlichen Perspektiven

---

Wenn du diese Aufgaben erfolgreich bearbeitet hast, kannst du ...
... *auf globaler und persönlicher Ebene sowie aus verschiedenen Blickwinkeln die Auswirkungen der Globalisierung beschreiben, erörtern und als Gewinn oder Verlust bewerten.*
... *ein persönliches Urteil zum Erfolg der Globalisierung begründet und differenziert abgeben.*

GEWUSST? – GEKONNT!

Die Weltwirtschaft im Prozess der Globalisierung

M1 Arbeiter an der Fertigungsstraße in einem VW-Werk in Chengdu, China. Volkswagen betreibt weltweit in 31 Ländern 125 Fertigungsstätten (2020).

Industrie 4.0 – die Digitalisierung der Arbeit

Der zunehmende globale Wettbewerbsdruck zwingt die Unternehmen, immer wieder neue Produktionskonzepte und Strategien zu entwickeln. Ziel ist es, die Kosten zu senken und die Produktivität zu erhöhen. Dies geschieht beispielsweise im Rahmen der **Industrie 4.0**. Die Bezeichnung Industrie 4.0 fasst unterschiedliche Innovationen im Zuge der Digitalisierung zusammen. Die Digitalisierung verändert die Wirtschafts- und Arbeitswelt und gilt häufig sogar als vierte industrielle Revolution. Im Mittelpunkt steht die **Smart Factory**, die intelligente Fabrik. In der Smart Factory koordinieren Maschinen selbstständig Fertigungsprozesse, Roboter kooperieren in der Montage mit Menschen, fahrerlose Transportfahrzeuge erledigen eigenständig Logistikaufträge. In der Industrie 4.0 wird auch **künstliche Intelligenz (KI)** eingesetzt.

Um ihre Wettbewerbsfähigkeit zu stärken, lagern Unternehmen häufig auch Teile ihrer Produktion aus und überlassen die Fertigung anderen Firmen, sie werden outgesourct (**Outsourcing**). Einzelteile, aber auch komplette Bauteile, werden **Just-in-time** von den Zulieferfirmen an das Produktionsband geliefert. So werden Kosten für Entwicklung und Lagerung gespart.

Wie sieht die Industrie von morgen aus?

Die voranschreitende Digitalisierung hat bereits in den letzten Jahren dazu geführt, dass Unternehmen Produktionsschritte wieder ins eigene Land zurückgeholt haben. Eine besondere Bedeutung könnte dabei der 3D-Druck spielen. Mit 3D-Druckern werden Kunststoffe, Metalle und andere Grundstoffe zu neuen Objekten verschmolzen. Einzelteile werden dann nicht mehr von Zulieferern aus dem Ausland produziert, sondern mithilfe des 3D-Drucks am Ort der Produktion.

Regionale und globale Standorte

Bei der Wahl des optimalen Standortes berücksichtigen Industriebetriebe viele Standortfaktoren. Dabei wird zwischen **harten** und **weichen Standortfaktoren** unterschieden. Harte Standortfaktoren sind für die Unternehmen gut berechenbar. Zu den harten Standortfaktoren zählen beispielsweise die Infrastruktur, der Absatzmarkt oder die vorhandenen Arbeitskräfte. Weiche Standortfaktoren, wie beispielsweise das Image einer Region, sind schwerer zu erfassen. Durch den zunehmenden Wettbewerbsdruck suchen Unternehmen weltweit nach Standorten. Häufig wählen Unternehmen ihren Standort in **Clustern**. In diesen Netzwerken kooperieren Unternehmen (z. B. Zulieferfirmen) und Institutionen (z. B. Forschungsinstitute) innerhalb eines bestimmten Wirtschaftsbereichs in räumlicher Nähe eng miteinander. Unternehmen suchen weltweit nach Standorten. Die Unternehmen wollen dadurch unter anderem neue Märkte erschließen. BMW betreibt beispielsweise weltweit 31 Produktionsstandorte und Montagewerke in 14 Ländern. In China arbeitet BMW mit seinem chinesischen Partner Brilliance in einem **Joint Venture** zusammen.

Impfstoffe für die Welt – BioNTech

Das Unternehmen BioNTech hat jahrelang viel Geld in die Krebsforschung gesteckt und damit hohe Verluste erzielt. Durch die Zusammenarbeit mit dem US-Pharmakonzern Pfizer und die Entwicklung des ersten deutschen Corona-Impfstoffes kam 2020 der Durchbruch für das Unternehmen. Seither hat BioNTech mit Hauptsitz in Mainz massiv expandiert. In kürzester Zeit ist BioNTech zu einem Global-Player mit Forschungs- und Produktionsstandorten auf der ganzen Welt gewachsen.

Global Cities – das Beispiel Singapur

Global Cities, z. B. Singapur, sind zukunftsorientierte Weltstädte und global herausragende Standorte. Sie steuern die Weltwirtschaft, z. B. Global Player ihre Lieferketten, sie sind aber auch globale Drehkreuze für Daten, Finanzströme, Logistik und Transportnetze (Schiff- und Flugverkehr). Viele höchstrangige kulturelle und touristische Einrichtungen verstärken die Dynamik und Attraktivität.

Die globalisierten Regenwälder – die Bedeutung des Palmölbooms

Die Weltwirtschaft erfasst auch das globale Ökosystem Regenwald, der als „grüne Lunge" aus dem CO_2 Kohlenstoff bindet und Sauerstoff freigibt. Die globale Nachfrage nach dem vielseitig verwendbaren Palmöl steigt unaufhaltsam, ebenso die Palmölproduktion, – zum Preis weiterer Zerstörung des Regenwaldes, der Erderwärmung und sozio-ökonomischer Nachhaltigkeit.

Globalisierte Lebenswelten 227

Freier Handel – fairer Handel?!

220 Freier Welthandel – ja oder nein? Die **Welthandelsorganisation WTO** setzt sich für freien Handel mit möglichst geringen Zöllen und Handelshemmnissen ein. Doch in zahlreichen Ländern werden die Strukturen des Welthandels als sehr ungerecht kritisiert: die überwiegenden Rohstoffexporte mit Abhängigkeit von den Weltmarktpreisen sowie die Terms of Trade der Entwicklungsländer, die Maßnahmen der Industrieländer, den Absatz ihrer Industrieprodukte zu steigern, die Macht der Konzerne und die schlechten Arbeitsbedingungen in den Entwicklungsländern am Beginn der **Lieferketten**.
Es gibt zahlreiche Initiativen, die versuchen, dies zu ändern. Beim **fairen Handel** unterstützen Nichtregierungsorganisationen die Produzenten, indem sie z.B. höhere Preise zahlen und dadurch helfen, die Lebensbedingungen zu verbessern. Das Bundesministerium für wirtschaftliche Zusammenarbeit und Entwicklung bemüht sich u.a. durch gesetzliche Maßnahmen wie das Lieferkettengesetz, ungerechte Strukturen im Welthandel zu beseitigen.

Globale Vernetzungen – mit Schattenseiten?

222 Das rasante Fortschreiten der Vernetzungen – global und digital – hat auch Schattenseiten hervorgebracht. Grenzenlose Ströme an Menschen können durch Reisen explosionsartig z.B. Viren verbreiten, sodass Pandemien (z.B. Corona) die vernetzte Weltwirtschaft zum Erliegen bringen und viele Todesopfer fordern können. Intensiver Warenaustausch sorgt immer wieder für ökonomisch-ökologische Schäden durch invasive Tierarten und im grenzenlosen Datenverkehr erzeugen Parallelwelten im Internet (Darknet) organisierte Kriminalität.

Macht die Globalisierung das Leben auf der Erde besser? – Debatte über Gewinner und Verlierer

224 Ob eine Region oder eine Person als Gewinner oder Verlierer der Globalisierung zu bezeichnen ist, hängt von der Perspektive ab. Man muss genau hinsehen. Global hat sich seit 1990 zwar der Anteil der Armen verringert, aber die Gegensätze zwischen Arm und Reich, Mächtigen und Schwachen wurden größer. Als große Gewinner gelten die Tech-Konzerne wie Facebook, als Verlierer oft Niedriglöhner.

M3 Standortfaktoren für die Errichtung einer Produktionsstätte im Ausland

M2 DER SPIEGEL, Heft 36/2016

1 a) Nimm Stellung zu dem Titelbild des Spiegel.
b) Entwirf ein Titelbild für eine Zeitschrift mit dem Thema „Die Zukunft der Arbeit".

WES-113057-226

2 Nenne fünf Standortfaktoren, die für einen Automobilhersteller für die Errichtung eines Werkes in China entscheidend sind. Begründe deine Auswahl (M1, M3).

3 Du bist Beraterin oder Berater von Unternehmen, die auf der Suche nach geeigneten Standorten sind. Deine Aufgabe ist es, den Unternehmen eine geeignete Standortempfehlung zu geben. Übe dein Vorgehen:
– Entscheide dich für ein beliebiges Unternehmen, welches du beraten möchtest.
– Erstelle eine Liste mit wichtigen Standortfaktoren für dieses Unternehmen.
– Recherchiere nach geeigneten Standorten. **249**
– Triff begründet eine Standortentscheidung für das Unternehmen.
– Halte einen Vortrag zu den Ergebnissen. **247, 254**

Anwenden und üben

PROJEKT VOR ORT Globalisierten Lebenswelten auf der Spur – eine Erkundung

Tagtäglich bestimmen die Globalisierung und ihre Auswirkungen unser persönliches Leben und Wirtschaften auf unterschiedlichste Weise. Das Meiste ist uns unbewusst, auch wenn es eigentlich unmittelbar zu sehen ist – in unserer Heimatstadt, am Schulort oder an vielen Stellen zu Hause.

1. Erkundet doch einmal, wie sich heute Globalisierung in eurer nächsten Umgebung und Heimatstadt erkennen lässt und welche Bedeutung sie erlangt hat. Projektideen findet ihr hier, jeweils mit einer Auswahl an möglichen Untersuchungsfragen.
Arbeitet in Kleingruppen. Recherchiert möglichst viel konkret vor Ort. 257, 258

Tipps
- Beachtet die Methodenseiten im Anhang zur Erkundung 257 und zur Präsentation 254.
- Für eine vertiefende Untersuchung oder Hintergrundwissen bieten sich bei jedem Projekt Perspektiven aus anderen Fachrichtungen an. Daraus kann eine fächerübergreifende Präsentation erwachsen.

A Globalisierung hautnah: Aus welchen Ländern sind unsere Textilien?
Wie wirtschaften die Global Player weltweit? Ist die Lieferkette transparent, die Produktion nachhaltig? ….?

B Woher kommen die Nahrungsmittel?
Auf welchen Transportwegen? Bewerte deren Nachhaltigkeit. Welche Rolle spielen globale Fastfoodketten für die Ernährung in verschiedenen Ländern der Welt? …?

C Woher stammen die Gegenstände bei uns im Haushalt, die Elektrogeräte oder Möbel?
Welche Global Player haben sie produziert? Wie nachhaltig ist die Produktion? …?

Stichworte zur Vertiefung mit dem Fach Politik: Freihandelspolitik; Gesetz zu Lieferketten; Rolle der Qualitätssiegel
mit dem Fach Geschichte: historische Grundlagen des Welthandels

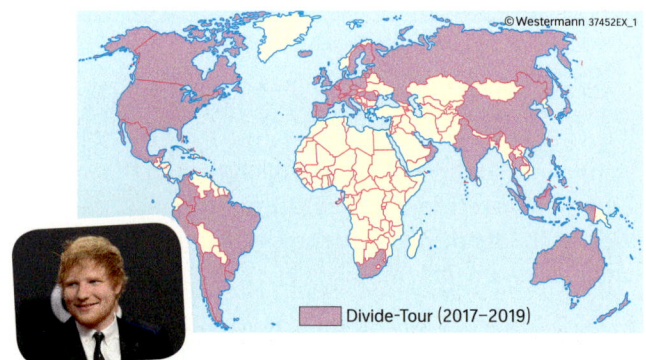

M2 Projekt 2: Globalisierung bei uns zu Hause

A Aus welchen Ländern stammen die besonders beliebten Pop – Künstlerinnen und Künstler in deinem Freundeskreis? In welchen Ländern, an welchen Orten geben sie Konzerte, wo nicht? Welche Gründe bzw. Folgen hat diese Verteilung? Wie werden sie vermarktet und wo produziert? Wie beeinflussen sie den Musikgeschmack in den Konsumländern? Wie ist das zu bewerten? …?

B Welche (TV-)Serien sind in deiner Klasse beliebt? Aus welchen Ländern? Wo überall sind sie zu sehen? Über welche Streamingdienste? Wie beeinflussen sie die Kultur bei den Konsumenten? …?

Stichworte zur Vertiefung mit dem Fach Geschichte: „globalisierte" Kulturtrends, z. B. von 1900 – 1930, ihre Herkunft und Verbreitung: Stummfilm, Roaring Twenties, Völkerschau

M1 Projekt 1: Globalisierung in unserer Alltagskultur – Musik- und Filmkonsum

Globalisierte Lebenswelten 229

A Globalisierung in Nachrichten und ihren Portalen:
Welche Nachrichtenmedien sind zu Hause bzw. bei dir die wichtigsten? Wie groß ist der Anteil globaler Berichterstattung? Über welche Länder erfährt man etwas, worüber nichts? Wie sind Räume dargestellt?...?

B Vergleich ausländischer Nachrichtenkanäle:
zu gleichen globalen Ereignissen (z.B. BBC, Al Jazeera, RT, Xinhua, CNN): Welche Inhalte werden gezeigt? Mit welchem Schwerpunkt und welchen Mitteln? Welche Ziele hat der Sender? Welches Weltbild? ...?
Stichworte zur Vertiefung mit dem Fach Politik: Jugendliche als Medienkonsumenten; Nachrichtenkommerce; Pressefreiheit, Fake News

M3 Projekt 3: Globalisierung in und durch aktuelle Nachrichten

 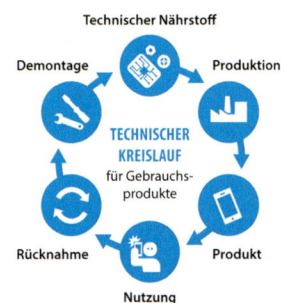

A Besuch einer Reyclinganlage oder eines Wertstoffhofes:
Welche Abfallarten werden gesammelt, welche stofflich wiederverwertet? Wer liefert sie an? Wohin gehen die Restabfälle? Was geschieht damit? Wo sind Standorte für Sammelstellen? Gibt es innovative Konzepte?...?

B Besuch einer Einrichtung zum nachhaltigen Umgang mit Ressourcen:
Wege zu einer Kreislaufwirtschaft: Tauschbörse, Repaircafe, Secondhand - Kaufhaus, Möbelbörse, Umsonstladen.
Stichworte zur Vertiefung mit dem Fach Politik: neue politische Leitbilder zum Mensch-Umwelt- System, Agenda 2030, SDGs.
mit dem Fach Geschichte: Ressourcenumgang in vorindustriellen Zeiten

M4 Projekt 4: Globalisierung und Konsequenzen im Umgang mit globalen Ressourcen

Welche international tätigen Firmen (Global Player, Hidden Champions) haben einen Standort in deiner Stadt?
An welchem Standort? Wie kann man das Unternehmen vorstellen? Wie ist es global verflochten? Welche Bedeutung hat es für die Stadt (wirtschaftlich, kulturell, ökologisch, historisch)? Wie wird unsere Stadt im Internetauftritt präsentiert?....?

Stichworte zur Vertiefung mit dem Fach Geschichte: Wirtschaft und Unternehmen nach 1945, Entwicklung der Arbeit

M5 Projekt 5: Globalisierung in unserer Stadt

IM FOKUS: USA – die führende Wirtschaftsmacht der Welt

Aspekt 1: Wandel und globale Bedeutung der Industrie

Die USA erwirtschaften rund ein Fünftel des jährlichen Welteinkommens. Amerikanische Firmen machen überall auf der Welt Geschäfte und amerikanische Produkte sind weltbekannt.

Leitfrage: Welche Bedeutung hat die US-amerikanische Wirtschaft und welche Veränderungen haben sich in den Bereichen der Wirtschaft vollzogen? 259

1. Präsentiert eure Ergebnisse in einer wirkungsvollen Präsentation. 254

   Tipps zur Gliederung:
   - Beschreibt zunächst die Lage der Industrieregionen in den USA sowie ihre wirtschaftliche Ausrichtung.
   - Berichtet über die Bedeutung der US-amerikanischen Industrie.
   - Nennt Gründe, wodurch die Industrie diese Stellung erreichen konnte.
   - Erläutert Chancen und Probleme, die sich durch den Wandel in der Industrie ergeben.
   - Formuliert zum Abschluss eine Einschätzung der zukünftigen Entwicklung.

   Ergänzt die Materialien durch Recherche in anderen Informationsquellen, z. B. Atlas, Karten: Vereinigte Staaten von Amerika – physisch; Vereinigte Staaten von Amerika – Wirtschaft; Silicon Valley – Computerindustrie; USA – Entwicklung der Automobilindustrie

M2 „Tin Lizzy", das Auto, das ab 1908 in den Ford-Werken in Detroit in Fließbandfertigung produziert wurde, und automatisierter Karosseriebau in einem Ford-Werk in Chicago heute

Der Manufacturing Belt im Nordosten der USA ist ein sehr altes Industriegebiet. Grundlage für die Entstehung dieses Industriegebiets waren die Bodenschätze Eisenerz und Kohle. Es entstanden Eisenhütten und Stahlwerke. Detroit wurde zum Zentrum der Automobilindustrie. Der wirtschaftliche Aufstieg des Manufacturing Belt erlitt in den 1960er-Jahren einen Einbruch. Die Nachfrage nach Stahl sank. Fabriken wurden geschlossen. Es kam zur Massenarbeitslosigkeit. Ein Strukturwandel war nötig, um neue Arbeitsplätze zu schaffen. Durch Steuererleichterungen und günstige Kredite für Firmen der Hightech-Industrie und für Dienstleistungsbetriebe konnten neue Betriebe angesiedelt werden.

Von der Krise im Manufacturing Belt profitierte der Sunbelt. Hier gab es gut ausgebildete Arbeitskräfte, Forschungseinrichtungen, Steuervorteile und staatliche Hilfen. Aber insbesondere auch die Erdöl- und Erdgasvorkommen im Golf von Mexiko waren die Grundlage für das Wirtschaftswachstum im Süden.

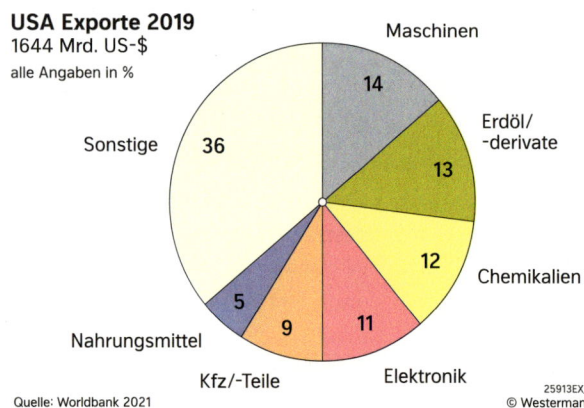

USA Exporte 2019
1644 Mrd. US-$
alle Angaben in %

- Maschinen: 14
- Erdöl/-derivate: 13
- Chemikalien: 12
- Elektronik: 11
- Kfz/-Teile: 9
- Nahrungsmittel: 5
- Sonstige: 36

Quelle: Worldbank 2021

M1 USA: Exporte

M3 Entwicklung des Manufacturing Belt und des Sunbelt

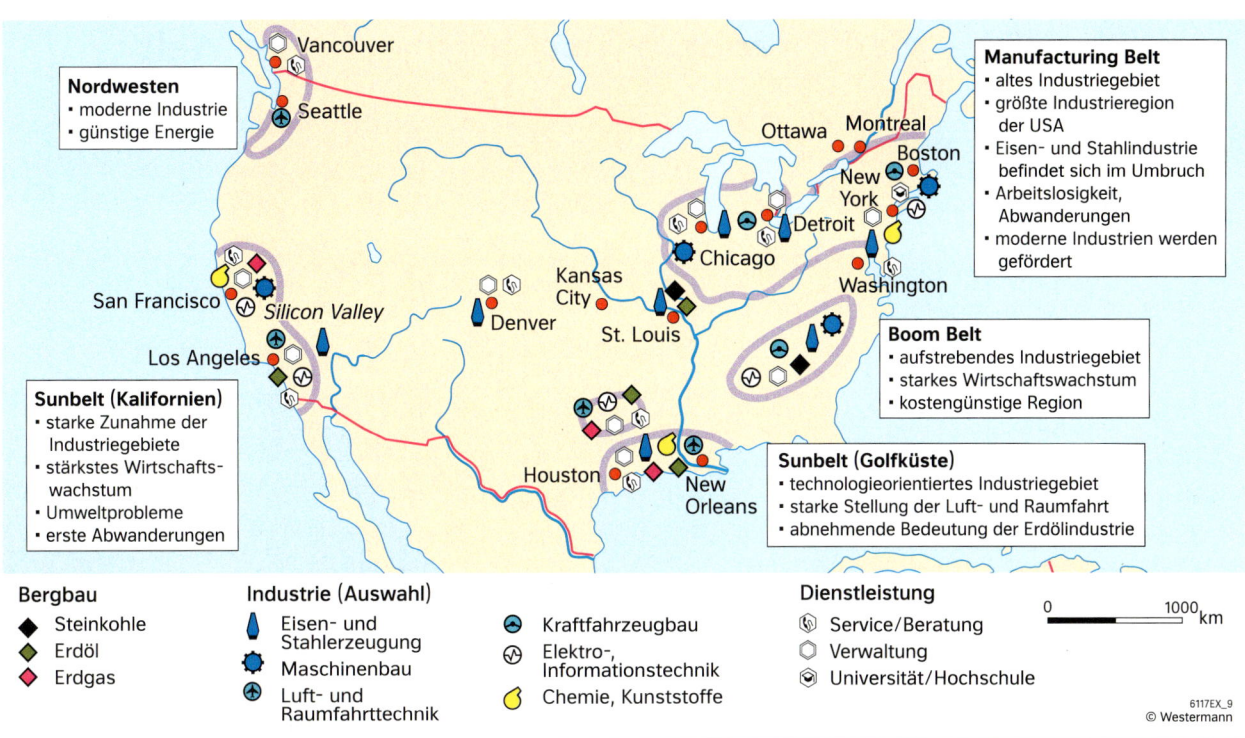

M4 Bedeutende Wirtschaftsregionen in den USA

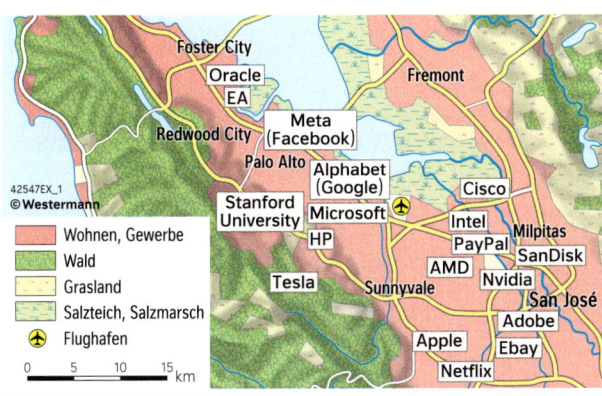

M5 Das Silicon Valley ist die erfolgreichste Hightech-Region der Welt. Es hat sich ein Cluster gebildet.

The U.S.'s largest temporary work visa program is the H-1B – an important program that allows U.S. employers to hire college-educated migrant workers. However, the H-1B program is not operating as intended and needs to be fixed: Instead of being used to fill genuine labor shortages in skilled occupations without negatively impacting U.S. labor standards, the latest data show that the H-1B's biggest users are companies that have an outsourcing business model. President Joe Biden can and should implement regulations so that outsourcing companies can no longer exploit the program and to prevent them from underpaying skilled migrant workers.

Das Geheimnis des wirtschaftlichen Erfolgs liegt nicht nur in den reichlich vorhandenen Bodenschätzen. Auch der Wirtschaftsgeist spielt eine wichtige Rolle. Arbeitskräfte stellen sich schnell auf neue Anforderungen ein und sie sind bereit, den Wohnort zu wechseln, wenn der Wechsel des Arbeitsplatzes es erfordert. Banken investieren, auch wenn das Risiko hoch ist. Unternehmer arbeiten innovativ. So führte zum Beispiel Henry Ford Anfang des 20. Jahrhunderts die Fließbandfertigung in seiner Automobilfabrik ein.
Hinzu kommt die gute Forschungs- und Bildungsinfrastruktur. Die Entwicklung des Silicon Valley wäre ohne die Impulse aus der Stanford Universität nicht möglich gewesen. Die Weltfirma Hewlett-Packard begann beispielsweise als Garagenfirma zweier Studenten.

Rang	Unternehmen	genehmigte H-1B-Anträge*
1	Amazon	4774
2	Infosys	3528
3	Tata Consultancy Services	2580
4	Cognizant Technology	2005
5	Microsoft	1791
6	Google	1682
7	Capgemini America	1413
8	HCL America	1405
9	IBM Corp.	1359
10	Deloitte and Touche	1230

*auf Erstbeschäftigung

Quelle: Hira, Ron und Daniel Costa: The H-1B visa program remains the "outsourcing visa". Working Economics Blog, Economic Policy Institute, 31.03.2021, Zugriff: 28.10.2021

M6 Grundlagen des Erfolgs

✶M7 Visa für Arbeitskräfte aus dem Ausland (2020)

USA – die führende Wirtschaftsmacht der Welt

IM FOKUS

W Aspekt 2: New York – eine Global City

Die USA erwirtschaften rund ein Fünftel des jährlichen Welteinkommens. Amerikanische Firmen machen überall auf der Welt Geschäfte und amerikanische Produkte sind weltbekannt.

Leitfrage: Welche Bedeutung hat New York für die US-amerikanische Wirtschaft und global?
259

1. Präsentiert eure Ergebnisse in einer wirkungsvollen Präsentation. 255
   Tipps zur Gliederung:
   - Nennt die Kennzeichen einer Global City (S. 318/319).
   - Beschreibt die Bedeutung von New York als Global City.
   - Stellt die besondere Bedeutung von Manhattan heraus.
   - Erläutert dann Chancen und Probleme, die sich durch die Bedeutung und Entwicklung der Stadt ergeben.
   - Formuliert zum Abschluss eine Einschätzung der zukünftigen Entwicklung.

   Ergänzt die Materialien durch Recherche in anderen Informationsquellen, z. B. Atlas, Karten: New York – Manhattan; New York – kulturgeprägte Wohngebiete; New York – Bevölkerungsdichte.

M2 Von den weltweit 500 umsatzstärksten Unternehmen haben 16 ihr Hauptquartier in Manhattan.

Global Cities sind aufgrund der weltweiten medialen Vernetzung ideale Schauplätze für Terroranschläge, da Terroristen vor den Augen fast der gesamten Welt die „Steuerungszentralen der Weltwirtschaft" angreifen und zerstören können. Nicht erst die Terroranschläge des 11. September 2001 haben gezeigt, wie verletzlich gerade die globalen Städte sind.

M3 Global Cities sind gefährdet.

Die US-amerikanischen Städte sind in den globalen Wettbewerb eingebunden, wobei New York unzweifelhaft [die bedeutendste] ist. [...] Die Zahl der Headquarter transnational agierender Unternehmen stellt einen wichtigen Indikator für die Bedeutung einer global city dar, da hier die wichtigsten Entscheidungen getroffen und die weltumspannenden Firmennetze koordiniert werden. Mit 20 Hauptsitzen der 100 umsatzstärksten Unternehmen in den USA steht New York unangefochten an der Spitze. Diese konzentrieren sich auf nur wenige Baublöcke südlich des Central Parks und an der Südspitze Manhattans. [...]
New York entwickelte sich schon früh zum führenden Presse- und Verlagsstandort des Landes.

[...] Die größten amerikanischen Banken, Broker und Versicherungen sowie die wichtigsten Auslandsbanken haben hier ihre Zentrale. [...] Mit dem am East River gelegenen Sitz der Vereinten Nationen ist New York außerdem Schauplatz weltpolitischer Entscheidungen. [...]
Die New Yorker Museen lassen sich mit denen Londons oder Paris vergleichen und der private Kunstmarkt zieht Sammler aus aller Welt an. In den Bereichen Schauspiel, Musical und Musik besticht New York durch die Fülle des Angebots.

Quelle: Hahn, Barbara: Die US-amerikanische Stadt im Wandel. Berlin, Heidelberg: Springer 2014, S. 59–62.

M1 Fachartikel zur Global City New York

Globalisierte Lebenswelten

M4 UN-Hauptquartier

M6 Museum of Modern Art

M9 Wall Street im Banken- und Börsenviertel

[…] Aus Manhattan, dem geschäftlichen und kulturellen Zentrum der Stadt, verschwindet hingegen zunehmend jegliche gewachsene soziale und ethnische Vielfalt. 57 Prozent der Bewohner Manhattans haben laut der neuen Umfrage eine Universitätsausbildung, die Mehrheit davon ist weiß. „Manhattan ist eine Exklusivzone geworden, eine Insel der hoch gebildeten und gut verdienenden Berufstätigen", sagt Andrew Beveridge, Demograph an der City University of New York. […] Manhattan war schon immer ein Magnet für die Ehrgeizigen und die Smarten, doch bislang war auf der Insel auch noch für andere Lifestyles […] Platz. Doch in den vergangenen fünf Jahren ist das Leben in Manhattan so teuer geworden, dass niedrigere Einkommensschichten sich das Herz New Yorks nicht mehr leisten können. Um ihren Lebensstandard zu halten, müsste eine amerikanische Familie, die anderswo mit 60 000 Dollar im Jahr auskommt, in Manhattan 146 000 Dollar verdienen – 137,9 Prozent mehr als im Landesdurchschnitt. 100 000 Dollar davon würden alleine für Wohnen bezahlt werden. „Die Leute, die diese Stadt am Leben erhalten, die Kellner und Hausmeister, können nicht mehr in ihr leben", sagt Pedro A. Noguera, Soziologe an der New York University. Das neue New York ist eine Festung der Reichen geworden, in die die Dienstboten tagsüber zwar eingelassen werden, die sie jedoch am Abend wieder in Richtung ihrer Quartiere am Stadtrand verlassen müssen. […]
Ein zunehmend globalisierter Arbeitsmarkt hat sowohl eine globale Elite als auch bettelarme Glückssuchende in die Stadt geschwemmt – das soziale Gefälle der Stadt gleicht sich immer stärker dem in der Dritten Welt an.

Quelle: „Die neue Festung der Reichen", SPIEGEL.de, Sebastian Moll, 29.8.2006, Zugriff: 20.03.2018

M5 Die Kehrseite der Medaille

Anzahl der Hauptquartiere der 500 umsatzstärksten Unternehmen der Welt 2021[1]	
Peking	59
Tokio	37
New York	16
Paris	13
Größte Börsen der Welt nach Marktkapitalisierung 09/2021 (in Bill. US-$)[2]	
NYSE, New York	28,4
Nasdaq, New York	22,3
Shanghai Stock Exchange, Shanghai	7,8
Euronext (Börsenverbund Paris, Mailand u. a.)	7,0
Meistbesuchte Kunstmuseen der Welt 2019 (Besucher in Mio.) – zum Vergleich (2020)[3]	
Louvre, Paris	9,6 (2,7)
Chinesisches Nationalmuseum, Peking	7,4 (1,6)
Vatikanische Museen, Vatikan	6,9 (1,3)
Metropolitan Museum of Modern Art, New York	6,5 (1,1)

Quellen: [1] Forbes 2021, [2] World Federation of Exchanges 2021, [3] The Art Newspaper 2020, 2021

M7 Städtevergleich

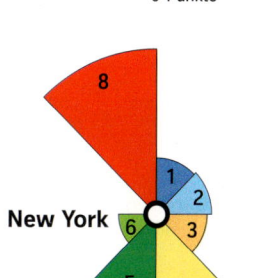

M8 New York, bewertet nach dem Global City Modell nach Bronger 246

Wirtschaft
1 ▷ Anzahl der Zentralen transnationaler Unternehmen
2 ▷ Umsatz der Unternehmen

Finanzen
3 ▷ Anzahl der Bankenzentralen
4 ▷ Börsenplätze nach Umsatz

Handel und Verkehr
5 ▷ internationale Flughäfen nach Passagieren
6 ▷ Flugverkehr: Frachtaufkommen
7 ▷ führende Häfen

Internationalität
8 ▷ Sitz bedeutender internationaler Institutionen

Methoden

Vernetzt denken – typisch Geographie!

Ende 2019: In Wuhan (China) bricht eine Viruserkrankung aus – Anfang 2020: Es entsteht eine Pandemie – weltweit brechen Gesundheitssysteme zusammen – in vielen Industriebetrieben steht die Produktion still – Lockdown – die Arbeitslosenzahlen steigen – es kommt auf allen Ebenen zu Wirtschaftskrisen – Maßnahmen zur Bekämpfung der Pandemie schränken die Menschen ein – Tausende demonstrieren – in den Tourismusregionen gehen die Buchungen dramatisch zurück – während sich dort die Natur erholt, treten in den Naherholungsgebieten vermehrt Schäden auf – die Luftbelastungen durch Emissionen aus Industrie und Verkehr sinken ...

Wir leben in einem globalen System, in dem viele Komponenten aufeinander einwirken, voneinander abhängig sind. Im Methodenkapitel lernst du, einzelne Informationen zu beschaffen, auszuwerten und zu präsentieren. Wesentlich ist jedoch, diese Informationen immer wieder mit anderen (z. B. mit dem, was du schon weißt) zu verknüpfen und die sich weiter ergebenden Auswirkungen zu betrachten. So können sich negative Wirkungszusammenhänge ergeben, aber auch positive, chancenreiche. – So vernetzt zu denken und zu arbeiten, das ist typisch für das Fach Erdkunde, für die Wissenschaft Geographie.

M2 In Arizona versuchte der Milliardär Edward Bass 1991 das System Erde im Kleinen zu simulieren. Unter sehr großen, hermetisch abgedichteten Glaskuppen lebten zwei Jahre lang acht Menschen und 3800 Tier- und Pflanzenarten von der Außenwelt völlig abgeschnitten. Das Projekt scheiterte, die Wechselbeziehungen im Ökosystem Erde waren zu komplex, um sie tatsächlich simulieren zu können.

AUFGABEN

1. Erkläre an einem Beispiel die Bedeutung von vernetztem Denken beim Umgang mit Chancen und Risiken (M1).

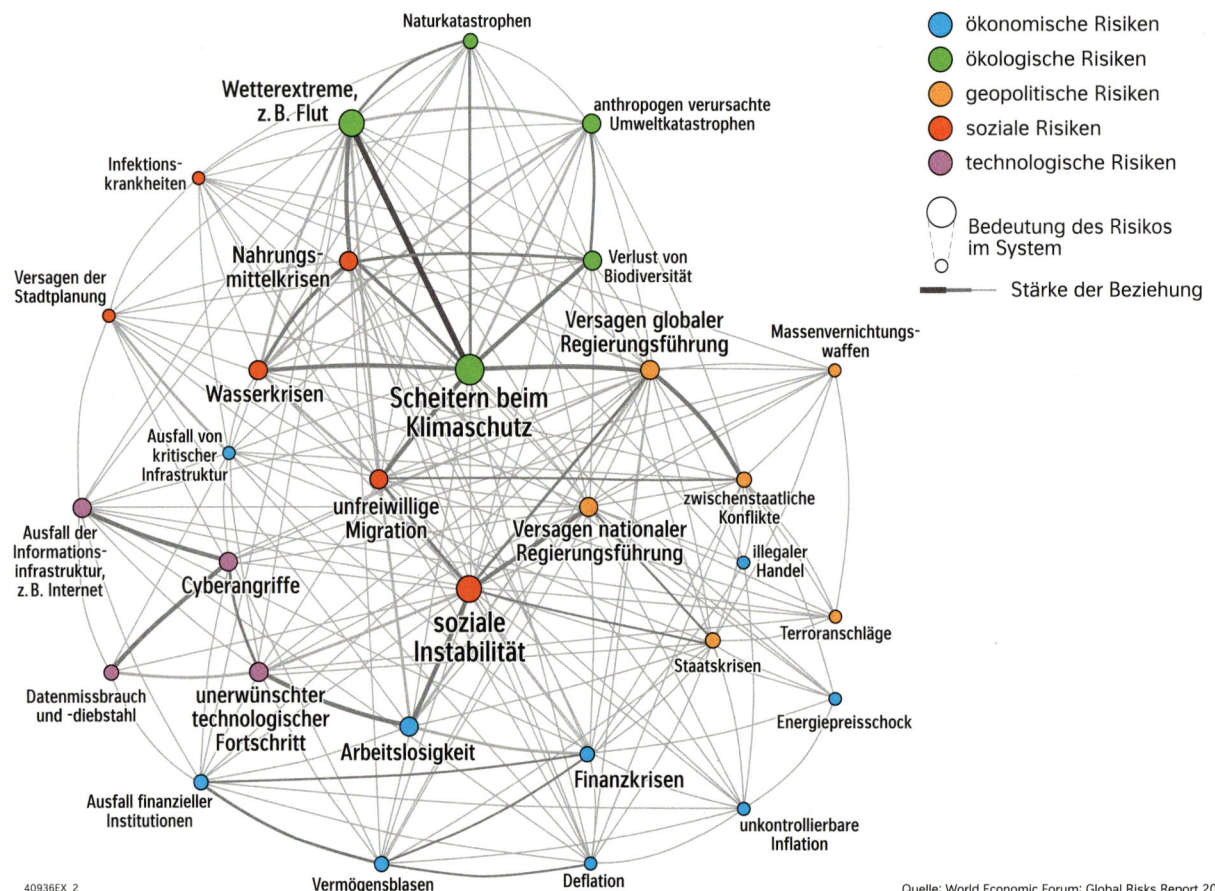

M1 Alljährlich werden 1000 international anerkannte Expertinnen und Experten befragt, welche Risiken und Herausforderungen sie im kommenden Jahr für besonders bedeutend halten. Dabei wird auch bewertet, welche Auswirkungen diese auf Wirtschaft, Gesellschaft und Umwelt haben könnten.

Quelle: World Economic Forum: Global Risks Report 2020

Wie ordne ich meine Gedanken? – Mindmap, Kausalkette, Wirkungsgefüge und Conceptmap

Es gibt die unterschiedlichsten Möglichkeiten, um Themen grafisch darzustellen.
Grundsätzlich werden die Schlüsselbegriffe grafisch miteinander durch Linien oder Pfeile verbunden. Daraus lassen sich dann die Gliederung (die Struktur) eines Themas und innere Zusammenhänge ablesen.

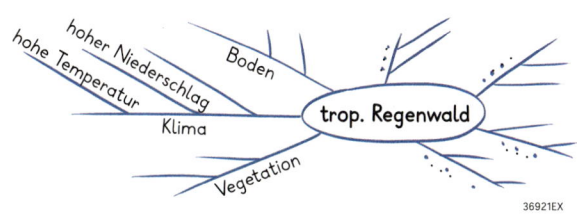

M3 Mindmap

M4 Kausalkette

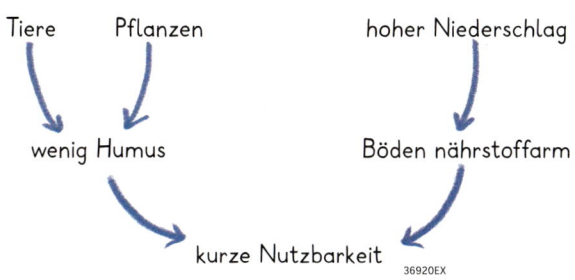

M5 Wirkungsgefüge

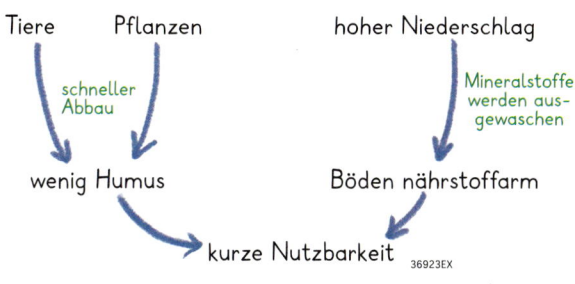

M6 Conceptmap

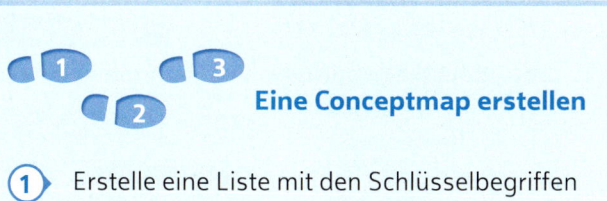

Eine Conceptmap erstellen

① Erstelle eine Liste mit den Schlüsselbegriffen (Schlüsselwörtern) des Themas.

INFO
M7 Die **Mindmap** („Gedankenlandkarte") hat Haupt- und Nebenäste, die von einem zentralen Thema ausgehen. Sie ordnen die Unterthemen und Begriffe nach ihrer Bedeutung.

INFO
M8 Die **Kausalkette** (lat. causa = Ursache, Grund) ordnet Begriffe nach Ursache und Wirkung und verbindet sie in einer Linie mit Pfeilen. Nur selten besteht ein Sachverhalt nur aus einer Ursache und einer Wirkung. Daher ist es meist sinnvoller, das Thema als Wirkungsgefüge oder Conceptmap darzustellen.

INFO
M9 Auch im **Wirkungsgefüge** sind Begriffe nach dem Prinzip von Ursache und Wirkung angeordnet. Man kann damit aber auch komplizierte Zusammenhänge darstellen z. B. • mehrere Ursachen und Folgen (mehrere Begriffe auf gleicher Ebene), • geringere und stärkere Folgen/Auswirkungen (dicke, dünne Pfeile), • Folgen unterschiedlicher Art (unterschiedliche Farben), • Wechselwirkungen (Doppelpfeile).

INFO
M10 In einer **Conceptmap** werden die Linien und Pfeile des Wirkungsgefüges noch beschriftet.

② Ordne die Begriffe nach dem Prinzip von Ursache und Wirkung. Achte darauf, dass gleich wichtige oder gleichzeitige Gründe oder Folgen in derselben Ebene stehen.

③ a) Verbinde die Begriffe mit Pfeilen. Sie haben die Bedeutung „bewirkt" oder „hat zur Folge". Unterschiedliche Stärke der Pfeile kann unterschiedlich starke Wirkung ausdrücken.
b) Färbe Begriffe und Pfeile mit gleicher Bedeutung gleich ein.
c) Beschrifte einzelne Pfeile.

➡ Übungsmöglichkeiten zu Mindmap, Kausalkette, Wirkungsgefüge und Conceptmap: Seiten 36, 64, 86, 116, 118, 166

Wie orientiere ich mich mit Atlas und (digitalen) Karten?

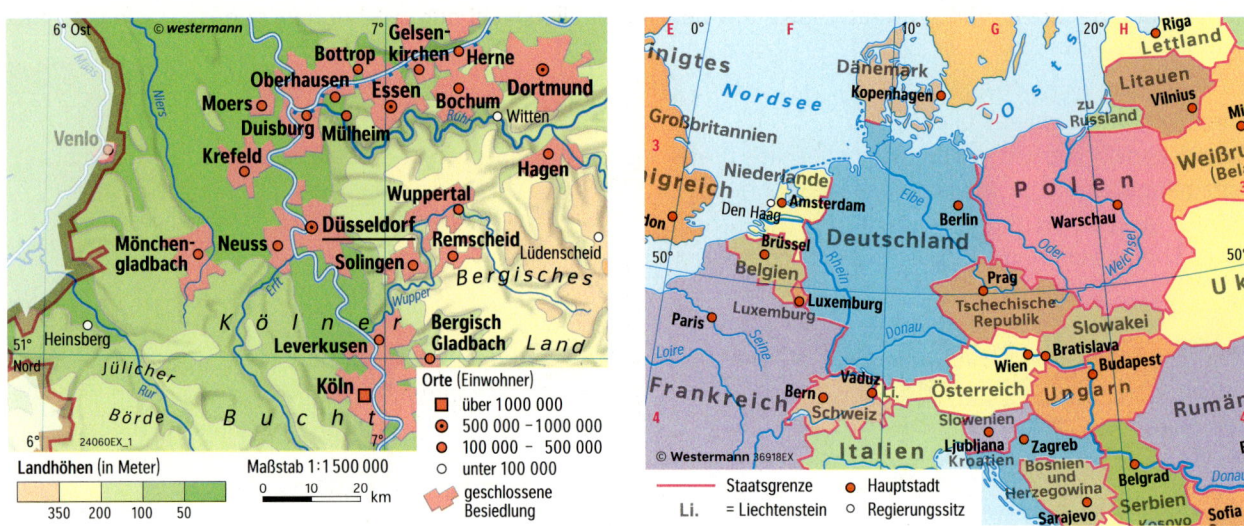

M1 Großer Maßstab – kleiner Maßstab. Ist die Zahl hinter dem Doppelpunkt klein (z. B. 1:100), dann spricht man von einem großen Maßstab, ist die Zahl sehr groß (z. B. 1:16 000 000) dann spricht man von einem kleinen Maßstab. (Der Bruch 1/100 ist größer als der Bruch 1/16 000 000.)

Die Karten im **Atlas** sind in **Planquadrate** eingeteilt, die mit einer Kombination aus Buchstabe und Zahl (z. B. A2) bezeichnet werden können. So kann man leicht die im Register angegebenen Orte finden. Um jeden Punkt der Erde genau bestimmen zu können, hat man die Erde mit einem **Gradnetz** überzogen. Es besteht aus **Breiten-** und **Längengraden**. Vom Äquator zu den Polen gibt es jeweils 90 Breitengrade. Vom nullten Längengrad aus (der Nullmeridian bei London) zählt man nach Osten und nach Westen jeweils 180 Längengrade.
Ein Ort wird mit der Angabe des Breiten- und des Längengrades bezeichnet, zum Beispiel 51°N / 7°O – Bergisch Gladbach. So ergeben sich die **geographischen Koordinaten**.

M2 Suchen und Finden in Karten

INFO

M3 **Geographische Koordinaten** ganz genau:
- mit **Minuten** und **Sekunden**: Jeden Breiten- und Längengrad kann man noch einmal in jeweils 60 Minuten und jede Minute noch einmal in 60 Sekunden unterteilen z. B. 50° 59′ 32″ N / 7° 7′ 43″ O (lies: 50 Grad, 59 Minuten, 32 Sekunden nördlicher Breite ...).
- mit **Dezimalangaben**: GPS-Geräte, Smartphones und die meisten Computerprogramme bestimmen die genaue Lage mithilfe von Dezimalzahlen: z. B. 50.992309 N / 7.128621 O

➡ Übungsmöglichkeiten: Seite 18, 36

M4 Die Himmelsrichtungen

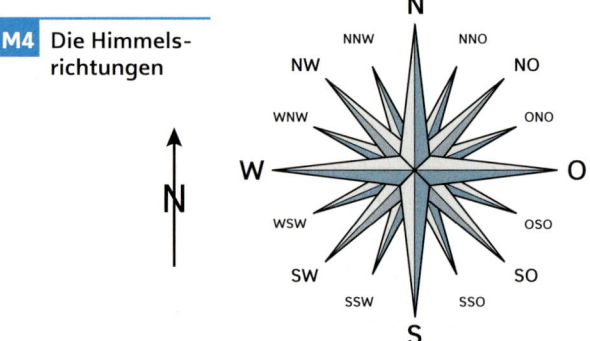

Auch **digitale Karten** bieten viele Informationen: Im Programm *Google Maps* zum Beispiel kannst du über das Menü Straßenkarten, Satellitenbilder und Geländekarten (mit der Darstellung von Gebirgen und Tälern) abrufen. Auch diese **Geographischen Informationssysteme (GIS)** arbeiten mit geographischen Koordinaten. Klicke einen Punkt auf der digitalen Karte an, drücke die rechte Maustaste und wähle im Kasten „*Was ist hier?*" Es werden dir die geographischen Koordinaten angegeben (in Grad, Minuten und Sekunden und als Dezimalangabe). Einen Ort auf der Erde findet man, indem man den Namen oder die geographischen Koordinaten in das Suchfeld eingibt.

M5 Digitale Karten

AUFGABEN

1. Bestimme die geographischen Koordinaten deines Heimatortes
   a) mithilfe des Atlas,
   b) mithilfe eines digitalen Kartendienstes (z. B. Google Maps).

Wie beschreibe und interpretiere ich eine thematische Karte?

Du hast nun genügend Hintergrundwissen, um viele Materialien nicht nur beschreiben, sondern auch interpretieren zu können.

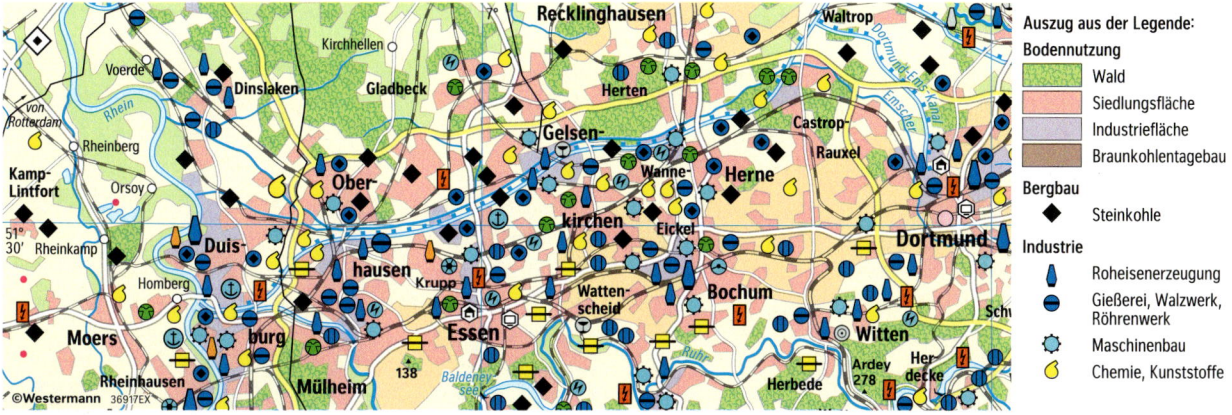

M6 Die Wirtschaft des Ruhrgebietes Mitte des zwanzigsten Jahrhunderts (Ausschnitt Diercke Weltatlas S. 40)

Eine thematische Karte beschreiben und interpretieren

Beschreibung

1) Wo? Wann? Was? – das Thema der Karte
Lage und Größe des Raums, Thema der Karte, evtl. Zeitraum, für den die Angaben gelten

2) Was sind die genauen Inhalte?
a) Legende (→ Signaturen, Farben)
b) Verteilung der Signaturen: Wo gibt es besonders viele, wo besonders wenige (Extremwerte)?
c) Gliederung der Auswertung z. B. nach Himmelsrichtungen

3) Was ist die Kernaussage der Karte?
Zusammenfassung der Aussage der Karte in wenigen Sätzen

> **INFO**
> **M7 Beschreibung und Interpretation**
> Um etwas zu **beschreiben**, muss man es genau analysieren, muss es genau betrachten. Das Interpretieren geht weit darüber hinaus:
> **Interpretieren** heißt, du musst das, was du gesehen oder gehört hast, nicht nur beschreiben, sondern auch erklären und auf mögliche Auswirkungen hinweisen. Damit du dies tun kannst, benötigst du Hintergrundwissen. Wenn das nicht ausreicht, musst du noch weitere Informationen suchen → recherchieren **249**.

NEU: Interpretation

4) Wie lässt sich die Aussage der Karte erklären? Welche weitere Entwicklung könnte sich in dem Raum ergeben?
Gibt es einen Zusammenhang zwischen den einzelnen Elementen der Karte? (z. B. dort, wo viele Signaturen A sind, sind auch viele Signaturen B – dort, wo viele Bodenschätze sind, gibt es auch viel Industrie)
Warum ist dieser Zusammenhang so? (z. B. die Industrie verarbeitet ...)
Welche Probleme könnte es in dem Raum geben? (z. B. durch die vielen Industriebetriebe ist das Verkehrsnetz sehr gut ausgebaut, es wird aber auch sehr belastet)
Wie könnte sich der Raum weiterentwickeln? Welche Zukunftsperspektiven gibt es? (z. B. der Raum wird wahrscheinlich auch in Zukunft wirtschaftlich stark sein ...)
Wenn nötig oder sinnvoll, recherchiere nach Zusatzinformationen. **249**

> *Formulierungshilfen zur Interpretation (4.)*
> ... die ... ist damit zu erklären, dass ...
> ... daraus kann man folgern, dass ...
> ... dabei könnte es jedoch zu ... kommen.
> ... und es bestünde auch die Gefahr, dass ...
> ... daraus ergeben sich mehrere Möglichkeiten ...
> ... das könnte für die Region von Nutzen sein, weil ...
> ... wenn sich ... weiter entwickelt, dann ...
> ... die Folgen könnten für die Menschen dort unangenehm sein ...

➡ Übungsmöglichkeiten zur thematischen Karte:
Seiten 48, 56, 62, 68, 70, 114, 116, 122

Wie nutze ich einen digitalen Atlas? – Diercke Atlas | Die App

 Der digitale **Diercke Weltatlas** umfasst alle Karten deines gedruckten Weltatlas. Egal ob auf dem Smartphone oder auf dem PC: Die digitale Version des Atlas enthält die aktuellsten Karten und ist einfach zu benutzen. Aber sie kann noch mehr als der gedruckte Atlas: Zoome in Karten, miss Entfernungen, verändere die Karte oder verknüpfe sie mit einer anderen. Probiere es aus!

Arbeiten in und mit der Karte
In der Menüleiste links kannst du verschiedene Werkzeuge benutzen, um deine Karte zu verändern. Du kannst sogar selbst Signaturen einfügen und deine eigene thematische Karte erstellen:
- Umkreise wichtige Aspekte oder markiere farblich.
- Miss Entfernungen zwischen Punkten.
- Schreibe direkt in die Karte.
- Füge neue Signaturen in dein Kartenbild.
- Lösche deine Bearbeitungen.
- Speichere einen Screenshot.
- Schneide einen Teil der Karte aus und kopiere ihn.
- Verbirg die Karte.

M1 Kartenwerkzeuge

Veränderung der Kartenebenen

In den Karten sind Signaturen gleichen Themas zu einer Ebene zusammengefasst. In dem Legendenfenster kannst du auf „Ebenen" klicken. Jetzt kannst du einzelne oder mehrere Ebenen mit deren Signaturen in deiner Karte durch einen Klick auf das Auge neben den Ebenen weg- oder zuschalten. Dies hilft dir, eine Fragestellung genauer zu untersuchen.

M3 Umgang mit der Legende

Möchtest du zwei unterschiedliche Karten des selben Raumausschnittes miteinander vergleichen, so kannst du sie problemlos nebeneinandersetzen. Nutze die obere Menüleiste. Klicke auf ⊞ und du kannst eine zweite Karte neben die erste setzen. Mit einem Klick auf ⊞ verknüpfst du die Karten. Bewegst du jetzt die eine, bewegt sich die andere mit. Auch das Zoomen funktioniert bei beiden Karten dann gemeinsam. Ein Klick auf 🌍 leitet dich zum **Diercke Globus Online**. Die Karte wird in den Globus integriert und du kannst weiter mit ihr arbeiten (siehe unten). Zusatzinformationen zu der ausgewählten Karte sind mit einem Klick auf www abrufbar.

M2 Verknüpfen von Karten auch mit dem Diercke Globus

Wie nutze ich einen digitalen Globus? – Diercke Globus Online

 Möchtest du von deinem Zuhause über den Globus nach New York fliegen? Oder selbst eine thematische Karte erstellen? Oder möchtest du wissen, wie eine dargestellte Karte im Satellitenbild aussieht? Dann nutze den Diercke Globus Online. Auf *schueler.diercke.de* kannst du das kleine Zusatzprogramm herunterladen. Als Kennwort gibst du den Online-Schlüssel ein, der vorne in deinem Diercke Weltatlas eingedruckt ist. Los gehts!

Unter dem Button „Menü" kannst du „Ebenen" auswählen und damit einzelne Signaturen zuschalten. Aber du kannst auch Karten integrieren und diese in ihrer Transparenz verändern. Über den Werkzeuge-Button kannst du Texte, Signaturen und Markierungen einfügen und so deine eigene thematische Karte erstellen. Entfernungen kannst du mithilfe des Lineals abmessen.

M4 Erstellung von Karten

Wie nutze ich Google Earth als geographische Informationsquelle?

Digitale Globen wie Google Earth können nicht nur genutzt werden, um Satellitenbilder anzuzeigen. Sie dienen auch als geographische Informationsquelle. Mit Werkzeugen in Google Earth kannst du Entfernungen und Umfänge messen, Räume im zeitlichen Verlauf betrachten und sogar thematische Karten erstellen.

Google Earth nutzen

① **Was will ich wissen?**
Überlege, welche Fragestellung du untersuchen möchtest. Handelt es sich dabei um etwas, das man als Karte darstellen kann?

② **Welches Google Earth Werkzeug kann dir bei der Beantwortung der Frage helfen?**
Wenn du Entfernungen oder Umfänge messen möchtest, nutze das Lineal (M5). Zeitliche Veränderungen kannst du mit dem Zeitschieberegler herausarbeiten (M7). Mit Streetview gehst du auf eine virtuelle Exkursion (M6).

③ **Was ist die Erkenntnis?**
Fasse zusammen, welche Informationen du mithilfe von Google Earth gewonnen hast. Beantworte deine Fragestellung.

Luftlinie: Messen der direkten Entfernung zwischen zwei Punkten
- Klicke in der Menüleiste auf das Lineal.
- Wähle die Registerkarte „Linie" und das geeignete Längenmaß (z. B. Meter) aus.
- Klicke auf den Startpunkt und dann auf den Endpunkt deiner zu messenden Strecke.

Wegstrecke: Ermitteln nicht gerader Strecken (z. B. Straßen) oder von Umfängen (z. B. Tagebau)
- Klicke in der Menüleiste auf das Lineal.
- Wähle die Registerkarte „Pfad" und das geeignete Längenmaß (z. B. Kilometer) aus.
- Klicke auf den Startpunkt und bei jeder Änderung des Verlaufs.

M5 Nutzung des Werkzeugs ‚Lineal'

Zeitschieberegler: Untersuchung eines Raumes im zeitlichen Verlauf
- Klicke in der Menüleiste auf den Zeitschieberegler.
- Innerhalb der erscheinenden Leiste kannst du den Knopf verschieben. Das jeweilige Datum der Aufnahme erscheint über der Leiste.

Für Google Earth Profis:
Durch das Einfügen von Polygonen und Markierungen kannst du selbst thematische Karten erstellen. Zum Beispiel kannst du die Ausdehnung eines Stadtteils heute und in der Vergangenheit je mit einem Polygon kartieren.

Tipp: Bei der Registerkarte „Stil – Farbe" kannst du die Transparenz herabsetzen. Teste den Effekt.

M7 Ein Blick zurück mit dem Zeitschieberegler

Gehe auf eine virtuelle Exkursion und finde heraus, wie dein Untersuchungsraum aussieht.
- Ziehe mit der Maus das kleine Männchen im rechten Bildrand in die Karte. Die Straßen, bei denen Streetview verfügbar ist, färben sich blau ein.
- Lasse das Männchen an der gewünschten Stelle los.
- Bewege dich mit den Cursortasten durch die Straßen und untersuche deinen Raum.

M6 Gehe auf virtuelle Exkursion mit Streetview

M8 Schülerprodukt: Wie hat sich unser Wohnort verändert? Das Beispiel Soest.

Methoden

Wie zeichne ich eine Kartenskizze?

Eine Kartenskizze zeichnen

1. Inhalte auswählen.
   Was willst du zeichnen? (z. B: Gebirge, Flüsse)

2. Nach **einfachen Formen** suchen.
   Auf welche Formen lassen sich die Umrisse reduzieren? (eine Kombination z. B. von Dreieck, Trapez, Halbkreis)

3. Die Umrisse zeichnen, die Inhalte einzeichnen.
   Am besten ist es, frei **aus der Hand** zu zeichnen. Hab keine Angst, stark zu **vereinfachen**!

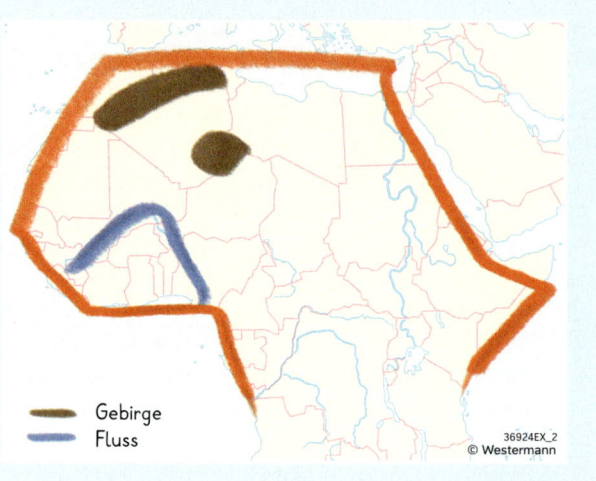

Gebirge
Fluss

Wie nutze ich ein WebGIS?

Als **Geographisches Informationssystem (GIS)** wird eine Software bezeichnet, mit deren Hilfe man Daten über einen Raum
- mit einer Dateneingabe erfassen,
- in einer Datenbank verwalten,
- über eine Datenauswertung analysieren und
- mit einer Datenausgabe präsentieren kann.

Man unterscheidet dabei das WebGIS und das auf Computern fest installierte GIS-Programm (Desktop-GIS).

INFO

M1 In einem **WebGIS** (Online-GIS) werden aus einer Datenbank Daten vorgegeben. Diese werden dann zu digitalen Karten verarbeitet, welche über das Internet abrufbar sind. Bekannt sind Online-Kartendienste wie *Google Maps*, *HERE*, *Bing Maps* oder *OpenStreetMap*.
Durch eine einfache Aktion können hier von überall zu jedem Ort aktuelle Daten abgerufen werden (z. B. Straßensperrung, Stau).

INFO

M2 **GIS-Software** wie sie von Behörden (z. B. Stadtverwaltungen), Firmen (z.B. Energieversorger, Netzbetreiber, Logistikunternehmen) oder Universitäten genutzt wird, ist auf lokalen Rechnern und Netzwerken installiert. Sie bieten die Möglichkeit, eigene Daten einzugeben und auch eigene Klassifizierungen zu erstellen. So können immer sehr schnell aktuellste Karten für alle Einsatzzwecke zur Verfügung gestellt werden.

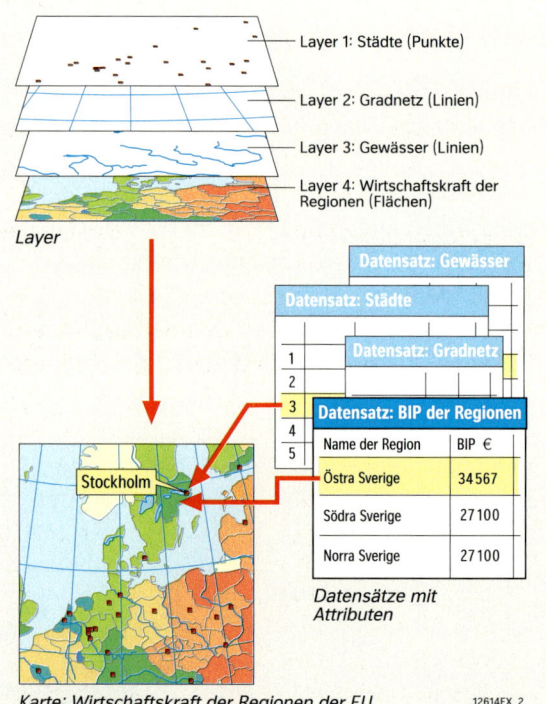

Eine Karte besteht aus verschiedenen **Layern**. Jeder Layer kann entweder einzelne Punkte, Linien oder Flächen beinhalten.
Jeder dieser Layer kann einzeln sichtbar und aktiv oder aber auch unsichtbar geschaltet werden. So könnte man die Inhalte einer Karte nur auf das Gewässernetz reduzieren oder nur die Städte und die Verkehrswege darstellen.
Durch das Zu- und Wegschalten der Layer ist es einfach möglich, Karten zu vergleichen, neu zu erstellen und Abfragen von Daten durchzuführen.

M3 Das Prinzip der Layer

Wie werte ich einen Fachtext aus?

Wie werte ich einen Fachtext aus?

① **Was will ich wissen?**
Die Fragestellung an den Text

② **Lesen und Unbekanntes klären.**
Unbekannte Begriffe markieren und die Bedeutung recherchieren. 249

③ **Lesen und unterstreichen**
Genaues Durcharbeiten, Unterstreichen der Schlüsselwörter/Schlüsselaussagen

④ **Das Wichtigste notieren**
Das Wichtigste (Schlüsselwörter, Schlüsselaussagen) herausschreiben (der Fachbegriff dazu lautet: „exzerpieren", man fertigt ein „Exzerpt", einen Auszug, an). Dabei auf eine sinnvolle Gliederung (z. B. nach Unterthemen) achten!

⑤ **Was ist die Kernaussage? Was sind die Antworten auf meine Fragen?**
Zusammenfassung der Kernaussage

⑥ **NEU: Hat der Text eine bestimmte Aussageabsicht (Intention)?**
Ist der Text eher objektiv oder eher subjektiv? Wer ist die Autorin oder der Autor 249 ? Will der Text objektiv informieren (z. B. Lexikon, Fachbuch)? Oder stellt der Text das Thema aus einer bestimmten Sichtweise dar (z. B. Zeitungskommentar, Werbung, Karikatur 245)? Wird die Aussageabsicht offen deutlich oder ist sie versteckt?

Formulierungshilfen zur Aussageabsicht (6.)
… der Text stammt aus einem Lexikon …
… ist ein Leserbrief aus …
… die Autorin ist Professorin …
… vertritt klar eine Meinung: …
… wird übertrieben positiv … wird negativ dargestellt …
… scheint mir … sehr objektiv darzustellen …
… stellt in meinen Augen objektiv Vor- und Nachteile … dar …

Wie beschreibe und interpretiere ich ein Foto?

Du weißt bereits, wie man ein Foto beschreibt. Du hast nun genügend Hintergrundwissen, um das Abgebildete auch interpretieren zu können. Interpretieren heißt, das Beschriebene vor dem Hintergrund des eigenen Wissens zu erklären und Schlüsse daraus zu ziehen.

Ein Foto beschreiben und interpretieren

Beschreibung

① **Was? Wo? Wann?**
Welchen Ort zeigt das Bild? Wo und wann wurde es aufgenommen (Jahreszeit)? – Oft sagt die Bildunterschrift dazu schon etwas. Wo liegt der Ort? → Atlas

② **Welche Einzelheiten kannst du erkennen?**
Gliedere nach Vordergrund, Mitte, Hintergrund. Was ist besonders auffallend? Gibt es z. B. Siedlungen und große Gebäude? Menschen, die etwas tun? Besonders auffällige Naturerscheinungen?

③ **Was ist die Aussage des Bildes?**
Zusammenfassung aller Informationen zu einer Kernaussage

NEU: Interpretation

④ **Wie kann man das Dargestellte erklären, welche Folgen könnten sich ergeben?**
Warum ist das so, was du im Bild siehst? Welche Ursachen gibt es für das, was du im Bild siehst?
Überlege mögliche positive oder negative Folgen oder Entwicklungsmöglichkeiten für die Zukunft.
Wenn nötig oder sinnvoll, recherchiere nach Zusatzinformationen. 249

➡ Übungsmöglichkeiten zur Fotointerpretation: Seite 46, 72, 80, 122, 140/141, 150

Methoden

Wie beschreibe und interpretiere ich Satellitenbilder?

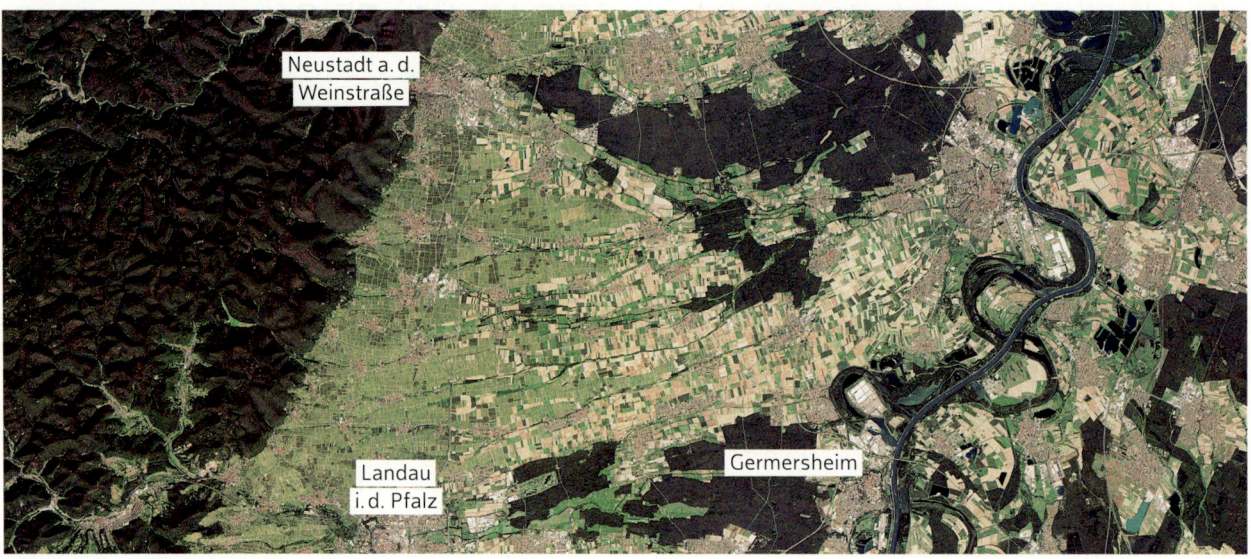

M1 Das Rheintal südlich von Speyer, Höhe ca. 90 km

 **Ein Satellitenbild beschreiben und interpretieren**

Beschreibung

① Wo? Wann? Was? – das Thema des Satellitenbildes
Welchen Raum zeigt das Bild? Wie groß sind die Entfernungen (M1 z. B. ungefähr 45 km x 20 km – dies kann man aus dem Vergleich mit einer Atlaskarte erschließen)? Aus welcher Höhe wurde es aufgenommen? Wo ist Norden im Bild? Wann wurde das Bild aufgenommen (z. B. Jahreszeit)?

② Welche Einzelheiten kannst du erkennen?
Gliedere den Bildausschnitt in Teilräume (vor allem nach der Farbgebung). Beschreibe einzelne besonders auffällige Objekte (Städte, Flughäfen, Seen usw.).

③ Was ist die Aussage des Bildes?
Zusammenfassung aller Informationen zu einer Kernaussage

NEU: Interpretation

④ Wie kann man das Dargestellte erklären?
Erkläre nun das, was du beschrieben hast. Das geht natürlich umso besser, je mehr du über den Raum weißt. Auf jeden Fall solltest du den Atlas zur Erklärung hinzunehmen. Eventuell ist es auch sinnvoll, sich zusätzliche Informationen zu verschaffen. 249

➡ Übungsmöglichkeiten zum Satellitenbild: Seiten 12/13, 62, 74, 122, 128, 216, hinterer Buchdeckel Innenseite

Formulierungshilfen zur Beschreibung (2.)
... klare Gliederung der Landschaft:
... zusammenhängende dunkelgrüne Flächen im Westen ... wahrscheinlich Wälder ... östlich von den grünen Flächen helle, grünliche ... noch weiter im Osten helle Flächen mit kleinen grünen Rechtecken ... Windungen, ein Fluss, der ...

Formulierungshilfen zur Interpretation (4.)
... bewaldete Gebirge ... Felder, Siedlungen ...
... unterschiedliche Arten von Feldern am Gebirgsrand ... Weinberge, weil hier
... und in der Ebene ... Felder, weil ...
... Auswirkungen der Flussbegradigung deutlich zu erkennen: Der Flusslauf mit seinen zahlreichen Windungen, den Flussmäandern, wurde verkürzt ...
... gerades, gleichmäßig breites Flussbett ...
... rechts und links in Bögen die alten Rheinarme .... dort dichte Wälder, weil

INTERNET

M2 Google Maps (www.google.de/maps) bietet nicht nur viele Karten und Zusatzinformationen (z. B. Verkehrslage), man kann auch das Satellitenbild einschalten. Willst du dir Fotos von einem bestimmten Ort anschauen, dann klicke auf das kleine gelbe Männchen unten rechts. Dann werden in der Karte die Straßen blau gekennzeichnet, von denen du dir Fotos anschauen kannst.

Mit Google Earth Timelapse (earthengine.google.com/timelapse) kannst du die Veränderung von Räumen auf Satellitenbildern im Zeitraffer beobachten.

schueler.diercke.de bietet dir einen Zugang zum Diercke Globus Online 238. Damit kannst du die gesamte Welt in (beschrifteten) Luft- und Satellitenbildern (Flughöhe 15 bis 2000 km) und Karten in 3D und mit einem Flugsimulator bereisen.

Methoden 243

Wie beschreibe und interpretiere ich Tabellen und Diagramme?

Eine Tabelle beschreiben und interpretieren

Beschreibung

① **Wo? Wann? Was? – das Thema der Tabelle**

② **Was sind die Inhalte?**
a) Informationen aus Tabellenkopf und Vorspalte entnehmen, die Maßeinheiten beachten!
b) In den Zeilen und Spalten: Welches sind die Extremwerte?
c) Wird eine zeitliche Entwicklung dargestellt? Wie entwickeln sich die Werte? Steigen/Sinken sie schnell oder langsam? Gibt es Sprünge?
d) Ist es sinnvoll, Werte zu vergleichen?

③ **Was ist die Kernaussage der Tabelle?**
Fasse die Aussage der Tabelle in ein bis zwei Sätzen zusammen.

NEU: Interpretation

④ **Wie lässt sich die Aussage erklären, welche Folgen könnten sich ergeben?**
Wenn nötig oder sinnvoll, recherchiere nach Zusatzinformationen. 249

Ein Diagramm beschreiben und interpretieren

Beschreibung

① **Wo? Wann? Was? – das Thema des Diagramms**

② **Was sind die Inhalte?**
a) Informationen in der Beschriftung der Achsen: Maßeinheiten beachten (z. B. Jahre)!
b) Welches sind die Extremwerte?
c) Wird eine zeitliche Entwicklung dargestellt? Wie entwickeln sich die Werte? Schnell oder langsam? Gibt es Sprünge?
d) Ist es sinnvoll, Werte zu vergleichen?

③ **Was ist die Kernaussage des Diagramms?**

NEU: Interpretation

④ **Wie lässt sich die Aussage erklären, welche Folgen könnten sich ergeben?**
Wenn nötig oder sinnvoll, recherchiere nach Zusatzinformationen. 249

Wie erstelle ich selbst Tabellen und Diagramme?

Zunächst: Überlege, welche Form der Darstellung für dein Vorhaben am Sinnvollsten ist: die Listung der Werte in einer **Tabelle** oder die Darstellung in einem **Balken-**, **Säulen-**, **Linien-** oder **Kreisdiagramm**.

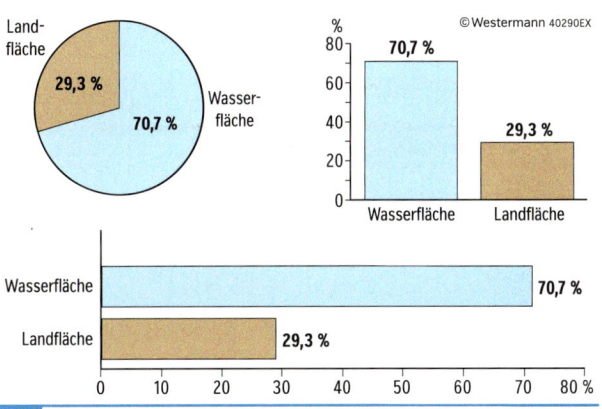

M3 Das Kreisdiagramm (auch: „Tortendiagramm") macht besser als ein Balken- oder Säulendiagramm Anteile an einem Ganzen deutlich.

Tabellen und Diagramme selbst erstellen

① **Die Achsen zeichnen**
Was sind die höchsten Werte? Wie lang müssen demnach die beiden Achsen sein? Wie viele Teilstriche müssen auf jeder Achse eingezeichnet werden (z. B. für Jahre)?

② **Die Achsen beschriften**
Thema, Zahlenwerte
Achtung: gleiche Abstände zwischen den Teilstrichen (z. B. je Jahr zwei Zentimeter).

③ **Die Säulen, Balken oder Linien zeichnen**
Die Säulen/Balken einzeichnen (in derselben Dicke, wenn sinnvoll, nach Themen in unterschiedlichen Farben).
Die Linien zeichnen. Zuerst die Werte zwischen den beiden Achsen markieren (z. B. Punkte). Dann die Markierungen verbinden.

④ **Den Titel formulieren**
Tabellen und Diagramme kannst du auch gut mithilfe von Computerprogrammen (z. B. *Word*, *Writer*, *Pages*) erstellen.

➡ Übungsmöglichkeiten zur Interpretation: Seiten 14, 96
➡ Übungsmöglichkeiten zum Erstellen: Seite 62, 68, 84, 90, 94, 122

Methoden

Wie beschreibe und interpretiere ich ein Klimadiagramm?

Du hast nun genügend Hintergrundwissen, um Klimadiagramme nicht nur zu beschreiben, sondern auch interpretieren zu können. Interpretieren heißt, die Klimawerte auf dem Hintergrund des eigenen Wissens zu erklären und Schlüsse daraus zu ziehen. So kannst du zum Beispiel Aussagen zur Vegetationszeit oder zu den Anbaubedingungen machen.

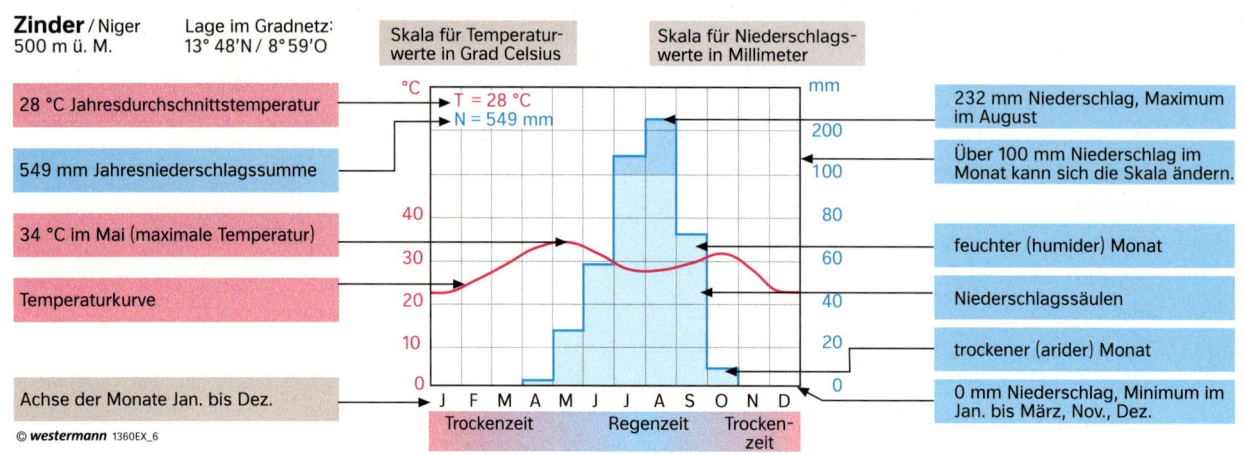

M1 Klimadiagramm der Station Zinder (Niger)

Ein Klimadiagramm beschreiben und interpretieren

Beschreibung
Sinnvoll ist es, zunächst das Liniendiagramm, dann das Säulendiagramm zu beschreiben.

① **Wo? Wann? Was?**

② **Was sind die Inhalte?**
a) Verlauf der Durchschnittstemperatur? Welches sind die höchsten, welches die niedrigsten Werte (Extremwerte) im Jahresverlauf?
b) Wie hoch sind die Niederschlagssummen? Welches sind die höchsten, welches die niedrigsten Werte (Extremwerte) im Jahresverlauf?
c) Wie entwickeln sich die Werte? Steigen/Sinken sie schnell oder langsam? Gibt es Sprünge?

③ **Was ist die Kernaussage des Klimadiagramms zum Klima an diesem Ort?**
Fasse die Aussage des Diagramms zusammen.

NEU: Interpretation

④ **Wie lassen sich die Werte des Klimadiagramms interpretieren?**
- Wie lässt sich der Jahresgang von Temperatur und Niederschlag erklären?
- Wie kommt es zu den Extremwerten? Gibt es einen Zusammenhang zwischen den Niederschlags- und den Temperaturwerten?
- Welche Auswirkungen hat dieses Klima auf die Natur und die Menschen?
- Wie sind die Wachstumsbedingungen für Pflanzen?
- Wie sind die Anbaumöglichkeiten oder die Voraussetzungen für Tourismus?
- Wenn nötig oder sinnvoll, recherchiere nach Zusatzinformationen. **249**

➡ Übungsmöglichkeiten zum Klimadiagramm: Seite 153

Wie zeichne ich ein Klimadiagramm?

Tipps zum Zeichnen eines Klimadiagramms:
Du solltest darauf achten,
– dass 10 °C auf der Temperaturachse jeweils 20 mm Niederschlag entsprechen,
– dass es möglicherweise sinnvoll ist, bei hohen Niederschlagswerten den Maßstab zu verändern (bis 100 mm: 1cm je 10 mm; über 100 mm: 1cm je 100 mm. Siehe auch M1),

Sehr schöne Klimadiagramme kannst du mit Diercke Klimagraph erstellen:
diercke.westermann.de/Klimagraph

Wie werte ich eine Bevölkerungspyramide aus?

Eine Bevölkerungspyramide interpretieren

Beschreibung

① Die Form der Bevölkerungspyramide
Beschreibe die Umrisse der Pyramide. Welchem Modell entspricht sie am ehesten? Nenne die auffälligsten Werte/Extremwerte.

Interpretation

② Wie lässt sich die Form der Pyramide erklären?
- Hat die Pyramide eine breite Basis, d. h. gibt es viele Geburten?
- Verjüngt sich die Pyramide nach oben stark, das heißt sterben viele Menschen früh?
- Ist die Lebenserwartung hoch?

③ Abweichungen vom Modell
- Beschreibe, wo sich starke Abweichungen vom Modell ergeben (z. B. viele Frauen in einer Altersgruppe).
- Erkläre diese Abweichungen – dazu musst du dir Zusatzinformationen beschaffen.

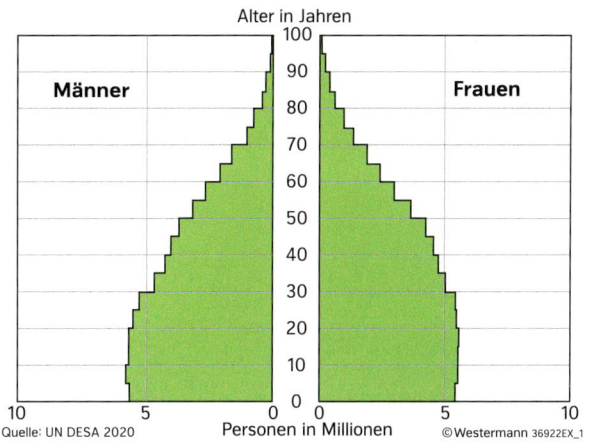

M3 Bevölkerungspyramide von Mexiko 2020

④ Folgerungen und Probleme
Stelle die Folgerungen und Probleme dar, die aus der Bevölkerungspyramide ablesbar sind, zum Beispiel: die Bedeutung der Bevölkerungsentwicklung für die Nahrungsmittelversorgung, die Bildung, den Arbeitsmarkt, die Versorgung der Senioren.

Formulierungshilfen zur Interpretation **237** ▶

Wie beschreibe und interpretiere ich eine Karikatur?

Eine Karikatur beschreiben und interpretieren

① Beschreibung
Wer und was ist dargestellt (z. B. Personen, Orte, Probleme)?
Wie ist es dargestellt? Wieso wirkt die Karikatur **übertrieben** und **witzig**? (Was ist anders, z. B. größer/kleiner dargestellt als in Wirklichkeit?)
Welche Bedeutung hat die **Bildunterschrift**?

② Interpretation
Auf welche Probleme oder Sachverhalte soll aufmerksam gemacht werden? Welche Meinung wird vertreten? Was soll mit der Karikatur bei Betrachtern erreicht werden?

③ Eigene Stellungnahme
Was sagst du selbst zu dem Dargestellten?

Formulierungshilfen
In der Karikatur „Die Kreuzfahrer" ist ein Schiff dargestellt, das sich mit voller Kraft zum Hintergrund fortbewegt. Es ist beschriftet mit „Klimakonferenz" und stößt aus seinem Schornstein statt Rauch sehr viele …. Im Vordergrund klammert sich … und ruft vergeblich …. Das Schiff soll zeigen, dass auf der Klimakonferenz zahllose … produziert werden, die aber letztlich der Erde nicht helfen, sondern eher noch weiter vom Ziel der Rettung fortführen. Die Erde klammert sich an eine Palme. Dies ist eine wärmeliebende …. Die Erde wirkt verzweifelt, weil ….
Der Zeichner will darauf aufmerksam …. Ich finde die Karikatur … und stimme der Meinung der Zeichnerin oder des Zeichners …. Meiner Meinung nach müsste man …

Bildelement	Darstellung	Interpretation
Wasser	sehr im Vordergrund	überflutet alles (Klimawandel)
Schiff „Klimakonferenz"	groß, fährt weg	Klimakonferenz groß, unbeweglich, kümmert sich nicht …
Blätter	…	…

M2 Hilfe zu Beschreibung und Interpretation

Wie arbeite ich mit Modellen?

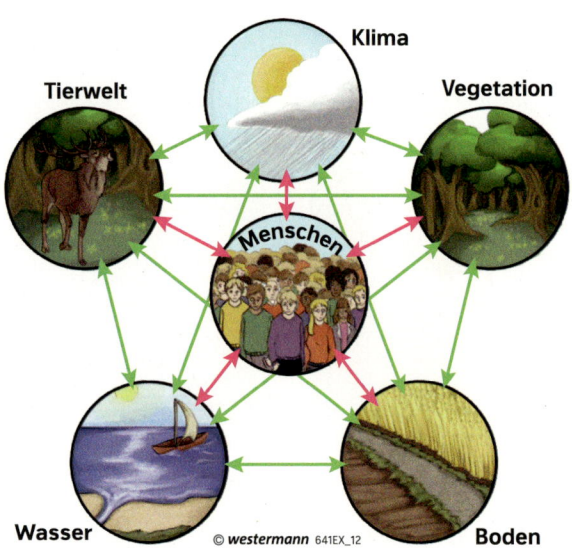

M1 Das Modell eines Ökosystems kann man auf alle Ökosysteme anwenden: Auf die unterschiedlichen Landschaftszonen (z. B. die gemäßigte Zone oder die Zone des tropischen Regenwaldes). Man kann auch die Erde als großes Ökosystem ansehen und das Modell darauf anwenden – oder auch auf den heimischen Garten; auch diesen kann man als Ökosystem betrachten.

INFO

M2 Ein **Modell** ist ein vereinfachtes Abbild der Wirklichkeit. Es reduziert einen Sachverhalt auf das Wesentliche (z. B. Stadtmodell). Mithilfe von Modellen kann man viele komplizierte Sachverhalte übersichtlich darstellen, sich gut merken und einfach erklären.

Mit Modellen arbeiten

1 **Das Thema des Modells**
Hinweise dazu gibt die Bezeichnung des Modells.

2 **Was ist der genaue Inhalt?**
a) Sieh dir die Beschriftungen genau an, die Farben, die Verbindungen zwischen einzelnen Begriffen.
b) Was wird hier verallgemeinert? Was ist das Typische, das hier dargestellt werden soll?
c) Zu welchen Einzelbeispielen aus der Wirklichkeit passt das Modell?

3 **Was ist die Kernaussage des Modells?**
Fasse die Aussage des Modells in ein bis zwei Sätzen zusammen.

AUFGABEN

1. Wende das Modell des Ökosystems an.
   A Auf die ganze Erde.
   B Auf einen Stadtpark.

➡ Übungsmöglichkeiten zum Modell: Seite 68, 96, 114, 233

Wie verknüpfe ich Informationen aus verschiedenen Materialien?

Informationen aus verschiedenen Materialien verknüpfen

1 **Was will ich wissen?**
Welche Fragen möchte ich mithilfe der Materialien beantworten?
Welche Informationen benötige ich?

2 **Die Materialien ordnen**

3 **Die Auswertung**
Notiere von jedem Material die Kernaussage und die Schlüsselbegriffe/Schlüsselwörter.

4 **Die Zusammenfassung**
Unterstreiche in deinen Notizen mit jeweils einer Farbe alle Informationen, die zu einem Thema oder Unterthema gehören.
Schreibe diese auf ein frisches Blatt in sinnvoller Reihenfolge. (Es ist sinnvoll, dahinter immer einen kurzen Verweis zu schreiben, aus welchem Material du den Begriff hast.)

5 **Die Kernaussage**
Fasse deine Auswertung in wenigen Sätzen zu einer Kernaussage zusammen.
Bei komplizierteren Sachverhalten ist es sinnvoll, die Zusammenhänge in einer Mindmap, einem Wirkungsgefüge oder einer Conceptmap darzustellen. **235** ▶
Beantworte die Fragen, die du dir am Anfang gestellt hast.

Wie verfasse ich ein Referat?

Ein Referat verfassen

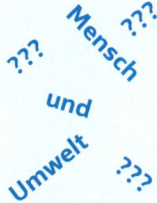  

1. Schritt:
Festlegung des Themas/der Leitfrage

2. Schritt:
a) Suche nach Informationen/Recherche
b) Bearbeitung des Themas
Ich beachte immer die Leitfrage.

3. Schritt:
a) Ausarbeitung des Referats
b) Ausarbeitung der Präsentation

4. Schritt:
Vortragen der erstellten Präsentation

Ein gutes Referat (Begriff angelehnt an lat. referre: mitteilen, berichten) ist von verschiedenen Bedingungen abhängig.
Je umfassender du den Inhalt recherchierst, das heißt nachschlägst und aufarbeitest, desto besser wird dein Referat. Dein Auftreten bei der Präsentation wird dann auch viel sicherer sein. Der Inhalt steht bei einem Referat allerdings im Vordergrund.

INFO

M3 Das schriftliche Referat
- **Titelblatt** (der Titel des Referates und Name der Verfasserin oder des Verfassers – dein Name. Man kann das Titelblatt auch bunt mit einem oder mehreren Bildern gestalten.)
- **Gliederung**
- **Einleitung**
Was ist das Besondere an dem Thema? Warum sollte man sich mit dem Thema beschäftigen?
- **Hauptteil**
Das Thema wird in einzelne Abschnitte/Kapitel, in sinnvoller, logischer Abfolge unterteilt.
- **Schluss**
Zusammenfassung des Themas, das Wichtigste
Eigene Stellungnahme: Wie ist deine persönliche Meinung zu dem Thema?
- **Verwendete Quellen**

Wenn man ein Referat vorträgt, teilt man häufig an die Zuhörerinnen und Zuhörer eine kurze Zusammenfassung aus. Dieses Handout enthält die wichtigsten Inhalte, wichtige Fachbegriffe und vielleicht auch wichtige Materialien (z. B. Tabellen).

Zunächst musst du dein Thema genau abgrenzen. Formuliere dazu eine Leitfrage oder Problemstellung. An ihr orientierst du dich bei der Recherche, das heißt bei der Erkundung und Untersuchung der Materialien.
Für eine gute Materialsammlung muss das Thema deines Referats eng gefasst sein, da du sonst zu viel Material erhältst. Ein gutes Thema wäre z. B. „Der Kokaral-Damm: Eine nachhaltige Lösung für den Aralsee?", wohingegen „Der Aralsee" ein schlechtes Thema wäre. Nun beginnst du, für dein Thema zu recherchieren. **249** Nutze möglichst unterschiedliche Quellen: Bücher, Zeitschriften und, wenn möglich, das Internet. Achte hier vor allem darauf, dass deine Quellen vertrauenswürdig sind! Vorsicht vor Fehlern, Fakes und Fälschungen!

- themenbezogen – gut aufbereitet – verständlich – gut recherchiert – gut gegliedert
- Wie präsentiere ich die Ergebnisse?
- Wie stehe ich vor der Gruppe?

M4 Darauf solltest du achten!

➡ Übungsmöglichkeiten zum Referat: Seite 78, 80, 126

248 Methoden

Wie nutze ich eine Datenbank?

Datenbanken (databases) dienen dazu, große Mengen an Daten sicher zu speichern, sinnvoll zu strukturieren und damit einfach abrufbar zu machen. Sie können dann problemlos in einem weiterführenden Programm verarbeitet werden. So kann man zum Beispiel für beliebig viele Regionen der Erde die Daten zur Bevölkerungszahl, zur Sterberate usw. speichern. Man kann auch mithilfe einer Abfrage (Query) bestimmte Daten auswählen und dann zur Darstellung in einer Tabelle, einem Diagramm oder einer Karte (z. B. GIS) nutzen.

Datenbanken bestehen aus dem *Datenbestand* (Menge der Daten) und dem *Systemkatalog*, in dem die Ordnungskriterien, die logische Struktur der Datenbank festgelegt ist.

Zur Nutzung der Datenbank startet man eine Abfrage über den Systemkatalog und erhält dann die gewünschten Daten aus dem Datenbestand. Bei vielen Datenbanken wird man durch die Abfrage geführt: Die möglichen Suchkriterien (z. B. Geburtenrate, BNE, Alphabetisierungsrate) werden dann automatisch in der Abfragemaske vorgeschlagen. Man kann auch verschiedene Suchkriterien miteinander verknüpfen.

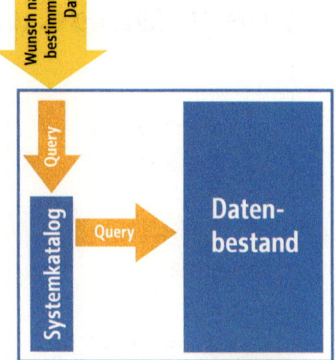

M1  **INTERNET**
Diese Organisationen geben kostenlosen Zugang zu umfangreichen Datenbanken:
- Food and Agriculture Organisation of the UN, FAO → FAOstat (mehrere Datenbanken mit detaillierten Angaben z. B. zu allen Erzeugnissen des primären Sektors)
- Organisation for Economic Cooperation and Development, OECD → OECD Statistics
- United Nations (z. B. World Population Prospects)
- United Nations Development Programme, UNDP → Human Development Reports, Data
- United Nations Population Fund, UNFPA
- World Bank → open data
- European Union → Eurostat → data
- Destatis (Statistisches Bundesamt)

Ziel: Ich suche die Bevölkerungszahlen aller Staaten der Erde für die Jahre 1950, 2020 und 2100.
Datenbank: UN World Population Prospects (https://population.un.org/wpp/)
Vorgehen:
→ „Interactive Data" → Es erscheint die Abfragemaske „Data Query" → „Total Population by sex (thousands)" → „World" → Es erscheint die Frage: „Do you want to select the sub-locations as well?" → „Yes" → „Next" → Es erscheint eine Liste aller verfügbaren Jahre → „1950" + „2020" + „2100" → „Next" → „Both sexes combined" → „Next" → Es erscheinen die möglichen Ausgabeformen der Tabelle → „By Years/Periods" → „Results" → Es erscheint die Tabelle in der gewünschten Form mit den gewünschten Daten. Wenn man es wünscht → „Export to Excel"

M4 Ein Beispiel

Große Datenbanken werden ständig aktualisiert und immer mal wieder in ihrer Oberfläche verändert. Auch die Möglichkeiten des Datenabrufs und der Datenausgabe werden von Zeit zu Zeit optimiert. Was die Nutzeroberfläche betrifft, gibt es keinen allgemeingültigen Standard. Bei der Nutzung von Datenbanken muss man sich daher immer neu in ihren Aufbau und in ihre Abfragemöglichkeiten eindenken.

M2 Hinweis

M3 Eurostat: Abruf von Daten zum Bruttoinlandsprodukt (BIP)

Methoden

Wie gelange ich an geeignete und glaubwürdige Informationen?

M5 **INFO** **Recherche** (franz. recherche) bezeichnet die gezielte Suche nach Informationen. Am besten recherchiert man in Bibliotheken und im Internet.

Internetlexika (z. B. Wikipedia): Hier gibt es keine Redaktion, jeder kann an Artikeln mitarbeiten. Deshalb ist der Wahrheitsgehalt manchmal zweifelhaft.
Filmsammlungen: Allein bei YouTube kannst du Zehntausende Lehr- und Erklärvideos abrufen. **255**
Webcams liefern Livebilder von der gesamten Erde.

M6 Ergiebige Informationsquellen im Internet

M7 **INFO** **Von Fehlern, Fakes und Fälschungen**
Im Gegensatz zu gedruckten Fachbüchern und Fachzeitschriften sind die Informationen aus dem Internet häufig fehlerhaft oder nicht glaubhaft.
Anzeichen für unseriöse Internetseiten sind:
- Es gibt kein Impressum, der Autor ist unbekannt.
- Die Rechtschreibung ist sehr fehlerhaft.
- Bilder, Tabellen, Diagramme und Texte haben keine Quellenangabe, obwohl sie nicht von demjenigen stammen, der die Seite erstellt hat.
- Die Informationen sind so zusammengestellt, dass sie für etwas werben und nicht mehr objektiv wirken.
- Es gibt keine Angaben zum Erstelldatum.

M9 Größte und bekannteste Suchmaschine: *Google* (globaler Marktanteil 2020: 92 %)

M10 Weitere Suchmaschinenanbieter: *DuckDuckGo* verspricht, wenig persönliche Daten von den Nutzern (also von dir) zu sammeln. *ECOSIA* nutzt den Gewinn aus den Werbeeinnahmen, um neue Bäume zu pflanzen (im November 2021 waren es bereits 137,6 Millionen).

Richtig recherchieren!

(1) Was will ich wissen?
Grenze das Thema ab, formuliere Fragen und eine übergeordnete Fragestellung.

(2) Schlüsselwörter finden
Welches könnten die Schlüsselwörter sein, auf die die Recherche aufbaut?

(3) Suchmaschinen füttern
Schau dir nun die (ersten zehn) Suchergebnisse an und bewerte sie: Liefern sie genügend Informationen? Sind sie vertrauenswürdig?

(4) Die Suche verändern
Willst du nach weiteren Quellen suchen?
- Verwende eine andere Suchmaschine.
- Gib andere Schlüsselwörter oder dieselben Schlüsselwörter in anderer Reihenfolge in die Suchmaske ein.

Wie verfasse ich Quellenangaben?

Bei Informationen aus Büchern, Zeitschriften und dem Internet ist es sehr wesentlich, jeweils die Quelle anzugeben. Wichtig sind vor allem der Autor und der Titel der Quelle. Für die Form der Quellenangaben gibt es Regeln, die eingehalten werden müssen:
(**Blaue Elemente** verwendest du immer unverändert, die konkreten Inhalte der restlichen Bestandteile ergeben sich aus deiner jeweiligen Quelle.)

- *bei Büchern (Monografien)*
Nachname des Autors**,** Vorname des Autors**:** Titel des Werkes**.** x**. Auflage.** Verlagsort**:** Verlag Erscheinungsjahr**.**

- *bei Sammelbänden mit Herausgeber*
Nachname des Autors**,** Vorname des Autors**:** Titel des Aufsatzes**. In:** Titel des Sammelwerkes**. Herausgegeben von** Vor- und Nachname des Herausgebers**.** x**. Auflage.** Verlagsort**:** Verlag Erscheinungsjahr**,** Seitenzahlen**.**

- *bei Zeitschriften*
Nachname des Autors**,** Vorname des Autors**:** Titel des Beitrags**. In:** Titel der Zeitschrift**,** Heftnummer **vom** Datum**,** Seitenbereich**.**

- *Seiten im Internet*
Name des Autors**,** Vorname des Autors**:** Titel des Werkes**. In:** Titel der Webseite**.** Erstelldatum**.** URL **[Zugriff:** Datum**].**

M8 Quellenangaben haben eine bestimmte Form

Wie kann ich Materialien kritisch hinterfragen? – Statistiken, Diagramme, Fotos und mehr!

Viele Materialien, die wir auswerten, sind mit einer bestimmten Zielsetzung, mit einer bestimmten Intention verfasst. Die Autoren wollen oft nicht (nur) objektiv informieren, sie wollen eine bestimmte Sichtweise darstellen. Zuweilen wollen sie uns sogar manipulieren.

In den Bildern, Filmen und Texten der Werbung wird das sehr deutlich und ist auch jedem bewusst. Aber auch Informationen, die auf den ersten Blick seriös erscheinen, sind häufig nicht objektiv. Das gilt für Tabellen, Diagramme, Texte, Karten, Fotos und Filme.

Kann man den Statistiken trauen?

Genaue Daten?
Die Bevölkerungszahl der Länder, das BNE, das Durchschnittseinkommen – all diese Werte werden aufwendig berechnet oder auch nur geschätzt – wie auch immer: Wirklich genaue Angaben gibt es nicht häufig. So kennt zum Beispiel niemand die genaue Einwohnerzahl Deutschlands, da Bevölkerungszählungen nur selten durchgeführt werden; die beiden letzten Zählungen fanden 1987 und 2011 statt. Alle aktuelleren Daten werden von Fachleuten fortgeschrieben.
Dennoch haben auch diese „ungenauen Daten" ihren Sinn: Sie vermitteln eine ungefähre Vorstellung von Größenordnungen und ermöglichen Vergleiche mit anderen (genauso ungenauen) Daten.

Zu genaue Daten?
Wenn für Brasilien eine Bevölkerungszahl von 208 362 750 (2017) angegeben wird, dann sollte dich auch das misstrauisch machen. Sehr genaue Daten wirken seriös, sind aber oft auch nur geschätzt. In der Statistik spricht man auch von Schein- oder Pseudogenauigkeit.

„Uralte" Daten?
Nur wenige Daten werden regelmäßig erhoben und veröffentlicht. Das gilt besonders für Entwicklungsländer, aber auch für Industrieländer.

M1

M3 Karikatur

VORSICHT

M4 Vorsicht bei Mittelwerten
Mittelwerte sagen alles – und gar nichts. Wenn die Temperaturen im Durchschnitt immer über 5 °C betragen, kann doch ein strenger Frost die Ernte vernichten. Bei einem Schnitt von 3,1 in der Klassenarbeit kann es sein, dass niemand eine „3" in der Arbeit hat.

Zwei Klimastationen im Vergleich:
Plymouth (England)
Jahresdurchschnitt: 10,8 °C
Abs. Minimum -8,9 °C, abs. Maximum 31,1 °C
Omaha (Nebraska/USA)
Jahresdurchschnitt: 10,8 °C
Abs. Minimum -35,6 °C, abs. Maximum 43,9 °C

M5 Mittelwerte

ERSTAUNLICH I

M2 Genaue Daten wirken überzeugend
Der Polarforscher Robert E. Peary gab am 6. April 1909 folgende Position an: *89° 57′ 11″ nördlicher Breite*. Das entspricht einer Entfernung zum Nordpol von knapp 5 km. Die Angabe von *11″* lässt die Ortsbestimmung auf etwa ±30 m genau erscheinen. Damals war aber eine solche Messung noch nicht möglich. Die maximal mögliche Genauigkeit lag bei ±30 km. Für Peary wäre eigentlich also nur die Angabe *ca. 60′* möglich gewesen.

ERSTAUNLICH II

M6 Genaue Daten sind häufig sehr ungenau …
Das renommierte World Factbook des CIA gibt für 2019 die Einwohnerzahl von China mit 1 394 015 977 an und die Einwohnerzahl Deutschlands für 2020 mit 80 159 662.
Die UNO weist 2019 für China 1433,784 Mio. Einwohner aus und für Deutschland 2020 83,748 Mio. Das Statistische Bundesamt der Bundesrepublik Deutschland nennt für 2019 für China 1 397 715 000 und für Deutschland 2020 83 122 889 Einwohner.

Absolute Zahlen und relative Zahlen (Prozent oder eine Umschreibung wie „fast die Hälfte") können sehr unterschiedlich wirken. Zum Beispiel wirkt die Aussage „An der australischen Westküste gab es in diesem Jahr doppelt so viele Haiangriffe wie im Vorjahr!" alarmierender als „Die Zahl der Haiangriffe ist von ein auf zwei gestiegen."

M7 Absolute oder relative Zahlen?

Erstaunlich viele ...
Die Zahl der Raucher steigt stark!
Anteil der Raucher sinkt um ein Viertel!
7 % Raucher mehr weltweit!
Alle Aussagen stimmen! Die Ausgangsdaten:

	1990	2015
Weltbevölkerung	5,3 Mrd.	7,3 Mrd.
Raucher	870 Mio.	933 Mio.

M8 Absolute und relative Zahlen – mit unterschiedlicher Wirkung ...

Wie manipuliert man mit Karten?

Die Aussage einer Karte hängt wesentlich davon ab, in welche Gruppen (Klassen) man die Daten zusammenfasst und welche Farbabstufungen man wählt. Auch die „Kartengrundlage" (Projektion/Netzentwurf) spielt bei kleinen Maßstäben eine Rolle.

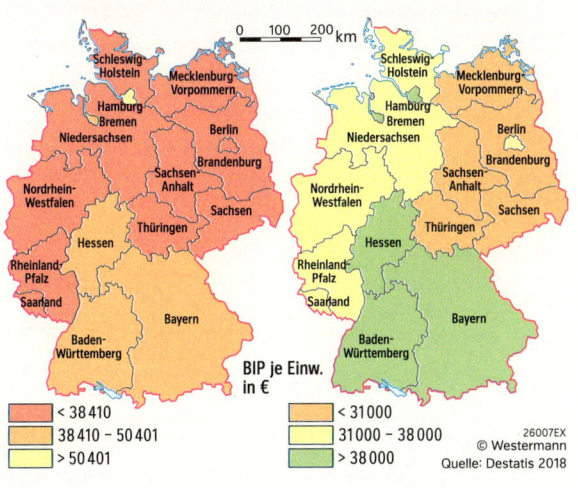

M9

AUFGABEN

1. Interpretiere die Karikatur M3. **245**
2. a) Erstelle zu den Diagrammen (M11) eine Tabelle.
   b) Beschreibe die Wirkung der Diagramme.
   c) Vergleiche die beiden Karten (M9).

Tipp: Auf den Seiten 148/149 und 238–240 kannst du selbst digitale Karten erstellen.

Wie manipuliert man mit Diagrammen?

Durch eine wohlüberlegte Darstellung kann man mit denselben Daten unterschiedliche Wirkung erzielen:
- Wahl der Abmessungen (Höhe, Breite),
- Weglassen nicht gewünschter Zeiträume,
- Verlegen des Ursprungs,
- durch Hinzufügen von „Schätzungen", die einen gewünschten Trend verstärken.

M10

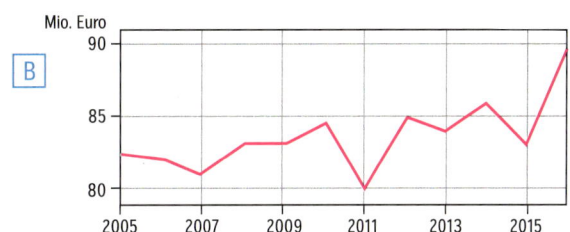

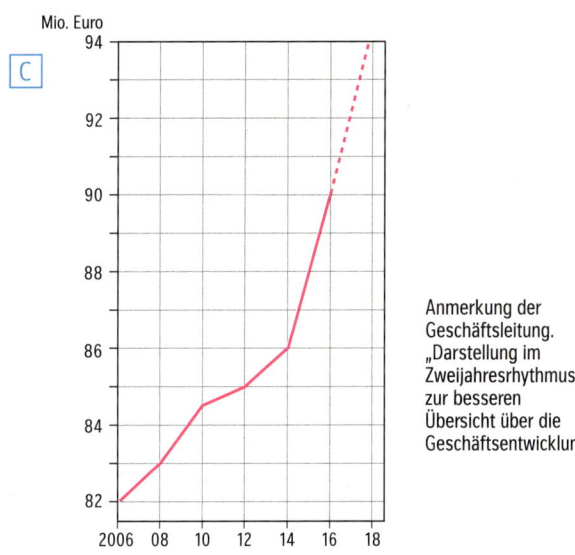

Anmerkung der Geschäftsleitung. „Darstellung im Zweijahresrhythmus zur besseren Übersicht über die Geschäftsentwicklung"

M11 Welches dieser Diagramme zur Entwicklung der Gewinne würde die Firma *Fakecard* AG wohl verwenden? A, B und C haben dieselbe Datengrundlage.

Die richtigen Folgerungen?

Oft erscheinen Schlussfolgerungen sehr logisch, obwohl die Zusammenhänge völlig sinnlos oder zufällig sind: „Die Hälfte aller Todesfälle ereignen sich im Krankenhaus."
Folgerung: Krankenhäuser sind gefährlich ...

M12

Wie manipuliert man mit Fotos?

M1 Warteschlange vor einer Postfiliale in Kopenhagen. Ein Projekt der beiden Fotografen Ólafur Steinar Rye Gestsson und Philip Davali im April 2020. Die abgebildeten Personen halten den damals vorgeschriebenen Abstand ein. Durch einfaches Ändern der Brennweite und des Winkels der Aufnahme wird jedoch ein völlig anderer Eindruck vermittelt.

Wie manipuliert man mit Fotos?

Fotos können
- gestreckt werden oder gestaucht.
- aus der Froschperspektive etwas mächtig erscheinen lassen, aus der Vogelperspektive winzig
- leicht bearbeitet und gefälscht werden.
- Wichtiges weglassen.

M2 Vorsicht vor Fakes!

M5 Der richtige Ausschnitt machts ...

Wie manipuliert man mit Texten?

Texte sind das beliebteste Medium, um Meinungen darzustellen oder Interessen zu vertreten. Das geschieht auf verschiedenste Weise – offen und versteckt:
- durch Verwendung sprachlicher Mittel (die du aus dem Deutschunterricht kennst), vor allem Übertreibungen,
- durch Überbetonung oder/und Weglassen von Fakten,
- oder gar durch Verfälschung von Fakten – Fakes.

M3

VORSICHT

M4 Bin ich im falschen Film?
Nicht nur Fotos können manipuliert werden, auch Filme! Da wird eifrig geschnitten und retuschiert. Heute besitzt jeder per App die Möglichkeit, Gesichter realistisch gegen andere Gesichter auszutauschen (sogenannte Deepfakes). Du kannst überprüfen, ob du eine Urversion eines Films siehst oder eine veränderte Version. Gib die URL deines YouTube-Films in den YouTube DataViewer ein. Er findet die erste veröffentlichte Version.

Wie gehe ich grundsätzlich mit Informationsmaterialien um?

Was ist die Quelle? Wer ist der Autor? (dazu im Impressum nachschauen. Wenn es das nicht gibt, ist das schon bedenklich. Im Internet auch unter „Kontakt" nachsehen.)
Für wen haben die Informationen Nutzen?
Für wen haben sie Nachteile?
Nutzt das Material Mittel zur Manipulation (z. B. Farben, sprachliche Mittel, Musik)?
Wie lauten die Kernaussagen des Materials?
Welches Ziel, welche Interessen sind erkennbar?

Bei allen schriftlichen oder mündlichen Präsentationen immer die Herkunft der Materialien, die Quellen (mindestens Autor, Jahr, Titel) angeben! 249

M6

AUFGABEN

1. Welche Aussage suggerieren die drei Fotos (Ausschnitte) in M5?

Wie vergleiche ich richtig?

„Man kann nicht Äpfel mit Birnen vergleichen!" Dieses alte Sprichwort ist im Prinzip richtig. Es gibt jedoch eine Ausnahme: Man muss für beide einen „gemeinsamen Nenner" finden, einen Aspekt, unter dem sich beide vergleichen lassen. Äpfel und Birnen sind zum Beispiel beides Früchte. Beide können reif sein oder unreif.

Man vergleicht verschiedene Dinge immer in Bezug auf ein Thema: Klassenarbeiten in Bezug auf die Note oder die Fehlerzahl, die Ferienwohnung in Bezug auf die Größe oder die Ausstattung und verschiedene Länder in Bezug auf ihre Fläche, die Bevölkerungszahl oder ihr Klima.

> **INFO**
>
> **M1** **Vergleichen** heißt, **Gemeinsamkeiten und Unterschiede herausarbeiten** – zum Beispiel aus Tabellen, Diagrammen, Texten, Bildern oder Filmen.

Entwicklungen vergleichbar machen – mit Indexzahlen

Oft möchte man Daten in ihrer zeitlichen Entwicklung miteinander vergleichen (z.B. die Entwicklung der Einwohnerzahl verschiedener Gemeinden). Um diese Entwicklungen vergleichen zu können, nutzt man **Indexzahlen**. Dazu wird ein Wert innerhalb der Zeitreihe (der erste, der letzte oder auch einer in der Mitte) als Basiswert gleich 100 gesetzt. Die übrigen Werte werden dann im Verhältnis dazu umgerechnet (wie bei der Prozentrechnung). Manchmal bietet es sich auch an, den Basiswert auf einen Zeitpunkt zu legen, an dem ein besonderes Ereignis stattgefunden hat, durch das die Zeitreihen beeinflusst werden. Häufig ist es sinnvoll, die Zeitreihen mit den Indexwerten als Diagramm darzustellen.

M2 Indexzahlen

> **INFO**
>
> **M3** **Indexzahlen** dienen dazu, unterschiedliche Datenreihen in ihrer zeitlichen Veränderung so aufzubereiten, dass sie vergleichbar werden.

AUFGABEN

1. Berechne alle Indexwerte zu den Diagrammen A und B.
→ Übungsmöglichkeiten zum Vergleich mithilfe von Indexzahlen findest du auf der Seite 156, 212

Vergleichen

So gehst du sinnvoll vor:

1. Lege das Thema fest, unter dem der Vergleich stattfinden soll.

2. Überlege, welche Aspekte zum Thema gehören und analysiere die Materialien hinsichtlich dieser Aspekte. (evtl. Anlage einer Mindmap)

3. Suche hier nach **Gemeinsamkeiten** und nach **Unterschieden**.

4. Fasse die wesentlichen Ergebnisse des Vergleichs zusammen.

Die Umrechnung in Indexzahlen

Die Einwohnerzahl von drei Gemeinden hat sich verändert.
Wo fanden die größten Veränderungen statt?
Wie wirkte sich die Wiedervereinigung aus?

Entwicklung der Einwohnerzahlen

	1980	1990	2000	2010
Gem. A	882	817	801	1078
Gem. B	324	318	293	248
Gem. C	223 926	235 712	247 497	294 640

Indexzahlen — Basiswert = Anfangswert

	1980	1990	2000	2010
Gem. A	882	817	801	1078
	100	93	91	122

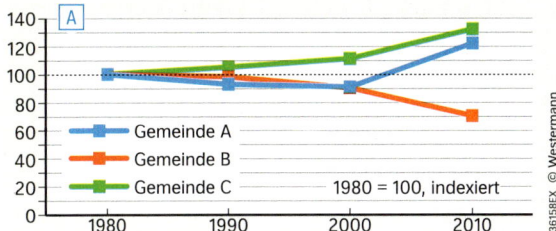

A – 1980 = 100, indexiert

Indexzahlen — Basiswert = 1990 (Wiedervereinigung)

	1980	1990	2000	2010
Gem. A	882	817	801	1078
	108	100	98	132

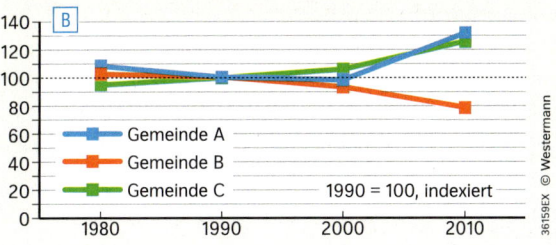

B – 1990 = 100, indexiert

Wie kann ich meine Arbeitsergebnisse präsentieren?

Es ist immer sinnvoll, eine mündlich vorgetragene Präsentation optisch zu unterstützen. Dazu gibt es verschiedene Möglichkeiten: Bilder, Plakate und Schaubilder oder Folien, die an die Wand projiziert werden. Eine Möglichkeit ist es auch, eine Computer-Präsentation zu erstellen. Insgesamt wird so das Gesagte übersichtlicher, anschaulicher und bleibt besser im Gedächtnis haften.

Einen Vortrag präsentieren

1 Vorbereitung:
a) Notiere auf einen Stichwortzettel oder auf Karteikarten, was du mündlich vortragen willst. Aber Achtung: keine ganzen Sätze (die liest man häufig nur ab), sondern nur Stichworte (vor allem Fachbegriffe) notieren.
b) Bereite die Hilfsmittel vor, mit denen du deinen Vortrag anschaulich und einprägsam gestalten willst (Plakate, Folien, Fotos, Tafelbilder usw.).

2 Durchführung:
a) Nenne das Thema deines Vortrags.
b) Gib eine kurze Übersicht über den Inhalt.
c) Halte dich an die Regeln der 5-A-Technik (M1).
d) Nutze Hilfsmittel, um die Zuhörerinnen und Zuhörer zu fesseln.
e) Plane am Ende Zeit ein, damit die Zuhörerinnen und Zuhörer Fragen stellen können.

Und dann: Das Feedback!
Frag deine Mitschülerinnen und Mitschüler, wie ihnen der Vortrag gefallen hat, was sie behalten haben und was du hättest besser machen können. So kannst du deine Vorträge immer besser gestalten.

Lernplakat: Nur Material aufkleben, das sich gut einprägt – wenige Fotos, besser Diagramme und kurze Texte

- Übersichtlich und gut lesbar gestalten!
- Eine sinnvolle, klare Gliederung formulieren!
- Eine kurze Überschrift (fette Schrift) verwenden!
- In großer Schrift schreiben, damit die Texte auch aus drei oder fünf Metern Entfernung (in der Klasse) gelesen werden können.
- Farben verwenden!
- Unterschiedliche Formen verwenden!
- Zusammenhänge mit Linien oder Pfeilen deutlich machen (wie in einer Mindmap oder einem Wirkungsgefüge)! 235

M2 Plakate können noch längere Zeit im Klassenraum hängen bleiben und als Lernhilfe dienen.

- Die Folien sollen sehr übersichtlich gestaltet sein, denn sie werden ja nur für kurze Zeit projiziert.
- Keine langen Texte!
- Nur einprägsame Schaubilder!

M3 Es ist sinnvoll, am Ende der Präsentation die wichtigsten Quellen zu nennen. Dabei kannst du auch noch eine Empfehlung geben, wo sich deine Mitschülerinnen und Mitschüler weiter informieren können.

Ansehen: Lies das Stichwort auf dem Stichwortzettel oder der Karteikarte.
Aufsehen: Sieh die Zuhörerinnen und Zuhörer an.
Ansprechen: Sprich erst dann, wenn du die volle Aufmerksamkeit hast.
Abwechslung: Verwende eine abwechslungsreiche Sprache, formuliere frei, lies nicht nur eintönig ab. Setze Hilfsmittel ein, die den Vortrag anschaulich und interessant machen.
Sprich langsam und mache Pausen, gib Zeit, dir gedanklich zu folgen.
Aufrecht stehen: Steh aufrecht und wende deinen Zuhörerinnen und Zuhörern nicht den Rücken zu.

M1 Die 5-A-Technik beim Vortragen

➡ Übungsmöglichkeiten zur Präsentation: Seiten 24, 122, 227, 230, 232

Wie vergleiche ich richtig?

„Man kann nicht Äpfel mit Birnen vergleichen!" Dieses alte Sprichwort ist im Prinzip richtig. Es gibt jedoch eine Ausnahme: Man muss für beide einen „gemeinsamen Nenner" finden, einen Aspekt, unter dem sich beide vergleichen lassen. Äpfel und Birnen sind zum Beispiel beides Früchte. Beide können reif sein oder unreif.

Man vergleicht verschiedene Dinge immer in Bezug auf ein Thema: Klassenarbeiten in Bezug auf die Note oder die Fehlerzahl, die Ferienwohnung in Bezug auf die Größe oder die Ausstattung und verschiedene Länder in Bezug auf ihre Fläche, die Bevölkerungszahl oder ihr Klima.

> **INFO**
>
> **M1** **Vergleichen** heißt, **Gemeinsamkeiten und Unterschiede herausarbeiten** – zum Beispiel aus Tabellen, Diagrammen, Texten, Bildern oder Filmen.

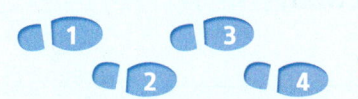

Vergleichen

So gehst du sinnvoll vor:

1. Lege das Thema fest, unter dem der Vergleich stattfinden soll.
2. Überlege, welche Aspekte zum Thema gehören und analysiere die Materialien hinsichtlich dieser Aspekte. (evtl. Anlage einer Mindmap)
3. Suche hier nach **Gemeinsamkeiten** und nach **Unterschieden**.
4. Fasse die wesentlichen Ergebnisse des Vergleichs zusammen.

Entwicklungen vergleichbar machen – mit Indexzahlen

Oft möchte man Daten in ihrer zeitlichen Entwicklung miteinander vergleichen (z.B. die Entwicklung der Einwohnerzahl verschiedener Gemeinden). Um diese Entwicklungen vergleichen zu können, nutzt man **Indexzahlen**. Dazu wird ein Wert innerhalb der Zeitreihe (der erste, der letzte oder auch einer in der Mitte) als Basiswert gleich 100 gesetzt. Die übrigen Werte werden dann im Verhältnis dazu umgerechnet (wie bei der Prozentrechnung). Manchmal bietet es sich auch an, den Basiswert auf einen Zeitpunkt zu legen, an dem ein besonderes Ereignis stattgefunden hat, durch das die Zeitreihen beeinflusst werden. Häufig ist es sinnvoll, die Zeitreihen mit den Indexwerten als Diagramm darzustellen.

M2 Indexzahlen

> **INFO**
>
> **M3** **Indexzahlen** dienen dazu, unterschiedliche Datenreihen in ihrer zeitlichen Veränderung so aufzubereiten, dass sie vergleichbar werden.

Die Umrechnung in Indexzahlen

Die Einwohnerzahl von drei Gemeinden hat sich verändert.
Wo fanden die größten Veränderungen statt?
Wie wirkte sich die Wiedervereinigung aus?

Entwicklung der Einwohnerzahlen

	1980	1990	2000	2010
Gem. A	882	817	801	1078
Gem. B	324	318	293	248
Gem. C	223 926	235 712	247 497	294 640

Indexzahlen   Basiswert = Anfangswert

	1980	1990	2000	2010
Gem. A	882	817	801	1078
	100	93	91	122

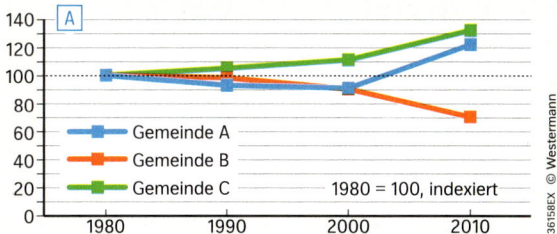

Indexzahlen   Basiswert = 1990 (Wiedervereinigung)

	1980	1990	2000	2010
Gem. A	882	817	801	1078
	108	100	98	132

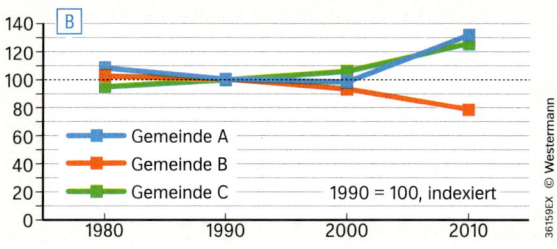

> **AUFGABEN**
>
> 1. Berechne alle Indexwerte zu den Diagrammen A und B.
> ➡ Übungsmöglichkeiten zum Vergleich mithilfe von Indexzahlen findest du auf der Seite 156, 212

Wie kann ich meine Arbeitsergebnisse präsentieren?

Es ist immer sinnvoll, eine mündlich vorgetragene Präsentation optisch zu unterstützen. Dazu gibt es verschiedene Möglichkeiten: Bilder, Plakate und Schaubilder oder Folien, die an die Wand projiziert werden. Eine Möglichkeit ist es auch, eine Computer-Präsentation zu erstellen. Insgesamt wird so das Gesagte übersichtlicher, anschaulicher und bleibt besser im Gedächtnis haften.

 Einen Vortrag präsentieren

① Vorbereitung:
a) Notiere auf einen Stichwortzettel oder auf Karteikarten, was du mündlich vortragen willst. Aber Achtung: keine ganzen Sätze (die liest man häufig nur ab), sondern nur Stichworte (vor allem Fachbegriffe) notieren.
b) Bereite die Hilfsmittel vor, mit denen du deinen Vortrag anschaulich und einprägsam gestalten willst (Plakate, Folien, Fotos, Tafelbilder usw.).

② Durchführung:
a) Nenne das Thema deines Vortrags.
b) Gib eine kurze Übersicht über den Inhalt.
c) Halte dich an die Regeln der 5-A-Technik (M1).
d) Nutze Hilfsmittel, um die Zuhörerinnen und Zuhörer zu fesseln.
e) Plane am Ende Zeit ein, damit die Zuhörerinnen und Zuhörer Fragen stellen können.

Und dann: Das Feedback!
Frag deine Mitschülerinnen und Mitschüler, wie ihnen der Vortrag gefallen hat, was sie behalten haben und was du hättest besser machen können. So kannst du deine Vorträge immer besser gestalten.

Lernplakat: Nur Material aufkleben, das sich gut einprägt – wenige Fotos, besser Diagramme und kurze Texte

- Übersichtlich und gut lesbar gestalten!
- Eine sinnvolle, klare Gliederung formulieren!
- Eine kurze Überschrift (fette Schrift) verwenden!
- In großer Schrift schreiben, damit die Texte auch aus drei oder fünf Metern Entfernung (in der Klasse) gelesen werden können.
- Farben verwenden!
- Unterschiedliche Formen verwenden!
- Zusammenhänge mit Linien oder Pfeilen deutlich machen (wie in einer Mindmap oder einem Wirkungsgefüge)! **235**

M2 Plakate können noch längere Zeit im Klassenraum hängen bleiben und als Lernhilfe dienen.

Ansehen: Lies das Stichwort auf dem Stichwortzettel oder der Karteikarte.
Aufsehen: Sieh die Zuhörerinnen und Zuhörer an.
Ansprechen: Sprich erst dann, wenn du die volle Aufmerksamkeit hast.
Abwechslung: Verwende eine abwechslungsreiche Sprache, formuliere frei, lies nicht nur eintönig ab. Setze Hilfsmittel ein, die den Vortrag anschaulich und interessant machen.
Sprich langsam und mache Pausen, gib Zeit, dir gedanklich zu folgen.
Aufrecht stehen: Steh aufrecht und wende deinen Zuhörerinnen und Zuhörern nicht den Rücken zu.

M1 Die 5-A-Technik beim Vortragen

- Die Folien sollen sehr übersichtlich gestaltet sein, denn sie werden ja nur für kurze Zeit projiziert.
- Keine langen Texte!
- Nur einprägsame Schaubilder!

M3 Es ist sinnvoll, am Ende der Präsentation die wichtigsten Quellen zu nennen. Dabei kannst du auch noch eine Empfehlung geben, wo sich deine Mitschülerinnen und Mitschüler weiter informieren können.

➡ Übungsmöglichkeiten zur Präsentation: Seiten 24, 122, 227, 230, 232

Wie präsentiere ich meine Ergebnisse mithilfe eines Computerprogramms?

Computerprogramme, wie zum Beispiel *PowerPoint*, helfen dir, deinen Vortrag zu veranschaulichen oder das Gelernte zu visualisieren. Während du sprichst, kann eine Präsentation das Gesagte unterstützen. Möchtest du ein digitales Plakat erstellen, so kannst du das ebenfalls zum Beispiel mit *PowerPoint* tun (M5).

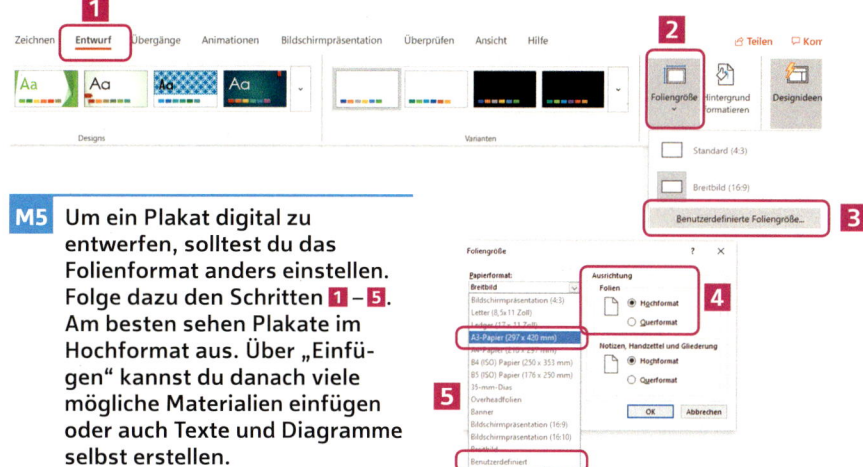

M5 Um ein Plakat digital zu entwerfen, solltest du das Folienformat anders einstellen. Folge dazu den Schritten 1 – 5. Am besten sehen Plakate im Hochformat aus. Über „Einfügen" kannst du danach viele mögliche Materialien einfügen oder auch Texte und Diagramme selbst erstellen.

Erstellung einer Präsentation, zum Beispiel mit *PowerPoint*

① Neue Folie wählen
Es werden dir unterschiedliche Grundlayouts für die Foliengestaltung angeboten. Möchtest du frei eine Folie entwerfen, wählst du eine leere Folie aus.

② Einfügen von Bildern/Grafiken/Texten
Unter „Einfügen" kannst du auswählen, was auf deiner Seite erscheinen soll. Es ist möglich, Textfelder, Diagramme und Tabellen selbst zu erstellen oder Bilder und anderes einzufügen (Quelle nennen!). Du kannst auch Formen oder Piktogramme einfügen, mit denen du Aspekte auf deiner Folie hervorheben kannst.

③ Benutzerdefinierte Animation
Was, wann, wie auf deiner Folie erscheint, kannst du hier einstellen. Beachte, dass zu viel Animation vom eigentlichen Inhalt ablenkt.

Wie erstelle ich ein Erklärvideo?

Welche Arten von Erklärvideos gibt es?

Legetechnik-Video: ausgeschnittene Figuren und Texte werden vor der Kamera verschoben.
Trickfilm-Video: Puppen (z. B. Playmobil) werden durch zahlreiche Einzelaufnahmen animiert.
Bild-Video: Fotos (Bildrechte!), Zeichnungen usw. werden gefilmt, evtl. gezoomt.
Film-Video: eigene oder kopierte (Bildrechte!) Filmsequenzen werden aneinandergeschnitten.
Dokumentarfilm: dokumentarische Aufnahmen werden aneinandergeschnitten.
Spielfilm: Es werden einstudierte Spielsequenzen aneinandergeschnitten.
Achtung: Text und Film sollten sich ergänzen! (Man sollte nicht nur hören, was man schon sieht!)

M4

Worauf sollte man achten?

Wer ist die **Zielgruppe**?
Danach richten sich die **Sprache** (z. B. die Zahl der Fachbegriffe) und alle filmerischen Mittel:
- Eine klare, einprägsame Sprache mit kurzen Sätzen verwenden. Fachbegriffe benutzen!
- Nicht zu schnell sprechen! Pausen lassen, in denen das Bild wirken kann.

Inhalt:
- Den **Inhalt** auf das Wesentliche reduzieren!
- Klar einem roten Faden folgen!
- **Geräusche** und **Musik** gezielt einsetzen!
- Für **Abwechslung** sorgen!
- **Impressum** und **Quellen** nicht vergessen!

Und: Es muss alles fachlich korrekt sein!

M6

➡ Übungsmöglichkeiten: Seiten 118, 198

Wie führe ich eine Diskussion oder Debatte? – Pro und Kontra

Eine Diskussion führen

1) Vorbereitung
Vor einer Diskussion (lat. „discussio" = Untersuchung) muss man sich genau über den Sachverhalt informieren. Recherchieren! 249 Nur so kann man überzeugende Argumente und anschauliche, konkrete Beispiele zu den Argumenten finden.

2) Durchführung
Während der Diskussion müssen alle die üblichen Gesprächsregeln befolgen. Am besten wird eine Diskussionsleiterin oder ein Diskussionsleiter gewählt.

3) Ergebnis feststellen
Wer hat wen überzeugt? Kann eine gemeinsame Entscheidung getroffen werden?

INFO

M1 Die **Debatte** (franz. débattre: (nieder-)schlagen) ist ein Streitgespräch, das im Gegensatz zu einer Diskussion sehr strengen Regeln folgt. Die Debatte geht von einer Entscheidungsfrage (ja/nein) aus, die im Folgenden debattiert wird. Am Ende steht immer eine Abstimmung für oder gegen den debattierten Sachverhalt. Die Mittel der Debatte sind gute Argumente und eine gute rhetorische Darstellung.

Die **Moderatorin** ist verantwortlich für den geregelten Ablauf der Debatte. Die **Pro-Gruppe** und die **Kontra-Gruppe** vertreten gegensätzliche Meinungen. Die Mitglieder bereiten jeweils gemeinsam die Debatte vor. In der Debatte werden sie durch eine oder mehrere **Sprecherinnen** vertreten. Jede Gruppe wählt eine **Gruppenleitung**. Die **Beobachter** folgen der Debatte und entscheiden durch ihre Stimmabgabe.

*M2 Die Beteiligten

TIPPS

M3 Argumente – Kernstücke von Diskussion und Debatte
Zur Vorbereitung einer Entscheidung sollten alle Argumente für (pro) und gegen (kontra) genau durchdacht werden. Dazu sollte man den Sachverhalt intensiv recherchieren. 249 Argumente Pro und Kontra sollte man möglichst prägnant formulieren und nach ihrer Bedeutung ordnen. Wirksam sind Argumente nur dann, wenn man sie mit konkreten Beispielen belegen kann.

Eine Debatte führen

1) Vorbereitung durch die gesamte Gruppe
- Genaue Informationen über das Thema sammeln (Recherchieren 249)
- Die Argumente diskutieren: Welche sind besonders wichtig und überzeugend? Welche konkreten Beispiele können dazu genannt werden?
  Welche Argumente könnte die Gegenseite bringen? Wie sind sie zu entkräften?
- Wählen der Gruppenleitung

2) Die Debatte
- Die Moderatorin eröffnet die Debatte.
- Sie führt eine erste Abstimmung des Themas unter den Beobachtern durch.
- Die Gruppensprecherinnen halten ihre Plädoyers Pro und Kontra (maximal drei Minuten).
- Die Gruppen diskutieren Erwiderungen auf die Argumente der Gegenseite (Gegenargumente).
- Die Sprecherinnen der Gruppen antworten auf die Argumente der Gegenseite.
- Die Beobachter stellen Fragen an die Gruppen.
- Die Gruppensprecherinnen halten ihre Schlussplädoyers Pro und Kontra (maximal drei Minuten).
- Die Beobachter stimmen ab.

3) Auswertung der Debatte
Reflexion: Wie viele Beobachter haben ihre Meinung geändert und warum? Waren die Argumente und war der Vortrag überzeugend?

➡ Übungsmöglichkeiten findest du auf den Seiten 42, 54, 130, 132, 224

Wie führe ich eine Erkundung durch?

> „Geographen verlaufen sich nicht, sie erkunden."
> Alte Geographen-Weisheit

INFO

M4 Erkundung
Eine Erkundung hat das Ziel, außerhalb der Schule, das heißt vor Ort, möglichst viele Informationen zu einem Thema zu sammeln. Die Ergebnisse der Erkundung werden später zusammengetragen, geordnet, ausgewertet und eventuell auch präsentiert.

M5 Du solltest bei einer Befragung immer genau erklären, warum und mit welchem Ziel du sie durchführst.

Was kann man erkunden?
ein Naturschutzgebiet, ein Gewerbegebiet, eine Fußgängerzone, ein Stadtviertel, eine Forschungseinrichtung, einen Wirtschaftsbetrieb, ein Tierheim, eine Gemeideverwaltung …

M6

Was sind die Themen?
die ökologischen Bedingungen in einem Gebiet, die Standortfaktoren von Gewerbebetrieben, das Einkaufsverhalten in einer Fußgängerzone, die Arbeitsabläufe in einer Verwaltung, die Produktionsabläufe in einem Industriebetrieb …

M7

Welche Methoden kann man anwenden?
Befragung, Kartierung, Zählung, Fotoaufnahme

M8

➡ Eine Übungsmöglichkeit findest du auf der Seite 228

Eine Erkundung durchführen

① Planung
- Was? – Was soll untersucht werden?
- Wo? – An welchem Ort soll die Erkundung durchgeführt werden?
- Wann? – Wann ist ein sinnvoller Zeitpunkt?

② Vorbereitung
- Stellt die benötigten Materialien zusammen: zum Beispiel Schreibblock, Schreibstift, Buntstifte, Kamera, Stadtplan, topographische Karte (evtl. ein Mitbringsel für eine Führerin/Führer).
- Berechnet mögliche entstehende Kosten und einigt euch, von wem diese bezahlt, wie diese aufgeteilt werden.
- Vereinbart rechtzeitig Termine mit beteiligten Personen (z.B. Beschäftigte in Betrieben, verantwortliche Försterin im Naturschutzgebiet).
- Bereitet die Fragen vor, die gestellt werden.

③ Durchführung der Erkundung
- Seid freundlich und höflich gegenüber den beteiligten Personen.
- Versucht, die Ergebnisse möglichst genau zu dokumentieren.

④ Auswertung der Ergebnisse
- Tragt die Ergebnisse zusammen.
- Wertet die Ergebnisse nach den vereinbarten Fragestellungen/Themen aus.
- Diskutiert die Ergebnisse, sodass alle über das Wesentliche Bescheid wissen.

⑤ Präsentation der Ergebnisse
Bereitet eine Präsentation vor. **254**
Präsentiert eure Ergebnisse entweder gegenseitig oder einer interessierten Gruppe.

⑥ Reflexion der Vorgehensweise bei der Erkundung
Überlegt und diskutiert:
Was hätte man besser machen können?
- Waren der ausgewählte Ort und der ausgewählte Zeitraum sinnvoll?
- Waren die gewählten (Teil-)Themen und Fragen sinnvoll?
- Führten die Erkundungsmethoden zu den gewünschten Ergebnissen?

Methoden

Wie gehe ich bei einer Kartierung, einem Interview oder einer Meinungsumfrage vor?

M1 **Kartierung** — INFO
Bei einer Kartierung wird eine thematische Karte zu einem bestimmten Raum erstellt (Straße, Stadtviertel). Die Legende richtet sich dabei nach dem gewählten Thema.

Was ist bei einer Kartierung zu beachten?
- Den ausgewählten Raum genau abgrenzen, evtl. in Gruppen aufteilen.
- Die Legende lieber zu detailliert als zu oberflächlich planen. Man kann später immer noch verschiedene Signaturen zusammenfassen, aber nicht noch einmal kartieren …

M2

M3 **Interview** — INFO
Um Informationen zu bekommen, bietet es sich an, Menschen zu interviewen, die sich in der Thematik auskennen (Experteninterview).

Was ist beim Interview zu beachten?
Du solltest dich schon vorher gut über das Thema informieren.
Erstelle einen Gesprächsleitfaden, in dem du die Abfolge deiner Fragen notierst.

M4

M5 **Meinungsumfrage** — INFO
In einer Meinungsumfrage wird eine größere Gruppe von Menschen zu einem Thema befragt. Das geschieht entweder schriftlich mit einem Fragebogen oder mündlich. (Die Antworten werden dann in einem Fragebogen notiert.)

Was ist bei den Fragen zu beachten?
Man unterscheidet
- gebundene Fragen – hier kann man zwischen vorgegebenen Antworten auswählen. Sie sind leicht auszuwerten (z. B. mit Strichlisten).
- ungebundene/freie Fragen – dabei können die Befragten frei antworten (sie sind aufwendig mitzuschreiben und auszuwerten).

M6

M7

1. Wie groß ist die Entfernung zwischen Ihrem Wohn- und Ihrem Arbeitsort? _____ km

2. Welches Verkehrsmittel nutzen Sie für den Arbeitsweg am häufigsten? (Bitte nur ein Kreuz!)
   zu Fuß $\square_1$ Fahrrad $\square_2$ Motorrad $\square_3$ Pkw $\square_4$ ÖPNV $\square_5$

3. Aus welchem Grund nutzen Sie dieses Verkehrsmittel am häufigsten?
   _____

4. Bitte bewerten Sie die Qualität der öffentlichen Verkehrsmittel in Ihrer Region/Stadt (1 = sehr gut bis 5 = unzureichend)

	1	2	3	4	5
$_1$Nähe zum Wohnort	☐	☐	☐	☐	☐
$_2$Nähe zum Arbeitsort	☐	☐	☐	☐	☐
$_3$Fahrthäufigkeit	☐	☐	☐	☐	☐
$_4$Anschlussmöglichkeiten	☐	☐	☐	☐	☐
$_5$Bequemlichkeit/Komfort	☐	☐	☐	☐	☐
$_6$Preis-Leistungs-Verhältnis	☐	☐	☐	☐	☐

M8 Ein Fragebogen mit unterschiedlichen Arten von Fragen

M9 **Grafstat** — INTERNET
ist ein Programm zur Erstellung und Auswertung von Umfragen. Die Entwicklung des Programms wird durch die *Bundeszentrale für politische Bildung (bpb)* gefördert. Der Download ist für Schülerinnen und Schüler kostenlos.

Wie nehme ich einen Raum genauer unter die Lupe? – Die Raumanalyse

INFO

M10 Betrachtungsweisen der Geographie

Das Fach Erdkunde hat zwei unterschiedliche Betrachtungsweisen:
- Zum einen stehen geographische Themen im Vordergrund. Dies ist meistens der Fall. Das Thema lautet zum Beispiel „Wie wirtschaften Menschen in anderen Landschaftszonen?" oder „Weltbevölkerung – Wachstum und Migration". Dabei geht man Fragestellungen nach, die auf unterschiedlichste Räume der Erde anwendbar sind.
- Bei der zweiten Betrachtungsweise steht ein Raum im Vordergrund, z. B. „Sibirien – wie verändert der Klimawandel den Lebensraum?" oder „Der Aralsee – wie konnte ein See zur Wüste werden?"

Dabei beschäftigt man sich unter einer bestimmten Fragestellung intensiv mit einem Raum und den Faktoren, die in ihm zusammenwirken.

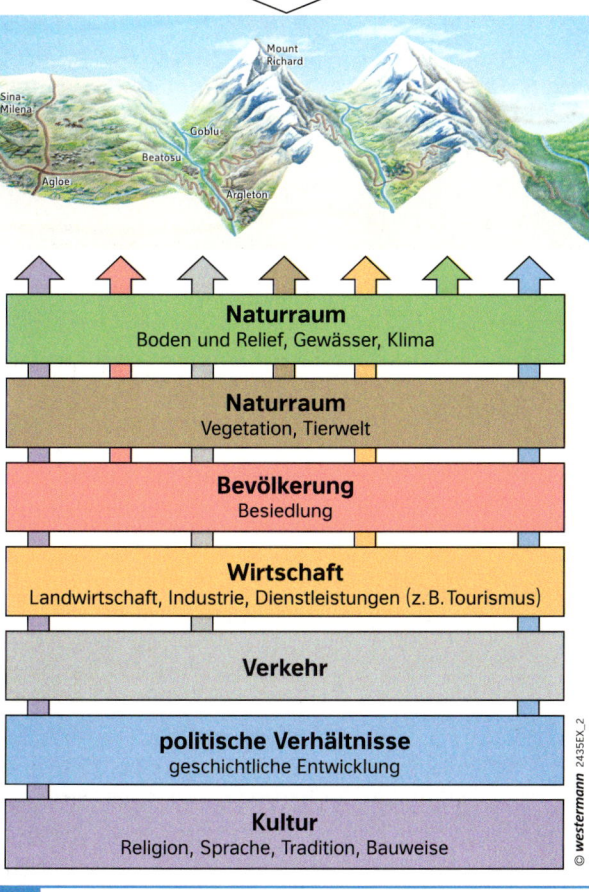

M11 Unterschiedliche Faktoren prägen einen Raum.

Im Fokus: ein Raum

Will man einer bestimmten Fragestellung zu einer Stadt, einer Landschaft oder einem Land nachgehen, dann ist es sinnvoll, diese Frage zunächst genau auszuformulieren, zum Beispiel:
Wie verändert sich der Lebensraum in Russland und seinen Nachbarstaaten durch den Einfluss der Menschen?

Nun überlegt man, ob sich diese Leitfrage in unterschiedliche Teilfragen aufgliedern lässt, zum Beispiel:
„*Sibirien – wie verändert der Klimawandel den Lebensraum?*" oder „*Der Aralsee – wie konnte ein See zur Wüste werden?*"

Jetzt kann man sich auf die Suche nach geeigneten Informationsquellen machen: Zeitungen, (Fach-)Zeitschriften, Lexika, Atlanten, Fernsehfilme, Veröffentlichungen von Behörden und Organisationen, Informationen von Bekannten und natürlich das Internet. 249

Nachdem man sich einen ersten Überblick über die Informationen verschafft hat, prüft man, ob auch genügend (unterschiedliches) Material zur Beantwortung aller Teilfragen vorhanden ist.

Nun folgt die Auswertung.
Dabei wird deutlich: Einerseits ist vieles in dem bisher unbekannten Raum vergleichbar mit anderen, schon bekannten Räumen. Andererseits gleicht kein Raum dem anderen. Immer sind einzelne Faktoren (z. B. die Landwirtschaft) für die Fragestellung von großer Bedeutung und andere sind eher unwichtig. Bei einer anderen Fragestellung kann das anders sein.

Am Ende der Raumanalyse sind die Teilfragen und die Leitfrage beantwortet.

BEMERKENSWERT

M12 Jeder Raum auf unserer Erde ist unverwechselbar und einzigartig – jedoch in einzelnen Bereichen auch immer vergleichbar. Gerade das macht es so interessant, sich immer wieder mit unbekannten Ländern, ihren Landschaften und Menschen zu beschäftigen.

➡ Übungsmöglichkeiten zur Raumanalyse: Seiten 36, 230, 232

Wie kann ich Arbeitsaufträge richtig verstehen und lösen?

Auf jeder Doppelseite findest du am Anfang Arbeitsaufträge. Sie geben dir Hinweise, wie du die darauf folgenden Materialien am sinnvollsten bearbeitest.

Wir geben etwas wieder:
nennen: etwas aufzählen, ohne Erklärung wiedergeben, meistens einzelne Begriffe. *(z. B. Nenne fünf Städte im tropischen Regenwald Brasiliens.)*
auflisten: Informationen in einer Liste geordnet wiedergeben.
wiedergeben: etwas, das du gelesen oder gehört hast, zusammenhängend in eigenen Worten wiederholen. *(z. B. Gib den Inhalt der Materialien wieder.)*
darstellen: etwas in eigenen Worten geordnet und im Zusammenhang verdeutlichen. Achtung: Fachwörter nicht vergessen! *(z. B. Stelle die wichtigsten Standortfaktoren der Industrie im Ruhrgebiet dar.)*
beschreiben: den Inhalt von Materialien zusammenhängend wiedergeben. *(z. B. Beschreibe das Klima von Ilulissat. – Das geschieht mithilfe des Klimadiagramms.)*
auswerten: Informationen aus einem Material herausarbeiten.

Wir erklären etwas:
erklären: einen Sachverhalt so darstellen, dass alle Zusammenhänge verständlich werden: Voraussetzungen, Gründe, Folgen *(z. B. Erkläre, warum manche Regionen stärker erdbebengefährdet sind als andere.)*
erläutern: einen Sachzusammenhang mithilfe ergänzender Informationen (z. B. mit Beispielen) verdeutlichen *(z. B. Erläutere anhand der Stadt Bochum, warum so viele Menschen im Ruhrgebiet leben.)*

vergleichen: verschiedene Dinge nebeneinander betrachten und dabei Gemeinsamkeiten und Unterschiede herausarbeiten. Dabei sollte man sich vorher genau überlegen, was man miteinander vergleicht und ob sich das überhaupt vergleichen lässt. Häufig gibt es in der Aufgabe aber auch schon einen Hinweis darauf. *(z. B. Vergleiche die Städte Bielefeld und Paderborn in Bezug auf ihre Bevölkerungszahl und ihre Industrie.)*

Wir beurteilen etwas:
beurteilen/bewerten: sich eine begründete Meinung bilden. Vorher muss man jedoch möglichst viele Informationen bearbeitet und gegeneinander abgewogen haben. *(z. B. Beurteile die Bedeutung des Vergnügungsparks Movie World für die Stadt Bochum.)*
Bei einer Bewertung sollten die Wertmaßstäbe vorher genau überdacht und eventuell auch transparent gemacht werden.
diskutieren: die Gründe für (Pro-Argumente) und die Gründe gegen (Kontra-Argumente) einen Sachverhalt einander gegenüberstellen. Dies geschieht meistens mündlich in einer Diskussion (z. B. in der Klasse). Ziel ist es vor allem, die Meinungen auszutauschen, um vielleicht zu einem gemeinsamen Ergebnis zu gelangen. *(z. B. Diskutiert in eurer Klasse, ob der Anbau in Plantagen sinnvoll ist.)*
Stellung nehmen: zu etwas begründet, nach Abwägen von unterschiedlichen Argumenten, seine eigene Meinung äußern. *(z. B. In deinem Schulort soll der größte Teil der Innenstadt zur Fußgängerzone erklärt werden. Nimm dazu Stellung.)*

Wie können die Arbeitsergebnisse aussehen?

Brief/Beschwerdebrief
Argumente werden aus der persönlichen Sicht vorgetragen. Anrede und Gruß am Ende sachlich halten. *(Sehr geehrte/ geehrter ...; Mit freundlichen Grüßen ...)*

Diagramm: 243, 244

Erklärvideo
Kurze Erklärung der wichtigsten Zusammenhänge mithilfe filmerischer Mittel (z. B. Spielszenen, Zeichnungen, Zeichentrick). Dauer: ca. 3 Minuten 255

Erlebnisaufsatz
Aus der eigenen Sicht wird ein Vorgang interessant und spannend dargestellt. Du kannst eigene Empfindungen und Gefühle äußern.

Flyer (Flugblatt, Handzettel)
Meist zur Information oder zur Werbung genutzt, kurze Texte mit ergänzenden Materialien

Informationsblatt
Kurze Hinweise als Tabelle mit Spiegelstrichen formulieren. Du kannst zusätzlich Zeichnungen verwenden.

Interview 258
Notiere zielgerichtete Fragen, die du einer Interviewpartnerin oder einem Interviewpartner stellen könntest und evtl. auch die möglichen Antworten. Schreibe so, wie man spricht.

Kurznachricht
Alles Wichtige im Telegrammstil mit wenigen Zeichen (z. B. 280) formulieren.

Lernplakat 254

Lexikoneintrag
Sehr sachlich und allgemein verständlich. Die Zusammenhänge werden genau erklärt.

Mindmap, Kausalkette, Wirkungsgefüge, Conceptmap 235

Podcast (Ton- oder Videodatei)
In der Regel ein kurzer Bericht (sachliche Information) oder Kommentar (eigene Meinung durch Argumente gestützt)

Präsentation 254

Pressemitteilung
Wie eine Zeitungsnachricht, jedoch nicht immer objektiv.

Radionachricht/Sprachnachricht
Es gibt keine Überschrift. Der Text ist sachlich wie die Zeitungsnachricht. Er hat keine langen Sätze und wird verlesen oder aufgenommen.

Steckbrief
Kurze, listenartige Darstellung, die die wichtigsten Informationen zu Personen, Gegenständen oder Themen enthält.

Tabelle 243

Telegrammstil
Sehr kurze Darstellung ohne vollständige Sätze, keine Füllwörter verwenden.

Tweet
→ Kurznachricht

Werbetext
vor allem positive Argumente werden für einen Sachverhalt genannt, durch sprachliche Mittel (Superlative, Übertreibungen, Adjektive ua.) unterstützt

Zeitstrahl
Darstellung zeitlicher Abfolgen von Ereignissen an einer Achse (waagerecht oder senkrecht).

Zeitungsnachricht
In der Überschrift steht schon die wichtigste Information. Danach wird das Thema sehr sachlich und klar dargestellt. → Pressemitteilung

Wie kann ich Maße und Gewichte umrechnen?

Bei deiner Arbeit mit dem Buch wirst du häufig auf Gewichte und Maße stoßen, die dir unbekannt sind oder bei denen du gerade nicht weißt, wie du sie umrechnen kannst. Hier findest du eine Übersicht:

Längenmaße:

1 m (Meter) = 10 dm (Dezimeter)
= 100 cm (Zentimeter)
= 1000 mm (Millimeter)

1 km (Kilometer) = 1000 m (Meter)

1 mile (Meile, US-amerikanisch/ britisch)
≈ 1,6 km (Kilometer)

1 sm (Seemeile) ≈ 1,85 km (Kilometer)

Flächenmaße:

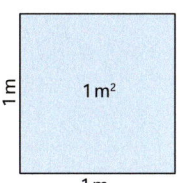

$1 m^2$ (Quadratmeter) = 1 m · 1 m

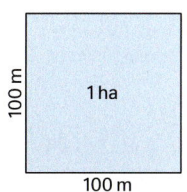

1 ha (Hektar) = 100 m · 100 m
= 10 000 m^2

1 km^2 (Quadratkilometer)
= 1 km · 1 km

100 ha (Hektar) = 1 km^2
= 1 000 000 m^2

Raummaße:

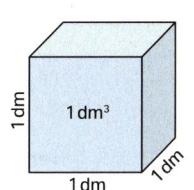

1 l (Liter) = 1 dm^3 (Kubikdezimeter)
= 1 dm · 1 dm · 1 dm

100 l (Liter) = 1 hl (Hektoliter)

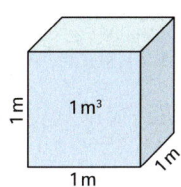

1 m^3 (Kubikmeter) = 1 m · 1 m · 1 m

1 bbl (Barrel Öl) ≈ 159 l (Liter Öl)

Gewichte:

1 kg (Kilogramm) = 1000 g (Gramm)

1 dt (Dezitonne) = 100 kg

1 t (Tonne) = 1000 kg

1000 t (Tonnen) = 1 kt (Kilotonne)

Energieeinheiten:

1 kWh (Kilowattstunde) = 1000 Wh (Wattstunden)
→ damit kann man etwa 20 Stunden lang einen Laptop nutzen oder 25 Minuten staubsaugen.

Anhang

Starthilfen

S. 15
M8 Achtung! Hier geht es um den zusätzlichen Flächenverbrauch pro Tag. Diese Fläche wird im Durchschnitt jeden Tag neu versiegelt.

S. 25
M10 Die angegebenen Werte sind nur zu deiner Orientierung. Es sind z. B. auch viel kleinere und viel größere Tische möglich. Bewegungsflächen benötigst du, um z. B. die Stühle hin und her zu rücken.

S. 42
Aufgabe 2 Beispiel: Lombardei

Stärken	Schwächen
• Hohes BIP pro Kopf → starke wirtschaftliche Leistungsfähigkeit	
Chancen	Risiken
	• Gefahr durch Wirtschaftskrisen → Rückgang der Wirtschaftsleistung

S. 46
M1 EFTA = Europäische Freihandelszone
Mitgliedsstaaten = Island, Liechtenstein, Norwegen, Schweiz
Die EFTA-Mitgliedsstaaten bilden zusammen mit den EU-Staaten den Europäischen Wirtschaftsraum (EWR). Ausnahme ist die Schweiz, sie gehört nicht dem EWR an.

S. 49
M4 Bei der Entscheidung bleiben oder wandern (rechter Teil), spielen persönliche Aspekte (Schaubild Mitte oben) und fördernde und hindernde Rahmenbedingungen (Schaubild Mitte unten) eine Rolle. Die eigentliche Entscheidung wird beeinflusst durch viele einzelne Faktoren (sogenannte Treiber). Diese können eine Entscheidung „antreiben" (z. B. demografische Treiber wie hoher Bevölkerungsdruck) oder „abbremsen" (z. B. familiäre Situation oder gesellschaftliche Stellung).

S. 68
M3 Die rechte Hochachse (y-Achse) gibt den Anteil der Bevölkerung Karachis und Lahores (städtisch) an der städtischen Bevölkerung des gesamten Landes an. Lesebeispiel: 2030 lebt etwa ein gutes Fünftel (etwas mehr als 20 %) der städtischen Bevölkerung Pakistans in Karachi.

S. 76
M1 ‚Blau, blau, blau ist alles was ich hab':
„Vor einigen Jahren holte ich an einem regnerischen Morgen der Freund eines Freundes vom Flughafen ab. [...] ‚Ich hätte nie gedacht, dass sich inzwischen so viele Leute einen Swimmingpool leisten können.' Ich sah ihn verständnislos an. ‚Nun ja', erklärte er, ‚die Stadt unter mir war übersät mit diesen königsblauen Schwimmbecken.' Ich musste lachen, doch dann zeigte mir sein fragendes Gesicht, dass es kein Witz war. Es war Monsunzeit, und auf vielen Slumhütten lagen die typischen blauen Plastikplanen zum Schutz gegen das Regenwasser. Die Farbe ist nicht ein Zeichen des Wohlstands, sondern der Armut, erklärte ich ihm. Die Anflugschneise in Mumbai liegt über eng gedrängten Hüttensiedlungen, die inzwischen die Schutzwälle des Flughafenareals erreicht haben. [...] Die blauen Planen decken jeweils die bestgebauten Hütten ab, die wirklich Ärmsten müssen sich mit alten Zementsäcken vor den Regengüssen schützen."
Quelle: Imhasly, Bernard: Indien. Länderporträt. (Schriftenreihe BD. 10104), bpb, Bonn 2018, S. 10/11

S. 79
M10 Zu den Begriffen Migrationshintergrund und Eingewanderte und ihre (direkten) Nachkommen: „Der Begriff ‚Migrationshintergrund' wurde 2005 eingeführt, um Einwanderung und Integration von Menschen in Deutschland statistisch zu erfassen. Doch das Konzept hat Schwächen. Eine Fachkommission der Bundesregierung möchte ihn deshalb austauschen. Vor der Einführung des Begriffs ‚Migrationshintergrund' wurden Menschen, die ab den 1950er-Jahren nach Deutschland gekommen waren, als Ausländer in den Statistiken erfasst. Doch besonders ab den 1990er-Jahren wurde klar, dass diese Einteilung nicht mehr genug ist. Denn die Statistik hatte einige blinde Flecken: die Migrationserfahrung von Menschen, die zwar Zugewanderte sind, aber die deutsche Staatsangehörigkeit besitzen, sowie von deren Nachkommen. Sie blieb in der Einteilung nach deutschen oder ausländischen Staatsangehörigen unbeachtet. Also wurde 2005 der Begriff ‚Migrationshintergrund' eingeführt. Den haben alle Menschen, wenn sie selbst oder mindestens ein Elternteil die deutsche Staatsangehörigkeit nicht durch Geburt besitzen. Laut des Statistischen Bundesamt waren das 2019 in Deutschland 21 Millionen Menschen. Doch der Begriff ist mittlerweile nicht nur oft negativ behaftet, sondern umfasst eine viel zu heterogene Gruppe von Menschen. Deshalb schlägt die Fachkommission Integrationsfähigkeit nun einen neuen Begriff vor: ‚Eingewanderte und ihre (direkten) Nachkommen'."
Quelle: Deutschlandfunk Nova: Fachkommission Integrationsfähigkeit. Begriff „Migrationshintergrund" soll ausgetauscht werden. www.deutschlandfunknova.de, 02.02.2021, Zugriff: 11.02.2021

S. 81
M7 Quellentext Englisch – Übersetzungshilfe:
bustling metropolis — pulsierende Metropole
Paulistanos — Bewohner der Stadt São Paulo
homicide — Mord

S. 95
M8 Lesebeispiel: Die 2060 geborenen Menschen werden nach einer Prognose der UNO in den Industrieländern durchschnittlich 85 Jahre alt, in den Entwicklungsländern 78 und weltweit im Durchschnitt 79 Jahre alt.

S. 96
M2 Lesehilfe: in der Waagerechten ist die Sterberate in Promille abgetragen. In der Senkrechten ist links die Geburtenrate abgetragen, rechts die Wachstumsrate. Die Wachstumsrate kann in der Diagonalen abgelesen werden. Lesebeispiel: Kenia 2010: GR 37 ‰, SR 10 ‰, WR 27 ‰

S. 99
M9 Lesebeispiel: 22 von 100 (= 22 %) Ehen, die zwischen 1910 und 1912 geschlossen wurden, hatten zwei Kinder, 32 hatten vier und mehr Kinder.

S. 113
M7 Kilojoule (kJ) ist eine Maßeinheit für Energie. Sie hat die Einheit Kilokalorien (kcal) abgelöst, auch wenn diese im allgemeinen Sprachgebrauch nach wie vor häufiger Verwendung findet (1 kcal entspricht 4,18 kJ). Von der Deutschen Gesellschaft für Ernährung wird eine tägliche Energiezufuhr von durchschnittlich 2 000 kcal (8 373 kJ) empfohlen.

S. 130
M5 Lesehinweis: die Grafik zeigt solche Speisen, von denen die Menschen in den jeweiligen Ländern gern mehr im Angebot hätten. Sie zeigt nicht die Lieblingsspeisen des Landes. Die Deutschen essen demnach nicht zwangsläufig am meisten amerikanische Burger. Sie wünschen sich von diesen aber ein breiteres Angebot. Es ist auch anzunehmen, dass Franzosen oft die sogenannte heimische Küche konsumieren. Sie hätten aber gern ein noch breiteres Angebot davon.

S. 139
M11 crop yield: Ernteertrag
(to) contribute: beitragen
lack of access: mangelnder Zugang
malnutrition: Mangelernährung
(to) alleviate: lindern, verringern
(to) estimate: schätzen
nutritional care: Nährstoffversorgung
refuge: Zuflucht
refugees: Flüchtlinge
(to) harvest: ernten

S. 143
M4 Wirkungsgefüge, in denen Folgen wieder zum Ursprung zurückführen, in denen sich die Wirkungen selbst verstärken, werden auch als „Teufelskreise" bezeichnet.

S. 145
M7 Mögliche Bestandteile des Wirkungsgefüges (Auswahl): Ausbau der Infrastruktur/des Gesundheitswesens/des Bildungswesens, unzureichende Ernährung, Kinderarbeit, gesundheitliche Probleme, geringes Steueraufkommen, geringe Wirtschaftskraft.

S. 154
M1 politische Partizipation: politische Mitspracheöglichkeit
politische Repräsentanz: politische Vertretung, Vertretung ihrer politischen Interessen

S. 154
M3 Mestizen sind Nachfahren von Europäern (Peru: Spanier) und indigener Bevölkerung. Nur 83 % der Bevölkerung sprechen die wichtigste Sprache des Landes, Spanisch. 17 % haben damit keinen Zugang zu großen Teilen von Kultur, Wirtschaft und Politik.

S. 159
M8 In den Bürohochhäusern sind vor allem Büros global tätiger Unternehmen untergebracht. Die Shopppingmalls und Vergnügungszentren werden nahezu ausschließlich von der wohlhabenden Bevölkerungsschicht (z. B. Beschäftigte bei großen nationalen und internationalen Unternehmen, Regierungsangestellte) besucht.

S. 171
M7 „Das ist ja wie in Bangalore" ist nicht zu verwechseln mit Bangalored. Der Begriff Bangalored beschreibt im Englischen den Arbeitsplatzverlust aufgrund von Outsourcing von Tätigkeiten in eine andere Region. Der Begriff ist von der indischen Stadt Bangalore abgeleitet, in die zu Beginn des Outsourcings verstärkt US-amerikanische IT-Arbeitsplätze outgesourct wurden.

S. 172
M2 Dienstleistungsexporte umfassen alle von Einheimischen an Gebietsfremde erbrachten Dienstleistungen. Tourismusexporte geben den Wert der Einnahmen durch den ausländischen Tourismus an.

S. 175
M7 particularity: Besonderheit
Kishwahili, Kinyarwanda: Bantusprachen, die u.a. in Ruanda gesprochen werden
deed: Tat
rural: ländlich
(to) pursue: nachgehen, verfolgen
(to) adhere to sth.: etwas einhalten

S. 178
M1 Im Quellentext findet sich die Schreibweise „Schüler*innen" mit *. Die Schreibweise bemüht sich um die Sichtbarmachung geschlechtergerechter Sprache. Alternativ wird häufig auch die Schreibweise „Schüler_innen" mit einem _ verwendet. Diese beiden Formen sollen Frauen und Männer sowie Geschlechter zwischen Frau und Mann (wie Transgender) berücksichtigen. Für die Ansprache von Frauen und Männern gibt es weitere Formen:
„SchülerInnen", „Schüler/-innen" oder „Schüler(-innen)". Im Alltag ist heute noch die Paarform „Schülerinnen und Schüler" die gebräuchlichste Variante. In deinem Schulbuch bemühen wir uns um eine gerechte und ausgewogene Sprache, verzichten aus Gründen der Lesbarkeit jedoch auf spezielle Schreibweisen.

S. 180
M6 Denke bei der Auswertung des Liniendiagramms daran, dass der Weltexport (Exporte aller Länder der Erde) seit 1980 stark zugenommen hat (1980: rund 2000 Mrd. US-$, 2015: rund 15 600 Mrd. US-$).

S. 192
M2 Lesehilfe: Die Entwicklung eines Smartphones erfolgt in den USA, die Produktion geschieht über viele globale Zulieferer von Rohstoffen, z.B. Kupfer aus Chile, und außerdem noch über viele Produktionsstätten von Bauteilen, z.B. Akkus aus Mexiko.

S. 207
M5 Ein Auto entsteht in den folgenden Produktionsschritten.
Presswerk: Das Presswerk liefert die Blechteile für die Karosserie.
Rohbau: Hier werden die Karosserieteile zu einer fertigen Karosserie eines Fahrzeuges zusammengefügt.
Lackiererei: Hier wird die Karosserie lackiert.
Fahrzeugmontage: In diesem Bereich wird die lackierte Karosserie um noch fehlende Teile ergänzt und es wird die „Hochzeit" vollzogen. In der Automobilproduktion nennt man das Zusammenfügen von Karosserie und Motor mit Antriebsstrang „Hochzeit".

S. 212
M4 Die blaue Kurve (West-EU) bezieht sich auf die linke Y-Achse und die rote Kurve (Ost-EU) auf die rechte Y-Achse.

S. 223
M10 Darknet: Parallelwelt im Internet, wo die Verbindungswege der Daten samt Sender und Empfänger völlig verschleiert sind, im Dunkeln liegen. Es wird oft mit Illegalem in Verbindung gebracht.
„[Doch] wer im Darknet surft, sucht nicht unbedingt Illegales. Die meisten wollen ihre Privatsphäre schützen – nicht nur in unfreien Ländern. Laut einer US-Studie nutzen 93 Prozent nur ohnehin frei zugängliche Webseiten. [...] Wer gewöhnlich im ‚normalen Internet' surft, weiß nicht viel über das Darknet, höchstens dass da Drogen, Waffen und Kinderpornos gehandelt werden sollen. Sicherlich ist das Darknet auch ein Tummelplatz für Kriminelle, aber ganz so finster wie sein Ruf ist das Darknet nicht. Schließlich gibt es durchaus gute Gründe, unerkannt von kommerziellen Datenkraken oder übergriffigen Regimen im diesen anonymen Netzwerken unterwegs zu sein."
Quelle: Linow, Oliver: Im Darknet ist es laut US-Studie gar nicht so finster. www.dw.com, 08.12.2020, Zugriff: 17.12.2020

S. 231
M7 Übersetzungshilfe:
temporary work visa:
    befristetes Arbeitsvisum
to hire:
    anwerben, anstellen
labor shortages:
    Arbeitskräftemangel
skilled occupations:
    qualifizierte Berufe
without negatively impacting:
    ohne negative Auswirkungen
exploit:
    ausnutzen
to prevent:
    um zu verhindern

S. 256
M2 Siehe Starthilfe zu S. 178 M1.

Europa

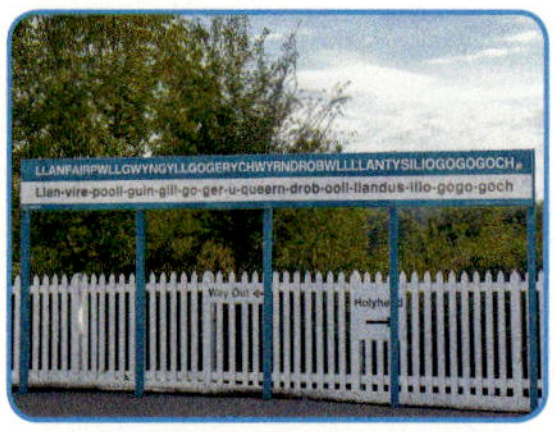

a) Llanfairpwllgwyngyllgogerychwyrndrobwllllantysiliogogogoch gilt als längster amtlicher Ortsname der Welt. 20 km südlich der Gemeinde liegt der Berg Snowdon. Wie hoch ist er?

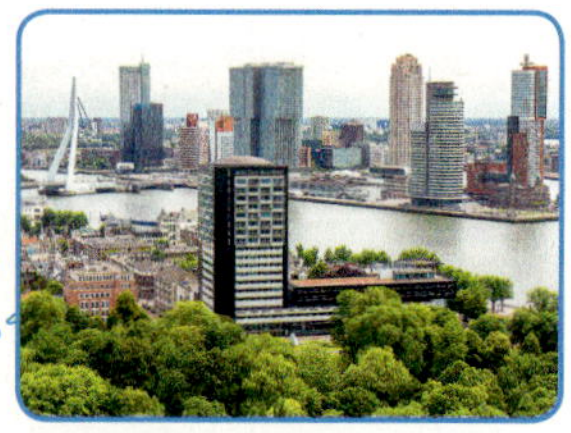

b) Blick vom Euromastaussichtsturm über Rotterdam. Nenne die Hauptstadt und den Regierungssitz der Niederlande.

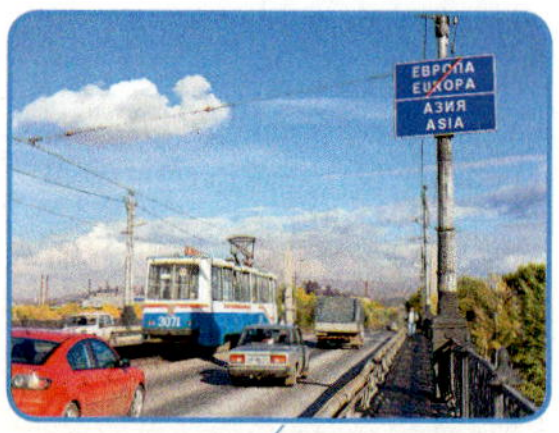
ЕВРОПА
EUROPA
АЗИЯ
ASIA

c) Magnitogorsk (Russland). Welches Gebirge wird oft als (physisch-geographische) Grenze zwischen Europa und Asien angesehen?

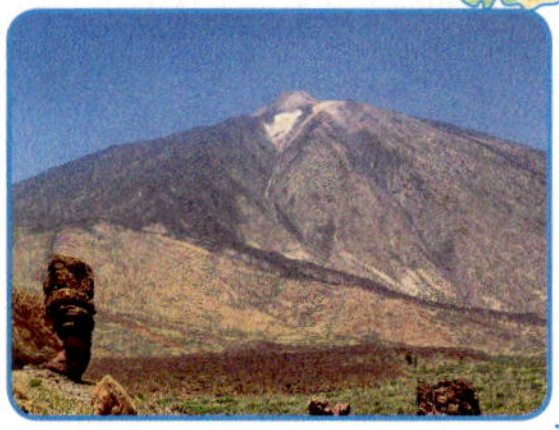

g) Der höchste Berg Spaniens.[1] Wie heißt er und wie hoch ist er?

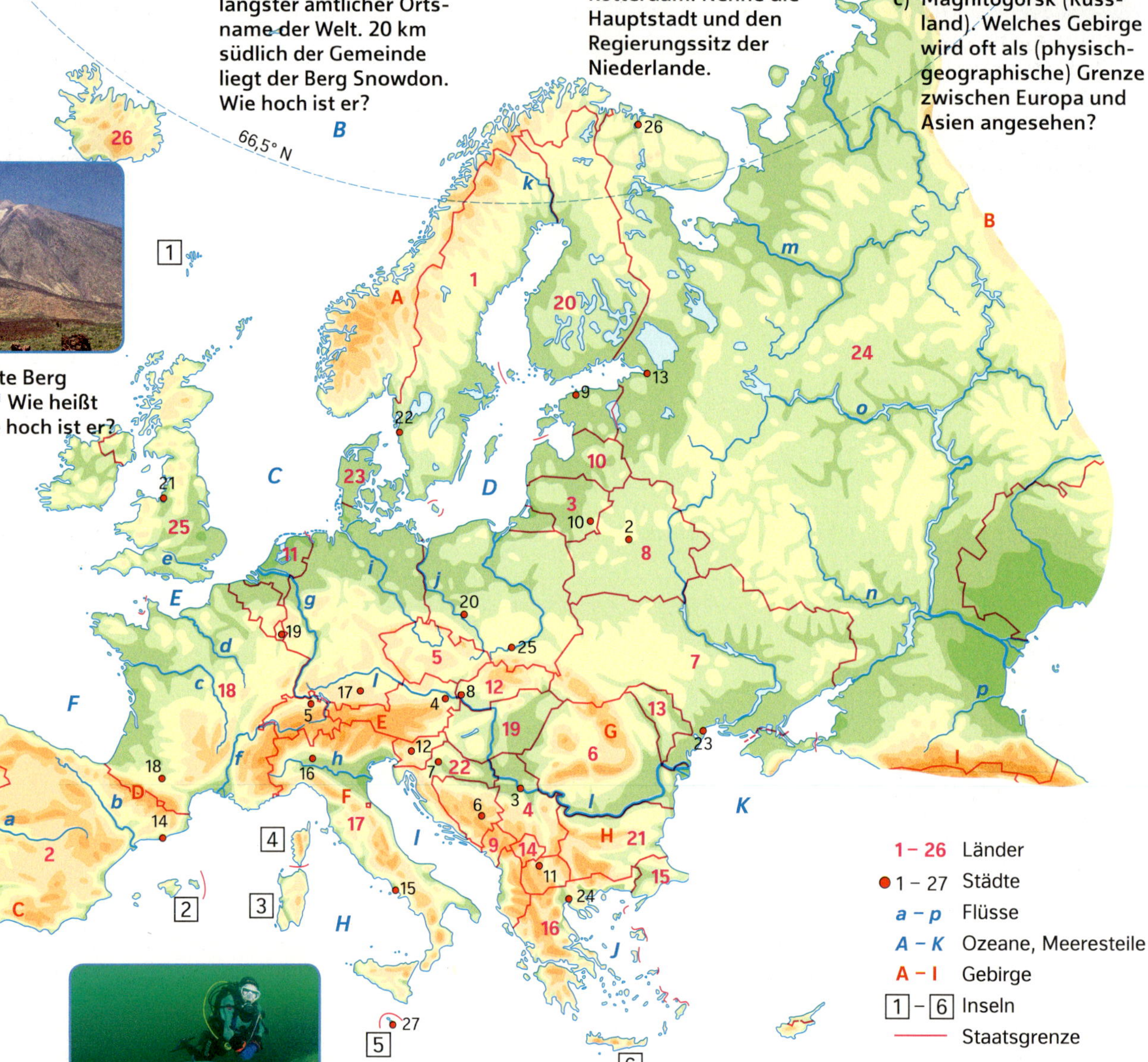
66,5° N
1 – 26 Länder
1 – 27 Städte
a – p Flüsse
A – K Ozeane, Meeresteile
A – I Gebirge
1 – 6 Inseln
Staatsgrenze
Maßstab 1 : 29 000 000
0
500
1000 km
© Westermann 23373EX_3

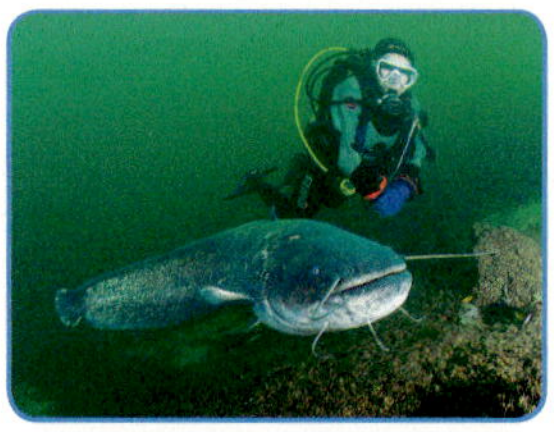

f) Im Po leben besonders große Exemplare des Europäischen Flusswelses (Waller). In welchem Land fließt der Po und in welches Meer mündet er?

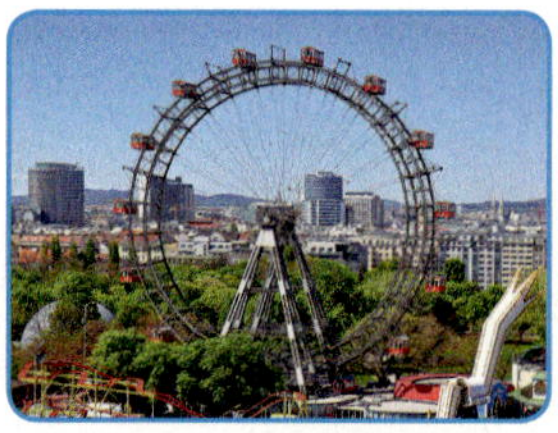

e) Wien[2] – die Hauptstadt Österreichs. Welcher Fluss fließt durch sie? Welche Länder durchfließt der Fluss außer Österreich noch?

d) Sarajevo – 1984 noch Austragungsort der Olympischen Winterspiele wurde die Stadt im Bosnienkrieg von 1992 bis 1996 belagert. Die Hauptstadt welches Landes ist sie heute?

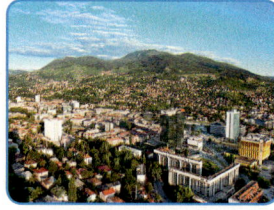

[1] Auf der Suche nach dem höchsten Berg Spaniens nimmst du am besten eine physische Karte von Afrika zur Hand.

[2] Falls du auf einer Reise nach Wien kommst, ist das Naturhistorische Museum einen Besuch wert: Es zählt zu den beeindruckendsten Naturkundemuseen der Welt.

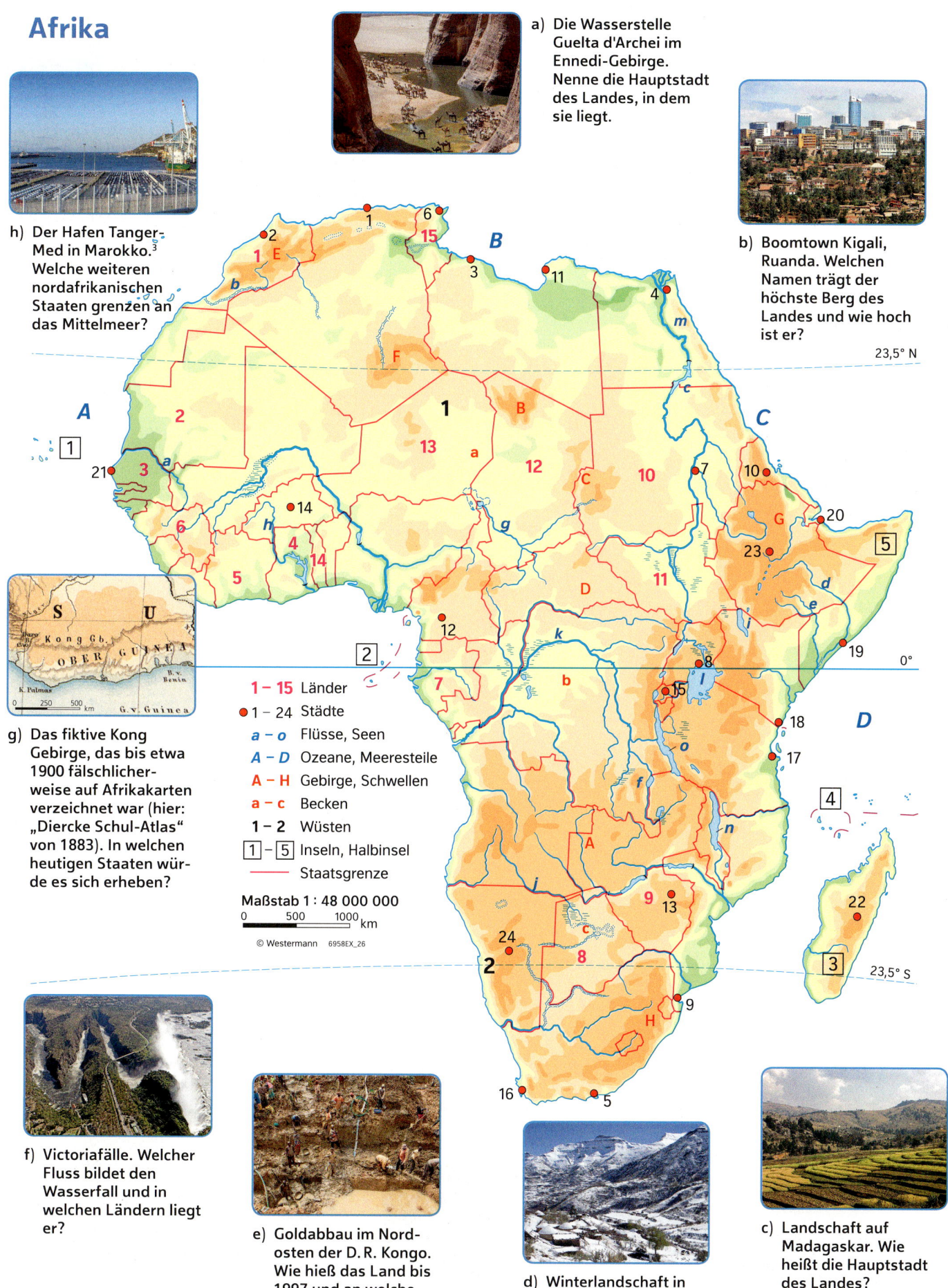

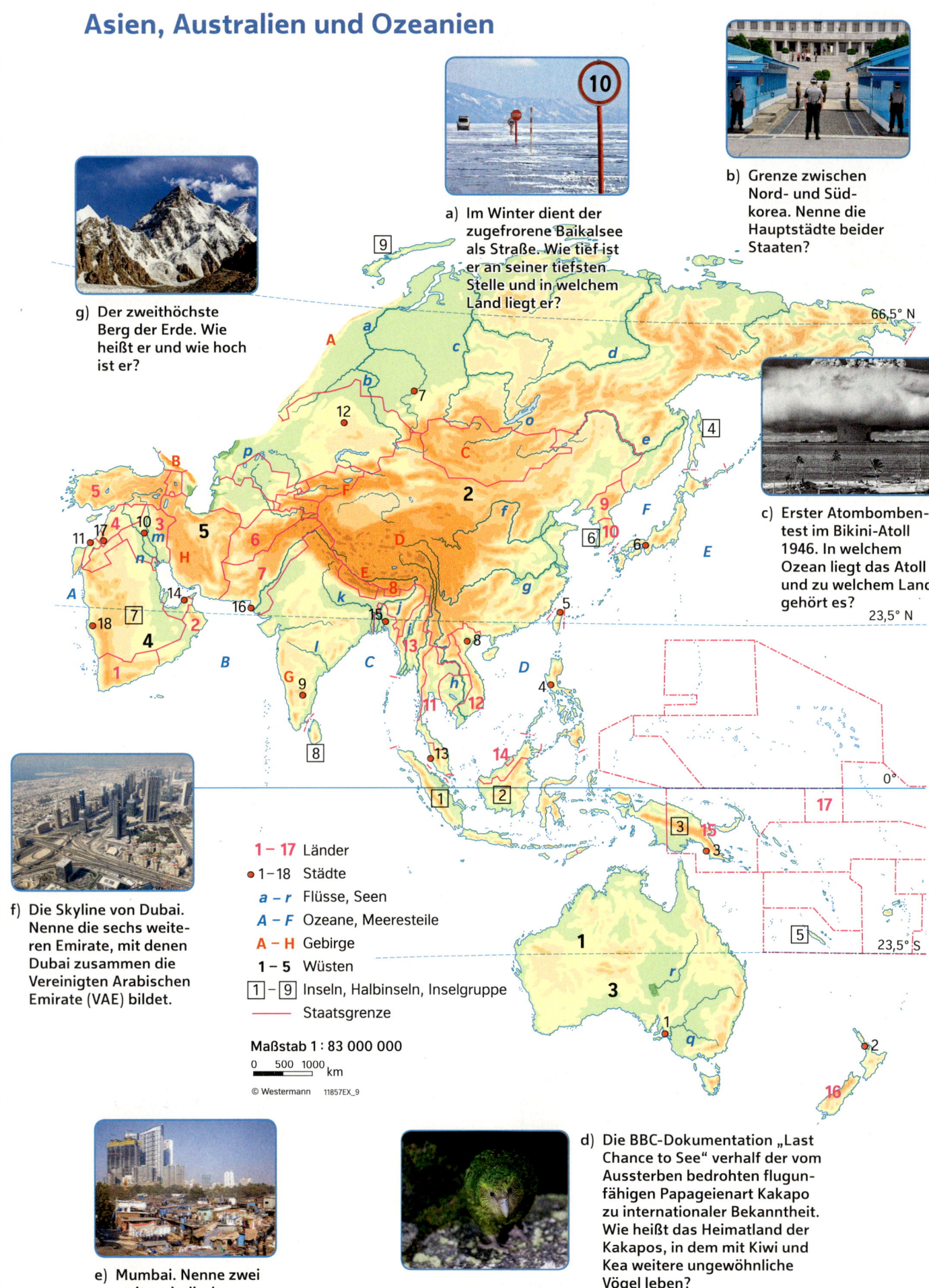

Nordamerika

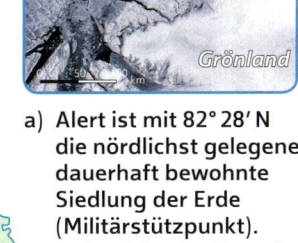

a) Alert ist mit 82° 28′ N die nördlichst gelegene dauerhaft bewohnte Siedlung der Erde (Militärstützpunkt). Auf welcher zu Kanada gehörenden Insel liegt sie?

b) Toronto ist die größte Stadt Kanadas, jedoch nicht die Hauptstadt. Wie heißt die Hauptstadt Kanadas?

i) Denali (früher: Mount McKinley) – der höchste Berg Nordamerikas. Wie hoch ist er und in welchem Land liegt er?

h) Westlich von Ontario folgt die Grenze zwischen Kanada und den USA welchem Breitengrad?

g) Silicon Valley – das größte Hightech-Cluster der Welt. An welcher Bucht liegt es?

c) Detroit: An welchem Fluss liegt die Stadt und welche Stadt liegt auf der anderen Flussseite?

f) In Los Angeles leben knapp vier Mio. Menschen, im Großraum sogar 17 Mio. Stau gehört dort zum Alltag. Nenne drei weitere US-amerikanische Städte mit mehr als einer Mio. Einwohner.

e) Bingham Mine südlich von Salt Lake City. In welchem US-amerikanischen Bundesstaat liegt der Tagebau?

d) Everglades im Süden Floridas. Nenne drei Ballungsräume mit mehr als 500 000 Einwohnern in dem Bundesstaat?

Legende:
- 1 – 2 Länder
- 1 – 16 Städte
- a – g Flüsse, Seen
- A – E Ozeane, Meeresteile
- A – B Gebirge
- 1 – 2 Wüsten
- 1 – 5 Inseln, Halbinseln, Inselgruppe
- Staatsgrenze

Maßstab 1 : 35 000 000

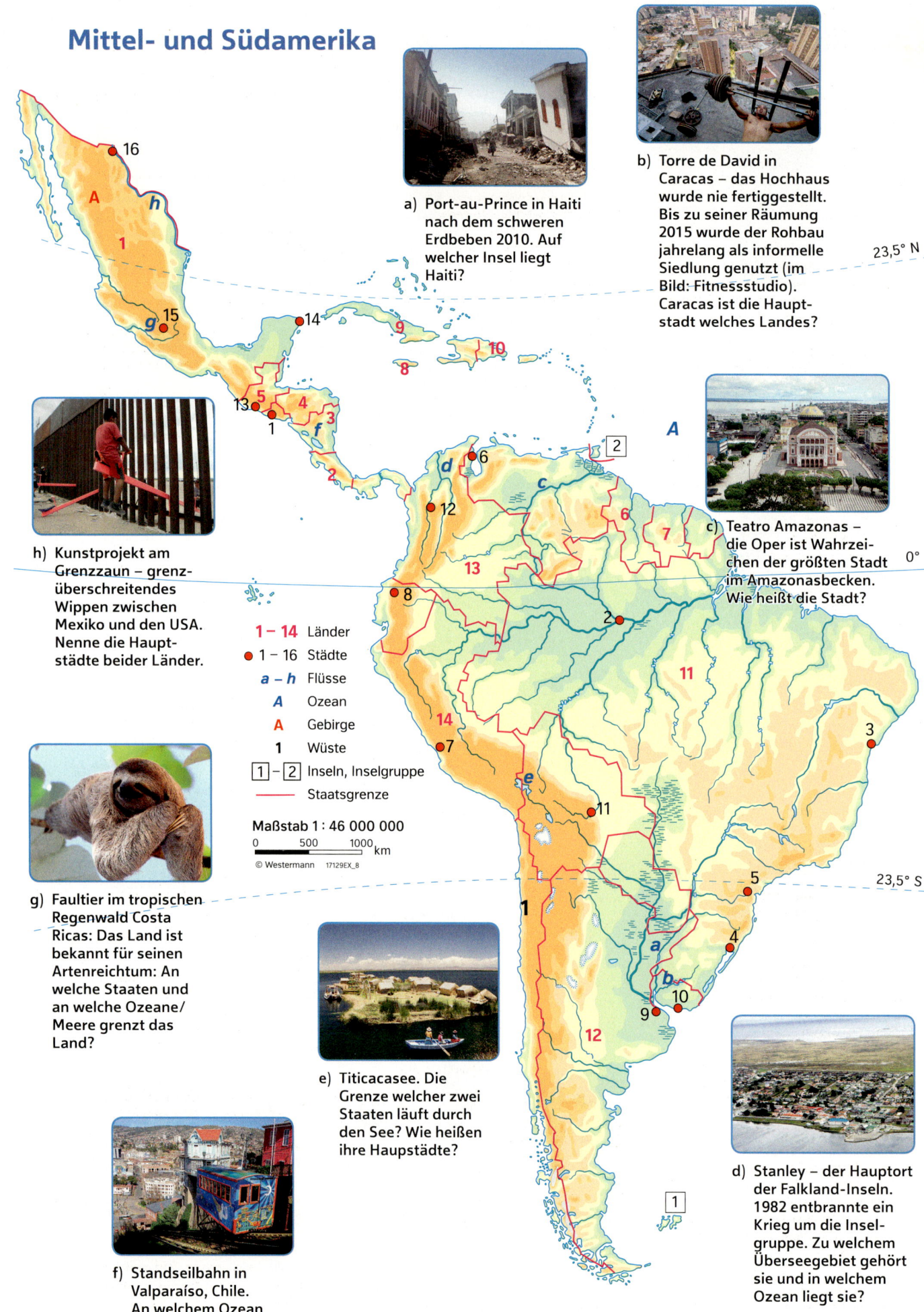

Minilexikon

Agenda 2030 (Seite 10)
Die Agenda 2030 der → Vereinten Nationen (UN) umfasst 17 Ziele für die → nachhaltige Entwicklung der Erde, der Menschheit (engl.: → „sustainable development goals", SDGs). Sie traten am 01.01.2016 in Kraft und sollen bis 2030 erreicht sein.

Agglomerationsraum (Ballungsraum) (Seite 63)
In einem Agglomerationsraum oder Ballungsraum konzentrieren sich Bevölkerung und Wirtschaftsbetriebe. Oft handelt es sich dabei auch um eine Ansammlung von Städten, die eng miteinander verknüpft sind.

Aktivraum (Seite 40)
Gebiet mit hoher wirtschaftlicher Leistung und daher ein Zuwanderungsgebiet. Menschen ziehen hierher, weil in modernen Industrien gut bezahlte Arbeitsplätze angeboten werden. Anspruchsvolle Dienstleistungsberufe wie z. B. Rechtsanwälte oder Architekten sind häufig vertreten. Der Lebensstandard der Bevölkerung ist höher als in anderen Gebieten.

Altersstruktur (Seite 101)
Zusammensetzung einer Bevölkerung im Hinblick auf das Alter der Menschen, die sie bilden. Häufig wird die Bevölkerung in drei Gruppen gegliedert: Kinder und Jugendliche (0 bis 15 Jahre), Menschen im erwerbsfähigen Alter (15 bis 65 Jahre) und nicht mehr erwerbsfähige Personen (über 65 Jahre). Deutlich ablesbar ist die Altersstruktur in einer → Bevölkerungspyramide.

Altlast (Seite 21)
Abfälle oder Rückstände aus vorwiegend industrieller Produktion, die für Mensch und Umwelt gefährlich sind, werden Altlasten genannt. Sie wurden oft vor Jahrzehnten sorglos ohne Schutzmaßnahmen abgelagert. Giftige Stoffe können z. B. ins Erdreich eingesickert sein und gefährden das Grundwasser oder steigen als Gase in die Luft.

Altstadtsanierung (Seite 26)
Beseitigung von bautechnischen Mängeln (z. B. Toiletten außerhalb der Wohnung) in einer Altstadt. Durch die Sanierung der Straßen, der Versorgungs- und Entsorgungsanlagen, der Wärmedämmung usw. werden die Wohnverhältnisse verbessert. Zu Sanierungsmaßnahmen können finanzielle Zuschüsse beantragt werden.

Analphabet (Seite 91)
Ein Analphabet ist ein erwachsener Mensch, der weder lesen noch schreiben kann.

Aquakultur (Seite 127)
In verschiedenen Formen intensiver Haltung (Teiche, Netze, Käfige) werden Süßwasserfische, Salzwasserfische und Schalentiere gezüchtet, gemästet und anschließend vermarktet. Wie bei der Massentierhaltung gibt es auch hier Vorgaben, wie viele Tiere in einem Netz oder Käfig gehalten werden dürfen. In diesem Rahmen gewinnt heute auch der intensive Anbau von Meeresgemüse (z. B. Algen) immer mehr an Bedeutung.

Arbeitsmigration (Seite 44)
Menschen verlassen ihr Herkunftsland, um in einem anderen Land Arbeit zu finden. Diese Ein- und Auswanderung wird als Arbeitsmigration bezeichnet.

arbeitsteilige Produktion (Seite 200)
Die Herstellung von Produkten erfolgt heute in mehreren Schritten, an denen unterschiedliche Menschen arbeiten. Das heißt, dass eine Person nicht mehr am gesamten Produktionsprozess beteiligt ist. Ebenso kann die Fertigung an unterschiedlichen Orten weltweit stattfinden. Dies heißt Arbeitsteilung.

Armutsgrenze (Seite 145)
Existenzminimum zur Deckung der lebensnotwendigen → Grundbedürfnisse. Unterhalb dieser Grenze hat ein Mensch zu wenig Mittel, um seinen Lebensunterhalt bestreiten zu können. Die Weltbank sieht alle diejenigen Menschen als arm an, die pro Tag weniger als 1,90 US-\$ zur Verfügung haben. Um internationale Vergleichbarkeit zu gewährleisten, wird die lokale Kaufkraft der Währung einberechnet.

Asyl (Seite 46)
Unter Asyl versteht man die zeitlich begrenzte Aufnahme von Menschen, die in ihrem Land verfolgt werden. Sie können in einem anderen Land Asylrecht beantragen, um dort Schutz zu finden.

ausländische Direktinvestition (ADI) (Seite 171)
(engl.: „foreign direct investment", FDI) Investition eines Unternehmens in einem anderen Land. Dies geschieht oft in der Form eines → Joint Ventures. Je höher die ausländischen Direktinvestitionen sind, desto attraktiver ist der Wirtschaftsstandort. Die Zahl der ausländischen Direktinvestitionen ist im Zuge der → Globalisierung stark angestiegen und macht so die zunehmende wirtschaftliche Vernetzung deutlich.

Auslandsverschuldung (Seite 157)
Verschuldung eines gesamten Landes gegenüber anderen Ländern. Die → Entwicklungsländer mussten sich in den letzten Jahren bei den → Industrieländern immer mehr Geld leihen, um die teuren Fertigwaren bezahlen zu können.

Bad Governance (Seite 155)
schlechte Regierungsführung, gekennzeichnet durch fehlende demokratische Beteiligungsmöglichkeiten der Bevölkerung, Korruption und Günstlingswirtschaft.

Bebauungsplan (Seite 16)
Der Bebauungsplan legt die Bebauungs- und Nutzungsart von Grundstücken verbindlich fest. Ebenso ist darin festgelegt, wie Flächen, die nicht bebaut werden, genutzt werden sollen.

Bevölkerungsdruck (Seite 87)
Der Bevölkerungsdruck beschreibt eine krisenhafte Situation, die dann eintritt, wenn einer wachsenden Bevölkerung nicht genügend Wohnungen, Arbeitsplätze oder Nahrungsmittel zur Verfügung stehen.

Bevölkerungspyramide (Seite 101)
Die Bevölkerungspyramide (auch Alterspyramide) stellt die → Altersstruktur der Bevölkerung eines Raumes, z. B. einer Stadt oder eines Landes, in einem doppelten Säulendiagramm dar. Dabei wird der Altersaufbau der Bevölkerung nach Altersgruppen und nach Geschlecht getrennt.

Binnenmarkt (Seite 39)
Als Binnenmarkt bezeichnet man das Angebot und die Nachfrage von Waren und Dienstleistungen innerhalb eines Landes.

Biodiversität (Seite 124)
Das ist die Vielfalt von Lebewesen, Ökosystemen sowie die genetische Vielfalt, die innerhalb von Pflanzen- und Tierarten herrscht.

Braindrain (Seite 45)
Braindrain heißt wörtlich übersetzt „Gehirn-Abfluss" und meint den Verlust von hoch qualifizierten Arbeitskräften durch Abwanderung. Häufig tritt dieses Phänomen in den → Entwicklungsländern auf, wo sich zum Beispiel Ärzte, Techniker oder Wissenschaftler für einen Fortgang in ein → Industrieland entscheiden.

Bruttoinlandsprodukt (BIP) (Seite 41)
Das Bruttoinlandsprodukt (BIP) bezeichnet den Wert aller Güter und Dienstleistungen, der pro Jahr innerhalb der Grenzen eines Landes erwirtschaftet wird.

Bruttonationaleinkommen (BNE) (Seite 144)
(früher Bruttosozialprodukt, BSP) Summe des Wertes aller während eines Jahres von den Bewohnern eines Raumes (z. B. Staat) im Inland oder Ausland produzierten Güter und erbrachten Dienstleistungen. Im Unterschied dazu enthält die Angabe des → Bruttoinlandsprodukts die Werte der Waren und Dienstleistungen, die innerhalb eines Jahres in einem Raum (z. B. Staat) erzeugt werden.

Bürgerbeteiligung (Seite 16)
Einbindung von Bürgern in politische Abläufe z. B. in Planungsverfahren. Sie ist zum Teil verpflichtend und wird über die Medien angekündigt.

cash crop (Seite 118)
Ausschließlich für den Markt erzeugte Agrarprodukte werden als cash crops („Bargeld-Pflanzen") bezeichnet. Cash crops dienen nicht dazu, den Erzeuger, z. B. die Bäuerin, zu ernähren.

Cluster (Seite 211)
Eine Art Netzwerk bei der Herstellung von Produkten und Verfahren, in dem verschiedene Betriebe bzw. Organisationen zusammenarbeiten. Einzelne Unternehmen stehen in Teilbereichen durchaus in Konkurrenz zueinander. Die Beteiligten siedeln sich dabei in räumlicher Nähe zueinander an. Ein Cluster können z. B. Industriebetriebe, Hochschulen, Forschungseinrichtungen, zukunfts- und technologieorientierte Unternehmen, spezialisierte Dienstleistungsbetriebe oder Einrichtungen der Verwaltung und Wirtschaftsförderung bilden.

Minilexikon

Container (Seite 192)
Ein Container ist ein transportierbarer, großer und geschlossener Metallkasten, dessen Maße immer gleich sind. Container werden in der Schifffahrt zum Transport von Waren verwendet.

Daseinsgrundfunktion (Seite 14)
Wichtige Aspekte des menschlichen Daseins, wie z. B. Wohnen, Arbeiten, Sich-Bilden, Sich-Versorgen, Sich-Erholen, in Gemeinschaft leben, werden als Daseinsgrundfunktionen bezeichnet.

Degradation (Seite 129)
Böden sind sehr wichtig. Sie werden z. B. für die landwirtschaftliche Produktion genutzt. Kommt es zu einer Übernutzung, können sich die Böden irgendwann nicht mehr erholen. Es wird immer schwieriger, Pflanzen anzubauen. Wird nichts dagegen unternommen, kann es dazu kommen, dass ein Boden seine für den Menschen vorteilhaften Eigenschaften völlig verliert. Dieser Prozess heißt Degradation.

demographische Entwicklung (Seite 84)
Das ist die Entwicklung der Bevölkerung und ihrer Zusammensetzung. Wichtige Faktoren sind z. B. die → Sterbe- und → Geburtenrate.

demographischer Übergang (Seite 96)
Allgemeines Modell der Bevölkerungsentwicklung im Rahmen der wirtschaftlichen Entwicklung, welches die Veränderung der Geburtenrate, Sterberate und Wachstumsrate beschreibt.

Devisen (Seite 172)
Das sind Zahlungsmittel aus dem Ausland mit fremder Währung. Dazu zählen z. B. Bargeld, Guthaben auf ausländischen Konten oder Schecks.

digitale Infrastruktur (Seite 195)
Die digitale Infrastruktur umfasst alle technischen Einrichtungen, die eine reibungslose digitale Kommunikation und Abwicklung von Geschäften (z. B. im Onlinehandel) ermöglichen. Sie ist heute ein wesentlicher → Standortfaktor. Zu einer leistungsfähigen digitalen Infrastruktur gehören z. B. ein flächendeckender leistungsfähiger Breitbandzugang, Glasfasernetze, Mobilfunknetze, Internetknoten, öffentliches WLAN.

Disparität (Seite 40)
Als Disparitäten werden Ungleichheiten bezeichnet. → regionale Disparität → soziale Disparität

Dürre (Seite 116)
ist ein Zeitraum von lang anhaltender Trockenheit. Weil das Wasser fehlt, gibt es keine oder geringe Ernteerträge. Oft kommt es zu Hungerkatastrophen.

Entwicklungsland (Seiten 84, 142)
Land, das im Vergleich zu einem → Industrieland weniger entwickelt ist. Entwicklungsländer weisen typische Merkmale auf, z. B. ein hohes Bevölkerungswachstum, viele Analphabeten und Elendssiedlungen. Die → Grundbedürfnisse der meisten Menschen sind hier nicht befriedigt.

Entwicklungszusammenarbeit (Seite 162)
Sie umfasst Maßnahmen zur Unterstützung des wirtschaftlichen Wachstums und der sozialen Entwicklung in den → Entwicklungsländern. Dieser Begriff wird in der deutschen Entwicklungspolitik anstelle vom Begriff „Entwicklungshilfe" benutzt.

Europäische Union (EU) (Seite 37)
Das ist ein Staatenverbund aus 27 europäischen Ländern, durch den eine möglichst enge, wirtschaftliche und politische Zusammenarbeit erreicht werden soll.

Export (Seite 115)
Damit wird die Ausfuhr von Waren in ein anderes Land bezeichnet.

fairer Handel (Seiten 163, 221)
(auch Fair Trade) Gemeint ist damit ein Handel ohne benachteiligende Handelsbeschränkungen (Quoten, Zölle, Einfuhrbestimmungen) oder übervorteilende Preise. Die Erzeuger erhalten so einen angemessenen Preis, der ihnen menschenwürdige Lebensbedingungen sichert.

Familienplanung (Seite 102)
Familienplanung wird als die bewusste Anwendung von Maßnahmen von Paaren bezeichnet, die Zahl und den Zeitpunkt der Geburt von Kindern zu planen. Bei Programmen zur Familienplanung in → Entwicklungsländern steht die Senkung der → Geburtenrate im Vordergrund.

Fast Fashion (Seite 202)
Kleidung wird als Fast Fashion bezeichnet, wenn sie sehr günstig, in kurzer Zeit und in modernen Designs produziert sowie in großen Mengen verkauft wird. Dabei erhalten die Menschen, die die Kleidungsstücke fertigen, einen extrem geringen Lohn und müssen unter meist unwürdigen Bedingungen arbeiten.

Fehlernährung (Seite 112)
Damit wird eine Form der Ernährung bezeichnet, bei der zu viele oder zu wenige Kalorien aufgenommen werden oder der Körper durch die Nahrung nicht genug Vitamine und Mineralstoffe aufnehmen kann. Dies kann zu unterschiedlichen Erkrankungen führen.

Flächennutzungsplan (Seite 16)
Im Flächennutzungsplan wird für das gesamte Gemeindegebiet die voraussichtliche Flächennutzung in den Grundzügen dargestellt. Verantwortlich für die Erstellung dieses Plans ist die Gemeinde selbst.

food crops (Seite 118)
Das sind landwirtschaftliche Produkte, die vor allem für den Eigenbedarf angebaut werden. Nur ein sehr kleiner Teil der food crops wird auf dem Markt verkauft. Food crops sind meist regionale Produkte.

Fragmentierung (Seite 159)
Das ist die Aufsplitterung einer Stadt in Gebiete, die global integriert sind und solche, die das nicht sind. So entsteht ein direktes Nebeneinander von armen und reichen Gebieten. Typisch ist, dass diese sehr unterschiedlichen Gebiete unmittelbar aneinandergrenzen (z. B. Elendssiedlungen grenzen unmittelbar an wohlhabende Wohngebiete oder gar → Gated Communities).

Freizügigkeit (Seite 44)
Bürgerinnen und Bürger der EU können innerhalb der Staaten der EU ohne Beschränkungen reisen. Außerdem können sie frei wählen, wo sie wohnen und arbeiten möchten. Sie haben dabei die gleichen Rechte, wie die Staatsbürger des EU-Landes, in das sie reisen bzw. in das sie gezogen sind und in dem sie arbeiten.

Gated Community (Seiten 70, 158)
Eine Gated Community ist eine geschlossene Wohnanlage von wohlhabenden Menschen innerhalb einer Großstadt, die durch zahlreiche Maßnahmen wie Sperrzäune und Wachdienste vom Rest der Siedlung abgetrennt ist. Der Zutritt ist nur bestimmten Personen möglich. Man findet Gated Communities häufig in den großen Städten der Länder des → Globalen Südens, aber auch in denen der Länder des → Globalen Nordens.

Geburtenrate (GR) (Seite 91)
Das ist die Anzahl der geborenen Kinder pro 1 000 Einwohner, z. B. eines Landes oder einer Region innerhalb eines Jahres.

Geographisches Informationssystem (GIS) (Seite 148)
Als GIS wird eine Software bezeichnet, mit deren Hilfe man Daten über einen Raum in einer Dateneingabe erfassen, in einer Datenbank verwalten, in einer Datenauswertung analysieren und mit einer Datenausgabe präsentieren kann. Die Präsentation geschieht z. B. in Form einer Karte, eines Diagramms oder einer Tabelle.

Global City (Seite 216)
Stadt wie New York, London oder Tokio, die weltweit von besonderer kultureller, politischer und wirtschaftlicher Bedeutung ist, z. B. als globales Finanzzentrum oder als Hauptsitz zahlreicher global tätiger Unternehmen.

Globaler Süden (Seite 142)
Damit sind die Länder der Erde gemeint, die sich im Vergleich zu den Ländern des → Globalen Nordens wirtschaftlich, gesellschaftlich und politisch in einer schlechteren Situation befinden (gleichbedeutend: → Entwicklungsländer). Sie werden heute Länder des Globalen Südens genannt, weil sie mehrheitlich, aber nicht ausschließlich, auf der Südhalbkugel liegen. Australien gehört zum Beispiel nicht dazu.

Globaler Norden (Seite 142)
Zum Globalen Norden zählen die wirtschaftlich, gesellschaftlich und politisch besser gestellten Länder der Erde (gleichbedeutend: → Industrieländer). Sie werden heute Länder des Globalen Nordens genannt, weil sie mehrheitlich, aber nicht ausschließlich, auf der Nordhalbkugel liegen.

Globalisierung (Seite 188)
Zunahme der weltweiten, vor allem wirtschaftlichen Verflechtung der Staaten der Erde, die durch moderne Kommunikationsmittel und Transportsysteme gefördert wird.

Global Player (Seite 196)
Weltweit agierendes, oft multinationales Unternehmen, das Produktionsstandorte in der ganzen Welt hat und den Weltmarkt beliefert.

Minilexikon

Glokalisierung (Seite 202)
Alle Prozesse der → Globalisierung haben irgendwo auf der Welt auch Auswirkungen auf die regionale oder lokale Ebene (z. B. in der Bekleidungs- oder der Lebensmittelindustrie). Diesen Zusammenhang bezeichnet man mit dem Kunstwort Glokalisierung.

Good Governance (Seite 155)
Gute Regierungsführung, die sich durch Transparenz des Regierungshandelns und durch Mitbestimmungsmöglichkeiten auszeichnet, häufig Vorbedingung für die Gewährung von → Entwicklungszusammenarbeit.

Green Deal (Seite 51)
Der Green Deal ist ein Konzept der EU. Damit sollen die EU-Länder die Treibhausgase bis 2050 auf Null reduzieren und damit klimaneutral werden.

Großfamilie (Seite 88)
Eine Großfamilie ist eine Familie, die aus drei oder mehr Generationen besteht.

Grundbedürfnis (Seite 142)
Mindestbedarf, den ein Mensch zum Leben braucht. Die wichtigsten Grundbedürfnisse sind Nahrung, Trinkwasser, Kleidung, Unterkunft sowie Bildung, Arbeit, ärztliche Versorgung und politische Mitbestimmung.

Grüne Revolution (Seite 123)
Das ist ein Konzept zur Modernisierung der Landwirtschaft und damit Steigerung der Erträge durch den Anbau neuer Getreidesorten, Bewässerung, Düngung und den Einsatz von Pflanzenschutzmitteln. Der Begriff wurde zunächst nur für ein Programm in Indien, später jedoch auch allgemein verwendet.

Grüner Wasserstoff (Seite 169)
Um Wasserstoff als Energiequelle nutzen zu können, muss Wasser in Sauerstoff und Wasserstoff aufgespalten werden. Dazu wird viel Strom benötigt. Um den Wasserstoff als klimaneutrale Energiequelle nutzen zu können, muss dieser Strom aus erneuerbaren Energien gewonnen werden, also z. B. aus Wind- oder Sonnenenergie.

Hidden Champion (Seite 196)
Unternehmen kleiner und mittlerer Größe mit bedeutsamer, internationaler Marktposition.

Hilfe zur Selbsthilfe (Seite 164)
Eine Form der → Entwicklungszusammenarbeit. Sie versucht, die Bewohner der → Entwicklungsländer so zu unterstützen, dass sich das Land aus eigener Kraft weiterentwickeln kann.

Hochertragssorte (Seite 122)
Das sind Nutzpflanzen, die so verändert werden, dass sie sehr viel höhere Erträge liefern als ihre ursprüngliche Form. Oft benötigen sie aber auch mehr Wasser oder Dünger, z. B. wurden Reis-, Weizen- und Maissorten zu Hochertragssorten gezüchtet.

Human Development Index (HDI) (Seite 147)
Maßeinheit, mit der die → UNO seit 1992 den Entwicklungsstand der Länder bestimmt. Dabei werden die Lebenserwartung, der Anteil der → Analphabeten, die durchschnittliche Dauer des Schulbesuchs und das → Bruttonationaleinkommen berücksichtigt. Resultat ist eine Rangfolge der Länder der Erde vom höchsten bis zum niedrigsten HDI.

Hunger (Seite 114)
Hunger entsteht, wenn der Körper nicht genug Nahrung aufgenommen hat. Hat man Hunger, spürt man ein Verlangen nach Essen. Die Ursachen von Hunger sind verschieden. Das Gefühl des Hungers wird oft als unangenehm wahrgenommen.

Hungergürtel (Seite 114)
Dieser Begriff beschreibt ein Gebiet in Afrika, in dem besonders viele Menschen hungern. Es handelt sich um die Sahelzone, also dem Übergangsbereich von Nordafrika zu Zentralafrika. Wie ein Gürtel zieht sich die Zone von Ost nach West und umfasst folgende Länder: Äthiopien, Burkina Faso, Eritrea, Mali, Mauretanien, Niger, Nigeria, Senegal, Sudan und den Tschad.

Hüttensiedlung (Seite 70)
Im Gegensatz zu einem → Slum sind Hüttensiedlungen Elendsviertel, die sich hauptsächlich in Randgebieten von Städten bilden. Dort leben Menschen in einfachen Behausungen aus Stroh, Wellblech oder Plastikplanen und haben häufig keinen Zugang zu Trinkwasser und zur Kanalisation. Weiterhin fehlen Einrichtungen wie Schulen, eine Müllabfuhr oder Krankenhäuser.

Import (Seite 115)
Das ist die Einfuhr von Waren in ein anderes Land.

indigene Bevölkerung (Seite 154)
Nachfahren der ersten Bewohner einer Region. Der Begriff wird heute verwendet anstelle der früher gebräuchlichen Begriffe „Ureinwohner", „Indianer" oder „Eingeborene".

Industrie 4.0 (Seite 206)
Das ist die Bezeichnung für die vierte industrielle Revolution. Ziel ist es, die industrielle Produktion zu digitalisieren.

Industriebrache (Seite 20)
Wird ein Industriegebiet oder eine Industrieanlage nicht mehr genutzt und stillgelegt, spricht man von einer Industriebrache. Dies geschieht zum Beispiel, wenn die Produktion in ein anderes Land verlagert wurde oder die Industrie an Bedeutung in einem Gebiet verliert und nicht mehr benötigt wird.

Industrieland (Seiten 84, 142)
Im Vergleich zu einem → Entwicklungsland weit entwickeltes Land mit einem entsprechend hohen → Bruttonationaleinkommen pro Einwohner. Weitere Merkmale von Industrieländern sind ein hoher Anteil an Beschäftigten in der Industrie und im Dienstleistungssektor sowie eine gut ausgebaute → Infrastruktur. Die → Grundbedürfnisse der meisten Menschen sind hier befriedigt.

informeller Sektor (Seiten 73, 144)
Für → Länder des Globalen Südens typischer, offiziell nicht erfasster Bereich des Klein- und Dienstleistungsgewerbes (z. B. Straßenhandel, Schuhputzer) und der Landwirtschaft. Obwohl keine Steuern an den Staat gezahlt werden, wird der informelle Sektor von den Regierungen geduldet, da er für große Teile der Bevölkerung ein Existenzminimum ermöglicht.

Infrastruktur (Seite 153)
Sie umfasst alle Einrichtungen wie Verkehrswege, Energieversorgung, Kommunikationsnetze, aber auch Krankenhäuser, Schulen, öffentliche Verwaltung und Justizeinrichtungen. Die Infrastruktur bildet die Grundlage für gute Wohnbedingungen und wirtschaftliche Leistungsfähigkeit.

Intensivierung (Seite 122)
In der Landwirtschaft bezeichnet man alle Bemühungen, die Bodennutzung zu verbessern, als Intensivierung. Angebaute Pflanzen, die eine besonders gründliche (intensive) Pflege brauchen, nennt man Intensivkulturen.

Joint Venture (Seiten 170, 213)
Zusammenarbeit von Unternehmen, um ein gemeinsames Projekt durchzuführen. Häufig kommen diese Unternehmen aus verschiedenen Ländern, z. B. aus einem → Industrie- und einem → Entwicklungsland.

Just-in-time (Seite 207)
Organisation der Zulieferung von Teilen, die bei der Produktion gebraucht werden. Der Hersteller bestellt aus Kostengründen erst dann bei den einzelnen Zulieferern, wenn der Lagerbestand zur Neige geht.

Katastrophenhilfe (Seite 165)
Kurz- und mittelfristige Sofort- und Nothilfe, die darauf abzielt, die Grundbedürfnisse von Menschen zu sichern, die von Krieg, Naturkatastrophen oder Epidemien betroffen sind.

Kinderarbeiter (Seite 90)
Kinder unter 15 Jahre, die arbeiten müssen, statt in die Schule zu gehen, weil sie zum Lebensunterhalt ihrer Familie beitragen müssen. Dies ist in → Entwicklungsländern häufig der Fall. Diese Arbeit gefährdet die körperliche und geistige Gesundheit der Kinder und verletzt ihre Rechte. Unterschieden werden müssen Kinderarbeiter von Kindern, die z. B. im elterlichen Haushalt helfen oder von Jugendlichen, die einer legalen Arbeit, wie dem Austragen von Zeitungen, nachgehen.

Klimaflüchtling (Seite 48)
Das sind Menschen, die aufgrund von Klimaveränderungen ihre Heimat verlassen müssen, weil sie unbewohnbar geworden ist. Gründe dafür können z. B. sein, dass der Meeresspiegel so weit ansteigt, dass einzelne Inseln oder Küstenbereiche überflutet werden, dass häufige Dürren oder Starkniederschläge zu erheblichen Ernteverlusten führen oder es zu Überschwemmungen kommt.

Kolonie (Seite 156)
Gebiet ohne eigenes Hoheitsrecht in Besitz und Abhängigkeit eines anderen Staates. Viele → Entwicklungsländer waren bis in das 20. Jahrhundert Kolonien europäischer Staaten.

Konversion (Seite 23)
Ein Gelände und dessen Bebauung, das früher militärischen Zwecken diente, wird durch eine Konversion in eine zivile Nutzung umgewandelt.

Minilexikon

künstliche Intelligenz (KI) (Seite 206)
Das ist ein Teilbereich der Informatik. Von KI spricht man, wenn Computer bzw. Maschinen Dinge tun, für deren Ausführung menschliche Intelligenz simuliert wird. Ein Beispiel ist das selbstfahrende Auto, das im Einsatz eigene Entscheidungen trifft. Auch die Fähigkeit von Maschinen, zu lernen, zählt zur KI.

Landflucht (Seite 63)
Unter Landflucht versteht man die durch → Push- und → Pull-Faktoren ausgelösten Abwanderungen vom Land in die Stadt.

Least Developed Countries (LDC) (Seite 147)
Länder in der Gruppe von Ländern des → Globalen Südens, die laut Beschluss der → UNO am wenigsten entwickelt sind. Die Zuordnung erfolgt anhand des → Bruttonationaleinkommen pro Kopf und weiterer wirtschaftlicher Indikatoren wie Anteil der industriellen Produktion und Dienstleistungen am BIP sowie sozialen Merkmalen wie Alphabetisierungsgrad oder Kalorienzufuhr.

Lebenserwartung (Seite 95)
Die durchschnittlich zu erwartende Lebensdauer eines Menschen zum Zeitpunkt seiner Geburt. Einfluss auf die Lebenserwartung haben unter anderem die Art der Ernährung und die medizinische Versorgung. Auch das Geschlecht kann entscheidend sein, denn im Durchschnitt werden Frauen älter als Männer.

Lieferkette (Seiten 192, 221)
(engl.: „supply chain") Alle Stationen, die bei der Erzeugung eines Produktes durchlaufen werden. Die Steuerung der Zu- und Weiterlieferungen ist Aufgabe der → Logistik.

Logistik (Seite 193)
Die Planung, Steuerung, Abwicklung und Kontrolle des Transportes, des Umschlags und der Lagerung von Gütern. Logistikzentren sind z. B. Häfen, Güterbahnhöfe und Flugplätze.

Mangelernährung (Seite 112)
Darunter versteht man eine unzureichende Ernährung infolge fehlender oder in nicht ausreichender Menge vorhandener lebensnotwendiger Stoffe, z. B. Eiweiß und Vitamine. Die Bewohner vieler Länder des → Globalen Südens leiden unter Mangelernährung.

Massentourismus (Seite 172)
Massentourismus ist eine Form des Fremdenverkehrs, an der eine große Zahl von Menschen teilnimmt. Neben dem finanziellen Gewinn für die Menschen, die in den Tourismusgebieten leben, bedeutet der Massentourismus oft eine Gefahr für Natur und Landschaft. Der Begriff wird daher häufig abwertend im Sinne einer Kritik an den Auswüchsen des Tourismus gebraucht.

Megastadt (Seite 62)
Als Megastadt bezeichnet man im Allgemeinen große Städte mit mehr als zehn Millionen Einwohnern. Im engeren Sinne sind damit vor allem die rasant anwachsenden Großstädte gemeint, die aufgrund ihres hohen Bevölkerungswachstums vor großen Schwierigkeiten stehen (z. B. Verarmung der Bevölkerung, Umweltverschmutzung, hohe Kriminalität).

Metropole (Seite 69)
Eine Metropole ist eine Großstadt, die der überragende politische, gesellschaftliche und wirtschaftliche Mittelpunkt eines Landes ist. Oft sind Metropolen die Hauptstädte der Länder.

Migrant (Seite 46)
Das ist eine Person, die langfristig ihren Wohnsitz ändert (Migration = Wanderungsbewegung). Gründe für die Migration können die Suche nach einem Arbeitsplatz, aber auch die Flucht vor Hunger und Krieg sein.

Migration (Seiten 44, 66, 84)
Unter Migration versteht man die Wanderung einzelner Menschen oder von Menschen in Gruppen, die mit einem Wechsel des Wohnsitzes verbunden ist. Gründe für die Migration können die Suche nach einem Arbeitsplatz, aber auch die Flucht vor Hunger und Krieg sein.

Millenniumsziele (Seite 10)
Konkrete Zielsetzungen zur Verbesserung der Lebensbedingungen der Menschen in den → Entwicklungsländern bis 2015. Sie wurden von Staats- und Regierungschefs aus 150 Nationen im Jahr 2000 verabschiedet.

nachhaltige Entwicklung (Seiten 10, 164)
(engl.: sustainable development)
1. Weiterentwicklung von Gesellschaften (→ Industrie- und → Entwicklungsländer) mit dem Ziel, hinsichtlich der Umwelt, der Wirtschaft und der Gesellschaft so zu handeln, dass für möglichst alle ein menschenwürdiges Leben nicht nur jetzt, sondern auch in Zukunft möglich ist. Es darf also jetzt nichts unternommen werden, was zukünftigen Generationen das Leben erschwert.
2. Entwicklungsstrategie, deren Ziel es ist, dass nicht nur eine kurzfristige, sondern eine langfristige Verbesserung der Lebensbedingungen der Menschen erzielt wird. Das gilt für die Umwelt, die Wirtschaft und die Gesellschaft und ist nur mit verantwortungsvoller Politik (→ Good Governance) umzusetzen. Nachhaltige Entwicklung beinhaltet auch eine nachhaltige Verbesserung der → Grundbedürfnisse, oft durch → Hilfe zur Selbsthilfe.

Nachhaltigkeit (Seite 10)
Nachhaltigkeit ist ein Leitbild für das Leben, Wirtschaften und politische Handeln. Ziel ist es, hinsichtlich der Umwelt, der Wirtschaft und der Gesellschaft so zu handeln, dass für möglichst alle ein menschenwürdiges Leben nicht nur jetzt, sondern auch in Zukunft möglich ist. Es darf also jetzt nichts unternommen werden, was zukünftigen Generationen das Leben in Umwelt, Wirtschaft und Gesellschaft erschwert.

Nichtregierungsorganisation (NGO) (Seite 164)
Freiwillige Zusammenschlüsse einzelner Bürger mit gleichen oder ähnlichen Interessen auf lokaler, regionaler, nationaler oder internationaler Ebene; Abkürzung: NRO (engl.: „non-governmental organization").

Outsourcing (Seiten 200, 207)
Auslagerung von Teilen der Produktion und der Dienstleistungen mit dem Ziel, Kosten zu sparen und sich auf seine Kernkompetenz zu konzentrieren.

Passivraum (Seite 40)
Ein Passivraum ist ein Gebiet mit geringer wirtschaftlicher Leistung. Vor allem junge Menschen wandern aus Passivräumen ab, weil diese kaum Arbeitsplätze bieten.

Peripherie (Seite 40)
Die Peripherie ist die Lage eines Raumes am Rand eines → Zentrums. Der Begriff kann lokal, regional oder global verwendet werden. Oft ist die Peripherie ein Gebiet mit geringer wirtschaftlicher Leistung. Vor allem junge Menschen wandern von dort ab, weil es schwierig ist, passende Arbeitsplätze zu finden.

Pro-Kopf-Einkommen (Seite 145)
Das statistische Durchschnittseinkommen jedes Einwohners eines Landes. Es wird errechnet, indem man das Bruttoinlandsprodukt (BIP) oder das → Bruttonationaleinkommen (BNE) durch die Bevölkerungszahl dividiert.

Pull-Faktor (Seiten 44, 66)
Pull-Faktoren beeinflussen wie die → Push-Faktoren das Migrationsverhalten einer Bevölkerung. Die Gründe dieser Wanderungsbewegung sind attraktiver erscheinende Lebensbedingungen des Zielgebietes.

Push-Faktor (Seiten 44, 64)
Push-Faktoren beeinflussen wie die → Pull-Faktoren das Migrationsverhalten einer Bevölkerung. Die Gründe dieser Wanderungsbewegung sind die schlechten Lebensbedingungen im Herkunftsgebiet.

räumliche Disparitäten (Seite 158)
Das ist die Unausgeglichenheit in der Ausstattung von Regionen. Diese zeigt sich in einem unterschiedlichen Angebot an Arbeitsplätzen oder an unterschiedlichen Lebensbedingungen bzw. ungleichen Entwicklungsmöglichkeiten.

Raumnutzungskonflikt (Seite 15)
Räume können verschieden genutzt werden. Dabei kann es zu einem Konflikt kommen, wenn sich verschiedene Personen, die Anteil an diesem Raum haben, nicht über die Nutzung einigen können.

Raumplanung (Seite 15)
Vorsorge für eine planmäßige, vorausschauende Gestaltung eines größeren Gebietes, die der Natur und den Interessen der Menschen gerecht werden soll. Dazu gehören z. B. günstige Verteilung von Wohnungen, Arbeitsstätten, Verkehrsflächen, Erholungsgebieten usw., um die → Daseinsgrundfunktionen zu erfüllen.

regionale Disparitäten (Seite 42)
Das sind die unterschiedlichen Verhältnisse in denen Menschen in verschiedenen Regionen leben, arbeiten und wohnen.

Rücküberweisung (Seite 66)
Manche Menschen verlassen ihr Land, um in einem anderen eine bessere Arbeit zu finden und mehr Geld zu verdienen. Oft lassen sie ihre Familien zurück. Haben sie Arbeit gefunden, senden sie häufig einen großen Teil ihres Lohnes an ihre Familien im Heimatland. Das nennt man Rücküberweisung.

Schwellenland (Seite 146)
Land, das sich im Übergang (auf der „Schwelle") vom → Entwicklungsland zum → Industrieland befindet.

Minilexikon 273

Sharing Economy (Seite 125)
Das heißt übersetzt „Wirtschaft des Teilens". Dabei werden Gegenstände, aber auch Räume oder Flächen sowie Dienstleistungen gemeinsam genutzt, geteilt, ausgeliehen oder verschenkt.

Slum (Seiten 70, 158)
Ein Slum ist ein dicht besiedeltes Wohnviertel innerhalb einer Stadt, in dem sozial schwach gestellte Menschen in Behausungen mit einer heruntergekommenen Bausubstanz leben. Es wird auch als Elendsviertel bezeichnet. Der Wohnungsstandard ist niedrig und die Ausstattung mit Infrastruktur gering. Der Begriff Slum wird umgangssprachlich aber häufig auch als Sammelbezeichnung für Elendssiedlungen wie z. B. → Hüttensiedlungen verwendet.

Smart City (Seite 26)
Sammelbegriff für Konzepte der Stadtentwicklung, die zum Ziel haben, Städte technologisch fortschrittlicher (z. B. digitale Verwaltung), umweltfreundlicher und sozial inklusiver zu gestalten.

Smart Factory (Seite 206)
In einer Smart Factory werden Produkte weitgehend ohne menschliches Eingreifen hergestellt. Im besten Falle organisieren sich die Fertigungsanlagen und die Zulieferung (→ Lieferketten) selbst.

soziale Disparität (Seite 42)
Menschen leben unter verschiedenen Bedingungen. Manche haben einen guten, andere einen schlechteren Zugang zu Ressourcen. Dadurch gibt es Unterschiede darin, wie leicht es Personen fällt, ihr Leben so zu gestalten, wie sie es sich wünschen. Liegen den Unterschieden gesellschaftliche Ursachen zugrunde, spricht man von sozialen Disparitäten.

Stadtplanung (Seite 75)
Planung und Gestaltung von Städten. Dazu gehört die Planung, wie die städtischen Flächen genutzt werden sollen, z. B. welche Gebäude wo errichtet werden dürfen, die Planung des Verkehrs und der Ver- und Entsorgungseinrichtungen, wie Trink- und Abwasser.

Standortfaktor (weich/hart) (Seite 210)
Faktor, der einen Betrieb dazu veranlasst, sich an einem bestimmten Standort niederzulassen, z. B. → Infrastruktur, Subventionen, Steuern, vorhandene Arbeitskräfte. Weiche Standortfaktoren sind nur schwer messbar. Sie liegen oft im sozialen oder psychischen Bereich (z. B. günstige Wohnsituation, kulturelles Angebot innerhalb eines Raumes). Harte Standortfaktoren sind im Gegensatz dazu genau messbar (z. B. Arbeitskosten, Infrastrukturanbindung).

Sterberate (SR) (Seite 94)
Die Sterberate beschreibt die Anzahl der Gestorbenen pro 1 000 Einwohner in einem bestimmten Gebiet und in einem bestimmten Zeitraum.

strukturschwacher Raum (Seiten 22, 153)
Das ist ein Raum, in dem sich wegen schlechter → Standortfaktoren, wie z. B. unzureichender → Infrastruktur, kaum Wirtschaftsunternehmen ansiedeln. Daher gibt es dort nur wenige Arbeitsplätze und zahlreiche Arbeitslose. Die Abwanderung ist hoch.

Subsistenzproduktion (Seite 116)
Die Subsistenzwirtschaft oder Selbstversorgungswirtschaft ist eine Wirtschaftsform, die nur der Eigenversorgung dient. Nur eine kleine Menge der Produkte wird auf dem regionalen Markt verkauft.

Sustainable Development Goals (SDGs) (Seite 10)
Im Rahmen der → Agenda 2030 erklärten über 180 Staaten → Nachhaltigkeit zu einem wichtigen Leitziel ihrer Entwicklung. Die 17 von der → UNO formulierten Sustainable Development Goals fordern Nachhaltigkeit im Handeln in allen Bereichen des Lebens und Wirtschaftens weltweit, das heißt in allen Ländern der Erde.

Szenario (Seite 85)
In einem Szenario wird ein mögliches Bild von zukünftigen Ereignissen oder Zuständen beschrieben. Für die Voraussage werden vergangene und gegenwärtige Entwicklungen analysiert. Die getroffenen Voraussagen beruhen dabei stärker auf einer Argumentationsreihe als auf mathematischen Berechnungen. Es handelt sich sozusagen um eine Was-wäre-wenn-Prognose. Solche Prognosen sind für Planungsprozesse und politische Entscheidungen wichtig.

Terms of Trade (Seite 157)
Verhältnis zwischen Exportpreisen und Importpreisen. Das Verhältnis verschlechtert sich für ein Land, wenn die Exportpreise fallen und die Importpreise steigen oder die Exportpreise langsamer steigen als die Importpreise.

Tiny-Haus → Info Seite 24 M1

Tragfähigkeit (Seite 86)
Das ist die Menge an Menschen, die unter Befriedigung aller → Grundbedürfnisse auf längere Sicht in einem Raum (Region, Kontinent, Erde) leben kann. Dabei dürfen die Eingriffe der Menschen in den Raum nur so groß sein, dass dieser sich wieder davon erholen kann.

Überalterung (Seite 98)
Überalterung herrscht dann vor, wenn sich eine Bevölkerung aus wenigen Kindern und Jugendlichen sowie Menschen im arbeitsfähigen Alter (15 bis 65 Jahre) zusammensetzt, jedoch aus vielen älteren Menschen, die über 65 Jahre alt sind.

Überernährung (Seite 112)
Das ist ein Merkmal von Menschen in → Industrieländern. Eine Überernährung tritt ein, wenn dem Körper über längere Zeit mehr Kalorien/Joule zugeführt werden als er benötigt.

UNO (Seite 85)
Die Vereinten Nationen (engl. United Nations Organization, UNO) wurden im Jahr 1945 gegründet. Sie haben ihren Hauptsitz in New York (USA). 193 Staaten der Erde sind Mitglied der UNO. Die Organisation setzt sich für den Erhalt des Weltfriedens, die Förderung der → Entwicklungszusammenarbeit und die Wahrung der Menschenrechte ein.

Unterernährung (Seite 112)
Das ist eine unzureichende Versorgung mit Nahrungsmitteln; der tägliche Joule-/Kalorienbedarf kann nicht gedeckt werden. Unterernährung führt auf Dauer zu einer erheblichen Schwächung des Körpers, zu Krankheit oder sogar zum Tod.

Vereinte Nationen → UNO

Verletzlichkeit (Vulnerabilität) (Seite 153)
Die Anfälligkeit von Menschen, Gesellschaft, → Infrastruktur und Sachwerten eines Lebensraumes gegenüber unterschiedlichen Arten von Katastrophen (z. B. Naturkatastrophen, soziale Unruhen, politische Unruhen).

Verstädterung (Seite 63)
Das Phänomen der Verstädterung beschreibt, dass ein immer größerer Anteil der Gesamtbevölkerung in Städten lebt. Diese dehnen sich flächenhaft aus. Zu beobachten ist die Verstädterung in fast allen Teilen der Erde. Hauptursache ist die Wanderung der ländlichen Bevölkerung in die Städte.

Wachstumsbranche (Seite 170)
Branche, bei der auch in Zukunft überdurchschnittliches wirtschaftliches Wachstum mit positiven Impulsen für die übrige Wirtschaft zu erwarten ist (z. B. in → Industrieländern die Freizeitbranche, in → Entwicklungsländern die Bauindustrie).

Wachstumsrate (WR) (Seite 94)
Die Wachstumsrate einer Bevölkerung ergibt sich aus der Differenz zwischen → Geburtenrate und → Sterberate. Eine hohe Wachstumsrate einer Bevölkerung ist kennzeichnend für ein → Entwicklungsland.

Weltagrarmarkt (Seite 115)
Auf dem Weltagrarmarkt werden vor allem Produkte wie Tee, Kakao, Kaffee und Südfrüchte in größerem Umfang gehandelt. Neben diesen Gütern wird Viehfutter global importiert und exportiert. Anbieter sind Landwirte, Abnehmer (Nachfrager) sind der Handel und die Verbraucher.

Welternährung (Seite 115)
Gesamtheitliche globale Ernährungsbilanz

Welthandel (Seite 190)
Darunter versteht man die Importe und Exporte aller Länder der Erde, d. h. der Austausch von Gütern und Dienstleistungen über die jeweiligen Staatsgrenzen hinweg.

Welthandelsorganisation (WTO) (Seite 220)
Die WTO ist eine internationale Organisation, die seit 1994 den Welthandel regelt, koordiniert und bei Streitigkeiten eingreift. Sie hat 164 Mitgliedstaaten.

Zentrum (Seite 40)
Ein Gebiet mit zahlreichen Einrichtungen von Verwaltung, Forschung und Bildung und einer hohen wirtschaftlichen Leistung. Der Begriff kann lokal, regional oder global verwendet werden. Zentren sind im Gegensatz zu → Peripherien Zuwanderungsgebiete.

Strukturdaten

Land	Fläche (in km²)	Einwohner (in Mio.) 2020	Städtische Bevölkerung (in %) 2020	Geburtenrate (in ‰)	Sterberate (in ‰)	Lebenserwartung in Jahren männl.	weibl.
Europa (EU 27)							
Belgien	30 528	11,6	98	10	10	79	84
Bulgarien	110 879	6,9	76	9	16	71	78
Dänemark	43 094	5,8	88	11	9	79	83
Deutschland	357 022	83,8	78	10	12	78	83
Estland	45 228	1,3	69	11	12	74	82
Finnland	338 145	5,5	86	8	10	79	84
Frankreich	551 500	65,3	81	11	9	80	86
Griechenland	131 957	10,4	80	8	11	79	84
Irland	70 273	4,9	64	12	6	78	83
Italien	301 340	60,5	71	7	11	81	85
Kroatien	56 594	4,1	58	9	13	75	81
Lettland	64 589	1,9	68	10	14	70	80
Litauen	65 300	2,7	68	10	14	71	81
Luxemburg	2 586	0,6	92	10	7	80	85
Malta	316	0,4	95	9	8	80	85
Niederlande	41 543	17,1	92	10	9	80	83
Österreich	83 880	9,0	59	10	9	79	84
Polen	312 685	37,8	60	10	11	74	82
Portugal	92 090	10,2	66	9	11	78	83
Rumänien	238 391	19,2	54	11	14	72	79
Schweden	450 295	10,1	88	11	9	81	85
Slowakei	49 035	5,4	54	10	10	74	80
Slowenien	2 273	2,1	55	10	10	78	84
Spanien	505 370	46,8	81	8	9	80	86
Tschechien	78 867	10,7	74	11	11	76	82
Ungarn	93 028	9,7	72	9	13	73	79
Zypern	5 370	1,2	67	11	7	79	83
weitere europäische Staaten							
Großbritannien und Nordirland	243 610	67,9	84	11	9	79	83
Russland	17 098 242	145,9	75	11	13	68	78
Ukraine	603 550	43,7	70	8	14	67	77
Afrika							
Ägypten	1 001 450	102,3	43	23	6	73	75
Äthiopien	1 104 300	115,0	22	33	6	65	69
Kenia	580 140	53,8	28	28	5	67	70
Libyen	1 759 540	6,9	81	24	4	74	79
Nigeria	923 768	206,1	52	37	12	54	56
Senegal	196 722	16,7	48	34	6	66	70
Südafrika	1 219 090	59,3	67	20	9	62	68
Nordamerika							
Kanada	9 984 670	37,7	82	10	8	80	84
USA	9 833 517	331,0	83	12	9	76	81
Mittel- und Südamerika							
Argentinien	2 780 400	45,2	92	17	8	74	81
Bolivien	1 098 581	11,7	70	22	6	70	77
Brasilien	8 515 770	212,6	87	14	6	72	80
Mexiko	1 964 375	128,9	81	17	6	72	78
Peru	1 285 216	33,0	78	19	5	74	80
Asien							
China, Volksrepublik	9 596 960	1439,3	61	10	7	75	79
Indien	3 287 263	1380,0	35	20	6	68	70
Israel	20 937	8,7	93	20	5	81	85
Japan	377 915	126,5	92	7	11	81	87
Pakistan	796 095	220,9	37	28	6	67	71
Saudi-Arabien	2 150 000	34,8	84	15	3	74	78
Singapur	719	5,9	100	9	5	81	85
Südkorea	99 720	51,3	81	6	6	80	86
Türkei	783 562	84,3	76	18	5	76	81
Vietnam	331 210	97,3	37	16	6	71	76
Australien und Ozeanien							
Australien	7 741 220	25,5	86	13	6	83	86
Neuseeland	268 838	4,8	87	12	7	80	84

Quellen: CIA World Factbook 2020, DSW/PRB 2020, UN DESA 2020

Strukturdaten

Land	Alphabetisierungsrate 2017/2018 in % männl.	Alphabetisierungsrate 2017/2018 in % weibl.	Direkter Zugang zu sauberem Trinkwasser 2017 in %	CO_2-Emissionen pro Kopf 2019 in t	BNE (KKP*) in US-$ pro Einwohner 2019	Auslandsverschuldung 2019 in Mio. US-$	Beschäftigte nach Sektoren 2020 (I./ II./ III.) in %**
Europa (EU 27)							
Belgien	>98	>98	>99	8,6	55 590	1 298 500	1/ 21/ 78
Bulgarien	>98	>98	97	6,0	24 390	40 400	6/ 30/ 64
Dänemark	>98	>98	97	5,6	61 960	501 600	2/ 18/ 80
Deutschland	>98	>98	>99	8,4	57 810	5 588 100	1/ 27/ 72
Estland	>98	>98	93	10,5	38 030	23 300	3/ 29/ 68
Finnland	>98	>98	>99	7,5	48 360	603 700	4/ 22/ 74
Frankreich	>98	>98	98	5,0	51 670	6 268 400	2/ 20/ 78
Griechenland	98,5	97,4	>99	6,4	30 470	500 200	12/ 15/ 73
Irland	>98	>98	97	7,6	70 010	2 852 000	4/ 19/ 77
Italien	99,4	99,0	95	5,6	44 630	2 503 000	4/ 26/ 71
Kroatien	>98	>98	90	4,3	29 680	45 900	6/ 27/ 67
Lettland	99,9	99,9	95	4,3	31 740	40 100	7/ 24/ 70
Litauen	>98	>98	92	4,9	37 170	37 100	7/ 26/ 67
Luxemburg	>98	>98	>99	15,9	77 570	4 090 600	1/ 12/ 87
Malta	93,0	96,0	>99	3,5	42 770	98 400	1/ 18/ 81
Niederlande	>98	>98	>99	9,1	59 790	4 311 000	2/ 16/ 82
Österreich	>98	>98	99	7,6	59 240	686 400	3/ 25/ 71
Polen	>98	>98	>99	8,5	33 060	354 000	9/ 32/ 59
Portugal	97,4	95,1	95	4,8	35 790	460 400	6/ 25/ 70
Rumänien	99,1	98,6	82	3,9	31 840	123 300	21/ 30/ 49
Schweden	>98	>98	>99	4,3	57 220	888 800	2/ 18/ 81
Slowakei	>98	>98	>99	6,1	33 470	118 500	2/ 36/ 62
Slowenien	>98	>98	98	6,6	40 330	49 200	5/ 33/ 61
Spanien	98,9	98,0	98	5,4	42 260	2 371 800	4/ 20/ 76
Tschechien	>98	>98	98	9,4	40 640	193 800	3/ 37/ 60
Ungarn	>98	>98	90	5,1	33 580	147 300	5/ 33/ 63
Zypern	>98	>98	>99	6,1	39 830	212 600	2/ 16/ 82
weitere europäische Staaten							
Großbritannien und Nordirland	>98	>98	>99	5,5	47 880	8 768 200	1/ 18/ 81
Russland	99,7	99,7	76	11,5	28 270	491 400	6/ 27/ 68
Ukraine	>98	>98	92	5,1	13 750	121 700	14/ 25/ 61
Afrika							
Ägypten	76,5	65,5	–	2,5	11 840	112 700	23/ 28/ 49
Äthiopien	59,2	44,4	11	0,1	2 310	28 300	66/ 10/ 24
Kenia	85,0	78,2	–	0,3	4 430	43 200	54/ 7/ 39
Libyen	–	–	–	6,9	16 130	–	19/ 22/ 60
Nigeria	71,3	52,7	20	0,7	5 190	54 800	35/ 12/ 53
Senegal	64,8	39,8	–	0,6	3 470	13 600	29/ 14/ 57
Südafrika	87,7	86,5	–	8,2	12 670	185 400	5/ 23/ 72
Nordamerika							
Kanada	>98	>98	99	15,4	50 810	2 110 100	1/ 19/ 79
USA	>98	>98	>99	16,1	66 080	20 600 700	1/ 20/ 79
Mittel- und Südamerika							
Argentinien	98,9	99,1	–	4,0	22 120	278 500	0/ 21/ 79
Bolivien	–	–	–	2,0	8 930	14 300	30/ 19/ 50
Brasilien	93,0	93,4	–	2,2	14 890	675 800	9/ 20/ 71
Mexiko	96,2	94,6	43	3,4	19 990	464 300	12/ 26/ 61
Peru	97,1	91,7	50	1,7	12 790	64 200	27/ 15/ 58
Asien							
China, Volksrepublik	98,5	95,2	–	7,1	16 790	2 057 300	25/ 28/ 47
Indien	82,4	65,8	–	1,9	6 920	563 900	41/ 26/ 32
Israel	>98	>98	>99	7,5	41 950	105 000	1/ 17/ 82
Japan	>98	>98	98	8,7	44 810	4 239 200	3/ 24/ 73
Pakistan	71,1	46,5	35	1,1	4 800	100 900	36/ 26/ 38
Saudi-Arabien	97,1	92,7	–	17,0	49 520	183 800	2/ 25/ 73
Singapur	98,9	95,9	>99	6,7	92 270	1 576 000	1/ 15/ 84
Südkorea	>98	>98	98	11,9	43 520	457 745	5/ 25/ 70
Türkei	98,8	93,5	–	4,9	27 660	434 200	18/ 26/ 56
Vietnam	96,5	93,6	–	2,6	7 910	–	36/ 28/ 35
Australien und Ozeanien							
Australien	>98	>98	–	16,3	51 760	1 539 600	3/ 20/ 78
Neuseeland	>98	>98	>99	7,6	42 710	193 000	6/ 19/ 75

* Das BNE in KKP (Kaufkraftparitäten; Parität = Gleichheit) gibt das Einkommen an, das für den Konsum von Waren und Dienstleistungen (z. B. Nahrungsmittel, Bekleidung, Gesundheitsdienstleistungen) tatsächlich zur Verfügung steht. Es ist ein Maßstab für den Lebensstandard der Bevölkerung eines Landes.
** rundungsbedingte Abweichungen
Quellen: Global Carbon Atlas 2020, ILO 2020, UNESCO UIS 2020, UNICEF 2019, Weltbank 2020, WHO 2020

Bildquellenverzeichnis

|123RF.com, Hong Kong: 266.6; eugenesergeev 265.2; Ihar Balaikin 264.4; lowthian 267.3; saiko3p 37.5. |action press, Hamburg: ZUMA Wire / Zuma Press 204.1. |Agentur Focus - Die Fotograf*innen, Hamburg: Peter Menzel 5.1, 5.2, 5.3, 5.4, 140.1, 140.2, 141.1, 141.2, 150.1. |Akar, Pembe, Linz am Rhein: 31.6. |akg-images GmbH, Berlin: 99.1; Bildarchiv Steffens 156.2. |Aktion gegen den Hunger, Berlin: 137.4. |Alamy Stock Photo (RMB), Abingdon/Oxfordshire: Aerial Archives 267.6; Angela Hampton Picture Library 30.1; Ashley Cooper pics 167.1; Asia File 217.3; Azim Khan Ronnie 269.5; bidya271 71.2; BIOSPHOTO 177.2, 264.5; Boethling, Joerg 8.4, 9.5, 9.7, 9.23, 92.8, 167.3, 225.3; BonkersAboutTravel 171.1; Boulton, Mark 225.1; Breitz, Eden 25.2; Brown, Ed 188.4; Cecil, Charles O. 191.3; Cohen, Thornton 203.3; Dagnall, Ian 234.1; Danita Delimont Creative 8.7; dave stamboulis 145.4; Doering, Ulrich 103.2; Ellis, Richard 268.9; Ernst, Bernhard 43.4; Greatstock 177.1; guy oliver 265.6; Hanlon, Caroline 4.1, 60.1; Hasenkopf, Juergen 75.4; Hoferichter, Bert 145.6; Horree, Peter 36.3; Hutchinson, Wayne 88.1; imageBROKER 165.4, 229.7; Imaginechina Limited 196.2, 199.1, 202.2; JLImages 267.8; keith morris 29.1; Kesseler, Marco 224.1; Laurance, Robin 109.1; Lyell, Jake 166.3; Miller, Kevin 267.4; Nature Picture Library/Stephenson, Brent 266.7; Perez, Jorge 229.3; Probst, Peter 143.3; Rye, Tony 265.1; SOPA Images Limited 189.2; Stark, Friedrich 195.2, 265.3; Stout, Mark 222.1; ton koene 220.1; Tozer, Christopher 182.1; Uhlman, Tom 267.7; WENN Ltd 268.4; Willie, Des 189.7; Wilmar Topshots 266.5; Witte, Martin 126.3; World of Triss 266.4; YOORAN PARK 233.2; zhang jiahan 103.4; ZUMA Press, Inc. 119.2, 215.1. |Andreae, Jonas, Regensburg: 58.1. |APA-PictureDesk GmbH, Wien: Zick, Jochen/Action Press 251.2. |ASTOC ARCHITECTS AND PLANNERS, Köln: Pfaff Areal Kaiserslautern, Vision Rückhaltepark © ASTOC/mess 21.2. |atmosfair, Berlin: 167.2. |AUDI AG, Ingolstadt: 209.1. |Baaske Cartoons, Müllheim: Mester, Gerhard 48.1; Stauber, Jules 84.1; Striepecke, K. G. 113.2; Tomaschoff, Jan 10.1. |Bauer, Jürgen, Nierderrimsingen: 256.1. |Berghahn, Matthias, Bielefeld: 14.1, 128.3, 153.1, 160.4, 269.1. |BMW AG, München: BMW Group 207.2. |BMW Group, München: 212.2. |Bolivien-Brücke e.V., Aachen: Los Masis, Sucre/Bolivien 179.1. |Braune, Barbara, Peine: 257.2. |Breuer, Martin, Mainz: 53.1. |Brilliance China Automotive Holdings Ltd., Beijing: 213.1. |Brot für die Welt, Berlin: 179.3. |Bundesamt für Kartographie und Geodäsie (BKG), Frankfurt: Geoportal.rlp.de 223.2. |CARE Deutschland, Bonn: CARE.de 137.3. |Caritas international, Freiburg: 179.4. |Collu, Fabiano, Linz: 31.4. |Colourbox.com, Odense: 233.1. |DE-CIX Management GmbH, Köln: 194.3. |DER SPIEGEL, Hamburg: Cover DER SPIEGEL 36/2016 227.1. |Desmarowitz, Karin, Hamburg: 166.1. |Deutsche Stiftung Weltbevölkerung (DSW), Hannover: 90.2; www.dsw.org 179.8. |Deutsche Welthungerhilfe e.V., Bonn: © Welthungerhilfe 137.5, 179.6. |Diercke Globus online: 13.1. |Diercke Weltatlas digital: 2.1, 238.1, 238.2. |DLR Deutsches Zentrum für Luft- und Raumfahrt, Weßling, OT Oberpfaffenhofen: © contains modified Copernicus Sentinel data (2016), processed by DLR 242.1. |dreamstime.com, Brentwood: Aleksandar Todorovic 264.7; Antikainen 264.3. |Dreschflegel-Hof/Lühring, Reinhard, Rhauderfehn: 125.3. |Dynamikum Science Center Primasens, Rodalben: 20.1, 20.3. |DZI (Deutsches Zentralinstitut für soziale Fragen), Berlin: 137.6. |Ecosia GmbH, Berlin: 249.2. |Energieversorgung Mittelrhein AG, Koblenz: Smart City / Klimastraße Koblenz – Reallabor der evm Energieversorgung Mittelrhein und Thüga 26.2. |ESA - European Space Agency, Frascati (Roma): 267.1. |Eurostat - Statistisches Amt der Europäischen Union, Luxemburg: 53.3, 53.4, 53.5, 53.6, 248.2. |Fair-o-mat GmbH & Co. KG, Castrop-Rauxel: Hamelmann, Tabea 163.3. |Fairtrade Deutschland e.V., Köln: 163.4; Kaliszewski, Jakub 176.1. |Faust, Hans Georg, Linz am Rhein: 26.1, 31.2. |Ford-Werke GmbH, Köln: 230.1. |Forschungszentrum Jülich GmbH, Jülich: Schneider, Wilhelm-Peter 168.1. |Foto Hosser, Idar-Oberstein: 23.1. |fotolia.com, New York: blechbox 36.2, 38.2, 40.2, 44.1, 46.1; Buehner, Matthias 19.2; cunico 88.2, 92.5, 92.7, 113.3; D. Kohn 228.11; Dietl, Jeanette 102.2; Edelmann, Andreas 265.4; ferkelraggae 132.2; froxx 228.6; janossygergely 268.12; Javen 267.2; JiSign 54.3, 179.10; photo 5000 264.6; RCH 268.13; Reitz-Hofmann, Birgit 228.10; Schwier, Christian 247.1, 247.2; Sergey 37.1; stockphoto-graf 228.2; ufotopixl10 39.3; Vasilius 128.4. |FrankenAir, Weismain: Baeuerlein, Ingo 79.1. |Freundeskreis Ökodorf e.V., Beetzendorf: 11.1. |Gemeinde Fürfeld, Fürfeld: 19.1. |Getty Images, München: AFP/ALJIBE, TED 105.1; AFP/KHALED, MAHMOUD 269.3; AFP/Longari, Marco 49.3; AFP/MAINA, SIMON 163.2; AFP/Skarzynski, Janek 36.1; AFP/Stringer 116.2; AFP/Torres, Luis 268.8; Anadolu Agency 191.2; Gallo Images (PTY) LTD/Foto24 221.1; Lowy, Benjamin 198.2; Procycling Magazine 269.6; Ramos, David - FIFA 67.1; SAVIKO/Gamma-Rapho 205.1; Stringer/Allison Joyce 91.1; Torgovnik, Jonathan 103.1; VCG 198.3; WireImage/Edwards, Amanda 125.2. |Getty Images (RF), München: EyeEm/Moorcroft, Sarah 8.19. |Google Earth: 21.3, 239.1, 239.2, 239.3, 239.4. |Google Inc., Hamburg: 249.1. |Haitzinger, Horst, München: 98.1, 121.21, 132.3, 151.1, 178.1. |Horsch, Wolfgang, Niedernhall: 245.1. |Human Help Network e.V., Mainz: 179.2. |Imago, Berlin: 114.1; Döring, Olaf 39.6; imago/Xinhua 184.1; ITAR-TASS 165.2; Nature Picture Library 117.1; Shotshop 148.1; Tang Ke 192.2; Xinhua 56.1. |International Animal Rescue Indonesia: Alejo Sabugo 219.4. |iStockphoto.com, Calgary: 1001slide 173.2; africa924 177.3; All rights belong to Dmitri Smol 199.4; alvarez 217.1; aroundtheworld.photography 126.2; Ary6 43.5; Asia-Pacific Images Studio 57.1; blackred 25.3, 25.6, 244.1; Brasil2 129.1; ByeByeTokyo 45.1; C_Fernandes 81.1; Chan, Jui-Chi 217.2; daniel_tdr 81.2; DedMityay 57.3; Dewald, Claudia 268.5; Digital Vision 23.2; ekavector 49.2; Espinosa, Oscar 118.1; FatCamera 200.1; fbxx 142.1; Fiammenghi, Davide 43.6; futureimage 228.12; Gaul, Pawel 267.5; Gawrav, Sinha 75.5; hipokrat 106.6; hipproductions 264.1; hudiemm 228.1; Hussain, Ghulam 266.3; Kehinde Temitope Odutayo 268.10; Kilian, Jaroslaw 50.2; lucky-photographer 233.3; Madmaxer 195.1; Malsbury, Peter 265.5; margouillatphotos 130.1; McDonald, Joshua 268.6; Mette, Holger 145.2; Nadezhda Bolotina 37.2; Naylor, Matt 267.9; NLshop 135.6; ollo 163.1, 229.4; oscarhdez 43.2; OSTILL 155.1; pagadesign 228.5; Pgiam 119.1; poco_bw 97.1; pop_jop 92.1, 92.2, 92.4, 93.1, 93.2, 93.3, 93.5, 93.6, 93.8, 112.2, 113.1; Prostock-Studio 194.2; Ridofranz 112.1; Schwerin, Christiane 173.1; seewhatmitchsee 228.3; Suprabhat Dutta 64.1; tawatchaiprakobkit Titel.(Skyline); tirc83 145.1; Varela, Abel Mitja 43.1; vinhdav 224.2; xavierarnau 124.1; Yuri_Arcurs 9.24; znm 173.3. |Joe Heller, Heller Syndication, Green Bay, WI 54307: 11.2. |Jung, Dieter, Hannover: 85.2. |Karto-Grafik Heidolph, Dachau: 19.4, 115.2, 130.2, 131.1, 236.1, 236.2. |Kartographie Michael Hermes, Hardegsen Hevensen: 10.2, 17.1, 17.2, 33.2, 51.2, 65.3, 66.1, 72.1, 73.2, 73.3, 126.1, 128.1, 147.1, 190.2, 191.1, 195.3, 196.3, 210.1, 213.2, 213.3, 215.4, 223.4, 225.6, 234.2, 243.1. |Katodrytis, George, Sharjah: 32.2. |KRAH Elektronische Bauelemente GmbH, Drolshagen: 196.4. |laif, Köln: Chatelin, Julien 201.1; Loeffelbein, Kai 188.2; Modrow, Jörg 6.1, 186.1; The New York Times/Redux/Canepari, Zackary 70.1. |Landesamt für Vermessung und Geobasisinformation Rheinland-Pfalz, Koblenz: ©GeoBasis-DE / LVermGeoRP2021, dl-de/by-2-0, www.lvermgeo.rlp.de [Daten bearbeitet] 3.1, 12.1. |Latz, Wolfgang, Linz: 15.5, 15.6, 16.1, 16.2, 16.3, 25.5, 27.2, 87.1, 89.1, 138.2, 139.1; Ortsgemeinde Straßenhaus 15.2. |Lookphotos, München: Johaentges, Karl 137.7. |Lopez, Pablo, Polanco: 4.2, 82.1. |Lung, Lucien, Paris: Photography Lucien Lung 181.1. |Luschmann, Edith: 65.1. |Malteser International e.V., Köln: 137.2. |Marine Stewardship Council (MSC), Berlin: 127.4. |mauritius images GmbH, Mittenwald: Alamy/McConville, Patti 188.1. |Microsoft Deutschland GmbH, München: 255.1, 255.2. |Mierendorf, Wilhelm, Stuttgart: 201.2. |Miller, Johnny, Cape Town: 77.2; Unequal Scenes 76.1. |MISEREOR e.V., Aachen: 179.5. |Mithoff, Stephanie, Egestorf: 2.3, 13.2, 14.2, 16.4, 20.2, 39.1, 60.2, 62.1, 70.2, 72.2, 74.4, 76.2, 77.1, 77.3, 78.1, 80.1, 81.3, 127.2, 128.2, 145.7, 152.1, 154.1, 156.1, 157.1, 158.1, 160.1, 160.2, 160.3, 160.5, 161.3, 161.4, 161.5, 161.6, 161.7, 161.8, 161.9, 161.10, 165.3, 170.2, 171.3, 172.1, 188.5, 192.3, 198.4, 203.1, 206.2, 207.1, 208.1, 208.2, 216.2, 236.3, 241.1, 242.2, 247.3, 254.1, 254.2, 268.3. |Mittank, M., Salzwedel: 19.3. |MK Immobiliengruppe, Bad Honnef: 31.8. |NASA, Washington: 268.1, 269.2. |Nascaprojekt – Verein Dr. Maria Reiche e.V. Dresden, Dresden: 268.15. |Naturland® Zeichen GmbH, Gräfelfing: 127.3. |Naumann, Andrea, Aachen: 2.2, 10.3, 17.3, 24.2, 27.4, 30.2, 32.3, 40.1, 45.3, 51.3, 54.4, 78.2, 84.2, 85.1, 89.5, 92.6, 97.3, 101.1, 106.1, 107.1, 107.2, 107.3, 113.4, 115.3, 118.2, 122.2, 129.3, 130.3, 133.1, 142.3, 143.2, 152.2, 154.2, 157.2, 162.1, 165.8, 166.2, 169.2, 173.4, 174.3, 191.4, 192.4, 194.4, 196.5, 199.5, 201.4, 209.4, 212.3, 214.3, 218.2, 220.2, 243.2, 244.3, 248.1. |nelcartoons.de, Erfurt: 105.2. |PantherMedia GmbH (panthermedia.net), München: alexraths 215.2. |Philips GmbH, Hamburg: 228.8. |Picture-Alliance GmbH, Frankfurt a.M.: 115.1; AP Images/Abd, Rodrigo 268.17; AP Images/Inouye, Itsuo 252.2; AP Photo/bsnyder/File/Filed/11/16/2016 1\ 119.3; AP Photo/Muhammad, Bazuki 219.1; AP Photo/Sladky, Lynne 189.9; AP/Maqbool, Rafiq 74.1; augenklick/Minkoff, Sammy 203.2; dieKLEINERT.de / ..... Schwarwel 50.1; dieKLEINERT.de/Koufogiorgos, Kostas 150.2; Dogwoof Pictures/Zumapress.com 55.2; dpa-infografik 229.5; dpa/Benedicto, Andres 9.14; dpa/Büttner, Jens 209.3; dpa/Dernbach, Christoph 229.2; dpa/dpa-Zentralbild/Büttner, Jens 15.1; dpa/Fiedler, Doreen 202.4; dpa/Gambarini, Maurizio 59.3; dpa/Grubitzsch, Waltraud 199.2; dpa/Imaginechina 103.3; dpa/Kappeler, Michael 51.1; dpa/Keystone/Di Nolfi 121.17; dpa/Nietfeld, Kay 47.1; dpa/Reinhardt, Daniel 228.13; dpa/Scholz, Markus 15.3; dpa/Seeger, Patrick 38.1; dpa/Tirl, Marc 188.3; dpa/Tittel, Harald 22.1; dpa/Zschunke, Peter 55.1; EPA/Nv, Jagadeesh 171.2; euroluftbild.de/Grahn, Robert 211.3; Everett Collection 223.3; imageBROKER/Moxter, Martin 28.1; imageBROKER/Schmidt, Hartmut 229.1; landov/Acker, Daniel 230.2; Pacific Press/Persson, Magnus 124.2; Photoshot 120.1, 183.1; REUTERS/Bizimana, Jean 177.4; REUTERS/Rietschel, Matthias 211.5; REUTERS/Wiegmann, Arnd 134.1; Ritzau Scanpix 252.1; Westend61/Ingold, Daniel 206.1; Xinhua News Agency/Kun, Liu 226.1. |Porsche Leipzig GmbH, Leipzig: Stand: 01/2021 211.1. |Pörzgen, Didi, Linz am Rhein: 31.5. |Prof. Dr. Stephan Lessenich, München: 225.7. |Schwarzbach, Hartmut /argus, Hamburg: 73.1. |Schwarzstein, Yaroslav, Hannover: 258.1. |Shutterstock.com, New York: A and N photography 94.1, 102.1; Alrandir 8.23; Altrendo Images 89.4; Amit.pansuriya 193.2; Armyagov, Andrey 90.1; Beloglazov, Stanislav 143.1; Bihlmayer Fotografie 55.3; Boris15 103.5; BrianPIrwin 189.4; Carey, Rich 219.2; CatherineL-Prod 75.3; catwalker 225.4; chrisdorney 249.3; cigdem 52.1; clicksabhi 9.3; CRS PHOTO 122.3; DFLC Prints 159.2; dikobraziy 37.7; Dotsenko, Tetyana 138.1; Eagle9 100.2; Economou, Nicolas 47.2; erlucho 145.3; fizkes 189.6; Foerstner, Oliver 268.2; Frolova_Elena 122.1; G-Stock Studio 199.3; Galovic, Marian 175.1; ibrar.kunri 68.1; inrainbows 25.1; iofoto 167.7; Jahangir Alam Onuchcha 65.2; JeremyRichards 100.1; Jirousek, Vladislav T. 268.14; Jordi C 88.4; Josephson, Dan 169.1; Juilliart, Richard 165.1; junrong 223.1; Kaminer, Mattis 266.1; Katvic 266.2; Klein, Herb 145.5; Kraft, Jess 159.1; La Nau de Fotografia 9.16; Lange, Philip 229.6; Lay, Steffen 251.1; Lo Savio, Roberto 8.14; Mangostar 170.1; Maschek, Victor 264.2; Melnik, Vladimir 95.1; MichaelJayBerlin 25.4, 49.1, 59.2, 59.6, 244.2, 254.3, 257.1; Miss Ty 189.8; Monkey Business Images 29.2; Mukhopadhyay, Monalisa 135.1; Numstocker 215.3; Osman, Marcin 268.11; Pantoja, Alvaro 268.7; Perlman, Ilene 139.2; Pool, Bob 75.2; Rasto SK 33.1; Rawpixel.com 8.5; saiko3p 161.1; Samyan, Sek 225.5; SAPhotog 265.7; Saurav022 9.9; Serjio74 268.16; shuttermuse 75.1; Sina Ettmer Photography 27.1; snancys 24.1; StevenK 202.3; StockImageFactory.com 93.9; testing 197.1; think4photop 218.1; Trendsetter Images 39.4; v.s.anandhakrishna 75.6; ViktorKozlov 32.1; Wegewijs, Dennis 174.2, 175.2; Westmacott, Edward 155.2; www.hollandfoto.net 25.7; YEINISM 8.24; YewLoon Lam 71.1; Zhyhman, Mark 164.1; Zimniy 209.5. |Stadt Kaiserslautern, Kaiserslautern: 21.1. |Staino, Sergio, Scandicci (FI): 125.1. |Stamer, Anna, Wetzlar: 15.4. |Statistisches Landesamt Rheinland-Pfalz, Bad Ems: 106.2, 106.3, 106.4, 106.5. |Stiftung Haus der Geschichte, Bonn: Jupp Wolter/Künstler 104.1. |Stiftung Schüler Helfen Leben b.R., Neumünster: 178.2. |stock.adobe.com, Dublin: A_Bruno 59.1; asnidamarwan 189.3; Bhaven 75.8; Blende8 107.4; brichuas 54.1; Carey, Richard 269.4; chee siong teh 190.1, 192.1, 194.1, 196.1, 198.1; ChenPG 93.4; Cline, Dusty 228.4; dclicphoto 136.1; Dietl, Jeanette 39.5; Diversity Studio 89.2; Dynamoland 37.6; Edler von Rabenstein 39.2; eks_design 201.3; Ernst, Daniel 9.1; erwinova Titel.(Jugendliche); Eugenesergeev 193.3; exclusive-design 131.2; Fälchle, Jürgen 142.2; Foto-Ruhrgebiet 37.3; fotorince 50.3; Fotoschlick 8.16; Germer, Stefan 8.21; goodluz 75.10; Gorodenkoff 8.13, 9.12; Graul, Mirko 132.1; guukaa 136.1; Happy Art 54.2; Ildogesto 59.4; irenegreco 161.2; Isa ÖZDERE 189.5; IVASHstudio 93.7; JackF 92.3; japhoto 45.2; JonoErasmus 89.3; Jovanovic, Dejan 121.1, 121.2, 121.3, 121.4, 121.5, 121.6, 121.7, 121.8, 121.9, 121.10, 121.11, 121.12, 121.13, 121.14, 121.15, 121.16, 121.18, 121.19, 121.20; juliasudnitskaya 129.2; K. Thalhofer 8.11; Kadmy 75.9; Kalyakan 205.2; konstantant 123.1; Krauss, Marcus 214.2; ksl 37.4; Le Bloas, Guillaume 3.2, 34.1; mahey 9.25; Malinowski, Thorsten 39.8; Mayer, Riccardo Niels 8.2, 9.2, 88.3; mdworschak 253.1; Monkey Business 137.1; murattellioglu 57.2; niccoló pontigia/EyeEm 74.5; njr_2018 225.2; Novikov, Sergey 41.2; oneinchpunch 97.2; Phimak 127.1; picoStudio 74.2, 74.3; Prashant ZI 75.7; Prudhomme, Philippe 116.1; rCarner 39.7; Rynio Productions 228.7; Scanrail 228.9; SCHAEFER, MANFRED 41.3, 41.4, 41.5, 41.6; Schmitt, Henry 59.5; Shiv Mer 74.7; stockphoto-graf 9.18; stuartbur 135.2, 135.3, 135.4, 135.5, 135.7; stveak 4.3, 110.1; Taliani, Marco 41.1; Thaut Images 9.21, 214.1; V.R.Murralinath 74.6; v_sot 78.3; valiza14 43.3; Wayne 268.18; Wefers, Renate 8.1; willyam 209.2; Yogendra 74.8; YuriyAlt_Art 136.2; Yuuyen, Pawarit 216.1. |Studienkreis GmbH, Bochum: Studienkreis - Die Nachhilfe /www.studienkreis.de/ Karikaturenwettbewerb "Umwelt? - Natürlich!", Anna Hörner, 16 Jahre 202.1. |Sturz, Nicole: Schwentker, Björn 209.6. |Süddeutsche Zeitung - Photo, München: Süddeutsche Zeitung vom 02.05.2005 (Titelseite) 98.2. |Tekülve, Rita, Essen: 190.3. |terre des hommes Deutschland e.V., Osnabrück: 179.9. |TMD Friction Services GmbH, Leverkusen: 2017 229.8. |Tomasi, Juan Carlos, Barcelona: 8.3. |Tomicek/www.tomicek.de, Werl: 219.3. |toonpool.com, Berlin, Castrop-Rauxel: Calleri, Paolo 53.2; Kamensky, Marian 177.5. |Trebels, Rüdiger, Düsseldorf: 86.1. |ullstein bild, Berlin: Boness/IPON 189.1. |UNICEF Deutschland, Köln: © UNICEF 179.7. |United Nations, New York, NY: https://www.un.org/sustainabledevelopment/ "The content of this publication has not been approved by the United Nations and does not reflect the views of the United Nations or its officials or Member States" 9.10, 9.13; https://www.un.org/sustainabledevelopment/ "The content of this publication has not been approved by the United Nations and does not reflect the views of the United Nations or its officials or Member States" 8.6, 8.8, 8.9, 8.10, 8.12, 8.15, 8.17, 8.18, 8.20, 8.22, 9.4, 9.6, 9.8, 9.11, 9.15, 9.17, 9.19, 9.20, 9.22, 164.2, 164.3, 165.5, 165.6, 165.7, 167.4, 167.5, 167.6. |USGS - U.S. Geological Survey, Reston: Landsat-5 image courtesy of the U.S. Geological Survey 33.3; Landsat-8 image courtesy of the U.S. Geological Survey 33.4. |Verein Partnerschaft Rheinland-Pfalz / Ruanda, Mainz: 174.1, 174.4. |Wessel, Karin, Linz am Rhein: Creativ Picture, Heinz-Werner Lamberz 27.3, 31.1, 31.3. |Wiedenroth, Götz/www.wiedenroth-karikatur.de, Flensburg: 212.1. |Wirtschaftsförderung Sachsen GmbH, Dresden: 211.2, 211.4. |Wöhrle, Lena, Linz am Rhein: 31.7. |© duisport, Duisburg: 193.1.

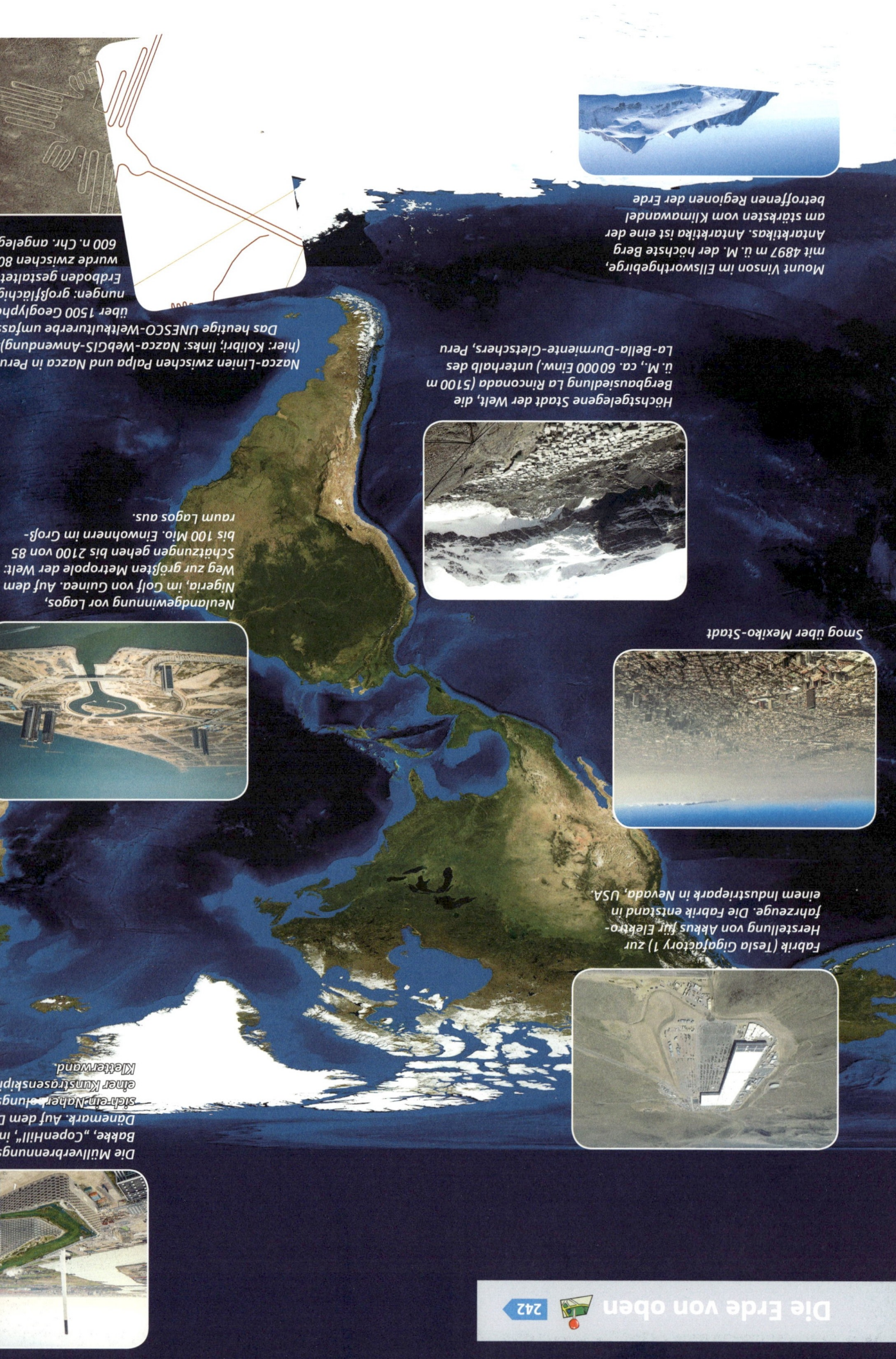